民法論 Ⅲ

金 載 亨 著

傅 英 社

서 문

『민법론 Ⅲ』은 필자가 2005년 이후에 민법에 관하여 발표한 글을 모은 것이다. 이 책자는 2004년에 낸 제 1 권과 제 2 권의 연장선에 있는 것으로, 위 책들과 동일한 방식으로 편집하였다. 글을 발표할 당시와 동일하게 글을 수록하려고 하였으나, 그 표현뿐만 아니라 내용을 상당 부분 수정한 경우도 있다.

글을 모아놓고 보니, 현실에서 발생하는 법률문제를 해결하기 위하여 쓴 글이 대부분이다. 판례연구뿐만 아니라 논문에서도 대법원 판결이나 하급심 판결을 소재로 한 경우가 많다. 판례는 법이론과 현실이 만나는 접점에서 나오는 것으로, 살아 있는 법을 인식하는 중요한 창구라고 할 수 있다. 추상적인 법이론이 오로지 자기 발전의 논리에 따라 발전을 거듭하는 것은 무의미한 일이다. 법이론이 법현실과 서로 영향을 주고받으면서 전개되어야만 그 실천적 의미를 찾을 수 있기 때문이다.

이번에도 민법의 해석론에 관한 글이 대부분이지만, 동산담보제도 등 입법론을 다룬 글도 있다. 1997년 금융위기 이후 금융이 원활하게 작동할 수 있도록 담보제도를 정비하여야 한다는 요청에 나름대로 부응하기 위한 것이다. 새로운 제도를 만들면서 해외의 법제도를 참고하는 것이야 나무랄 일이 아니다. 그러나 해외의 법제도를 변형하여 수용하는 것에 급급해서는 우리의 몸에 맞는 법제도로 정착할 수 없다. 새로운 제도가 우리의 법현실에서 제대로 작동할 수 있는지에 관한 엄밀한 분석이 뒷받침되어야만 일방적인 수용에 그치지 않고 창조적인 법발전으로 이어질 수 있을 것이다.

법학에서 새로운 문제가 끊임없이 발생한다. 이는 새로운 영역이나 새로운 분야에 한정된 것이 아니다. 많은 경우에는 새로운 문제라는 것을 의식하지도 못한 채 흘러간다. 문제를 포착하고 그 미세한 차이를 인식하는 가운데서 변화의 동력이 나온다. 그 차이에서 의미를 찾아내고 이를 법적으로 재구성하는 능력은 법학도가 갖추어야 할 소중한 자산이라고 생각한다.

우리네 삶은 어느 순간엔 대결인 것처럼, 어느 순간엔 조화인 것처럼 흘러간다. 집단광기의 시대에 흔들리는 마음을 추스르고 미세한 차이에도 촉수를 열어놓는 섬세함만이 삶을 지켜줄 거라고 믿으며 글을 맺는다.

2007년 초여름

金 載 亨

目　　次

1. 團體로서의 宗中
— 대법원 2005. 7. 21. 선고 2002다1178 전원합의체 판결을 계기로 —

2. 金融去來의 當事者에 관한 判斷基準

3. 分讓契約의 當事者確定에 관한 문제

— 事實的 契約關係論에 대한 검토를 포함하여 —

4. 土地와 물: 地下水 利用權에 관한 妨害排除請求權

대법원 1998. 4. 28. 선고 97다48913 판결

5. 抵當權에 기한 妨害排除請求權의 認定範圍

— 독일민법과의 비교를 중심으로 —

6. 根抵當權의 讓渡에 관한 法律關係

대법원 2005. 6. 10. 선고 2002다15412 · 15429 판결

7. 倒產節次에서 擔保權者의 地位

8. 動產擔保制度의 改善方案
― 登錄制度의 導入에 관한 試論 ―

9. UNCITRAL의 「擔保去來에 관한 立法指針 草案」 논의

10. 유엔債權讓渡協約의 國內法的 受容問題

11. 프로스포츠 選手契約의 不履行으로 인한 損害賠償責任

대법원 2004. 6. 24. 선고 2002다6951 · 6968 판결

12. 제 3 자에 의한 債權侵害
—판례의 전개를 중심으로—

13. 2004년 物權法 判例의 動向

14. 2005년 民法總則·物權法 判例動向

15. 2006년 民法總則 · 物權法 判例動向

1. 團體로서의 宗中
— 대법원 2005. 7. 21. 선고 2002다1178 전원합의체 판결[1]을 계기로 —

[事實關係 및 判決要旨]

1. 사실관계와 원고들의 주장

피고는 용인 이씨 시조 길권의 18세손 말손을 중시조로 하는 종중이고, 원고들은 말손의 후손인 여성들로서 용인 이씨 33세손이다. 피고의 종중규약 제 3 조에 "본회는 용인 이씨 사맹공(휘 末字 孫字)의 후손으로서 성년이 되면 회원자격을 가진다"고 규정되어 있다. 원고들은 (1) 위 규약에서 회원 자격을 남자로 제한하고 있지 않으므로 원고들도 피고 종회의 회원(종원) 자격을 갖는다고 주장하고, (2) 피고가 관습상의 종중과 다른 종중 유사단체에 해당한다고 주장하면서, 피고 종회의 회원임을 확인하는 소를 제기하였다.

2. 1심판결[2]

1심판결은 원고들의 청구를 다음과 같은 이유로 기각하였다.

⑴ 종래의 관습상 종중은 공동 선조의 분묘수호, 제사, 종원 상호간의 친목을 목적으로 공동 선조의 후손 중 성년인 남자를 종원으로

1) 공 2005, 1326.

2) 水原地判 2001. 3. 23, 2000가합5711.

하여 구성되는 종족의 자연적 집단이고, 따라서 혈족이 아닌 자나 여자는 종중의 구성원이 될 수 없으며, 종중의 구성원이 될 수 없는 자에게 종원의 자격을 부여한 종회 결의에 따라 제정된 회칙은 종중의 본질에 반하여 부적법하다. 종중이 성년의 남자를 구성원으로 하여 자연적으로 성립된다는 위와 같은 법리에 비추어 볼 때, 피고 종회의 규약이 회원의 자격을 명시적으로 남자로 제한하고 있지는 않으나 그로 인해 여자도 피고 종회의 회원 자격을 갖는다고 할 수는 없다.

(2) 피고 종회의 회의에 여자들이 참석한 적이 없었던 점 및 앞서 본 법리에 비추어 볼 때, 피고 종회가 종회의 규약을 통해 피고 종회를 관습상의 종중과는 다른 종중 유사의 사단으로 변경하려는 의사가 있었다고 인정할 수 없다.

3. 원심판결[3)]

원심은 1심판결 이유를 인용하여 원고들의 항소를 기각하였는데, 다음과 같은 이유를 위 1.(1) 말미에 추가하고 있다.

"(이러한 관습이 헌법상 남녀평등의 이념 등과 조화를 이루지 못한다고 볼 여지가 있다 하더라도 헌법상의 기본권은 사법의 일반원칙을 통해서만 간접적으로 사인간의 관계에 적용되는 것일 뿐 아니라, 여자 및 미성년자를 배제한 채 성년의 남자를 중심으로 종중이 형성되는 종래의 관습이 선량한 풍속 기타 사회질서에 위반된다고 보기도 어렵다고 할 것이다)."

4. 상고이유

원고들은 다음과 같은 이유로 상고하였다.

(1) 종중의 개념 및 피고 종중의 규약을 해석함에 있어 헌법, 법률,

3) 서울高判 2001. 12. 11, 2001나19594.

법률과 동일한 효력을 가지는 조약의 규정에 위반해서는 안 된다. 헌법상의 기본권은 私人간에도 적용되어야 한다.

(2) 동일 선조의 후손으로 구성된 종중과 종중원 중 성년 이상의 남자로 구성된 종중의 의사결정기관으로서의 종회를 구별하여야 한다. 원고들은 동일 선조의 후손으로 구성된 피고 종중의 구성원이다.

(3) 피고 종중의 규약은 성년인 후손에게 회원자격을 인정하고 있다. 그러므로 여자에게 종회의 회원 자격을 부정한 것은 타당하지 않다.

5. 대법원 판결요지

대법원은 원심판결을 파기하였다. 그 이유를 상세하게 들고 있지만, 중요한 부분만을 필요한 한도에서 요약한다.

(1) 다수의견

(가) 관습법의 요건

"관습법이란 사회의 거듭된 관행으로 생성한 사회생활규범이 사회의 법적 확신과 인식에 의하여 법적 규범으로 승인·강행되기에 이른 것을 말하고, 그러한 관습법은 법원(法源)으로서 법령에 저촉되지 아니하는 한 법칙으로서의 효력이 있는 것이며(대법원 1983. 6. 14. 선고 80다3231 판결 참조), 또 사회의 거듭된 관행으로 생성한 어떤 사회생활규범이 법적 규범으로 승인되기에 이르렀다고 하기 위하여는 헌법을 최상위 규범으로 하는 전체 법질서에 반하지 아니하는 것으로서 정당성과 합리성이 있다고 인정될 수 있는 것이어야 하고, 그렇지 아니한 사회생활규범은 비록 그것이 사회의 거듭된 관행으로 생성된 것이라고 할지라도 이를 법적 규범으로 삼아 관습법으로서의 효력을 인정할 수 없다고 할 것이다(대법원 2003. 7. 24. 선고 2001다48781 전원합의체 판결 참조).

따라서 사회의 거듭된 관행으로 생성된 사회생활규범이 관습법으로 승인되었다고 하더라도 사회 구성원들이 그러한 관행의 법적 구속력에 대하여 확신을 갖지 않게 되었다거나, 사회를 지배하는 기본적 이념이나 사회질서의 변화로 인하여 그러한 관습법을 적용하여야 할 시점에 있어서의 전체 법질서에 부합하지 않게 되었다면 그러한 관습법은 법적 규범으로서의 효력이 부정될 수밖에 없다."

(나) 종중 구성원의 자격을 성년 남자로 제한하는 종래 관습법의 효력

"종원의 자격을 성년 남자로만 제한하고 여성에게는 종원의 자격을 부여하지 않는 종래 관습에 대하여 우리 사회 구성원들이 가지고 있던 법적 확신은 상당 부분 흔들리거나 약화되어 있고, 무엇보다도 헌법을 최상위 규범으로 하는 우리의 전체 법질서는 개인의 존엄과 양성의 평등을 기초로 한 가족생활을 보장하고, 가족 내의 실질적인 권리와 의무에 있어서 남녀의 차별을 두지 아니하며, 정치·경제·사회·문화 등 모든 영역에서 여성에 대한 차별을 철폐하고 남녀평등을 실현하는 방향으로 변화되어 왔으며, 앞으로도 이러한 남녀평등의 원칙은 더욱 강화될 것인바, 종중은 공동선조의 분묘수호와 봉제사 및 종원 상호간의 친목을 목적으로 형성되는 종족단체로서 공동선조의 사망과 동시에 그 후손에 의하여 자연발생적으로 성립하는 것임에도, 공동선조의 후손 중 성년 남자만을 종중의 구성원으로 하고 여성은 종중의 구성원이 될 수 없다는 종래의 관습은, 공동선조의 분묘수호와 봉제사 등 종중의 활동에 참여할 기회를 출생에서 비롯되는 성별만에 의하여 생래적으로 부여하거나 원천적으로 박탈하는 것으로서, 위와 같이 변화된 우리의 전체 법질서에 부합하지 아니하여 정당성과 합리성이 있다고 할 수 없다. 따라서 종중 구성원의 자격을 성년 남자만으로 제한하는 종래의 관습법은 이제 더 이상 법적 효력을 가질 수 없게 되었다."

(다) 종중 구성원의 자격

종중이란 공동선조의 분묘수호와 제사 및 종원 상호간의 친목 등을 목적으로 하여 구성되는 자연발생적인 종족집단이므로, 종중의 이러

한 목적과 본질에 비추어 볼 때 공동선조와 성과 본을 같이 하는 후손은 성별의 구별 없이 성년이 되면 당연히 그 구성원이 된다고 보는 것이 조리에 합당하다."

㈑ 새로운 판례의 적용 시점과 이 사건에의 소급적용

"이와 같은 종중 구성원의 자격에 관한 대법원의 견해의 변경은 관습상의 제도로서 대법원판례에 의하여 법률관계가 규율되어 왔던 종중제도의 근간을 바꾸는 것인바, 대법원이 이 판결에서 종중 구성원의 자격에 관하여 위와 같이 견해를 변경하는 것은 그동안 종중 구성원에 대한 우리 사회일반의 인식 변화와 아울러 전체 법질서의 변화로 인하여 성년 남자만을 종중의 구성원으로 하는 종래의 관습법이 더 이상 우리 법질서가 지향하는 남녀평등의 이념에 부합하지 않게 됨으로써 그 법적 효력을 부정하게 된 데에 따른 것일 뿐만 아니라, 위와 같이 변경된 견해를 소급하여 적용한다면, 최근에 이르기까지 수십 년 동안 유지되어 왔던 종래 대법원판례를 신뢰하여 형성된 수많은 법률관계의 효력을 일시에 좌우하게 되고, 이는 법적 안정성과 신의성실의 원칙에 기초한 당사자의 신뢰보호를 내용으로 하는 법치주의의 원리에도 반하게 되는 것이므로, 위와 같이 변경된 대법원의 견해는 이 판결 선고 이후의 종중 구성원의 자격과 이와 관련하여 새로이 성립되는 법률관계에 대하여만 적용된다고 함이 상당하다.

다만, 대법원이 위와 같이 종중 구성원의 자격에 관한 종래의 견해를 변경하는 것은 결국 종래 관습법의 효력을 배제하여 당해 사건을 재판하도록 하려는 데에 그 취지가 있고, 원고들이 자신들의 권리를 구제받기 위하여 종래 관습법의 효력을 다투면서 자신들이 피고 종회의 회원(종원) 자격이 있음을 주장하고 있는 이 사건에 대하여도 위와 같이 변경된 견해가 적용되지 않는다면, 이는 구체적인 사건에 있어서 당사자의 권리구제를 목적으로 하는 사법작용의 본질에 어긋날 뿐만 아니라 현저히 정의에 반하게 되므로, 원고들이 피고 종회의 회원(종원)

지위의 확인을 구하는 이 사건 청구에 한하여는 위와 같이 변경된 견해가 소급하여 적용되어야 할 것이다."

⑵ 별개의견

별개의견은 "시대의 변화와 우리 사회의 법질서의 변천 등에 따라 종중에 관한 종래의 관습법에 일부 변화가 있어야 할 것"이라는 점에 대하여는 다수의견에 찬성한다. 그러나 "종래의 종중 구성에 관한 관습법의 효력을 통틀어 부정한 다음, 공동선조와 성과 본을 같이 하는 후손은 성년이 되면 당연히 그 구성원이 된다고 보는 것이 조리에 합당하다는 견해에는 찬성할 수 없다"고 한다.

㈎ "일반적으로 어떤 사적 자치단체의 구성원의 자격을 인정함에 있어서 구성원으로 포괄되는 자의 신념이나 의사에 관계없이 인위적·강제적으로 누구든지 구성원으로 편입되어야 한다는 조리는 존재할 수 없으며 존재하여서도 안 된다.… 결사의 자유는 자연인과 법인 등에 대한 개인적 자유권이며, 동시에 결사의 성립과 존속에 대한 결사제도의 보장을 뜻하는 것이다. 그리고 그 구체적 내용으로서는 조직강제나 강제적·자동적 가입의 금지, 즉 가입과 탈퇴의 자유가 보장되는 것을 말하며, 특히 종중에서와 같이 개인의 양심의 자유·종교의 자유가 보장되어야 할 사법적(私法的) 결사에 있어서는 더욱 그러한 것이다."

㈏ "종래의 종중 구성에 관한 관습법 중 문제가 되는 부분은 종래의 관습법을 해석함에 있어 종중에 가입하려는 의사를 표명한 성년여자가 여자라는 이유만으로 종중 구성원에서 배제된 부분에 한정된다."

"우리는 위와 같은 문제는 현행 법질서 안에서 충분히 해결될 수 있다고 생각한다. 즉, 우리 민법 제103조는 선량한 풍속 기타 사회질서에 위반한 사항을 내용으로 하는 법률행위는 무효로 한다고 규정하고 있는데, 그 당연한 이치로서 사적 자치의 적용을 받는 단체라 하더라도 선량한 풍속 기타 사회질서에 반하는 행위로 타인에게 손해를 끼쳐서는 안 되는 것이므로, 이러한 법리에 비추어 보면, 어떤 단체가 그 단체에 대하여 중대하거나 본질적인 이해관계를 가지는 개인이 가입을 원하는 경우 합리적이고 정당한 이유 없이 가입을 거부함으로써 그 개인을 차별적으로 대우하거나 부당한 불이익을 주어서는 안 되는 것이다."

(다) "종원 자격과 종중재산의 분배의 문제는 전혀 별개의 문제로 보아야 할 것이다. … 요컨대 종중이 소유하는 재산으로는 분묘수호 등에 쓰이는 종산(宗山)과 제사봉행 등에 소요될 식량 및 그 비용의 조달 등을 위한 위토전답(位土田畓) 그리고 제구(祭具) 등이 주된 것이고, 이러한 재산은 주로 재력 있는 선조나 후손들의 증여 또는 종원들의 출연에 의하여 마련된 종중의 총유로서, 일단 종중의 소유로 귀속되면 그 재산을 종중에 증여한 사람이나 그의 상속인이라도 배타적인 권리를 주장할 수 없고, 오로지 종중의 목적에 합당하게 사용되어야 하며, 종중재산을 처분하여 이를 개인에게 귀속시킴에 있어서는 신탁의 법리를 유추하여 후손 전원에게 합리적으로 분배하고, 종원에게만 분배하는 것은 허용될 수 없는 것이다."

(라) 이 사건에서 피고 종회규약 제 3 조에는 "본회는 용인 이씨 사맹공(휘 末字 孫字)의 후손으로서 성년이 되면 회원자격을 가진다"라고만 규정하고 있을 뿐, 그 어디에도 성년의 여자를 회원에서 배제한다는 규정을 두고 있지 않다. "성년 여자인 원고들이 피고 종회에의 가입의사를 표명한 경우 원고들이 용인 이씨 사맹공의 후손이 아니라는 등 그 가입을 거부할 정당하고 합리적인 이유가 없는 이상 원고들은 가입의사를 표명함으로써 피고 종회 회원자격을 가진다."

(3) 다수의견에 대한 보충의견

"대법원이 공동선조의 후손이면 본인의 의사와 관계없이 당연히 종중 구성원인 종원이 되고 자의든 타의든 종원의 자격을 상실하지 않는다고 한 것은, 종중이 공동선조의 분묘수호와 봉제사 및 친목도모를 목적으로 후손에 의하여 자연발생적으로 성립되는 종족단체라는 종중의 본질에서 연유하는 것이다.”

“다수의견은 종중에 관한 종래의 관습법 중 공동선조의 후손이면 당연히 종원이 된다는 점을 유지하면서, 이를 전제로 할 때, 성년 남자에게만 종원의 자격을 부여하고 성년 여성에게는 그 자격을 부여하지 않는 것이 우리 법질서가 지향하는 남녀평등의 이념에 부합하지 않는다고 보는 것이다.”

“덧붙인다면, 우리 사회에는 위에서 본 고유 의미의 종중 이외에 공동선조의 후손 중 일부에 의하여 인위적인 조직행위를 거쳐 성립된 유사종중이나 종중유사단체가 얼마든지 있을 수 있고 또 실제로 존재하고 있는바, 이러한 단체는 관습법에 의하여 규율되는 것이 아니라 사적 자치의 영역에 속하는 것이므로, 이에 대하여 그 조직행위에서 배제된 후손을 가입시키도록 강제하거나 양성평등의 이념을 들어서 공동선조의 후손인 여성을 그 구성원에서 배제하고 있는 정관의 효력을 부인할 수 없음은 당연하다 할 것이다.”

[研　究]

I. 序　論

종중은 우리 고유의 전통을 반영하고 있다. 세계 어느 나라에서도 유사한 형태를 찾기 힘들다. 그런데 여자 후손도 종원이라고 주장하는 소가 제기되었다. 성년 남자만이 종중의 구성원이라는 관습은 헌법이 보장하는 평등권을 침해한다는 것이다. 이 사건은 소 제기 당시부터 커다란 주목을 받았고, 대법원에서 전문가의 의견을 듣기 위하여 2003년 12월 18일 사법사상 최초로 공개변론을 열기도 하였다. 2005년에 나온 연구대상판결(이하 대상판결이라 한다)은 성년 여자 후손도 종원이라는 판결을 내렸다. 남녀평등을 획기적으로 진전시킨 판결이라는 것이 대체적인 평가이다.[4] 대상판결은 판례의 변경으로 인한 혼란을 최소화하기 위하여 판결의 소급효를 제한할 정도로 기존의 법률관계에 중대한 영향을 미치는 중요한 판결이다.

종중에 관한 관습이 변하고 있기는 하지만, 언제부터 종원의 자격을 성년 남자로 제한한 관습이 관습법으로서의 효력을 상실했는지를 판단하는 것은 매우 어렵다. 그리하여 대상판결은 "종중 구성원의 자격을 성년 남자만으로 제한하는 종래의 관습법은 이제 더 이상 법적

4) 대상판결의 사건이 문제되기 이전에도 종중제도에 대하여 비판적인 견해가 상당수 있었다. 柳鉉錫, "宗中의 成立時期," 判例研究 제 4 집, 서울지방변호사회, 1991, 71면은 호주제도보다도 훨씬 보수적인 종중을 인정하는 것 자체에 가부장제적 봉건사상이 담겨져 있고, 철저한 남성우월의 조직체(성년의 남자만이 종중 구성원이 된다)를 인정하는 것은 남녀평등의 헌법정신과 국제인권규약에 위배된다고 하였다. 또한 鄭貴鎬, "宗中에 관한 判例의 動向," 民事判例研究(Ⅹ), 1988, 345면; 李德勝, "宗中의 變化에 관한 一考察: 安東地方의 宗中을 中心으로," 法史學研究 제15호, 1994, 18면, 24면 이하는 성년 여자에게 종원의 자격을 인정하여야 한다고 하였다. 이 사건을 포함하여 여성의 종원 지위의 확인을 구하는 유형의 소송이 잇달아 제기되었는데, 이러한 소송은 언론에서 "딸들의 반란"이라고 보도하는 등 사회적으로 커다란 주목을 받았다. 그 후 여자에게도 종원의 지위를 인정하여야 한다는 견해를 표명한 것으로는 박우동, 변호사실 안팎, 한국사법행정학회, 232면; 李和淑, "宗中의 女性問題," 現代民事法研究(崔柄煜教授停年紀念), 법문사, 2002, 98면 이하; 鄭肯植, "宗中財產의 法的 問題," 韓國近代法史攷, 박영사, 2001, 288면; 양현아, "여성의 '목소리'와 법여성학 방법론," 가지 않은 길, 법여성학을 향하여, 사람생각, 2004, 102면 이하; 이승우, "宗中財產分配問題와 憲法上의 問題點," 인권과 정의 제334호(2004. 6), 151면 이하 등이 있다.

한편 이 사건이 대법원에 계류중이던 2005년에 실시된 설문조사에 의하면, 여성의 종원 지위를 인정해야 한다는 견해가 많았지만, 반대하는 견해도 상당수 있었다. 즉, 종래 관습대로 성년 남자만으로 하자는 견해에 대해, 일반인 집단의 경우는 69.7%, 전문가 집단(대한변협 소속 변호사와 한국법학교수협의회 소속 교수들)의 경우는 64%의 다수가 반대하고 있는 것으로 나타났다. 2005. 7. 21 여성의 종원 자격에 관한 대법원 전원합의체 판결 관련 보도자료(http://www.scourt.go.kr/news/NewsListAction.work?gubun=6). 그런데 종중문제에 관해서는 보수적일 것이라고 생각되던 대법원이 여성이 종원이 될 수 있다는 점에 관하여 이론구성상의 논란이 있기는 하였지만 전원일치로 찬성하고 있다는 점도 흥미롭다.

효력을 가질 수 없게 되었다"고 선언하였다. "이 판결 선고 이후의 종중 구성원의 자격과 이와 관련하여 새로이 성립되는 법률관계"에서 성년 여자를 종원으로 취급해야 한다는 것이다.

대상판결의 결과로 모든 성년 여자들은 종중의 구성원이 되었는가? 그렇지는 않다. 대법원 판결은 구체적인 사건에 관한 결론을 제시하는 것이기 때문에, 판결의 효력이 이 사건 원고들에게 미칠 뿐이고 다른 사건에는 미치지 않는다. 그럼에도 불구하고 성년 여자들 모두 종원이 되었다고 생각하고 있다. 대법원 판결의 이유에서 성년 여자는 그 의사와 무관하게 종중이라는 단체에 속하게 된다고 판단하였기 때문이다. 다수의견에 따르면 장래 다른 사건에서 성년 여자를 종원으로 취급해야 할 것이다. 그러나 종중가입을 원하지 않는 성년 여자도 종원으로 취급하여야 할 것인지는 여전히 논란이 될 것이다. 이 사건에서 원고들은 성년 여자로서 종중가입의사를 표명한 경우에 해당하기 때문에, 종중가입을 희망하지 않는 성년 여자가 종원인지 여부는 이 사건의 해결과는 무관한 법률론이라고 볼 수 있다.

대법원 판결에 따르면 사망한 사람에게 적어도 두 명 이상의 성년인 후손이 있으면 종중이 성립하므로, 살아 있는 사람의 수보다 훨씬 더 많은 종중이 존재한다. 선조가 얼마나 많은지 알 수 없기 때문에, 스스로 얼마나 많은 종중에 속하고 있는지조차 모른다. 종중의 시조가 올라감에 따라 더욱 종원이 누구인지 알 수조차 없다. 사람의 다양한 삶만큼 종중의 종류가 각양각색이다. 후손들이 자랑스럽게 생각하는 종중도 있고, 그렇지 아니한 종중도 있다. 높은 벼슬을 하거나 명망을 떨친 사람을 선조로 하는 종중도 있고, 그렇지 않은 종중도 있다. 종중재산이 많아 분쟁이 끊이지 않는 종중도 있지만, 종중재산이 전혀 없고 아무런 활동을 하지 않는 종중도 있다. 오히려 많은 종중은 관념적 존재로만 남아 있을 뿐이다.

그렇다면 종중에 가입하기를 원하지 않은 후손도 종원으로 보아야 하는가? 우리 헌법은 인간으로서의 존엄과 가치를 보장하고 있고, 양심의 자유와 결사의 자유를 보장하고 있다. 자녀가 父의 姓을 그대로 쓰는 것이 인간으로서의 존엄과 가치를 침해하는 것이 아닌지 논란이 되고 있다.[5] 이와 동일한 논리로 모든 사람이 의지와는 상관없이 단체의 구성원이 된다는 것은 위와 같은 헌법규정을 침해하는 것은 아닌지 문제된다. 자신이 단체에 가입하기를 원한다면 단체의 구성원이라고 하더라도 별다른 문제가 없다. 그러나 자신이 원하지도 않는 단체에 가입하도록 강제하는 것은 인격의 자유로운 전개에 배치되는 것이다.

대상판결에서 성년 여자후손을 일률적으로 종원으로 보아야 하는지, 아니면 종중에 가입하기를 희망하는 성년 여자후손만을 종원으로 보아야 하는지를 둘러싸고 다수의견과 별개의견이 팽팽하게 대립하고 있다. 대상판결에 관하여 여러 각도에서 조명을 할 것으로 생각되지만,[6] 여기에서는 단체의 본질과 관련된 논의에 한정하고자 한다. 특히 종중은 일반 단체와 어떻게 구별되는지, 일반적인 단체에 적용되는 법리가 종중에도 관철될 수 있는지, 종원의 자격을 정할 때 구성원이나 단체의 의사를 고려하여야 하는지에 관하여 검토하고자 한다.

---

5) 민법 제781조 제 1 항 본문은 子는 父의 姓과 本을 따르도록 규정하고 있으나, 2005. 3. 31. 민법 개정으로 자는 부의 성과 본을 따르는 것을 원칙으로 하고 예외로서 "다만, 부모가 혼인신고시 모의 성과 본을 따르기로 협의한 경우에는 모의 성과 본을 따른다"는 규정을 추가하고, 자의 복리를 위하여 필요한 경우 자의 성과 본을 법원의 허가를 받아 변경할 수 있도록 하였다(2008년 1월 1일 시행 예정). 2005년 개정 전 민법 제781조 제 1 항 본문에 관하여 헌법재판소는 입양이나 재혼 등의 경우에 父의 姓을 계속 사용하도록 하는 것은 개인의 인격권을 침해한다는 이유로 헌법불합치 결정을 하였다. 그러나 이 규정이 父姓主義를 규정한 것 자체가 혼인과 가족생활에서 개인의 존엄과 양성의 평등을 보장한 헌법 제36조 제 1 항에 위반된다는 의견도 있었다. 헌재 2005. 12. 22, 2003헌가5·6(헌집 17-2, 544).

6) 이 판결에 관한 재판연구관의 해설로는 文英和, "宗員의 資格을 成年男子로 제한하는 종래 慣習法의 效力," 21世紀司法의 展開(최종영대법원장재임기념), 박영사, 2005, 421면 이하.

Ⅱ. 宗中의 意義와 本質

1. 大法院 判例

우리나라에서 男系의 혈족을 一族이라고 하는데 그 단체를 종중이라고 부른다.[7] 문중이라는 말도 종중과 비슷한 의미로 사용되나, 이는 비교적 작은 규모의 종중을 가리킨다. 종중의 개념, 본질, 구성원의 자격 등은 판례에 의하여 확정되고 발전되어 왔다.

현행 민법 시행 전에 대법원은 "종중 또는 문중이라 함은 공동선조의 분묘의 수호, 제사 및 종중원 상호간의 친목을 목적으로 하는 종족의 집단으로서 그 대표자는 특별한 규약이 없는 한 종장 또는 문장이 그 종족 중 성년 이상의 남자를 소집하여 출석자의 과반수의 결의로서 선임하는 것이 일반관습이다"라고 하고, "종중은… 공동선조의 후손 중 성년 이상의 남자를 종원으로 하여 구성하는 종족의 집단"이라고 판결하였다.[8] 현행 민법 시행 후에도 대법원은 동일하게 판단하였다. 즉, "종중은 공동선조의 후손 중 성년 이상의 남자를 종원으로 하여 구성되는 종족의 자연적 집단이므로, 그 공동선조를 정함에 따라 상대적으로 대소종중으로 구별되는 것이기는 하나, 종중의 성립을 위하여 특별한 조직행위가 필요한 것은 아니고, 다만 그 목적인 공동선조의 분묘의 수호, 제사라든가 종원 상호간의 친목을 위한 활동을 규율하기 위하여 규약을 정하는 경우가 있고, 또 대외적인 행위를 할 때

7) 宗은 종묘, 제사, 종통, 종족 등을 뜻하고, 中은 外에 대한 內를 뜻한다고 한다. 野村調太郎 編, 朝鮮祭祀相續法論 序說, 朝鮮總督府中樞院, 1939, 509면; 許奎·盧宗相·李泰勳, "宗中·宗中財産에 관한 諸考察," 司法論集 제 4 집, 법원행정처, 1973, 10면 이하(이 논문은 일제시대의 종중에 관한 관습조사내용, 조선고등법원 판결, 해방 이후의 대법원판결 등을 정리하고 있어 종중에 관한 유용한 자료로 인용되고 있다).

8) 大判 1958. 11. 20, 4291민상2(集 6, 민 74).

에는 그 대표자를 정할 필요가 있는 것에 지나지 아니하며, 반드시 서면화한 규약의 작성이 종중의 성립이나 활동의 필요요건은 아닌 것이다"라고 판결하였다.[9] 四代奉祀라는 제사관습을 들어 공동선조의 4대 이내의 자손이 전부 사망하고 시제를 지낼 때부터 종중이 성립한다는 주장은 받아들여지지 않았다.[10] 그 후 종중에 관한 판례법리가 세밀하게 전개되었는데, 대상판결은 이를 다음과 같이 요약하고 있다.

> "종래 대법원은 관습상의 단체인 종중을 공동선조의 분묘수호와 제사 및 종원 상호간의 친목을 목적으로 하여 공동선조의 후손 중 성년남자를 종원으로 하여 구성되는 종족의 자연적 집단이라고 정의하면서, 종중은 공동선조의 사망과 동시에 그 자손에 의하여 성립되는 것으로서 종중의 성립을 위하여 특별한 조직행위를 필요로 하는 것이 아니므로,

9) 大判 1966. 7. 26, 66다881(集 14-2, 민 227).

10) 大判 1992. 7. 24, 91다42081(공 1992, 2524)은 종래의 판결을 따르고 있다. 그러나 원심은 공동선조의 4대 이내의 자손이 전부 사망하기 이전에는 종중이 성립하지 않는다고 판단하였는데, 그 이유가 매우 흥미로운 점이 있어서 장황하더라도 이를 소개하고자 한다. 즉, 종중은 공동선조의 봉제사와 분묘수호를 그 주목적으로 구성된 집단으로서 그 토대가 되는 기본관습은 성리학의 조상숭배의 정신에 터잡아 이조시대의 정치사회적 특수한 상황에서 형성된 것이므로 특정 종중이 존재하는지 여부는 이러한 성리학의 상례 및 제례규범이 그 기준이 된다. 그 상례 및 제례규범인 주자가례, 사례편람, 가례집람, 가례증해 및 상례비요 등에 의하면 사대부가 사망한 경우에는 그 4대 장손에 이르기까지는 장손이 제주가 되어 제사(사당제사) 및 묘제를 지내다가 4대장손이 사망하면 4대 이내의 자손 중 연고항존자가 주재자가 되어 계속 제사, 묘제를 지내고 그 공동선조의 4대 이내의 자손이 전부 사망하게 되면 사당에 있는 신주를 그 묘소에 매장한 뒤 그 5대 이내의 자손 중 연고항존자가 주재자가 되어 묘제를 지냈다. 위 관습에 의하면 공동선조의 4대 이내의 자손은 친족으로서 장손이 주관하는 제사에 참여할 뿐이고, 그 4대 이내의 자손이 모두 사망한 뒤 그 5대 이후의 자손들이 모여 묘제를 지내게 되면서 비로소 종족으로서 공동선조의 봉제사 및 분묘수호를 목적으로 한 종중이 구성되는 관습이 존재한다. 따라서 공동선조의 4대 이내의 자손이 전부 사망하기 이전에는 종중이 자연적으로 발생하는 관습은 존재할 여지가 없다는 것이다. 그러나 대법원은 종중은 공동선조의 후손들에 의하여 그 선조의 분묘수호 및 봉제사와 후손 상호간의 친목을 목적으로 형성되는 자연발생적인 종족단체로서 그 선조의 사망과 동시에 그 자손에 의하여 성립하는 것으로서 그 대수에 제한이 없다고 판결하였다.

반드시 특별하게 사용하는 명칭이나 서면화된 종중규약이 있어야 하거나 종중의 대표자가 선임되어 있는 등 조직을 갖추어야 하는 것은 아니라고 하였고, 종원은 자신의 의사와 관계없이 당연히 종중의 구성원이 되는 것이어서 종원 중 일부를 종원으로 취급하지 않거나 일부 종원에 대하여 종원의 자격을 영원히 박탈하는 내용으로 규약을 개정하는 것은 종중의 본질에 반하는 것으로 보았으며, 혈족이 아닌 자나 여성은 종중의 구성원이 될 수 없다고 하였다."

2. 宗中의 特性과 目的

(1) 祭祀共同體

종중은 조상숭배의 관념을 기초로 공동선조의 분묘수호와 제사 및 종원 상호간의 친목[11)]을 목적으로 성립된 단체이다. 그 중에서 祭祀奉行은 종중의 가장 중요한 목적이라고 할 수 있다.[12)] 그리하여 종중은 1차적으로 제사공동체라고 한다.[13)] 사람이 사망하면 제사를 지내는 것이 우리나라의 전통적인 관습인데, 종중은 사람이 사망하고 자손이 2인 이상 있으면 그 사망과 동시에 종중이 성립한다.[14)] 종중이 성립하려면 2인 이상의 자손이 있으면 충분한지, 아니면 성년 이상의 자손이 2인 이상 있어야 하는지는 명확하지 않다. 그러나 종원을 성년자로 한정하는 현재의 판례에 따르면 성년의 자손이 2인 이상 있어야 한다고 보아야 할 것이다. 왜냐하면 단체는 2인 이상의 구성원이 있어야 성립

11) 대법원 판결은 종원과 후손을 구분하고 있는데, 종중의 목적이 "종원 상호간의 친목"을 도모한다고 하는 판결도 있고, "후손 상호간의 친목"을 도모한다고 한 판결도 있다. 大判 1998.7.10, 96다488(공 1998, 2051) 등. 후손이 더 넓은 개념으로 종중의 목적은 종원을 포함한 후손 상호간의 친목을 도모한다고 보는 것이 나을 것이다.

12) 許奎 외(註 7), 14면.

13) 이승우(註 4), 143면.

14) 1940.2.7. 大邱覆審法院 民事 第三部 問議 1940년 3월 30일 中樞院議長回答(鄭光鉉, 韓國家族法硏究, 서울대학교 출판부, 1967, 172-174면에 원문과 번역문이 있음); 許奎 외(註 7), 17면.

하기 때문이다.

최근 들어 가족제도와 관념의 변화에 따라 제사봉행이나 분묘수호보다는 종원 상호간의 친목도모가 점점 중요해지고 있다[15)]고 볼 수도 있다. 그러나 종중에서 친목도모는 부수적인 목적에 불과하다. 종중에서 시제 등 제사봉행을 통하여 부수적으로 친목을 도모하는 효과가 발생하는 데 지나지 않는다고 보아야 한다. 따라서 제사를 지내는 관습이 약화되면서 종중에 관한 관념이나 종중의 실체도 약화되었고, 앞으로 이러한 현상이 더욱 뚜렷하게 나타날 것이다.

⑵ 血緣共同體

종중은 공동선조의 후손으로 구성된 단체이기 때문에, 혈연공동체[16)]라고 한다. 종중은 그동안 남계혈통주의를 지탱하는 역할을 수행해 왔다. 이것이 남녀평등이라는 시각에서 비판을 받기도 하지만, 종중에서 부계혈족에 관한 관념을 무시할 수는 없다. 여자를 시조로 하는 종중은 없고, 공동선조의 배우자나 후손의 배우자(며느리)가 제사봉행에서 중요한 역할을 수행해 왔는데도 종원이나 후손에 포함되지 않는다.[17)]

⑶ 宗中財産 문제

종중이 제사봉행과 분묘수호를 위하여 토지나 건물을 소유하는 경우가 적지 않다. 종원이 종사를 위하여 비용을 분담하거나 종중에 토지 등을 내놓은 경우도 있지만, 선조로부터 많은 종중재산을 물려받은 경우도 있다. 종중재산의 가격이 오르거나 종중재산이 수용되어 많은 보상금을 받는 경우에 이를 분배하는 문제가 발생하고 있다. 종중과 종원 사이에 종중재산을 둘러싼 분쟁이 상당수 있고, 종원들 사이에 종중재산의 분배를 둘러싸고 소송을 하는 경우도 많다. 일제시대부터

---

15) 李德勝(註 4), 38면 이하.

16) 이승우(註 4), 143면.

17) 이른바 며느리가 종원이 될 수 있는지 여부는 대상판결에서 쟁점이 아니었으나, 며느리가 종원이 되어야 한다는 의견을 표명하는 사람도 있다.

종중을 둘러싼 많은 소송은 실제로는 종중재산의 분배와 관련된 것이다.[18] 대부분의 종중에는 분배할 만한 종중재산이 없기 때문에, 종중재산의 분배는 문제가 되지 않는다. 따라서 종중재산의 분배를 종중의 목적이라고 볼 수는 없을 것이다. 그러나 종중재산이 많은 경우에는 그 관리, 처분, 분배가 종중의 중요한 일이 된다. 대상판결에서도 종중재산의 분배를 둘러싸고 분쟁이 시작되었다.

3. 自然發生的 團體로서의 宗中

(1) 의 의

종중은 자연적으로 발생한 단체라는 특색이 있다. 이 점에서 다른 나라에서는 유사한 형태를 찾기 힘들다. 筆者는 단체의 두 유형인 사단과 조합의 구별에 관한 대법원 판결을 분석하면서, 자연발생적 단체의 경우에는 일반적인 사단과 조합에 관한 구별기준이 그대로 적용되지 않는다는 점을 지적한 바 있다.[19] 즉, 법인 아닌 사단이 되는 데 필요한 요소로서 단체의 이름, 기관, 대표자 등을 들 수 있는데, 종중, 문중, 자연부락 등의 경우에는 이러한 요소들을 갖추고 있지 못하더라도 법인 아닌 사단이 될 수 있다.[20] 대법원은 종중의 경우에는 관습상 사단이 당연히 성립하는 것이고, 그 성립을 위하여 어떠한 조직행위를 필요로 하지 않는다고 하고,[21] 규약이나 정관이 서면으로 작성될 필요

18) 許奎 외(註 7), 91면 이하.

19) 郭潤直 편, 民法注解(XVI), 1997, 11면 이하(金載亨 집필부분).

20) 사찰이나 교회의 경우에도 독자적인 정관이나 규약을 갖지 않고 상급조직체의 종회, 종법 혹은 헌법(교회의 헌법을 가리킴)이나 규약을 그대로 자신의 자치법규로 하여, 비법인 사단이 될 수도 있다. 大判 1989.10.10, 89다카2902(공 1989, 1663). 한편 사원총회가 상설되어 정기적으로 활동하여야 하는 것도 아니다. 의결기능을 이사회 등 업무집행기관에 대부분 이양하고 목적이나 정관변경 등 가장 중요한 사항에 대하여만 의결할 수 있는 총회가 구성될 수 있으면 된다.

21) 大判 1983.2.22, 81다584(集 31-1, 민 119); 大判 1988.9.6, 87다카514

가 없다고 한다.[22)]

(2) 논의의 전개

이와 같이 종중이 자연발생적인 단체라는 점은 일제시대의 관습조사를 통하여 확립되었고,[23)] 해방 이후 대법원이 이를 따르고 있다. 그 결과 종중은 공동선조의 사망과 함께 곧바로 성립한다는 논리로 이어졌다. 대상판결의 다수의견은 여기에서 나아가 종중이 자연발생적 단체이기 때문에, 그 구성원도 후손들로 자동적으로 정해져야 한다고 하였다.

그런데 자연발생적 단체설에 대해서는 맹렬한 비판이 가해졌다. 한국가족제도를 체계적으로 연구한 金斗憲 교수는 다음과 같이 언명하고 있다.

> "대저 종중은 共同祖先의 제사에 의하여 맺어진 자손의 일단이므로 그것은 자연적이라 하겠지만, 그 일단의 종족의 의식으로써 구성되는 한, 그것은 또한 인위적이라고 할 수 있을 것이다. 널리 실정에 비추어 본다면 동성 동본의 一族이라고 해서 반드시 거기에 종중을 구성하고 있는 것은 아니다. 종중이란 것은 역시 일정한 혈족의 사이에 의식적으로 구성되는 일종의 사회집단이다. 종중이 인위적 일면을 갖고 있다고 하는 소이이다."[24)]

(공 1988, 1258). 大判 1997.9.12, 97다20908(공 1997, 3099)은 "이러한 사단이라 함은 일정한 목적을 위하여 조직된 다수인의 결합체로서 대외적으로 사단을 대표할 기관에 관한 정함이 있는 단체를 말한다고 할 것이고, 종중 또는 문중과 같이 특별한 조직행위 없이도 자연적으로 성립하는 예외적인 사단이 아닌 한, 법인 아닌 사단이 성립하려면 사단으로서의 실체를 갖추는 조직행위가 있어야 한다"고 한다.

22) 大判 1966.7.26, 66다881(集 14-2, 민 227); 大判 1972.9.12, 72다1090(集 20-3, 민 5); 大判 1985.11.26, 85다카659(集 20-3, 민 5).

23) 野村調太郎(註 7), 509면 이하; 野村調太郎, "宗中に關する法律關係," 司法協會雜誌 제18권 제11호(1939.11), 992면; 1940년 3월 30일 中樞院議長回答(註 14).

24) 金斗憲, 韓國家族制度研究, 再版, 서울대학교 출판부, 1969, 91면(초판은 1948년 朝鮮家族制度研究라는 제목으로 출간되었음).

이러한 인식에 터잡아 종중이 자연적으로 발생한다는 견해를 비판한다.

"「종중은 제사에 관한 관습상 자연히 발생하는 것이므로 제사를 지낼 자손이 있는 한, 영원히 존속하고 인위적으로 이를 해소할 수 없는 것이다. 설사 종족이 단체로써 아무런 활동을 하지 않고 따라서 형식상 그 존재를 인식하기 어려운 때에 있어서도 실질상 그 종중은 존재한다」[25]고 하는 것은 오히려 이론에 기울어진 견해가 아닌가 싶다. 거기에는 종중의 인위적 구성의 일면이 간과되어 있기 때문이다."[26]

그 후 1990년대에 들어와 대법원 판례의 자연발생적 단체설에 대하여 여러 비판적 견해가 나왔다. 판례의 견해는 우리나라의 종중에 관한 관습을 왜곡하거나 잘못 파악했던 일제시대의 견해를 그대로 따른 것이라고 한다. 우리의 전통적인 관습을 보면 종중은 자연발생적인 단체가 아니라 인위적인 단체라고 한다.[27] 사람의 의사와 관계없이 단체의 구성원이 되는 것은 근대법이론으로 설명할 수 없다고 한다. 나아가 종중 문제를 관습법상의 제도로 두기보다는 헌법정신을 반영하여 결사의 자유의 시각에서 사단법인으로 발전시키는 것이 바람직하고, 다만 아직 법인화되지 않은 경우에 권리능력 없는 사단으로 처리하면 된다는 견해도 있다.[28]

(3) 검 토

단체를 조직하기 위한 행위 없이 자연발생적으로 단체가 성립할 수도 있다. 일반적인 사단에 필요한 정관이나 조직행위가 없더라도 종

25) 野村調太郎(註 7), 512면.
26) 金斗憲(註 24), 92면.
27) 金時昇, "宗中의 法律的 性格," 判例硏究 제 4 집, 부산판례연구회, 1994, 340면 이하; 심희기, 한국법사연구, 영남대학교 출판부, 1992, 350면 이하; 柳鉉錫(註 4), 66면 이하; 李在性, "우리나라 舊來의 慣習에 의한 宗中의 成立時期," 辯護士 제25집, 1995, 146면 이하; 鄭貴鎬, "宗中法에 대하여," 民法學論叢(厚巖郭潤直敎授 華甲紀念), 박영사, 1985, 80면; 鄭肯植(註 4), 285면.
28) 이승우(註 4), 144면.

중이라는 단체로서 활동하고 있다면 단체로 인정해야 한다. 이러한 맥락에서 종중은 역사적으로 자연스럽게 형성된 단체의 전형이다. 종중이 자연발생적인 단체라는 것은 혈연관계에 있는 후손들이 공동선조에 대한 제사를 지내면서 자연스럽게 종중이라는 단체를 형성하였다는 의미로 파악하여야 한다.[29] 그렇다고 해서 종중에 인위적인 측면이 있다는 점을 부정할 수는 없다. 후손들이 모여 제사를 지내는 것 자체가 인위적인 행위이고, 종중규약, 즉 宗約을 작성하는 것 역시 조직체로서의 인위적인 활동이다. 종중은 자연발생적 요소와 인위적 요소를 모두 갖추고 있는데, 다른 단체에 비하여 월등하게 자연발생적 요소가 강한 단체라고 볼 수 있다.

판례는 자연발생적 단체라는 점에서 종중의 성립시기를 결정하고 있다. 종중은 자연발생적 종족집단이고, 따라서 사람이 죽으면 곧바로 그 후손들로 이루어진 종중이 성립한다는 것이다. 그러나 이것이 우리의 관습, 나아가 관습법이라고 할 수 있는지는 매우 의심스럽다. 물론 조선시대의 종중에 관한 관습이 오늘날 종중의 성립시기를 판정하는데 결정적인 영향을 미치는 것은 아니다. 일제시대의 관습조사나 그 후의 판례에 의하여 종중의 성립시기가 공동선조의 사망시라는 관습법이 확립되었다면, 이에 따라야 하기 때문이다. 그러나 현재에도 공동선조의 사망시에 바로 종중이 성립한다는 관습은 없는 것이 아닐까. 종중의 성립시기에 관한 위와 같은 법리는 중중에 관한 「慣習法」이 아니라, 국민들의 관습으로 정착하지 못한 「法官法」, 즉 「判例法」에 불과하지 않을까? 대법원의 반복된 판례에도 불구하고 모든 선조를 위한 각각의 종중이 성립되었다고 생각하는 사람은 많지 않다. 오히려 실제로 활동하고 있는 하나의 종중에 속한다고 보는 것이 종중에 대해서 갖고

29) 별개의견은 "대법원 판례가 종중이 자연발생적이라고 한 것은 조상숭배를 일족일가의 가장 중요한 일 중의 하나로 여기는 남계혈족 중심의 종법 아래 특별한 소집권자나 소집절차 없이 그야말로 자연스럽게 모여 제사를 지내고 친목을 도모하던 현상(現象)을 있는 그대로 표현한 것"이라고 한다.

있는 일반적인 관념이라고 생각된다. 후손들이 제사를 지내고 분묘를 수호하며 친목을 도모한다고 해서 종중이라는 단체가 성립되었다고 볼 필요는 없을 것이다.

또한 공동선조의 사망과 동시에 종중이 성립한다고 보는 판례는 개인으로 하여금 너무 많은 단체 소속원으로 만들어버린다는 문제점이 있다. 사망한 선조가 자신의 후손들로 종중이 성립되기를 희망하고, 또 그 후손들이 조상을 위하여 종중이라는 단체를 만들려는 의사가 있다면 종중이 성립하였다고 할 수 있을 것이다. 그러나 종중이라는 단체를 만들 생각도 없고, 단체로서 아무런 활동을 하지 않는데도 종중이라는 단체에 속한다고 하는 것은 개인의 자율성을 침해하는 결과가 될 수 있다.[30)]

대법원 판결 중에는 종중이 자연발생적인 단체라는 점과 비법인사단으로서의 단체성을 갖추기 위한 요건을 구별하는 경우도 있다. 즉, ① "종중이란 공동선조의 후손들에 의하여 선조의 분묘수호 및 봉제사와 후손 상호간의 친목을 목적으로 형성되는 자연발생적인 종족단체로서 선조의 사망과 동시에 후손에 의하여 성립하는 것"이며, ② "종중의 규약이나 관습에 따라 선출된 대표자 등에 의하여 대표되는 정도로 조직을 갖추고 지속적인 활동을 하고 있다면 비법인사단으로서의 단체성이 인정된다"고 한다.[31)] 종중이 소송에서 문제되는 경우에는 대표자 등을 정한 경우가 대부분이고, 종종이 민사소송법상 당사자능력이 있는지 여부[32)]를 판단하여야 하기 때문에, 이와 같은 판단을 한 것으로

30) 아래 Ⅳ. 2, 3. 참조.

31) 大判 1991.8.27, 91다16525(공 1991, 2428); 大判 1994.9.30, 93다27703 (공 1994, 2822).

32) 大判 1970.2.10, 69다2013(集 18-1, 민 81)은 법인 아닌 사단이나 재단이 권리능력의 주체가 될 수 없다고 하여도 당사자능력에 관하여는 민사소송법 제48조에 이를 긍정하고 있고 또 등기능력에 관하여서는 부동산등기법 제30조에 이를 긍정하고 있을 뿐 아니라 재산이나 종중원을 중심으로 하여 사실상 사회생활의 하나의 단위를 이루는 경우에는 법률상 특수한 사회적 작용을 담당하는 하나의 독자적 존재가 될 수 있다고 하고, 종중에게 "부동산에 관하여

볼 수도 있다. 그러나 이러한 판결은 종중의 성립 문제(위 ①부분)와 사단으로서의 단체성 문제(위 ②부분)를 구분한 것으로 볼 수도 있다. 즉 공동선조의 사망과 함께 곧바로 후손들로 자연발생적인 종족단체가 성립하지만, 대표자 등 일정한 조직을 갖추고 지속적인 활동을 할 때 비법인사단이라는 단체를 구성한다는 것이다. 이러한 논리는 비법인사단의 전단계인 종중과 비법인사단인 종중을 구분하는 것으로 발전할 수 있는데, 비법인사단의 전단계인 종중의 법적 성질을 어떻게 파악하여야 할 것인지 여부가 어려운 문제로 등장한다.

한편 대법원은 고유 의미의 종중과 구별되는 종중에 유사한 비법인사단(이를 類似宗中이라 한다)을 인정하고 있다.[33] 類似宗中의 경우에도 반드시 총회를 열어 성문화된 규약을 만들고 정식의 조직체계를 갖추어야만 비로소 단체로서 성립하는 것이라고는 할 수 없고, 실질적으로 공동의 목적을 달성하기 위하여 공동의 재산을 형성하고 일을 주도하는 사람을 중심으로 계속적으로 사회적인 활동을 하여 온 경우에는 이미 그 무렵부터 단체로서의 실체가 존재한다는 것이다.[34] 따라서 고유 의미의 종중과 유사종중은 그 조직화의 정도에서는 구별이 모호한 경우가 많다.

Ⅲ. 宗員과 宗會員의 구별문제

종중의 구성원을 종중원 또는 종원이라고 하는데, 그 의미가 명확한 것은 아니다. 이에 관한 여러 판결들 중에서 1997년에 나온 세 개

취득시효 완성으로 인한 소유권"을 인정하고 있다.

33) 고유 의미의 종중에 해당하는지의 여부는 종중의 목적, 그 성립과 조직의 경위, 구성원의 범위와 자격 기준, 종중규약의 내용 등을 종합하여 판단하여야 한다. 大判 1995. 9. 15, 94다49007(공 1995, 3375).

34) 大判 1996. 3. 12, 94다56401(공 1996, 1230).

의 대법원 판결을 살펴보자. 먼저 大判 1997.2.28, 95다44986[35]은, “종중원 중 성년 이상의 남자”라는 표현을 사용하고 있는데, 이는 성년 이상의 남자가 아닌 사람도 종중원이 될 수 있다는 것을 전제로 한 표현이다. 즉, 종중원은 공동선조의 후손을 가리키고, 그 중 성년 이상의 남자만이 종중의 의결권을 행사할 수 있다고 볼 여지가 있다. 이와 달리 大判 1997.7.25, 96다47494[36]는 “공동 선조의 후손 중 성년 이상의 남자를 종원”으로 한다고 하였는데, 이는 성년 이상의 남자만이 종원이라는 점을 명확하게 하였다. 위 두 판결에 나타난 표현만을 보면 서로 모순된다고 볼 수 있다. 한편 大判 1997.11.14, 96다25715[37]는 “공동선조의 후손 중 성년 이상의 남자”를 종원이라고 하면서도, “종원 중 성년 이상의 남자”라는 표현을 사용하여, 하나의 판결에서 서로 모순되는 표현을 사용하고 있다. 대법원 판결에서 나타나는 용어 혼란은 일제시대 이래 우리의 관습을 조사하고 확정하는 과정에서 발생한 혼란이 판결에 반영된 것이다. 이것이 대법원 판결의 실제 결론에는 영향을 미치지 않았다. 그리하여 대법원 판결의 모순된 표현이 계속 반복되었고, 이는 종원의 자격에 관한 견해의 대립을 초래하였다.

종중에 관한 문헌을 보면 宗員과 宗會員을 구분하는 견해가 적지 않다.[38] 종원은 후손들 전원을 가리키는 것이고, 종회원은 종중의 의사결정기관인 종회, 즉 종중총회의 구성원을 의미한다는 것이다. 자연적인 혈연공동체에서 구성원의 자격은 출생으로 취득하고 사망으로 상실한다. 공동선조의 후손이면 누구나 종원의 자격을 갖는다. 종손은 아무리 나이가 적어도 종손인 것을 보면 종원은 성년 남자만을 말하는

35) 공 1997, 893.
36) 공 1997, 2672.
37) 공 1997, 3799.
38) 許奎 외(註 7), 30면; 李德勝(註 4), 18면; 이승우(註 4), 144면 이하; 이진기, “종중재산의 법리에 관한 판례이론의 검토,” 가족법연구 제15호, 314면; 李和淑(註 4), 96면; 鄭淇雄, “宗中에 관한 法的 考察(上),” 司法行政, 1994. 7, 26면 이하.

것이 아니라고 한다.[39] 이와 달리 종회원의 자격은 종중규약에서 정할 내용이나, 다만 명시적인 종중규약이 없으면 성년 남자 또는 성년의 남녀라고 한다.

일상용어로서 종중원이나 종원이라는 말은 성년인지 여부를 가리지 않고 공동선조의 후손 전체를 가리키는 것으로 볼 수 있다. 많은 종중에서 미성년자도 공동선조의 제사에 참여하도록 하고 있고, 특히 종손은 미성년자라고 하더라도 적어도 상징적인 의미에서는 제사에서 가장 중요한 역할을 수행한다. 따라서 후손들 모두를 종원이라고 하고 그 중 성년에 달한 사람만을 종회원이라고 하는 것이 일반관념에 부합하고, 논리적으로 명확하다. 이것이 우리의 관습[40]에도 부합하는 것이었다. 또한 단체에서 구성원과 의사결정기관을 구분하는 것도 얼마든지 가능하다. 그러나 판례는 성년의 후손만을 종원이라고 보고, 미성년자를 종원에서 배제하고 있다. 따라서 표현이 부정확하고 혼란스러운 경우도 있지만, 현재의 판례는 일반적인 어법과는 달리 종원과 종회원을 구분하지 않고 종회원이라는 의미로 종원이라는 용어를 사용하고 있다고 볼 수 있다.

그렇다면 본래 우리의 관습대로 종원과 종회원을 구분하여야 할 것인가? 그것도 한 방법이다. 그러나 종원과 종회원을 구분하지 않는 판례가 우리 관습을 제대로 반영하지 못한 오류가 있더라도 의사결정능력이 없거나 종중의 의미를 깨닫지 못하는 미성년자에게 종원 자격을 부여하지 않은 것은 긍정적인 요소라고 볼 수 있다. 개인을 그 의

39) 대법원은 종중이 공동 선조의 제사봉행을 주목적으로 하는 것과 구관습상의 양자제도의 목적에 비추어 보면, 타가에 출계한 자는 친가의 생부를 공동 선조로 하여 자연발생적으로 형성되는 종중의 구성원이 될 수 없다고 한다. 大判 1992.4.14, 91다28566(공 1992, 1567); 大判 1999.8.24, 99다14228(1999, 1934) 등 다수. 이에 대하여 타가에 출계하였는지 여부는 종원의 자격에 영향을 미치지 않는다는 이유로 출계자 또는 출가여성도 종원이라고 보는 견해도 있다. 이승우(註 4), 146면.

40) 鄭肯植 편역, 慣習調査報告書, 改譯版, 한국법제연구원, 2000, 344면.

사와 관계없이 단체의 구성원으로 복속시키는 것은 인간으로서의 존엄과 가치, 결사의 자유를 보장하는 헌법정신에 어긋난다. 너무 어려서 의사능력이 없는 사람을 종중의 구성원으로 할 필요성도 없다. 어린 아이에게 종중에 대한 소속감을 심어주는 방법은 공동선조의 후손이라는 인식만으로도 충분히 달성할 수 있다. 이를 「오류에서 시작된 발전」이라고 말할 수 있을 것이다. 이와 같이 성년의 후손만을 종원이자 종회원으로 보는 견해를 받아들인다면, 종원과 종회원을 구분하는 견해에서 말하는 종원은 공동선조의 후손이라고 부르는 것으로 충분하다. 공동선조의 모든 후손에게 종원이라는 칭호를 붙이고 일률적으로 종원이라고 할 필요는 없다고 생각한다.

물론 종중규약에서 종원과 종회원을 구분하는 것은 종중의 자율영역에 속하는 것으로 허용되어야 한다. 그러나 개별 종중에서 양자를 구분하는 종중규약이나 관행이 없다면, 종원의 자격과 종회원의 자격을 동일하게 보아야 할 것이다.

이러한 관점에서 종원의 제명처분에 관해서도 재고해야 할 부분이 있다. 대법원은 종원의 자격을 박탈하는 이른바 割宗이라는 징계처분은 비록 그와 같은 관행이 있다고 하더라도 이는 공동선조의 후손으로서 혈연관계를 바탕으로 하여 자연적으로 구성되는 종족단체인 종중의 본질에 반하는 것이므로 그러한 관행이나 징계처분은 위법·무효에 해당하여 피징계자의 종원으로서의 신분이나 지위를 박탈하는 효력이 생긴다고 할 수 없다고 한다.[41] 또한 대법원은 종원 중 일부를 종원으로 취급하지도 않고 일부 종원에 대하여 영원히 종원으로서의 자격을 박탈하는 것으로 규약을 개정한 것은 종중의 원래의 설립목적과 종중으로서의 본질에 반하는 것으로서 규약 개정의 한계를 넘는 것이라고 한다.[42] 이에 대하여 종원은 종회의 결의인 파문에 의하여 중중에서 제

41) 大判 1983.2.8, 80다1194(集 31-1, 민 46).
42) 大判 1978.9.26, 78다1435(集 26-3, 민 89).

명될 수 있다는 견해가 있다.[43] 또한 종원과 종회원을 구분하고 종원으로서의 지위는 박탈할 수 없으나 종회원으로서의 지위는 박탈할 수 있다는 견해도 있다.[44] 할종이나 제명이 공동후손이라는 혈연관계를 부정하는 것이라면 허용되지 않는다고 보아야 할 것이다. 그런데 종원과 종회원을 구분하지 않는 견해에서는 종중에서 제명하더라도 공동선조의 후손이라는 자격을 박탈하는 것은 아니고 종원으로서 의사결정에 참여할 수 없다는 것에 불과하기 때문에 징계의 일종으로 제명처분을 하는 것도 가능할 것이다. 다만 종원의 제명처분은 엄격한 요건하에서 인정되어야 할 것이고, 법원은 징계절차가 적법한지, 징계권을 남용한 것은 아닌지 여부를 심사할 수 있을 것이다. 또한 종중의 구성원을 정할 때 가입의사를 고려하여야 한다는 점은 아래 Ⅳ.에서 자세히 살펴보겠지만, 이와 마찬가지로 종원이 종중에서 탈퇴하는 것도 무조건 부정할 수는 없을 것이다.

Ⅳ. 宗中의 構成員

1. 대법원 판례의 변화

종중의 구성원은 관습이나 종중규약으로 정해지는 것이기 때문에, 이에 관한 관습이나 종중규약을 확정하는 것이 중요하다. 일제시대에는 종원 중 호주만이 종회에 참석할 수 있으나, 女戶主는 참석할 수 없는 것이 관습이라고 파악하였다.[45] 해방 직후에 나온 大判 1946. 5. 14, 4279民上3[46]에서 원고 종회의 회원자격이 문제되었다. 원심은 "宗

43) 許奎 외(註 7), 13면.
44) 李德勝(註 4), 24면.
45) 野村調太郎(註 7), 519면.
46) 大法院 民事判決原本集 제 1 집 186면.

會에 參列할 者는 戶主에 限함이 古來 慣習"이라고 하였으나, 원고 종중은 가장도 종회에 참석할 수 있다고 상고하였다.[47] 이에 대법원은 "凡 宗會의 會員資格, 召集, 決議의 方式 等에 관하야[여]는 我邦의 宗族觀念에 基本한 慣習 又는 條理 및 이에 合致되는 限度에서 各 當該 宗會의 慣例 又는 規約에 依할 바"라고 한 다음, "一家庭을 主宰하는 家長인 成年男子는 비록 戶主 아니라도 또한 宗會員인 權利와 義務를 有함이 一般宗會에 關한 慣習이요 且 條理上 當然"하다고 하고, "原判決이 「宗會에 參列할 者는 戶主에 限함이 古來慣習이라」 判定함은 宗會에 關한 慣習을 誤解하고 條理에 違反한 違法이 있다"고 판결하였다. 이 판결의 표현을 보면, 종중과 종회를 구분하고, 종회의 회원자격도 관습, 조리, 관례 또는 규약에서 정한 바에 따라야 한다고 하였으며, 가장인 성년 남자가 종회에 참석할 수 있다고 하였다.

현행 민법 시행 후에 대법원은 종원을 공동선조의 후손 중 성년 남자로 보았다가,[48] 대상판결에서 성년 여자도 포함시켰다. 다수의견은 모든 성년 여성이 종중의 구성원이 된다고 하였다. 여성이 종중의 구성원이 될 수 없다는 종래의 관습은 변화된 우리의 전체 법질서에 부합하지 아니하여 정당성과 합리성이 없다고 한다. 이와 같이 종중의 구성원에 관한 관습법에 흠결이 있으면 민법 제1조에 따라 條理에 의하여 보충하여야 하는데, '공동선조와 성과 본을 같이 하는 후손은 성별의 구별 없이 성년이 되면 당연히 그 구성원이 된다고 보는 것이 조리에 합당하다'고 한다. 그러나 별개의견은 성년 남자가 종중 구성원이 된다는 관습법의 효력을 부정할 필요는 없고, 종중에 가입하려는 의사를 표명한 성년 여자만이 종중에 가입할 수 있다고 하였다.

---

47) 상고이유에서 조선고등법원 판결(大正 6년 10월 19일)이 호주만을 종원으로 본 것은 조선의 家長과 일본민법상의 戶主를 혼동한 것이라고 주장하였다.

48) 大判 1972. 2. 22, 71다2377; 大判 1972. 9. 12, 72다1090; 大判 1973. 7. 10, 72다1918.

2. 私的 自治의 원칙

사적 자치의 원칙은 민법의 기본원칙이자 최고원리로서, 헌법 제10조의 인간으로서의 존엄과 가치에 근거를 두고 있다. 이것은 개인이 자신의 의사에 따라 스스로 법률관계를 형성할 수 있다는 원칙이다. 개인은 자신의 일을 결정할 권한이 있다는 의미에서 자기결정권을 가진다고 말할 수 있다.

사람이 자신의 의지와는 상관없이 단체의 구성원이 되는 것은 사적 자치의 원칙 또는 자기결정권을 침해하는 것이 아닌지 문제된다. 사법상의 단체인 종중에 대하여 사적 자치의 원칙이 적용되지 않을 이유가 없다. 종중의 기원에 관해서는 다양한 주장이 있지만, 우리나라에서 유교의 전래 및 중국 宗法制의 유입으로 확고하게 자리를 잡았다고 볼 수 있다.[49] 당시의 신분제 사회에서는 자신의 의지나 노력과는 상관없이 종중의 구성원이 되는 것이 전혀 이상한 것이 아니었을 것이다. 현대적으로 해석하면 공동선조의 후손들은 종원이 되려는 의사가 있었다고 볼 수도 있고, 가령 그러한 의사가 없더라도 선조숭상의 관념이나 유교규범에 따라 종원이 되는 것을 당연한 일로 받아들였을 것이다. 그러나 개인의 가치와 자율성이 중시되는 현대사회에서는 공동선조의 후손이라고 하더라도 종원이 되려는 의사가 있는 것으로 의제할 수는 없다. 종교적인 이유든지, 사상적인 이유든지, 아니면 개인적 이유든지, 자신의 의사나 의지와는 상관없이 종중의 구성원이 되는 것을 원하지 않을 수 있다. 이러한 경우에 공동선조의 후손이라는 이유로 그 의지와는 상관없이 일률적으로 종중에 소속하게 하는 것은 개인의 자율성이나 자기결정권을 침해한다.

49) 野村調太郎(註 7), 509면 이하; 許奎 외(註 7), 12면 이하.

3. 結社의 自由

헌법은 제21조 제 1 항에서 결사의 자유를 보장하고 있다. 개인은 단체를 자유롭게 결성할 수 있어야 하고, 단체 스스로 그 활동이나 존속을 결정할 수 있어야 한다. 비영리단체든 영리단체든 헌법상 결사의 자유에 의하여 보호된다.[50] 다만 결사 개념에 공법상의 결사[51]나 법이 특별한 공공목적에 의하여 구성원의 자격을 정하고 있는 특수단체의 조직활동[52]은 해당되지 않는다. 헌법재판소는 결사의 자유에 관하여 다음과 같이 판단하였다.

> "헌법 제21조가 규정하는 결사의 자유라 함은 다수의 자연인 또는 법인이 공동의 목적을 위하여 단체를 결성할 수 있는 자유를 말하는 것으로, 적극적으로는 ① 단체결성의 자유, ② 단체존속의 자유, ③ 단체활동의 자유, ④ 결사에의 가입·잔류의 자유를, 소극적으로는 기존의 단체로부터 탈퇴할 자유와 결사에 가입하지 아니할 자유를 내용으로 하는바, 위에서 말하는 결사란 자연인 또는 법인의 다수가 상당한 기간 동안 공동목적을 위하여 자유의사에 기하여 결합하고 조직화된 의사형성이 가능한 단체를 말하는 것이다."[53]

결사의 자유는 헌법 제37조 제 2 항에 따라 법률에 의하여 제한될 수 있으나, 그 본질적인 내용을 침해해서는 안 된다. 결사의 자유의 본질적 내용을 침해하는 예로 私法상의 강제결사를 허용하는 입법조치를 든다.[54]

개인의 의사와 관계없이 종중이라는 단체에 가입을 강제하는 것은

50) 헌재 2002. 9. 19, 2000헌바84(헌집 14-2, 268).
51) 헌재 1996. 4. 2, 92헌바47(헌집 8-1, 370, 377).
52) 헌재 1994. 2. 24, 92헌바43(헌집 6-1, 72, 77).
53) 헌재 1996. 4. 2, 92헌바47(헌집 8-1, 370, 377); 헌재 2002. 9. 19, 2000헌바84(헌집 14-2, 268).
54) 成樂寅, 憲法學, 제 4 판, 법문사, 2004, 404면; 許營, 韓國憲法論, 전정신판, 박영사, 2005, 571면.

결사의 자유를 보장한 헌법취지에 반할 수 있다. 종중이 결사의 자유를 보장하는 헌법규정과 조화를 이루려면 종중의 성립과 그 구성원을 정하는 단계에서 개인의 의사를 반영하여야 한다. 공동선조의 후손들이 자발적으로 모여 종원으로 활동하고 있다면, 그들에게 종중을 구성하려는 의사가 있다고 볼 수 있을 것이다. 그러나 종중으로서 아무런 활동이 없는데도 종중이라는 단체를 인정하는 것은 결사의 자유의 본질적 내용을 침해하는 결과가 될 수 있다.

대상판결의 별개의견은 종중에서 결사의 자유 문제에 관하여 다음과 같이 판단하고 있다.

> "일반적으로 어떤 사적 자치단체의 구성원의 자격을 인정함에 있어서 구성원으로 포괄되는 자의 신념이나 의사에 관계없이 인위적·강제적으로 누구든지 구성원으로 편입되어야 한다는 조리는 존재할 수 없으며 존재하여서도 안 된다.… 결사의 자유는 자연인과 법인 등에 대한 개인적 자유권이며, 동시에 결사의 성립과 존속에 대한 결사제도의 보장을 뜻하는 것이다. 그리고 그 구체적 내용으로서는 조직강제나 강제적·자동적 가입의 금지, 즉 가입과 탈퇴의 자유가 보장되는 것을 말하며, 특히 종중에서와 같이 개인의 양심의 자유·종교의 자유가 보장되어야 할 사법적(私法的) 결사에 있어서는 더욱 그러한 것이다."

4. 女性의 宗員 資格과 兩性平等의 원칙

(1) 종중에서 남녀후손의 역할 변화

기존의 판례가 종원을 남성으로 한정한 것은 조선시대 이래 남성만이 제사를 지내고 종중을 구성하던 관습을 전제로 나온 것이다. 그러한 관습이 사회적으로 용인되던 시대라면 제사공동체인 종중의 구성원을 남성으로 한정할 수 있을 것이다. 지금도 여성들이 제사를 지내거나 종중에 전혀 참여할 의사가 없고 그로 인한 불이익이 없다면 종원의 지위를 인정할 필요가 없을 것이다. 그렇지 않고 여성이 남성과 비슷한 정도로 제사나 종중에 참여하는 것이 관행이라면 여성도 당연히 종원으로 보아야 할 것이다.

그런데 현재 종중에 관한 관습이 어떻게 바뀌었는지 여부는 종중마다 다르기 때문에 확인하기가 쉽지 않다. 다만 제사에 관해서 보면, 급격한 변화가 발생하고 있음을 알 수 있다. 제사나 시제를 지내지 않는 경우가 늘어나고 있다. 여성이 시제에 참석하는 경우가 많지는 않지만, 여성들이 결혼 후에도 부모의 제사에 참여하는 것은 쉽게 찾아볼 수 있다. 여성들을 종원으로 대우하고 있는 종중도 상당수 있다. 족보에 등재되었는지 여부가 종원을 확정하는 결정적 요소는 아니지만, 족보에 여성을 등재하는 종중이 늘어가고 있다. 한편 남성의 역할도 변하고 있다. 제사를 지내는 남성들도 시제에 참석하지 않는 경우가 많아졌고, 종중에 대한 소속감이나 종중에 대한 부담감도 줄어들고 있다. 이와 같은 상황변화를 고려할 때 여성을 종원에서 배제할 이유가 적어지고 있다고 볼 수 있다. 더군다나 개별 종중에서 여성을 종원으로 대우하는 경우에는 법원이 여성의 종원 지위를 부정해서는 안 될 것이다.

(2) 헌법의 평등원칙과 사적 단체에 대한 적용 문제

헌법 제11조 제 1 항은 "모든 국민은 법 앞에 평등하다. 누구든지 성별·종교 또는 사회적 신분에 의하여 정치적·경제적·사회적·문화적 생활의 모든 영역에 있어서 차별을 받지 아니한다"라고 규정하고 있다. 일반적으로 이러한 평등의 원칙은 일체의 차별적 대우를 부정하는 절대적 평등을 의미하는 것이 아니라, 입법과 법의 적용에 있어서 합리적인 근거가 없는 차별을 하여서는 아니 된다는 상대적 평등을 뜻한다. 따라서 합리적인 근거가 있는 차별 또는 불평등은 평등의 원칙에 반하는 것이 아니다.[55] 합리적 근거 없는 차별이란 정의에 반하는 자의적인 차별을 의미하는 것으로서, 국민의 기본권에 대한 차별적인

55) 헌재 1998. 9. 30, 98헌가7 등(헌집 10-2, 484, 503-504).

대우를 규정하는 입법은 그 목적이 국가안전보장, 질서유지 또는 공공복리를 위하여 필요하고 또 정당한 것이어야 하고, 나아가 그 수단 또는 방법이 위 목적의 실현을 위하여 실질적인 관계가 있어야 할 뿐만 아니라, 그 정도 또한 적정한 것이어야 한다. 이러한 요건을 갖추지 못한 입법은 헌법 제11조 제 1 항이 예정하고 있는 평등의 원칙에 반하는 위헌입법이라고 할 것이다.[56] 그리고 헌법 제36조 제 1 항은 혼인과 가족생활은 개인의 존엄과 양성의 평등을 기초로 성립되고 유지되어야 하며, 국가는 이를 보장한다고 규정하고 있다. 또한 유엔의 여성차별철폐협약(Convention on the Elimination of All Forms of Discrimination against Women)은 협약의 체약국에 대하여 여성에 대한 차별을 초래하는 법률, 규칙, 관습 및 관행을 수정 또는 폐지하도록 입법을 포함한 모든 적절한 조치를 취할 것과 남성과 여성의 역할에 관한 고정관념에 근거한 편견과 관습 기타 모든 관행의 철폐를 실현하기 위하여 적절한 조치를 취할 의무를 부과하고 있다. 우리나라도 이 협약에 가입하였고 이 협약은 1985년 1월 26일부터 국내법과 동일한 효력을 갖고 있다. 민법에서도 양성평등의 원칙은 가족법의 기본원칙인데, 특히 1990년 민법 개정 이후 남녀차별은 대부분 폐지되었다.

헌법에 양성평등의 원칙을 선언하고 있기 때문에, 여성의 종원 지위를 부정하는 것은 헌법 위반이라고 생각할 수 있다. 종원의 자격을 인정하는 데 오로지 남성인지, 여성인지 여부에 따라서만 차별을 하는 것은 합리적 이유가 없기 때문이다.

그런데 종중이 私的 團體이기 때문에, 헌법의 기본권 규정이 私人 간에도 직접 적용되는지, 아니면 간접적으로 적용되는지에 관하여 검토하여야 한다. 우리나라의 다수설은 원칙적으로 간접적용설을 따르고 있다.[57] “기본권은 그 성질상 사인 간에 적용될 수 없는 것을 제외하

56) 헌재 1995. 9. 28. 92헌가11 등(헌집 7-2, 264, 280-281).
57) 金哲洙, 憲法學槪論, 제17전정신판, 박영사, 2005, 328면; 成樂寅(註 54),

고는 사법상의 일반원칙(민법 제2조와 제103조 등)을 통해서 간접적으로 사인간에도 효력을 미치는 것이 원칙이지만 헌법의 명문상 사인 간에 직접적인 효력을 미치는 기본권도 있"다는 것이다.[58] 사인간에도 기본권을 적용해야 하는 경우도 있지만, 역사적으로나 이론적으로나 직접적용설을 채택할 수는 없다. 헌법상의 기본권은 국민의 국가에 대한 권리로서 형성되었다. 헌법상의 모든 기본권이 사인간에도 직접 적용된다고 보면, 사적 자치는 형해화될 것이다. 사인간에 직접 적용되는 기본권의 범위에 관하여 논란이 있지만, 헌법상의 평등권은 사인간에 간접적으로 적용된다는 점에 대해서는 다툼이 없다.[59]

원심판결은 "헌법상의 기본권은 사법의 일반원칙을 통해서만 간접적으로 사인간의 관계에 적용"된다고 함으로써, 기본권의 대사인적 효력에 관하여 간접적용설을 따르고 있음을 밝히고 있다. 그런데 원심판결이 "여자 및 미성년자를 배제한 채 성년의 남자를 중심으로 종중이 형성되는 종래의 관습이 선량한 풍속 기타 사회질서에 위반된다고 보기도 어렵다"고 판단함으로써, 종중구성원에 관한 관습이 선량한 풍속 기타 사회질서에 위반하는지 여부를 판단하는 단계에서는 헌법상의 평등원칙 등을 고려하지 않고 있다. 한편 대상판결의 별개의견은 민법 제103조를 인용한 다음, "사적 자치의 적용을 받는 단체라 하더라도 선량한 풍속 기타 사회질서에 반하는 행위로 타인에게 손해를 끼쳐서는 안 되는 것이므로, 이러한 법리에 비추어 보면, 어떤 단체가 그 단체에 대하여 중대하거나 본질적인 이해관계를 가지는 개인이 가입을 원하는 경우 합리적이고 정당한 이유 없이 가입을 거부함으로써 그 개인을 차별적으로 대우하거나 부당한 불이익을 주어서는 안 된다"고 설

238면; 許營(註 54), 258면. 梁彰洙, "憲法과 民法 — 民法의 觀點에서 —," 民法硏究 제5권, 1999, 6면도 참조.

58) 許營(註 54), 258면.

59) 許營(註 54), 329면.

명하고 있다.[60] 이것은 기본권의 대사인적 효력에 관한 간접적용설을 따르되, 원심과는 달리 성년 여자 후손이 종중에 가입하기를 희망하는 경우에 이를 거부하는 것은 선량한 풍속 기타 사회질서를 정하고 있는 민법 제103조에 위반된다는 것이다. 이와 같은 판단방법이 결론의 당부를 떠나 기본권의 대사인적 효력에 관한 적정한 해결책이라고 생각한다.

다수의견은 명확하지 않지만, 종중의 구성원에 관한 종래의 관습법에 관하여 헌법의 남녀평등의 원칙을 근거로 그 효력을 부정하면서 사적 자치를 고려하지 않았고 여자 후손의 의사와는 상관없이 종원이 된다고 본 점에서 직접적용설[61]을 따른 것으로 해석될 여지가 있다. 다만 종중 구성원에 관한 종래의 관습법의 효력을 부정하면서 곧바로 헌법 위반이라고 하지 않고 헌법의 남녀평등의 원칙을 하나의 요소로 고려하였다고 볼 수도 있기 때문에, 직접적용설을 따른 것은 아니라고 볼 수도 있다. 따라서 다수의견이 남녀평등의 원칙 등 여러 헌법규정을 근거로 제시하면서도 곧바로 헌법위반이라고 판단하지 않은 점은 직접적용설을 따를 경우에 발생하는 문제점을 의식한 것으로 평가할 수 있다.

그런데 다수의견에 대한 보충의견은 공동선조의 후손 중 일부에 의하여 인위적인 조직행위를 거쳐 성립된 유사종중이나 종중유사단체는 관습법에 의하여 규율되는 것이 아니라 사적 자치의 영역에 속하는 것이므로, 이에 대하여 그 조직행위에서 배제된 후손을 가입시키도록

60) 또한 피고 종회규약 제 3 조에는 "본회는 용인 이씨 사맹공(휘 末字 孫字)의 후손으로서 성년이 되면 회원자격을 가진다"라고만 규정하고 있을 뿐, 그 어디에도 성년의 여자를 회원에서 배제한다는 규정을 두고 있지 아니한바, 성년 여자인 원고들이 피고 종회에의 가입의사를 표명한 경우 원고들이 용인 이씨 사맹공의 후손이 아니라는 등 그 가입을 거부할 정당하고 합리적인 이유가 없는 이상 원고들은 가입의사를 표명함으로써 피고 종회 회원자격을 가진다고 보아야 할 것이라고 한다.

61) 李和淑(註 4), 98면 이하. 특히 인간의 존엄성과 행복추구권은 私人간에도 직접 적용된다는 점을 그 이유로 들고 있다.

강제하거나 양성평등의 이념을 들어서 공동선조의 후손인 여성을 그 구성원에서 배제하고 있는 정관의 효력을 부인할 수는 없다고 하였다.

만일 종중규약을 만들어 공동선조의 후손 중에서 성년남자만으로 구성된 종중[62]을 만들었다고 하자. 현재의 판례에 따르면 이러한 종중은 고유 의미의 종중이 아니라 유사종중에 불과하다고 볼 수 있을 것이다. 대상판결 이전에 존재하는 대부분의 종중은 성년 남자 후손으로 구성된 유사종중이라고 볼 수도 있을 것이다. 이러한 유사종중이 인정될 수 있는지 논란이 될 수 있겠지만, 다수의견에 대한 보충의견의 논리를 관철한다면, 남자 후손만으로 구성된 종중은 유사종중으로 사적 자치의 영역에 속하고, 따라서 양성평등의 이념을 들어 위와 같은 종중의 정관의 효력을 부인할 수 없게 된다. 그러나 후손들의 조직행위로 성립하는 유사종중이라고 하더라도 양성평등의 원칙이라든지, 결사의 자유를 논외로 몰아낼 수는 없다. 이러한 종중이 실질적으로 고유 의미의 종중의 존재의미를 몰각시킬 수도 있다. 그렇기 때문에 이러한 종중의 정관도 선량한 풍속 기타 사회질서에 위반하는지 여부를 심사하여야 하고, 이 때 양성평등의 이념 등 헌법적 가치를 고려하여야 할 것이다.

고유 의미의 종중과 유사종중의 차이는 크지 않다. 실질적인 기능이나 권능을 보면 거의 유사하다. 유사종중에 대해서는 사적 자치가 적용되는 영역으로 보아 사법적 통제의 대상이 되지 않는다고 볼 수는 없다. 유사종중이라고 하더라도 나중에 종중 규약을 변경하여 정당한 이유 없이 일부 종원과 그 후손을 종원에서 배제하기로 하는 것은 허용되지 않을 것이다.[63] 또한 고유 의미의 종중도 사법상의 단체로서

62) 李和淑(註 4), 105면은 여성을 제외한 종중규약은 헌법적 타당성뿐 아니라 민법의 일반원칙인 사회적 타당성에도 반한다고 한다.

63) 大判 1978. 9. 26, 78다1435(集 26-3, 민 89)는 종원의 자격을 박탈하는 규약개정이 무효라고 한 판결인데, 사안을 보면 고유 의미의 종중인지, 아니면 유사종중인지 여부가 명확한 것은 아니다. 원고 종중은 1939. 3. 3. 원고 대표

사적 자치의 원칙이 적용되고, 다만 그것이 사적 자치의 한계를 넘는 경우에는 민법 제103조를 적용하여 그 효력을 부인하여야 한다.

(3) 성년 여성의 종중 가입의사를 고려하여야 하는지 여부

다수의견은 종중의 구성원의 자격을 성년 남자로 한정한 관습법의 효력을 부정한 다음, 조리로 관습법을 보충하는 방식으로 해결한다.[64] 종중은 자연발생적인 종족단체이기 때문에, 그 구성원도 일률적으로 정해야 한다는 논리구성을 하고 있다. 다수의견에 대한 보충의견은 "대법원이 공동선조의 후손이면 본인의 의사와 관계없이 당연히 종중 구성원인 종원이 되고 자의든 타의든 종원의 자격을 상실하지 않는다고 한 것은, 종중이 공동선조의 분묘수호와 봉제사 및 친목도모를 목

자의 조부가 중심이 되어 그의 증조부, 조부 및 조모와 부 계열의 분묘를 수호하고 제사를 봉행할 것을 목적으로 하여 위 증조부의 직계자손 중 원고 대표자의 조부 등이 종중을 조직하되, 각 후손이 이를 승계하는 것을 내용으로 하는 규약으로 창립되었다. 그런데 1974. 1. 1. 종중원 중 일부가 창립규약 중 그 목적을 일부 변경함과 동시에 종중원을 성년 남자 중 일부로 한정함으로써 그 외의 종중원을 제외하였다. 대법원은 원고 종중이 1974. 1. 1.자 회합에서 종중원 일부를 종원으로 취급하지도 않았고, 또 일부 종중원과 그 후손에 대하여 영원히 종원으로서의 자격을 박탈하는 것으로 규약을 개정하였음은 원고 종중의 원래의 설립목적과 종중으로서의 본질에 반하는 것으로서 그 규약개정의 한계를 넘은 무효의 것이라고 보지 않을 수 없다고 하였다. 이 판결문의 표현대로 원고 종중이 1939년 종중규약으로 창립하였다면 고유 의미의 종중이 아니라 유사종중에 해당한다. 왜냐하면 고유 의미의 종중은 공동선조의 사망과 함께 그 후손들로 당연히 성립하기 때문이다. 그런데 大判 1981. 2. 10, 80다516(공 1981, 13722)은 이 판결을 참조판결로 인용하면서 고유 의미의 종중에 관한 규약을 만들면서 일부 구성원의 자격을 임의로 배제할 수 없는 것이며, 특정지역 내에 거주하는 일부 종중원에 한하여 의결권을 주고 그 밖의 지역에 거주하는 종중원의 의결권을 박탈할 개연성이 많은 종중규약은 종중의 본질에 반하여 무효라고 하였다.

64) 양성평등의 원칙은 관습법의 효력을 부정하는 단계와 관습법의 효력을 조리로 보충하는 단계에서 결정적인 판단요소로 작용한다. 그런데 다수의견의 결론을 따르더라도 종중원의 자격에서 '성년여자를 배제한 관습법을 부정하는 방식'으로 해결하는 것으로 충분하지 않을까 생각한다. 또한 관습법을 보충하는 조리는 관습이 될 수 있어야 할 것인데, 성별을 구분하지 않고 모든 성년 후손을 종원으로 한 것이 관습으로 정착할 가능성은 없을 것이다.

적으로 후손에 의하여 자연발생적으로 성립되는 종족단체라는 종중의 본질에서 연유하는 것이다"라고 한다. 이와 달리 별개의견은 종중이 자연적으로 성립한 단체라는 것은 사실적인 것이고, 자연적으로 성립해야 한다는 규범을 창출하는 것은 아니라고 한다. 종중이 자연발생적 단체라는 이유로 모든 성년 여자를 종원으로 보아야 한다는 것은 '사실과 규범을 혼동'한 것이라는 것이다. 다만 남자는 선조의 사망과 동시에 종원이 된다는 점은 문제되지 않는다고 한다. 종원의 부담행위는 법률적으로 강제되는 것이 아니고 도덕적·윤리적 의무에 불과하여, 그들의 권리가 실질적으로 침해되는 바가 없었으므로 법률이 간섭하지 않더라도 무방하다는 것이다.[65]

위 Ⅱ.3.에서 보았듯이 종중이 자연발생적인 단체라고 해서 선조의 사망과 함께 종중이 성립하는 것으로 보아야 하는 것은 아니다. 이와 마찬가지로 종중의 자연발생적 요소로부터 종중의 구성원도 일률적으로 정해야 하는 것은 아니다. 이것은 남성의 경우에도 마찬가지이다. 공동선조의 후손이라고 하더라도 성년이 되면 무조건 종원이라는 논리는 유지될 수 없다. 이것이 종중 구성에서 사적 자치의 원칙과 결사의 자유를 보장하면서 남녀평등의 원칙에도 합치되는 방안이다.

5. 未成年者도 종원이 될 수 있는지 여부

대법원은 종원을 공동선조의 후손 중 성년자로 한정한다.[66] 종중규약으로 종원의 범위를 제한하거나 확장하는 것은 허용되지 않고, 따라서 미성년자를 종원으로 정한 종중규약도 효력이 없다고 한다.[67] 이

65) 이 부분은 이 사건의 쟁점이라고 볼 수는 없으나, 별개의견과 보충의견은 이에 관한 견해를 밝히고 있다.

66) 미성년자에게 종원의 지위를 인정하지 않았다고 하더라도 나이에 의한 차별로서 평등권 침해라고 볼 수는 없을 것이다.

67) 한편 종원과 종회원을 구분하는 견해에서는 미성년자도 종원이라고 한다. 위 Ⅲ. 참조.

와 관련하여 大判 1996. 2. 13, 95다34842[68]를 살펴볼 필요가 있다. 원고 종중의 회칙은 “경남 거제군 내에 거주하는 강릉유씨 병사공파 후손으로서 본인의 원에 의하여 회원이 될 수 있다”고 규정하였다. 이 규정의 의미는 종원의 자격을 임의로 제한하여 공동선조의 후손으로서 거제군 내에 거주하는 자 중 희망자만을 회원으로 하거나 또는 임의로 종원의 자격을 확대하여 종중의 본질상 종중의 구성원이 될 수 없는 여자, 미성년자도 회원이 될 수 있게 한 것이다. 대법원은 위 회칙의 효력에 관하여 “원고가 원고 주장과 같이 고유 의미의 종중이라면 일부 종원의 자격을 임의로 제한하였거나 확장한 종중회칙은 종중의 본질에 반하여 무효라고 할 것이므로,[69] 원고의 회칙 제 2 조가 종중의 본질에 반한다”고 판단하였다. 고유 의미의 종중이라고 할 경우 종원을 일정지역에 거주하는 후손으로 한정한 것은 무효라고 볼 수 있다.[70] 그러나 종중규약에서 미성년자 등을 종원으로 포함시킨 부분까지 무효라고 볼 필요는 없다고 생각한다.

대법원의 초기 판결을 보면 종중의 구성원에 관해서도 종중규약으로 정할 수 있다는 표현이 나오는데,[71] 이것은 사적 단체로서의 종중을 정확하게 파악한 것이다. 종중의 구성원을 누구로 할 것인지는 개인과 그 개인이 구성한 단체의 의사에 따라 정할 수 있어야 한다. 이것이 사적 자치의 원칙에 부합한다. 자연발생적 단체라고 해서 그 구성원도 자연발생적으로 당연히 정해지는 것은 아니다. 혈연관계가 없는 사람을 종원으로 하는 것은 혈연공동체로서의 종중의 본질에 반한

68) 공 1996, 939.

69) 참조판결로 大判 1992. 9. 22, 92다15048(공 1992, 2964); 大判 1995. 9. 15, 94다49007(공 1995, 3375)을 인용하고 있다.

70) 처음부터 일정지역에 거주하는 종원으로 한정한 유사종중이라면 위와 같은 규약이 허용될 것이다. 이 판결에 대한 평석인 박정화, “고유 의미의 종중과 종중에 유사한 비법인사단,” 재판과 판례 제 6 집, 대구판례연구회, 1997, 56면은 위 종중을 고유 의미의 종중이 아니라 종중 유사의 단체로 볼 수 있고 따라서 위 규약을 유효라고 볼 수도 있을 것이라고 한다.

71) 大判 1946. 5. 14, 4279民上3(註 46).

다고 볼 수 있다. 그러나 종중규약으로 공동선조의 후손 중 미성년자를 포함시키는 것은 혈연공동체를 깨뜨리는 것이 아니다. 종중규약에서 미성년자인 종손에게 종원의 자격을 부여하고 종중총회에서 의결권을 행사하도록 한 경우에 이를 부정해야 할 이유가 있겠는가?

V. 宗中財産의 分配

종중재산은 분묘수호나 제사봉행 등 종중의 목적에 맞게 사용되어야 한다. 그런데 종중재산의 일부가 불필요하여 이를 처분하거나 종중재산이 수용되어 수용보상금을 받는 경우가 있다. 이러한 경우에 재산을 종중행사 등을 위하여 사용할 수 있지만, 이를 분배하는 것도 허용된다고 보아야 한다. 그리하여 종중재산을 어떻게 분배하여야 할 것인지 문제된다.

판례는 종중재산을 總有로 파악하고 있다.[72] 대법원은 종중총회에서 종중재산을 분배하는 결정을 할 수 있고, 종중재산을 분배받을 수 있는 사람은 종원에 한정된다는 것을 전제로 하였다. 종원이 아닌 미성년자나 여자나 며느리도 종중재산을 분배받는 경우도 있으나, 이는 시혜적인 것으로 여겨졌다. 이 사건에서 원고들은 종원이 되었기 때문

72) 일제시대에 초기에는 종중재산을 공유로 파악하기도 하였으나, 1927년 9월 23일 朝鮮高等法院 연합부판결은 종래의 견해를 변경하여 "문중 또는 그 일파가 선조의 묘지 또는 제위토를 공동소유하는 경우에 관습상 항상 이른바 합유의 법률관계이고 공유의 법률관계는 존재하지 아니한다"고 판결하였다. 許奎 외(註 5), 58면 이하; 鄭肯植(註 3), 295면 이하. 그러나 현행민법 제정 후 대법원은 종중재산을 총유로 파악하고 있다. 大判 1975. 9. 23, 74도1804(集 23-3, 형 14) 등 다수. 大判 1989. 2. 14, 88다카3113(集 37-1, 민 64)은 "종중소유의 재산은 종중원의 총유에 속하는 것이므로 그 관리 및 처분은 종중규약의 정하는 바에 따라야 하고 종중규약에서 별도로 정한 바가 없을 때에는 종중원 총회의 결의에 따라야 함은 민법 제275조 제 2 항, 제276조 제 1 항의 규정에 비추어 명백"하다고 판결하였다.

에, 장래에는 종중재산을 분배하는 종중총회에 참여할 수 있고, 종중재산을 분배받을 수도 있을 것이다.

그러나 다수의견은 판결의 遡及效를 制限하였기 때문에, 이미 행해진 종중재산분배에는 아무런 영향이 없다. 즉, 다수의견은 "위와 같이 변경된 대법원의 견해는 이 판결 선고 이후의 종중 구성원의 자격과 이와 관련하여 새로이 성립되는 법률관계에 대하여만 적용된다"고 함으로써 소급적용을 제한하였다. 따라서 종래의 종중에 관한 법률관계의 효력에는 영향이 없다. 그렇지 않으면 종중에 관한 무수히 많은 법률관계는 대부분 무효로 될 것이다. 종래 거의 모든 종중에서 종중총회를 개최할 때 성년 여자에게 소집통지를 하지 않았는데, 성년 여자도 종원이라고 보면 이러한 사유는 종중총회 결의의 무효사유[73]가 될 수 있기 때문이다. 또한 종중종회를 소집할 권한이 있는 종장 또는 문장은 항렬이 가장 높고 나이가 많은 사람, 즉 年高行尊者[74]이기 때문에 여자일 수도 있는데, 종전에는 남자인 연고항존자가 종장 또는 문장으로서 종종총회를 소집하였다는 점도 문제가 될 수 있다. 대법원 판결은 구체적 규범통제를 하는 것이 분명함에도 다수의견이 판례의 소급효를 제한하는 방식을 채택하였다. 다수의견이 모든 성년여자에게 종중 구성원의 자격을 인정한 이상 소급효를 제한하는 결론은 불가피

73) 종중총회의 소집통지는 종중의 규약이나 관례가 없는 한 통지 가능한 모든 종원에게 소집통지를 함으로써 각자가 회의의 토의와 의결에 참여할 수 있는 기회를 주어야 하고 일부 종원에게 이러한 소집통지를 결여한 채 개최된 종중총회의 결의는 그 효력이 없고, 이는 그 결의가 통지 가능한 종원 중 과반수의 찬성을 얻은 경우에도 마찬가지이다. 大判 1994.6.14, 93다45015(공 1994, 1946) 등 다수.

74) 종중대표자의 선임에 관하여 종중규약이나 일반관례가 있으면 그에 따라 선임하고 그것이 없다면 종장 또는 문장이 종족 중 성년 이상의 남자를 소집하여 출석자의 과반수결의로 선출하며, 평소에 종장이나 문장이 선임되어 있지 아니하고 선임에 관한 규약이나 일반관례가 없으면 현존하는 종원 중 항렬이 가장 높고 나이가 많은 사람이 종장이나 문장이 되어 국내에 거주하고 소재가 분명한 종중원에게 통지하여 종중회의를 소집하고 그 회의에서 종중대표자를 선임하는 것이 일반관습이다. 大判 1992.12.11, 92다18146(공 1993, 445).

한 선택이라고 생각된다.[75] 다만 "원고들이 피고 종회의 회원(종원) 지위의 확인을 구하는 이 사건 청구에 한하여는 위와 같이 변경된 견해가 소급하여 적용되어야 할 것"이라고 하였다. 위와 같이 변경된 견해가 종원 지위의 확인을 구한 이 사건에 한정하여 적용되기 때문에, 이 사건의 원고들은 종중재산을 분배하기로 한 종중총회의 결의의 무효를 주장할 수도 없고, 따라서 이미 행해진 재산분배의 부당함을 주장할 수 없다. 물론 종중재산분배나 종중총회 결의의 효력은 이 사건에서 쟁점이 아니었기 때문에, 이 부분에 관한 판단에 기판력이 있는 것은 아니다. 그렇지만 이 사건 원고들이 종중재산분배에 관한 소를 제기하더라도 다수의견은 이를 받아들이지 않겠다는 판단을 내린 것이라고 볼 수 있고, 이러한 견해가 변경되기는 어려울 것이다.

한편 별개의견은 종원 자격과 종중재산의 분배 문제를 분리함으로써, 종중재산분배에 관하여 새로운 해결방안을 제시하고 있다.

> "종중이 소유하는 재산으로는 분묘수호 등에 쓰이는 종산(宗山)과 제사봉행 등에 소요될 식량 및 그 비용의 조달 등을 위한 위토전답(位土田畓) 그리고 제구(祭具) 등이 주된 것이고, 이러한 재산은 주로 재력 있는 선조나 후손들의 증여 또는 종원들의 출연에 의하여 마련된 종중의 총유로서, 일단 종중의 소유로 귀속되면 그 재산을 종중에 증여한 사람이나 그의 상속인이라도 배타적인 권리를 주장할 수 없고, 오로지 종중의 목적에 합당하게 사용되어야 하며, 종중재산을 처분하여 이를 개인에게 귀속시킴에 있어서는 신탁의 법리를 유추하여 후손 전원에게 합리적으로 분배하고, 종원에게만 분배하는 것은 허용될 수 없는 것이다."

별개의견이 종중재산을 분배할 때 信託의 法理를 유추하여 후손 전원에게 합리적으로 분배하여야 한다고 한 점은 시사하는 바가 많다.

75) 文英和(註 6), 431면. 판례의 변경에 관하여 소급효를 제한하는 것에 비판적인 견해로는 尹眞洙, "相續回復請求權에 관한 舊慣習의 違憲與否 및 判例의 遡及效," 民事裁判의 諸問題 제13권(2004), 122면 이하.

여기에서 종중재산 분배의 실마리를 찾을 수 있으리라 생각한다. 종중은 비법인사단이기 때문에 그 재산은 총유에 속한다. 종중규약에 재산의 처분이나 분배에 관한 규정이 있으면 이러한 규정에 따라야 하고(민법 제275조 제2항), 그러한 규정이 없으면 민법 제276조가 적용되어 종중총회의 결의로 결정하여야 한다. 총유지분은 인정되지 않기 때문에, 종중원이 지분권을 주장할 수는 없다. 분배대상이 된 종중재산은 원칙적으로 후손 전원에게 평등하게 분배하여야 할 것이나, 종중이나 종중재산에 대한 기여 등 제반 사정을 고려하여 종중재산을 분배하여야 한다. 즉, 종중이 종중재산의 분배를 자율적으로 결정하되, 후손 사이의 평등한 대우를 고려하여야 한다. 다만 현실적으로 종원이 아닌 후손들은 종중재산 분배에서 불리하게 될 수 있는데, 법원이 어떠한 방식으로 관여할 수 있을지가 어려운 문제로 등장한다.

Ⅵ. 結 論

종중은 우리의 전통이다. 이 전통을 계속 유지·보존하여야 할 것인가?

전통은 세 유형으로 구분해 볼 수 있다. 첫 번째는 긍정적 요소를 가진 전통이다. 이것이 전통의 본래 의미에 가장 가깝다. 왜냐하면 전통이라는 말에는 오랜 세월 보존해 왔고 앞으로도 지켜나가야 한다는 의미가 내포되어 있기 때문이다. 두 번째는 부정적 요소를 가진 전통이다. 이를 폐습이라고 하기도 한다. 세 번째는 긍정적이지도 부정적이지도 않은 전통이다. 이를 편의상 중립전통이라고 부르고자 한다. 그러나 현실적으로는 대부분의 전통은 긍정적 요소와 부정적 요소를 모두 가지고 있을 것이다.

조선시대에 종중은 좋은 전통으로 생각했을 것이다. 그러나 지금은 나쁜 전통으로 생각하는 사람이 많아졌다. 종중이 여성을 차별하는 가부장적 제도라는 것이다. 종중이라는 전통적인 제도에는 긍정적인 요소도 있고 부정적인 요소도 있다. 이 전통이 폐습으로 전락하지 않고 좋은 전통으로 살아남으려면 부정적인 요소를 없애야 한다.

종중은 단체이다. 따라서 단체법리가 종중에도 적용되어야 한다. 다만 종중의 특성에 따라 그 법리가 다소 수정될 뿐이다. 종중의 본질을 내세워 종중에 관한 현재의 관습만을 고수한다면 개인의 자율성과 끊임없는 긴장관계에 놓이게 된다. 개인들이 단체를 구성한 순간 그 단체는 개인을 억압할 수 있다. 따라서 이상적인 단체가 되려면 개인의 자율성을 억압하는 요소를 제거하려는 노력이 필요하다. 종중이 개인의 자율성을 반영할 수 있어야만 좋은 전통으로 존속할 수 있을 것이다. 종중에서도 공동선조의 후손이라는 신분뿐만 아니라, 개인의 의사도 충분히 존중되어야 한다. 이러한 시각에서 현재의 종중법리에는 身分에서 意思로 대체되어야 할 부분이 남아 있다고 말할 수 있다.

대상판결은 양성평등이라는 시각에서 호주제 폐지와 비견된다. 그런데 호주제는 남녀차별이라는 이유로 제도 자체를 폐지한 반면에, 종중에서는 여자에게도 남자와 마찬가지로 종원의 자격을 인정하는 방식으로 해결되었다. 이러한 현상 자체만을 본다면 양성평등의 실현방식이 다른 방식으로 나타날 수 있다는 것을 알 수 있다. 달리 생각하면 종중제도에 대하여 좀더 근본적인 검토가 필요하다는 것을 알 수 있다.

(民事裁判의 諸問題 제14권, 2005, 340-371면 所載)

2. 金融去來의 當事者에 관한 判斷基準

Ⅰ. 序　　論

법은 현실을 좇아가면서 규범을 창출하지만, 현실은 어느새 법의 영역에서 빠져나와 있음을 발견하는 것은 어렵지 않다.

1993년 金融實名制의 실시는 금융거래에서 하나의 혁명적 사건이었다. 가명거래·또는 차명거래의 폐해를 막기 위하여 급작스럽게 대통령의 긴급재정명령으로 금융실명제를 실시하였고 1997년에야 비로소 법률로 대체하는 과정을 밟았다.[1)] 금융실명제의 실시로 가공의 이름으로 금융거래를 하는 것은 거의 사라졌다. 그러나 차명거래는 여전히 매우 빈번하게 이루어지고 있다. 법원의 실무에서도 금융거래에서 당사자를 결정하는 문제가 여전히 논란이 되고 있다.

금융실명제는 예금거래 등 금융거래에서 누구를 당사자로 볼 것인지에 관한 판례에 결정적인 영향을 미쳤다. 금융실명제 실시 전에는 금융기관에 대한 기명식예금에서 예금을 실질적으로 지배하고 있는 자를 예금주로 보고, 그 명의자가 누구인지 또는 금융기관이 누구를 예금주라고 믿었는지는 상관없다고 하였다. 그러나 금융실명제 실시 후에는 원칙적으로 예금명의인을 예금주로 보고, 명의인이 아닌 출연자에게 금융자산채권을 귀속시키기로 하는 명시적 또는 묵시적 약정이

1) 1993. 8. 12. 금융실명거래 및 비밀보장에 관한 긴급재정경제명령(이하 긴급명령이라 한다)이 시행되었고, 위 긴급명령은 1997. 12. 31. 금융실명거래 및 비밀보장에 관한 법률(이하 금융실명법이라고 한다)로 대체되었는데, 금융실명거래에 관한 부분은 큰 차이가 없다.

있는 경우에 한하여 그 출연자를 예금주로 보고 있다.[2)]

금융실명제에 대한 가치평가는 시각에 따라 크게 다를 수 있다. 금융실명제 하에서 예금주의 결정에 관한 판례에 관해서도 금융실명제를 보는 상반된 시각에서 정반대의 평가가 나올 수 있다. 하나는 판례가 거래명의인 아닌 출연자를 예금주로 보는 예외를 넓게 인정함으로써 금융실명제의 의미와 목적이 잠탈되었다는 것이다. 다른 하나는 금융실명제에 관한 입법이 판례를 통하여 우리 현실에 맞게 정착되었다는 것이다.

미국, 영국 등 서유럽 국가에서는 금융실명제가 관행으로 정착되었고,[3)] 최근 들어 자금세탁 방지를 위하여 금융실명제를 강화하고 있다.[4)] 그러나 우리나라에서는 법률로 금융실명제가 도입되었다. 따라서

---

2) 아래 Ⅲ. 3. 참조.

3) 우리나라에서 금융실명제를 실시할 당시 유럽에서 법률로 금융실명제를 정하고 있는 나라로는 독일과 스웨덴이 있었다. 영국, 프랑스, 스위스에서는 금융실명제가 관행으로 정착되었다. 李啓仁 編, "主要國의 金融實名制度," 立法調査月報 통권 제222호(1993. 9), 국회사무처, 77면 이하.

4) 미국에서는 관행으로 발전한 금융실명제가 1970년에 제정된 "현금 및 외환거래보고법"(Currency and Foreign Transactions Reporting Act; 이른바 "Bank Secrecy Act")에 반영되었는데, 은행계좌를 개설할 때 은행은 고객의 이름, 주소, 사회보장번호(Social Security Number), 생년월일을 확인하여야 한다. 2001년 9/11테러 이후 테러 방지와 돈세탁 방지를 위해 The Uniting and Strengthening America by Providing Appropriate Tools Required to Intercept and Obstruct Terrorism Act (the USA-PATRIOT Act)가 제정되었는데, 이 법률로써 Bank Secrecy Act가 개정되었다. 이에 따라 금융기관은 고객의 동일성을 확인하는 절차(Customer Identification Programs; CIP)를 마련하여야 하는데, 이에는 계좌를 개설할 때 금융기관이 고객의 정보, 가령 이름, 생년월일, 주소, 사회보장번호 등을 확인하는 절차가 반드시 포함되어야 한다. 만일 고객의 정보를 확인할 수 없거나 합리적인 믿음이 생기지 않는 경우에 금융기관은 계좌의 개설을 거절하거나 개설된 계좌를 폐쇄하여야 한다. 또한 금융기관은 고객에게 계좌 개설시에 고객의 신원을 확인하는 절차를 진행한다는 사실을 알려야 한다(The USA-PATRIOT Act 제326조; 31 CFR 103.121).

또한 캐나다 은행법(Bank Act)에 따라 제정된 Access to Basic Banking Services Regulations 제 4, 5 조에 의하면 캐나다에서도 미국과 유사하게 계좌 개설시에 고객의 신원을 확인하는 절차를 강화하고 있다. http://laws.justice.

관행으로 금융실명제가 정착된 나라와는 달리 금융실명제에 관한 법규정과 법현실 사이에 괴리현상이 뚜렷하게 드러나고 있다.

이 글에서는 금융거래에서 당사자를 결정하는 기준에 관하여 독일법과 우리 법을 비교하면서 종래의 견해를 검토해 보고자 한다. 독일에서는 우리나라와 마찬가지로 법률에서 금융실명제에 관한 규정을 두고 있고, 계좌보유자의 결정에 관한 독일의 판례가 우리나라의 예금주 결정기준에 관한 판례에 영향을 미쳤기 때문이다. 먼저 독일의 금융실명제에 관한 법규정과 계좌보유자를 결정하는 기준에 관하여 살펴본 다음, 우리나라의 법규정과 판례법리를 검토하고, 비실명거래의 사법적 효력에 관하여 새로운 문제를 제기해 보고자 한다.

Ⅱ. 獨逸法에서 計座保有者의 결정

1. 計座保有者

독일에서는 계좌계약[5]을 체결한 당사자라는 의미로 "계좌의 보유자"(Inhaber des Kontos; Kontoinhaber)라는 용어를 사용하고 있다. 이는 계좌에 표시되어 있는 채권이나 채무가 귀속되는 사람을 가리키는 것으로 채권자와 채무자를 포함하는 개념이다.

계좌계약에서도 채권자(고객)와 채무자(은행)가 특정되어 있거나 특정가능성이 있어야 한다.[6] 채권관계에서 당사자를 어느 정도로 특정

gc.ca/en/b-1.01/sor-2003-184/text.html.

5) 독일에서 계좌계약(Kontovertrag)은 예금약정과 계좌약정을 포함하는 개념으로 지로계좌계약(Girokontovertrag), 저축계좌계약(Sparkontovertrag) 등이 있다. 계좌계약 일반에 관해서는 Mülbert, Der Kontovertrag als bankgeschäftlicher Vertragstypus, *Festschrift für Siegfried Kümpel zum 70. Geburtstag,* 2003, S. 402ff.

6) Schwintowski/Schäfer, *Bankrecht,* 2. Aufl., 2004, §5 Rn. 40.

하여야 하는지에 관하여는 독일민법에 아무런 규정이 없다. 다만 조세기본법과 자금세탁에 관한 법률에서 계좌의 개설에 관하여 공법적인 규율을 하고 있다. 조세기본법 등 공법 규정이 계좌보유자를 결정하는 문제에 어떠한 영향을 미치는지 문제된다.

2. 計座의 開設에 관한 公法的 規制

(1) 獨逸 租稅基本法

(가) 形式的 計座 眞實性

독일 조세기본법(Abgabenordnung; AO)[7] 제154조는 計座 眞實性(Kontenwahrheit)에 관하여 규정하고 있다. 제154조 제 1 항은 누구도 허위 또는 가공의 이름으로(auf einen falschen oder erdichteten Namen) 자기 또는 제 3 자를 위하여 계좌를 개설해서는 안 된다고 규정하고 있다. 제 2 항에서는 금융기관은 미리 처분권자의 신원과 주소를 확인하고, 이에 따른 진술을 적절한 형태로 기재하여야 한다고 규정하고 있는데, 계좌를 개설하는 경우에는 계좌에 처분권자의 이름 등을 기재하여야 한다. 제 3 항에서는 제 1 항을 위반한 경우 관할 세무서의 동의를 받아 예금 등을 반환하여야 한다고 규정하고 있다.[8] 제154조 제 3 항의 규정을 고의 또는 중과실로 위반한 사람은 제72조에 따라 조세채권 침해에 대한 책임을 진다. 또한 제154조 제 1 항을 위반한 경우에 탈세 등으로 처벌될 수도 있다(제370조, 제379조 제 2 항 제 2 호).

조세기본법 제154조는 조세포탈을 위하여 재산을 숨기는 것을 막기 위한 것이다. 금융기관이 고객의 신원을 확인함으로써 가공 또는 타인의 이름으로 금융거래를 하는 것을 억제하거나 적발할 수 있을 것

---

7) 조세징수법이라고 번역하기도 한다.

8) 공동예금의 경우에 그 반환을 위하여 모든 관련 세무서의 동의가 필요하다. Schwintowski/Schäfer(註 6), §5 Rn. 54.

이다.[9] 제 1 항과 제 3 항에 의하면 허위 또는 가공의 이름으로 계좌를 개설하는 것을 금지하고, 이를 위반하여 개설된 계좌를 폐쇄하며, 관할 세무서의 동의를 얻어서 예금 등을 반환하여야 한다.[10] 그러므로 이른바 번호계좌(Nummernkonto)를 개설하는 것은 제154조 제 1 항에 따라 금지된다.[11] 그러나 예명을 이용하는 것은 신원이 확인되는 한 허용된다.[12]

한편 차명계좌가 허용되는지 문제된다. 독일에서 차명계좌에 관하여는 명시적인 규정이 없고, 다만 조세기본법 제154조 제 2 항에서 금융기관의 확인의무를 규정하고 있을 뿐이다.[13] 이와 관련하여 제154조의 규정이 形式的 計座 眞實性(formale Kontenwahrheit)만을 보장하기 위한 것인지, 아니면 實質的 計座 眞實性(materielle Kontenwahrheit)까지 보장하기 위한 것인지에 관한 문제에 관하여 살펴볼 필요가 있다. 이 문제를 명확하게 판단하고 있는 독일 연방대법원 1994년 10월 18일 판결[14]을 보자.

> 원고가 피고 은행에 계좌를 개설하고 그 아들을 계좌대리인으로 지정했다. 원고는 피고 은행에 총액 1만 500마르크인 2장의 수표를 교부하여 예금을 하였다. 그 후 원고와 그 아들이 피고 은행에 수표를 교부

9) Canaris, *Bankvertragsrecht,* 3. Aufl., 1988, Rn. 124; Kümpel, *Bank- und Kapitalmarktrecht,* 3. Aufl., 2004, Rn. 3.112.

10) Schwintowski/Schäfer(註 6), §5 Rn. 54.

11) Anwendungserlass des Bundesministers der Finanzen zu §154 Abgabenordnung (AEAO); Huber (Hrsg.), *Bankrecht,* 2001, Rn. 497. 한편 Canaris (註 9), Rn. 124는 번호계좌를 개설하는 것은 세법상 부적법하지만, 그 계좌의 보유자를 확정할 수 있다면 사법상 허용된다고 한다. 동지: Singer, in: Derleder/Knops/Bamberger (Hrsg.), *Handbuch zum deutschen und europäischen Bankrecht,* 2004, S. 836.

12) Klein/Orlopp, AO(Abgabenordnung), 5. Aufl., 1995, §154 Anm. 2.

13) 계약당사자가 누구인지는 계약체결의 본질적 조건이기 때문에 은행이 고객이 누구인지 조사할 의무는 이미 민법에서 도출되고, 이러한 한도에서 조세기본법이 필요한 것은 아니라고 한다. Schwintowski/Schäfer(註 6), §5 Rn. 46.

14) BGHZ 127, 229=BGH ZIP 1994, 1926.

하여 17만 1,400마르크의 예금을 하였는데, 원고가 예금을 한 것은 1회에 불과하고 나머지는 모두 원고의 아들이 예금을 한 것이다. 원고는 위 계좌에서 2만 5,000마르크의 예금인출을 요구했다. 그러나 피고 은행은 위 계좌개설이 계좌 진실성의 원칙을 위반하였다고 보고, 조세기본법 제154조 제 3 항에 따라 계좌를 폐쇄하였으며, 세무서의 동의가 없다는 이유로 예금을 반환하지 않았다. 원고는 예금을 청구하면서 조세기본법 제154조는 오로지 형식적 계좌 진실성을 위한 것으로, 이는 정당한 이름을 기재하는 것으로 보장된다고 주장하였다.

독일 연방대법원은 위 사안에서 피고 은행의 조치가 부적법하다고 판결하면서, 조세기본법 제154조는 형식적 계좌 진실성만을 보장하는 것이라고 하였다.[15] 명의인이 계좌를 자신 또는 타인을 위하여 개설하는 것인지 여부(실질적 계좌 진실성)는 중요하지 않다. 이 사건에서 원고는 자신의 이름을 계좌보유자로 정확하게 기재하였고, 자신의 아들을 계좌대리인으로 기재하였다. 따라서 조세기본법 제154조를 위반하지 않았다는 것이다. 이러한 결론은 조세기본법 제154조의 문언, 체계, 입법사, 의미와 목적에서 도출된다. 이 규정은 제 1 항에서 정당한 이름을 남용하는 것을 금지하는 것이 아니라, 허위 또는 가공의 이름을 이용하는 것만을 금지하고 있을 뿐이다. 명확한 문언을 넘어서는 해석은 형법상의 유추금지(독일 기본법 제103조 제 2 항)에 반할 수 있다. 왜냐하면 조세기본법 제154조 제 1 항은 질서위반의 구성요건적 요건을 규율하기 때문이다(제379조 제 2 항 제 2 호). 이 규정은 독일제국의 조세기본법 제163조에서 유래하는데, 당시에 이미 형식적 계좌 진실성을 보장하는 것으로 이해하였고, 정당하게 기재된 계좌보유자가 타인의 계산으로 행위하는 것을 금지하지 않는다고 하였다. 이 규정의 의미와 목적도 확장해석을 요구하지 않는다. 이 규정의 의미와 목적은 허위의 이름을 이용하여 조세부담관계를

15) 이 판결은 제154조가 실질적 계좌 진실성을 보장하는 것이라는 견해도 있으나, 형식적 계좌 진실성을 보장하는 것이라는 견해가 통설이라고 소개한 다음, 결론을 내리고 있다.

조사하는 것을 곤란하게 하거나 불가능하게 하는 것을 방지하는 데 있다. 고객이 계좌를 개설하면서 계좌대리인을 기재한 경우에는 금융기관이 계좌대리인에 관하여 질문하는 과정에서 두 사람의 처분가능성을 알고 이에 대한 조사를 할 수 있었을 것이다. 물론 계좌를 개설하려는 사람이 재산과 소득이 적은 사람을 계좌보유자로 선택함으로써 세금을 적게 낼 가능성이 있다. 그렇다고 하더라도 이것이 제154조를 확장해석할 사유는 아니다. 실질적 권리자가 타인의 계좌를 이용함으로써 세금을 적게 내는 것을 막기를 원했다면, 입법자는 명시적으로 이를 금지하고 은행의 보고의무를 도입할 수 있었을 것이다. 그러나 그와 같이 하지 않았다는 것이다.[16] 그 후 학설은 위 판결을 지지하고 있다.[17]

제 3 자의 이름으로 계좌를 개설하는 것은 허용된다. 다만 제 3 자의 존재가 적절한 방법으로 증명되어야 한다. 이 경우에 제 3 자가 명시적으로 동의하여야 하는 것은 아니다.[18]

한편 대리인이 본인을 대리하여 계좌를 개설할 수 있는데, 關係人을 위한 行爲[19] 이론이 적용될 수 있는지 문제된다. 독일 민법에서 대리의 경우에 顯名主義에 따라 대리임을 표시하여야 하나, 일상생활상

16) Schwintowski/Schäfer(註 6), §5 Rn. 41, 44.

17) Hüffer/van Look, *Rechtsfragen zum Bankkonto,* 4. Aufl., 2000, Rn. 12a.

18) Anwendungserlass des Bundesministers der Finanzen zu §154 Abgabenordnung (AEAO); Huber(註 11), Rn. 497.

19) 독일의 판례와 다수설은 관계인을 위한 행위(Geschäft für den, den es angeht; 귀속행위라고 하기도 한다) 이론을 인정하고 있다. 이는 법률행위의 성질상 누구와 법률행위를 하는가가 무의미하고 당해 법률행위가 자기를 위한 것이 아니라 타인을 위하는 것임이 주위사정에 비추어 명백한 경우에는 그 법률효과가 직접 타인에게 발생한다는 것이다. 이 경우에 현명을 하지 않아도 되지만, 대리의 다른 요건, 특히 대리권은 존재하여야 한다. Larenz/Wolf, *Allgemeiner Teil des deutschen bürgerlichen Rechts,* 9. Aufl., 2004, S. 838ff. 우리나라에서 이를 인정할 것인지에 관하여는 논란이 있다. 찬성하는 견해로는 李英俊, 韓國民法論[總則編], 수정판, 박영사, 2004, 502면 이하 등이 있고, 반대하는 견해로는 郭潤直, 民法總則, 제 7 판, 박영사, 2002, 270면 등이 있다.

의 거래나 부부간의 일상가사대리의 경우에는 이 이론에 따라 현명이 필요하지 않다고 한다. 상대방은 누구와 계약을 체결하는지에 관하여 이해관계가 없기 때문이다. 계좌에 대해서도 현명주의의 예외가 인정되는지 문제되나, 계좌에 관해서는 이것이 적용되지 않는다. 관계인을 위한 계좌개설은 형식적 계좌 진실성의 원칙에 배치된다. 왜냐하면 계좌를 개설해 준 은행은 조세기본법 제154조 제 2 항에 따라 미리 처분권자의 신원을 확인해야 하고 이에 관한 진술을 계좌에 기재해야 하기 때문이다.[20)]

(나) 獨逸 租稅基本法 제154조를 위반한 計座開設契約의 私法的 效力

독일 조세기본법 제154조 제 1 항에 위반하여 개설된 은행계좌의 효력이 문제된다. 이 규정은 허위 또는 가공의 이름으로 계좌를 개설하는 것을 금지하고 있는데, 고객과 금융기관 양자에 모두 적용된다. 독일민법 제134조에 따르면 법률상의 금지에 위반한 계약은 원칙적으로 무효인데, 독일 조세기본법 제154조 제 1 항이 독일민법 제134조의 법률상의 금지에 해당한다고 생각할 여지가 있다.[21)] 그러나 조세기본법 제154조 제 3 항은 제 1 항에 위반한 경우에 금융기관이 관할세무서의 동의하에 예금을 반환하도록 하고 있다. 이것은 자동적으로 계좌를 폐쇄하는 것을 규정하고 있을 뿐이고 계약 자체의 무효를 규정하고 있는 것은 아니다. 어떤 사람이 계좌를 개설하였고 계좌에 대하여 처분권을 갖고 있다면 사법상 예금반환청구권을 갖는다(독일민법 제700조, 제488조 제 1 항). 다만 예금의 반환에 관하여 관할세무서의 동의를 받으면 된다. 이 규정에

20) Schwintowski/Schäfer(註 6), §6 Rn. 45. 다만 Flume, *Allgemeiner Teil des Bürgerlichen Rechts, Bd. 2. Das Rechtsgeschäft*, 4. Aufl., 1992, S. 767은 저축예금의 경우에 예입은 관계인을 위한 행위에 해당한다고 한다.

21) 독일민법에서는 양속위반뿐만 아니라 법률상의 금지 위반도 불법원인급여에서 말하는 불법에 포함되기 때문에(제817조), 독일 조세기본법 제154조 제 1 항을 독일 민법 제134조의 법률상의 금지로 본다면, 예금주는 그 금전의 반환을 청구할 수 없게 될 것이다. 이러한 결과를 막기 위하여 독일 조세기본법 제154조 제 3 항에서 금전의 반환에 관한 명문의 규정을 두고 있다고 볼 수도 있을 것이다.

기한 반환청구권은 임치계약 기타 계약관계에서 나온 것으로, 부당이득반환청구권이 아니라, 계약상의 청구권을 정한 것이다. 그리하여 이 규정으로부터 간접적으로 제154조 제1항에 위반한 계좌개설계약이 유효라는 결론에 이르게 된다고 한다.[22)]

한편 금융기관의 확인의무를 정하고 있는 조세기본법 제154조 제2항을 위반하더라도 계좌계설계약의 효력에는 영향이 없다. 이 규정은 독일민법 제134조의 법률상의 금지에 해당하지 않는다.[23)] 또한 이 규정에 위반하더라도 독일민법 제823조 제2항의 보호법규 위반에 해당하지 않는다.[24)]

⑵ 獨逸 資金洗濯法

1993년 10월 25일 자금세탁법(Geldwäschegesetz; GwG)이 제정되었다. 자금세탁법 제11조 제1항에서 금융기관 직원의 신고의무(Anzeigepflicht)에 관하여 규정하고 있다. 은행은 계좌계설시에 고객으로부터 신분증명서(Personalausweis)나 여권을 제출받아야 한다. 이 확인의무는 우선 1만 5천 유로 이상의 금전이나 유가증권을 수령하는 경우에 발생한다. 돈세탁을 하려고 금전이나 유가증권을 나누어 예치한 금액의 합계가 1만 5,000유로 이상이 되는 경우에도 마찬가지이다(자금세탁법 제2조 제2항). 그러나 은행이 고객을 개인적으로 알고 있는 경우 또는 종전에 확인을 한 경우에는 확인의무가 없다(자금세탁법 제7조).[25)]

금융기관이 자금세탁법에 따라 거래자의 이름을 확인하여야 하는 경우에는 신분증명서나 여권을 제출받아야 한다(제1조 제5항). 생년월일과 주소도 확인할 의무가 있으나, 이는 신분증명서나 여권에 이러한 정보가 포함되어 있는 경우에 한한다. 독일 연방대법원은 1973년 12월 10일

22) 이 점에 관해서는 뮌헨대학의 Coester-Waltjen 교수의 도움을 받았다(2006년 4월 20일자 이메일).

23) Canaris(註 9), Rn. 159.

24) Canaris(註 9), Rn. 124.

25) 이 법의 개요에 관해서는 우선 Kümpel(註 9), Rn. 3.115ff. 참조.

판결에서 계좌 개설시에 운전면허증으로 계좌보유자의 신원을 조사하면 충분하다고 보았다.[26] 그러나 이 판결은 늦어도 자금세탁법이 시행된 이후에는 변경되었다고 한다. 위 법률에서는 신분증명서 또는 여권으로 신원에 관한 조사를 해야 한다고 규정하고 있기 때문이다.[27] 대리인에 의한 계좌개설의 경우에 대리인의 신원을 조사하는 것으로는 충분하지 않다. 오히려 계좌보유자의 신원도 증명서(신분증명서 또는 여권)로 확인해야 한다.[28] 회사의 계좌를 개설하는 경우에는 개설행위를 하는 사람의 대리권도 상업등기부 등본으로 조사해야 한다.[29]

금융기관은 계좌보유자의 신원을 확인할 때 고객에게 자신의 계산으로 계좌를 개설하는 것인지 질문해야 한다.[30] 계좌개설서식을 보면 자신의 계산으로 계좌를 개설하는지, 아니면 타인의 계산으로 계좌로 개설하는지 여부를 기재하도록 되어 있다.[31] 고객이 타인의 계산으로 계좌를 개설한다고 답변하는 경우에는 금융기관이 그 타인의 이름과 주소를 확인해야 한다(제 8 조 제 1 항). 그러나 그 타인의 신원을 조사할 필요는 없고, 고객의 진술로 충분하다.[32] 고객이 경제적인 권리자를 밝히는 것을 거부하는 경우에 은행은 위탁받은 업무를 수행해서는 안 된다.[33]

자금세탁법과 조세기본법의 관계가 문제된다. 자금세탁법 제 8 조 제 1 항에 따라 은행이 계좌의 개설시에 경제적 권리자에 관하여 질문할 의무가 있지만, 이것이 조세기본법 제154조의 해석에 영향을 미치지는 않는다. 특히 조세기본법 제154조 제 3 항에 따라 계좌를 폐쇄하는 범위가 확장되지 않는다. 경제적 권리와 형식적인 법적 지위가 다

26) BGH NJW 1974, 458.
27) Kümpel(註 9), Rn. 3.119; Nobbe, *Neue höchstrichterliche Rechtsprechung zum Bankrecht*, 6. Aufl., 1995, S. 55ff.
28) BGH WM 1977, 1019.
29) Nobbe(註 27), S. 55.
30) Kümpel(註 9), Rn. 3.120.
31) Hopt, *Vertrags- und Formularbuch*, 1995, S. 749.
32) Hopt(註 31), S. 751.
33) Schwintowski/Schäfer(註 6), § 5 Rn. 53.

르다고 하더라도 계좌를 폐쇄해서는 안 된다.[34] 이에 관해서는 자금세탁법에 아무런 규정이 없기 때문이다. 조세기본법과 자금세탁법의 두 규정은 그 목적이 다르다. 조세기본법 제154조의 확인의무는 국고를 위한 조세상의 이유에 근거를 두고 있는 반면, 자금세탁법은 형사소추기관으로 하여금 자금세탁거래에 관한 단서를 이용하도록 하기 위한 것이다.[35]

(3) 독일법에서는 우리나라와 달리 차명금융거래를 금지하는 법규정이 없다. 조세기본법은 허위 또는 가공의 이름으로 계좌를 개설하는 것을 막고 있을 뿐이고, 자금세탁법도 차명금융거래를 부정하고 있지는 않다.

3. 計座保有者의 決定基準

(1) 契約의 解釋

계좌보유자는 계좌 개설시에 은행에 대하여 채권자로서 행동하거나 표시되는 사람이다. 계좌보유자가 누구인지 명확하지 않은 경우에는 계약의 해석을 통하여 계좌보유자를 정한다.[36]

(2) 計座開設者의 意思

독일에서 계좌보유자의 결정은 원칙적으로 계좌개설자의 의사에 따라야 하는데, 그 의사는 내심의 의사가 아니라 상대방인 금융기관이 인식할 수 있는 의사를 기준으로 한다. 이 원칙은 독일 연방대법원 1956년 6월 25일 판결[37]에서 확립되었다. 이 판결에서 어떤 사람이 은행과 지로계좌를 개설하고 제 3 자의 이름과 특별계좌(Sonderkonto)

---

34) Hüffer/van Look(註 17), Rn. 12a.
35) BGHZ 127, 229(註 14).
36) Hüffer/van Look(註 17), Rn. 36.
37) BGHZ 21, 148=WM 1956, 1129.

라는 기재 다음에 자신의 이름을 기재하였는데, 누가 계좌보유자인지 문제되었다. 독일 연방대법원은 다음과 같이 판결하였다.

> "누가 은행에 대하여 정당한 계좌보유자인지라는 문제에 대하여, 누가 계좌에 기재되어 있는지, 또는 예금을 한 금전이 누구의 자금에서 나온 것인지 여부가 결정적으로 중요한 것은 아니다. 이것에 대하여 결정적인 것은 오히려 계좌개설시에 누가 은행 또는 저축은행에 대하여 채권자 또는 대여자로 행위하는지 여부이다. 따라서 개별사안의 특별한 사정을 고려하여 예금을 하는 사람의 인식가능한 의사(erkennbarer Wille)에 따라 누가 은행의 채권자가 된다고 보아야 할지를 조사하여야 한다."

이 원칙은 독일 판례에 의하여 발전된 일반원칙으로서, 처음에는 저축계좌에 관해서 발전되다가,[38] 나중에 다른 종류의 계좌에도 적용되었다.[39] 독일의 학설도 판례의 태도를 지지하고 있다.[40] 이 원칙은 독일민법 제133조, 제157조[41]에 따른 객관적 해석 원칙(Grundsatz der objektiven Auslegung)의 구체화라고 한다.[42] 조세기본법(1977년)이나 자

---

38) 독일 제국법원의 1910년 4월 8일 판결(RGZ 73, 220)은 기존의 저축은행통장에 추가적인 예금을 한 경우에 채권자가 누구인지 여부에 관하여 판단하고 있다. 이 경우에 누구의 자금으로 예금을 했는지 여부가 결정적으로 중요한 것은 아니고, 오히려 예금시에 누가 저축은행에 대하여 대여자로 취급되어야 하는지 여부만이 결정적이다. 개별사안의 특별한 사정을 고려하여 예금을 하는 사람의 인식가능한 의사에 따라 누가 채권자로 되어야 하는지를 조사하여야 한다고 하였다.

39) BGHZ 21, 148은 위 RGZ 73, 221과 JW 1937, 988 Nr. 2를 인용하고 있다. 그 후 이러한 원칙을 따르고 있는 판결로는 BGHZ NJW 1988, 95; BGHZ 124, 298; BGH NJW 1994, 931; BGHZ 127, 229; BGH NJW 1995, 1284 등이 있다.

40) Canaris(註 9), Rn. 151; Hopt(註 31), S. 750; Hüffer/van Look(註 17), Rn. 36; Singer(註 11), S. 834; Schwintowski/Schäfer(註 6), §6 Rn. 4.

41) 독일민법 제133조는 표현의 문자적 의미가 아니라 실제 의사를 탐구하여 의사표시를 해석하여야 한다고 규정하고 있고, 제157조는 신의성실이 거래관행을 고려하여 요구하는 대로 계약을 해석하여야 한다고 규정하고 있다.

42) Canaris, Inhaberschaft und Verfügungsbefugnis bei Bankkonten, *NJW* 1973, 825; Singer(註 11), S. 835.

금세탁법(1993년)은 이 원칙에 별다른 영향을 미치지 않았다.

독일에서 계좌보유자를 결정하는 기준은 계좌를 개설하는 사람의 내심의 의사가 아니라, 은행이 인식할 수 있는 의사이다.[43] 객관적 해석 원칙에 따르면 이는 당연한 것이다. 독일민법 제808조[44]에 따르면 은행이 무권리자에게 예금을 지급하더라도 그가 통장을 가지고 있었다면 은행이 면책될 수 있다. 그렇다고 하더라도 누가 예금채권자인지 여부가 은행에게는 아무런 상관이 없는 것은 아니다. 내심의 의사는 원칙적으로 법률효과를 발생시키지 않고, 상대방의 입장에서 의사를 인식할 수 있어야 한다. 의사표시 상대방(Erklärungsadressat)의 이익뿐만 아니라 담보채권자와 같은 제 3 자의 이익도 고려해야 하기 때문이다. 나아가 은행이 독일민법 제808조에 따라 예외 없이 면책되는 것은 아니며, 악의가 있는 경우에는 면책되지 않을 수 있다. 또한 은행이 계좌보유자에 대한 채권을 예금채권과 상계할 수 있기 때문에, 은행으로서는 계좌보유자가 누구인지를 아는 것이 매우 중요하다. 따라서 은행이 신용을 제공할 경우에 예금채권에 담보를 갖고 있는지 여부 또는 이 채권이 실제로는 신용이용자가 아닌 다른 사람에게 귀속된 것인지 여부를 알아야 한다. 예금주의 실제 의사나 내부관계는 중요하지 않다고 한다.[45] 예금채권을 양도함으로써 채권자가 변경될 수 있는데, 이러한 경우에도 채권양도에 관한 합의가 있어야 한다.[46]

43) BGHZ 21, 148, 150.

44) 독일민법 제808조 제 1 항은 "채권자가 기명되어 있는 증서가 증서에 약속된 급부를 소지인에게 할 수 있다는 정함과 함께 발행된 때에는, 채무자는 증서의 소지인에 대한 급부로써 채무를 면한다. 소지인은 급부를 청구할 권리를 가지지 아니 한다"고 규정하고 있다.

45) 이와 달리 독일 제국법원의 판결 중에는 저축계좌의 채권자를 정하는 데 예금주의 실제 의사가 중요하고, 저축은행에게 외부적으로 인식할 수 없는 내부관계를 알려 주는 것도 필요하지 않다는 판결도 있었고, 친척관계와 같은 내부관계를 고려하여 계좌보유자를 결정하면서 은행이 누구를 채권자로 볼 수 있었는지 여부는 고려되지 않는다는 판결도 있었으나, 이는 타당하지 않다고 한다. Canaris(註 9), Rn. 152f.

46) Canaris(註 9), Rn. 153.

(3) 計座의 表示

당사자의 의사를 탐구하는 데 가장 중요한 요소는 계좌의 표시(Kontobezeichnung)이다. 일반적으로 계좌개설계약서에 계좌보유자라고 이름이 표시된 사람이 계좌보유자라고 할 수 있다. 그러나 계좌의 표시는 원칙적으로 당사자의 의사에 대한 징표에 불과하고, 이에 따라 계좌보유자가 확정되는 것은 아니다.[47] 그런데 계좌의 표시가 가지는 의미는 지로계좌의 경우와 저축계좌의 경우를 구분해 보아야 한다.

카나리스 교수는 일찍이 지로계좌의 경우에 계좌의 표시를 "가장 명확한 징표"라고 하였다.[48] 독일연방대법원 1985년 9월 26일 판결[49]은 지로계좌에서 계좌보유자를 결정할 때 계좌의 표시에 특별한 비중(besonderes Gewicht)을 부여하는 것이 판례에 반하지 않는다고 하였다. 그 후 독일 연방대법원 1995년 12월 12일 판결[50]은 지로계좌의 해석원칙을 명확하게 밝히고 있다. 원고인 A市가 B 회사에 영업지역의 개발계획을 맡기고, 이 목적을 위하여 B 회사 명의로 피고 은행에 개설된 지로계좌에 100만 5,000마르크를 송금하였다. B회사가 재정적 어려움에 빠지자, 피고 은행은 자신의 B회사에 대한 채권과 위 100만 5,000마르크를 상계하였다. 원고인 A시는 피고 은행이 100만 5,000마르크의 신탁적 성격을 알고 있다는 이유로 위 금액의 반환을 청구하였다. 항소법원은 원고의 청구를 인용하였으나, 독일 연방대법원은 계좌개설시의 계좌에 기재된 대로 B 회사를 계좌보유자라고 보고 항소심 판결을 파기환송하였다.[51] 그 이유는 다음과 같다.

47) BGHZ 21, 148 등 다수. Canaris(註 9), Rn. 154에 판결들이 정리되어 있다.
48) Canaris(註 42), 826.
49) BGH WM 1986, 35. 이 판결은 카나리스의 견해를 인용하고 있다.
50) BGH NJW 1996, 840=WM 1996, 249.
51) 은행이 계좌 개설시에 계좌의 신탁적 성격을 알고 있고 계좌보유자가 이 계좌로는 단지 수탁자로서 귀속되는 금전만을 취득한다는 점이 은행에 분명한 경우에는 명시적 신탁계좌를 개설한 것이라고 볼 수 있다. 이러한 경우에는 은행이 위 계좌의 예금에 대하여 수탁자에 대한 채권으로 상계를 하지 않기로 약정하였다고 볼 수 있다. 그러나 계좌계약시에 명시적 신탁계좌를 개설하였

"그러나 항소법원은 그 해석[지로계좌에 관한 계약의 해석을 가리킴: 필자 주]의 경우에 지로계좌의 개설시에 계좌보유자의 표시에 — 저축계좌의 경우와 달리 — 단순한 징표 이상의 의미가 부여된다[52]는 것을 충분히 고려하지 않았다. 신속하고 복잡하지 않은 결제를 목표로 하는 지로거래에서는 단순하고 명확한 법률관계가 실제로 강력하게 요청된다. 계좌에 표시되어 있는 형식적 계좌보유자(formeller Kontoinhaber)를 채권자로 본다면 이는 이러한 요청에 부응하는 것이다. 여기에서는 계좌보유자로 B.가 기재되어 있다. 그것이 축약된 형태로 "B."라고 기재되고 완전한 회사의 표시로 기재되어 있지 않다는 사정은 본질적인 반증이라고 볼 수 없다. 특히 B.가 피고에게 알려져 있었기 때문이다. …"[53]

지로거래에서는 고객이 은행에 대하여 채권을 가질 수도 있고 채무를 부담할 수도 있으므로, 은행은 지로계좌의 보유자가 누구인지 알아야 한다. 또한 지로거래에서는 단순하고 신속한 법률관계가 요청되기 때문에, 계좌표시에 따라 형식적 계좌보유자를 채권자로 보는 것이 바람직하다. 지로계좌의 보유자가 누구인지는 계약의 해석 문제이나, 이 경우 계좌개설시의 계좌보유자 표시는 일반적으로 매우 중요한 의미를 갖는다.[54] 은행과 고객 사이의 계약체결시에 계좌보유자로 기재된 사람이 계좌보유자라는 것이 추정된다고 할 수 있다.[55] 만일 계좌에 표시되지 않은 사람을 계좌보유자라고 하려면 특별한 사정이 있어야 하고, 이러한 사정은 이로 인하여 유리하게 되는 사람이 주장입증하여야 한다.[56]

다는 것이 확정되지 않은 경우에도 은행이 신탁적 성격을 알면서도 상계권을 행사하였으면, 은행이 독일민법 제826조에 기하여 불법행위책임을 질 수도 있다. Schwintowski/Schäfer(註 6), § 6 Rn. 10.

52) BGH WM 1986, 35.

53) BGHZ 127, 229.

54) Hüffer/van Look(註 17), Rn. 37; Kümpel(註 9), Rn. 3.132f.; MünchKomm/Gottwald, *BGB*, 4. Aufl., 2001, § 328 Rn. 52; Schwintowski/Schäfer(註 6), § 6 Rn. 6, Rn. 9; Singer(註 11), S. 835 참조.

55) Canaris(註 9), Rn. 154.

56) Hüffer/van Look(註 17), Rn. 38.

통장의 점유와 같은 부가적인 기준이 없으면, 다른 사정이 없는 한 일반적으로 계좌의 표시가 계좌보유자를 판단하는 데 결정적이다. 계좌를 개설하는 형태에 따라 개별적으로 살펴보자. 첫째, 타인의 이름으로 계좌를 개설하면서 자기 이름을 부가하지 않은 경우에 계좌에 표시된 대로 타인이 계좌보유자이다. 그러나 그러한 경우에 행위자가 처분권을 유보한 경우에는 통상 행위자가 계좌보유자라고 할 수 있다.[57] 둘째, 자신의 이름으로 계좌를 개설하면서 타인의 이름을 부가하지 않은 경우에는 개설한 사람이 대부분 계좌보유자이다.[58] 순수한 내심의 의사가 아니라 인식가능한 당사자 의사가 계좌보유자를 판단하는 기준이 되기 때문에, 개인 이름으로 계좌를 개설한 경우에는 원칙적으로 계좌를 개설한 사람이 주주로 있는 회사의 숨은 거래계좌로 취급될 수 없다. 그러나 은행이 거래계좌의 개설에 동의하고, 따라서 falsa demonstratio(잘못된 표시는 해가 되지 않는다는 원칙)에 해당하는 경우에는 그러하지 아니하다. 셋째, 자기 이름으로 계좌를 개설하면서 타인의 이름을 부가하는 경우에는 자기 이름이 맨 앞에 있으면 원칙적으로 계좌개설자를 계좌보유자로 본다.[59] 이 경우에는 이름을 부가하는 것이 무의미하고 그곳에 부가된 사람에게 처분권을 주지도 않는다.[60]

계좌에 이름이 표시되었다고 무조건 채권자가 되는 것은 아니다. 예를 들면 은행이 어떤 회사의 청산과 관련하여 계좌를 개설한 경우에 회사가 계좌표시에 기재되었다고 하더라도 그 회사를 위하여 계좌가 정해진 것이 아니라면 그 회사가 채권자가 되는 것은 아니다.[61]

---

57) Kümpel(註 9), Rn. 3.141.

58) BGH WM 1983, 14; Kümpel(註 9), Rn. 3.138.

59) Kümpel(註 9), Rn. 3.140.

60) 그 밖에 공동계좌, 타인계좌 또는 신탁계좌 등 특수한 형태의 계좌가 있다. 이에 관하여는 우선 Canaris(註 9), Rn. 155 참조.

61) BGH WM 1990, 537, 538; Singer(註 11), S. 835.

⑷ 저축계좌에서 저축통장(Sparbuch)의 점유

독일에서 저축예금을 하는 경우에 저축통장을 발행하는데,[62] 저축계약에 대해서도 독일연방대법원이 1956년에 세운 일반원칙[63]이 적용된다. 이 경우에도 계좌보유자를 결정하는 기준은 계좌를 개설하는 사람의 인식가능한 의사에 따라 누가 은행의 채권자인지 여부이다. 즉, 은행 또는 저축은행과의 합의에서 계좌보유자로 정해진 사람이 누구인지에 따라 예금보유자가 결정된다.[64]

그런데 저축계좌의 보유자를 결정할 때에는 누가 저축통장을 정당하게 점유하고 있는지 여부가 본질적인 징표이다. 일반적으로 저축통장의 점유자(Besitzer des Sparbuches)가 계좌보유자라고 한다.[65] 그리하여 저축통장의 점유가 계좌보유자의 표시에 우선한다(Vorrrang vor Kontobezeichnung)고 한다.[66] 이 점에서 지로계좌의 경우와는 출발점이 다르다. 그러나 이와 같이 저축계좌의 경우에는 통장의 점유가 결정적이지만, 계좌의 표시가 무의미한 것은 아니다.[67]

은행실무에서 고객과 은행의 서면 계약으로 제 3 자에게 예금을 귀

---

62) 저축예금은 고객이 금융기관에 기한을 정하지 않고 예금을 하는 것으로, 지급거래를 하기 위한 것이 아니어야 한다. 최소한 3개월의 해지기간에 관하여 약정을 하여야 하나, 통상 고객은 3개월의 해지기간을 정한 저축예금에 대하여 매월 2,000유로까지는 해지하지 않고도 인출할 수 있다. 고객은 저축통장을 발급받으며, 예금을 청구할 때에는 저축통장을 제시하여야 한다. 그러나 금융기관은 저축통장 대신에 저축카드를 발급할 수 있다. Verordnung über die Rechnungslegung der Kreditinstitute und Finanzdienstleistungsinstitute (RechKredVO) 제21조 제 4 항; Huber(註 11), Rn. 468ff.

63) BGHZ 21, 148.

64) BGH NJW 1994, 931; BGHZ 28, 368; BGHZ 46, 198; MünchKomm/Gottwald, *BGB,* 4. Aufl., 2001, § 328 Rn. 53; MünchKomm/Hüffer, *BGB,* 4. Aufl., 2004, § 808 Rn. 26.

65) BGHZ 21, 150; BGHZ 28, 369; BGH NJW 1970, 1181; BGH WM 1994, 731; Huber(註 11), Rn. 471.

66) BGH WM 1965, 897, 900; WM 1972, 383f.; Hüffer/van Look(註 17), Rn. 46; Canaris(註 9), Rn. 156; Kümpel(註 9), Rn. 3.135.

67) Canaris(註 9), Rn. 154.

속시키기로 하는 경우가 있다. 이러한 경우에는 제 3 자를 위한 계약에 속할 수 있다.[68] 물론 제 3 자의 이름으로 저축계좌를 개설한 경우에 무조건 제 3 자를 위한 계약이 되는 것은 아니다.[69] 따라서 제 3 자의 이름으로 저축통장을 만들었다고 해서 제 3 자가 처분권자, 즉 계좌보유자가 되는 것은 아니다.[70] 자녀나 손자의 이름으로 저축계좌를 개설하고 저축통장을 보유하는 경우에 부모나 조부모를 계좌보유자로 본 사례가 많다.[71] 그러나 은행과 저축계좌의 개설자 사이의 합의, 특히 계좌개설신청에서 제 3 자를 계좌보유자로 하였다는 점을 인정할 수 있는 경우에는 제 3 자가 계좌보유자이다. 이러한 경우에는 명시적이고 인식가능한 의사에 기하여 저축통장의 점유에 계좌보유자라는 징표로서의 의미가 없다고 한다.[72]

저축통장의 점유자를 예금주로 보는 이유는 독일민법 제808조 제 1 항에 근거를 두고 있다.[73] 이 규정에 의하면 은행이 저축통장을 점유하고 있는 사람에게 예금을 지급하면 채무를 면한다(제808조 제 1 항 1문). 그러나 저축통장의 소지인이 자동적으로 계좌에 관한 처분권자가 되는 것은 아니다. 왜냐하면 제808조 제 1 항 2문에서 소지인이 지급을 청구할 권리가 없다고 규정하고 있기 때문이다.[74] 그런데 제808조의 규정으로

68) 제 3 자를 위한 우체국저축통장의 경우에는 1986. 4. 24. 우체국 저축은행법(Postsparkassenordnung) 제 7 조가 적용되고, 그 밖의 경우에는 독일민법 제328조 이하의 제 3 자를 위한 계약에 관한 규정이 적용된다. MünchKomm/Gottwald, *BGB,* 4. Aufl., 2001, §328 Rn. 53.

69) BGHZ 21, 148; BGHZ 28, 368.

70) BGHZ 46, 198.

71) 가까운 친척이 아이의 이름으로 저축통장을 작성하였으나, 이를 아이에게 건네주지 않았다면, 그 행태로부터 증여자가 일반적으로 예금에 관한 처분을 증여자의 사망시까지 유보하고자 한다는 것을 도출할 수 있다. 2005. 3. 23. BGH Urteil X ZR 264/02 (http://www.rae-wess.de/artikel.php?id=633); MünchKomm/Gottwald, *BGB,* 4. Aufl., §328 Rn. 53.

72) Hüffer/van Look(註 17), Rn. 47.

73) Kümpel(註 9), Rn. 3.135; Singer(註 11), S. 835; 2005. 3. 23. BGH Urteil X ZR 264/02 (http://www.rae-wess.de/artikel.php?id=633).

74) 계좌보유자를 결정하는 문제는 은행의 무권리자에 대한 예금 지급으로 인한

인하여 계좌개설자는 저축통장의 점유를 통하여 처분권을 보유하고 통장에 기재된 제 3 자에게 청구권을 귀속시키려는 의도가 없었다는 것이 인정될 수 있다. 저축통장을 점유하고 있으면 저축통장에 관한 처분권을 보유하려는 의사가 있다고 볼 수 있다. 누가 계좌보유자인지에 관하여 의심스러운 경우에 저축통장의 정당한 점유자를 계좌보유자로 추정한다. 이에 대한 반증이 있으면 이 추정은 번복된다. 따라서 도둑은 계좌보유자가 될 수 없다.[75)]

(5) 處分權, 利用目的 등 기타 고려요소

객관적 해석의 경우에는 상대방이 인식할 수 있는 모든 사정을 고려하여야 하므로, 계좌표시나 저축통장의 점유 이외에도 계좌보유자를 결정할 때 매우 다양한 요소가 고려된다. 중요한 기준으로 처분권(Verfügungsbefugnis)[76)]을 들 수 있다. 제 3 자의 이름으로 계좌를 개설하면서 제 3 자에게 처분권을 유보하였더라도 특별한 사정이 없는 한 제 3 자가 계좌보유자가 되는 것은 아니다. 저축통장의 점유는 처분권을 가지고 있다는 것을 의미할 수 있다. 그러나 처분권의 존재에서 계좌보유자라는 것을 추론할 수도 없고, 처분권이 없다고 해서 계좌보유

면책 문제와는 구별된다. 채무자인 은행이 저축통장을 소지한 사람에게 예금을 지급한 경우에 그가 무권리자이고, 은행이 이를 알지 못한 데 과실이 있다고 하더라도 독일민법 제808조 제 1 항 제 1 문에 따라 은행은 책임이 면제된다. 다만 은행이 저축통장을 제출한 사람이 처분권이 없다는 것을 적극적으로 알았거나 신의성실의 원칙에 반하여 지급을 한 경우에만 예외가 적용된다. 신의성실 원칙의 위반은 독일 어음법 제40조 제 3 항 1문을 유추하여 통상 중과실의 경우에 인정된다. Schwintowski/Schäfer(註 6), § 6 Rn. 33ff.

75) Schwintowski/Schäfer(註 6), § 6 Rn. 25.

76) 일반적으로 권리자가 처분권을 갖고 있다. 그러나 권리자가 무권리자에게 처분권을 수여한 경우(독일민법 제185조 제 1 항), 도산절차가 개시됨으로써 도산재단에 관한 처분권이 도산관리인에게 귀속된 경우(독일 도산법 제80조 제 1 항)에는 권리자와 처분권자가 분리된다. 이는 임시도산관리인(독일 도산법 제21조 제 2 항 제 1·2 호, 제22조), 상속재산관리인(독일민법 제1984조, 제1985조), 유언집행자(독일민법 제2205조), 계좌압류의 경우(독일 민사소송법 제829조)에도 마찬가지이다. Hüffer/van Look(註 17), Rn. 11.

자가 아니라는 것을 추론할 수도 없다. 거래관행과 관습에 따르면 계좌보유자가 아닌 사람에게 처분권이 부여되는 경우가 있다.[77] 계좌에 관한 처분권이 없는 사람의 이름으로 계좌를 개설하는 것이 부적법한지에 관해서는 논란이 있다.[78] 부정설에서는 계좌에 관하여 처분권이 없는 사람의 이름으로 계좌를 개설하는 것이 부적법한 것은 아니라고 한다. 그 이유로 법적 근거가 없다는 점을 든다. 조세기본법 제154조 제 2 항은 금융기관이 처분권자의 신원을 확인하여야 한다고 하고 있으나, 이는 독일민법 제134조의 법률상의 금지에 해당하지 않는다.[79] 따라서 계좌보유자와 처분권의 분리가 배제되는 것은 아니라고 한다.[80]

또한 계좌의 이용목적(Verwendungszweck), 잠재적인 계좌보유자들 사이의 내부관계(Innenverhältnis)를 고려할 것인지 문제된다. 은행이 계좌의 이용목적과 내부관계를 알고 있는 경우에도 계좌보유자를 결정할 때 이를 고려해서는 안 된다는 견해가 있다.[81] 이와 같이 전적으로 고객의 영역에 있는 내부관계에 관해서는 은행이 고려할 필요가 없고, 객관적 해석의 범위에 끌어들일 수 없다고 한다. 자금의 출처(Herkunft der Mittel)도 통상 중요하지 않다고 한다.[82] 그런데 자금의 출처와 이용목적은 계좌보유자를 결정하는 데 중요하지 않지만, 은행이 계좌의 이용목적과 자금의 출처를 알고 있는 경우에는 이를 고려하여야 한다는 견해가 있다.[83] 은행이 원칙적으로 내부관계에 관심을 가질 필요가 없다고 하더라도, 당사자의 의사를 해석하는 단계에서 은행이 알고 있는 사정을 고려할 수 있다는 것이다. 그러나 금융기관이 고객과 제 3

77) Canaris(註 9), Rn. 159.
78) 이에 관하여는 Canaris(註 9), Rn. 159.
79) 위 주 23.
80) Canaris(註 9), Rn. 159.
81) Canaris(註 9), Rn. 161.
82) BGHZ 21, 148; BGH WM 1972, 383; Singer(註 11), S. 835.
83) BGH NJW 1996, 840; Hüffer/van Look(註 17), Rn. 43; Schwintowski/Schäfer(註 6), §6 Rn. 5.

자 사이의 법률관계를 조사할 의무는 없다고 한다.

(6) 판단시점

계좌보유자의 판단은 계좌 개설시를 기준으로 하고, 그 이후의 사정은 원칙적으로 고려되지 않는다. 왜냐하면 계약의 내용이 중요한데, 당사자가 합의한 내용은 사후적인 행태에 의하여 일방적으로 변경될 수 없기 때문이다. 다만 계좌개설 후의 사정은 그것이 계좌개설시의 당사자의 의사를 추론하는 한도에서 고려될 수 있다.[84]

Ⅲ. 우리나라 金融實名法에서 金融去來에 대한 規制와 契約當事者에 관한 決定基準

1. 金融實名法과 金融去來

금융실명제는 "實地名義에 의한 금융거래를 실시"[85] 하는 것이 가장 중요한 목적이다(제1조). 금융실명제의 긍정적 효과로는 조세부담의 형평성 제고, 지하경제의 폐해 시정, 분배의 불균형 시정, 공정한 경제풍토 조성을 들고, 부정적 효과로는 저축률 저하, 이탈자금의 비생산자금화, 기업의 자금조달 곤란, 증권시장의 혼란을 들고 있다.[86]

금융기관은 거래자의 실지명의, 즉 실명에 의하여 금융거래를 하여야 한다(제3조 제1항). "실지명의"라 함은 주민등록표상의 명의, 사업자등록증상의 명의 기타 대통령령이 정하는 명의를 말한다(제2조 제4호). 따라서 금

84) Canaris(註 9), Rn. 163; Hüffer/van Look(註 17), Rn. 41.

85) 금융실명법 제2조 제2호는 "금융자산"에 관하여, 제3호는 "금융거래"에 관하여 정의 규정을 두고 있다. 따라서 금융실명법이 모든 금융거래에 적용되는 것이 아니라 위 규정에서 정하고 있는 일정한 금융거래에 한하여 적용된다. 아래 註 91 참조.

86) 李啓仁 편(註 3), 75면 이하.

융실명법에서 무기명거래나 가명거래를 금지한다는 점은 분명하다. 그런데 여기에서 나아가 借名去來를 금지한 것인지는 논란이 있다.

大判(全) 1997. 4. 17, 96도3377(集 45-1, 형 927)은 업무방해죄의 성립여부가 문제된 형사사건에 관한 판결로서, 거래자의 실명의 의미에 관하여 상세하게 판단하고 있다. 즉, "기존 비실명자산의 거래자가 긴급명령의 시행에 따라 이를 실명전환하는 경우 금융기관으로서는 실명전환사무를 처리함에 있어서 거래통장과 거래인감 등을 소지하여 거래자라고 자칭하는 자의 명의가 실명인지의 여부를 확인하여야 하고 또 그것으로써 금융기관으로서의 할 일을 다하는 것이라 할 것이고, 나아가 그가 과연 금융자산의 실질적인 권리자인지의 여부를 조사·확인할 것까지는 없다"고 한다. 이 판결에는 1개의 보충의견과 2개의 반대의견이 있는데, 보충의견은 "긴급명령에서 말하는 거래자란 금융거래에 있어서 '자기의 명의로 금융기관의 상대방이 된 자 또는 되는 자'를 말하는 것으로 보아야 하고, 반드시 자금의 실소유자 또는 금융자산의 사실상의 권리자(이하 실권리자라 한다)만을 의미한다고 할 수 없다"고 한다. 실명이란 전체적으로 무기명, 가명에 대칭되는 용어로 사용된 것이었을 뿐 이른바 차명에 대칭되는 개념은 아니라고 한다. 그러므로 금융자산의 실권리자와 명의대여자 사이의 명의대여약정에 기초한 차명은 실명에 해당하고, 따라서 차명거래는 금지되지 않는다고 한다. 그리하여 "긴급명령의 취지는 어디까지나 금융거래의 명의인만을 거래자라고 보고 그 명의를 실명에 의하도록 하여 금융거래관계만을 규율하고자 하는 것일 뿐이고, 거래자가 차명관계에 있는지 여부나 차명관계에서 실권리자가 누구인지 여부 등 차명관계에 관하여는 어떠한 규율도 하고 있지 아니함이 분명하다"고 한다.

그러나 두 개의 반대의견에 의하면 실명에는 합의차명이 포함되지 않는다고 한다. 특히 첫 번째 반대의견은 긴급명령에서 말하는 거래자를 "금융거래계약에 따라 금융기관에 대하여 금융자산 환급청구권 등의 권리를 갖는 계약상의 채권자"로 보고, '거래자의 실명에 의한 금융거래'라 함은 그 문언의 해석상 거래자 자신의 실명에 의한 거래임이 명백하므로, 가명에 의한 거래는 물론 실명거래라도 거래자 자신이 아닌 타인의 실명에 의한 거래(예컨대 합의차명)는 여기의 실명에 의한 금융거래에 포함되지 않는다고 한다.[87] 그리하여 금융기관의 실명전환 업무에는 실명전환청구인이 그 금융자산에 관한 거래자인지 및 그가 자신의 실명으로 전환하는지의 여부에 대한 조사·확인이 포함된다고 한다.

그 후 大判 1998.8.21, 98다12027(공 1998, 229)은 긴급명령 제3조 제1항에서 말하는 '거래자의 실명에 의한 금융거래'라 함은 금융거래계약에 따라 금융기관에 대하여 금융자산 환급청구권을 갖는 계약상의 채권자인 거래자 자신의 실명에 의한 거래를 의미하는 것이므로, 가명에 의한 거래는 물론 거래자 자신이 아닌 타인의 실명에 의한 거래는 '거래자의 실명에 의한 금융거래'에 포함되지 않는다고 판결하였다.

독일에서는 허위 또는 가공의 이름으로 계좌를 개설하는 것을 금지할 뿐이고, 다른 사람의 이름으로 계좌를 개설하는 것은 허용된다.[88] 이와 달리 우리나라 금융실명법에서는 독일과는 달리 '거래자의 실명'으로 금융거래를 하여야 한다고 규정하고 있다. 금융실명제를 시행할 당시 금융실명제를 "가명 및 차명계좌를 통한 금융비밀주의를 지양"하

87) 이 반대의견은 나아가 기존 비실명자산에 관하여 실명전환을 청구할 수 있는 자도 역시 여기의 거래자에 한하는 것이라고 한다. 실명전환은 기존 비실명자산의 명의를 거래자의 실명으로 전환함으로써 그 후의 금융거래를 거래자의 실명에 의하여 실시하게 하도록 하려는 것이지, 거래자가 가진 금융자산 환급청구권 등의 귀속에 변동을 초래하거나 그 귀속의 변동을 승인하는 취지의 것은 아니기 때문이다. 따라서 기존 비실명자산에 관하여 아무런 권리를 갖지 못하는 자는 물론이고 예컨대 거래자로부터 부탁을 받았거나 거래자로부터 기존 비실명자산에 관한 권리를 양도받은 자라고 할지라도 적법한 채권양도절차를 거치지 않는 한 자신의 명의로 실명전환을 청구할 수 없다고 한다.

88) 위 Ⅱ.2(1)(가) 참조.

는 것으로 파악하고 있었다.[89] 따라서 허무인 이름으로 금융거래를 하는 것뿐만 아니라 다른 사람 이름을 빌려서 금융거래를 하는 차명거래도 허용되지 않는다고 보아야 한다.[90] 그런데 금융실명법에서 규제하는 차명거래의 범위를 어떻게 정할 것인지 문제된다. 이에 관한 명문의 규정이 없기 때문에, 법규정의 해석을 통하여 해결하여야 한다. 금융실명법 제 3 조의 문언과 목적에 비추어 예금계약에서 거래자는 일반적으로 채권자를 의미하므로, 출연자가 금융기관에 제 3 자 명의로 예금계좌를 개설하고 예금을 맡기면서 예금채권자를 출연자로 정하는 것은 금융실명법에 위반되는 차명거래라고 보아야 한다. 그러나 출연자가 제 3 자 이름으로 예금을 하고 예금채권자를 명의인으로 정하는 것은 허용된다. 이 경우에는 명의인을 위 법률 제 3 조의 거래자라고 볼 수 있다. 왜냐하면 명의인만이 금융기관에 대하여 예금채권을 행사할 수 있고, 출연자는 금융기관에 직접적인 채권을 행사하는 것이 아니라 명의인과의 내부관계에 기하여 채권을 행사할 수 있을 뿐이기 때문이다.

한편 금융실명법은 금융자산에 관한 금융거래에 적용되므로, 독일 조세기본법과는 달리 차명대출에는 적용되지 않는다.[91] 따라서 차명대

89) 李啓仁 編(註 3), 75면은 "가명 및 차명계좌를 통한 금융비밀주의를 지양하고 은행에 예금을 하거나 주식을 매매하는 등의 모든 금융거래시에는 반드시 거래당사자의 실지명의를 사용하도록 하는 제도 또는 관행"이라고 한다.

90) 금융실명법에서 차명거래가 금지되고 출연자의 실명확인이 필요하다는 견해로는 尹眞秀, "契約當事者의 確定에 관한 考察 — 특히 預金契約을 중심으로 —," 判例實務研究(Ⅱ), 1998, 388면; 李忠相, "금융실명제 시행 이후의 예금의 출연자(지배자)와 명의자가 다를 경우 누구를 예금자로 볼 것인가," 대법원판례해설 제30호(98년 상반기), 143면; 金裕鎭, "金融實名制下에서의 預金主의 認定," 民事判例研究(XXII), 2000, 243면.

91) 大判 2003. 2. 11, 2002도6154는 금융실명법이 제 4 조 제 1 항에서 금융거래의 내용에 대한 정보 또는 자료(이하 '거래정보 등'이라 한다)의 제공·누설·제공의 요구를 금지하고, 제 2 조 제 3 호에서 "금융거래"를 금융기관이 금융자산을 수입(受入)·매매·환매·중개·할인·발행·상환·환급·수탁·등록·교환하거나 그 이자·할인액 또는 배당을 지급하는 것과 이를 대행하는 것 기타 금융자산을 대상으로 하는 거래 등으로, 제 2 호에서 "금융자산"을 금융기

출은 금융실명법에 위반되지 않는다.

2. 비실명거래에 대한 규제

(1) 금융실명법은 제 5 조에서 비실명자산소득에 대한 차등과세에 관하여 규정하고 있고,[92] 제 7 조 제 1 항에서 실명에 의하지 아니한 금융거래를 한 금융기관의 임원 또는 직원에 대하여 500만원 이하의 과태료에 처한다고 규정하고 있으며, 제 8 조에서 양벌규정을 두고 있다.[93] 금융실명법에서 비실명거래에 대한 규제는 세법상의 규제와 과태료 부과라고 할 수 있다.

(2) 한편 부칙 제 5 조 이하에서는 종전의 긴급명령 시행 전에 금융거래계좌가 개설된 금융자산(이하 "기존금융자산"이라 한다)에 관한 규정을 두고 있다. 부칙 제 5 조는 기존금융자산에 대한 실명확인에 관한 것으로, 금융기관은 기존금융자산 중 이 법 시행 전까지 실명확인되지 아니한 금융자산의 명의인에 대하여는 이 법 시행 후 최초의 금융거래가 있는 때에 그 명의가 실명인지의 여부를 확인하여야 하고(제1항),[94]

관이 취급하는 예금·적금·부금·계금·예탁금·출자금·신탁재산·주식·채권·수익증권·출자지분·어음·수표·채무증서 등 금전 및 유가증권 등으로 각각 정의하고 있으므로, 대출이나 보증 등 특정인의 금융기관에 대한 채무부담을 내용으로 하는 거래는 위의 금융자산에 관한 거래라고 할 수 없어 같은 법 제 4 조 제 1 항에 의한 비밀보호의 대상이 되지 않는다고 판결하였다.

92) 이 규정은 "실명에 의하지 아니하고 거래한 금융자산에서 발생하는 이자 및 배당소득에 대하여는 소득세의 원천징수세율을 100분의 90(특정채권에서 발생하는 이자소득의 경우에는 100분의 20(2001년 1월 1일 이후부터는 100분의 15))으로 하며, 소득세법 제14조 제 2 항의 규정에 의한 종합소득과세표준의 계산에 있어서 이를 합산하지 아니한다"고 정하고 있다.

93) 이 규정은 "법인의 대표자, 법인 또는 개인의 대리인·사용인 기타 종업원이 그 법인 또는 개인의 업무에 관하여 제 6 조 또는 제 7 조의 위반행위를 한 때에는 행위자를 벌하는 외에 그 법인 또는 개인에 대하여도 각 해당조의 벌금 또는 과태료를 과한다"고 정하고 있다.

94) "이 법 시행 후 최초의 금융거래가 있는 때"에 실명확인절차에서 그 명의를 허위로 기재한 경우에 나중에 실명전환을 할 수 있는지 여부에 관해서는 아무

금융기관은 제 1 항의 규정에 의한 확인을 하지 아니하였거나 실명이 아닌 것으로 확인된 기존금융자산에 대한 지급 · 상환 · 환급 · 환매 등을 하여서는 아니 된다고 규정하고 있다(제2항). 또한 부칙 제 6 조는 실명전환자에 대한 과징금 부과에 관하여,[95] 부칙 제 7 조는 실명전환자산에 대한 소득세 원천징수에 관하여, 제 8 조는 실명전환 금융자산에 대한 세무조사의 특례 등에 관하여 규정하고 있는데, 모두 기존금융자산에 관한 것이다.

(3) 부칙 제 5 내지 8 조의 규정은 "긴급명령 시행 전에 금융거래계좌가 개설된 금융자산," 즉, 기존금융자산에만 적용된다는 것이 문언상 명백하다. 긴급명령 시행 후에 행해진 비실명거래에 관해서는 실명전환이 필요한지 여부 등에 관하여 아무런 규정을 두고 있지 않다. 금융실명제가 실시되기 전에는 비실명거래가 유효하게 행해졌고, 출연자가 예금채권자로서 권리를 행사할 수 있었으므로, 금융실명제를 실시하면서 예금주의 명의를 실명으로 전환한 다음에 예금을 지급하도록 정한 것이라고 볼 수 있다. 그러나 금융실명제가 실시된 후에는 제 3 조 제 1 항에 따라 비실명거래가 허용되지 않기 때문에, 실명전환절차를 두지 않았다고 볼 수 있다.

그렇다면 금융실명제 이후에 비실명거래가 이루어진 경우에 실명전환절차 등 별도의 절차 없이 예금을 인출하거나 그 계좌에 기하여 금융거래를 계속할 수 있는지 문제된다. 이를 부정하여야 할 것이다. 왜냐하면 고객이 은행에 예금을 하는 것뿐만 아니라, 은행에서 예금을 인출하는 것에 대해서도 금융실명법 제 3 조 제 1 항을 적용하여야 하기 때문이다. 따라서 명의인이 아닌 출연자가 예금계약의 당사자라고 인

련 규정이 없다.

95) 부칙 제 6 조 제 1 항은 "금융기관은 기존금융자산의 거래자가 이 법 시행 후 그 명의를 실명으로 전환하는 경우에는 종전의 긴급명령 시행일 현재의 금융자산 가액에 100분의 50을 적용하여 계산한 금액을 과징금으로 원천징수하여 그 징수일이 속하는 달의 다음달 10일까지 정부에 납부하여야 한다"고 규정하고 있다.

정되더라도 금융기관이 그의 실명을 확인하지 않고 예금을 인출해 준다면, 위 규정을 위반한 것이라고 볼 수 있다.

3. 預金主의 決定基準에 관한 判例의 展開와 그 檢討

(1) 금융실명제 실시 전에는 예금계약에서 "예금을 실질적으로 지배하고 있는 자"를 예금주로 보고, 그 명의자가 누구인지 또는 금융기관이 누구를 예금주라고 믿었는지는 상관없다고 하였다.[96] 그러나 이러한 결론은 법률행위 이론에 비추어 타당하다고 볼 수 없다.[97] 예금계약의 당사자는 고객과 금융기관의 의사합치로써 결정된다. 금융기관이 명의자를 예금주로 믿었는데도 특별한 사유 없이 출연자를 예금주로 볼 수 없기 때문이다.

(2) 금융실명제 실시 이후에 대법원[98]은 "금융기관으로서는 자기가 주민등록증을 통하여 실명확인을 한 예금 명의자를 위 재정명령 제3조에서 규정한 거래자로 보아 그와 예금계약을 체결할 의도를 가지고 있었다"고 판결하였다. 이러한 판단을 전제로 "금융기관이 예금 명의자의 주민등록증을 통하여 실명 확인을 하고 그 명의의 예탁금계좌를 개설한 경우에는 그 예탁금의 예금주는 예금 명의자인 것으로 보아야 한다"고 선언하였다.[99] 大判 1998. 11. 13, 97다53359[100]는 금융거래에서 당사자를 결정하는 판례준칙을 확립하였다.[101]

---

96) 大判 1987. 10. 28, 87다카946(集 35-3, 민 183); 大判 1988. 12. 27, 88누10060(공 1989, 250); 大判 1995. 8. 22, 94다59042(공 1995, 3239) 등 다수.

97) 金炳宰, "記名式預金에 있어서의 預金債權者의 判定基準," 民事判例硏究(Ⅸ), 1987, 85면.

98) 大判 1996. 4. 23, 95다55986(공 1996, 15750); 大判 1998. 6. 12, 97다14855(공 1998, 1942).

99) 大判 1998. 1. 23, 97다35658(공 1998, 594).

100) 공 1998, 2855.

101) 그 후 이와 동일한 취지의 판결로는 大判 2000. 3. 10, 99다67031(공 2000, 948); 大判 2001. 12. 28, 2001다17565(공 2002, 366); 大判 2002. 2. 26, 99다

① 원칙: "금융실명거래 및 비밀보장에 관한 법률 제 3 조 제 1 항에 따라 금융기관은 거래자의 실지 명의에 의하여 금융거래를 하여야 하므로, 원칙적으로 거래명의자를 금융거래주로 보아야 한다."

② 예외: "특별한 사정으로 금융자산의 출연자와 금융기관 사이에 거래명의인이 아닌 출연자에게 금융자산채권을 귀속시키기로 하는 명시적 또는 묵시적 약정이 있는 경우에는 그 출연자를 금융거래주로 하는 금융거래계약이 성립된다."

금융실명법 제 3 조 제 1 항은 금융기관이 거래자의 실지명의에 의하여 금융거래를 하여야 한다고 규정하고 있을 뿐이고, 명의인을 예금계약의 당사자로 보아야 한다고 규정한 것은 아니다. 그러나 이 규정에서 금융기관에게는 명의인과 거래를 하려는 의사가 있다는 것을 도출할 수 있고, 이에 기하여 명의인을 금융거래의 당사자로 볼 수 있다.[102] 다수의 대법원판결에서는 명의인을 계약의 당사자로 보는 원칙(위 ① 원칙)을 금융실명법 제 3 조 제 1 항의 규정에서 곧바로 도출하고 있으나, 여기에는 「당사자의 의사」라는 중간단계가 생략되어 있다고 볼 수 있다. 논리적으로는 「금융실명법 제 3 조 제 1 항 → 당사자의 의사 → 명의인이 금융거래의 당사자라는 원칙」이라는 순서로 판례법리가 도출된다고 보아야 한다.

비실명예금, 특히 차명예금을 차명대출과 비교해 볼 필요가 있다. 대출명의자를 제 3 자로 하는 이른바 차명대출의 경우[103]에는 금융실

68096(공 2002, 774); 大判 2002. 6. 14, 2000다38992(공 2002, 1635); 大判 2002. 5. 14, 2001다75660(공 2002, 1395); 大判 2005. 6. 24, 2005다17877(공 2005, 1262); 大判 2006. 2. 9, 2005다63634.

102) 尹眞秀(註 90), 387면.

103) 동일인에 대한 대출액 한도를 제한한 법령이나 금융기관 내부규정의 적용을 회피하기 위하여 실질적인 주채무자가 실제 대출받고자 하는 채무액에 대하여 제 3 자를 형식상의 주채무자로 내세우고, 금융기관도 이를 양해하여 제 3 자에 대하여는 채무자로서의 책임을 지우지 않을 의도 하에 제 3 자 명의로 대출관계서류를 작성받은 경우가 있다. 이 경우에 제 3 자는 형식상의 명의만을 빌려 준 자에 불과하고 그 대출계약의 실질적인 당사자는 금융기관과 실질적 주채무자이므로, 제 3 자 명의로 되어 있는 대출약정은 그 금융기관의 양해 하에

명법이 적용되지 않지만, 이 경우에도 원칙적으로 명의인을 대출채무자로 보아야 할 것이다. 왜냐하면 금융기관은 명의인과 대출거래를 하려는 의사가 있다고 볼 수 있고, 명의인도 내심의 의사와는 상관없이 적어도 외부적으로는 자신이 채무자가 될 의사를 표시하였다고 볼 수 있기 때문이다. 더욱이 예금거래의 경우에는 금융실명법에서 거래자의 실명으로 거래하여야 한다는 규정을 두고 있기 때문에, 예금명의인과 거래를 하려는 금융기관의 의사를 더욱 강하게 추정하는 효과가 있다고 볼 수 있다.

위 판례법리에서 명시적 또는 묵시적 약정이 있는 경우에 출연자를 금융거래의 당사자로 보는 법리(위 ② 예외)는 「당사자의 의사」를 매개개념으로 하는 법리의 당연한 결과이다. 따라서 이러한 논리전개를 통하여 판례가 예외적으로 금융자산의 출연자와 금융기관 사이에 거래명의인이 아닌 출연자에게 예금채권을 귀속시키기로 하는 약정이 있는 경우에는 그 출연자를 금융거래주로 하는 금융거래계약이 성립된다고 본 것은 정당화될 수 있다. 물론 이 약정은 명시적으로 성립할 수도 있고, 묵시적으로 성립할 수도 있다. 이 점은 일반적인 법률행위

그에 따른 채무부담의 의사 없이 형식적으로 이루어진 것에 불과하여 통정허위표시에 해당하는 무효의 법률행위라는 대법원 판결들이 있다(大判 2001. 5. 29, 2001다11765(공 2001, 1477) 등 다수). 그러나 제 3 자가 금융기관을 직접 방문하여 금전소비대차약정서에 주채무자로서 서명 날인하였다면 제 3 자는 자신이 당해 소비대차계약의 주채무자임을 금융기관에 대하여 표시한 셈이고, 제 3 자가 금융기관이 정한 대출규정의 제한을 회피하여 타인으로 하여금 제 3 자 명의로 대출을 받아 이를 사용하도록 할 의도가 있었다거나 그 원리금을 타인의 부담으로 상환하기로 하였더라도, 특별한 사정이 없는 한 이는 소비대차계약에 따른 경제적 효과를 타인에게 귀속시키려는 의사에 불과할 뿐, 그 법률상의 효과까지도 타인에게 귀속시키려는 의사로 볼 수는 없으므로, 제 3 자의 진의와 표시에 불일치가 있다고 보기는 어렵다는 대법원 판결도 있다(大判 1998. 9. 4, 98다17909(공 1998, 2394) 등 다수). 이러한 판결들에 대한 분석으로는 郭宗勳, "名義貸與에 의한 貸出約定과 通情虛僞表示," 民事裁判의 諸問題 제12권, 2003, 191면 이하; 尹眞秀, "借名貸出을 둘러싼 法律問題," 民事裁判의 諸問題 제15권, 2006, 121면 이하 참조.

에서와 마찬가지이다.[104]

---

104) 한편 금융자산에 관한 비실명거래의 경우에 어떠한 방식으로 반환을 받을 수 있는지에 관하여 논란이 있다. 세 경우로 구분하여 살펴보아야 한다. (1) 출연자 아닌 명의인이 예금주로 인정되는 경우에는 출연자가 금융기관에 대하여 직접 예금을 청구할 수 없다. 명의인이 금융기관으로부터 예금을 인출하여 출연자에게 교부하여야 한다. 명의인이 이를 이행하지 않는 경우에 출연자는 명의인과의 내부관계에서 그 권리를 행사할 수 있을 뿐이다. 大判 2001. 1. 5, 2000다49091(공 2001, 431)은 "출연자와 예금주인 명의인 사이의 명의신탁약정상 명의인은 출연자의 요구가 있을 경우에는 금융기관에 대한 예금반환채권을 출연자에게 양도할 의무가 있다"고 하고, "출연자는 명의신탁을 해지하면서 명의인에 대하여 금융기관에 대한 예금채권의 양도를 청구하고 아울러 금융기관에 대한 양도통지를 할 것을 청구할 수 있다"고 판단하였다(이 판결을 지지하는 견해로는 尹眞秀, "금융기관의 수신거래와 여신거래(Ⅰ)," BFL 제10호(2005. 3), 74면). 그러나 예금채권의 양도에 관한 약정이 있어야만 출연자는 명의인을 상대로 채권양도약정에 따른 청구를 할 수 있다. 특히 예금채권에 양도금지특약이 있는 경우가 많은데, 이러한 경우에 채권양도를 허용할 수 있을지 의문이다. 명의인과 출연자 모두 이러한 채권양도금지특약을 알고 있는 경우가 많을 것이다. 한편, 이러한 판례와 달리 출연자는 예금 명의자를 상대로 예금명의를 출연자로 변경하는 절차를 밟을 것을 청구하여야 하고, 이 경우 금융기관으로서는 출연자의 당사자 지위변경에 대하여 승낙할 의무가 있다는 견해가 있다(金裕鎭(註 90), 240면). 그러나 출연자가 예금 명의자를 상대로 예금명의를 출연자로 변경하는 절차를 밟을 것을 청구하려면 출연자와 예금 명의자 사이에 예금명의를 출연자로 변경하기로 하는 합의가 있어야 한다. 비실명거래를 한 경우에 무조건 그와 같은 합의를 인정할 수는 없을 것이다. 만일 계좌명의를 변경하는 것을 쉽게 허용하면 증여세나 상속세 등을 포탈하는 방법으로 예금명의변경이 이용될 수 있을 것이다. 결국 명의인을 예금주로 보아야 하는 경우에는 명의인과 출연자 사이에 채권양도약정이나 예금명의변경약정이 있으면, 그러한 약정에 따라 해결하여야 할 것이고, 그러한 약정이 없으면 출연자는 명의인을 상대로 채권적인 청구권만을 가진다고 보아야 한다.

(2) 예금명의인 아닌 출연자를 예금주로 보아야 할 경우에는 실제 예금주로서는 명의인의 동의를 받아 금융기관에 대하여 실명전환의 정정을 요구할 수 있고, 명의인 및 금융기관이 불응할 때에는 재판상 이를 청구할 수도 있다는 견해가 있다(尹眞秀(註 90), 53면; 李忠相(註 90), 145면; 金裕鎭(註 90), 247면). 만일 명의인이 실명전환의 정정에 동의를 하지 않을 때에는 실제 예금주로서는 명의인 및 금융기관을 공동피고로 하여, 명의인에 대하여는 실명전환에 동의할 것을 청구하고, 금융기관에 대하여는 명의인의 동의가 있을 것을 조건으로 하여 실명전환의 정정 및 예금의 지급을 구하면 된다고 한다. 그러나 법원의 실무는 명의인 아닌 출연자를 예금주로 보는 경우 출연자의 예금청구에 대하여 실명전환을 문제삼지 않고 인용하고 있다. 실제 예금주와 금융기관 사이에 예금계약이 유효하게 — 그 사법상 효력에 관하여는 아래 Ⅳ.에서

그렇다면 어떠한 경우에 금융자산채권을 명의인이 아닌 출연자에게 귀속시키기로 하는 약정이 있는지 문제된다. 위 大判 1998. 11. 13, 97다53359는 원고의 누나인 소외 망 A가 피고 조합의 대표자이던 소외 B에게 합계 3억 7,000만 원을 피고 조합에 예탁하여 달라고 맡기면서 예금주는 남동생인 원고의 명의로 하되, A 외에는 그 원리금을 인출하지 못하게 하여 B가 정기예탁금증서를 A에게 교부한 다음 그에 대한 이자를 A에게 계속하여 지급한 경우에, 이 사건 정기예탁금에 관하여는 A와 피고 조합 사이에 예금 명의자가 아니라 출연자인 A에게 그 반환채권을 귀속시키기로 하는 명시적 또는 묵시적 약정이 있었다고 판단하였다. 또한 大判 2000. 3. 10, 99다67031(공 2000, 948)은 "특히 출연자가 금융기관 직원의 권유로 타인 명의를 차용하여 예금을 하게 되었고 금융기관의 안내에 따라 예금 명의자가 예금을 인출하지 못하도록 예금의 거래인감란에 출연자의 인감을 함께 날인한 경우 출연자와 금융기관 사이에는 예금반환채권을 차용명의자가 아닌 출연자에게 귀속시키기로 하는 명시적 또는 묵시적 약정이 있었다"고 한다.[105] 그러나 이러한 경우에 묵시적 약정이 있는지 여부가 명확한 것은 아니다.[106] 금융기관 직원의 권유로 출연자가 타인 명의를 차용하여 예금

다룬다—체결되었다면, 실제 예금주가 금융기관에 자신의 실지명의를 제시하고 예금의 반환을 청구할 수 있다고 보아야 하고, 명의인의 동의를 받아야 하는 것은 아니다. 금융기관이 출연자를 금융거래의 당사자로 인정한 이상 출연자의 실지명의로 거래를 하여야 하기 때문이다. 명의인 스스로가 예금주라고 주장할 경우 발생하게 될 위험은 금융기관도 이를 감수하여야 할 것이다. 만일 비실명거래를 무효라고 본다면 부당이득으로 반환하여야 할 것이다.

(3) 허무인 명의로 예금을 하는 경우에는 명의인이 존재하지 않기 때문에, 명의인의 동의가 필요하지 않다는 것이 분명하다. 나아가 출연자가 명의자의 동의 없이 예금을 하는 경우(이른바 冒用)에는 금융기관과 명의인 사이에는 원칙적으로 예금계약이 성립할 여지가 없고, 출연자가 명의인에게 채권양도를 청구하거나 실명전환에 동의할 것을 청구할 아무런 근거도 없다.

105) 大判 2001. 12. 28, 2001다17565(공 2002, 366); 大判 2002. 2. 26, 99다68096(공 2002, 774); 大判 2002. 5. 14, 2001다75660(공 2002, 1395).

106) 尹眞秀(註 104), 73면. 다만 이와 같은 명시적·묵시적 약정이 없더라도 금융기관 직원이 명의인 아닌 출연자를 알고 있으면 출연자를 예금주로 보아야

을 하였더라도 출연자를 예금주로 하기로 하는 묵시적 약정이 있다고 볼 수는 없다. 왜냐하면 위와 같은 금융기관 직원의 행위는 아래에서 보는 바와 같이 법률에 위반한 것으로서 징계의 대상이 될 뿐만 아니라 은행거래약관에 위배되는 것이기 때문에, 위와 같은 금융기관 직원의 의사를 금융기관의 의사로 볼 수는 없기 때문이다. 따라서 위와 같은 경우에도 금융기관의 의사는 출연자가 별도로 있더라도 명의인만을 채권자로 취급하려고 한 것이라고 해석할 수 있다.

(3) 원칙적으로 명의인을 예금주로 보는 대법원 판례에 대해서는 지지하는 견해가 대부분이다. 그러나 두 가지 비판적인 견해가 있다.

첫째, 금융기관이 명의인 아닌 제 3 자가 출연자임을 안 경우에 출연자를 예금주로 보아야 한다는 견해가 있다.[107] 금융기관이 예금명의인이 예금주라고 신뢰하였다고 하더라도 그러한 신뢰는 보호할 가치가 없다고 한다. 위와 같은 경우에 명의인을 예금주로 인정하는 것은 실제의 출연자에게 지나친 불이익을 가져오게 되는 반면, 은행이나 명의인에게는 보호할 만한 특별한 이익이 없다고 한다. 나아가 예금의 명의인이 예금주가 아님을 안 경우뿐만 아니라 알 수 있었다면 출연자가 예금주라는 견해도 있다.[108]

그러나 금융기관이 명의인 아닌 제 3 자가 출연자임을 알았거나 알 수 있었다는 사실만으로 금융기관에게 출연자와 거래를 하려는 의사가 있었다고 볼 수는 없다. 금융기관에게도 누가 예금주인지에 관하여 이해관계가 있을 수 있다. 가령 명의인에게 대출을 할 경우에 그의 예금채권을 고려하는 것은 당연하다. 금융기관의 직원이 예금을 받으면서 명의인이 아닌 출연자가 있다는 것을 알고 있다고 하더라도 모든 직원이 이를 알 수는 없다. 신용평가 등은 명의인을 기준으로 하게 되므로,

---

한다고 한다.

107) 尹眞秀(註 90), 387면.

108) 宋德洙, "金融實名制下에 있어서 預金契約의 當事者 내지 預金債權者의 決定," 判例實務硏究(Ⅱ), 1998, 354면.

금융기관은 예금채권자가 누구인지에 관하여 이해관계가 있다고 보아야 한다. 예금의 경제적 이익이 종국적으로 귀속되는 출연자와 금융기관에 대하여 예금채권을 행사하는 채권자는 병존할 수 있으므로, 금융기관이 출연자를 알고 있더라도 출연자를 채권자로 취급할 의사까지 있었다고 볼 수는 없다. 또한 독일에서도 자금의 출처나 내부관계를 아는 경우에 이를 계좌보유자를 결정하는 여러 요소 중의 하나로 고려하는 견해가 있으나, 명의인 이외에 출연자가 있음을 알았다는 사실만으로 계좌보유자라고 인정하고 있지는 않다. 독일에서는 차명계좌가 허용되지만, 우리나라 금융실명법은 차명계좌를 금지하고 있기 때문에, 차명계좌에 대하여 좀더 엄격하게 규제하는 방식으로 해석하여야 한다. 금융기관 직원이 출연자가 따로 있음을 알더라도 금융기관은 금융실명법을 위반하지 않기 위하여 명의인과 예금거래를 하려고 하는 것이 통상적이다. 금융기관 직원이 법률에 위반한 불법적인 거래를 하는 것을 금융기관이 용인하였다고 볼 수도 없다. 따라서 금융기관 직원이 출연자를 알고 있다는 사실은 금융기관의 의사를 결정하는 하나의 요소로 고려할 수 있으나, 이 사실에서 출연자가 예금주라는 결론을 도출할 수는 없다.

둘째, 차명거래의 경우에는 언제나 명의인을 예금주로 보아야 한다는 견해가 있다.[109] 도용의 경우에도 금융실명제의 취지를 고려하여 명의를 도용당한 타인을 예금주로 보아야 한다고 한다.[110] 이와 같이 보면 비실명거래의 사법적 효력이 문제되지 않는 장점이 있다.

그러나 이 견해는 위 (2)에서 보았듯이 법률행위이론과 합치되기 어렵다. 먼저 명의인 몰래 명의를 도용한 경우를 생각해 보자. 금융기관과 출연자가 출연자를 당사자로 하기로 약정하였다면 출연자를 당사자로 보아야 하고, 출연자와 금융기관 사이에 예금계약의 성립 여부

109) 田慶根, "預金契約에 관한 연구," 서울대 법학박사학위논문, 1999, 177면.
110) 田慶根(註 109), 178면.

및 그 효력이 문제된다. 이러한 경우에 명의인은 자신이 예금계약의 당사자가 되려는 의도조차 없기 때문에 계약의 당사자가 될 수 없다. 아무런 행위를 하지도 않았고, 계약의 당사자가 되려는 의사도 없는 사람을 계약의 당사자로 볼 수 없다. 당사자의 의사를 확정할 수 없는 경우에는 규범적 해석을 통하여 해결하여야 하는데, 계약의 성질, 내용, 목적, 체결경위 및 계약체결을 전후한 구체적인 제반사정을 토대로 상대방이 합리적인 인간이라면 행위자와 명의자 중 누구를 계약당사자로 이해할 것인가에 의하여 당사자를 결정하고, 이에 터잡아 계약의 성립 여부와 효력을 판단하여야 한다.[111] 만일 계약을 체결하려는 의사가 없는 명의인을 당사자로 본다고 하더라도 명의인의 추인이 없는 한 계약이 유효하게 성립하지 않는다. 또한 금융기관과 출연자가 허무인이나 이미 죽은 사람을 예금명의인으로 기재한 경우에도 허무인 등이 예금계약의 당사자가 될 수 없다고 보아야 할 것이다. 허무인 등을 예금계약의 당사자로 본다고 하더라도 그 계약은 유효하게 성립되었다고 볼 수 없다.[112] 한편 금융기관과 출연자 사이에 명의인의 승낙을

111) 大判 1995.9.29, 94다4912(공 1995, 3584)는 "타인의 이름을 임의로 사용하여 계약을 체결한 경우에는 누가 그 계약의 당사자인가를 먼저 확정하여야 할 것으로서, 행위자 또는 명의인 가운데 누구를 당사자로 할 것인지에 관하여 행위자와 상대방의 의사가 일치한 경우에는 그 일치하는 의사대로 행위자의 행위 또는 명의인의 행위로서 확정하여야 할 것이지만, 그러한 일치하는 의사를 확정할 수 없을 경우에는 계약의 성질, 내용, 목적, 체결경위 및 계약체결을 전후한 구체적인 제반사정을 토대로 상대방이 합리적인 인간이라면 행위자와 명의자 중 누구를 계약당사자로 이해할 것인가에 의하여 당사자를 결정하고, 이에 터잡아 계약의 성립 여부와 효력을 판단함이 상당할 것"이라고 판결하였다. 이 판결의 사안은 명의를 모용하여 보증보험계약을 체결한 경우에 관한 것인데, 대법원은 이 계약이 그 계약내용대로 효력을 발생할 수 없다고 판단하였다. 同旨: 大判 1995.10.13, 94다55385(集 43-2, 민 290); 大判 1996.7.30, 95다1019(공 1996, 2618). 이에 관하여 상세한 것은 宋德洙, "他人의 名義를 빌려 체결한 土地分讓契約의 效力," 民事判例硏究(XIV), 1992, 95면 이하; 宋德洙, "이른바 契約名義信託의 效力과 求償權의 制限," 判例實務硏究(Ⅱ), 1998, 337면 참조.

112) 大判 1996.11.26, 96다32003(공 1997, 63).

받아 출연자를 예금계약의 당사자로 하기로 합의하였다면, 그와 같은 합의에 따라 출연자를 예금계약의 당사자로 보아야 한다.113) 이것은 그러한 합의가 법률에 위반하여 무효인지 여부(아래 Ⅳ. 참조)와는 별개의 문제이다. 다만 출연자와 금융기관이 명의인 몰래 명의인을 계약의 당사자로 하려고 했다는 것이 인정된다면 나중에 명의인이 위 계약을 추인할 수 있을 것이다.

(4) 결론적으로 금융실명제 하에서 원칙적으로 명의인만이 금융거래의 당사자가 되는 것으로 보아야 한다. 다만 명시적 또는 묵시적 약정이 있는 경우에 명의인이 아닌 출연자 등 제 3 자도 당사자가 될 수 있다. 그러나 이러한 약정은 매우 제한적으로 인정해야 한다. 이는 차명거래를 허용하고 있는 독일의 경우보다 더욱 엄격하게 해석하여야 한다. 왜냐하면 우리나라의 금융실명법에서 합의차명거래를 포함한 비실명거래를 금지하고 이에 대하여 제재수단을 마련하고 있는 이상 당사자의 의사가 법률에 합치하도록 해석하여야 하기 때문이다. 따라서 금융기관 직원이 명의인 이외에 출연자가 있음을 알고 있더라도 출연자가 예금주가 되는 것은 아니다. 출연자 등 제 3 자가 예금채권에 대한 처분권을 갖고 있다고 하더라도 바로 그가 예금계약의 당사자라고 볼 수도 없다.

Ⅳ. 非實名去來의 私法上 效力

금융거래법에 위반한 비실명거래의 사법적 효력을 어떻게 보아야 하는가? 가령 예금계약에 따라 명의인 아닌 제 3 자가 예금계약의 당사

113) 이 경우에도 명의인을 예금계약의 당사자로 본다면 그러한 계약은 의사의 합치가 없기 때문에 성립하였다고 볼 수 없고, 따라서 출연자의 부당이득반환청구권만이 문제될 것이다.

자로 인정되는 경우에 그 계약을 유효라고 볼 것인지 문제된다. 우리나라에서 비실명거래로 인한 예금의 반환문제에 관하여 아무런 규정이 없기 때문에, 비실명거래의 사법상 효력이 중요한 문제가 될 수 있다. 비실명거래의 사법상 효력이 무효라면 두 가지 의미를 갖는다. 첫째, 금융기관이 비실명거래라는 사실을 발견한 경우에 그 계좌에 기한 이체를 하는 등 계속적인 거래를 해서는 안 된다. 둘째, 비실명예금에서 예금 등의 반환이 문제되는데, 금융기관은 예금 등을 부당이득으로 반환하여야 할 것이다.

독일에서는 허위 또는 가공의 이름으로 개설된 계좌의 경우에 금융기관은 계좌를 폐쇄하고 더 이상 그 계좌에 기한 거래를 해서는 안 된다. 이 경우에 금융기관이 받은 금전 등을 관할 세무서의 동의를 받아 반환하여야 한다고 규정하고 있다. 또한 차명계좌에 의한 거래는 허용되므로, 위와 같은 계좌에 기하여 금융거래를 계속할 수 있고, 그 반환청구에 대하여 세무서의 동의를 받을 필요도 없다. 따라서 비실명거래의 사법상 효력에 관해서는 위 법규정에 의하여 해결되어 있다고 볼 수 있다.[114]

우리나라에서 긴급명령 제3조 제3항과 금융실명법 제3조는 모두 단속규정이라는 견해가 지배적이다.[115] 그 이유로 비실명거래의 사법상 효력에 관하여 아무런 정함이 없고, 긴급명령의 목적이 기본적으로는 금융자산의 흐름을 국가가 더 잘 파악할 수 있게 하려는 데 있으므로, 이는 예금주와 금융기관간의 私法的 關係를 직접 규율하려는 것은 아니며, 금융실명법을 위반한 행위자에게 일정한 제재를 가함으로

114) 한편 미국에서는 계좌를 개설할 경우에 이름, 주소 및 사회보장번호(Social Security Number) 등이 필요하다. 타인의 이름과 사회보장번호를 이용하여 계좌를 개설하는 경우에 벌금 또는 5년 이하의 징역에 처한다고 규정하고 있다(사회보장법 제208조 (A)항 (7)호). 미국에서 비실명거래에 관한 사례는 대부분 형사문제에 관한 것이고, 비실명거래의 사법상 효력에 관한 판결은 찾기 어려웠다.

115) 宋德洙(註 108), 352면; 尹眞秀(註 90), 386면; 金裕鎭(註 90), 230면.

써 실명거래를 유도하고 이를 통하여 금융거래의 투명성을 확보하려는 것이라는 점을 들고 있다. 판례도 금융실명법에서 비실명거래행위를 금지하고, 비실명거래자에게 실명전환의무를 부과하며, 이를 위반하는 경우 금융기관의 임원 또는 직원에 대하여 과태료 부과처분을 하고, 실명전환의무 위반자에게 과징금 부과처분을 하도록 규정하고 있으나, 이는 단속규정일 뿐 효력규정이 아니고,[116] 따라서 비실명금융거래계약의 사법상 효력에는 영향이 없다고 한다.[117]

우리나라에서는 법률의 규정에 위반한 법률행위가 무효인지 여부는 強行規定(또는 強行法規)과 團束規定(또는 團束法規)을 구별하는 문제로 다루어져 왔다.[118] 법률에서 일정한 법률행위를 금지하고 이에 위반한 법률행위의 효력을 정하고 있으면 그에 따라야 한다. 법률에

116) 大判 2001. 1. 5, 2000다49091(공 2001, 431).

117) 大判 2001. 12. 28, 2001다17565(공 2002, 366). 또한 이 판결은 구 예금자보호법(1997. 12. 31. 법률 제5492호로 개정되어 1998. 4. 1. 시행된 것)은 예금보험공사와 부보금융기관 및 예금자 등 사이의 보험관계는 예금자 등이 부보금융기관에 대하여 예금 등 채권을 가지게 된 때에 성립하고(제29조 제 1 항), 예금보험공사는 부보금융기관에 보험사고가 발생한 때에는 당해 부보금융기관의 예금자 등의 청구에 의하여 보험금을 지급하여야 한다(제31조 제 1 항)고 규정하면서, 여기서 "예금자 등"이라 함은 부보금융기관에 대하여 예금 등 채권을 가진 자를 말하고, "예금 등 채권"이라 함은 예금자 등이 예금 등 금융거래에 의하여 부보금융기관에 대하여 가지는 원금·원본·이자·이익·보험금 및 제지급금 기타 약정된 금전의 채권을 말한다고 규정하였을 뿐(제 2 조 제 3 호·제 4 호), 비실명금융거래로 인한 예금자나 예금 등 채권을 보험금 지급대상에서 제외하는 규정을 두고 있지 않으므로 예금보험공사는 비실명금융거래로 인한 예금 등 채권이라는 이유만으로 보험금 지급책임을 면할 수는 없다고 한다.

118) 한편 독일민법에서는 강행규정과 금지규정을 구분한다. 독일 민법 제134조에서 법률상의 금지(Gesetzliches Verbot), 즉 금지규정(Verbotsgesetz)에 위반한 법률행위는 원칙적으로 무효라고 규정하고 있다. 이 금지규정은, 강행규정(zwingendes Recht)과는 달리, 사적 자치를 배제하려는 목적으로 법률관계를 직접 규율하려는 것이 아니고, 일정한 행위를 방지하려고 할 뿐이다. 그리하여 금지규정에서 통상 법률행위의 효력을 명시적으로 규정하지 않지만, 금지규정에 위반된 법률행위는 독일 민법 제134조에 따라 원칙적으로 무효로 된다고 한다. 그러나 이와 같이 금지규정에 위반하여 법률행위가 무효로 되는 경우에도 강행규정이라고 하지는 않는다. Larenz/Wolf(註 19), S. 724.

당해 규정에 위반된 경우에는 무효라고 정하고 있든지, 당해 규정이 강행규정 또는 효력규정이라고 명시하고 있는 경우에 그 규정에 위반한 법률행위는 무효이다. 또한 법규정에 위반한 법률행위의 효력이 정해져 있지 않은 경우에도 물권법 규정 등은 강행규정이라고 쉽게 결론을 내릴 수 있다. 형법이나 형사특별법을 위반한 법률행위도 대부분 무효라고 보아야 한다. 그러나 법률에서 일정한 거래에 대하여 규제하고 있을 뿐이고, 그러한 규정에 위반하는 법률행위의 효력에 관하여 정하지 않는 경우에는 그 사법상 효력을 정하는 것이 어려운 일이다. 많은 경우에 법률의 입법취지와 목적을 고려하여 이익형량과 가치평가를 통하여 결론을 내려야 한다. 이 때 고려해야 할 주요한 내용은 법규정의 목적, 보호법익, 위반의 중대성, 법규정을 위반하려는 의도가 있었는지 여부 등이다. 결국 실질적으로는 이익형량을 통하여 법률 위반의 법률행위의 효력을 정해야 하는데, 개별 규정에 위반한 행위를 무효로 할 경우에 발생하는 손익과 유효라고 볼 경우의 손익을 비교형량하여 그 효력을 결정하여야 할 것이다. 이에 따른 불확실성은 어느 정도 감내할 수밖에 없을 것이다.[119)]

나아가 계약이 단속법규를 위반한 경우라고 하더라도 당사자의 주관적 인식 또는 반사회성을 고려하여 무효가 될 수 있다고 한 대법원 판결도 있다. 국가를 당사자로 하는 계약에 관한 법률(이하 국가계약법이라 한다)은 국가가 사인과의 사이의 계약관계를 공정하고 합리적·효율적으로 처리할 수 있도록 관계 공무원이 지켜야 할 계약사무처리에 관한 필요한 사항을 규정하고 있다(제7조, 제2항 제10조 제2호). 대법원은 이러한 규정을 국가의 내부규정에 불과하다고 보고,[120)] 단순히 계약담당공무원이 입찰절차에서 위 법령이나 그 세부심사기준에 어긋나게 적격심사를

119) 金載亨, "法律에 違反한 法律行爲 — 이른바 强行法規의 判斷基準을 중심으로 —," 民法論 I, 박영사, 2004, 61면.
120) 大判 1996. 4. 26, 95다11436.

하였다는 사유만으로 당연히 낙찰자 결정이나 그에 기한 계약이 무효가 되는 것은 아니고, "이를 위배한 하자가 입찰절차의 공공성과 공정성이 현저히 침해될 정도로 중대할 뿐 아니라 상대방도 이러한 사정을 알았거나 알 수 있었을 경우 또는 누가 보더라도 낙찰자의 결정 및 계약체결이 선량한 풍속 기타 사회질서에 반하는 행위에 의하여 이루어진 것임이 분명한 경우 등 이를 무효로 하지 않으면 그 절차에 관하여 규정한 국가계약법의 취지를 몰각하는 결과가 되는 특별한 사정이 있는 경우에 한하여 무효가 된다"고 한다.[121] 이 판결은 어떤 법규정이 강행규정이 아니라고 하더라도 이에 위반하여 계약이 체결된 경우에 일정한 사유가 추가되면 사법상의 계약을 무효로 만들 수 있다[122]고 한 점에서 중대한 의미가 있다. 이는 강행규정과 단속규정의 구별이 상대적이라는 것을 보여 준다.[123]

독일에서는 민법 제134조의 금지규정에 위반된 법률행위의 유·무효를 판단할 때 당사자의 인식을 고려하여야 한다는 견해도 있고,[124] 금지규정의 존재에 대하여 당사자가 알고 있는지 여부는 중요하지 않다는 견해도 있다.[125] 유럽계약법원칙(PECL) 제15:102조는 강행법규(mandatory rule)에 위반한 계약의 효력을 정할 때 고려해야 할 요소를 열거하고 있는데, 고의적으로 위반한 것인지 여부를 포함하고 있다. 두 당사자가 법규 위반을 알고 있는 경우에는 한 당사자만이 법규 위반을 알고 있는 경우보다 계약이 무효로 될 가능성이 더욱 높다고 한다.[126] 미국 계약법 리스테이트먼트[127]에서도 불법성을 이유로 계약의 강제

121) 大判 2001. 12. 11, 2001다33604(공 2002, 256).
122) 郭潤直(註 19), 363면; 李英俊(註 19), 187면.
123) 金載亨(註 119), 52면.
124) Flume(註 20), 345.
125) Medicus, *Allgemeiner Teil des BGB,* 8. Aufl., 2002, Rn. 647.
126) Lando/Clive/Prüm/Zimmermann(ed.), *Principles of European Contract Law, Part III,* 2003, 218.
127) American Law Institute, *Restatement of the Law of Contracts,* Second, 1981, § 180.

실현가능성을 부정할 것인지 여부를 판단할 때 당사자의 주관적 요소, 즉 고의나 과실을 고려하고 있다.

그렇다면 금지법규에 위반한 법률행위의 효력에 관하여 기본입장을 어떻게 정할 것인지 여부가 중요한 문제이다. 우리나라 실무에서 법규에 위반한 법률행위라고 하더라도 가급적 유효라고 보려는 경향이 있다. 이는 입법과정에 대한 불신에 그 뿌리를 두고 있다. 그러나 법률에서 일정한 행위를 금지하면서 이를 위반한 계약을 유효라고 하는 것은 법질서의 자기모순이다.[128] 법률이 한쪽에서는 금지하고, 다른 쪽에서는 허용하는 모순은 금지되어야 한다.[129]

법률에서 비실명거래의 사법상 효력을 부정하려면 명확한 규정을 둘 수 있었을 것이다. 그런데도 이에 관하여 아무런 규정을 두지 않은 것은 비실명거래가 사법상으로는 유효하다는 전제에서 출발한 것으로 볼 수도 있다. 그러나 은행 직원과 짜고서 타인명의로 비실명거래를 하는 경우에는 그 사법상 효력이 없다고 보아야 하지 않을까 생각한다.

법률에 위반한 법률행위에 관하여 그 효력에 관하여 아무런 규정이 없다고 하더라도 법률행위가 무효가 될 수도 있다. 따라서 부동산 실권리자명의등기에 관한 법률 제 4 조[130] 와는 달리 금융실명법에 비실명거래의 사법적 효력에 관하여 아무런 규정이 없다는 이유만으로 비실명거래가 사법상 유효하다고 볼 수는 없다. 오히려 금융실명법 제 3 조에서 실명으로 금융거래를 하여야 한다고 규정하고 있으므로, 이를 위반한 계약은 무효라고 볼 여지도 있다. 따라서 규정의 목적, 무효로 볼 경우의 효과 등을 개별적으로 검토해 볼 필요가 있다.

금융실명법의 목적을 달성하는 데 과태료 등의 제재로 충분하다고 볼 것인지, 아니면 비실명거래의 사법상 효력까지 부정하여야 할 것인

128) Medicus(註 125), Rn. 647; 李英俊(註 19), 184면.

129) 金載亨(註 119), 61면.

130) 이 규정은 부동산에 관한 명의신탁약정과 이에 기한 물권변동을 무효라고 정하고 있다.

지 여부는 명확하지 않다. 금융실명제는 가명 및 차명계좌를 통한 금융비밀주의를 지양하고 금융거래시에 반드시 거래당사자의 실명을 사용하도록 하기 위한 것이므로, 비실명거래의 사법상 효력을 부정하여야만 금융실명제의 목적을 달성할 수 있다고 볼 수도 있다. 비실명거래의 사법상 효력을 부정하지 않고는 자산의 흐름을 아는 데 한계가 있을 수밖에 없다.

금융실명법에서 금융기관에 실명거래의무를 부과하고 이를 위반한 경우에 과태료 등의 제재를 부과하고 있다. 또한 금융기관 직원이 차명거래를 알선·중개한 경우에는 금융감독원장은 그 직원에 대하여 정직, 감봉, 견책 등의 제재조치를 취할 수 있을 뿐만 아니라, 소속 금융기관과 그 임직원에 대해서도 제재조치를 취할 수 있다.[131] 금융기관 직원이 명의인 아닌 사람에게 예금채권을 귀속시키기로 하는 계약을 체결하는 것은 법률, 금융감독규정을 위반한 것으로 금융기관 직원의 권한을 벗어난 것으로 볼 수 있다. 상대방인 고객도 명의인 아닌 사람을 예금채권자로 하는 계약을 체결하는 것은 은행직원의 권한 밖에 있다는 것을 알았거나, 이를 알지 못했다고 하더라도 적어도 중대한 과실이 있다고 볼 수 있다. 따라서 위와 같은 계약을 체결하는 것은 은행직원의 대리권을 벗어난 행위로서 상대방인 고객도 이를 알았거나 알지 못한 데 적어도 중대한 과실이 있었다고 볼 수 있는 이상, 그 계약은 효력이 없다고 보아야 한다.

한편 금융실명법에서 고객에게 직접 실명거래의무를 부과하고 있지는 않다. 고객이 실명으로 거래를 하여야 한다는 것은 금융기관의 실명거래의무에서 간접적으로 도출될 뿐이다. 그러나 은행거래기본약관 제2조 제1항은 "거래처는 실명으로 거래하여야 한다"고 규정하고, 제2항은 "은행은 거래처의 실명확인을 위하여 주민등록증·사업

131) 금융감독위원회가 2000.12.29. 제정한 "금융기관검사 및 제재에 관한 규정."

자등록증 등 실명확인증표 또는 그 밖에 필요한 서류의 제시나 제출을 요구할 수 있고, 거래처는 이에 따라야 한다"고 규정하고 있다. 따라서 고객의 실명거래의무는 은행거래약관에 근거를 둔 계약상의 의무에 해당한다. 그리고 주민등록법 제21조 제2항 제8호는 "다른 사람의 주민등록증을 부정사용한 자"는 3년 이하의 징역 또는 1천만원 이하의 벌금에 처한다고 규정하고 있다. 출연자가 임의로 제3자 명의로 계좌를 개설하면서 제3자의 주민등록증을 자신의 것처럼 신분확인용으로 사용한 경우에는 위 규정에 위반한 것이라고 볼 수 있다.[132]

2005년 1월 17일 개정된 "특정금융거래정보의 보고 및 이용 등에 관한 법률" 제5조의 2는 금융기관 등의 고객주의의무(Customer Due Diligence)[133]에 관한 규정을 신설하였는데,[134] 금융기관 등이 금융거래를 이용한 자금세탁행위를 방지하기 위하여 합당한 주의로서 계좌의 신규개설 및 2천만원 이상의 일회성 금융거래시 거래당사자의 신원을 확인하고, 고객이 자금세탁행위를 할 우려가 있는 경우 실제 당사자 여부 및 금융거래의 목적을 확인하도록 하고 있다. 이 규정에 따르면 금융실명법의 실명(성명과 주민등록번호 등) 이외에 주소와 연락처 등도 확인하고 있다. 이에 따라 금융실무에서 고객을 확인하는 절차 등을 강화하고 있다.

금융기관의 직원이 비실명거래를 권유·알선하여 명의인이 아닌 출연자를 예금계약의 당사자로 하기로 약정하는 경우에는 금융실명법이나 주민등록법을 위반한 것으로서 비실명거래의 사법상 효력이 부정

132) 大判(全) 2001. 4. 19, 2000도1985(集 49-1, 형 792); 大判 2004. 3. 26, 2003도7830(공보불게재).

133) 이를 고객 알기 정책(Know Your Customer)이라고도 하는데, 이것은 2001년 10월 국제결제은행(Bank for International Settlements; BIS)의 은행감독을 위한 바젤위원회가 "Customer due diligence for banks)라는 보고서(http://www.bis.org/publ/bcbs85.pdf)를 발표하면서 본격적으로 논의되기 시작하였다고 한다. 한국금융연구원, 고객주의의무 도입방안 연구, 2003. 7, 17면.

134) 이 규정은 2006년 1월 18일부터 시행되고 있다.

될 수 있다. 금융실명법이 강행규정이 아니라고 하더라도 당사자들이 고의적으로 재산을 은닉하여 탈세를 하고 금융실명법과 예금자보호법을 잠탈하기 위하여 탈법행위를 하는 경우에는 그 사법상 효력을 원칙적으로 부정하여야 할 것이다. 한편 고객이 다른 사람의 이름이나 주민등록번호 등을 도용하여 예금계약 등 계좌개설계약을 체결한 경우에는 고객과 금융기관 사이에 의사의 합치가 있는지 의문이고, 예금계약 등 계좌개설계약의 성립이 인정된다고 하더라도 금융기관은 사기에 의한 의사표시 또는 착오에 의한 의사표시라는 이유로 취소할 수 있다.

V. 結 論

금융실명제의 도입으로 말미암아 가명 및 차명거래는 그 존립기반이 흔들렸다. 그러나 당사자들의 합의가 있는 경우에 명의인이 아닌 출연자를 예금주로 인정하는 판례에 의하여 차명거래는 법적인 依據處를 찾았다. 탈세 등 불법적인 목적으로 차명계좌를 개설하는 경우가 적지 않다. 비실명거래를 막아야 할 법률상의 의무가 있는 금융기관 직원이 차명거래를 유도하기도 한다. 그야말로 불법을 권유하는 사회이다. 차명거래 등 비실명거래의 여러 폐해가 노출되고 있는데도, 현상태를 그대로 유지하는 것은 바람직하지 못하다. 비실명거래를 완전히 봉쇄할 수는 없다. 그러나 적어도 금융실명제를 위반하더라도 아무런 제재를 받지 않는다는 의식은 없어져야 할 것이다. 그리하여 차명거래 등 비실명거래를 좀더 엄격하게 규제하기 위한 방안을 모색할 필요가 있다. 그것은 판례에 의하여 수행될 수도 있고, 입법에 의하여 수행될 수도 있다.

이 글에서 금융거래에서 당사자의 결정문제에 관하여 독일법과 우리나라 법을 비교·검토하였고, 그 과정에서 몇 가지 공통점과 차이점을 발견하였다. 이를 토대로 필자의 견해를 요약해 보고자 한다.

첫째, 금융거래에서 당사자를 결정하는 것은 계약의 해석문제이다. 금융기관과 고객의 합의를 기준으로 당사자를 결정하고 있다. 이 점은 독일과 우리나라가 거의 동일하다. 다만 독일에서는 지로계좌와 저축계좌가 분리되어 있고, 각각의 계좌에 따라 판단기준이 다르나, 우리나라에서는 이러한 구분이 없다.

둘째, 독일에서는 허위 또는 가공의 이름으로 계좌를 개설하는 것을 금지하고 있을 뿐이고, 타인 명의의 계좌를 금지하고 있지는 않다. 그러나 우리나라에서는 차명거래도 원칙적으로 금지하고 있다. 차명거래가 만연한 점에 비추어 이를 억제하기 위한 입법자의 결단이라고 볼 수 있다. 우리나라의 금융실명제는 미국보다는 느슨하지만, 독일보다는 엄격하다고 평가할 수 있다. 최근 자금세탁방지를 목적으로 한 것이기는 하지만 고객주의의무 제도를 도입함으로써 금융기관에서 고객의 신원을 확인하는 절차가 강화되고 있다.

셋째, 판례는 출연자 아닌 제 3 자 명의로 예금계약을 체결한 경우에 원칙적으로 명의인을 계약 당사자로 보고, 예외적으로 명시적 또는 묵시적 약정이 있는 경우에 한하여 출연자를 계약 당사자로 보고 있다. 이러한 태도는 예금계약의 당사자 결정문제를 계약의 해석문제로 파악한 결과이다. 즉, 법률이 곧바로 계약의 당사자를 결정하는 것이 아니라 「當事者의 意思」를 매개로 당사자의 결정에 관한 판례에 영향을 미쳤다고 말할 수 있다. 그러나 이 경우에 묵시적 약정을 더욱 엄격하게 인정하여야 한다. 왜냐하면 금융실명법, 금융감독규정 및 은행거래약관에서 비실명거래를 규제하고 있기 때문에, 금융거래의 당사자들에게는 명의인을 당사자로 하려는 의사의 합치가 있었다는 점을 도출할 수 있기 때문이다. 우리나라에서는 독일과는 달리 차명거래를 금지하고 있으므로, 명의인 아닌 출연자를 계약 당사자로 하려는 약정을 더욱 엄격한 예외적인 경우에 한하여 인정하여야 한다. 이 점에서 법원의 실무가 타당한지는 재고할 필요가 있다.

넷째, 독일에서는 허위 또는 가공의 이름으로 개설된 계좌도 사법상 유효하다고 보고 있다. 이는 세무서의 동의를 받아 예금 등을 반환하여야 한다는 법규정에서 도출된다. 그러나 우리나라에서는 비실명거래의 사법적 효력에 관한 규정이 없기 때문에, 법해석을 통하여 유·무효를 결정하여야 한다. 판례는 비실명거래가 사법상 유효하다고 보고 있으나, 금융실명법이 강행규정이 아니라고 하더라도 이를 위반한 계약이 항상 유효인 것은 아니다. 금융기관 직원의 권유로 당사자들이 고의적으로 법령을 회피할 목적으로 차명거래를 하는 경우에는 금융실명법, 예금자보호법, 금융감독규정, 은행거래약관을 위반한 것으로서 무효가 될 수 있다고 생각한다.

다섯째, 독일에서는 계좌를 개설해 줄 때 금융기관에 처분권자를 확인할 의무를 부여하고 있고, 처분권자의 이름을 계좌에 기재하고 있다. 이와 달리 우리나라에서는 명의인이 아닌 출연자 등 제 3 자를 예금주로 하기로 합의한 경우에도 그 출연자의 이름을 계좌에 기재하지 않고 있다. 차명거래를 금지하면서 명의인 아닌 출연자 등 실제 권리자의 이름을 기재하여야 한다고 규정할 수는 없었을 것이다. 그러나 예금계약의 당사자들이 제 3 자를 처분권자로 정하는 경우에는 금융기관이 이를 확인하고 그 이름을 계좌에 기재하는 방안을 마련할 필요가 있다.

여섯째 독일에서는 허위 또는 가공의 이름으로 계좌를 개설한 경우에 세무서의 동의를 받아 반환하도록 규정하고 있다. 그러나 우리나라에서는 이에 관한 명확한 규정이 없다. 비실명예금의 반환을 위한 실명전환절차에 관하여 논의가 있으나, 어느 방안도 만족스럽지 못하다. 따라서 우리나라에서 비실명거래의 경우에 반환절차에 관한 명확한 규정을 두어야 한다. 개정방안으로 비실명거래임이 밝혀진 경우에는 계좌를 폐쇄하고 세무서의 동의를 받아 예금 등을 반환하도록 하고, 범죄의 의심이 있는 경우에는 수사기관에 통보하도록 하는 방안을 검토할 필요가 있다.

일곱째, 금융실명제 실시 이후에 이루어진 비실명거래에 대하여 과징금 부과, 소득세 원천징수, 세무조사의 특례 등에 관한 규정을 신설하여야 한다. 금융실명제 실시 이전의 기존금융자산에 대해서만 과징금 부과 등의 제재를 규정한 것은 형평에 반한다.

(저스티스 통권 제93호(2006.8), 5-35면 所載)

3. 分讓契約의 當事者確定에 관한 문제

— 事實的 契約關係論에 대한 검토를 포함하여 —

Ⅰ. 序論 — 재개발조합 분양계약에 관한 재판례

1. 법률행위에서 당사자는 법률행위의 성립요건이다. 당사자가 정해지지 않고서는 계약이 성립할 수 없다. 누가 권리의무의 주체인지, 누가 책임을 지는지가 정해지지 않은 상태에서 권리의무나 책임의 내용을 말하는 것은 아무런 의미가 없다. 따라서 계약당사자 문제는 계약법의 출발점에 속한다고 말할 수 있다.

계약을 체결할 때 당사자가 명확하게 표시되어 있고, 그 표시대로 당사자를 정하는 것이 대체로 당사자의 의도에 부합한다. 계약의 내용에 관한 분쟁에 비하면 계약당사자를 정하는 문제에 관한 분쟁은 훨씬 적다. 당사자를 명확하게 정한 다음에 계약을 체결하는 경우가 대부분이기 때문에, 예외적인 경우를 제외하고는 당사자를 정하는 것은 어려운 문제가 아니다. 그러나 다른 사람의 이름을 이용하여 계약을 체결하는 경우에 계약의 당사자를 정하는 것은 쉽지 않다. 최근에는 계약의 내용이 복잡해짐에 따라 계약의 당사자란에 표시되지 않은 사람에게도 권리의무가 귀속되는지 문제되는 경우가 발생하고 있고, 계약의 체결이나 이행을 사실상 주도하는 사람을 계약의 당사자로 보아야 할 것인지 문제되는 경우도 있다.

2. 이 글에서는 최근 우리나라 하급심판결에서 다루어지고 있는

재개발사업[1)]의 분양계약에 관한 재판례를 계기로 계약당사자 문제의 한 단면을 살펴보고자 한다. 이 사건에서 재개발조합에 관한 계약이 여러 차례 체결되었고 그 내용도 매우 복잡하지만, 施工社도 계약당사자가 되는지와 관련된 내용은 다음과 같다. 이 사건 재개발조합은 아파트나 상가를 재건축하기 위하여 설립된 것으로, 관할관청으로부터 사업계획과 관리처분계획을 인가받아 사업을 시행하였다.[2)] 재개발조합은 2개의 건설회사를 재개발사업의 참여조합원 겸 시공사로 선정하였는데, 시공사들이 아파트 등을 건축하고 위 재개발사업과 관련된 모든 인허가업무는 재개발조합이 주관하며 시공사들이 이에 협력하기로 하는 주택개량재개발사업 참여계약을 체결하였다. 또한 재개발조합은 조합원들과 분양계약을 체결하였는데, 시공사들이 분양대행자로서 조합원들과 분양계약을 체결하는 업무를 대행하였다. 분양계약서에는 재개발조합이 매도인으로, 시공사들이 시공 및 분양대행자로 기재되어 있다. 그러나 시공사들이 재개발사업의 시행준비단계에서부터 공사의 완

---

1) 주택재개발사업과 주택재건축사업은 노후·불량건축물이 밀집한 지역에서 주거환경을 개선하기 위하여 시행하는 사업인데, 재개발사업은 도로 등 정비기반시설이 열악한 지역에서 시행하는 사업인 반면, 재건축사업은 정비기반시설이 양호한 지역에서 시행하는 사업을 가리킨다("都市 및 住居環境整備法" 제 2 조 제 2 호 나, 다목). 주택재개발사업은 都市再開發法에서 규율하고 있었고, 주택재건축사업은 住宅建設促進法 등에서 규율하고 있었으나, 2002. 12. 30. 제정된 "都市 및 住居環境整備法"에서 이들을 통합하여 규율하고 있다.

2) 이 사건 재개발조합은 都市再開發法이 시행되던 당시인 1986년에 설립된 것인데, 도시재개발법 제 2 조 제 3 호는 "施行者"를 재개발구역 안에서 이 법에 규정된 절차에 따라 재개발사업을 시행하는 자라고 규정하고, "土地 등의 所有者 또는 그들이 設立하는 再開發組合"이 재개발사업을 시행한다고 규정하고 있었다. 그 후 1995년 도시재개발법을 개정하여 공동시행자에 관한 규정을 추가하였는데, 재개발사업구역 안의 토지 또는 건축물의 소유자 또는 그들이 설립하는 재개발조합이 재개발사업을 시행하는 것이 원칙이지만(제 8 조 제 1 항), 토지 등의 소유자 또는 조합은 건설업자 등과 규약 또는 정관이 정하는 바에 의하여 공동으로 재개발사업을 시행할 수 있게 되었다(제 8 조 제 2 항). 현행법인 "都市 및 住居環境整備法" 제 8 조 제 1 항은 주택재개발사업은 조합이 이를 시행하거나 조합이 조합원 과반수의 동의를 얻어 시장·군수, 주택공사, 건설업자 등과 공동으로 이를 시행할 수 있다고 규정하고 있다.

료에 따른 입주단계에 이르기까지 재개발조합을 대행하여 주도적으로 재개발사업의 시행에 관여하였다. 시공사들의 공사지연으로 말미암아 조합원들이 아파트에 입주하지 못하거나 소유권보존등기 또는 소유권 이전등기를 마치지 못하였다. 이 사건에서 조합원들은 재개발조합이 아니라 시공사 중 한 회사를 상대로 채무불이행책임을 청구하는 소를 제기하였다. 원고들은 그 이유의 하나로 시공사인 피고가 재개발사업의 진행과정에서 재개발사업에 관한 의사결정을 하였고 재개발사업을 주도하였으므로, 위 재개발사업이 실질적으로는 시공사들의 단독사업이거나 재개발조합과의 공동사업이라고 주장하였다.

이 사건에서 1심과 2심의 판단이 서로 엇갈리고 있다. 1심 법원[3]은 시공사인 피고의 채무불이행책임을 인정하였는데, 그 이유는 다음과 같다. 첫째, 아파트의 건축뿐만 아니라 아파트 공사의 인허가와 관련된 제반 행정절차 및 조합원들과의 분양계약체결까지도 시공사들이 재개발조합의 명의로 **사실상 대행**하였다. 둘째, 분양계약서상 시공사들이 조합원의 채무불이행에 관한 해제권을 보유하고 있고, 조합원의 분양금 미납시에는 직접 채권확보를 위한 법적 조치를 취할 수 있으며, 조합원들의 입주시에도 재개발조합과 시공사들의 공동명의로 발급한 입주증을 교부하게 되어 있다. 따라서 분양계약서상 시공사들이 분양대행자로 기재되어 있지만, **사실상 계약당사자에 준하는 권리와 의무를 부담하고 있다.** 셋째, 시공사들은 단순히 일정금액을 공사대금으로 지급받은 것이 아니라 조합원들의 지분을 제외한 나머지 지분을 공사비로 지급받았으므로 시공사들의 재개발공사는 지분도급제 방식과 유사하다.

그러나 항소심인 2심 법원[4]에서는 다음과 같은 이유로 시공사인 피고의 채무불이행책임을 부정하였다. 첫째, 시공사들이 재개발사업을 주도하였다고 하더라도 재개발사업의 특수성, 사업시행 당시 사업시행

3) 서울地判 2003. 4. 17, 2002가합39178.
4) 서울高判 2004. 5. 4, 2003나33884.

자를 법률에 의하여 제한하고 있는 취지, 계약책임의 일반원칙에 비추어 시공사들을 재개발조합과 동일한 사업시행자로 인정할 수는 없다. 둘째, 시공사들이 분양계약해제권 등을 갖고 있더라도 이는 시공사들이 공사대금 등을 확보하기 위한 방편에 불과하다.

1심 판결에서 시공사의 채무불이행책임을 인정한 것은 시공사가 재개발조합과 함께 분양계약의 당사자로서 분양계약상의 의무를 부담한다고 본 것이다. 이와 달리 2심 판결에서 시공사의 채무불이행책임을 부정한 것은 시공사가 재개발조합과 동일한 의무를 부담하는 계약당사자가 아니라고 본 것이다. 1심 판결과 2심 판결을 비교해 보면, 동전의 양면과 같은 판결로서 정반대의 논리를 전개하고 있다. 사물을 보는 다른 방식이 판결의 결론에 영향을 미치고 있다. 재개발조합과 조합원 사이의 분양계약의 내용이나 시공사의 관여 정도에 관해서는 1심 판결과 2심 판결이 거의 동일하게 파악하고 있다. 그러나 시공사가 재개발사업을 사실상 주도하였다는 것에 대한 평가가 상반된다. 즉, 사실관계에 따른 차이가 아니라, 事實에 대한 評價의 차이가 서로 다른 결론으로 이끌고 있다.

분양계약에서 재개발조합과 조합원이 계약당사자로 표시되어 있으므로, 계약의 당사자는 재개발조합과 조합원이다. 그런데 이 사건에서는 시공사도 재개발조합과 동일한 채무를 부담하는 당사자인지 여부가 문제되고 있다. 시공사가 분양계약의 체결을 포함한 재개발사업을 사실상 주도하거나 사실상 대행한 경우에 분양계약의 당사자가 될 수 있는가? 분양계약에서 시공사가 사실상 계약당사자에 준하는 권리와 의무를 부담하고 있으면 시공사를 계약당사자로 볼 수 있는가? 최근 대법원[5]은 재개발사업으로 인한 시공사의 불법행위책임이 문제된 사건에서 시공사가 사실상 공동사업주체라고 하였는데, 이는 분양계약의

5) 大判 2005. 3. 24, 2004다38792(공 2005, 635). 이에 관하여 자세한 것은 Ⅱ. 4. 참조.

당사자 문제에 어떠한 영향을 미치는가? 이 판결들에서 사실상 주도, 사실상 대행, 사실상 계약당사자, 사실상 공동사업주체라는 표현[6)]이 의식적으로든 무의식적으로든 사실적 계약관계론의 영향을 받은 것은 아닐까 하는 의문이 든다. 필자는 이와 관련하여 재판연구관으로부터 사실적 계약관계론이 적용될 여지가 있는지 여부에 관하여 검토할 것을 요청받았다. 결론부터 말하자면 이 사건에 대하여 사실적 계약관계론을 적용해서는 안 된다고 생각한다. 다만 우리나라 재판례에서 '사실상' 또는 '사실적'이라는 표현을 사용하는 경우가 많기 때문에, 이것이 사실에서 규범을 도출하는 사실적 계약관계론과 어떠한 관련이 있는지 검토하는 것은 의미 있는 일일 것이다.

3. 이 글에서는 먼저 사실적 계약관계론에 관하여 살펴보고 이 이론이 분양계약의 당사자를 정하는 데 적용될 여지가 있는지 여부에 관하여 검토하고자 한다. 그리고 분양계약의 해석을 통하여 시공사가 분양계약의 당사자로서 시행자인 재개발조합과 동일한 권리의무를 부담한다고 볼 수 있는지, 조합원이 시공사를 상대로 채무불이행에 기한 손해배상책임을 직접 추궁할 수 있는지에 관하여 검토하고자 한다.[7)]

6) '사실상'이라는 표현의 의미가 무엇인지, '사실상'이라는 표현이 무엇을 수식하는 것인지 명확한 것은 아니다. '사실상 대행하였다' 또는 '사실상 주도하였다'라는 표현은 법적으로 권한이 없지만, 실질적으로 사업을 대행하거나 주도하였다는 점을 나타내기 위한 것이라고 볼 수 있다. 그리고 '사실상 계약당사자에 준하는 권리와 의무를 부담한다'는 부분에서 '사실상'이라는 표현은 계약당사자만을 꾸미는 것으로 읽을 수도 있고, 아니면 '계약당사자에 준하는 권리와 의무를 사실상 부담한다'고 읽을 수도 있다. 한편 '사실상 공동사업주체'라는 표현은 법적으로는 공동사업주체가 아니지만, 사실상 공동사업주체와 같이 사업을 주도하였다는 의미로 볼 수 있다.

7) 재개발조합에서 조합원에 대한 분양은 시행자가 조합원으로부터 분양신청을 받아 관리처분계획을 작성하여 관할관청의 인가를 받아 분양처분을 하는 방식으로 이루어진다. 관리처분계획에 따라 대지 또는 건축시설을 분양받을 자는 분양처분의 고시가 있은 다음날에 그 분양받을 대지 또는 건축시설에 대한 소유권을 취득한다(구 도시재개발법 제49조 제1항). 大判 2006.4.27, 2004다38150(공 2006, 892)은 재개발구역 안의 토지 등의 소유자가 재개발사업의

Ⅱ. 事實的 契約關係의 문제

1. 意　義

계약이 체결되는 과정은 매우 다양하다. 청약과 승낙의 합치로써 성립하는 경우도 있지만, 언제 청약이 있는지, 언제 승낙이 있는지 판단하기 어려운 경우도 있다. 교과서적인 예로 버스승차사례를 들 수 있다. 승차권 구입, 버스 정차, 승차, 운행이 하나의 연속선에서 발생한다. 이 경우에 운송계약이 체결되었다고 볼 수 있다. 그러나 이 과정을 청약의 유인, 청약, 승낙으로 분석하는 것은 쉽지 않다. 운송계약이 체결되었다는 점은 분명하나, 어느 시점에 운송계약이 체결되었는지를 명확하게 말하기 어렵다. 이러한 예는 현대적인 거래형태에서 빈번하게 나타난다. 이러한 문제를 설명하기 위하여 사실적 계약관계론이 나타났다.

이 이론은 독일의 귄터 하우프트(Günter Haupt)가 1941년에 주장[8]한 것인데, 그 인정여부와 인정 범위를 둘러싸고 많은 논란을 불러일으켰다. 우리나라에서도 이 이론이 소개된 이래 많은 논란을 불러일으켰다.[9]

시행 결과 조성된 대지에 관한 소유권을 취득하는지 여부는 관리처분계획에 따른 분양처분에 의하여 정하여진다고 판결하였다. 따라서 이 사건에서 분양계약의 의미는 조합원이 아닌 일반인에게 분양하는 경우와는 차이가 있다. 그러나 조합원과 재개발조합 사이의 분양계약에 정해진 여러 권리의무는 적어도 위 관리처분계획과 모순되지 않는 경우에는 그 효력이 있을 것이다. 이에 관해서는 여기에서 더 이상 다루지 않는다.

8) Haupt, Über faktische Vertragsverhältnisse, *Festschrift der Leipziger Juristenfakultät für Dr. Heinrich Siber,* 1943, S. 5ff.

9) 독일의 사실적 계약관계론은 崔鍾吉, "事實的 契約關係에 關한 若干의 考察," 서울대학교 法學 제 5 권 제 1 · 2 호(1963. 12), 40면 이하에서 처음으로 우리나라에 소개된 이래, 법률행위론에서 중요하게 다루어졌다. 이 분야에서 가장 주목해야 할 연구는 李好珽, "社會定型的行爲論의 硏究," 經濟論集 제13권 제 1 호(1974. 3), 114면 이하; 제13권 제 2 호(1974. 6), 58면 이하로서, 사실적 계약관계론과 그 발전적 형태인 사회정형적 행위론에 관하여 비판적 시각에서 매우 상세하게 소개하였다.

2. 獨逸의 事實的 契約關係論

계약은 원칙적으로 청약과 승낙에 의하여 성립한다. 그러나 청약과 승낙이라는 의사표시의 합치가 없더라도, 급부의 사실상의 수령이 있으면, 계약이 성립한 것으로 보는 것이 사실적 계약관계론이다. 이것은 당사자의 의사에서 계약의 효력근거를 찾는 전통적인 원칙과는 완전히 다른 것이다. 意思가 아니라 事實이 법률효과, 특히 계약의 효과를 정한다고 한다.[10)]

사실적 계약관계론은 다양하게 전개되었는데, 세 유형으로 구분하여 살펴보는 것이 일반적이다.[11)] 첫째, 사회적 급부의무 또는 생존배려의무에 의한 사실적 계약관계로서 교통시설의 이용이나 전기, 수도, 가스 등의 공급, 주차장의 이용 등과 같이 대량거래에서 발생하는 사실적 계약관계이다. 이와 같은 생존배려를 위한 급부관계에서는 원하는 사람에게는 언제든지 급부를 제공하겠다는 표시와 급부수령자 쪽의 급부에 대한 청구 내지 요구에 의하여 성립하고, 청약과 승낙이라는 의사표시는 찾아볼 수 없다. 이러한 경우에는 공급자의 급부의무와 수요자의 이용이라는 사실행위에 의하여 이용관계 또는 공급관계가 형성된다는 것이다. 라렌쯔(Larenz)는 이 유형을 社會定型的 行爲論으로 발전시켰는데, 버스운송계약 등과 같은 대량거래에서 수요자가 급부를 이용하는 행위를 사회정형적 행위라고 하여 이용자의 의사와는 관계없이 계약관계가 성립한다고 하였다.[12)] 이 유형에 관한 논의가 사실적 계약관계론의 중심이라고 할 수 있다. 그러나 라렌쯔는 나중에 그의

10) 이는 옐리네크(Jellinek)의 "사실적인 것의 규범력"이라는 표현을 연상시킨다. MünchKomm/Kramer, 4. Aufl.(2001), Einl. 62 zu §§ 241ff.

11) 이 분류는 Haupt(註 8), S. 9ff.에서 시작되었다.

12) Larenz, Die Begründung von Schuldverhültnissen durch sozialtypisches Verhalten, *NJW* 1956, 1897; Larenz, Sozialtypisches Verhalten als Verpflichtungsgrund, *DRiZ* 1958, 245.

이론을 포기하였다.[13)]

둘째, 조합이나 근로계약과 같이 공동체관계에 가입하는 경우에 발생하는 사실적 계약관계이다. 계속적 계약관계에서 당사자들 사이에는 여러 가지 권리의무가 발생한다. 그런데 그 계약관계를 기초로 하여 제 3 자와의 사이에 새로운 법률관계가 형성되는 경우에는, 그 계약관계를 소급적으로 없애는 것이 부적당하고 경우에 따라서는 불가능하기도 하다. 조합이나 근로계약의 경우 계약이 무효이거나 취소되더라도 그 무효 또는 취소는 장래에 향해서만 효력이 발생한다. 이를 事實上의 組合關係 또는 事實上의 勤勞關係라고 하였으나, 최근에는 瑕疵 있는 組合關係(fehlerhafte Gesellschaftsverhältnisse) 또는 瑕疵 있는 勤勞關係(fehlerhafte Arbeitsverhältnisse)라는 표현을 사용하는 경우가 많다.[14)]

셋째, 사회적 접촉에 의한 사실적 계약관계는 당사자 사이에서 계약의 체결 또는 법률관계의 성립을 의욕한 일이 없는데도 어떤 사회적 접촉이 있은 경우에 그 사회적 접촉이라는 사실만에 의하여 계약관계 유사의 법률관계가 인정된다는 것이다. 이 유형에 속하는 것으로 계약체결상의 과실책임, 호의동승 등을 들었다. 먼저 계약체결상의 과실에 해당하는 사례는 사회적 접촉에 의하여 계약관계가 성립하는 것으로 본다. 또한 자동차의 운전자가 대가를 받음이 없이 호의로 다른 사람을 동승시켜 운행하던 도중 교통사고를 발생시켜 동승자에게 손해를 입힌 경우에, 동승이라는 사회적 접촉 행위에 의하여 계약 유사의 법률관계가 성립하는 것으로 본다. 그러나 사실적 계약관계론을 따르는 학자 중에서도 사회적 접촉에 의한 사실적 계약관계를 인정하는 견해는 찾기 어렵다.[15)]

독일의 법원에서는 대량거래와 대량급부에 관한 계약에서 사실적

13) Larenz, *Allgemeiner Teil des Deutschen Bürgerlichen Rechts,* 7. Aufl., 1989, S. 536.

14) MünchKomm/Kramer, Einl. 68ff. zu §§ 241ff.

15) MünchKomm/Kramer, Einl. 78 zu §§ 241ff.

계약관계론 또는 사회정형적 행위론을 원용하는 판결들이 나온 적이 있다. 주로 계약을 체결하지 않고 급부를 수령하는 사안에 관한 것인데, 이러한 사안에서 부당이득의 법리로 해결하는 것을 피하기 위한 것이다. 가장 대표적인 판결은 독일 연방대법원 1956. 7. 14. 판결[16]이다. 함부르크시는 무료 주차를 허용하던 시청광장 일부를 유료화하고 사기업체에 주차장을 감시할 권리를 부여하였다. 그 기업체는 위 주차장에 유료주차장으로서 감시를 한다는 표지를 해 두었다. 그러나 어떤 자동차 소유자가 그곳에 자동차를 주차하면서, 감시원에게 그 차를 감시할 필요가 없고 주차료도 지급하지 않겠다는 의사를 명백히 밝혔다. 위 기업체가 위 자동차 소유자를 상대로 주차료를 청구하였다. 독일 연방대법원은 유료주차장에 주차하였다는 사실로부터 계약관계가 발생하였으며 따라서 자동차 소유자는 주차료를 지급하여야 한다고 판결하였다. 그 후에도 전기공급이나 가스공급에 관한 사건에서 사실적 계약관계를 적용한 판결들이 나왔다.[17] 한편, 농장소유자가 자신의 사망 후 농장을 유증하기로 약정하고 농장을 인도한 사례에서 농장인도 및 상속계약에 관하여 사실적 계약관계를 인정하였는데,[18] 이 판결은 대량거래가 아닌 개별계약에도 사실적 계약관계론을 확대하여 적용한 것이다.[19]

그러나 현재 독일에서는 사실적 계약관계론을 따르는 견해를 찾기 어렵다.[20] 세부적인 점에서는 견해의 차이가 있지만, 사실적 계약관계

16) BGHZ 21, 319(주차장 이용). 金容漢, "事實的 契約關係," 判例月報 제125호(1981. 2), 146면 이하는 이 판결을 상세히 소개하고 있다.

17) BGHZ 23, 175(전기공급).

18) BGHZ 23, 249.

19) Flume, *Allgemeiner Teil des Bürgerlichen Rechts, Bd. 2. Das Rechtsgeschäft,* 4. Aufl., 1992, S. 103f.

20) Busche, Die Begründung von Schuldverhältnssen, *J. von Staudingers Kommentar zum Bürgerlichen Gesetzbuch mit Einführungsgesetz und Nebengesetzen Eckpfeiler des Zivilrechts,* 2005, S. 193; Flume(註 19), S. 95ff.; Larenz/Wolf, *Allgemeiner Teil des Bürgerlichen Rechts,* 9. Aufl.,

론은 전통적인 법률행위이론에 맞지 않고, 사실적 계약관계론에서 들고 있는 사례들은 전통적인 법률행위이론으로 해결할 수 있기 때문에 사실적 계약관계론을 인정할 필요가 없다고 한다. 독일의 판례는 초기에 유동적인 모습을 보이다가 결국 1985년 사실적 계약관계를 포기하였다.[21] 당사자가 계약의 체결에 이의를 제기하고 있는 경우에도 유효한 채권관계를 성립시키기로 하는 합의가 존재한다고 볼 수 있다고 한다.[22] 다만 전기, 가스, 수도, 원격난방 등을 공급하는 대량거래에서는 의사의 합치가 없더라도 전기 등을 이용함으로써 계약이 성립한다고 보고 있는데, 이는 전기공급 등에 관한 관련 규정에 그 근거를 두고 있다.[23]

사실적 계약관계가 문제되는 대부분의 사례는 推斷的 行爲에 의한 의사표시를 통하여 해결할 수 있다. 그러나 계약을 체결하려는 의사표시로 볼 수 있는 행위를 하면서 계약체결에 대하여 이의를 제기하는 경우에 어떻게 해결할 것인지에 관해서는 논란이 있다. 중요한 견해로는 모순된 이의(protestatio facto contraria)의 금지 원칙에 의하여 계약의 성립을 인정하는 견해가 있다.[24] 주차 등과 같은 실제 행위에 따라 계약이 성립한 것으로 보아야 하고, 이에 모순되는 이의를 고려해서는 안 된다는 것이다. 독일의 판례는 위와 같은 경우에 추단적 행위에 의하여 계약이 성립한다고 한다.[25] 그러나 에너지공급회사와 아무런 계약을 체결하지 않고 에너지를 이용한 것이 문제된 사례에서 에너지공

2004, S. 579f., 797f. Medicus, *Allgemeiner Teil des BGB,* 9. Aufl., 2006, S. 102; Staudinger/Bork, 2003, Vorbem 39 zu §§ 145ff.

21) BGHZ 95, 393.

22) Palandt/Heinrichs, *Bürgerliches Gesetzbuch,* 65. Aufl., 2006, Einf 26 vor § 145.

23) BGH NJW 83, 1777; OLG Frankfurt/M NJW-RR 1989, 249f.(전기공급). Busche(註 20), S. 193에서는 이 판결 이외에도 LG Köln RdE 1993, 28(가스공급)도 사실적 계약관계를 인정하고 있다고 한다.

24) Flume(註 19), S. 70; Larenz/Wolf(註 20), S. 580.

25) BGHZ 95, 393; BGH NJW 2000, 3429.

급회사와 제 3 자 사이에 에너지공급에 관한 계약관계가 이미 존재하고 이에 기하여 에너지공급이 이루어지고 있는 경우에는 다른 사람이 그 에너지를 무단으로 이용하였다고 하더라도 원칙적으로 추단적 행위에 의한 계약관계가 발생하지 않는다고 하였다.[26] 에너지공급회사의 의사는 제 3 자와의 에너지공급계약에 기하여 에너지를 공급하려는 것이라고 이해할 수 있다. 따라서 명시적인 합의에 의하여 성립한 계약관계가 추단적 행위에 의한 계약 체결에 우선한다는 것이다.

이와 달리 계약 체결에 대한 이의 제기 등으로 계약의 체결을 인정할 수 없는 경우에는 부당이득의 법리로 해결하여야 한다는 견해가 있다.[27] 특히 독일 연방대법원은 1971년에 17세의 미성년자가 몰래 항공기를 탄 無賃飛行 사건에서 승객의 항공운송계약에 기한 운임지급의무를 부정하고 부당이득반환의무만을 인정하였는데,[28] 사회정형적 행위론은 현대대량거래에만 적용되고, 항공운송과 같은 거래에는 적용되지 않는다고 하였다. 이 판결은 독일 연방대법원이 사실적 계약관계론 또는 사회정형적 행위론을 포기한 것이라고 볼 수 있다. 왜냐하면 항공운송도 주차장 이용, 전기 공급 등과 같은 현대적인 대량거래에 속한다고 볼 수 있기 때문이다.[29]

3. 우리나라의 事實的 契約關係論

우리나라에서도 1960년대부터 이 이론이 소개되어 이를 도입하자는 주장이 있었다.[30] 그러나 1970년대부터 사실적 계약관계론은 체계

26) BGH WM 2004, 2450.
27) MünchKomm/Kramer, Einl. 65 zu §§ 241ff.
28) BGHZ 55, 128. 이러한 경우에 불법행위책임이 성립될 수 있는지 문제될 수 있으나, 항공료를 내지 않고 비행기에 탑승하였더라도 손해가 발생하지 않기 때문에 불법행위로 인한 손해배상책임은 인정되지 않는다.
29) Medicus, *FamRZ* 1971, 250ff.; Medicus(註 20), S. 102.
30) 高翔龍, 民法總則, 법문사, 1990, 317면; 權五乘, 民法特講, 홍문사, 1994,

파괴적일 뿐만 아니라 사실적 계약관계론에서 제기하고 있는 사례들은 전통적인 법률행위이론으로 해결할 수 있으므로, 사실적 계약관계론을 도입할 필요가 없다는 비판이 제기[31]된 이래, 현재는 사실적 계약관계론을 인정할 필요가 없다는 견해가 다수설이다.[32] 독일의 사실적 계약관계론에 관한 찬반론이 우리나라에 그대로 수입되었고, 논의방식도 거의 유사하다. 그리하여 여기에서 이에 관한 논의를 반복하지는 않고 결론적인 의견만을 간략하게 피력하고자 한다.

우리나라에서 사실적 계약관계론을 도입할 필요가 없다는 견해에 찬성한다. 사회적 접촉에 기한 사실적 계약관계에 관해서 살펴보면, 사회적 접촉이라는 개념이 모호할 뿐만 아니라, 사회적 접촉이 있다고

500면; 金相容, 民法總則, 개정판, 법문사, 1995, 175면, 374면, 391면; 장창민, "사실적 계약관계에 관한 일고," 민사법이론과 실무 제 8 권 1호(민사법의 이론과 실무 학회, 2004), 71면; 崔公雄, "事實的契約關係理論," 저스티스 제18권(1985. 11), 22면; 崔鍾吉, "事實的 契約關係에 關한 若干의 考察," 서울대 法學 제 5 권 제 1 · 2 호(1963. 12), 40면 이하; 郭潤直, "契約없이 成立하는 契約關係 — 이른바 事實的 契約關係論," 司法行政 제10권 제 1 호, 1969, 19면. 다만 郭潤直, 債權各論, 제 6 판, 박영사, 2003, 52면은 사실적 계약관계론에 관하여 긍정적인 시각에서 서술하고 있으나, 그 채택여부에 관해서는 유보적인 입장을 표명하고 있다. 즉, 묵시의 의사표시 추정이 부자연스럽고 부당이득의 법리로 처리하는 것도 부적절한 때에는 사실적 계약관계를 도입하는 것도 하나의 방법일 것이라고 하면서, 이것이 법기술개념으로 적절한지 여부 등은 앞으로 검토할 과제라고 한다.

31) 李好珽, "社會定型的行爲論의 硏究(其二)," 經濟論集 제13권 제 2 호(1974. 6), 121면("새로운 사회현상에 접할 때마다 새로운 법제도를 고안해 내는 것보다 종래의 법속에 「생각되어 있는 것의 끝까지 생각하기」(Zuendedenken eines Gedachten) (Radbruch)에 의하여 종래의 법을 목적론적으로 해석함으로써 사회발전에 적응하는 것이 바람직스러운 것이다").

32) 郭潤直 편, 民法注解(XII), 1997, 198면(池元林 집필부분); 白泰昇, "事實的契約關係論의 再照明," 現代民法의 展望(範周徐永培博士華甲紀念), 1995, 449면 이하; 孫智烈, "事實的 契約關係論," 民事裁判의 諸問題(上)(松泉李時潤博士華甲紀念), 1995, 346면 이하; 李英俊, 韓國民法論[總則編], 수정판, 박영사, 2004, 133면 이하; 李銀榮, 債權各論, 제 4 판, 박영사, 2004, 108면 이하; 崔光濬, "1963년 以後 事實的 契約關係論에 대한 回顧 — 國內 贊反兩論에 대한 批判的 考察," 韓國民法理論의 發展(李英俊博士華甲記念論文集), 박영사, 1999, 787면.

해서 권리의무가 나올 수는 없다. 조합이나 근로계약에서도 사실적 계약관계를 인정할 실익이 없다. 大判 1972.4.25, 71다1833(集 20-1, 민 217)은 사실적 계약관계론과 관련하여 매우 중요하게 다루어지고 있는데, 조합계약을 체결할 당시에 의사표시의 하자가 있더라도 이를 소급적으로 취소하는 것을 제한하고 있다. 원심은 피고들이 광산의 공동광업자로 된 이상 원·피고들은 조합계약을 한 것으로 간주되는 것인데, 그 조합체는 원고의 사기를 이유로 한 본건 계약의 취소 의사표시 전에 이미 본건 계약의 실행에 착수하여 많은 노무자를 고용하고 기구 등을 장만하여 배수작업 내지 채굴작업을 해 왔음은 기록상 분명하므로 조합이 사업을 개시하고 제 3 자와의 사이에 거래관계가 이루어지고 난 다음에는 조합계약 체결 당시의 의사표시의 하자를 이유로 이를 취소하여 조합성립 이전으로 환원시킬 수 없다고 판단하였고, 대법원도 이를 지지하였다. 이 판결이 사실적 계약관계론을 채택한 것인지에 대하여는 논란이 있으나, 이 판결에서 사실적 계약관계나 사실적 조합이라는 표현을 사용하고 있지 않고, 전통적인 법률행위론으로도 설명할 수 있기 때문에, 이 판결이 사실적 계약관계론을 채택하였다고 볼 수는 없다. 상법에서 회사 설립무효의 판결 또는 설립취소의 판결의 효력은 판결확정 전에 생긴 회사와 사원 및 제 3 자간의 권리의무에 영향을 미치지 않고, 위와 같은 판결이 확정된 때에는 해산의 경우에 준하여 청산을 하여야 한다는 규정이 있는데,[33] 이와 마찬가지로 조합이 그 공동목적을 수행하기 위하여 사업을 이미 개시하여 제 3 자와 법률적 관계를 맺었을 경우에는 조합관계를 소급적으로 실효시키는 것은 거래의 안전을 보호하기 위하여 허용되지 않는다고 볼 수 있다. 근로계약에 하자가 있는 경우에도 근로자보호를 위하여 그 취소의 소급효가 제한될 수 있을 것이다. 따라서 조합계약이나 근로계약에 무효·취

33) 상법 제190조, 제193조에서 합명회사에 대하여 이와 같이 규정하고 있고, 상법 제269조, 제328조 제 2 항, 제552조 제 2 항에서 합자회사, 주식회사, 유한회사에 이 규정들을 준용하고 있다.

소사유가 있는 경우에는 그러한 계약의 특성을 고려하여 무효·취소의 소급효를 제한하는 것으로 충분하다.[34]

가장 중요하게 논의되는 것은 사회적 급부의무 또는 생존배려의무에 의한 사실적 계약관계이다. 즉, 대량거래에서 사실적 계약관계 또는 사회정형적 행위에 의한 채권관계를 인정할 것인지 문제된다. 大判 1960. 2. 18, 4291민상906[35]에서는 원고가 피고회사로부터 전차 보통승차권 1장을 15환에 구입하였는데, 그 후 전차 운임이 인상되자, 위 승차권을 이용하여 전차를 탈 수 있는지 문제되었다. 대법원은 전차이용에 관한 운송계약의 성립시기에 관하여 다음과 같이 판단하고 있다.

> "전차이용자가 전시 매표소에서 보통승차권(혹은 보통회수승차권)을 구입하는 소위는 전차에 승차키 위하여 피고회사의 영업방침에 따라 전차운임의 유일한 지불방법(…)인 동 승차권을 구득하는 방법의 일종에 불과한 것이고 각 정류소에서 발차준비를 마치고 승객의 승차를 기다리는 전차는 피고회사가 전차이용자(공중)에 대하여 운송계약의 신입[이는 청약에 해당한다. 필자 주]을 유인하는 것이며 전차승무원은 위 전차에 의한 운송계약에 관한 한 피고회사를 대리할 권한이 있는 동 회사의 사용인이고 승차권(보통 또는 기타 각종회수권) 소지자가 승무원의 승차거절을 당하지 않고 승차할 때에 승객의 운송계약의 신입과 피고회사의 이에 대한 승낙으로써 운송계약이 성립되는 것이며 승객의 승무원에 대한 승차권의 교부는 위 운송계약상의 운임지불에 해당하는 것"이다.

이 판결은 우리나라에 사실적 계약관계론이 소개되기 전에 나온 것인데, 청약과 승낙의 합치로써 운송계약이 성립한다고 보았다. 이 사건에서는 승차권을 구입하였기 때문에, 승차시에 청약과 승낙에 의한 운송계약이 성립한다고 판단하는 데 어려움이 크지 않았다고 볼 수도

---

34) 郭潤直 편, 民法注解(XVI), 1997, 48면(金載亨 집필부분); 李英俊(註 32), 137면.

35) 대법원판결요지집 민상 Ⅱ, 416. 이 흥미 있는 판결은 공간되지 않아 주목을 받지 못하였으나, 법원행정처, 法院史, 1995, 385면에 비교적 상세하게 소개되어 있다. 이 판결은 선고 당시 언론에 보도되어 화제를 불러일으켰다.

있다. 이와 달리 승차권을 구입하지 않고 지하철 등에 무임으로 승차하는 경우에는 청약과 승낙에 의하여 계약이 성립하였다고 인정하기 어려울 것이다.

버스, 전철, 기차, 항공기 등 운송기관을 이용하는 것은 대량거래의 일종에 속한다. 승객이 운송기관을 이용하는 대부분의 경우에 의사의 합치가 있다고 볼 수 있다. 다만 계약의 체결과정을 청약과 승낙으로 엄밀하게 구분할 수 없을 뿐이다.[36] 계약이 성립하기 위해서는 청약과 승낙이 있어야만 하는 것은 아니고, 의사의 합치가 있는 것으로 충분하다. 민법 제533조는 청약만으로 계약이 성립하는 교차청약에 관해서 규정하고 있다. 또한 민법 제532조는 "請約者의 의사표시나 慣習에 의하여 承諾의 통지가 필요하지 아니한 경우에는 계약은 承諾의 의사표시로 인정되는 事實이 있는 때에 성립한다"고 규정함으로써, 의사실현에 의한 계약에 관하여 정하고 있다. 의사의 합치가 있으면 청약과 승낙으로 엄밀하게 구분되지 않는 경우에도 계약의 성립을 인정하여야 한다. 이 경우에 당사자의 의사표시는 명시적이어야 하는 것은 아니고, 묵시적일 수도 있다. 가령 당사자의 승차 등의 행위로부터 운송계약을 체결하려는 의사를 추단할 수 있다. 의사표시가 불분명한 대량거래의 경우에 의사실현에 의한 계약의 성립이 인정될 수도 있고,[37] 묵시적 의사표시나 추단적 행위에 의한 의사표시로 해결할 수도 있다. 이러한 의사표시나 법률행위에 대해서는 원칙적으로 무능력자의 보호

36) 유럽계약법원칙(PECL) 제2:221조는 계약체결과정이 청약과 승낙으로 분석되지 않는 경우에 관해서 규정하고 있다. 그와 같은 예로 운전자가 주차장에 차를 주차시키고 기계에서 티켓을 뽑는 경우, 또는 여행자가 자판기에 돈을 넣고 보험증권을 받는 경우를 들고 있다. 이러한 경우에도 계약이 성립하였다고 볼 수 있으나, 청약/승낙 모델로 분석적으로 이해하는 것이 곤란하다고 한다. Lando/Beale(ed.), *Principles of European Contract Law, Part I and II*, 2000, 187. 따라서 유럽계약법원칙은 계약의 체결과정을 청약과 승낙으로 엄밀하게 구분할 수 없는 경우에도 계약의 성립을 인정하고 있다고 볼 수 있다.

37) 또한 崔光濬, "「의사실현에 의한 계약의 성립」과 「사실적 계약관계」의 공통성," *法學研究* 제17집(2004. 12), 한국법학회, 431면 이하.

에 관한 규정 등 법률행위나 의사표시에 관한 규정이 적용된다[38]는 점에서 전통적인 법률행위이론과 모순 없이 문제를 해결할 수 있다.

위에서 본 독일의 주차장 사건에서와 같이 행위자가 계약을 체결하지 않겠다고 명시적인 의사표시를 한 경우에는 계약의 성립을 인정할 수 있을지 문제된다. 이 경우에도 행위와 모순되는 이의의 금지 원칙에서 동일한 결론을 도출할 수 있다는 견해가 있다.[39] 실제로 제공된 급부를 수취, 수령한다는 것을 인식하면서 수취, 수령하는 경우에 계약체결을 거부한다고 명언하더라도 이러한 이의를 정당화할 수 있는 특별한 사정이 없는 한 계약은 성립한다는 것이다. 그러나 당사자의 명시적 의사에 반해서까지 계약의 성립을 인정할 것은 아니다. 이러한 경우에는 대부분 부당이득의 법리로 해결하는 것으로 충분할 것이고, 경우에 따라서는 불법행위가 성립하는 경우도 있을 것이다.[40]

4. 事實的 契約關係論이 再開發組合의 分讓契約에 적용될 수 있는지 여부

이 글의 서론에서 본 분양계약에 관한 사례에서 1심 판결은 시공사가 사실상 계약당사자에 준하는 권리의무를 부담한다는 표현을 사용하고 있는데, 이는 사실적 계약관계론의 영향을 받은 것이라고 볼 여지가 있다.

그러나 위에서 본 바와 같이 사실적 계약관계론은 이를 인정할 필요가 없다. 이와 달리 사실적 계약관계론을 받아들여야 한다는 견해를

38) 孫智烈(註 32), 343면 이하; 李英俊(註 32), 133면 이하; 李銀榮(註 32), 108면 이하.

39) 郭潤直 편, 民法注解(Ⅱ), 1992, 47면(宋德洙 집필부분); 李英俊(註 32), 136면.

40) 白泰昇(註 32), 450면; 孫智烈(註 32), 344면; 李銀榮(註 32), 108면 이하; 崔光濬(註 32), 784면 이하.

따르더라도 위와 같은 분양계약에 사실적 계약관계론을 적용해서는 안 된다. 사실적 계약관계가 문제되는 경우는 주로 버스 승차나 전기공급 등 대량거래인데, 분양계약을 위와 같은 대량거래에 속한다고 볼 수 없다. 분양계약에서는 재개발조합과 조합원 사이에 명시적인 계약이 성립하고, 그 권리의무는 분양계약에 따라 정해진다. 대리에 의한 계약에서 대리인이 계약의 체결을 주도하더라도 대리인은 계약당사자가 되지 않고, 본인만이 계약당사자가 된다. 이와 마찬가지로 시공사가 분양대행자로서 분양대행계약을 사실상 주도한다고 하더라도 그 행위의 효과는 재개발조합에 귀속한다. 조합원도 분양계약에 기한 청구권 등을 재개발조합을 상대로 행사하려고 하였다고 보아야 할 것이다.

한편 大判 2005. 3. 24, 2004다38792(공 2005, 635)에서는 재개발사업의 시공사에 해당하는 수급인의 불법행위책임의 성립여부가 문제되었지만, 시공사의 계약책임과 관련해서도 검토해 볼 필요가 있다. 이 사건에서 재개발사업으로 인하여 인근 주민에게 일조방해의 손해가 발생한 경우에 재개발사업의 시행자인 재개발조합 이외에 시공자인 수급인도 불법행위책임을 지는지 문제되었다.[41]

원심은 "피고 회사가 시공자의 지위를 넘어 가해건물 신축의 사실상 공동사업주체로서 건축에 관여하였다고 할 수 없다"는 이유로 원고 등의 청구를 모두 기각하였으나, 대법원은 수급인이 **도급인과 사실상 공동사업주체**로서 이해관계를 같이하면서 건물을 건축한 경우 등 특별한 사정이 있는 때에는 수급인도 일조방해에 대하여 손해배상책임을

41) 사안은 다음과 같다. 원고 등은 주거용 건물의 소유자들이고, 피고 조합은 이 사건 재개발사업을 시행하는 재개발조합이고, 피고 회사는 피고 조합으로부터 위 재개발사업을 수급하여 시공한 회사이다. 원고 등 소유의 아파트는 피고 조합이 시행한 이 사건 재개발사업에 따라 피고 회사가 시공한 아파트에 인접하고 있는데, 위 아파트의 건축으로 말미암아 일조가 침해되었다. 원고 등은 피고 조합과 피고 회사를 상대로 일조권 침해를 이유로 한 손해배상을 청구하였다.

진다[42]고 전제하고, 다음과 같이 판단하고 있다.

> "… 위와 같이 피고 회사가 가해건물을 단순한 수급인으로서 신축한 것이 아니라 이 사건 재개발사업을 수주하면서 피고 조합과 조합원들의 필요비용을 모두 제공하고 나아가 이 사건 공사비를 자신의 비용으로 충당하는 등 가해건물의 신축을 피고 조합과 함께 주도적으로 진행하였고, 이 사건 재개발사업의 사업계획 및 관리처분계획 등이나 설계변경에 관하여 협의의 주체로서 참여할 수 있는 지위에 있었던 점 등에 비추어 보면, 피고 회사는 가해건물 신축에 있어서 **사실상 공동사업주체**로서 피고 조합과 이해관계를 같이 하면서 이를 신축하였다고 볼 여지가 많다(굵은 글씨는 필자가 가한 것임)."

원심 판결과 대법원 판결은 피고 회사가 도급인과 사실상 공동사업주체가 된다면 일조방해에 대하여 불법행위책임을 질 수 있다는 점에서는 일치한다. 다만 원심은 피고 회사가 시공자의 지위를 넘어 가해건물 신축의 사실상 공동사업주체로서 건축에 관여하였다고 볼 수 없다고 판단하였음에 반하여, 대법원은 피고 회사가 **사실상 공동사업주체**로서 피고 조합과 이해관계를 같이 하면서 건물을 신축하였다고 판단하였다. 원심과 대법원은 이와 같은 정반대의 판단을 하면서 그 판단의 기초로서 공사도급계약서의 내용을 들고 있다. 그런데 원심 판결과 대법원 판결이 파악하는 공사도급계약서의 내용에는 결론에 영향을 미칠 만한 큰 차이가 없다.

여기에서 사실상 공동사업주체가 무엇을 의미하는지 모호하나, 시

42) 이 부분에 관한 대법원 판단을 상세하게 보면 다음과 같다. 즉, '건물 건축공사의 수급인은 도급계약에 기한 의무이행으로서 건물을 건축하는 것이므로 원칙적으로 일조방해에 대하여 손해배상책임이 없다고 할 것이지만, 수급인이 스스로 또는 도급인과 서로 의사를 같이하여 타인이 향수하는 일조를 방해하려는 목적으로 건물을 건축한 경우, 당해 건물이 건축법규에 위반되었고 그로 인하여 타인이 향수하는 일조를 방해하게 된다는 것을 알거나 알 수 있었는데도 과실로 이를 모른 채 건물을 건축한 경우, 도급인과 사실상 공동사업주체로서 이해관계를 같이하면서 건물을 건축한 경우 등 특별한 사정이 있는 때에는 수급인도 일조방해에 대하여 손해배상책임을 진다'.

공사인 수급인의 불법행위책임을 인정하기 위한 논리로 작용하고 있을 뿐이다. 따라서 불법행위책임의 범위를 넘어서서 계약에 기한 책임을 인정하기 위한 논리로 사용하는 것은 논리의 비약이다. 사실상 공동사업주체라는 표현을 사용하고 있어서 사실적 계약관계를 떠올릴 수 있지만, 그 표현이 일치하지 않을 뿐만 아니라 그 맥락도 다르다. 오히려 이 판결에서 도급인과 수급인을 구분하고, 수급인이 도급인과 사실상 공동사업주체라고 하고 있는 것은 수급인과 조합원 사이의 계약관계를 인정할 수 없다는 것을 전제로 한 것이라고 볼 수 있다. 만일 시공사가 재개발조합과 함께 분양계약의 당사자라면, 시공사와 재개발조합의 관계도 문제된다. 양자가 민법상 조합을 구성한다고 보면 매우 복잡한 법률문제가 발생하게 되는데, 이는 당사자들이 전혀 예상하지 못한 결과이다. 이러한 법률상태는 조합원을 보호하고 형평에 맞는 결과를 도출하여야 한다는 목적만으로 정당화될 수 없다. 따라서 시공사가 사실상 공동사업주체로서 활동하고 있더라도 조합원과 분양계약을 체결한 당사자로 볼 수는 없다.

한편 시공사와 조합원 사이에 사실적 계약관계가 성립한다고 하더라도 시공사의 권리의무는 재개발조합의 권리의무와 동일한 것은 아니다. 따라서 분양계약에서 시공사가 조합원에 대하여 어떠한 권리의무를 부담하는지 검토하여야 한다.

Ⅲ. 再開發組合에서 分讓契約의 解釋과 施工社의 組合員에 대한 權利義務

1. 施工社가 分讓契約의 當事者가 될 수 있는지 여부

분양계약서에 재개발조합과 조합원이 당사자로 기재되어 있는데,

시공사도 재개발조합과 함께 당사자가 될 수 있는지 문제된다.

계약서에서 당사자로 정해져 있지 않더라도 계약의 당사자가 될 수 있다.[43] 이와 관련하여 大判 1990. 3. 9, 89다카17809(공 1990, 867)[44]를 살펴보자. 사안은 다음과 같다. 원·피고 사이에 1986. 5. 29. 원고가 피고 회사에 대한 주주로서의 모든 권리를 포기하는 대신 피고 회사 또는 그 대표이사 개인인 A가 이 사건 부동산을 원고에게 양도하기로 약정하였다. 원고는 피고 회사를 상대로 위 약정에 기한 청구를 하였으나, 원심은 원고의 주장을 배척하였다.

그러나 대법원은 다음과 같은 이유로 원고의 상고를 받아들여 원심판결을 파기환송하였다. 첫째, "계약의 해석은 그 계약서 문언의 취지에 따름과 동시에 계약당사자가 기도하는 목적과 계약 당시의 제반 사정을 참작하여 당사자의 진의에 맞도록 합리적으로 해석하여야 할 것"이다. 둘째, 합의서의 문언, 약정 경위 등[45]에 비추어 보면, 위 합

43) 허무인이나 제 3 자의 이름으로 계약을 체결하는 경우에 관해서는 여기에서 다루지 않는다.

44) 이 판결에 대한 평석으로는 李太鍾, "代表關係에 관한 當事者意思表示의 解釋," 人權과 正義 제168호(1990. 8), 132면 이하.

45) 대법원은 이 부분에 관하여 상세하게 판단하고 있다. (1) 합의서의 기재내용 자체를 보면 A가 피고 회사의 대표이사가 아닌 개인 자격으로서만 위 약정을 체결하였다고 보기는 어렵다. 그 약정당사자 표시가 (을) 당사자의 경우는 당시 원고가 피고 회사의 이사였음에도 불구하고 그 성명과 주소만으로 표시되고 그 이름 아래에 개인 인장이 날인된 반면 그 상대방인 (갑) 당사자의 경우는 "동서산업주식회사 대표이사 A" 또는 "A 동서산업주식회사"라고 표시되고 그 이름 아래에 피고 회사 대표이사의 직인이 날인되어 있다. (갑) 당사자가 이행하기로 되어 있는 사항 중에는 A 개인이 이행할 수 있는 것 외에 피고 회사만이 이행할 수 있는 사항(예컨대, 피고 회사 소유의 부동산에 관하여 원고 앞으로 분할에 따른 소유권이전등기절차를 이행하는 것)이 포함되어 있다. 그리고 합의서에 인증촉탁인이 "동서산업진흥주식회사 대표이사 A의 대리인 B"라고 표시되어 있다. (2) 원고와 A가 위 약정을 체결하기에 이른 경위를 살펴보면, 피고 회사는 원래 친형제인 소외 망 C와 원고가 설립하여 그 두 사람이 대부분의 주식을 나누어 갖고 대표이사(사장) 또는 이사(부사장)로 사실상 그들의 개인영업인 것처럼 경영해 왔으나, C가 1982. 8. 31. 사망한 후 그 상속인들 중 회사경영을 맡게 된 A와 원고 사이에 회사경영을 둘러싸고 불화와 분쟁이 계속되기에 이르자, 이를 종식시키기 위하여 원고가 피고

의서에 의한 약정은 A가 피고 회사의 주주 개인(자연인) 자격으로서 뿐만 아니라 피고 회사의 대표이사 자격으로도 체결한 것이고, 따라서 A 외에 피고 회사도 위 약정의 당사자라고 해석하는 것이 옳다.

이 사건에서 부동산을 양도하기로 한 사람이 피고 회사인지, 아니면 대표이사 개인인지 명확하지 않았다. 이 판결은 먼저 계약당사자를 확정하는 경우에도 계약해석의 법리가 적용된다는 점을 밝히고 있다. 그리고 이 사건에 대한 구체적 판단으로서, 하나의 약정서에서 당사자란에 1명만을 기재하였는데도 그가 개인자격으로서 뿐만 아니라 주식회사의 대표이사 자격으로서도 계약을 체결한 것이라고 당사자의 의사표시 내용을 해석하고 있다. 대표이사의 자격을 표시한 것인지, 개인을 표시한 것인지 모호하고, 약정 내용이 주식회사와 대표이사 개인의 권리의무를 모두 포함하고 있기 때문에, 주식회사와 대표이사 개인을 계약당사자로 인정하였다고 볼 수 있다.[46)]

계약에서 한 사람만이 당사자로 기재되어 있더라도 다른 사람도 계약당사자로 될 수 있다. 이는 계약자유의 원칙상 당연한 것이다. 중

회사의 재산 일부를 넘겨받는 대신 그 경영에서 완전히 손을 떼게 할 목적으로 위 약정을 체결한 것임을 알 수 있다. 그렇다면 원고와 A가 A의 피고 회사 대표이사 자격과 개인자격을 엄격하게 구별하여 피고 회사에 대하여는 직접 그 효력이 미치지 아니하게 할 의도로 위 약정을 체결하였다고 보는 것은 사리에 맞지 않다. (3) 위 약정 당일 피고 회사에서 그 약정내용과 같이 A측과 원고 사이에 회사 소유 부동산을 주식비율에 따라 분할하여 완전 독립 경영하는 방안을 합의가결하고 이를 승인하는 내용의 이사회의사록과 주주총회의사록이 작성되었다. 비록 이들 의사록이 실제의 회의 개최 없이 작성된 것이라 할지라도 피고 회사에서 이를 작성해 둔 것 자체가 위 약정이 원고와 A 개인의 약정에 불과한 것은 아니라고 볼 근거가 된다. (4) A가 피고 회사의 대표이사 자격으로 원고에게 위 약정대로 이 사건 부동산의 소유권이전등기를 받아가라는 내용의 최고를 하는 서신을 보냈는데, 이것 역시 위 약정의 효력이 피고 회사에 미치는 것임을 전제로 하는 것으로서 피고 회사도 위 약정의 당사자였다는 점에 대한 유력한 자료가 된다.

46) 물론 이 판결은 일반적으로 주식회사와 대표이사 개인을 계약당사자로 인정한 것이라고 볼 수는 없고, 이 사건 계약의 내용에 비추어 주식회사와 대표이사 개인을 계약당사자로 인정한 것에 불과하다.

요한 것은 계약의 내용이 계약서상의 당사자 이외의 사람을 계약당사자로 보고 있는지 여부이다.

2. 分讓契約에서 施工社의 權利義務

계약에서 당사자가 명확하지 않은 경우에는 계약의 해석을 통하여 당사자를 확정하여야 한다. 따라서 계약의 해석에 관한 법리는 당사자를 확정하는 경우에도 적용된다.[47] 위에서 본 대법원 1990. 3. 9. 판결[48]도 계약당사자를 정하면서 계약의 해석에 관한 법리에 따라 계약당사자를 확정하고 있다. 특히 어떤 당사자가 계약에 구속되려는 의사가 있었는지, 상대방이 누구와 계약을 체결하려고 하였는지가 중요한 판단기준이 된다.

이 사건 분양계약에는 재개발조합과 조합원의 권리의무뿐만 아니라, 시공사의 권리의무도 규정되어 있다. 시공사는 조합원의 채무불이행을 이유로 한 해제권을 보유하고 있고, 조합원의 분양금 미납시에는 직접 채권확보를 위한 법적 조치를 취할 수 있다. 시공사는 청산금 중 잔대금까지 입주시에 수령하여 가는 등 실질적으로 분양계약상의 분양자로서의 권리를 직접 행사하였다. 반면에 분양계약에서 조합원들의 입주시에 재개발조합과 시공사들이 공동명의로 발급한 입주증을 교부하게 되어 있다. 따라서 시공사는 이러한 권리의무를 갖는다. 이 점에 관하여 재개발조합과 조합원 사이에 계약이 체결되었고, 시공사도 이에 동의하고 있다. 이를 제 3 자를 위한 계약으로 볼 수 있는지는 논란

47) 梁彰洙, "不動產實名法의 私法的 規定에 의한 名義信託의 規律 — 소위 契約名義信託을 중심으로 —," 民法硏究 제 5 권, 박영사, 1999, 169면; 尹眞秀, "契約當事者의 確定에 관한 考察 — 특히 預金契約을 중심으로 —," 判例實務硏究(Ⅱ), 1998, 367면; 金載亨, "금융거래의 당사자에 관한 판단기준," 저스티스 제93호(2006. 8), 12면, 24면 이하 참조.

48) 註 44 참조.

의 여지가 있으나,[49] 계약자유의 원칙에 따라 이러한 약정은 유효하다고 볼 수 있다. 이러한 유형의 계약을 세 당사자 사이의 3면계약으로 볼 수 있는 경우도 있는데, 그러한 경우에 세 당사자 사이의 권리의무는 그 계약의 내용에 따라 결정하여야 한다.

여기에서 나아가 시공사가 재개발조합과 유사한 책임을 지는지 문제된다. 그러나 시공사는 분양계약에서 정한 권리의무를 가질 뿐이고, 재개발조합과 동일한 채무를 부담하는 당사자라고 볼 수는 없다. 재개발사업에서 사업시행자와 시공사는 엄격하게 구별되어 있다. 분양계약은 재개발조합과 조합원 사이에 체결되는 것이고, 시공사의 의무는 입주증을 교부하는 것에 불과하다. 따라서 시공사의 의무를 재개발조합과 동일한 수준으로 볼 수는 없다. 또한 재개발사업을 규율하는 법률에서 시행자를 제한적으로 규정하고 있고, 재개발사업의 시행에 관하여 엄격한 절차를 밟도록 하고 있다. 그러므로 당사자들도 재개발조합이 아닌 시공사가 재개발조합과 동일한 책임을 질 것을 의도하지는 않았을 것이다.

계약서에서 한쪽 당사자에게 권리를 부여하고 있는 경우에 상대방에게도 동등한 권리를 부여하여야 하는 것은 아닌지 문제된다. 이와 관련하여 大判 1991.9.10, 91다17115·17122(공 1991, 2514)를 살펴볼 필요가 있다. 원고가 상가 건물을 분양하는 사업을 하면서 위 건물내의 점포들을 매각분양하려고 하였다. 그러나 매수를 원하는 희망자가 적어 분양이 어렵게 되자, 우선은 임대차계약을 체결하되 그 임대차기간이 만료되면 해당 임대차목적물을 임차인들이 분양받는다는 약정을 함께 하는 방식으로 점포들을 임대하기로 방침을 정하였다. 그 후 원고는 임차인을 유인하고자 임대차기간을 비교적 장기간인 10년으

49) 제3자를 위한 계약에서는 제3자에게 해제권이 없다는 것이 통설이다. 郭潤直, 債權各論, 제6판, 박영사, 2003, 79면; 郭潤直 편, 民法注解(XIII), 1997, 172면(宋德洙 집필부분). 大判 1994.8.12, 92다41559(공 1994, 2280)도 제3자를 위한 계약의 당사자가 아닌 수익자는 계약의 해제권이나 해제를 원인으로 한 원상회복청구권이 없다고 판결하였다. 그러나 당사자들이 약정으로 제3자에게 해제권을 부여하는 것은 가능하다.

로 하고, 임대차보증금을 분양가의 85%에 달하는 금액으로 결정하였다. 이에 따라 원고는 "임대차기간 만료 후 또는 임대차기간 만료 이전이라도 임대인이 임대차물건을 분양하고자 할 때에는 임차인은 이에 응하여야 하고, 다만 임대인의 분양계약 체결 요구일로부터 30일 내에 임차인이 분양계약을 체결하지 아니한 때에는 임대인은 임차인 이외의 사람에게 분양할 수 있다"는 내용이 부동문자로 인쇄된 점포임대차계약서를 마련하여 이를 임대차계약 체결시 사용하였다. 이 사건에서 매매예약상의 예약완결권이 임대인인 원고에게만 있는 것인지, 아니면 임차인에게도 위와 같은 예약완결권이 있다고 볼 수 있는지 문제되었다. 원심은 문언에 따라 임대인에게만 위 예약완결권이 있다고 보았다. 그러나 대법원은 경험칙이나 거래관념을 고려하여 임차인도 매매예약상의 예약완결권을 가진다고 보았다.[50] 이 판결은 임대인과 임차인 두 당사자 사이의 계약의 해석이 문제된 것이고, 임차인에게 예약완결권을 부여하지 않으면 임차인에게 가혹한 결과에 도달한다. 이 사안에서 임차인에게 예약완결권을 부여하는 방법 이외에는 임차인을 보호하는 다른 방법이 없다. 따라서 계약서의 문언과 달리 임차인에게도 예약완결권이 있다고 본 결론은 정당하다고 볼 수 있다.

이 판결의 논리와 유사한 방법으로 재개발조합의 분양계약에서 시공사의 책임을 인정할 수 있는가? 그러나 시공사가 재개발사업에 관한 공사를 불이행한 경우에 조합원이 직접 시공사를 상대로 책임을 추궁하는 것이 경험칙과 거래관념에 부합하는지는 의문이다. 또한 조합원은 조합을 상대로 분양계약의 불이행에 대한 손해배상책임을 추궁할 수 있고, 재개발조합은 시공사를 상대로 도급계약에 기하여 채무불이행책임을 추궁할 수 있다. 만일 재개발조합이 시공사를 상대로 채무불이행책임을 추궁하지 않는다면, 조합원은 재개발조합을 대위하여 시공

50) 또한 大判 1993. 12. 7, 93다31931 · 31948 · 31955(공 1994, 338); 大判 1998. 5. 29, 97다27015(공 1998, 1745)도 참조.

사에게 민법 제404조에 기한 債權者代位權을 행사할 수 있을 것이다. 이 경우에 보전의 필요성이 문제되는데, 금전채권에 기하여 채권자대위권을 행사하는 경우에는 원칙적으로 채무자의 무자력 요건이 필요하나, 피보전채권과 대위채권 사이에 특별히 밀접한 관련이 있거나 피대위채권이 대위채권을 실질적으로 담보하고 있는 것과 같은 관계가 인정되는 경우에는 채무자가 무자력인지 여부와 상관없이 채권자대위권을 행사할 수도 있다.[51] 경우에 따라서는 시공사의 행위가 불법행위에 해당할 수도 있다. 시공사의 행위가 민법 제750조에서 정한 요건을 충족한 경우에는 불법행위로 인한 손해배상책임이 발생한다. 특히 건설산업기본법 제44조 제 1 항은 "건설업자가 고의 또는 과실로 건설공사의 시공을 조잡하게 하여 타인에게 손해를 가한 때에는 그 손해를 배상할 책임이 있다"고 규정하고 있다. 건설업자가 건설공사를 잘못한 경우에 민법 제750조와 건설산업기본법 제44조 제 1 항이 경합하여 적용될 수 있다. 또한 제 3 자에 의한 채권침해[52]에 관하여 검토할 필요가 있는데, 시공사가 조합원의 재개발조합에 대한 채권을 고의로 위법하게 침해한 경우에는 제 3 자에 의한 채권침해를 이유로 불법행위

51) 이러한 유형에 해당하는 판례들이 있다. 大判 1981. 6. 23, 80다1351(集 29-2, 민 123)은 피해자가 국가에 대하여 국가배상청구권이 있는 경우에 피해자를 치료한 의료인이 피해자에 대한 치료비 청구권에 기하여 국가에 대한 피해자의 치료비 청구권을 대위 행사할 수 있다고 판단하였는데, 채무자의 무자력을 문제삼지 않고 금전채권을 보전하기 위하여 금전채권을 대위 행사하는 것을 허용하고 있다. 또한 大判 1989. 4. 25, 88다카4253·4260(공 1989, 809)은 채권자가 자기 채권을 보전하기 위하여 채무자의 권리를 행사하려면 채무자의 무자력을 요건으로 하는 것이 통상이지만 임대차보증금반환채권을 양수한 채권자가 그 이행을 청구하기 위하여 임차인의 가옥명도가 선이행되어야 할 필요가 있어서 그 명도를 구하는 경우에는 그 채권의 보전과 채무자인 임대인의 자력유무는 관계가 없는 일이므로 무자력을 요건으로 한다고 할 수 없다고 판결하였다. 이러한 판례에 관하여는 우선 郭潤直 편, 民法注解(Ⅸ), 1995, 756면 이하(金能煥 집필부분); 朴駿緒 편, 註釋民法[債權總則(1)], 제 3 판, 2000, 723면 이하(李相京 집필부분) 참조.

52) 이에 관한 필자의 글로는 金載亨, "제 3 자에 의한 債權侵害," 民法學의 現代的 樣相(羅岩 徐敏 敎授停年紀念論文集), 법문사, 2006, 171면 이하.

책임이 인정될 것이다. 조합원에게는 이와 같은 구제수단이 있기 때문에, 시공사에 재개발조합과 같은 권리의무를 부여하여야 할 필요성이 없다.

3. 施工社의 職員의 발언과 信義則 문제

서론에서 든 사례에서 시공사의 직원이 재개발조합원 총회에 참석하여 직접 조합원들에게 건물을 제때에 완공하겠다고 약속하였다. 시공사는 신의칙상 조합원들에게 입주 후 빠른 시일 내에 등기를 마칠 수 있도록 공사를 완료할 의무가 있는지 문제된다. 시공사의 직원이 위와 같은 발언을 하였다고 하더라도 이것 자체가 채무를 발생시키지는 않을 것이다.[53] 시공사가 재개발조합에 공사완공의무를 부담하고 있기 때문에, 시공사의 직원의 발언은 조합에 대하여 이를 확인하는 의미로 볼 수 있다. 이 내용이 조합원에게 이해관계가 있더라도 시공사는 여전히 계약에 정한 바에 따라 조합에 대해서만 책임을 질 뿐이라고 보아야 할 것이다.

Ⅳ. 結　　論

사실적 계약관계론은 독일과 우리나라에서 한 동안 맹위를 떨치다가 점차 사라져가고 있다. 그러나 그 전개양상은 다소 달랐다. 독일에서 사실적 계약관계론은 全體를 個人의 自律보다 우위에 두던 시대에 주창되었던 것으로, 1950년대 이후 사실적 계약관계론이나 그 발전된 형태인 사회정형적 행위론을 긍정하는 판례가 나오기도 하였다. 그러

53) 위와 같은 발언 이후에 시공사와 재개발조합 사이에 합의를 하거나 계약을 체결한 경우에는 위와 같은 발언은 통상 나중에 이루어진 합의 또는 계약에 흡수될 것이다.

나 이는 학설의 강력한 반대에 부딪쳤고, 현재 독일 법원에서 이 이론을 그대로 따르는 사례를 찾기 어렵다. 따라서 이론과 실무가 상호작용하는 가운데서 사실적 계약관계론에 관한 논쟁이 전개되었다고 볼 수 있다. 그러나 우리나라에서는 사실적 계약관계론이 독일의 이론과 판례를 수입하는 방식으로 전개되었고,[54] 실무의 반향을 이끌어 내지 못한 채로 수그러들고 있다고 볼 수 있다. 다만 우리나라 재판례에서 사실적 계약관계론과는 상관없이 '사실상'이라는 용어를 사용하는 경우가 상당수 있다.

사회현상의 변화에 따라 규범이 변화해 간다. 사회현실이 규범에 영향을 미치는 것은 당연한 일이다. 그러나 事實 자체에서 곧바로 規範을 도출할 수는 없다.[55] 당사자의 의사에 기한 계약이나 법률을 포함한 법이 있어야만 당사자의 행동을 규율하는 규범이 나온다. 私的自治의 원칙은 현대 사회에서도 여전히 타당하다. 당사자에게 아무런 의사가 없는데도 권리의무를 부여하려면 법적 근거가 있어야 한다. 사실적 계약관계론에서 들고 있는 사례들은 전통적인 법률행위이론으로 해결할 수 있고, 만일 그것과는 다른 방식으로 규율하고자 한다면 법

54) 사실적 계약관계론은 오히려 이를 수입한 우리나라에서 독일에서보다 찬성론자가 많은 것으로 보인다.

55) 沈憲燮, 法哲學 Ⅰ, 법문사, 1982, 92면, 224면. 大判(全) 2005.7.21, 2002다1178(공 2005, 1326)의 별개의견은 "대법원판례가 종중이 자연발생적이라고 한 것은 조상숭배를 일족일가의 가장 중요한 일 중의 하나로 여기는 남계혈족 중심의 종법 아래 특별한 소집권자나 소집절차 없이 그야말로 자연스럽게 모여 제사를 지내고 친목을 도모하던 현상(現象)을 있는 그대로 표현한 것이지, 종중은 자연발생적이어야 한다는 규범을 설정한 것이 전혀 아니다. 그러므로 종중이 자연발생적 단체이기 때문에 성년여자도 그 의사와 관계없이 모두 종중 구성원이 되어야 한다는 논리구성을 취하는 것이라면, 이는 사실과 규범을 혼동한 것이라고 생각된다"고 하였다. 또한 大判(全) 2006.4.20, 2004다37775(공 2006, 851)는 교회의 분열에 따른 재산의 귀속에 관한 것인데, 교회의 분열이라는 사회적 현실을 법적으로 어떻게 평가할 것인가라는 시각에서도 흥미 있는 판단을 하고 있다. 이에 관해서는 金載亨, "團體로서의 宗中," 民事裁判의 諸問題 제14권, 2005, 366면; 金載亨, "2006년 분야별 중요판례분석 ③ 민법총칙·물권법," 法律新聞 제3539호(2007.3.22), 10면 참조.

률에 명확한 규정을 두어야 할 것이다.

재개발조합 분양계약에서 시공사의 지위는 다중적이다. 그러나 분양계약의 당사자는 원칙적으로 조합과 조합원이라고 볼 수 있다. 분양계약상 시공사도 조합원에 대한 관계에서 권리의무가 있으나, 이는 계약의 체결이나 재개발사업을 사실상 주도하였다는 점에서 나오는 것이 아니라 계약의 내용에서 나오는 것이다. 그 내용이 모호하기 때문에, 계약의 해석 문제가 중요하다. 계약의 문언에 따를 경우 조합원에게는 부당한 결과를 초래할 수도 있지만, 조합원에게는 조합을 통하여 시공사에 대하여 책임을 추궁하는 방법이 열려 있다. 이러한 방법으로 가장 중요한 것은 채권자대위제도이다. 경우에 따라서는 불법행위책임이 인정될 수도 있다. 이와 같은 구제수단을 통하여 계약책임의 기본구조를 유지하면서 형평에 맞는 결론을 도출할 수 있을 것이다.

(저스티스 통권 제97호(2007.4), 5-24면 所載)

4. 土地와 물: 地下水 利用權에 관한 妨害排除請求權

研究對象判決: 대법원 1998. 4. 28. 선고 97다48913 판결(공 1998, 1487)

[事案의 槪要]

事實關係

(1) 피신청인 주식회사 금천(이하 '피신청인 회사'라 한다)은 광천음료수 제조 및 판매업, 각종 음료수 및 식품판매업, 체육시설 운영업 등을 경영하기 위하여 설립된 회사이고, 피신청인 A는 피신청인 회사를 경영하면서 이 사건 토지에서 지하수개발업무를 추진하고 있다.

피신청인 회사는 취수공 1개에서 1일 100t 이상씩 취수공 5개에서 모두 500t 이상의 지하수를 매일 취수하여 이 지하수로 탄산음료와 먹는샘물을 제조하여 국내에서 시판하거나 해외로 수출하기로 계획하였다. 이에 따라 1995. 1. 19. 부산 남구청장에게 지하수개발신고를 하고, 4. 25. 지하수개발에 착공하였다.[1] 그 후 1996. 1. 3. 이 사건 토지상에서 지하수를 개발하기 위하여 먹는물관리법에 따라 부산광역시장

1) 피신청인 회사는 부산 수영구청장에게 이 사건 토지 지하에서 취수한 천연암반수를 이용하여 탄산음료와 먹는샘물을 제조하는 공장을 신설하는 것을 허가하여 달라는 신청을 하였으나 거부되었다.

으로부터 수원개발허가를 받았다.

피신청인 회사 등이 이 사건 토지에서 개발한 지하수 취수공은 모두 5개로서 1개당 취수가능량은 1일 200t 내지 300t이고, 피신청인 회사는 취수공 시추공사를 완료하고 수량확보를 위한 수중펌프 설치, 수도관 인입 등의 부대공사를 남겨 둔 상태이다.

(2) 이 사건 토지는 부산의 主山인 황령산 남동쪽에 자리잡은 금련산의 해발 61m 내지 85m 지점에 위치하고 있으며 그 아래에는 신청인들과 일부 보조참가인들이 소유·거주하는 남천전원빌라와 부원전원빌라가 인접하여 있고, 다시 그 아래에 간선도로변 평지에 이르기까지 주택 및 근린생활시설과 공공시설들이 밀집되어 있다. 금련산의 부존지하수는 수질이 양호하여 그 일대의 주민과 공공시설이 지하수를 취수하여 음용수를 비롯한 생활용수로 사용하고 있음은 물론 그 밖에 금련산을 찾는 등산객들도 이 지하수를 약수로 이용하고 있다. 이 사건 토지 일대에는 종래 지하 50m 내지 100m 깊이에서도 음용수 등 생활용수용 지하수를 취수할 수 있었으나, 1992년부터 5개의 무허가 생수판매업소에서 1일 약 600t의 지하수를 판매하고 식수용 지하수를 자체개발하는 주택과 공공시설의 급증으로 지하수 취수량이 급격히 증가함으로써 지하 60m 내지 80m 깊이의 지하수가 고갈되고, 이어 지하 200m 깊이의 지하수가 고갈되었다. 1995년에는 지하 300m 이하의 깊이까지 굴착하여야 식수용 지하수를 취수할 수 있게 되었다.

(3) 한편 신청인들 및 보조참가인들은 이 사건 토지 아래로 약 300m 이내에 주택 등을 소유하여 거주하면서 지하 약 200m의 지하수를 개발하여 식수 및 생활용수로 사용하고 있었는데, 신청인들이 거주하는 남천전원빌라에는 상수도시설이 되어 있지 않았다. 1995년경에는 지하수 고갈로 말미암아 필요한 양만큼 지하수를 취수할 수 없게 되자, 지하 약 400m 지점까지 굴착하여 지하수를 취수하여야 했다. 이 깊이는 해수면 이하 300m에 해당하고 바다에 접한 지역이어서 해수의

침범이 우려된다.

(4) 신청인들은 피신청인들을 상대로 위 지하수개발공사에 관하여 공사금지 등 가처분신청을 하였다.[2)] 1심법원은 위 공사를 금지하라는 내용의 가처분결정을 하였고,[3)] 위 결정에 대한 이의사건에서 위 결정을 인용하였다.[4)] 원심법원도 피신청인들의 항소를 기각하였다.[5)]

[判決의 要旨]

1. 原審判決의 要旨

토지 소유자는 타인의 지하수 이용권을 침해하지 않는 한도에서 그 소유 토지에서 지하수를 개발·이용할 수 있다 할 것이고, 함부로 지하수를 개발·이용함으로써 다른 지하수 이용권자의 지하수 이용을 방해하거나 방해할 염려가 있는 경우에는 다른 지하수 이용권자는 가해자인 지하수 이용자에 대하여 소유권에 기해 지하수 개발·이용 금지 등 그 방해의 배제 또는 예방을 청구할 수 있다.

토지소유자 아닌 지하수 원천 이용자 역시 어느 한 토지소유자가 함부로 지하수를 개발·이용함으로써 그의 지하수 이용을 방해하거나 방해할 염려가 있는 경우에는 가해자인 지하수 이용자에 대하여 지하수 개발 이용금지 등 그 방해의 배제 또는 예방을 청구할 수 있다.

2) 피신청인 회사는 공장신설승인 불가처분(註 1)의 취소를 구하는 소를 제기하였으나, 받아들여지지 않았다. 이에 관한 상고심 판결인 大判 1998. 2. 13, 97누12013(미공간; 인용표시가 없는 결정이나 판결은 공간되지 아니한 것으로 개인적으로 입수한 것임)은 "이 사건 토지 위에 공장이 설립되는 경우 토지의 형질변경으로 산림이 훼손되고, 공해배출·교통복잡 등 주변환경에 심대한 영향을 미치게 되며, 풍치나 미관에 크게 손상을 줄 우려가 있어 이 사건 토지에 대하여 그 형질변경행위가 허용될 수 없다"고 판결하였다.

3) 釜山地決 1996. 8. 7, 96카합2595.

4) 釜山地判 1997. 1. 17, 96카합4790.

5) 釜山高判 1997. 9. 25, 97나2597.

금련산에 부존하고 있는 지하수의 양은 한정되어 있고, 그 지하수는 신청인들 및 보조참가인들뿐만 아니라 그 기슭에 생활터전을 잡고 있는 주민들과 황령산을 찾는 등산객들이 공동으로 이용하는 공동의 자산이다. 피신청인들은 그들의 생활상의 수요에 응한 정도의 취수에 그치는 것이 아니라 탄산음료 및 먹는샘물 제조판매업을 위하여 목표생산량 1일 500t에 이르는 대량의 취수를 목적으로 취수공 시설을 한 것이고, 이는 신청인들을 비롯한 다른 공동의 지하수 이용권자들의 지하수 이용권을 침해할 우려가 있다. 따라서 신청인들은 그들의 소유권 및 지하수 이용권에 기하여 이를 침해할 우려가 있는 피신청인들에 대하여 방해배제 및 방해예방청구권을 가지고 있다.

2. 上告理由의 要旨

피신청인들은 다음과 같은 이유로 상고하였다.

첫째, 민법 제235조,[6] 제236조가 규정하고 있는 원천은 샘이나 우물 등과 같이 토지 등에서 물이 흘러나오는 근원을 말하는 것이므로, 지하에 부존되어 있는 지하수는 원천의 일부가 아니다. 따라서 제235조는 샘이나 우물 등이 상린자의 공용에 속한 경우 그 이용관계를 조절하는 규정이고 토지의 일부인 지하수 자체의 이용에 관한 이해를 조절하기 위한 규정이라 할 수 없다.

둘째, 용수권자가 제236조에 의하여 가해자에게 손해배상이나 원상회복을 청구하려면 가해자의 행위가 위법한 것이어야 한다. 피신청인 회사가 먹는물관리법에 따라 관할관청으로부터 수원개발허가를 받아 자신의 소유인 이 사건 토지에서 지하수를 개발하는 행위는 적법한 행위로서 위법성이 없다.

6) 이하에서 법의 명칭을 생략한 채 조항만을 표시한 것은 민법의 조항을 가리킨다.

셋째, 이 사건 지하수개발공사는 지하수를 채수하기 위한 준비행위이지 채수행위 자체는 아니므로, 피신청인들의 이 사건 공사행위 자체만으로는 용수권의 침해가능성이 있다고 할 수 없다. 지하수의 다량취수를 금지하거나 판매를 금지하는 명령이라면 몰라도 이 사건 공사를 중지시킨 것은 잘못이다.

3. 大法院判決의 要旨

토지의 소유권은 정당한 이익이 있는 범위 내에서 토지의 상하에 미치므로 토지 소유자는 법률의 제한 범위 내에서 그 소유 토지의 지표면 아래에 있는 지하수를 개발하여 이용할 수 있다 할 것이나, 소유권 방해제거·예방청구권에 관한 민법 제214조의 규정과 용수장해로 인한 용수권자의 손해배상청구권 및 원상회복청구권에 관한 민법 제236조의 규정을 종합하여 보면, 어느 토지 소유자가 새로이 지하수 개발공사를 시행하여 설치한 취수공 등을 통하여 지하수를 취수함으로 말미암아 그 이전부터 인근 토지 내의 원천에서 나오는 지하수를 이용하고 있는 인근 토지 소유자의 음료수 기타 생활상 필요한 용수에 장해가 생기거나 그 장해의 염려가 있는 때에는, 그와 같은 생활용수 방해를 정당화하는 사유가 없는 한 인근 토지 소유자는 그 생활용수 방해의 제거(원상회복)나 예방을 청구할 수 있다고 할 것이다.

[評　　釋]

I. 問題의 提起

흐르는 물은 누구의 소유인가? 누구든지 이용할 수 있으나, 그 어느 누구도 독점할 수 없는 것이 물이 아닐까. 물은 흐르다가 증발하였다가 다시 내린다. 이와 같이 증발, 침수, 유수를 반복하는 현상을 水文學的 循環(hydrologic cycle)이라고 부른다.[7] 민법은 사람이 아닌 물건을 소유의 객체로 삼고 있으나, 유체물이더라도 관리할 수 있는 것이어야 소유의 객체가 될 수 있다.[8] 컵 안에 있는 물이나 생수병에 든 물이라면 일반적인 소유권의 대상이 될 수 있다. 그러나 강물이나 바다가 사적인 소유의 대상이 될 수 없듯이, 흐르는 물을 법으로 재단하여 소유의 객체로 삼는 것은 한계가 있다.

우리 민법은 소유권에 관한 장에 있는 상린관계 부분에서 물의 이용에 관하여 16개 조문을 두고 있다(제221조 내지 제236조). 물은 땅 위에 있는지, 땅 속에 있는지 여부에 따라 지표수와 지하수로 구분된다. 민법 규정은 대부분 지표수에 관한 것이고, 지하수에 관련된 것으로는 원천이나 수도에 관하여 정하고 있는 제235조와 제236조에 불과하다.[9] 민법을 제정할 당시 지하수에 관한 분쟁은 주된 관심사가 아니었다고 볼 수도 있다. 그러나 물부족 현상으로 말미암아 지하수 개발이 중요해졌고, 최근에는 지하수를 대량으로 채수하여 이를 가공, 판매하는 사업이 번창하고 있다. 이에 따라 지하수에 관한 법적 규율은 더욱 중요하게 되었다.

연구대상판결(이하 '대상판결'이라고 한다)에서는 토지 소유자가 먹는샘물 제조판매업을 경영하기 위하여 취수공을 통하여 대량의 지하수를 이용하려고 하는 경우에 인근 토지소유자들이 그 공사의 중지를 청구할 수 있는지 여부가 문제되고 있다. 대법원은 지하수를 이용할 수

7) 상세한 것은 具然昌, "民法上의 地下水利用權 — 그 概念定立을 위한 한 試圖 —," 勞動法과 現代法의 諸問題(南觀 沈泰植博士 華甲紀念), 법문사, 1983, 228면 이하; 具然昌 · 元學喜 · 權五乘, "地下水汚染의 防止對策," 環境法研究 제 7 권, 1986, 83면 이하.

8) 제98조는 유체물 및 전기 기타 관리할 수 있는 자연력을 물건이라고 한다. 물은 유체물에 속하는데, 이 경우에도 관리가능한 경우에 한하여 물건으로 취급한다. 郭潤直, 民法總則, 제 7 판, 박영사, 2002, 168면.

9) 이 규정은 구민법, 즉 의용민법에는 없던 규정으로 현행 민법 제정 당시 신설된 것이다.

있는 권리가 침해될 우려가 있다는 이유로 공사중지청구를 허용하고 있는데, 공용수의 용수권과 그 침해에 관하여 정하고 있는 제235조, 제236조와 함께, 소유물방해제거 및 방해예방청구권을 정하고 있는 제214조를 그 근거조문으로 제시하고 있다.[10)]

먼저 제235조와 제236조는 원천이나 수도에 관한 것인데, 지하수에 대해서도 적용되는지 문제된다. 다음으로 제235조는 용수권과 수인의무에 관해서 규정하고, 제236조는 손해배상과 원상회복에 관해서 규정하고 있는데, 이들 규정에서 방해금지청구권을 도출할 수 있는지 여부도 검토할 필요가 있다. 한편 제214조는 소유권에 관한 것인데, 지하수도 토지 소유자의 소유권에 속하는 것인지 검토할 필요가 있다.

여기에서는 지하수의 이용권에 관한 민법의 규정을 살펴보고, 소유물방해배제청구권과의 관계에 관하여 검토한 다음, 대상판결의 의미와 그 이후의 판례의 전개에 관하여 되새겨 보고자 한다.

Ⅱ. 地下水 利用權에 관한 民法의 規律

1. 地下水의 定義

지하수에 관하여는 지하수법[11)]에서 규정하고 있다. 이 법률은 제2조 제1호에서 "地下水"라 함은 지하의 지층이나 암석 사이의 빈틈을 채우고 있거나 흐르는 물이라고 정의하고 있다. 지하수를 포함하고 있는 암석 또는 토양층을 삼투대(滲透帶)라고 하고, 삼투대 중 지하수

10) 대상판결에 관하여는 보고서를 작성한 재판연구관의 해설이 공간되어 있다. 劉南碩, "土地 所有者의 生活用水 妨害除去 및 豫防請求權," 대법원판례해설 제30호(98년 상반기), 대법원 법원행정처, 1998, 17면 이하.

11) 1993년에 제정되었고, 1997. 1. 13. 전면 개정되었으며, 그 후에도 몇 차례 개정되었다.

를 이용할 수 있는 정도의 상당한 양의 물을 공급하는 암석층을 대수층(帶水層)이라고 한다.[12)]

2. 地下水와 土地 所有權

우리나라에서는 지하수에도 토지의 소유권이 미치는지 문제된다. 토지 소유권의 내용에 관한 민법 규정은 스위스민법을 본받아 제정되었기 때문에, 스위스민법의 관련 규정을 살펴볼 필요가 있다. 우리 민법 제212조에 의하면, 토지의 소유권은 정당한 이익이 있는 범위 내에서 토지의 상하에 미친다.[13)] 이와 유사한 규정이 프랑스민법[14)]과 독일민법[15)]에도 있으나, 위 두 민법전보다 나중에 제정된 스위스민법 제667조가 우리 민법의 규정에 직접적인 영향을 미쳤다.[16)] 스위스민법 제667조 제 1 항은 "토지에 대한 소유권은 소유권의 행사가 이익이 있는 한도에서 상하로 공중과 토지에 미친다"고 규정하고, 제 2 항은 "그것은 법률적 제한의 유보 하에 모든 건축물, 식물과 원천을 포함한다"고 규정하고 있다. 또한 스위스민법 제705조는 원천과 지하수에 관해서도 명문의 규정을 두고 있다. 즉, 원천(Quellen)은 토지의 구성부분이고, 단지 용출하는 토지와 함께 그 소유권을 취득할 수 있다고 규정하고(제 1 항), 지하수(Grundwasser)도 원천과 동일하게 취급하고 있다(제 3 항).

12) 具然昌(註 7), 229면 이하.

13) 일본민법 제207조는 "토지 소유권은 법령의 제한 내에서 지상·지하에 미친다"고 규정하고 있다.

14) 프랑스민법 제552조는 "토지 소유권은 토지의 상하에 대한 소유권을 포함한다"고 규정하고 있다.

15) 독일민법 제905조는 "토지소유자의 권리는 지표 위의 공간과 지표 아래의 지각(Erdkörper)에 미친다. 그러나 소유자는 그 배제에 아무런 이익이 없는 높이 또는 깊이에서 행하여지는 간섭을 금지할 수 없다"고 규정하고 있다.

16) 郭潤直, 物權法, 신정수정판, 박영사, 1999, 236면.

독일민법에는 지하수가 토지 소유권에 속하는지에 관한 명문의 규정이 없다. 초기의 판례에서는 지하수에도 토지 소유권이 미친다고 보았으나, 독일 연방헌법재판소는 1981년 지하수가 독일민법 제905조의 지각에 포함되지 않는다고 판결하였다.[17] 이 판결은 聯邦法과 州法(Landesrecht)의 권한에 관한 규범에 대한 역사적 해석(historische Interpretation)의 방법으로 이러한 결론을 도출하고 있다. 즉, 독일민법 시행법(EBGB) 제65조는 水法(Wasserrecht)의 규율을 각 주들에 분명하게 위임하였다.[18] 따라서 독일민법 시행 이래 지각에 대한 토지소유자의 법률관계는 독일민법 제905조에 의하여 규율되지만, 지하에서 흐르는 지하수의 법질서는 각주의 입법에 유보되어 있다. 따라서 독일민법 제905조는 지하수에는 미치지 않는다.[19] 한편 제 2 차 세계대전 후에 제정된 독일 기본법에 의하면, 水法은 원칙적으로 주법이고, 연방의 입법권한은 기본틀(Rahmen)에 관한 규정의 공포에 한정된다(독일 기본법 제75조 제 1 항 제 4 호. 또한 제74조 제 1 항 제18호·제21호). 연방법인 물관리법(Wasserhaushaltsgesetz)은 지표수와 지하수를 구분하고(제 1 조), 모든 지표수와 지하수의 이용은 원칙적으로 국가의 허가(제 7 조)나 동의(제 8 조)가 필요하다고 한다.[20]

우리나라에서는 제212조에 따라 토지의 소유권이 지하수에도 미치고, 지하수는 토지의 구성부분이라고 파악하는 것이 일반적이다.[21] 따라서 토지소유자는 토지 소유권에 기하여 그 토지 아래에 있는 지하수

---

17) BVerfGE 58, 300, 332f.=NJW 1982, 745ff.

18) 독일민법 이유서에서 "水法의 규율은 그 모든 범위에서 주의 입법에 유보되었다"고 한다. Mugdan, *Die Gesamten Materialien zum Bürgerlichen Gesetzbuch für das Deutsche Reich, Bd. III, Sachenrecht,* 1899, S. 588(Motive III, 3551).

19) MünchKomm/Säcker(4. Aufl., 2004), §905 Rn. 5; Palandt/Bassenge(61. Aufl., 2002), §905 Rn. 2.

20) Baur/Stürner, *Sachenrecht,* 17. Aufl., 1999, §27 VI(S. 43ff.).

21) 高翔龍, 物權法, 법문사, 2001, 254면; 金曾漢·金學東, 物權法, 제 9 판, 박영사, 1997, 255면; 李銀榮, 物權法, 개정판, 박영사, 2000, 476면; 郭潤直 편, 民法注解(V), 1992, 170면, 322면(金相容 집필부분).

를 이용할 수 있는 것이 원칙이다. 독일 연방헌법재판소는 지하수를 토지의 구성부분에서 제외하였으나, 이러한 논리를 우리나라에서 그대로 수용하기는 곤란할 것이다. 왜냐하면 독일에서는 지하수에 관한 규율은 독일민법이 아니라 각주의 법령에서 규율해야 한다고 정하고 있으나, 우리 나라는 그러한 법률이 없기 때문이다.

그러나 토지 소유권이 지하수에 미치더라도 이는 정당한 이익이 있는 범위 내로 제한된다. 지하수법 등 공법 규정이 지하수에 대한 소유권의 한계로서 작용할 수 있다. 또한 지하수는 다른 토지의 지하수와 맥을 이루어 흐르고 있으므로 특정 토지소유자가 지하수를 너무 많이 사용하면 다른 토지의 지하수가 수량이 감소하거나 고갈하는 경우가 있다. 만일 지하수를 과도하게 이용함으로써 타인의 지하수 이용을 방해하게 되면 권리남용에 해당할 수 있다.[22]

그러나 지하수를 일률적으로 토지 소유권의 한 내용으로 보는 태도에 관해서는 근본적으로 재검토할 필요가 있다.[23] 지하에 고여 있는 물은 토지 소유권의 내용이라고 볼 수도 있지만, 지하에서 흐르는 물을 독점적으로 소유한다는 것은 불가능하기 때문이다.

3. 地下水 利用權

제235조는 "상린자는 그 공용에 속하는 원천이나 수도를 각 수요의 정도에 응하여 타인의 용수를 방해하지 아니하는 범위 내에서 각각 용수할 권리가 있다"고 규정한다. 이는 서로 이웃하여 살고 있는 사람들은 공용원천이나 공용수도를 용수할 권리가 있으나 타인의 용수를 방해해서는 안 된다는 상린관계의 원칙을 정하고 있다. 제236조는 용

22) 郭潤直, 物權法, 제 7 판, 2002, 174면; 民法注解(Ⅴ), 170면(金相容 집필부분).

23) 이 점은 민법 제정 당시에 이미 지적된 바 있다. 民事法硏究會, 民法案意見書, 일조각, 1957, 91면(崔栻 집필부분).

수권 침해에 대하여 손해배상청구권(제1항)과 원상회복청구권(제2항)에 관하여 규정하고 있다.[24)]

제235조에서 수도는 펌프 등과 같이 지하수의 용출이나 인도를 위한 시설을 말하는데, 원천은 무엇을 의미하는지 문제된다. 원천을 지하로부터 자연적으로 용출하는 샘에 한정하는 견해도 있다.[25)] 그러나 원천은 자연히 용출하는 샘과 인공적으로 용출시키는 우물을 포함한다고 보아야 한다.[26)] 이 규정의 문언에서 인공적인 시설을 통해서 지하수를 용출시키는 경우를 배제할 이유가 없다. 또한 현대 사회에서는 인공적인 시설로 지하수를 용출시키는 경우가 많은데, 이러한 경우에도 상린자들의 지하수 이용권을 조정할 필요가 있기 때문에, 이러한 시각에서 원천의 의미를 넓게 해석하는 것이 바람직할 것이다. 제235조는 "… 원천이나 수도를 … 용수할 권리가 있다"고 규정하고 있다. 이 규정에서 "용수할 권리"는 물을 이용하는 권리라고 할 수 있는데, 원천에 있는 물이나 수도에서 나오는 물을 이용하는 경우뿐만 아니라, 원천, 즉 샘이나 우물을 통하여 지하수를 이용하는 경우에도 이 규정이 적용된다고 보아야 한다.

제235조의 상린자의 지하수 이용권의 법적 성격에 관하여 논란이 있다. 먼저 관습법상의 원천·수도사용권이라는 독립적인 물권을 인정하는 견해가 있다.[27)] 이 견해는 원천·수도가 있는 토지가 원천·수도의 사용권자를 위하여 편익을 공여할 부담을 지는 일종의 人役權의 성

24) 이 규정은 스위스민법 제706조, 제707조를 본받아 제정된 것인데, 스위스민법에는 그 밖에도 여러 관련 규정을 두고 있다.

25) 郭潤直(註 22), 174면; 金容漢, 物權法論, 재전정판, 박영사, 1993, 261면; 張庚學, 物權法, 법문사, 1985, 428면.

26) 金曾漢·金學東(註 21), 344면; 民法注解(V), 325, 342면(金相容 집필부분); 朴駿緖 편, 註釋 民法[物權(1)], 제3판, 2001, 620면(李相泰 집필부분); 具然昌(註 7), 232면; 劉南碩(註 10), 17면 이하.

27) 金曾漢, 物權法講義, 박영사, 1984, 244면; 金曾漢·金學東(註 21), 344면. 원천·수도사용권은 토지 소유권이나 이용권이 없는 사람도 가질 수 있으므로 토지소유권의 내용으로 생각할 수 없다고 한다(同書, 340면).

질을 갖는다고 한다.[28] 그리하여 원천·수도사용권은 설정행위에 의하여 성립할 수 있지만, 장기간의 관행에 의하여 인정될 수도 있는 것인데, 관행에 기한 원천·수도사용권은 원천·수도의 사용이 장기간에 걸쳐서 반복되었고, 그것이 사회적으로 정당한 것으로 승인됨으로써 하나의 권리로 인정될 수 있다고 한다.[29] 이에 대하여 위 견해가 자기 소유의 토지인지, 타인 소유의 토지인지를 구분하지 않는 것을 비판하면서, 자기 소유의 토지 아래에 있는 지하수를 이용하는 권리는 토지의 구성부분에 불과하고 다만 제235조에 의하여 인정되는 상린자의 지하수 이용권만이 인역권의 성질을 갖는다는 견해가 있다.[30] 이와 달리 지하수 이용권을 토지 소유권과는 별개 또는 이를 제한하는 존재라는 견해[31]가 있는데, 이 견해는 명확하지 않지만 지하수 이용권을 물권이라기보다는 상린관계의 일종으로 파악한 것으로 보인다.

넓은 땅을 한 사람이 소유하고 원천이나 수도를 배타적으로 이용할 수 있는 경우(예컨대 아주 작은 섬을 한 사람이 소유하는 경우)에는 원천이나 수도의 이용권을 독립적인 권리로서 양도할 수 있고, 오랫동안 원천이나 수도를 이용함으로써 관행적인 원천·수도 이용권이 발생할 수도 있다. 그런데 이를 물권으로서 토지의 소유권과 별도로 공시하는 방법이 없기 때문에,[32] 그 실체가 불분명한 경우가 많을 것이다. 현행법 하에서 타인의 토지에 있는 지하수를 이용하기 위하여 지역권

28) 金曾漢·金學東(註 21), 344면. 具然昌(註 7), 235-237면도 지하수 이용권을 소유권과는 별개의 독립적 재산권으로 파악하지만, 다만 그 성격을 지역권이라고 한다. 具然昌, "民法上 水法關係의 體系論的 考察," 慶熙法學 제20권 제 1 호, 1985, 32면.

29) 金曾漢·金學東(註 21), 344면.

30) 李英俊, 韓國民法論[物權編], 신정 2 판, 박영사, 2004, 409, 436면; 郭潤直(註 22), 174면; 民法注解(Ⅴ), 328면(金相容 집필부분); 張庚學(註 25), 428면; 註釋 民法, 621면(李相泰 집필부분).

31) 金容漢(註 25), 261면.

32) 용수권의 양도에서는 용수권을 양도하려는 의사의 합치가 있는 경우에 물권행위가 있다고 보아야 할 것이다. 金曾漢·金學東(註 21), 345면.

을 설정하여 지역권설정등기를 하는 방법이 이용될 수 있을 것이다.[33] 그러나 제235조의 상린자의 지하수 이용권은 독립적인 물권이라고 볼 수는 없고 상린자들이 지하수를 이용할 권리가 있다는 점을 밝히고 있는 것이다. 이러한 권리는 상린자들을 위하여 인정된 것으로, 지역권과 구별하여 人役權의 성질을 갖는다고 볼 수 있다. 이러한 상린자의 지하수 이용권을 소유권으로부터 독립된 권리로 볼 필요는 없고 상린관계에서 제235조에 따라 소유권의 내용이 확장되는 경우로 파악하는 것으로 충분할 것이다.

한편 온천수[34]는 그 재산적 가치로 말미암아 고유한 법리가 발전되어 있으나, 지하수의 일종으로 볼 수 있기 때문에 이에 관해서도 살펴볼 필요가 있다. 판례는 온천에 관한 권리를 관습법상의 물권 또는 준물권이라고 볼 수 없고, 또 원천을 굴착하여 지하에서 용출하는 온천수를 가리켜 제235조나 제236조에 규정된 「공용수」 또는 「생활상 필요한 용수」라고 볼 수 없다고 한다.[35] 그러나 토지 소유자에게 온천수 샘에 대한 용수권을 인정한 사례가 있고,[36] 온천수를 지하수의 일종으로 보아 토지소유자가 온천수에 대한 지배권이 있다는 하급심판결

---

33) 제297조는 用水地役權에 관하여 규정하고 있다.

34) 온천법 제 2 조는 "온천"을 지하로부터 용출되는 섭씨 25도 이상의 온수로서 그 성분이 인체에 해롭지 아니한 것을 말한다고 규정하고 있다.

35) 大判 1970. 5. 26, 69다1239(集 18-2, 민 59); 大判 1972. 8. 29, 72다1243(集 20-2, 민 197).

36) 大判 1971. 4. 30, 71다586(集 19-1, 민 419)은, "본건 가처분의 피보존권리는 피신청인 등이 소유하고 있는 온천지대에 설치한 온천수 샘에 대한 용수의 권리이며, 이로 인하여 피신청인 등은 인근의 여러 여관에 온천수를 보내고 목욕탕을 운영하고 있으며, 또 음료수로도 사용하고 있는데, 신청인 등의 본건 온천수 샘 굴착공사로 인하여 피신청인 등의 온천수가 인체에 해독을 주는 약물로 오염되고, 흙탕으로 탁수가 되는 등 피신청인 등이 침해된 온천수의 용수의 권리는 그 성질상으로나 변론의 전취지에 나타난 여러 사정으로 보아도 금전적 보상으로 만족될 수 없는 것"이라고 하였다. 이 판결은 온천에 관한 권리를 물권으로 보고 있지는 않으나, 온천수 샘에 대한 용수의 권리를 인정하고 있다.

이 있다.[37] 또한 大決 2003. 5. 17, 2003마543(공 2003, 1330)은, 온천공이 있는 토지의 공유자인 신청인이 위 온천공에 아무런 사전 동의나 사후 승낙 없이 양수시설을 설치하고 온천수를 용출하여 판매하고 있는 다른 공유자인 피신청인에 대하여 그러한 행위의 금지를 구하는 가처분을 받아들여야 한다고 하였다. 그 근거로 이 사건의 피보전권리에는 지분소유권에 기한 현실적인 방해배제청구권 이외에 장래의 방해예방청구권도 포함되어 있고, 이 사건 가처분은 피신청인의 적극적인 침해행위를 금지시킴으로써 신청인의 권리와 이익을 보호하고자 하는 방어수단으로서 단순한 부작위 명령을 구하는 것에 불과하다는 점을 들고 있다.

용수권자가 물을 사용하기 위하여 원천, 수도가 있는 토지에 들어갈 수 있는지 문제된다. 용수권자는 원천, 수도를 사용하기 위하여 필요한 한도에서 원천, 수도가 있는 토지에 대한 사용권이 있다고 볼 수 있다.[38] 그러나 이는 소극적인 이른바 출입권으로서 적극적인 점유사용권이 아니라는 견해가 있다.[39] 大判 1967. 5. 16, 67다435(集 15-2, 민 9)는 "본건 우물이 민법 제235조에서 말하는 상린자의 공용에 속하는 원천이라 하여도 동조는 상린자의 용수권을 규정하였을 뿐이요, 원천기지와 그 위요토지의 점유사용권을 용수권자에게 인정한 취지가 아니"라고 판결하였다. 용수권자가 원천기지 등을 배타적으로 점유사용할 수는 없겠지만, 그곳에 출입하여 물을 이용하는 것은 허용된다고 할 것이다.

---

37) 大田高判 1976. 3. 24, 75나133 · 134(高集 1976 민(1), 321)는, 온천권이 토지소유권과 독립되는 물권이나 준물권으로 볼 만한 관습이 있음을 인정할 만한 증거는 없는데다가 온천수도 지하수의 일종이고 온천수의 용출 및 인수에 관한 시설이 그 토지상의 건물에 상용되는 것인 이상 그 토지 및 건물과 함께 운명을 같이 하는 종물로서 그 토지와 건물의 소유권을 취득한 자는 온천수와 그 용출 및 인수시설에 관한 지배권도 아울러 취득하는 것이라고 하였다.

38) 金曾漢 · 金學東(註 21), 345면; 張庚學(註 25), 429면; 民法注解(Ⅴ), 343면(金相容 집필부분).

39) 李英俊(註 30), 436면.

Ⅲ. 地下水 利用權의 侵害에 대한 救濟手段
── 妨害禁止請求權의 허용여부 ──

1. 損害賠償과 原狀回復

제236조 제 1 항은 필요한 용도나 수익이 있는 원천이나 수도가 타인의 건축 기타 공사로 인하여 단수, 감수 기타 용도에 장해가 생긴 때에는 용수권자는 손해배상을 청구할 수 있다고 규정하고 있다. 이를 기존이용권 존중의 원칙을 정한 것이라고 한다. 제236조 제 2 항은 위 공사로 인하여 음료수 기타 생활상 필요한 용수에 장해가 있을 때에는 원상회복을 청구할 수 있다고 규정하고 있는데, 이를 생활용수우선의 원칙을 정한 것이라고 한다.

토지소유자는 지하수를 이용할 수 있으므로 이 규정에 따라 손해배상이나 원상회복을 청구할 수 있다. 또한 제235조는 상린자에게도 용수권을 인정하고 있기 때문에, 지하수가 있는 토지와 이웃하고 있는 사람도 제236조에 따른 청구를 할 수 있다.[40)]

용수장해는 지하수 이용권자의 이용을 저해하는 장해를 말하며, 단전, 단수뿐만 아니라 오염으로 지하수를 이용할 수 없는 경우에도 제236조의 규정이 적용될 수 있다. 이 규정에서 '기타 공사'를 넓게 이해하여 우물이나 수도의 설치 등 지하수의 용수장해를 가져올 수 있는 일체의 행위를 포함한다고 한다. 새로 지하수개발공사를 시행하여 개발된 원천을 통하여 지하수를 용출시켜 사용함으로써 기존의 용수권자에게 용수장해가 생긴 때에도 위 규정을 적용할 수 있다고 한다.[41)]

이 규정에 따른 손해배상청구권이나 원상회복청구권은 용수장해가

40) 劉南碩(註 10), 26면.
41) 具然昌(註 7), 247-248면; 劉南碩(註 10), 26면.

상린관계에서 인용할 수 없는 경우에 한하여 발생하고, 행위자의 고의·과실은 그 요건이 아니다.[42] 따라서 이 규정에 의한 손해배상은 무과실책임을 정한 것으로 볼 수 있다.

원천이나 수도가 공사로 인하여 필요한 용도에 장해가 생겼다고 하더라도 생활상 필요한 용수에 장해가 생긴 경우가 아니라면, 용수권자는 이로 인한 손해배상만을 청구할 수 있을 뿐이고 원상회복을 청구할 수는 없다.[43] 제235조와 제236조의 문언에 비추어 달리 해석할 수 없다. 용수장해의 경우에 손해배상과 원상회복이라는 두 가지 구제수단이 인정되나, 구제수단에 따라 그 요건이 달라진다는 것을 보여 주는 중요한 예이다.

우리나라에서 원상회복이라는 용어가 다의적으로 사용되고 있으나, 제236조 제 2 항에서 말하는 원상회복은 생활용수의 장해가 발생한 경우에 이러한 장해가 없었던 원래의 상태로 회복한다는 의미이다.[44] 甲이 음료수로서 사용하여온 우물이 乙이 새로 판 우물 때문에 음료수에 지장이 생긴 때에는 甲은 乙에 대하여 그 우물을 메울 것을 청구할 수 있다.[45] 공사 자체를 하지 아니한 상태로 만들 필요는 없고, 생활용수의 장해가 없을 정도로 복구하거나 보완공사를 하는 것으로 충분하다.

그런데 공사 등으로 생활용수에 장해가 현실로 발생하지 않았음에도 단지 그 장해발생의 우려가 있다는 사유만으로 위 조항에 의하여 새로운 지하수개발공사 자체를 금지할 수 있는지 문제된다. 생활용수

42) 스위스민법 제706조 제 2 항은 원천과 수도의 단수 등으로 인한 손해가 고의 또는 과실에 의한 것이 아니거나 피해자 자신에게 귀책사유가 있는 경우에는 법관은 그 재량으로 손해배상의 범위와 방법을 정한다고 규정하고 있는데, 이는 이 규정에 따른 손해배상이 무과실책임임을 전제로 한 것이다.

43) 具然昌(註 7), 239면; 民法注解(Ⅴ), 344면(金相容 집필부분).

44) 스위스민법 제707조 제 1 항에서 이와 유사한 규정을 두고 있는데, 원래 상태로의 회복(Wiederherstellung des früheren Zustandes)이라는 용어를 사용하고 있다.

45) 金曾漢·金學東(註 21), 345면.

목적의 지하수 이용권을 실효성 있게 보호하기 위하여 위 규정에 의하여 생활용수 방해예방을 청구할 수 있다는 견해[46]가 있다. 그러나 위 조항은 "위 공사로 인하여 음료수 기타 생활상 필요한 용수에 장해가 있을 때"에 원상회복을 청구할 수 있다고 하였으므로, 생활용수의 장해가 발생하기 전에는 원상회복청구를 할 수 없다. 이와 같이 보는 것이 원상회복이라는 용어의 의미에도 합치된다.

소유권에 기한 방해배제청구의 경우에도 방해제거와 방해예방을 구분하고 있다. 방해제거라는 의미가 원상회복에 대응하는 것이고 방해예방은 금지청구에 대응하는 것으로, 원상회복에는 포함되지 않는 개념이다. 따라서 이 규정에서 원상회복만을 정하고 있고 예방청구에 관해서는 규정하고 있지 않기 때문에, 이 규정에 기하여 지하수의 용수를 방해하는 행위에 대하여 금지청구를 할 수는 없다고 보아야 할 것이다.

2. 所有物妨害除去 및 妨害豫防請求權

제214조는, 소유자는 소유권을 방해하는 자에 대하여 방해의 제거를 청구할 수 있고 소유권을 방해할 염려 있는 행위를 하는 자에 대하여 그 예방이나 손해배상의 담보를 청구할 수 있다고 규정하고 있다.

부동산 소유자는 제214조에 기하여 지하수 이용을 방해하는 자에 대하여 소유권방해제거 및 예방청구권을 행사할 수 있다. 제236조에서 용수권에 관하여 특별규정을 두고 있다고 하더라도 제214조의 적용이 배제되는 것으로 볼 수는 없다.[47]

46) 具然昌(註 7), 249면.

47) 상린관계에 관한 규정들에서 실질적으로 방해배제청구를 정하는 경우가 많이 있는데, 이 규정들이 제214조에 대한 특별규정이라고 하고, 이 규정들이 있다고 하여 제214조의 적용이 일률적으로 배제되는 것은 아니라고 한다. 民法注解(Ⅴ), 1992, 239면(梁彰洙 집필부분). 다만 위 글에서는 제236조를 언급하고 있지 않은데, 이에 관해서도 동일하게 말할 수 있을 것이다.

토지소유자의 새로운 지하수개발 및 용수로 인하여 기존에 이미 지하수를 이용하고 있던 인근 토지소유자의 생활용수에 장해가 생긴 경우, 인근 토지소유자는 제236조에 따라 원상회복을 청구할 수 있음이 분명하다. 이러한 경우에 제214조는 적용되지 않는다고 볼 여지도 있으나, 그와 같이 볼 필요는 없고 지하수의 과도한 이용으로 이웃 토지 소유자에게 용수장해를 발생시키는 경우에는 제214조의 소유권 침해에 해당한다고 볼 수 있다.

한편 공유하천용수권에 기한 방해제거 및 예방청구권에 관한 판례를 살펴볼 필요가 있다. 大判 1965. 11. 30, 65다1901[48]은 공유하천에 대한 용수권에 관한 것인데, 농지 소유자에게 방해금지 및 방해예방청구를 인정하였다.

> "공유하천으로부터 농지에 관개하기 위하여 인수하는 관행이 있을 때에는 그 농지소유자는 관개에 필요한 한도 내에서 인수할 수 있는 용수권을 취득하며, 아무도 이 권리를 침해할 수 없는 것이 우리 나라 일반의 관습이라 할 것이고, 한발이 든 해에 양수기 등 시설이 있음으로써 용수권이 침해당할 상태에 있으면 한발이 들지 않는 해에는 현실적인 침해가 없는 경우라 할지라도 용수권자는 상류에서 양수기 등 시설을 설치하여 인수하고자 하는 자에 대하여 그 시설의 철거를 구할 수 있다고 할 것이다.
>
> … 한발의 해에 하류용수권자의 관개용수에 침해, 즉 지장이 있을 때에는 평년에 아무런 지장이 없어도 용수의 방해배제를 구할 수 있고 또 이 사건 원고의 청구는 장래 한발의 해가 닥칠 경우를 위한 방해예방의 청구도 포함하고 있다고 볼 수 있으므로, 원심으로서는 마땅히 합리적인 근거(예컨대 관상대의 기상자료 등)에 의하여 한발의 해의 기준을 확정한 후 이 때에 있어서의 원고 용수에 지장이 있는 여부를 심리판단하였어야 할 것이다."

이 판결에서 공유하천에 대한 용수권에서 방해배제 및 예방청구권을 도출한 것인지, 농지 소유권에서 위와 같은 권리를 도출한 것인지

48) 법고을LX 검색.

명확하지는 않다. 공유하천에 관한 방해배제청구권에 관한 명문의 규정이 없는데도 이 판결이 농지소유자에게 용수권 침해에 대한 방해배제 및 방해예방청구권을 인정하였다는 점에서 중요한 의미가 있다. 이 판결의 논리는 지하수 이용권에도 적용될 수 있을 것이다.

토지소유자가 자신의 토지에서 지하수를 과도하게 이용함으로써 인접 토지소유자의 지하수 이용에 장해가 발생한 경우를 소유권의 소극적 침해(negative Einwirkung)[49] 라고 한다. 따라서 제214조와 제236조는 경합하여 적용될 수 있다고 보아야 한다. 한편 생활용수의 장해가 없다면 손해배상만을 청구할 수 있고, 방해제거는 청구할 수 없다고 보아야 할 것이다. 제236조에서 정한 원상회복의 요건은 제214조의 방해제거의 요건을 판단할 때에도 영향을 미친다.

그러나 생활용수가 아닌 다른 목적의 용수에 장해가 생긴 경우에는 제236조 제 1 항에 의하여 손해배상만 청구할 수 있을 뿐이다. 이 경우에는 고의, 과실은 문제되지 않는다. 만일 방해자에게 고의, 과실이 있다면 제750조에 따라 불법행위에 기한 손해배상을 청구할 여지도 있으나, 이러한 경우에도 제235조에 의하여 허용되는 경우에는 위법성이 없다고 볼 수 있으므로 불법행위에 기한 손해배상청구권도 발생하지 않는다.

3. 對象判決의 검토

대상판결은 토지소유자가 먹는샘물 제조판매업을 경영하기 위하여

---

49) 소유권 침해를 적극적 침해, 소극적 침해, 정신적 또는 미학적 침해로 구분할 수 있다. 소극적 침해는 자신의 토지를 이용함으로써 이웃 토지에 손해를 입히는 경우를 말하는 것으로 가령 일조권 침해가 이에 해당한다. 이에 관하여는 民法注解(Ⅴ), 245면 이하(梁彰洙 집필부분); 金載亨, "所有權과 環境保護 — 民法 제217조의 意味와 機能에 대한 檢討를 중심으로 —," 民法論 Ⅰ, 박영사, 2004, 132면 이하 참조.

수원개발공사를 하여 설치한 취수공을 통하여 대량의 지하수를 이용하려고 하는 경우, 종전부터 지하수를 이용하고 있던 인근 토지소유자들의 생활용수 방해예방청구권을 인정하였다. 토지소유자가 먹는물관리법에 의한 허가를 받았으나, 이는 私法상의 청구권을 인정하는 데 장애가 되지 않는다.[50] 제235조는 공용수의 용수권에 관하여 규정하고, 제236조는 생활용수에 관한 원상회복과 손해배상에 관하여 규정하고 있을 뿐이며, 방해예방에 관하여는 규정하지 않고 있다. 그런데도 이 판결은 생활용수의 방해에 관하여 그 예방을 청구할 수 있고, 그 근거를 위 규정들과 함께 제214조의 소유물방해배제청구를 명시적으로 밝힌 점에 의미가 있다.

소유권과 소유권이 충돌하는 사안에서 환경침해에 대한 금지청구의 근거를 환경권이 아니라 소유권에 기한 방해배제청구권에서 찾은 것은 대법원 1995년 판결 이래 일관된 판례의 태도라고 할 수 있다.[51]

---

50) 大決 1995. 5. 23, 94마2218(공 1995, 2236)은, 행정법규나 행정관청의 허가가 사법상의 청구권에 영향을 미치지 않는다고 하였다. 행정법규나 행정관청의 허가가 사법상의 청구권에 영향을 어떻게 미치는지 여부에 관하여는 金載亨(註 49), 153-156면 및 그곳에 인용된 문헌도 참조.

51) 大判 1995. 9. 15, 95다23378(공 1995, 3399) 등 다수의 판결이 있다. 이와 달리 소유권에 기한 방해배제청구와 함께 환경권에 기한 방해배제청구도 인정한 하급심판결이 있다. 清州地判 1998. 2. 26, 97카합613(下集 1998-1, 292)은 충북 괴산의 문장대 온천 관광지 조성사업에 대한 공사중지 가처분을 받아들이면서 그 근거로 환경권과 부동산 소유권에 기한 공사중지청구권을 인정하였다. 첫째, 이 판결은 "오염되지 않은 식수를 음용할 구체적인 사법상 권리로서의 환경권이 예외적으로 인정된다"고 하였는데, 그 근거로 헌법 제35조 제1항의 정신에 따른 환경정책기본법 및 먹는물관리법의 규정 취지와 조리를 들었다. 둘째, 이 판결은 "수인한도를 넘는 토지사용이나 생활환경에 관한 이익의 침해"에 대하여는 제217조에 기하여 방해배제청구권이 인정될 수 있고, 그 요건이 존재하지 않는 경우 제214조에 기하여 방해배제청구권이 인정되는 경우도 있을 것이라고 하였다. 또한 釜山地判 1998. 9. 15, 97카합9776(法律新聞 1998. 10. 5.자, 11-12면)은 피신청인들이 해운대 주변에 주상복합건물을 건축하는 행위에 대하여 신청인들이 이웃거주자로서 제217조에 근거하여 위 건축행위의 중지를 청구할 수 있다고 판단하였는데, 신청인들뿐만 아니라 일반공중의 환경적 이익까지 고려하고 있다는 점이 특이하다.

이 판결은 지하수에 대해서도 이러한 논리를 적용하였다는 점에서도 선례로서의 가치가 있다.

Ⅳ. 對象判決 이후의 展開

대상판결은 지하수 이용권에 관한 중요한 판결로서 대체로 긍정적으로 받아들여지고 있다. 필자도 대상판결을 인용하고, 그 의미에 관하여 다음과 같이 언급한 바 있다.

> "민법 제236조는 용수장해로 인한 용수권자의 손해배상청구권 및 원상회복청구권을 규정하고 있을 뿐이고, 생활용수의 방해예방청구권을 규정하고 있지는 않다. 그리하여 이 판결은 생활용수의 방해예방청구권의 근거로 소유권 방해제거·예방청구권에 관한 제214조도 제시하고 있는 것이다. 생활용수를 이용하는 것도 소유권의 내용에 포함된다. 그리고 용수장해가 발생하리라는 것이 명백한 경우에는 방해예방청구권을 인정하는 것이 분쟁해결에 바람직하고, 원상회복이 불가능하거나 매우 곤란한 경우에는 사후적인 원상회복청구권만으로는 피해자의 구제를 위하여 충분하지 않기 때문에, 방해를 사전에 예방하기 위한 방해예방청구권을 인정한 것은 타당하다."[52)]

그 후 이와 동일한 취지의 판결이 나왔다. 즉, 大判 1998. 6. 12, 98두6180(공 1998, 1904)은, "어느 토지 소유자가 새로이 지하수 개발공사를 시행하여 설치한 취수공 등을 통하여 지하수를 취수함으로 말미암아 그 이전부터 인근 토지 내의 원천에서 나오는 지하수를 이용하고 있는 인근 토지 소유자의 음료수 기타 생활상 필요한 용수에 장해가 생기거나 그 장해의 염려가 있는 때에는, 그와 같은 생활용수 방해를 정당화하는 사유가 없는 한 인근 토지 소유자는 그 생활용수 방해의 제거나 예방을 위하여 필요한 청구를 할 수 있다"고 하였다. 이러

52) 金載亨(註 49), 166면.

한 논리는 지하수를 토지 소유권의 일부로 본 판례와 통설을 따르고 있다고 볼 수 있다.[53)]

그러나 지하수에 대하여 토지 소유권의 효력이 어느 범위까지 미치는지라는 한계설정의 문제가 있다.[54)] 이 문제는 앞으로 중요한 문제로 부상할 것으로 전망된다.

우선 헌법재판소 1998.12.24. 선고 98헌가1 결정(헌공 第31호)은 지하수를 공공재로 파악하고 있다는 점에서 중요한 의미를 갖는다. 이 사건에서는, 구 먹는물관리법[55)] 제28조 제 1 항에 따라 먹는샘물 제조업자에게 수질개선부담금과 가산금에 관한 부과처분을 하는 것이 헌법에 위반되는지 문제되었으나, 헌법재판소는 다음과 같은 이유로 합헌이라고 판단하였다.

"최후의 수자원이라고 불리우는 지하수는 공공의 자원이고, 적절한

53) 최근 문제되고 있는 도롱뇽 사건에서도 이와 같은 논리가 적용될 수 있을 것이나, 수인한도에 관한 판단은 개별 사례마다 달라질 수밖에 없다. 釜山高決 2004.11.29, 2004라41·42는 천성산 터널 부근에 있는 토지를 소유하고 있는 신청인 사찰들이 위 터널 공사의 중지를 청구한 부분에 대한 판단에서 신청인의 청구를 기각하였다. 위 터널 굴착 공사는 경부고속철도를 완성시키는 중요한 건설행위로서 그로 인해 얻을 공공의 이익은 실로 막대해 보이고, 그 굴착공사로 초래될 환경침해의 개연성은 현저히 낮아 현저히 낮은 개연성을 가진 환경침해 불이익을 내세워 막대한 공공의 이익을 외면할 수가 없다. 따라서 위 공사가 수인한도를 넘는 위법한 환경이익의 침해행위라고 단정하기는 어렵다고 하였다. 또한 자연물인 도롱뇽 또는 그를 포함한 자연 그 자체에 대하여 당사자능력을 인정하고 있는 법률이나 관습법이 없다는 이유로 도롱뇽의 당사자능력을 부정하였고, "도롱뇽의 친구들"이라는 환경단체가 자연방위권에 기한 신청도 위와 같은 권리를 인정할 수 없다는 이유로 기각하였다. 이에 대하여 신청인들이 재항고하였으나, 大決 2006.6.2, 2004마1148·1149(공 2006, 1240)는 이를 기각하였다. 이 결정에 관하여는 本書 478면 참조.

54) 윤철홍, "지하수법의 문제점과 개선방향," 比較私法 제 8 권 제 1 호(상)(통권 제14호)(2001.6), 245면은 지하수를 공유화하여야 한다고 주장하고 있고, 朴均省, "현행 地下水法의 몇 가지 法的 問題," 環境法硏究 제19권, 1997, 119면은 지하수 중에서 토지소유자의 정당한 이익이 있는 범위를 제외하고는 국유에 속한다고 한다.

55) 1995.1.5. 법률 제4908호로 제정되고 1997.8.28. 법률 제5394호로 개정되기 전의 것.

관리 · 보전 없이는 고갈되고 마는 유한한 자원이다. 국가는 이와 같이 귀중한 지하수자원이 무분별한 개발행위로 고갈 · 오염되는 것을 방지하기 위하여 이 법과 지하수법 등 관련법규를 통하여 지하수의 관리 · 보전에 나서고 있고 이 사건 법률조항은 이러한 국가환경정책의 일환으로 수질개선부담금을 부과함으로써 먹는샘물용으로 지하수가 과도하게 개발되는 것을 규제하고자 하는 것이다."

"헌법 제120조는 제 1 항에서 "광물 기타 중요한 지하자원 · 수산자원 · 수력과 경제상 이용할 수 있는 자연력은 법률이 정하는 바에 의하여 일정한 기간 그 채취 · 개발 또는 이용을 특허할 수 있다"고 하고, 제 2 항에서 "국토와 자원은 국가의 보호를 받으며, 국가는 그 균형 있는 개발과 이용을 위하여 필요한 계획을 수립한다"고 규정하고 있다. 이 헌법조항에 따라 국가는 자연자원에 관한 강력한 규제권한을 가지는 한편 자연자원에 대한 보호의무를 지게 되었다. 그러므로 자연자원인 지하수의 이용에 관하여 부담금 부과라는 수단을 동원하더라도 그것이 자연자원에 관한 국가적 보호조치의 일환으로서 의도되었고 그 방법상 다른 헌법상의 한계를 일탈하지 아니한다면 우리 헌법상 허용된다고 할 것이다.

또한 헌법 제35조 제 1 항은 "모든 국민은 건강하고 쾌적한 환경에서 생활할 권리를 가지며, 국가와 국민은 환경보전을 위하여 노력하여야 한다"고 규정하여, 국민의 환경권을 보장함과 아울러 국가와 국민에게 환경보전을 위하여 노력할 의무를 부과하고 있다. 이 헌법조항은 환경정책에 관한 국가적 규제와 조정을 뒷받침하는 헌법적 근거가 되며, 국가는 환경정책 실현을 위한 재원마련과 환경침해적 행위를 억제하고 환경보전에 적합한 행위를 유도하기 위한 수단으로 수질개선부담금과 같은 환경부담금을 부과 · 징수하는 방법을 선택할 수 있는 것이다."

그 후 大判 2001. 10. 23, 99두7470(공 2001, 2570)은 토지 소유권이 미치는 지하수와 이 범위를 넘어선 지하수를 구분하고 있다.

"자연히 용출하는 지하수나 동력장치를 사용하지 아니한 가정용 우물 또는 공동우물 및 기타 경미한 개발 · 이용 등 공공의 이해에 직접 영향을 미치지 아니하는 범위에 속하는 지하수의 이용은 토지소유권에 기한 것으로서 토지소유권에 부수(附隨)하여 인정되는 권리로 보아야 할 것이지만, 그 범위를 넘어선 지하수 개발·이용은 토지소유권에 부수되는 것이 아니라 지하수의 공적 수자원으로서의 성질과 기능 등을 고려하여 행정청의 허가·감시·감독·이용제한·공동이용 명령·허가 취소 등 공적 관리방법에 의한 규제를 받게 하고 있다"[56]

"이러한 규제의 범위에 속하는 지하수 개발·이용권은 토지소유권의 범위에 속하지 않는 것이므로 지하수의 개발·이용허가를 받은 후 그 토지소유권이 이전된다고 하여 허가에 의한 지하수 개발·이용권이 새로운 토지소유자에게 당연히 이전되는 것은 아니다."

"동일하거나 인접한 대수층을 가진 지하수의 개발·이용은 서로 영향을 미치게 되어 후에 개발·이용의 허가를 신청한 자에게 기존 이용권자의 이익을 침해하여 배타적 개발·이용을 허용할 수는 없고, 또한 그 지하수 부존량이 풍부하여 기존 이용권자의 이익을 침해할 염려가 없다고 하더라도 그 총취수량이 적정 개발취수량을 넘는 경우에는 그 범위 내에서 제한을 받을 수밖에 없으며, 설령 그러한 제한이 없는 경우라고 하더라도 같은 대수층을 가진 지하수를 이용하고자 하는 경우 여러 개의 지하수공을 굴착하여 개발·이용하게 하는 것보다는 하나의 지하수공으로 충분하다면 기존의 지하수공을 통하여 지하수를 개발·이용하게 함이 지하수의 적정량 개발 원칙, 지하수의 자원 보존과 관리, 오염방지, 지반 침하 방지, 생태계보전 등을 위하여도 바람직하다."

최근의 헌법재판소 결정과 대법원 판결을 보면, 지하수를 보는 기본시각이 변화하고 있음을 보여 준다. 헌법은 기본권으로서 재산권을 보장하고 있으나, 그 내용과 한계를 법률로 정하도록 하고 있다. 또한 재산권의 행사는 공공복리에 적합하도록 하여야 한다(헌법 제23조 제1항·제2항). 민법도 "소유자는 법률의 범위 내에서 그 소유물을 사용, 수익, 처분할 수 있다"고 규정하고 있다(제211조). 특히 지하수와 관련하여 헌법 제120조에서 특허제도를 도입할 수 있다고 정하고 있다. 현재 지하수법의 제정 등으로 지하수에 관한 법은 공법과 사법의 경계영역에 있다고 볼

56) 그 근거 법규정으로 구 지하수법(1999. 3. 31. 법률 제5955호로 개정되기 전의 것) 제3조, 제5조, 제6조, 제7조 제1항, 제10조 제1항, 제12조, 제13조, 제16조, 제17조, 구 제주도개발특별법(2000. 1. 28. 법률 제6249호로 전문개정되기 전의 것) 제25조를 든다.

수 있다. 한편 헌법 제37조는 국민의 자유와 권리를 제한하는 경우에도 자유와 권리의 본질적인 내용을 침해할 수 없다고 선언하고 있다. 따라서 지하수에 관한 법률로써도 토지 소유권을 본질적으로 침해하는 법률은 허용되지 않는다.

지하수에 관한 법리는 입법과 판례를 통하여 조금씩 발전하고 있다. 그 기본적인 출발점은 소유에서 출발한다. 그러나 지하수의 경제적 가치가 커져 감에 따라 지하수에도 토지 소유권이 미친다는 법리가 무조건 통용될 수 없는 단계에 도달하였다. 대자연의 흐름 속에서 물을 독점적이고 배타적으로 소유하는 것은 자연의 법칙에 부합하지 않을 수 있다. 지하수는 토지 아래에 있는 물이라고는 하지만, 그 종류나 형태가 다양하다. 지하수에 관한 근본적인 성찰을 토대로 한 연구가 절실한 시점이다.

(서울대학교 法學 제46권 제 2 호(2005. 6), 377-396면 所載)

5. 抵當權에 기한 妨害排除請求權의 認定範圍

— 독일민법과의 비교를 중심으로 —

I. 序　論

저당권에 기하여 물권적 청구권을 행사할 수 있는가? 한편으로는 물권의 일종인 저당권에서 당연히 물권적 청구권이 도출된다고 생각할 수 있다. 이와는 반대로 저당권은 교환가치만을 파악하는 것이고 사용가치는 여전히 소유자에게 맡겨져 있기 때문에, 저당권에 기한 물권적 청구권을 부정하여야 한다고 생각할 수 있다.

우리 민법은 명문의 규정을 두고 있다. 즉, 민법 제370조에서 제214조의 규정을 저당권에 준용하고 있다. 제214조는 소유물방해제거 및 방해예방청구권에 관하여 "소유자는 소유물을 방해하는 자에 대하여 방해의 제거를 청구할 수 있고 소유권을 방해할 염려 있는 행위를 하는 자에 대하여 그 예방이나 손해배상의 담보를 청구할 수 있다"고 규정하고 있다. 따라서 저당권자는 물권적 청구권으로서 방해의 제거와 방해의 예방을 청구할 수 있다. 그러나 소유물반환청구권에 관한 제213조는 저당권에 준용하고 있지 않다. 저당권자가 저당목적물을 점유하지 않기 때문에, 자신에게 직접 저당물의 반환을 청구할 수 없을 것이다.[1)]

---

1) 大判 1996. 3. 22, 95다55184(공 1996, 1353)는 "공장저당권의 목적 동산이 저당권자의 동의를 얻지 아니하고 설치된 공장으로부터 반출된 경우에는 저당

우리 민법에서 저당권에 기한 방해배제청구권에 관한 문제의 해결은 위 법률 규정의 해석에서 출발하여야 할 것이다. 그런데 이 문제는 가치권으로서의 저당권이 소유자의 이용권을 어느 정도로 제약할 수 있는지라는 근본적인 문제에 잇닿아 있다. 구체적인 예를 들어보자. 대지의 소유자가 은행으로부터 대출을 받으면서 그 채무를 담보하기 위하여 위 대지에 은행 명의의 근저당권을 설정하여 주었다. 그 후 소유자 또는 제 3 자가 위 대지 위에 건물을 신축하는 경우에 근저당권자는 위 신축공사의 중지를 청구할 수 있는가? 만일 은행으로부터 대지 위에 건물을 건축할 자금을 차용하면서 위 대지에 관하여 근저당권을 설정한 경우에는 어떠한가? 이러한 경우에는 근저당권자가 근저당권을 설정받을 당시 소유자가 건물을 신축할 것이라는 것을 알고 이를 용인한 것이라고 볼 수 있는가? 토지 또는 근저당권이 양도된 경우에 그 양수인들도 위와 같은 법률관계에 구속되는가? 근저당권자가 경매를 신청한 경우에는 법상황이 어떻게 달라지는가?[2)]

권자는 점유권이 없기 때문에 설정자로부터 일탈한 저당목적물을 저당권자 자신에게 반환할 것을 청구할 수는 없지만, 저당목적물이 제 3 자에게 선의취득되지 아니하는 한 원래의 설치 장소에 원상회복할 것을 청구함은 저당권의 성질에 반하지 아니함은 물론 저당권자가 가지는 방해배제권의 당연한 행사에 해당한다"고 판결하였다. 또한 大判 1994. 9. 27, 94도1439(공 1994, 2915)는 공장근저당권이 설정된 선반기계 등을 이중담보로 제공하기 위하여 이를 다른 장소로 옮긴 경우에 공장저당권의 행사를 방해할 우려가 있는 행위로서 권리행사방해죄에 해당한다고 하였다.

2) 이 문제는 서울高判 2003. 10. 2, 2003나8031을 토대로 구성한 것이다. 이 사건에서 대지에 관한 근저당권에 기하여 경매절차가 진행되고 있었는데, 법원은 근저당권자가 대지의 소유자로부터 공사를 인수받아 건축공사를 하고 있는 자에 대하여 건축공사를 중지하라고 청구할 수 있다고 판결하였다. 즉, "경매절차를 통하여 경매목적물을 환가하고 위 환가대금에서 저당권의 피담보채무를 우선 변제받을 수 있는 권리는 저당권의 본질적인 내용이라 할 것이므로 이러한 본질적 내용을 침해하는 행위가 있을 경우에는 저당권자로서는 그 침해행위의 중지를 구하는 등 방해배제청구를 할 수 있다." 나아가 "채무자에게 부도 등의 사유가 발생하여 신용상태가 악화되거나 채권회수를 위해 저당권자가 언제라도 저당권을 실행할 수 있는 상태가 된 이후에는 저당권자로서는 경매실행을 통한 채권회수의 필요성이 특히 강조된다고 할 것이고, 경매절차의

여기에서는 우리나라와 마찬가지로 저당권[3] 침해에 대한 물권적 청구권에 관하여 명문의 규정을 두고 있는 독일민법의 태도를 살펴보고,[4] 우리나라에서 이 문제를 어떻게 해결해야 할 것인지 검토해 보고자 한다. 저당권이 설정된 토지 위에 건물을 신축하는 경우에 공사금지를 청구할 수 있는지 여부는 토지와 건물을 별개의 부동산으로 다루기 때문에 생기는 문제라고 할 수 있다. 그러나 독일에서는 건물을 토지의 본질적 구성부분으로 보기 때문에, 저당권이 설정된 토지 위에 건물을 신축한 경우에 위 건물에도 저당권의 효력이 미친다. 이 점에서 우리나라와는 법상황이 근본적으로 다르다. 다만 독일에서는 저당권의 담보력을 침해하는 경우에 대해서 상세한 규정을 두고 있고, 이것이 우리 민법 규정에도 영향을 미쳤기 때문에, 이에 관하여 살펴보는 것도 의미 있는 일이다.

Ⅱ. 獨逸民法에서 抵當權의 擔保力을 維持하기 위한 請求權

1. 개　　설

독일민법에서 제한물권은 용익물권에 해당하는 利用權(Nutzungs-

안정성 등 경매 목적의 실현을 위하여는 저당 목적물의 소유자가 목적물인 토지를 이용하는 이익보다 저당권자가 저당권을 실행하고 토지의 교환가치를 실현할 수 있는 이익을 보다 중시해야 할 필요가 있다"고 한다.

3) 근저당권에 기한 방해배제청구도 저당권의 경우와 동일한 법리가 적용되기 때문에, 이하에서는 저당권이라고만 한다.

4) 또한 스위스민법 제808조, 제809조의 규정도 이와 유사하다. 제808조 제1항은 담보물의 가치감소에 대하여 금지청구를 할 수 있다고 규정하고 있고, 제809조는 담보물보충청구권을 규정하고 있다. 상세한 것은 Trauffer, in: *Kommentar zum Schweizerischen Privatrecht: Schweizerisches Zivilgesetzbuch II*, 1998, Art. 808 N 1ff.(S. 1727ff.).

recht)과 담보물권에 해당하는 換價權(Verwertungsrecht)으로 구분한다.[5] 독일민법 시행 직후에는 담보물권을 價值權(Wertrecht)이라고 하기도 하였으나,[6] 최근에는 이러한 용어를 사용하는 경우를 찾기 힘들다. 독일의 부동산담보권은 저당권, 토지채무, 정기토지채무로 구분된다. 저당권은 다시 보전저당권과 유통저당권으로 구분되는데, 보전저당권이 우리나라의 저당권과 유사한 제도이다.

저당권 등 부동산담보권의 법적 성질에 관하여는 견해가 대립하고 있다. 통설은 물권적 환가권(dingliches Verwertungsrecht)이라고 파악하는데, 소유자는 토지에 기한 지급의무가 있는 것이 아니라 토지에 대한 강제집행을 인용할 의무만을 부담한다고 한다.[7] 소유자가 소유권에서 환가권능을 분리하여 저당권자에게 부여하였고, 저당권자는 저당권의 이행기가 도래하면 목적물을 환가할 권리를 갖는다는 것이다. 이 환가권은 강제집행에 의하여 실현되는데(독일민법 제1147조[8]), 이 경우 채권자는 강제관리와 강제경매를 선택할 수 있다. 강제경매의 경우에는 채권자가 토지의 고유가치를 파악하는 것이고, 강제관리의 경우에는 이용가

5) Baur/Stürner, *Sachenrecht,* 17. Aufl., 1999, §3 Ⅱ 1, 2(S. 22ff.).

6) 가치권 개념은 콜러에 의하여 발전된 것이다. 가치권은 담보물권을 의미하는 것으로서 실질권(Substanzrecht)과 반대되는 개념으로, 이용요소에서 일정한 가치를 떼어내는 권한을 부여하는 물권이다. 가치를 취득하면 목적이 달성되고 물권이 소멸한다. Kohler, *Lehrbuch des Bürgerlichen Rechts,* 1919, S. 366ff.

7) BGHZ 7, 123; Baur/Stürner(註 5), §36 Ⅱ 2 a)(S. 399f.); Schwab/Prütting, *Sachenrecht,* 26. Aufl., 1996, 277f. 그런데 독일에서는 실질적인 차이는 없으나, 담보권의 법적 성격에 관하여 소유자 자신도 지급의무가 있는지를 둘러싸고 이론구성상의 견해 대립이 있었다. 본문에서 본 통설 이외에도 물적 의무(Realobligation) 이론과 물권적 채무(dingliche Schuld) 이론이 있다. 후자는 소유자의 채무를 '유한 책임을 가진 물권적 채무'로 보는 것으로 소유자의 모든 채무에 대하여 채무가 인정되나, 책임이 담보목적물에 제한된다는 것이다. 이것은 독일민법 제1113조, 제1191조, 제1199조가 "토지로부터 지급해야 한다"라는 표현을 사용하고 있기 때문에, 소유자가 금액의 지급에 대한 채무를 지고 있다고 보아야 한다는 것이다. 상세한 것은 Staudinger/Wolfsteiner (2002), Einl 24ff. zu §1113ff.

8) Ⅱ.에서 독일민법의 조항은 별도의 지시 없이 조항만으로 인용한다.

치를 파악하는 것이다.[9)]

그러나 저당권에 기한 청구권의 이행기가 도래하기 전에 목적물을 훼손하게 되면 결국 저당권자의 환가권이 침해되는 결과가 된다. 따라서 이행기 전이라도 담보력을 유지하기 위하여 저당목적물의 훼손으로 인한 가치감소를 막아야 한다. 이를 위하여 독일민법은 명문의 규정을 두고 있다(제1133조 내지 제1135조).[10)] 이 규정들의 기본적인 시각은 "저당권의 담보력이 위태롭게 되어서는 안 된다"[11)]는 것이다.[12)]

제1133조는 저당목적물이 이미 훼손된 경우 저당권의 이행기 전에 저당권자에게 만족권을 부여하고 있고, 제1134조는 훼손의 우려가 있는 경우에 부작위청구권을 인정하고 있다. 이 두 경우에 소유자가 토지의 악화된 상태에 대하여 책임(귀책사유)이 있는지 여부는 아무런 상관이 없다. 제1135조는 종물의 훼손에 대해서 확장하고 있다. 이 규정들에서는 토지와 종물의 훼손에 대해서만 규정하고 있고, 저당권이 미치는 권리의 훼손에 관하여는 별다른 규정이 없다.

제1133조 이하의 규정들은 보전저당이든 유통저당이든 구분 없이 적용되고, 토지 및 정기토지채무에도 적용된다.[13)]

한편 금융실무에서는 저당목적물이 훼손된 경우에 해지권이 발생한다는 약정을 하는 경우가 많은데, 이러한 약정은 유효하기 때문에, 제1133조 이하의 규정들이 실제로 적용되는 경우는 많지 않다.[14)] 이 규정들의 세부적인 내용과 관련하여 논란이 있는 부분도 있지만 법규정으로 대부분의 문제가 해결되어 있어서 이에 관한 논의가 활발한 것

9) Westermann/Eickmann, *Sachenrecht,* 7. Aufl., 1998, §100 II 2 a)(S. 722).

10) Baur/Stürner(註 5), §40 III 1(S. 472).

11) Westermann/Eickmann(註 9), §99 I (S. 717).

12) 또한 제240조는 제공된 담보가 권리자의 귀책사유 없이 불충분하게 된 경우에는 이를 보충하거나 다른 담보를 제공하여야 한다고 규정하고 있다.

13) Staudinger/Wolfsteiner(2002), §1133 Rn. 23.

14) Baur/Stürner(註 5), §40 III 2(S. 474); MünchKomm/Eickmann(4. Aufl., 2004), §1133 Rn. 1; Soergel/Konzen(13. Aufl., 2001), §1133 Rn. 1.

은 아니다.

2. 抵當權의 擔保力이 毁損된 경우에 대한 措置——事前的인 滿足權

(1) 일 반

독일민법 제1133조는 저당권의 가치가 감소되어 담보력을 위태롭게 하는 경우에 저당권자에게 구제수단을 부여한다. 저당권자는 저당권의 담보력을 회복할 것을 청구할 수 있고, 소유자가 이 청구에 따르지 않으면 사전적인 만족권이 발생한다.[15] 제1133조는 당해 저당권이 이미 성립하였을 것을 전제로 한다. 따라서 저당권의 등기 후에 비로소 토지가 훼손된 경우에 이 규정이 적용된다.[16] 제1134조의 경우에는 아래 3.에서 보듯이 장래 토지가 훼손되어 저당권의 담보력이 위태롭게 될 것이라면 충분하지만, 제1133조의 경우에는 담보로 제공된 토지 자체가 이미 훼손되어 있어야 한다.[17]

토지의 훼손에 대하여 채무자에게 귀책사유가 있는 경우에 불법행위에 기한 손해배상책임이 성립한다. 그 근거로 제823조 제 1 항과 제 2 항을 든다.[18] 저당권은 물권에 속하기 때문에, 저당목적물의 훼손은 제823조 제 1 항("기타의 권리")이 적용된다는 점은 의문의 여지가 없다. 나아가 제823조 제 2 항은 타인의 보호를 목적으로 하는 법률을 위반한 경우에 불법행위가 성립한다고 규정하고 있는데, 통설은 제1133조가 제823조 제 2 항의 보호법규(Schutzgesetz)에 속한다고 본다.[19]

15) 이를 이른바 훼손의 소(Deteriorations- oder Devastationsklage)라고 한다.
16) Staudinger/Wolfsteiner, § 1133 Rn. 8.
17) Staudinger/Wolfsteiner, § 1133 Rn. 1.
18) Baur/Stürner(註 5), § 40 Ⅲ 1 a)(S. 473). 금전배상을 청구하기 위해서는 경매대금으로 피담보채권을 변제하지 못하게 되어야 한다.
19) BGHZ 65, 211; Bamberger/Roth/Rohe(2003), § 1133 Rn. 1; Baur/Stürner(註 7), § 40 Ⅲ 1(S. 473); MünchKomm/Eickmann, § 1133 Rn. 22;

한편 저당채권자가 저당목적물의 훼손에 대비하여 채무자에게 책임재산에 대한 보험에 가입할 것을 청구할 수 있는지 문제되나, 독일민법에서 이러한 청구권을 인정하고 있지 않다.[20]

⑵ 제1133조에 기한 청구권의 요건

㈎ 훼 손

토지가 훼손되었어야 한다. 이것은 토지와 그 구성부분의 상태가 변화하여 일반적인 거래가치(Verkehrswert)가 감소된 것을 뜻한다.[21] 종물의 훼손에 관하여는 독일민법 제1135조에서 정하고 있다. 토지의 훼손에 관하여 소유자에게 책임이 있는지, 그 행위가 위법한지는 상관없다. 제 3 자의 행위나 폭풍우 등 자연적인 사건 또는 전쟁에 의해서 토지가 훼손될 수도 있다.[22]

토지의 처분, 즉 제 3 자에게 양도하거나 기타 부담을 설정하는 것은 통상 토지의 훼손에 속하지 않는다.[23] 토지의 존속이나 상태에 관한 훼손이 있거나 토지의 구성부분이 훼손되어야 한다. 가령 건물의 철거나 개축,[24] 건물의 구성부분의 분리 내지 반출이 이에 해당한다.[25] 경기가 나빠져서 토지의 가치가 감소된 경우도 여기에 속하지 않는다. 토지 위에서 기업을 경영하고 있는 경우에 기업경영이 나빠졌다고 하더라도 원칙적으로 토지의 훼손이라고 볼 수는 없다. 그러나 농장경영이 계속 악화되는 경우에는 토지 자체의 가치감소를 초래할 수 있다. 소유자가 고의로 건물을 철거하도록 하는 경우에도 토지의

Soergel/Konzen, §1133 Rn. 5; Westermann/Eickmann(註 9), §99 Ⅰ(S. 718). 이에 대하여는 독일민법 제1133조는 제823조 제 2 항의 보호법규가 아니라는 견해가 있다. Staudinger/Wolfsteiner, §1133 Rn. 2.

20) Staudinger/Wolfsteiner, §1133 Rn. 4.

21) MünchKomm/Eickmann, §1133 Rn. 3.

22) MünchKomm/Eickmann, §1133 Rn. 4; Staudinger/Wolfsteiner, §1133 Rn. 5; Westermann/Eickmann(註 9), §99 Ⅰ 2(S. 718).

23) 제1136조는 소유자의 처분을 제한하는 약정은 무효라고 정하고 있다.

24) BGHZ 65, 211.

25) Bamberger/Roth/Rohe, §1133 Rn. 3; Soergel/Konzen, §1133 Rn. 3.

훼손이라고 볼 수 있다.[26] 건물을 적절하게 수리하더라도 시간의 경과로 말미암아 그 가치가 감소되는 경우에는 제1133조가 적용되는지에 관하여는 찬부 양론이 있다.[27] 부정설에서는 누구나 이처럼 시간의 경과에 따른 건물가치의 감소를 예견할 수 있고 즉시 계산할 수 있기 때문이라고 한다.[28]

그러나 토지의 전부 또는 일부가 공공도로로 되면 토지의 훼손으로 볼 수 있다. 한편 토지의 일부가 개발도로로 편입된 경우에 남은 토지부분의 가치가 상승되었다면, 개발이익을 가치상실에서 공제하여 계산하여야 한다.[29]

㈏ 중대한 훼손

저당권의 담보력을 위태롭게 하는 토지의 중대한 훼손이 있어야 한다.[30] 담보력이 위태롭게 된다는 것은 저당권자의 만족가능성이 위태롭게 되는 것을 뜻한다. 이는 토지의 가액과 채권액의 관계, 저당권의 순위 등을 고려하여 판단한다.[31] 건물을 신축할 목적으로 건물을 철거하는 경우에는 토지의 훼손이라고 단정할 수 없다. 이러한 경우에 소유자의 재산이 충분하거나 충분한 담보력을 제공할 수 있어 재건축에 문제가 없다면, 통상 담보력이 위태롭게 되었다고 볼 수 없다. 그러한 경우에 소유자는 저당채권자로부터 사전에 재건축을 해도 된다는 동의를 쉽게 얻을 수 있을 것이다.[32]

㈐ 토지와 그 구성부분의 훼손

제1133조에서 토지는 토지와 그 구성부분이라고 할 수 있다. 제

26) Westermann/Eickmann(註 9), § 99 I 1(S. 717).

27) 이에 관하여는 우선 MünchKomm/Eickmann, § 1133 Rn. 6 참조.

28) Soergel/Konzen, § 1133 Rn. 2.

29) Staudinger/Wolfsteiner, § 1133 Rn. 5.

30) 독일민법 제정 이유서에도 이 점을 명시하고 있다. Mugdan, *Die Gesamten Materialien zum Bürgerlichen Gesetzbuch für das Deutsche Reich Bd. III, Sachenrecht,* 1899, S. 374(Motive Ⅲ, 671).

31) MünchKomm/Eickmann, § 1133 Rn. 9; Soergel/Konzen, § 1133 Rn. 1.

32) Staudinger/Wolfsteiner, § 1133 Rn. 6.

1120조 내지 제1131조에 기한 모든 책임재산, 예컨대 果實이나 차임채권 등이 포함되는 것은 아니다.[33] 이것은 종물의 훼손에 관하여 별도로 정하고 있는 제1135조에서 도출된다.[34] 저당권이 설정된 건물에 관하여 화재위험에 대비하여 보험에 가입하지 않거나 그 갱신을 하지 않더라도 제1133조가 적용되는 것은 아니다. 이것은 제1134조의 훼손의 우려에 속하지도 않는다. 다만 채권자는 채무자와의 계약에서 건물에 대한 화재보험 가입의무를 부담시킬 수 있다.[35]

독일에서는 저당토지 위에 건물을 신축하는 것이 토지의 훼손에 해당하는지 여부에 관한 논의를 찾기 어렵다. 독일민법은 우리 민법과는 달리 건물을 토지의 본질적 구성부분이라고 한다(제94조). 따라서 토지와 그 지상 건물은 하나의 물건으로 취급된다. 저당토지 위에 건물을 신축하는 경우에 건물에도 저당권의 효력이 미치기 때문에, 토지의 훼손으로 볼 수 없을 것이다.

그런데 저당권이 설정된 토지와 다른 토지를 병합(Vereinigung)하는 것은 토지의 훼손이 될 수 있다. 법률행위나 법률에 의하여 저당권의 효력이 부가된 토지에 미치게 되는 경우에도 마찬가지이다. 부가된 토지에 있는 부담으로 인하여 전체토지에 부담이 미칠 수 있기 때문이다. 더욱이 저당권의 효력이 부가된 토지에 미치지 않는 경우에는 채권자의 지위가 더욱 불리해질 것이다. 토지의 일부에만 저당권이 미치는 경우 강제집행이 매우 곤란해질 수 있기 때문이다. 따라서 토지를 합필하는 것은 제1133조 이하의 의미에서 훼손에 해당할 수 있기 때문에, 소유자는 그러한 조치를 금지시키는 것에 대하여 — 신의성실의 한계 내에서 — 아무런 이의를 제기할 수 없다.[36]

33) Staudinger/Wolfsteiner, §1135 Rn. 5.
34) Mugdan(註 30), S. 376(Motive Ⅲ, 674).
35) Staudinger/Wolfsteiner, §1133 Rn. 7.
36) Staudinger/Wolfsteiner, §1136 Rn. 14.

(라) 채권자에 의한 기간 지정

(ㄱ) 기간 지정

채권자는 소유자에게 위험을 제거하기 위한 적당한 기간을 명시적으로 정해야 한다. 이 기간을 정하는 것은 법원이 아니라 채권자이다. 소유자가 새로운 담보를 제공할 의무가 있는 것은 아니다.[37] 그러나 소유자가 이 기간 동안 위험을 제거하지 않으면, 채권자는 만족권을 행사할 수 있다. 소유자가 이 기간이 경과한 후 위험을 제거한 경우에 채권자가 만족권을 다시 상실하지 않는다는 견해가 있으나,[38] 이에 반대하는 견해도 있다.[39] 만일 소유자가 미리 위험을 제거할 것을 거부하는 경우에는 채권자가 이 기간을 지정할 필요가 없다.[40]

토지가 실제로 훼손되었다는 것과 담보력이 더 이상 충분하지 않다는 사실은 이 청구권의 요건에 해당하는 것으로 채권자에게 입증책임이 있다.[41]

(ㄴ) 청구권의 배제

소유자가 기간 내에 토지를 개량하거나 다른 저당권을 설정함으로써 청구권을 배제할 수 있다. 첫째, 소유자는 훼손된 토지를 개량하여 위험을 제거할 수 있다. 원래의 상태와는 달라지더라도 충분한 담보가치를 회복하는 것으로 충분하다. 토지의 수익으로 저당권의 피담보채권을 변제하여야 하는 경우에는 수익력을 회복하여야 한다. 둘째, 소유자는 다른 저당권을 설정해 줌으로써 위험을 제거할 수 있다.[42] 소유

---

37) Westermann/Eickmann(註 9), §99 I 2(S. 718).

38) Bamberger/Roth/Rohe, §1133 Rn. 7; Staudinger/Wolfsteiner, §1133 Rn. 9.

39) Soergel/Konzen, §1133 Rn. 4.

40) Staudinger/Wolfsteiner, §1133 Rn. 9.

41) Staudinger/Wolfsteiner, §1133 Rn. 10.

42) Staudinger/Wolfsteiner, §1133 Rn. 11ff. 그러나 질권이나 동산양도담보와 같은 다른 형태의 담보를 설정하는 것은 토지에 기한 만족가능성을 증가시키는 것이 아니기 때문에, 채권자가 이를 받아들일 필요는 없다고 한다. MünchKomm/Eickmann, §1133 Rn. 18.

자는 위 두 방안 중 어느 것이라도 선택할 수 있다. 저당권의 순위를 상승하게 하는 것도 허용된다.[43)]

㈒ 저당권의 이행기 미도래

제1133조는 저당권이 아직 이행기에 있지 않을 것을 전제로 한다. 독일에서는 저당권의 이행기와 저당채권의 이행기를 구분하는데, 저당채권이 이행기에 있으면, 저당권자는 제1147조에 따라 강제집행을 할 수 있다. 이 경우에는 채무자의 침해행위를 막기 위하여 강제관리(독일 강제집행법 제146조 이하 참조)를 이용할 수 있다.[44)]

⑶ 청구권의 내용

채권자는 지정기간의 경과 후에 바로 토지로부터 만족을 청구할 수 있다(제1147조). 채권자의 만족권은 위태롭게 된 부분뿐만 아니라, 채권자의 모든 청구권에 미친다.[45)] 채권이 원래 이행기에 있는지 여부와는 상관없다.[46)] "토지로부터" 나온다는 표현대로, 이 규정은 물권적 저당청구권에 관한 것이다.[47)]

이 규정에 따르면 채권자는 사전적인 만족청구권만을 행사할 수 있을 뿐이고, 침해 자체의 제거를 청구할 수 없다. 그러나 그러한 청구권은 불법행위에 관한 제823조 제 1 항에서 나올 수 있다.[48)] 특히 토지의 구성부분이 반출되고 이로써 담보책임이 소멸되는 경우에 중요한 의미를 가질 수 있다(제1121조 참조). 이러한 경우에 채권자취소권을 행사할 수 있는 경우도 있다.[49)]

43) Westermann/Eickmann(註 9), §99 I 2(S. 718).
44) Staudinger/Wolfsteiner, §1133 Rn. 15.
45) Soergel/Konzen, §1133 Rn. 1; Westermann/Eickmann(註 9), §99 I 2 (S. 718). 다만 저당은행에 대해서는 저당은행법 제17조 제 1 항에서 특칙을 두어 담보되지 않게 된 부분에 한하여 만족을 청구할 수 있다고 정하고 있다. MünchKomm/Eickmann, §1133 Rn. 14.
46) Staudinger/Wolfsteiner, §1133 Rn. 16.
47) MünchKomm/Eickmann, §1133 Rn. 15.
48) Staudinger/Wolfsteiner, §1133 Rn. 2, 18.
49) Staudinger/Wolfsteiner, §1133 Rn. 18.

채권이 무이자이고 또한 아직 이행기가 도래하지 아니한 경우에는 채권자는 채권액에서 중간이자를 공제한 금액만을 취득할 수 있다. 중간이자는 라이프니쯔식으로 계산할지 아니면 호프만식으로 계산할지 문제되는데, 호프만식으로 계산하여 왔고,[50] 독일민법(제246조)에서 법정이율은 연 4%로 되어 있다.

3. 不作爲請求權

(1) 일 반

제1134조는 제1133조와 마찬가지로 저당권의 담보력을 위태롭게 하는 토지의 훼손에 대하여 저당채권자를 보호하기 위한 것이다.[51] 제1134조의 표현과 표제에 따르면 채권자에게 청구권이 아니라 訴權을 부여하는 형식을 띠고 있기 때문에, 보통법상의 소권체계에 따른 것처럼 보인다(actio negatoria).[52] 그러나 이 규정은 그 표현과는 달리 채권자에게 私法的인 請求權을 부여한 것이라고 한다. 이 청구권은 필요한 경우에 소송이나 가처분 신청의 방법으로 주장되어야 한다. 또한 독일 연방대법원은 건축토지 위에 설정된 저당권의 담보력을 위태롭게 하는 철거 또는 개축이 저당채권자의 동의 없이 행해지는 경우에 건축업자가 손해배상책임을 질 수 있다고 하였는데, 제1134조가 제823조 제 2 항의 보호법규에 해당한다고 보았다.[53]

저당권은 물권으로서 절대적 효력이 있기 때문에, 소유자와 제 3 자에 대하여 저당권의 담보력을 해치는 침해행위에 대한 금지를 청구

50) Mugdan(註 30), S. 376(Motive Ⅲ, 647); MünchKomm/Eickmann, § 1133 Rn. 16; Staudinger/Wolfsteiner, § 1133 Rn. 20.

51) 이와 유사한 규정이 강제집행법(ZVG) 제25조, 제149조 제 2 항에 있는데, 이는 강제집행절차에서 적용되는 규정이다.

52) 제1004조 제 1 항 2문은 이와 마찬가지로 부작위의 소를 제기할 수 있는 요건을 정하고 있다.

53) BGHZ 65, 211; BGHZ 92, 280; Staudinger/Wolfsteiner, § 1134 Rn. 2.

할 수 있다.[54] 그러나 소유자와 제 3 자에 대한 청구내용이 다소 다르게 규정되어 있다.

(2) 제1134조 제 1 항에 기한 부작위청구권

(가) 요 건

제1134조 제 1 항에 따른 청구권이 발생하려면, 소유자 또는 제 3 자의 토지에 대한 간섭(Einwirkung)으로 말미암아 토지가 훼손됨으로써 저당권의 담보력을 위태롭게 할 우려가 있어야 한다. 이 규정에서는 소유자나 제 3 자가 훼손하려는 경우에 한하여 적용되기 때문에, 자연적인 사건은 포함되지 않는다.[55] 소유자의 부작위에 관하여는 제1134조 제 2 항 제 2 문에서 정하고 있는데, 소유자가 제 3 자의 간섭 등에 대하여 필요한 예방조치를 취하지 않음으로써 훼손의 우려가 발생한 경우에 법원은 채권자의 신청에 따라 그 위험의 방지를 위하여 필요한 조치를 하여야 한다. 또한 제 3 자가 채권자에 대하여 일정한 행위를 할 의무가 있는 경우에 제 3 자의 부작위에 대해서도 채권자는 그 위험의 방지조치를 청구할 수 있다.[56] 제1135조에 의하면, 저당권의 효력이 미치는 종물을 훼손하거나, 통상적인 경제의 규칙에 반하여 토지로부터 종물을 반출하는 경우에 이는 토지의 훼손과 동일하게 취급된다.

제1134조의 훼손의 개념은 위 2.에서 본 제1133조의 경우와 마찬가지이다. 담보력의 악화는 객관적으로 거래가치를 감소시킬 만한 토지와 그 구성부분의 변경이라고 한다. 소유자나 제 3 자에게 귀책사유가 있어야 하는 것이 아니다. 담보력이 실제로 악화되었어야 할 필요는 없고(제1133조의 경우처럼), 그러한 우려가 있는 것으로 충분하다.[57] 그렇지만

54) Westermann/Eickmann(註 9), § 99 Ⅰ 1(S. 717).
55) Bamberger/Roth/Rohe, § 1134 Rn. 3.
56) Staudinger/Wolfsteiner, § 1134 Rn. 3.
57) Staudinger/Wolfsteiner, § 1134 Rn. 3f.

토지가 훼손된 경우에 항상 제1134조의 요건이 충족되는 것이 아니고, 이로써 저당권의 담보력이 위태롭게 되는 경우에만 제1134조가 적용된다. 판결에 나타난 예들을 보면, 건물의 철거, 토지를 파헤치는 것, 목욕시설의 반출, 설치된 기계의 반출 등이 있다. 그러나 건물의 파괴 후에 저당권이 설정된 경우에는 저당권자가 잔해를 제거하지 말라고 청구할 권리가 없다고 한 사례가 있다.[58]

저당채권이 이미 이행기에 도래한 경우에도 제1134조가 적용되지만, 이행기가 제1134조 적용의 요건은 아니다. 또한 집행권원의 존재나 압류가 필요한 것도 아니다.[59]

(나) 효　과

이 규정에 따라 채권자는 간섭(Einwirkung)하지 말라고 청구하는 부작위청구권을 갖는다. 상대방은 간섭에 대하여 책임이 있는 소유자일 수도 있고, 제3자, 즉 물건의 점유자, 사용임차인, 용익임차인과 용익권자일 수도 있다.[60] 이 점에서도 물권적 청구권으로서의 특색이 드러난다.[61] 그런데 이 규정에서 말하는 제3자는 독립적으로 행위하는 사람을 가리키는 것이므로, 소유자의 대리인이나 그의 지시에 따라 행위하는 사람은 제3자에 해당하지 않는다. 독일 연방대법원은 건축주와의 계약에 따라 토지에 건축을 하고 있는 건축업자를 제3자에 해당한다고 보았는데,[62] 건축업자의 행위는 건축주에게 귀속된다는 이유로 이 판결에 반대하는 견해가 있다.[63] 또한 도산관리인은 이 규정에서 말하는 제3자가 아니다. 왜냐하면 그의 행위는 독일 도산법 제80조에 따라 소유자에게 귀속되어야 하기 때문이다.[64]

58) 이 판결들에 관하여는 Staudinger/Wolfsteiner, § 1134 Rn. 4.
59) Staudinger/Wolfsteiner, § 1134 Rn. 5; Soergel/Konzen, § 1134 Rn. 1.
60) Bamberger/Roth/Rohe, § 1134 Rn. 4.
61) MünchKomm/Eickmann, § 1134 Rn. 2.
62) BGHZ 65, 211.
63) MünchKomm/Eickmann, § 1134 Rn. 7.
64) MünchKomm/Eickmann, § 1134 Rn. 7.

저당채권자는 이미 발생한 침해를 제거하라는 청구를 할 수 있는지 문제된다. 제1134조에 따르면 부작위만을 청구할 수 있을 뿐이고, 이미 행해진 간섭을 제거하라는 적극적 행위를 청구할 수는 없다.[65) 그러나 저당권을 침해하는 행위가 고의, 과실로 인한 것이어서 불법행위의 요건을 충족시키는 경우에는 채권자가 간섭의 제거를 청구할 수 있다.[66) 저당권은 제823조 제 1 항의 "기타의 권리"에 속하고, 제1134조는 제823조의 "보호법규"에 해당한다.[67) 독일민법에서 손해배상은 원상회복이 원칙이기 때문에(제249조 제 1 항), 침해의 제거를 청구할 수 있게 된다. 즉, 저당권에 기한 방해제거청구권은 물권편에 있는 제1134조에서 나오는 것이 아니라 불법행위 규정에서 나온다. 또한 저당권설정자와 저당권자 사이에 저당권자가 방해의 제거를 청구할 수 있다는 채권적인 합의를 할 수도 있다.[68)

제1134조에서 이행기 전의 만족권을 정하지 않고 있기 때문에, 토지의 훼손 우려가 있다는 것만으로 이행기 전에 저당권을 실행할 수는 없다. 그러나 제1133조와 제1134조의 두 요건을 모두 충족하는 경우가 있을 수 있음은 물론이다.[69)

(3) 제1134조 제 2 항에 따른 소유자의 부작위 및 간섭의무

제1134조 제 2 항은 일정한 요건 하에서 채권자가 소유자에게 필요한 조치를 청구할 수 있는 권리를 부여하고 있다. 첫째, 소유자가 토지에 대한 간섭을 한 경우이다(제 2 항 1 문). 소유자 자신이 토지에 간섭한 경우에는 부작위와 결과제거의 의무만 있는 것이 아니라, 나아가 장래의 위험을 막기 위하여 방지조치를 청구할 수 있다. 둘째, 소유자가 제 3

65) MünchKomm/Eickmann, § 1134 Rn. 20; Staudinger/Wolfsteiner, § 1134 Rn. 7.

66) Staudinger/Wolfsteiner, § 1134 Rn. 23.

67) BGHZ 105, 230; MünchKomm/Eickmann, § 1134 Rn. 18.

68) MünchKomm/Eickmann, § 1134 Rn. 21.

69) Staudinger/Wolfsteiner, § 1134 Rn. 10.

자의 간섭이나 그 밖의 가해행위에 대하여 필요한 조치를 게을리한 경우이다(제2항 2문). 제2항의 청구권은 단지 소유자에 대한 것이고, 제3자에 대한 것이 아니기 때문에, 제3자에 대해서는 그러한 조치를 취하라고 할 수 없다. 이 규정에서 "그 밖의 가해행위"는 소유자나 제3자의 의사와는 무관한 것일 수 있다. 예컨대 자연적으로 발생한 사건도 여기에 속한다.[70)]

제2항에서 정하고 있는 사전조치가 어떠한 것인지에 관하여 법률은 규정하지 않고 있다. 법원이 제반사정을 고려하여 적절한 조치를 명해야 한다.[71)] 그러나 순수한 경제적 조치는 여기에 속하지 않고, 이 규정에서 "통상적인 관리를 위한 일반적인 의무"가 도출되는 것은 아니라고 한다. 소유자가 토지를 임대할 의무가 있는 것도 아니고, 임대차를 해지하는 것을 방해하지도 않는다. 보험에 가입할 의무가 도출되지도 않는다.[72)] 즉, 보험계약, 특히 화재보험계약의 체결은 필요한 사전조치에 속하지 않는다.[73)] 한편 토지의 양도금지조치가 제2항에 따른 조치에 해당하는지 여부에 관하여는 긍정설[74)]과 부정설[75)]이 대립한다. 부정설에서는 소유자가 토지를 양도하지 않기로 하는 약정은 저당채권자에 대하여 무효이기 때문에(제1136조 참조), 양도는 가해적인 간섭에 속하지 않고, 따라서 소유자에게 금지되지도 않는다고 한다.

---

70) MünchKomm/Eickmann, § 1134 Rn. 8f.; Staudinger/Wolfsteiner, § 1134 Rn. 9.

71) 이에 관하여 상세한 것은 Staudinger/Wolfsteiner, § 1134 Rn. 13ff.

72) Staudinger/Wolfsteiner, § 1134 Rn. 12.

73) 그러나 건물의 소실로 인하여 토지 가치가 담보권을 완전히 충족시키지 못하는 경우에는 건물을 위한 화재보험계약의 체결이 소유자의 사전조치에 해당한다. Bamberger/Roth/Rohe, § 1134 Rn. 6.

74) MünchKomm/Eickmann, § 1134 Rn. 14; Soergel/Konzen, § 1134 Rn. 3.

75) Staudinger/Wolfsteiner, § 1134 Rn. 16f.

4. 從物의 毁損

제1135조는 제1133조와 제1134조에서 나오는 권리를 종물의 훼손에 확장한다.[76] 즉, 제1135조는 저당 토지의 종물이 훼손되거나 '통상적인 경제규칙에 반하여 토지로부터 반출'된 경우에 제1133조와 제1134조의 토지 훼손과 마찬가지라고 한다. 따라서 위 2, 3에서 설명한 내용이 종물의 훼손에도 그대로 적용된다. 그러나 종물이 통상적으로 분리되는 경우는 여기에 속하지 않는다. 이 규정에서는 비경제성(Unwirtschaftlichkeit)이라는 개념이 중요한 의미를 가진다.[77]

종물을 통상적인 경제규칙에 반하여 반출하더라도 원칙적으로 종물이 책임을 면하는 것은 아니다.[78] 그러나 이와 같이 비경제적으로 종물이 반출되는 경우에 부가적으로 토지의 훼손으로 되어 제1133조나 제1134조가 적용될 수 있다. 이 경우에도 저당권의 담보력이 위태롭게 되어야 한다.[79] 그런데 저당채권자가 제1135조에 따라서 제1133조, 제1134조의 권리를 주장하고자 하는 경우에 미리 종물을 압류하여야 할 필요는 없다.[80]

종물의 훼손의 경우에도 불법행위의 요건을 충족하는 경우에는 소유자나 제 3 자는 손해배상책임을 진다(제823조 제 1 항 · 제 2 항). 통상 채권자를 위하여 토지를 압류하여야 비로소 소유자의 처분권이 제한된다. 그 후 종물을 반출하는 경우에 불법행위에 기한 손해배상책임을 진다.[81] 종

76) 果實이나 차임채권에는 이 규정이 적용되지 않는다. 이에 관하여는 제1121조 이하에서 저당권자를 충분히 보호하고 있기 때문이다. MünchKomm/Eickmann, § 1135 Rn. 2; Staudinger/Wolfsteiner, § 1135 Rn. 5.

77) Staudinger/Wolfsteiner, § 1135 Rn. 1f.

78) 다만 채권자를 위하여 종물을 압류하기 전에 종물을 양도하여 반출한 경우에는 책임을 면한다(제1121조 제 1 항).

79) Staudinger/Wolfsteiner, § 1135 Rn. 3.

80) Staudinger/Wolfsteiner, § 1135 Rn. 4.

81) BGH NJW 1991, 695; Staudinger/Wolfsteiner, § 1135 Rn. 9.

물이 반출된 경우에 종물의 반환을 청구할 수 있는지에 관하여는 논란이 있다.[82)]

5. 結　語

독일민법은 저당토지를 훼손한 경우에 사전적인 만족권을 부여하고 있고, 훼손의 우려가 있는 경우에는 부작위청구권을 인정하고 있다. 저당물이 훼손된 경우에 그 원상회복을 청구할 수 있는지에 관하여는 물권편에 규정을 두지 않고 있다. 이러한 경우에는 저당권자가 불법행위 규정에 따라 그 원상회복을 청구할 수 있다.

Ⅲ. 우리 民法에서 抵當權에 기한 妨害除去 및 妨害豫防請求權 ― 저당 토지 위에 건물을 신축하는 공사에 대한 중지청구의 허용여부를 중심으로

1. 抵當權 侵害에 대한 救濟手段 일반

저당권의 침해라 함은 저당권자의 담보를 위태롭게 하는 것이다.[83)] 저당권은 목적물의 교환가치를 파악하는 것이라는 전제에서, 저당권 침해는 저당권자가 저당목적물의 교환가치로부터 우선변제를 받는 것을 위태롭게 하는 일체의 행위라고 한다.[84)] 예컨대, 저당권의 목적물을 멸실 또는 훼손하는 경우, 목적물이 멸실, 훼손하는 것을 부당하게 방치하는 경우에 저당권 침해라고 할 수 있다. 통상 저당산림의

82) 이에 관하여는 Baur/Stürner(註 5), §40 Ⅲ 1 a)(S. 473); MünchKomm/Eickmann, §1135 Rn. 18.
83) 郭潤直, 物權法, 제 7 판, 2002, 355면.
84) 李英俊, 韓國民法論[物權編], 신정 2 판, 2004, 847면.

부당한 벌채, 부당관리로 저당건물이 허물어져 무너지는 것, 종물의 부당한 분리 등을 든다.[85)]

이러한 저당권 침해에 대하여 다양한 구제수단이 마련되어 있다. 첫째, 민법 제362조는 抵當物補充請求權에 관하여 규정하고 있다. 저당권설정자의 책임 있는 사유로 인하여 저당물의 가액이 현저히 감소된 때에는 저당권자는 저당권설정자에 대하여 그 원상회복을 청구하거나 상당한 담보제공을 청구할 수 있다.[86)] 둘째, 민법 제370조는 抵當權에 기한 妨害排除請求權을 규정하고 있다.[87)] 저당권을 침해한 경우에 저당권자는 소유자 또는 제 3 자에 대하여 방해배제 및 방해예방을 청구할 수 있다.[88)] 예컨대 저당토지에서 부당하게 벌채하는 것에 대하여 금지청구를 하거나 무효인 선순위의 등기에 대하여 말소를 청구하는 것이 이에 속한다. 저당권의 침해가 있으면 목적부동산의 교환가치가 아직 피담보채권액을 만족시킬 수 있는 경우에도 물권적 청구권이

---

85) 郭潤直(註 83), 355면; 郭潤直 편, 民法注解(Ⅶ), 1992, 82면(南孝淳 집필 부분).

86) 이 규정은 현행민법 제정 당시 신설된 조항이다. 당시 입법례로 독일민법 제1133조, 제1134조와 스위스민법 제809조를 참고하였는데(民議院 法制司法委員會 民法案審議小委員會, 民法案審議錄, 上卷, 1957, 217면), 스위스민법 제809조 제 1 항과 거의 동일하다.

87) 우리의 구민법, 즉 의용민법에는 저당권에 방해배제청구권을 준용한다는 규정이 없었다. 우리 민법 제정 당시의 초안에도 이에 관한 규정이 없었다(民議院 法制司法委員會 民法案審議小委員會, 民法案審議錄, 上卷, 1957, 222면). 이에 대하여 金曾漢 교수는 "저당권은 점유를 수반하는 권리가 아니므로 저당권에 기한 반환청구권이라는 것은 있을 수 없으나, 저당권의 침해에 대하여 물권적 청구권으로서 방해제거 및 예방청구권을 인정하여야 함은 물권으로서 당연한 일이며, 현행법의 해석에 있어서도 이론이 없는 바이다. 그러므로 초안이 저당권에 준용할 조문 중에 제202조[현행 제214조를 가리킴]를 가하지 아니한 것은 명백한 실수이다"라고 주장하였다(民事法硏究會, 民法案意見書, 일조각, 1957, 128면). 그 후 이 주장이 받아들여 저당권에 방해배제 및 예방청구권을 준용하는 규정이 도입되었다.

88) 일본민법에는 이에 관한 명문의 규정이 없는데도 판례가 저당권에 기한 방해배제청구를 인정한 바 있다. 日最高判(大法廷) 1999(平成 11).11.24(民集 53-8, 1899).

발생한다고 한다.[89] 셋째, 민법 제388조는 채무자가 담보를 손상, 감소 또는 멸실하게 한 때에는 期限의 利益을 주장하지 못한다고 규정하고 있다. 넷째, 저당권 침해에 대하여 債務不履行 또는 不法行爲[90]에 기한 손해배상책임이 발생할 수 있다. 저당권 침해에 대하여 불법행위책임이 성립한다는 점에는 이견이 없으나, 채무불이행책임의 성립여부에 관해서는 별다른 논의가 없다. 그러나 저당권설정계약에서 저당권설정자가 저당권을 침해해서는 안 된다는 의무를 도출할 수 있으므로, 저당권자는 그 의무의 불이행에 대하여 채무불이행책임을 추궁할 수도 있다고 생각한다.

나아가 民事執行法은 경매절차를 개시한 뒤에는 법원이 부동산에 대한 침해행위를 방지하기 위하여 필요한 조치를 할 수 있다고 규정하고 있다(제83조 제3항). 민사집행규칙은 이에 관한 상세한 절차를 마련해두고 있는데, 채무자, 소유자 또는 부동산의 점유자가 부동산의 가격을 현저히 감소시키거나 감소시킬 우려가 있는 행위(이를 "가격감소행위 등"이라 한다)를 하는 때에는, 법원은 이를 금지하거나 일정한 행위를 할 것을 명할 수 있다고 한다(제44조). 이러한 규정들은 집행절차에서 간편하게 경매목적물에 대한 침해행위를 방지하기 위한 것이고, 경매절차가 개

89) 金曾漢 · 金學東, 物權法, 제 9 판, 1997, 547면.

90) 大判 1997. 11. 25, 97다35771(1998, 14)은, "타인의 불법행위로 인하여 근저당권이 소멸되는 경우에 있어 근저당권자로서는 근저당권이 소멸하지 아니하였더라면 그 실행으로 피담보채무의 변제를 받았을 것임에도 불구하고 근저당권의 소멸로 말미암아 이러한 변제를 받게 되는 권능을 상실하게 되는 것이므로, 그 근저당권의 소멸로 인한 근저당권자가 입게 되는 손해는 근저당 목적물인 부동산의 가액 범위 내에서 채권최고액을 한도로 하는 피담보채권액이라고 할 것"이라고 하였다. 또한 大判 1998. 11. 10, 98다34126(공 1998, 2845)은 "담보물을 권한 없이 멸실 · 훼손하거나 담보가치를 감소시키는 행위는 위법한 행위로서 불법행위를 구성하며, 이 때 채권자가 입게 되는 손해는 담보 목적물의 가액의 범위 내에서 채권최고액을 한도로 하는 피담보채권액으로 확정될 뿐 그 피담보채무의 변제기가 도래하여 그 담보권을 실행할 때 비로소 발생하는 것은 아니다"라고 판단하였다. 후자의 판결에 관하여는 池元林, "擔保權 侵害와 損害賠償," 民事法學 제18호, 2000, 342면 이하 참조.

시된 이후에도 저당권자는 민법 규정에 따른 물권적 청구권도 행사할 수 있다고 보아야 한다. 또한 제3자가 강제집행의 목적물에 대하여 소유권이 있다고 주장하거나 목적물의 양도나 인도를 막을 수 있는 권리가 있다고 주장하는 때에는 채권자를 상대로 그 강제집행에 대한 이의의 소를 제기할 수 있다. 다만, 채무자가 그 이의를 다투는 때에는 채무자를 공동피고로 할 수 있다. 그리고 저당부동산의 종물 등을 부동산으로부터 분리하여 처분하는 경우에 저당부동산의 가치가 줄어들어 저당권을 침해할 위험이 있는데, 이와 같은 경매절차에서 저당권자가 제3자이의의 소(민사집행법 제48조)를 제기할 수 있다.[91)]

저당권 침해에 대한 구제수단에 관하여 독일민법과 우리 민법의 관련 규정을 비교하면 다음 표와 같다. 규정의 방식이나 위치가 다르고 각각의 구제수단의 요건과 효과가 다르지만, 그 내용이 매우 유사하다는 것을 알 수 있다.

[표] 저당권 침해에 관한 독일민법과 한국민법의 비교

	독일민법	한국민법
저당권 침해로 인한 실행 가부	제1133조 사전적인 만족청구권	제388조 기한의 이익 상실
방해배제와 손해배상	제240조 담보 보충의무 제1134조 제1항 부작위청구권 제1134조 제2항 소유자의 필요한 조치 제823조, 제826조 불법행위에 기한 방해제거 또는 금전배상	제362조 원상회복 및 담보물보충 제370조, 제214조 소유물방해제거 및 예방청구권 제390조, 제750조 손해배상(금전배상)
종물의 훼손	제1135조 종물의 훼손	별도 규정 없음

91) 이러한 제3자 이의의 소도 저당권에 기한 물권적 청구권으로 다루고 있다. 郭潤直(註 83), 356면.

2. 抵當權에 기한 妨害排除請求權

(1) 제362조와 제370조의 관계

저당권 침해의 경우에 제362조에 따라 다른 담보를 청구할 수 있다는 점은 제370조에서는 도출되지 않지만, 제362조의 원상회복청구와 제370조의 방해배제청구는 그 효과가 서로 중복되는 점이 있다. 그리하여 제362조와 제370조가 어떠한 관계에 있는지 문제된다. 첫째, 제362조에서는 저당권설정자가 침해행위를 하여야 한다. 저당권설정자가 채무자가 아닌 경우, 즉 물상보증인인 경우에도 이 규정이 적용된다고 보아야 할 것이다.[92] 이와 달리 제370조에서는 저당권설정자든 제3자든 저당권을 침해하는 행위에 대하여 방해배제청구를 할 수 있다. 둘째, 제362조에 의하면, 저당물이 훼손되었다고 하더라도 저당물보충청구권이 생기는 것은 아니고 저당물의 가액이 현저히 감소되어야 한다. 그러나 제370조에서는 저당권의 침해만 있으면 충분하고 그 침해가 현저할 것을 요구하지 않는다. 목적부동산의 교환가치가 아직 피담보채권액을 만족시킬 수 있는 경우에도 제370조에 기한 방해배제청구를 할 수 있다고 한다.[93] 셋째, 제362조에 의하면 저당권설정자에게 책임이 있어야 한다. 따라서 고의, 과실 없이 저당물이 훼손된 경우에는 이 규정에 따른 저당물보충청구권을 행사할 수 없다. 이와 달리 제370조의 규정은 침해자의 고의, 과실과는 상관없이 적용된다. 넷째, 저당권 침해의 효과로서 제362조에 의하면 원상회복과 다른 담보의 제공을 청구할 수 있으나, 제370조에 의하면 방해배제와 방해예방을 청구할 수 있다.

저당권이 침해된 경우에 저당권자가 제362조의 요건을 충족하는 한에서는 원상회복을 청구할 수도 있고, 제370조에 따라 방해의 제거

92) 民法注解(Ⅶ), 87면.
93) 金曾漢, 物權法講義, 1984, 428면.

를 청구할 수 있다. 그러나 방해의 우려가 있는 경우에는 제362조는 적용되지 않고 제370조에 따라 그 예방을 청구할 수 있다.

(2) 交換價値와 使用價値의 준별 문제 — 抵當權의 本質論과 관련하여

담보물권의 본질은 목적물의 교환가치를 취득하는 것을 목적으로 하는 價値權이라고 한다. 이 점에서 목적물의 이용가치를 취득하는 것을 목적으로 하는 용익물권과는 본질적인 차이가 있다고 한다.[94] 특히 저당권은 저당목적물의 교환가치만을 파악하고 저당권설정자가 저당목적물을 점유, 이용하는 것이기 때문에, 가장 순수하게 가치권으로서의 모습을 보여 준다고 한다.[95] 따라서 저당권설정자가 저당목적물을 제3자에게 용익하게 하거나 부합물을 저당부동산으로부터 분리하더라도 이에 의하여 저당권이 침해되는 것은 아니다.[96] 이와 같이 저당권을 가치권으로 파악하는 태도는 일본의 담보물권법을 이끌었던 我妻榮[97]의 견해와 거의 동일하다.

여기에서 저당권설정자의 사용·수익권과 저당권자의 가치권이 상충하는 경우에 어떻게 해결할 것인지 문제된다. 저당권의 본질상 저당권설정자의 저당목적물에 대한 사용과 수익은 우선적으로 보장되어야 한다는 견해가 있다.[98] 물론 저당권설정자는 저당목적물에 대하여 선

94) 郭潤直(註 83), 278면.

95) 郭潤直(註 83), 279면; 金曾漢·金學東(註 89), 507면.

96) 郭潤直(註 83), 355면; 李英俊(註 84), 847면.

97) 我妻榮, "資本主義と抵當制度の發達," 民法硏究 Ⅳ, 有斐閣, 1967, 5면 이하는 독일의 콜러의 견해를 인용하여 가치권과 물질권을 구분한 다음, "소유권, 지상권, 영소작권 등은 토지 기타의 「물질」적 이용을 내용으로 하는 것임에 반하여, 담보권은 객체의 교환 「가치」를 내용으로 한다"고 한다. 나아가 "물질권으로부터 가치권의 독립"을 근대법에서 저당권제도의 발달이라고 한다. 또한 我妻榮, 新訂 擔保物權法, 1972, 209면에 의하면, "저당권은 목적물의 물질적 존재로부터 완전히 분리된 가치만을 객체로 하는 권리, 즉 물질권(Substanzrecht)에 대립하는 의미로서의 가치권(Wertrecht)의 순수한 형태"라고 한다.

98) 民法注解(Ⅶ), 82면.

량한 관리자로서의 주의의무를 진다고 한다. 따라서 통상의 경제적 용법에 따라 저당목적물을 사용하는 경우에 그것이 비록 저당목적물의 교환가치를 감소시키더라도 저당권 침해가 아니라고 한다. 따라서 이 견해가 저당권설정자를 무조건 우선시해야 한다는 것은 아니다. 즉, 통상의 경제적 용법을 벗어난 경우에는 저당권 침해가 될 수 있을 것이다.[99]

그런데 교환가치와 사용가치를 엄밀하게 준별하는 것이 가능한지는 의문이다.[100] 통상적인 물건의 교환가치는 사용가치를 전제로 한다. 물건의 사용가치가 떨어지면 통상 교환가치도 그만큼 떨어진다. 교환가치는 사용수익권을 전제로 한다. 저당권이 교환가치를 파악할 뿐이라는 것은 저당권의 실행시까지 소유자가 저당목적물을 이용할 수 있다는 의미이고, 저당목적물을 훼손해도 된다는 의미는 아니다. 소유자는 사용가치를 유지한 채로 목적물을 사용하는 것은 허용되지만, 저당목적물의 사용으로 담보가치 자체가 손상된다면, 저당권을 침해하는 것이라고 볼 수 있다. 따라서 저당목적물을 이용할 수 있다고 하더라도 저당권자가 파악하고 있는 담보가치를 침해해서는 안 될 것이다. 이것이 저당권설정자와 저당권자의 의사에 합치한다. 저당권자는 담보가치가 유지될 것이라는 기대를 갖고 채무자에게 자금을 융통하고 저당권을 설정받는다고 보아야 할 것이고, 이러한 저당권자의 기대를 해쳐서는 안 될 것이다.

저당권의 본질이 가치권이라는 명제는 저당권에 기한 방해배제청구권을 인정하는 것과 모순되는 것이 아니다. 저당권을 가치권으로 파악하는 것은 독일에서 유래된 것이고, 독일의 토지채무는 가장 발달된

99) 金曾漢 · 金學東(註 89), 547면은 목적물의 사용이 正當한 使用에 해당하는 경우에는 저당권 침해가 아니라고 한다.

100) 梁彰洙, "擔保에 관한 새로운 一般理論의 方向," 民事判例研究(XXVI), 2004, 602면은 교환가치는 사용가치를 어느 고정된 시점에서 총체적으로 파악한 것이라고 보아야 할 것 아닌가라고 의문을 제기하고 있다.

형태의 가치권이라고 한다. 그러나 독일에서는 저당권이나 토지채무에 기하여 침해행위의 배제나 금지를 청구할 수 있다고 한다. 가치권 개념을 발전시킨 콜러도 저당권에 기한 방해배제청구권을 인정하고 있다.[101] 이러한 점에서도 저당권에 기한 방해배제청구권을 저당권의 본질과 배치되는 이질적인 제도로 보아야 할 이유는 없다.

소유자가 저당목적물의 사용가치를 파악하고 있다지만, 이것이 법규정에 명시되어 있는 것은 아니다. 소유자가 사용가치를 어느 정도로 파악하고 있는지는 법규정에 따라 달라질 수 있다. 반면에 저당권자의 방해배제청구에 관해서는 제370조에서 명문의 규정을 두고 있다. 그렇다면 소유자의 사용가치 파악은 제370조에 의하여 제약받는다고 보아야 할 것이다. 그리고 민사집행법에서 부동산에 대한 강제집행의 방법은 강제경매와 강제관리로 구분되는데(제268조, 제78조), 강제경매는 교환가치를 실현하는 것이고, 강제관리는 수익가치를 실현하는 것이라고 볼 수 있다. 따라서 저당권은 교환가치와 함께 수익가치를 파악하고 있는 것이라고 보아야 한다. 소유자가 저당권 설정 후에도 저당목적물을 이용할 수 있다고 하더라도 이것이 저당권자가 파악하고 있는 담보가치를 침해하지 않는 한도에서 허용될 뿐이다.

한편 채무자가 피담보채무를 변제하지 않는 경우에 저당권자는 경매절차를 통하여 경매목적물을 환가하고 위 환가대금에서 저당권의 피담보채무를 우선 변제받을 권리가 있다. 경매절차가 개시된 경우에도 소유자는 여전히 저당목적물을 관리·이용할 수 있지만(민사집행법 제83조 제 2 항), 이러한 권능은 환가권을 침해해서는 안 된다는 제약을 받는다(민사집행법 제83조 제 3 항). 경매절차가 진행되는 도중에 저당목적물을 훼손하는 경우에는 저당권자가 경매법원에 민사집행법에 따른 조치를 청구할 수 있을 뿐만 아니라, 민법 제370조에 따라 침해행위의 제거 또는 중지를 청구할 수 있다.

101) Kohler(註 6), S. 370.

3. 抵當土地 위에 建物을 新築하는 것이 토지의 훼손에 해당하는지 여부

토지소유자가 저당권을 설정한 이후에도 토지를 자유롭게 사용, 수익, 처분할 수 있는 것이 원칙이다. 또한 소유자가 토지를 처분하더라도 저당권의 효력이 미치기 때문에, 저당권자는 교환가치를 계속 파악하고 있는 것이다. 소유자가 토지 위에 건물을 짓는 것도 토지의 이용방법으로 볼 수 있다. 그러나 저당 토지에 건물을 건축함으로써 담보에 제공된 토지의 담보가치가 하락할 수 있다. 이 경우에도 담보권자의 지위를 더욱 보호할 것인지, 아니면 소유자의 이용가치를 더욱 보호해야 할 것인지 문제된다.

이에 관한 논의를 하고 있는 문헌을 찾기는 쉽지 않다. 다만 토지에 대한 저당권설정자가 그 토지 위에 건물을 축조하는 것은 토지소유권의 정당한 이용의 범위에 속하므로, 저당권자는 그 금지를 청구할 수 없다는 견해가 있다.[102] 그러나 그와 같이 단정할 수 있을까? 토지에 관한 저당권을 실행하려고 하는데 위 토지에 건물을 축조함으로써 사실상 경매가 이루어지지 못할 수 있고, 이러한 경우에는 저당권자의 담보가치가 중대하게 훼손되는 결과가 초래된다. 평소에는 소유자가 저당목적물을 자유롭게 이용할 수 있다고 하더라도, 저당권이 실행될 단계에는 원래의 담보가치를 유지할 수 있어야 하지 않을까?

오히려 저당권을 설정할 당시 저당권설정자와 저당권자 사이에 담보가치를 유지하기로 하는 의사의 합치가 있다고 보아야 할 것이다. 토지에 저당권이 설정된 후 토지 위에 건물이 건축되었다가, 위 저당권의 실행으로 토지와 건물의 소유자가 달라진 경우에는 건물을 위한

102) 金曾漢·金學東(註 89), 531면. 그러나 金曾漢(註 93), 420면은 "저당권설정자가 건물을 축조함으로써 저당목적물의 담보가치를 감소시킨 경우에는, 기한의 이익의 상실(제388조)을 주장할 수 있고, 담보물의 보충(제362조)을 청구할 수 있"다고 한다.

법정지상권이나 관습법상의 법정지상권이 성립하지 않는다.[103) 그 중요한 이유는 저당권자가 건물 없는 토지의 가치를 담보가치로 파악하고 있다는 것이다.[104) 만일 나대지에 대한 저당권자가 건물의 부담을 안고 있는 토지로서의 가치를 담보가치로 파악하는 것이 일반적인 경우라면 법정지상권에 관한 판례도 그 기초가 흔들리게 된다.

그러나 저당권자가 토지에 건물을 신축하는 것을 용인하였다면, 토지 소유자가 건물을 신축할 수 있을 것이다. 이 점에 관하여 계약서에 명시하는 등 약정이 있으면 그 약정에 따라야 한다. 이것이 불분명한 경우에는 당사자들의 의사를 해석하는 방법으로 해결하여야 할 것이다. 만일 은행이 토지 소유자에게 위 토지에 건축할 자금을 대출하고 위 토지에 저당권을 설정받은 경우에는 일반적으로 저당권자가 건물을 신축하는 것을 용인하였다고 볼 수 있을 것이다. 그런데 이러한 경우에도 채무자가 채무를 이행하지 않아 저당권자가 경매를 신청한 경우에는 더 이상 건축공사를 할 수 없다고 보는 것이 신의칙에 부합할 것이다. 저당권자가 건물신축을 용인하였다고 하더라도 소유자가 부도로 공사를 진행하지 못하자, 제 3 자가 건축공사를 인수하여 건축

103) 大判 1993. 6. 25, 92다20330(공 1993, 2098); 大判 2003. 9. 5, 2003다26051(공 2003, 2020) 등.

104) 한편 大判 1999. 11. 23, 99다52602(集 47-2, 민 87)는 "토지에 저당권을 설정할 당시 토지의 지상에 건물이 존재하고 있었고 그 양자가 동일 소유자에게 속하였다가 그 후 저당권의 실행으로 토지가 낙찰되기 전에 건물이 제 3 자에게 양도된 경우, 민법 제366조 소정의 법정지상권을 인정하는 법의 취지가 저당물의 경매로 인하여 토지와 그 지상 건물이 각 다른 사람의 소유에 속하게 된 경우에 건물이 철거되는 것과 같은 사회경제적 손실을 방지하려는 공익상 이유에 근거하는 점, 저당권자로서는 저당권설정 당시에 법정지상권의 부담을 예상하였을 것이고 또 저당권설정자는 저당권설정 당시의 담보가치가 저당권이 실행될 때에도 최소한 그대로 유지되어 있으면 될 것이므로 위와 같은 경우 법정지상권을 인정하더라도 저당권자 또는 저당권설정자에게는 불측의 손해가 생기지 않는 반면, 법정지상권을 인정하지 않는다면 건물을 양수한 제 3 자는 건물을 철거하여야 하는 손해를 입게 되는 점 등에 비추어 위와 같은 경우 건물을 양수한 제 3 자는 민법 제366조 소정의 법정지상권을 취득한다"고 하였다.

을 속행하는 경우까지 허용한 것이라고 볼 수는 없을 것이다.

저당토지 위에 건물이 신축된 후 토지에 대한 경매절차가 진행되는 경우에는 건물이 철거될 운명에 있기 때문에,[105] 토지의 담보가치가 훼손되는 것은 아니라고 생각할 여지도 있다. 그러나 대지 위에 철거하여야 할 건물이 있는 경우에는 사실상 대지의 가액이 낮아질 수 있다. 특히 위와 같은 대지를 경락받더라도 건물 철거 문제를 둘러싼 법적 분쟁에 휘말릴 수 있기 때문에, 경매나 입찰에 참가하는 사람들은 대지의 가액을 낮게 평가하려고 할 것이다. 경락인이 위와 같은 경매목적물을 낮은 가격으로 취득하여 건물소유자에게 비싼 값으로 매도하는 경우도 생길 수 있다. 저당지상의 건축으로 인하여 저당권자의 담보가치가 훼손되고, 그렇다고 소유자에게 유리한 결과가 되는 것도 아니고, 법률관계가 불안정한 틈을 타서 경락인만 이익을 얻을 수 있다.[106] 따라서 경매절차에서 불확실성을 없애기 위한 법해석이 필요할 것이다.

토지 위에 건물이 축조되면 저당권자가 一括競賣(민법 제365조)를 청구할 수 있기 때문에, 이로써 해결할 수 있다고 생각할 수 있다. 그러나 일괄경매를 신청하는 것은 저당권자의 권리이고 의무가 아니므로, 이를 이유로 공사중지청구를 막을 수는 없을 것이다. 또한 일괄경매제도로써 저당권자의 이익이 충분히 확보되지도 않는다. 첫째, 건물을 건축하고 있는 상태에서 부합물인지, 독립된 건물인지 경계선에 있는 경우에는 저당권자가 일괄경매를 신청하는 데 어려움이 있다. 둘째, 미등기 건물에 관하여도 경매를 신청할 수 있으나(민사집행법 제81조 제1항 제2호 단서·제3항), 여러 제약이 있다. 셋째, 제365조에 의한 일괄경매에서 토지의 저당권자는 건

105) 토지에 대한 저당권이 설정된 이후에 건물을 신축한 경우에는 저당권의 실행으로 토지와 건물이 달라지더라도 법정지상권이 성립하지 않는다. 大判 2003.9.5, 2003다26051(공 2003, 2020); 大決 1995.12.11, 95마1262(공 1996, 348) 등.

106) 이러한 우연적 사정으로 인한 재화의 분배는 가급적 억제되어야 할 것이다.

물의 경매대가에 대하여는 우선변제를 받을 권리가 없으므로(제365조 단서), 매각대금 산정 등과 관련하여 사실상 손해를 입을 수 있다. 넷째, 저당권설정자가 건물을 축조한 때에 일괄경매를 청구할 수 있다고 규정하고 있는데, 저당권설정자 이외의 제 3 자가 건물을 축조하고 소유하고 있는 경우에는 일괄경매를 청구할 수 없다.[107)]

당사자들 사이에 아무런 약정이 없는 경우에도 경매절차 전후를 구분하는 방안을 생각해 볼 수 있다.[108)] 경매신청 후에는 소유자의 이익보다는 저당권자의 이익을 보호할 필요성이 더욱 커진다. 경락인은 건물소유자에게 건물의 철거를 청구할 수 있다. 경매절차의 진행중에 저당권자가 건축공사의 중지를 청구할 수 없다고 해놓고, 나중에 경락인의 건물철거청구를 인용하는 것은 부당한 것이다. 그런데 경매절차에 들어간 다음에 저당권에 기한 방해배제청구가 허용된다면, 경매절차에 들어가기 전단계에서 담보가치를 감소시키는 행위를 막지 못할 이유가 있을까. 저당권에 기한 방해배제청구권에 관한 민법 규정은 경매절차 전후에 따른 구분을 하지 않고 있다.

금융실무에서 저당권과 함께 지상권을 설정받는 경우가 있다. 이것은 토지에 저당권을 설정한 후에 저당권설정자가 건물을 축조하는 경우에 대비하기 위한 것이다.[109)] 이를 擔保地上權이라고 하기도 한

107) 종래 대법원은 저당권설정자가 건물을 축조하여 소유하고 있는 경우에 한하여 일괄경매를 청구할 수 있다고 하였다(大決 1994. 1. 24, 93마1736(공 1994, 788); 大決 1999. 4. 20, 99마146(공 1999, 1235)). 그러나 大判 2003. 4. 11, 2003다3850(공 2003, 1178)은 저당지상의 건물에 대한 일괄경매청구의 허용범위를 확장하여 저당권설정자가 건물을 축조한 경우뿐만 아니라 저당권설정자로부터 저당토지에 대한 용익권을 설정받은 자가 그 토지에 건물을 축조한 경우라도 그 후 저당권설정자가 그 건물의 소유권을 취득한 경우에는 저당권자는 토지와 함께 그 건물에 대하여 경매를 청구할 수 있다고 한다.

108) 이 경우에도 경매개시신청을 기준으로 할지, 아니면 경매개시결정을 기준으로 할지 문제될 수 있다. 또한 채무불이행이 있었는지 여부를 기준으로 구분하는 것도 한 방법이다.

109) 大決 2004. 3. 29, 2003마1753(공 2004, 781)은 "토지에 관하여 저당권을 취득함과 아울러 그 저당권의 담보가치를 확보하기 위하여 지상권을 취득하는

다. 그러나 저당권에 기한 방해배제청구로서 저당토지 위에 건물을 신축하는 것을 막을 수 있다면 굳이 이와 같은 지상권을 설정할 필요가 없을 것이다.

토지에 저당권을 설정할 당시 저당권자가 토지소유자의 건축을 막기 위하여 지상권이나 임차권도 같이 설정하도록 할 것인지, 아니면 토지소유자가 건축하려면 저당권자의 동의 또는 승낙을 받도록 법규정을 해석할 것인지 생각해 볼 필요가 있다. 소유자가 저당권 설정 이후에 건축을 하려면 저당권자의 사전 동의를 받도록 하여야 하지 않을까. 왜냐하면 저당권 설정 당시 저당권자가 나대지 상태로 담보가치를 파악했다[110]고 보아야 할 것이기 때문이다. 또한 토지 저당권에 기하여 건축금지를 청구할 수 있다고 보는 것이 경제적으로도 효율적일 수 있다. 적어도 저당권 설정시에 이와 별도로 지상권을 설정하는 비용과 시간을 줄이는 결과가 될 것이기 때문이다.

Ⅳ. 結　　論

저당권은 교환가치를 파악하는 것이라는 이유로, 저당권에 기한 물권적 청구권을 행사할 수 없다는 통념은 더 이상 유지될 수 없다. 저당권이 가치권이라는 사고와 저당권에 기한 방해배제청구권은 서로

경우, 특별한 사정이 없는 한 당해 지상권은 저당권이 실행될 때까지 제3자가 용익권을 취득하거나 목적 토지의 담보가치를 하락시키는 침해행위를 하는 것을 배제함으로써 저당 부동산의 담보가치를 확보하는 데에 그 목적이 있다고 할 것이므로, 그와 같은 경우 제3자가 비록 토지소유자로부터 신축중인 지상 건물에 관한 건축주 명의를 변경받았다 하더라도, 그 지상권자에게 대항할 수 있는 권원이 없는 한, 지상권자로서는 제3자에 대하여 목적 토지 위에 건물을 축조하는 것을 중지하도록 구할 수 있"다고 하였다.

110) 金曾漢(註 93), 419면은 법정지상권에 관한 성립요건을 설명하면서, 나대지에 저당권을 설정하는 경우에 건물 없는 토지로서 평가하는 것이 오늘날의 담보가치평가의 실정이라는 점을 중시한다.

모순되는 것이 아니다. 저당권자는 담보가치를 훼손하거나 훼손할 우려가 있는 행위를 배제할 수 있다. 우리 민법은 이에 관한 명문의 규정을 두고 있다. 우리 민법의 규정은 독일 민법과는 세부적인 점에서 차이가 있지만 저당권자가 방해의 제거와 방해의 예방을 청구할 수 있다는 점에서는 큰 차이가 없다. 가치권 개념은 독일민법학에서 유래한 것인데도, 독일민법은 저당권에 기한 부작위청구를 인정하고 있다.

그런데 저당토지 위에 건물을 신축하는 것이 저당권자가 소유자를 상대로 그 금지청구를 할 수 있는지는 논의상황이 다르다. 독일민법에서는 우리 민법과 달리 건물이 토지의 본질적 구성부분이다. 따라서 토지와 그 지상 건물은 하나의 물건으로 취급된다. 그리하여 저당토지 위에 건물을 신축하는 경우에 건물에도 저당권의 효력이 미치기 때문에, 토지의 훼손으로 볼 수 없을 것이다. 그런데 독일에서 저당권이 설정된 토지와 다른 토지를 병합하는 것은 토지의 훼손이 될 수 있다. 이러한 경우에 토지의 훼손이라고 보는 근거를 저당권의 실행이 곤란하게 되었다는 점에서 찾는다.

우리 민법에서는 토지와 건물을 별개의 독립된 물건으로 다루고 있다. 저당토지에 건물을 신축하면 토지에 대한 저당권의 실행이 곤란하게 된다. 저당권을 실행하는 단계에서 건물의 존재는 저당권의 담보가치를 손상할 수 있다. 따라서 이러한 경우에는 원칙적으로 저당권침해를 이유로 공사금지청구를 할 수 있다고 생각한다. 적어도 저당권에 기한 경매절차가 개시된 경우에는 저당권자의 환가권을 침해했다고 볼 수 있을 것이다.

(저스티스 통권 제85호(2005. 6), 101-121면 所載)

[後 記]

이 글은 2005년 3월 18일 대법원 비교법실무연구회에서 발표한 것을 수정·보완한 것이다. 그 후 이 글의 내용을 참고한 두 개의 대법원 판결, 즉 大判 2005.4.29, 2005다3243(공 2005, 837)과 大判 2006.1.27, 2003다58454(공 2006, 316)가 나왔는데, 2006년 대법원 판결은 각주 2에 소개한 판결에 대한 상고심 판결이다. 위 두 판결에 관하여는 本書 465면, 480면 참조.

6. 根抵當權의 讓渡에 관한 法律關係

研究對象判決: 대법원 2005. 6. 10. 선고 2002다15412 · 15429 판결 (공 2005, 1130)

[事實關係 및 判決要旨]

사실관계와 판결 내용이 매우 복잡하나, 평석과 관련되는 한도에서 이를 요약하면 다음과 같다.

1. 사실관계 및 쟁점

(1) A는 B 소유의 이 사건 건물부지 위에 이 사건 건물을 지어 분양하기로 하고 C회사와 신축공사 도급계약을 체결하였다. A는 D회사로부터 공사자금을 빌리기로 하였고, B는 그 담보로 1995. 5. 17. 이 사건 건물부지에 根抵當權(채무자 E, 채권자 D회사, 채권최고액 65억원)을 설정하였다(제 1 등기). 그 후 A는 D회사로부터 20억원 상당을 차용하여 C회사에게 공사대금으로 지급하였다. 그러나 1996. 10. 14. C회사의 부도로 위 신축공사가 중단되었다.

(2) A와 F회사는 1996. 10. 14. 위와 같이 중단된 공사에 관한 제 2 차 도급계약을 체결하면서 특약사항으로, 팩토링거래의 방법으로 공사비를 충당하기로 하고, A는 F회사에게 위 도급계약의 이행보증을 위하여 이 사건 건물부지 및 제 1 부동산(이하 '이 사건 전체 부동산'이라

한다)을 담보로 제공하기로 약정하였다. 위 특약사항에 따라 A와 F회사는 1996. 11. 11.경 G회사와 사이에 팩토링거래계약을 체결하였는데, 그 내용은 다음과 같다. ① G회사는 F회사의 매출채권, 즉 위 공사도급계약에 따라 A에 대하여 가지는 공사대금채권을 65억 원의 범위 내에서 양수한다. ② 그 양수한 매출채권의 팩토링대전은 G회사가 정하는 방법에 따라 F회사가 지급받는다. ③ A는 팩토링대금을 G회사가 지정한 방법에 의해 약정된 날짜에 G회사의 지정구좌에 납부한다. ④ G회사가 매입한 매출채권이 상환기일에 전부 또는 일부가 지급거절되거나 거절될 염려가 있다고 인정될 사유가 있는 때에는 F회사는 그 매출채권의 환매의무를 진다. 이에 부수하여 A와 F회사는 G회사에 대하여 채무자를 A, 연대보증인을 F회사로 하는 차용금약정서를 작성·교부하였다. 또한 A는 1996. 11. 14. 이 사건 각 근저당권을 부동산 소유자인 B의 승낙을 받아 F회사 명의로 설정 또는 이전해 주고 '채무자(A)가 채권자에 대하여 채권최고액의 범위 안에서 기왕, 현재, 장래 부담하게 될 단독 혹은 연대채무나 보증인으로서 기명날인한 모든 채무'를 그 피담보채권으로 하기로 약정하였다. 이에 따라 같은 날 이 사건 건물부지에 D회사 명의로 설정된 근저당권설정등기(제 1 등기)에 관하여 F회사 앞으로 이전하는 **근저당권이전의 부기등기**를 마쳤고(채권최고액을 29억원으로, 채무자를 A로 변경하였다), 이 사건 제 1 부동산에 관하여 채무자 A, 채권자 F회사, 채권최고액 32억 5천만원으로 된 **근저당권설정등기**를 마쳤다(제 2 등기).[1)]

그 후 팩토링대금이 제대로 변제되지 않자 F회사는 1998. 2. 13.경 G회사에게 이 사건 각 근저당권과 그 피담보채권을 모두 양도하고 그 무렵 A와 B에게 이러한 취지를 통지하였다. 그 다음날 G회사는 이 사건 전체부동산에 관하여 같은 해 2. 13. 확정채권양도를 원인으로 근저당권자를 F회사에서 G회사로 변경하는 **근저당권이전**의 **부기등기**를 마

1) 이 부분은 대법원이 인정한 사실에 따른 것이다.

쳤다.

(3) B는 1999. 4. 17.경 사망하여 그 처인 원고가 협의분할에 의하여 이 사건 각 부동산을 상속하였고, G회사는 1998. 7. 1. K회사에, K회사는 1998. 12. 30. 피고에게 각 흡수합병되었다.

(4) 원고는 피고를 상대로 이 사건 각 부동산(이 사건 전체부동산 중 물상보증에 해당하는 부분) 위에 있는 F회사 명의의 각 근저당권은 그 피담보채권이 없는 것으로 말소되어야 한다고 주장하면서 위 각 근저당권설정등기 또는 근저당권이전의 부기등기의 말소를 청구하였다.

2. 1심 판결[2)]

G회사는 F회사에게 이른바 팩토링대출을 하였고, F회사의 A에 대한 채권은 G회사에게 양도되었다. 일반적으로 저당권부 채권을 양도하는 경우 저당권은 피담보채권과 분리하여 처분하지 못함에 따라 피담보채권이 양도되면 저당권도 함께 수반한다. 그러나 채무자가 아닌 물상보증인이 제공한 부동산 위에 설정된 저당권의 경우에는 그 피담보채권이 양도되었다고 하더라도 물상보증인의 동의가 없는 한 그 저당권이 피담보채권의 양도에 당연히 수반하지는 않는다. 그런데 F회사가 이 사건 각 부동산 위에 설정된 각 근저당권을 G회사에 양도하는 것에 대하여 물상보증인 B의 동의가 없었다. 따라서 F회사의 A에 대한 채권을 담보하기 위하여 설정된 이 사건 전체부동산 중 물상보증에 해당하는 이 사건 각 부동산 위의 F회사 명의의 각 근저당권은 결국 그 피담보채권이 없는 것이 되어 소멸되어야 한다.

2) 서울地判 2000. 11. 10, 99가합72700, 2000가합7634.

3. 원심판결[3)]

(1) 주위적 청구에 대한 판단

양도인인 F회사와 양수인인 G회사 사이에 A에 대한 공사대금채권과 이 사건 전체 부동산 위에 설정된 각 근저당권을 양도하기로 합의한 이상 물상보증인인 B의 동의는 필요하지 않다. 나아가 채무자인 A가 위 채권양도 및 근저당권의 양도에 동의하였을 뿐만 아니라 F회사가 1998. 2. 13. A에게 확정된 피담보채권의 양도통지까지 하였으므로 이 사건 각 근저당권의 양도는 유효하다.

(2) 예비적 청구에 대한 판단

원고가 예비적으로 이 사건 각 근저당권이전의 부기등기의 말소를 구한다. 그러나 근저당권이전의 부기등기는 기존의 주등기인 근저당권설정등기에 종속되어 주등기와 일체를 이룬다. 근저당권설정등기가 그 피담보채무의 부존재 또는 소멸로 말소될 경우 주등기인 근저당권설정등기의 말소만 구하면 된다. 그 부기등기는 별도로 말소를 구하지 않더라도 주등기의 말소에 따라 직권으로 말소된다. 그러므로 원고의 예비적 청구에 관한 소는 소의 이익이 없는 부적법한 소라고 할 것이다.

4. 상고이유

원고는 다음과 같은 이유로 상고하였다.

(1) 채권자가 피담보채권과 저당권을 함께 처분하는 경우에도 당연히 물상보증인의 동의를 받아야 한다. 그러나 근저당권의 이전에 관한 물상보증인 B의 동의 또는 승낙이 없었다.

(2) 근저당권의 이전은 채권양도에 수반되는 저당권의 이전과는 달

3) 서울高判 2002. 2. 1, 2000나62805 · 62812.

리 계약상의 지위이전에 해당되기 때문에 그 계약상의 당사자인 채무자의 승낙이 필요하다. 그러나 이 사건 근저당권과 그 피담보채권의 양도에 관하여 채무자인 A의 동의가 없었다.

(3) 이 사건 근저당권의 피담보채권은 F회사의 A에 대한 공사대금채권에 한정된다. 이 사건 근저당권의 이전에 물상보증인의 동의가 필요한지 여부와 상관없이 대출금채무를 피담보채무로 확장하는 데 관하여 물상보증인의 동의가 반드시 필요하다.

(4) 이 사건 예비적 청구는 주등기인 근저당권설정등기와는 별도로 부기등기인 근저당권이전등기의 말소를 구하는 것으로 소의 이익이 있다.

5. 대법원 판결요지

대법원은 다음과 같은 이유로 상고를 기각하였다.

(1) 근저당권의 이전에 관한 물상보증인 및 채무자의 동의여부에 관하여

"저당권은 피담보채권과 분리하여 양도하지 못하는 것이어서 저당권부 채권의 양도는 언제나 저당권의 양도와 채권양도가 결합되어 행해지므로 저당권부 채권의 양도는 민법 제186조의 부동산물권변동에 관한 규정과 민법 제449조 내지 제452조의 채권양도에 관한 규정에 의해 규율된다.

그러므로 저당권의 양도에 있어서도 물권변동의 일반원칙에 따라 저당권을 이전할 것을 목적으로 하는 물권적 합의와 등기가 있어야 저당권이 이전된다고 할 것이나, 이 때의 물권적 합의는 저당권의 양도·양수받는 당사자 사이에 있으면 족하고 그 외에 그 채무자나 물상보증인 사이에까지 있어야 하는 것은 아니라 할 것이고(대법원 1994. 9. 27. 선고 94다23975 판결), 단지 채무자에게 채권양도의 통지나 이에 대한 채무자의 승낙이 있으면 채권양도를 가지고 채무자에게 대항할 수 있게 되는 것이다.”

(2) 이 사건 각 근저당권의 피담보채권의 범위 및 그 소멸여부에 관하여

위 팩토링거래는 F회사가 담보의 의미로 매출채권, 즉 A에 대한 공사대금채권을 G회사에게 양도하고 G회사로부터 그 채권액에 상당하는 금원(팩토링대전)을 차용하는 실질적인 소비대차거래라고 보아야 할 것이다. 그러므로 팩토링대전이 F회사에게 지급되었다고 하여 담보로 제공된 공사대금채권이 소멸하는 것은 아니다. 그 거래에서 A가 차용증서를 제공한 것은 팩토링대금채무를 담보하기 위한 부수적 행위라고 보아야 할 것이므로 그 차용증서가 있다 하여 A가 G회사로부터 금원을 차용하여 공사대금을 변제한 것이라고 볼 수는 없다.

더구나 F회사는 위 차용증에 연대보증인으로 되어 있어 A가 팩토링대금채무를 변제하지 않을 경우 구상금채권을 취득할 수 있는 지위에 있고 그와 같은 구상금채권도 이 사건 각 근저당권의 피담보채권에 포함되어 있는 것이 위 인정의 약정에 비추어 명백하다. 가사 공사대금채권이 소멸하였다 하여도 그것만으로 이 사건 각 근저당권의 피담보채권이 소멸하였다고 할 수도 없다.

(3) 부기등기인 근저당권이전등기의 말소 가부에 관하여

근저당권이전의 부기등기가 기존의 주등기인 근저당권설정등기에 종속되어 주등기와 일체를 이룬 경우에는 부기등기만의 말소를 따로 인정할 아무런 실익이 없다. 그러나 근저당권의 이전원인만이 무효로 되거나 취소 또는 해제된 경우, 즉 근저당권의 주등기 자체는 유효한 것을 전제로 이와는 별도로 근저당권이전의 부기등기에 한하여 무효사유가 있다는 이유로 부기등기만의 효력을 다투는 경우에는 그 부기등기의 말소를 소구할 필요가 있으므로 예외적으로 소의 이익이 있다.

원고는 이 사건 예비적 청구로 이 사건 채권양도 당시 물상보증인인 B의 동의나 승낙이 없어서 피담보채권이 양도되더라도 근저당권은 이전하지 않는다거나 F회사의 A에 대한 채권이 존재하고 있었다고 하더라도 A에게 양도통지를 하지 않았거나 그의 승낙을 받지 않았으므로 채권양도는 효력이 없다고 주장하며 이 사건 각 근저당권이 유효한 것을 전제로 근저당권이전의 부기등기만의 말소를 구하고 있으므로 소의 이익 자체는 인정된다.[4)]

[研 究]

I. 序 論

우리나라에서 근저당권은 핵심적인 담보수단이다. 현행민법은 저당권을 부동산담보의 전형으로 규정하면서 근저당권에 관하여 1개의 조문을 신설하였다. 그러나 저당권은 더 이상 이용되지 않고 있는 반면, 근저당권은 부동산담보의 대종을 차지하게 되었다. 이 현상은 우리 담보제도의 가장 중요한 변화라고 할 수 있다.

그런데 1997년 금융위기로 말미암아 담보제도에 또 한 번의 중대한 변화가 일기 시작하였다. 특히 담보권의 유통성을 확보하는 것이 중요하다는 인식이 확산되었다. 담보권자가 피담보채권의 변제기가 도래하기 전에 담보권을 유통시켜 새로운 신용을 제공할 수 있다면, 더 많은 이윤을 창출할 수 있기 때문이다. 1998년 이후 자산유동화 또는 채권유동화 제도를 도입하였는데,[5)] 근저당권의 양도문제는 줄곧 해결

4) 그런데 원고의 위 각 주장은 인정되지 않는 사실에 기초한 것으로서 결국 받아들일 수 없고, 따라서 원심이 이 사건 예비적 청구에 대해 기각하여야 할 것을 소의 이익이 없음을 전제로 각하한 것은 잘못이다. 그러나 원심판결에 대해 원고만이 상고하였으므로 불이익변경금지의 원칙상 원심판결을 그대로 유지하여야 할 것이라고 한다.

5) 이에 관하여는 金載亨, "「資產流動化에 관한 法律」의 現況과 問題點," 民法

해야 할 중요한 문제로 등장한다.

이 사건에서 근저당권의 양도에 채무자 또는 물상보증인의 동의를 얻어야 하는지 여부가 주요 쟁점이었다. 이에 관하여는 논란이 있으나, 연구대상판결(이하 대상판결이라 한다)은 근저당권의 이전에는 채무자 또는 물상보증인의 동의가 필요하지 않다는 점을 명백히 하였다.

근저당권의 양도는 채권양도와 함께 행해진다. 따라서 근저당권부 채권양도라고 표현하는 것이 정확한 표현이다. 이 경우에 물권법 규정이 적용되는지, 아니면 채권법 규정이 적용되는지 문제된다. 대상판결은 "저당권부 채권의 양도는 민법 제186조의 부동산물권변동에 관한 규정과 민법 제449조 내지 제452조의 채권양도에 관한 규정에 의해 규율된다"고 하였다(판결요지 (1)부분). 저당권부 채권양도에 관해서는 물권법과 채권법이 공동으로 적용된다는 것이다. 그런데 채권양도는 그 합의시에 효력이 발생하고 저당권의 이전은 그 등기시에 효력이 발생하기 때문에, 채권양도와 저당권이전 사이에 시차가 발생할 수 있다. 이와 같은 경우에 물권변동에 관한 규정과 채권양도에 관한 규정이 독립적으로 적용되고 서로 영향을 미치지 않는지 문제된다.

또한 원고가 예비적 청구로 주등기인 근저당권설정등기의 말소청구가 받아들여지지 않을 경우에 대비하여 근저당권이전의 부기등기의 말소를 청구하고 있다. 대상판결은 원칙적으로 "근저당권이전의 부기등기가 기존의 주등기인 근저당권설정등기에 종속되어 주등기와 일체를 이룬 경우에는 부기등기만의 말소를 따로 인정할 아무런 실익이 없"다고 한다. 그러나 "근저당권의 이전원인만이 무효로 되거나 취소 또는 해제된 경우, 즉 근저당권의 주등기 자체는 유효한 것을 전제로 이와는 별도로 근저당권이전의 부기등기에 한하여 무효사유가 있다는 이유로 부기등기만의 효력을 다투는 경우에는 그 부기등기의 말소를

論 I, 박영사, 2004, 407면 이하; 金載亨, "根抵當權附債權의 流動化에 관한 法的 問題," 위 책, 468면 이하 참조.

소구할 필요가 있으므로 예외적으로 소의 이익이 있다"고 한다(판결요지 (3)부분). 이로써 대법원 판결로는 처음으로 부기등기인 근저당권이전등기에 대해서도 말소청구를 할 수 있다는 점을 밝혔다.

여기에서는 근저당권이전에 관한 판례의 전개와 등기실무를 살펴본 다음, 저당권 또는 근저당권 양도의 요건, 특히 물상보증인의 동의가 필요한지에 관하여 검토해 보고, 근저당권이전의 부기등기에 대한 말소청구문제에 관하여 살펴보고자 한다.

Ⅱ. 根抵當權移轉에 관한 判例의 展開

1. 意 義

민법 제361조는 "抵當權은 그 擔保한 債權과 分離하여 他人에게 讓渡하거나 다른 債權의 擔保로 하지 못한다"고 규정하고 있다. 따라서 저당권부 채권을 양도하는 경우에는 저당권의 양도와 채권양도가 결합되어 행해진다. 이 규정은 강행규정으로서 근저당권의 경우에도 적용된다. 따라서 피담보채권과 분리하여 근저당권만을 양도하는 것은 허용되지 않는다.[6] 다만 근저당권을 이전하지 않고 그것이 담보하는 채권만을 양도하는 것은 허용된다.[7]

6) 大判 1968. 2. 20, 67다2543(要集 民商 Ⅰ-1, 600); 大判 1974. 2. 26, 72다2560(要集 民商 Ⅰ-1, 601).

7) 전세권이 담보물권적 성격도 가지는 이상 부종성과 수반성이 있는 것이므로 전세권을 그 담보하는 전세금반환채권과 분리하여 양도하는 것은 허용되지 않는다. 한편 담보물권의 수반성이란 피담보채권의 처분이 있으면 언제나 담보물권도 함께 처분된다는 것이 아니라 채권담보라고 하는 담보물권 제도의 존재 목적에 비추어 볼 때 특별한 사정이 없는 한 피담보채권의 처분에는 담보물권의 처분도 당연히 포함된다고 보는 것이 합리적이라는 것일 뿐이다. 그러므로 피담보채권의 처분이 있음에도 불구하고 담보물권의 처분이 따르지 않는 특별한 사정이 있는 경우에는 채권양수인은 담보물권이 없는 무담보의 채권을

그렇다면 피담보채권과 함께 근저당권을 양도하는 것은 항상 허용되는가? 대법원 판결문에서 법리를 서술한 부분을 보면 저당권이라고 하고 있으나, 사안이 근저당권에 관한 것이기 때문에, 근저당권의 양도도 저당권에 관한 법리가 그대로 적용된다고 생각할 수 있다. 그러나 근저당권의 양도가 허용되는지는 그 피담보채권이 확정[8]되었는지 여부에 따라 달라진다. 판례의 태도를 살펴보자.

2. 被擔保債權의 確定과 根抵當權의 移轉

(1) 근저당권이 담보하는 채권이 확정된 후에는 이미 발생한 채권이 제 3 자에게 양도되거나 대위변제된 경우에 근저당권도 이전된다는 점에 대하여 견해가 일치되어 있다. 채권의 일부가 이전된 경우에는 근저당권도 일부 이전된다.

그러나 근저당권이 담보하는 채권이 확정되기 전에 이미 발생한 채권이 제 3 자에게 양도되거나 대위변제된 경우에 근저당권도 이전되는지 문제된다. 이에 관하여는 肯定說[9]과 否定說[10]이 대립하고 있다. 필자는 否定說을 지지하였다. 근저당권은 근저당거래가 종료될 때까지 그 사이에 발생하는 모든 채권을 최고액의 범위 내에서 담보하는 것이다. 특히 우리 민법 제357조 제 1 항 2 문에 의하면 근저당권에서 "그

양수한 것이 되고 채권의 처분에 따르지 않은 담보물권은 소멸한다. 大判 1997. 11. 25, 97다29790(공 1998, 3); 大判 1999. 2. 5, 97다33997(공 1999, 436).

8) 근저당권에 의하여 담보되는 채권이 소멸하더라도 근저당권은 계속 존속하고 피담보채권의 범위에 속하는 채권이 새로이 발생하면 근저당권에 의하여 담보된다. 이와 같이 근저당권의 피담보채권은 유동·교체될 수 있는데, 그러한 상태가 종료되는 것을 根抵當權의 確定 또는 被擔保債權의 確定이라고 한다.

9) 金錫宇, "根抵當權의 處分에 관한 小考," 現代民法學의 諸問題(晴軒金曾漢博士華甲紀念), 박영사, 1981, 407면; 李英俊, 韓國民法論[物權編], 신정 2 판, 박영사, 2004, 880면; 民法注解(Ⅶ), 1992, 29면(朴海成 집필부분).

10) 郭潤直, 物權法, 제 7 판, 박영사, 2002, 370면; 金相容, 物權法, 전정판, 법문사, 1999, 756면; 張庚鶴, 物權法, 법문사, 1985, 848면.

確定될 때까지의 債務의 …移轉은 抵當權에 影響을 미치지 않는다"고 규정하고 있다. 확정 전의 채권양도가 이 규정의 '移轉'에 포함된다는 것은 명확하다. 따라서 근저당권의 피담보채권이 확정되기 전에 채권이 양도 또는 이전되더라도 근저당권에는 아무런 영향이 없다고 보아야 한다.[11] 대위변제의 경우에도 마찬가지이다.

大判 1996.6.14, 95다53812[12]는 부정설을 따르고 있다. 즉,

> "근저당권이라고 함은 계속적인 거래관계로부터 발생하고 소멸하는 불특정다수의 장래 채권을 결산기에 계산하여 잔존하는 채무를 일정한 한도액의 범위 내에서 담보하는 저당권이어서, 거래가 종료하기까지 채권은 계속적으로 증감변동되는 것이므로, 근저당 거래관계가 계속중인 경우, 즉 근저당권의 피담보채권이 확정되기 전에 그 채권의 일부를 양도하거나 대위변제한 경우 근저당권이 양수인이나 대위변제자에게 이전할 여지가 없다."[13]

그런데 피담보채권이 확정되기 전에 피담보채권이 대위변제된 경우에 근저당권이 이전될 수 있다고 본 듯한 대법원 판결들이 있다. 즉, 大判 1988.9.27, 88다카1797[14]은 "변제할 정당한 이익이 있는 자가 채무자를 위하여 채권의 일부를 대위변제할 경우에 대위변제자는 변제한 가액의 범위 내에서 종래의 채권자가 가지고 있던 채권 및 담보에 관한 권리를 취득하게 되고, 따라서 채권자가 부동산에 대하여 저당권을 가지고 있는 경우에는 채권자는 대위변제자에게 일부 대위변제에 따른 저당권의 일부 이전의 부기등기를 해 주어야 할 의무가 있다 할 것이나, 이 경우에도 채권자는 일부 변제자에 대하여 우선변제권을 가지고 있다"고 한다. 이 판결은 대위변제의 경우에 채권자가 대위변제자에게 저당권이전등기를 하여야 한다는 것이다. 그런데 이 판결이 근

---

11) 상세한 것은 金載亨, 根抵當權硏究, 박영사, 2000, 233면 참조.

12) 공 1996, 2165.

13) 同旨: 大判 2000.12.26, 2000다54451(공 2001, 363).

14) 공 1988, 1333. 동지: 大判 1996.12.6, 96다35774(공 1997, 199).

저당권이 문제된 사안이기 때문에, 이 판결이 피담보채권의 확정여부와는 무관하게 채권의 대위변제로 인하여 근저당권의 이전등기의무가 발생하는 것으로 생각할 수도 있다. 그러나 이와 같이 단정할 수는 없다. 왜냐하면 이 판결의 사안은 근저당권의 피담보채권이 확정된 후 대위변제가 이루어진 것에 관한 것이기 때문이다.

한편 大判 2002.7.26, 2001다53929[15]는 대법원 1988.9.27. 판결 중 위와 같은 판단내용을 인용한 다음, 피담보채권의 확정 전후를 구분하여 근저당권의 이전문제에 관하여 상세하게 판단하고 있다.

> "근저당권이라고 함은 계속적인 거래관계로부터 발생하고 소멸하는 불특정다수의 장래채권을 결산기에 계산하여 잔존하는 채무를 일정한 한도액의 범위 내에서 담보하는 저당권이어서, 거래가 종료하기까지 채권은 계속적으로 증감변동하는 것이므로, 근저당 거래관계가 계속중인 경우 즉, 근저당권의 피담보채권이 확정되기 전에 그 채권의 일부를 양도하거나 대위변제한 경우 근저당권이 양수인이나 대위변제자에게 이전할 여지는 없다 할 것이나(대법원 1996.6.14. 선고 95다53812 판결, 2000.12.26. 선고 2000다54451 판결 등 참조), 그 근저당권에 의하여 담보되는 피담보채권이 확정되게 되면, 그 피담보채권액이 그 근저당권의 채권최고액을 초과하지 않는 한 그 근저당권 내지 그 실행으로 인한 경락대금에 대한 권리 중 그 피담보채권액을 담보하고 남는 부분은 저당권의 일부 이전의 부기등기의 경료여부와 관계없이 대위변제자에게 법률상 당연히 이전된다 할 것이다(밑줄은 필자가 가한 것임)."

이 판결에서 밑줄친 부분은 그 의미가 명확한 것은 아니지만, 피담보채권의 확정 전에 채권의 일부를 양도하거나 대위변제한 경우 나중에 피담보채권이 확정되면 근저당권 내지 그 실행으로 인한 경락대금 중 일부가 대위변제자에게 이전된다는 의미로 읽을 수 있다. 이 경우에 근저당권의 일부 이전의 부기등기가 경료되지 않은 경우에도 근

15) 공 2002, 2040. 이 판결에 관해서는 金禹辰, "保證人에 의한 根抵當權 被擔保債務의 一部 辨濟와 根抵當權의 實行에 의한 配當金의 歸屬," 民事判例硏究(XXV), 111면, 특히 141면 이하 참조.

저당권 등은 대위변제자에게 이전된다는 것이다. 그러나 채권의 일부를 양도한 경우에 근저당권에 관한 이전등기 없이 근저당권이 이전될 수 없기 때문에, 적어도 이 부분에 관한 판단은 잘못된 것이다. 또한 이 판결의 의미를 대위변제의 경우에 한정하더라도 그 의미가 명확한 것은 아니다. 대법원은 이 사건 부동산 중 일부는 후순위 근저당권자에 의하여, 일부는 피고에 의하여 경매신청이 이루어져 배당까지 이루어졌으므로, 최소한 피고에 의한 경매신청시 및 경락대금 완납시에는 피고의 피담보채권이 모두 확정되었다고 한다.[16] 나아가 원고가 피고에게 A의 이 사건 보증부 대출채무를 대위변제하였으므로 원고가 이 사건 근저당권 내지 그 실행으로 인한 경락대금에 대한 권리 중 일부를 법률상 당연히 취득하여 원고의 구상금 채권의 만족을 구할 수 있는 가능성이 있다고 한다. 대법원 판결이나 원심판결이 인정한 사실관계를 보면, A가 채무를 이행하지 않아 원고가 1999년 5월 19일 대위변제를 하였는데, 그보다 앞서서 후순위근저당권자는 1998년 8월에, 피고는 1999년 2월에 각각 이 사건 부동산 중 일부에 대하여 경매를 신청하여 경매절차가 진행되고 있었다. 따라서 이 사건에서 근저당권의 피담보채권이 확정된 후 대위변제를 하였다고 볼 수 있는데도 이 점에 관하여 원심에서 제대로 심리하지 않았다. 따라서 이 판결로써 피담보채권이 확정되기 전에 대위변제한 경우에 나중에 피담보채권이 확정되면 당연히 근저당권이 이전된다는 것이 대법원 판례가 되었다고 볼 수 없다.

등기실무에서도 근저당권의 피담보채권이 확정되기 전에 그 피담보채권이 양도 또는 대위변제된 경우에는 이를 원인으로 하여 근저당

16) 대법원은 이 부분에서 大判 1999. 9. 21, 99다26085(集 47-2, 민 39); 大判 2001. 3. 23, 99다11526(공 2001, 930)을 인용하고 있는데, 위 1999년 판결은 후순위 근저당권자가 경매를 신청한 경우에는 경락대금 완납시에 근저당권의 피담보채권이 확정된다는 판결이다.

권이전등기를 신청할 수는 없다고 한다.[17] 피담보채권의 확정 전에 피담보채권을 대위변제한 경우에 피담보채권이 나중에 확정될 때 근저당권이 당연히 이전된다면 위와 같은 등기실무를 바꾸어야 할 것이다. 그러나 위 대법원 판결 이후에도 등기실무는 근저당권의 피담보채권의 확정 전에 대위변제가 이루어진 경우에는 여전히 근저당권이전등기를 허용하지 않고 있다.

우리 민법 제정 이후에 개정된 일본민법 제398조의 7 제1항은 "원본의 확정 전에 근저당권자로부터 채권을 취득하는 자는 그 채권에 관하여 근저당권을 행사할 수 없고, 원본의 확정 전에 채무자를 위하여 또는 채무자에 갈음하여 변제한 자도 역시 같다"고 규정함으로써 移轉否定說을 채택하였다. 우리 정부가 국회에 제출한 민법개정안은 근저당권에 관한 여러 규정을 신설할 것을 제안하고 있는데, 일본민법과 마찬가지로 원본의 확정 전에 근저당권자로부터 채권을 취득하거나 대위변제하더라도 근저당권을 행사할 수 없다는 규정을 두고 있다.[18] 이는 종래의 우리 판례와 동일한 것이다.

(2) 피담보채권이 확정되기 전에 근저당권과 함께 그 피담보채권만을 양도하는 것은 허용되지 않는다. 그러나 피담보채권이 확정되기 전이라도 근저당권의 기초인 기본계약과 함께 근저당권을 양도할 수 있다. 이것은 계약인수에 해당하기 때문에, 구채권자(근저당권자), 신채권자(양수인), 채무자 사이의 3면계약이 필요하다. 여러 개의 기본계약 중 일부에 관한 채권자의 지위를 양도하면서 근저당권의 일부를 이전할 수도 있다. 이 경우에 근저당권설정자가 물상보증인인 경우에도 그

17) 1997. 9. 9. 제정된 대법원 등기예규 제880호(근저당권에 관한 등기사무처리지침).

18) 민법개정안은 "원본의 확정전에 근저당권자로부터 채권을 취득한 자는 그 채권에 관하여 근저당권을 행사할 수 없다. 원본의 확정 전에 채무자를 위하여 또는 채무자를 대위하여 변제한 자도 같다"고 규정하고 있다. 이에 관해서는 金載亨, "根抵當權에 관한 改正方案," 民法論 Ⅰ, 박영사, 2004, 321면 참조.

의 동의를 얻을 필요는 없다.[19] 대법원 예규도 이를 전제로 하고 있다. 즉, 근저당권의 피담보채권이 확정되기 전에 근저당권의 기초가 되는 기본계약상의 채권자 지위가 제 3 자에게 전부 또는 일부 양도된 경우, 근저당권이전등기를 하는 절차를 정하고 있다. 이러한 등기를 신청할 때 근저당권설정자나 담보목적물의 제 3 취득자의 승낙서를 첨부할 필요가 없다.[20]

3. 根抵當權移轉登記와 債權讓渡의 對抗要件의 관계

피담보채권이 확정된 후에 채권과 함께 근저당권을 양도할 수 있는데, 근저당권이전의 효력이 발생하려면 민법 제186조에 따라 근저당권이전등기를 하여야 한다. 그 절차에 관하여는 부동산등기법에 규정하고 있는데, 근저당권 일부 또는 전부를 이전하는 부기등기의 방식으로 한다.[21] 확정 후에 근저당권을 보통의 저당권으로 변경등기를 한 다음 근저당권의 일부이전등기를 해야 한다는 견해[22]도 있다. 그러나 근저당권의 피담보채권이 확정되더라도 저당권으로 전환된다고 볼 수는 없기 때문에, 변경등기를 할 필요 없이 근저당권이전의 부기등기를 하면 된다.[23] 대법원 예규에 의하면, 근저당권의 피담보채권이 확정된 후에 그 피담보채권이 양도 또는 대위변제된 경우에는 근저당권자 및 그 채권양수인 또는 대위변제자는 채권양도에 의한 저당권이전등기에 준하여 근저당권이전등기를 신청할 수 있다고 한다. 이 경우 등기원인

19) 郭潤直(註 10), 371면; 金錫宇(註 9), 409면 이하; 金曾漢·金學東, 物權法, 제 9 판, 박영사, 1997, 568면; 金相容(註 10), 756면; 張庚鶴(註 10), 848면; 民法注解(Ⅶ), 31면(朴海成 집필부분). 일본에서도 마찬가지이다. 注釋民法(9), 物權(4), 有斐閣, 1965, 270면.

20) 위 등기예규(註 17).

21) 근저당권의 일부 이전의 등기신청에는 양도 등의 목적인 채권액을 기재하여야 한다(부동산등기법 제148조).

22) 金錫宇(註 9), 406면.

23) 民法注解(Ⅶ), 28면(朴海成 집필부분).

은 '확정채권 양도' 또는 '확정채권 대위변제' 등으로 기재한다. 이러한 등기를 신청할 때 근저당권설정자나 제 3 취득자의 승낙서를 첨부할 필요가 없다.[24] 그리고 피담보채권의 일부 이전이 법률의 규정에 의한 것인 때에는 그 이전은 등기 없이도 그 효력이 발생한다. 예컨대 근저당권 확정 후 대위변제를 한 경우에는 변제자대위에 관한 규정(제482조 이하)에 따라 등기 없이 변제자가 근저당권을 행사할 수 있다.

또한 피담보채권의 확정 후 근저당권과 함께 채권을 양도하는 경우에 채권양도에 관한 규정도 적용되므로, 채무자 기타 제 3 자에 대항하려면 양도인이 채무자에게 통지하거나 또는 채무자가 승낙하여야 한다(민법 제450조 참조). 그런데 채권양도의 합의를 한 다음에 근저당권이전등기를 하기 때문에, 채권양도시기와 근저당권이전시기 사이에 시차가 발생할 수밖에 없는데, 이에 관하여 어떻게 이론구성하여야 할 것인지 논란이 된다. 이 문제를 해결하기 위하여 "저당권부 채권의 양도는 저당권의 양도를 포함하기 때문에, 등기하지 않으면 효력이 생기지 않는다"는 견해가 주장되기도 한다.[25] 그 근거로 피담보채권과 분리하여 저당권만 양도할 수는 없다는 민법 제361조를 제시한다. 나아가 이 견해는 저당권부 채권의 제 3 자에 대한 대항요건으로 확정일자 있는 증서에 의한 통지가 필요하지 않다고 한다. 저당권부 채권의 이전은 저당권이전등기에 의하여 공시되기 때문이다.[26]

그러나 대법원은 이러한 견해를 배척하였다. 즉, 大判 2003. 10. 10, 2001다77888[27]은 "피담보채권과 저당권을 함께 양도하는 경우에 채권양도는 당사자 사이의 의사표시만으로 양도의 효력이 발생하지만 저당권이전은 이전등기를 하여야 하므로 채권양도와 저당권이전등기

24) 위 등기예규(註 17).

25) 金曾漢·金學東(註 19), 551면; 註釋 民法, 物權(4), 2000, 149면(여상훈 집필부분).

26) 金曾漢·金學東(註 19), 552면.

27) 공 2003, 2164.

사이에 어느 정도 시차가 불가피한 이상 피담보채권이 먼저 양도되어 일시적으로 피담보채권과 저당권의 귀속이 달라진다고 하여 저당권이 무효로 된다고 볼 수는 없"다고 한다. 이 판결은 저당권부 채권의 양도에서 채권의 이전과 저당권의 이전을 따로 떼어 그 요건도 각각 별개로 파악하고 있다고 볼 수 있다.[28] 저당권부 채권양도의 합의 후 저당권이전등기가 이루어지기 전에는 통상 채권은 양수인에게 이전되었으나, 저당권은 원래의 채권자에게 남아 있게 된다. 이러한 경우에 피담보채권이 없는 저당권은 이론상 무효라고 보아야 할 것이지만, 이는 부당한 결과를 낳는다. 이 문제에 대하여 "채권양도와 저당권이전등기 사이의 시차로 인하여 피담보채권과 저당권이 실질적으로 동일인에게 귀속되지 않는 현상은 기술적인 문제로 인하여 발생하는 것이므로, 이로 인하여 분리되는 순간 저당권이 무효가 된다거나 피담보채권이 무담보채권으로 확정된다고 하는 것은 지나친 형식논리에 불과하다"[29] 고 설명한다.

4. 對象判決의 檢討

근저당권 양도의 법률관계는 피담보채권의 확정여부에 따라 달라지므로, 이 사건에서 근저당권의 피담보채권이 언제 확정되었는지 문제된다. 기본계약의 당사자들이 그 거래관계를 종료하기로 하는 약정이 있는 경우에는 이 약정에 따라 근저당권의 피담보채권이 확정된다. 이러한 약정은 명시적이든 묵시적이든 상관없다.[30]

이 사건의 사실관계가 매우 복잡하고, 언제 근저당권의 피담보채

28) 梁彰洙, "2003년 民法判例 管見," 民法硏究 제 8 권, 박영사, 2005, 390면.

29) 이 판결에 대한 재판연구관의 해설인 魯萬景, "근저당권부 채권이 양도되었으나 근저당권의 이전등기가 경료되지 않은 상태에서 실시된 배당절차에서 근저당권의 명의인이 배당이의를 할 수 있는지 여부," 大法院判例解說 제46호, 2004, 법원도서관, 474면.

30) 金載亨(註 11), 240면.

권이 확정되었는지 판단하기는 쉽지 않다. 먼저 이 사건 근저당권설정등기(제1등기)는 원래 공사대금채권을 담보하기 위한 것이었는데, 이 사건 건물의 신축공사를 하던 C회사가 1996.10.14. 최종부도를 내고 더 이상 공사를 할 수 없게 됨에 따라 A와 D회사 사이의 기본적 계약관계도 종료되어 그 피담보채권이 확정되었다고 볼 수 있다. 따라서 그 후에 이루어진 근저당권 양도는 적법하게 이루어졌다고 볼 수 있다.

한편 근저당권에서 피담보채권이 확정된 후 그 피담보채권이 소멸되면 근저당권도 소멸된다. 이 사건에서 근저당권의 피담보채권인 공사대금채권이 소멸되었는지 여부가 쟁점이 되었다. 대상판결은 피담보채권이 존속한다고 판단하였다(판결요지 (2)부분). 즉, 이 사건 팩토링거래는 F회사가 담보의 의미로 매출채권, 즉 A에 대한 공사대금채권을 G회사에게 양도하고 G회사로부터 그 채권액에 상당하는 금원(팩토링대전)을 차용하는 실질적인 소비대차거래라고 한다.[31] 따라서 팩토링대전이 F회사에게 지급되었다고 하여 담보로 제공된 공사대금채권이 소멸하는 것은 아니라고 한다.

만일 위 공사대금채권이 소멸되었다고 하더라도 F회사의 A에 대한 구상금채권을 피담보채권으로 볼 수도 있으므로, 근저당권의 피담보채권이 소멸하지 않았다는 점을 부가적으로 밝히고 있다. F회사가 A의 G회사에 대한 채무를 연대보증하였으므로 A가 G회사에 위 채무를 변제하지 않을 경우에 F회사는 G회사에 연대보증채무를 변제한 다음 A에 대하여 구상금채권을 취득하거나 연대보증채무를 변제하기 전에 장래의 구상금채권을 취득하기 때문이다. 그런데 1995년 근저당권이 설정될 당시(제1등기)에는 구상금채권이 피담보채권에 포함되지 않았다. 따라서 이와 같은 구상금채권도 근저당권의 피담보채권에 포

31) 팩토링거래에서 거래상대방이 채무자의 지급불능에 대한 위험을 인수하는 경우를 상환청구권 있는 팩토링 또는 진정팩토링이라고 하고, 그렇지 않은 것을 상환청구권 있는 팩토링 또는 부진정팩토링이라고 한다. 이 사건의 팩토링은 상환청구권 있는 팩토링 또는 부진정팩토링에 속한다.

함되어 있다고 본 근거가 명확하지는 않지만 피담보채권을 추가하기로 하는 약정이 있었다고 볼 수도 있고 無效登記의 流用을 인정한 것이라고 볼 수도 있다.[32] 그 후 F회사는 1998. 2. 13. G회사에 F회사의 A에 대한 잔존 공사대금채권과 F회사의 장래의 구상금채권을 이 사건 근저당권의 피담보채권으로 확정하여 위 근저당권과 함께 양도하였다. 당시 근저당권의 피담보채권이 확정되었는지 여부는 명확하지는 않기 때문에 이 점에 관하여 좀더 심리하여야 했을 것으로 생각되나, 대상판결은 당시 피담보채권이 확정되었다는 점을 전제로 판단하고 있다.

Ⅲ. 根抵當權의 讓渡에서 物上保證人의 同意 문제

근저당권을 피담보채권과 분리하여 양도하는 것은 허용되지 않고, 항상 피담보채권과 함께 양도하여야 한다. 이 경우에 물권변동의 일반원칙에 따라 근저당권이전에 관한 물권적 합의와 등기가 필요하다.

그런데 근저당권의 양도에 물상보증인의 동의가 필요한지 문제된

---

32) 대법원은 등기유용 합의 전에 등기부상 이해관계인이 없는 한 무효인 근저당권의 유용을 인정하고 있다. 즉, "부동산의 소유자 겸 채무자가 채권자인 저당권자에게 당해 저당권설정등기에 의하여 담보되는 채무를 모두 변제함으로써 저당권이 소멸된 경우 그 저당권설정등기 또한 효력을 상실하여 말소되어야 할 것이나, 그 부동산의 소유자가 새로운 제 3 의 채권자로부터 금원을 차용함에 있어 그 제 3 자와 사이에 새로운 차용금 채무를 담보하기 위하여 잔존하는 종전 채권자 명의의 저당권설정등기를 이용하여 이에 터잡아 새로운 제 3 의 채권자에게 저당권이전의 부기등기를 경료하기로 하는 내용의 저당권등기 유용의 합의를 하고 실제로 그 부기등기를 경료하였다면, 그 저당권이전등기를 경료받은 새로운 제 3 의 채권자로서는 언제든지 부동산의 소유자에 대하여 그 등기 유용의 합의를 주장하여 저당권설정등기의 말소청구에 대항할 수 있다고 할 것이고, 다만 그 저당권이전의 부기등기 이전에 등기부상 이해관계를 가지게 된 자에 대하여는 위 등기 유용의 합의 사실을 들어 위 저당권설정등기 및 그 저당권이전의 부기등기의 유효를 주장할 수는 없다"고 한다. 大判 1998. 3. 24, 97다56242(공 1998, 1143); 大判 2002. 12. 6, 2001다2846(공 2003, 302).

다. 이 문제는 저당권부 채권의 경우에도 마찬가지이다. 이에 관하여 피담보채권과 함께 저당권을 양도하는 경우에 제3자에게 불이익을 주지는 못하므로, 물상보증인이 설정한 저당권은 그의 동의가 없으면 수반하지 않는다는 견해가 있다.[33] 이 견해에 따르면 피담보채권이 확정된 후 근저당권부 채권을 양도하는 경우에 동일하게 보아야 할 것이다. 그러나 근저당권을 양도하기로 하는 합의는 근저당권자와 양수인 사이에 있으면 충분하다. 채무자 또는 근저당권설정자의 동의는 필요하지 않다. 근저당권설정자가 채무자 이외의 제3자(물상보증인)인 경우에도 근저당권의 이전에 물상보증인의 동의를 받아야 하는 것이 아니다.

大決 1964.4.28, 63마216[34]은 "경매신청인이 근저당권과 함께 채권을 양수하여 근저당권이전등기까지 끝냈다고 하더라도 그 채권 및 근저당권 양도에 관하여 채무자의 승낙을 얻은 사실이 없으면 채무자에게 대하여 채권 및 근저당권 양수를 주장할 수 없으며 따라서 그 채권 및 근저당권 양수를 원인으로 하여 저당권 실행을 할 수 없다"고 하였다. 이 사건이 근저당권의 피담보채권이 확정된 경우에 대한 것인지 여부를 확인할 수 없다. 근저당권의 피담보채권이 확정되기 전이라면 근저당권의 이전에 채무자의 승낙이 있어야 할 것이지만, 피담보채권이 확정된 이후라면 채무자의 승낙도 필요하지 않을 것이다.

그 후 大判 1994.9.27, 94다23975[35]는 "저당권의 양도에 있어서도 물권변동의 일반원칙에 따라 저당권을 이전할 것을 목적으로 하는 물권적 합의와 등기가 있어야 저당권이 이전된다고 할 것이나, 이 때의 물권적 합의는 저당권을 양도·양수받는 당사자 사이에 있으면 족하고 그 외에 그 채무자나 물상보증인 사이에까지 있어야 하는 것은

33) 郭潤直(註 10), 327면; 民法注解(Ⅶ), 1992, 76면(南孝淳 집필부분).
34) 要集 民商 Ⅰ-2, 760; 법고을 LX 7.9 검색.
35) 공 1994, 2816.

아니라고 할 것"이라고 밝혔다. 이 사건에서 피고 A가 소외 B로부터 이 사건 근저당권 중 동인의 지분을 양도받아 그 부기등기를 경료함으로써 이를 취득하였다면 그 저당권의 이전에 관하여 그 당사자인 피고 A와 위 B 사이에 물권적 합의가 있으면 족하고 그 양수인인 피고 A와 물상보증인인 원고 사이에까지 어떠한 물권적 합의가 있어야 하는 것은 아니라고 판단하였다. 이 판결에서 피담보채권의 확정여부를 구분하지 않고 근저당권의 양도문제에 관하여 판단하고 있으나, 이 점은 쟁점이 아니었을 뿐만 아니라, 사실관계를 보면 근저당권의 피담보채권이 확정되었다고 볼 수 있는 사안에 관한 것이다.

등기실무도 이 판결과 마찬가지로 근저당권의 이전에 물상보증인의 승낙서를 요구하고 있지 않다.[36] 대상판결은 위 1994년 대법원 판결과 마찬가지로 저당권이나 근저당권의 양도에 물상보증인의 동의가 필요하지 않다고 함으로써, 이에 관한 대법원의 견해를 재확인하고 있다.

저당권이 설정된 경우에 채권양도가 이루어졌으면 저당권도 이전하기로 하였다고 보아야 할 것이다. 저당권부 채권에서 채권자 겸 저당권자가 변경되었다고 하여 물상보증인에게 손해가 발생하는 것은 아니기 때문에, 물상보증인의 의사에 따라 저당권의 이전여부를 달리할 필요성도 없다. 근저당권이 설정된 경우에도 피담보채권이 확정된 이후에는 새로운 채권이 피담보채권에 추가되지 않으므로, 근저당권도 저당권의 경우와 마찬가지로 채권양도와 함께 이전하기로 하였다고 보아야 한다. 이 경우에 물상보증인의 동의여부는 상관없다. 또한 근저당권의 피담보채권이 확정되기 전에는 기본계약의 양도를 위하여 채무자와의 합의가 필요하지만, 근저당권의 이전에 대한 물상보증인의 승낙을 얻을 필요는 없다.[37]

채무인수나 계약인수의 방법으로 근저당권의 채무자를 변경하는

36) 위 등기예규(註 17).

37) 金載亨(註 11), 231면.

경우에는 물상보증인의 동의를 얻어야 한다.[38] 민법 제459조는 "전채무자의 채무에 대한 보증이나 제 3 자가 제공한 담보는 채무인수로 인하여 소멸한다. 그러나 보증인이나 제 3 자가 채무인수에 동의한 경우에는 그러하지 아니하다"고 규정하고 있기 때문에, 물상보증인이 동의하지 않으면 종전 채무자에 대한 담보권이 채무인수로 말미암아 소멸한다. 이는 계약인수의 경우에도 동일하게 보아야 한다. 이와 같이 채무인수 등으로 채무자가 변경된 경우에 물상보증인의 동의를 얻도록 한 이유는 채무자가 누구인지 여부가 물상보증인의 이해관계에 영향을 미치기 때문이다. 신채무자가 구채무자보다 자력이 부족하거나 채무를 이행하지 않을 수 있기 때문에, 채무자변경이 물상보증인에게 불리하게 작용할 수 있다. 따라서 채무인수 등 채무자변경에 대하여 물상보증인의 동의가 있어야 한다는 것과 근저당권부채권의 양도에 대하여 물상보증인의 동의가 요구되지 않는다는 것이 모순되는 것은 아니다.

또한 일본의 경우와 비교해 볼 필요가 있다. 일본민법 제398조의 12에서는 근저당권의 양도에 근저당권설정자의 동의를 얻도록 하고 있다.[39] 그러나 이 규정은 원본의 확정 전에 근저당권을 양도하는 경우에 대한 것이고, 우리나라에서 문제되고 있는 확정 후의 근저당권 양도에 관한 규정이 아니다. 따라서 우리나라에서 일본민법의 위 규정의 경우와 동일하게 해결할 수 없다.

저당권부 채권의 양도에는 채권양도와 저당권 양도가 동시에 일어나는데, 저당권 양도에 관해서는 물권법에 관한 규정이 적용된다. 물권은 자유롭게 처분할 수 있는 것이 원칙이다. 제한물권이라고 하더라도 마찬가지이다. 전세권이나 지상권을 처분하는 데 전세권설정자나 지상

38) 金載亨(註 11), 225면.

39) 일본의 경우에는 1971년 민법 개정에서 "원본의 확정 전에는 근저당권자는 근저당권설정자의 승낙을 얻어 그 근저당권을 양도할 수 있다"고 규정하고 있다(제398조의 12). 이 규정에 따르면 근저당권에서 원본의 확정 전에도 피담보채권과 분리하여 근저당권만을 양도할 수 있으나, 다만 근저당권설정자의 승낙을 얻어야 한다. 그러나 우리 민법에는 이러한 규정이 없다.

권설정자의 동의를 필요로 하지 않는다(민법 제306조, 제282조). 이와 비교해 보더라도 저당권 또는 근저당권 양도에 채무자나 물상보증인의 동의가 필요하지 않다고 보아야 한다.

한편 대상판결은 저당권부 채권양도에서 채무자에게 채권양도의 통지나 이에 대한 채무자의 승낙이 있으면 채권양도를 가지고 채무자에게 대항할 수 있다고 한다. 이는 저당권부 채권을 양도하는 경우에 채권양도 부분에 관해서는 채권양도에 관한 규정이 적용된다는 견해[40]를 따른 것으로, 위 대법원 2003. 10. 10. 판결[41]이 저당권에 의하여 담보되고 있다고 하더라도 채권양도의 합의시에 채권양도의 효력이 발생한다는 것과 맥락을 같이한다. 대상판결은 채무자에 대한 대항요건만을 판단하고 있을 뿐이고, 제 3 자에 대한 대항요건에 관해서는 판단하고 있지 않다. 그러나 채권양도의 제 3 자에 대한 대상요건으로 확정일자 있는 증서에 의한 통지가 필요하다고 보아야 할 것이다. 결국 채권이 저당권에 의하여 담보되고 있더라도 채권의 양도에 대하여는 저당권이 아무런 영향을 미치지 않는다고 말할 수 있다.[42]

40) 金錫宇(註 9), 405면 이하; 金載亨(註 11), 234면.
41) 註 27.
42) 또한 大判 2005. 6. 23, 2004다29279(공 2005, 1221)는 "피담보채권을 저당권과 함께 양수한 자는 저당권이전의 부기등기를 마치고 저당권실행의 요건을 갖추고 있는 한 채권양도의 대항요건을 갖추고 있지 아니하더라도 경매신청을 할 수 있"다고 한다. "채무자는 경매절차의 이해관계인으로서 채권양도의 대항요건을 갖추지 못하였다는 사유를 들어 경매개시결정에 대한 이의나 즉시항고절차에서 다툴 수 있고, 이 경우는 신청채권자가 대항요건을 갖추었다는 사실을 증명하여야 할 것"이다. 그러나 "이러한 절차를 통하여 채권 및 근저당권의 양수인의 신청에 의하여 개시된 경매절차가 실효되지 아니한 이상 그 경매절차는 적법한 것이고, 또한 그 경매신청인은 양수채권의 변제를 받을 수도 있다."

Ⅳ. 根抵當權移轉의 附記登記의 抹消請求

1. 附記登記의 의의

부기등기는 그 자체로서는 기존등기에 이어지는 독립한 번호를 갖지 아니하며, 이미 존재하고 있는 어떤 특정등기(主登記)의 번호를 그대로 사용하고, 그 번호의 아래쪽에 부기 호수를 붙인 등기이다(부동산등기법 제60조; 부동산등기법 시행규칙 제90조). 이와 같은 부기등기는 법령에 "부기에 의하여"라는 특별한 규정이 있는 경우에 한하여 예외적으로 허용된다.

부기등기를 인정하는 이유는, 어떤 등기로 하여금 다른 기존의 등기(주등기)가 보유하는 순위와 동일한 순위, 또는 그것을 기초로 한 순위를 보유시킬 필요가 있는 경우를 대비하기 위한 것이다. 즉 기존의 등기와의 동일성 내지 그 연장임을 표시하려고 할 때(예컨대 변경등기나 경정등기), 또는 표시될 등기가 이미 존재하고 있는 등기에 표시되어 있는 권리와 동일한 순위나 효력을 가진다는 것을 등기부상 명백히 하려고 할 때(예컨대 소유권 이외의 권리의 이전등기)에는 부기등기가 이용된다.43)

부기등기의 순위는 주등기의 순위에 의한다. 그러나 부기등기 사이의 순위는 그 전후에 의하여 정한다(부동산등기법 제 6 조 제 1 항). 신등기(부기등기)에도 불구하고 구등기(주등기)의 동일성을 보유하게 하려는 경우(경정·변경등기 등의 경우)에는 경정·변경된 등기가 구등기가 확보한 순위를 갖는다. 구등기의 동일성을 보유하게 하려는 것은 아니지만 부기등기에 의하여 표시되는 권리가 구등기의 그것과 동일한 순위와 효력을 가짐을 등기부상 명백히 하려는 경우(제한물권의 이전등기의 경우)에도 그

43) 郭潤直(註 10), 56면.

순위는 구등기의 순위를 기준으로 한다.[44)]

2. 根抵當權移轉의 附記登記에 대한 抹消請求

부동산소유자 A가 B에게 근저당권을 설정하여 주고, B가 C에게 근저당권을 양도하여 근저당권이전의 부기등기를 마쳤다고 하자. 이 경우에 A가 피담보채무의 소멸을 이유로 근저당권의 말소를 청구할 경우 상대방을 누구로 삼아야 할 것인지 문제된다.

판례는 근저당권설정등기의 말소등기청구에서 양수인만이 被告適格이 있다고 한다. "근저당권의 양도에 의한 부기등기는 기존의 근저당권설정등기에 의한 권리의 승계를 등기부상 명시하는 것뿐으로, 그 등기에 의하여 새로운 권리가 생기는 것이 아닌 만큼 근저당권설정등기의 말소등기청구는 양수인만을 상대로 하면 족하고, 양도인은 그 말소등기청구에 있어서 피고적격이 없는 것"이라고 한다.[45)] 이러한 법리는 소유권이전등기가 순차로 경료된 경우에 모든 등기명의인을 상대로 말소등기절차의 이행을 청구하여야 하는 것[46)]과 판이하게 다르다.

한편 근저당권설정등기의 말소를 청구하여야 하는지, 아니면 근저당권이전의 부기등기를 말소청구하여야 하는지 문제된다. 판례는 "근저당권이전의 부기등기는 기존의 주등기인 근저당권설정등기에 종속되어 주등기와 일체를 이루는 것이어서 피담보채무가 소멸된 경우 또는

44) 金滉植, "附記登記關聯訴訟의 當事者," 民事裁判의 諸問題(上)(松泉李時潤博士華甲紀念), 박영사, 1995, 124면.

45) 大判 1966.10.4, 66다1387; 大判 1967.6.13, 67다482(集 15-2, 민 58); 大判 1968.1.31, 67다2558(集 16-1, 민 49); 大判 1994.10.21, 94다17109(공 1994, 3070); 大判 1995.5.26, 95다7550(공 1995, 2262); 大判 2000.4.11, 2000다5640(공 2000, 1188).

46) 大判 1987.10.13, 87다카1093(공 1987, 1711); 大判 1998.9.22, 98다23393(공 1998, 2561).

근저당권설정등기가 당초 원인무효인 경우 주등기인 근저당권설정등기의 말소만 구하면 되고 그 부기등기는 별도로 말소를 구하지 않더라도 주등기의 말소에 따라 직권으로 말소되는 것"[47]이라고 한다. 또한 "채무자의 추가를 내용으로 하는 근저당권변경의 부기등기는 기존의 주등기인 근저당권설정등기에 종속되어 주등기와 일체를 이루는 것이고 주등기와 별개의 새로운 등기는 아니라 할 것이므로 그 피담보채무가 변제로 인하여 소멸된 경우 위 주등기의 말소만을 구하면 족하다 할 것이고, 주등기가 말소된 경우에는 그에 기한 부기등기는 판결로 그 말소를 명하지 않더라도 직권으로 말소되어야 할 성질의 것이다"라고 한다.[48]

그런데 위 대법원 판결들은 주등기인 근저당권설정등기와 부기등기인 근저당권이전등기가 모두 소멸되어야 하는 경우에 관한 것이다. 이러한 경우에는 주등기와 부기등기를 일체로 취급하더라도 별다른 문제가 발생하지 않는다. 그러나 주등기와 부기등기의 효력이 일치되지 않는 경우가 있다. 예를 들면 근저당권설정등기의 원인에 취소사유가 있어 그 등기가 무효인 경우라도 근저당권의 양수인이 선의의 제 3 자로서 보호받는 경우(민법 제107조 내지 제110조)를 들 수 있다. 또한 근저당권설정등기는 적법하게 이루어졌으나 근저당권이전등기가 원인무효인 경우에도 주등기와 부기등기가 일체를 이룬다고 볼 수 없다. 후자의 경우에는 근저당권설정자 또는 근저당권자가 부기등기만의 말소를 구할 수 있어야 할 것이다. 그리하여 등기의 단계별로 그 등기의 당사자별로 등기원인의 유·무효를 따져야 하고, 그것이 실체법적으로나 절차법적으로

47) 大判 1988. 3. 8, 87다카2585(공 1988, 662); 大判 1988. 11. 22, 87다카1836(공 1989, 18); 大判 1994. 10. 21, 94다17109(공 1994, 3070); 大判 1995. 5. 26, 95다7550(공 1995, 2262); 大判 2000. 4. 11, 2000다5640(공 2000, 1188).

48) 大判 1988. 3. 8, 87다카2585(공 1988, 662).

옳다는 견해가 있다.[49] 부기등기와 주등기는 형식상으로는 일체로 취급하여야 하지만, 주등기와 부기등기를 일체로 취급함으로써 부당한 결과가 발생할 경우에는 주등기와 부기등기를 구별하여 그 효력 유무와 말소여부를 판단하여야 할 것이다.

대상판결은 "근저당권의 이전원인만이 무효로 되거나 취소 또는 해제된 경우, 즉 근저당권의 주등기 자체는 유효한 것을 전제로 이와는 별도로 근저당권이전의 부기등기에 한하여 무효사유가 있다는 이유로 부기등기만의 효력을 다투는 경우에는 그 부기등기의 말소를 소구할 필요가 있으므로 예외적으로 소의 이익이 있다"고 판단하였다. 이 판단은 선례로서의 가치가 있을 뿐만 아니라, 앞으로 부기등기에 관한 법리를 세밀하게 전개시킬 필요가 있음을 보여 준다.

V. 結　論

근저당권은 저당권의 한 형태이기 때문에, 저당권에 관한 규정이 적용된다. 그러나 근저당권은 피담보채권이 유동·교체한다는 점에서 저당권에 관한 규정으로 해결할 수 없는 경우가 많다. 근저당권의 양도에서도 저당권과의 유사성과 차별성이 드러난다. 근저당권을 피담보채권과 함께 양도할 수 있지만, 피담보채권의 확정 후에만 가능하다. 피담보채권의 확정 후에는 새로운 채권이 근저당권에 의하여 담보되지 않기 때문에, 근저당권도 채권과 함께라면 자유롭게 양도할 수 있다. 이 경우에 근저당권의 양도에 관하여 채무자나 물상보증인의 동의가 필요하지 않다. 왜냐하면 채권자가 누구인지 여부가 채무자나 물상보증인의 이해에 의미 있는 영향을 미치지 않기 때문이다. 대상판결이 근저당권에서 피담보채권의 확정에 관하여 명확하게 판단하고 있지는

49) 金滉植(註 44), 135면.

않은 점은 있지만, 위와 같은 결론에 찬성한다. 또한 대상판결은 근저당권이전의 부기등기에 대한 말소청구에 관하여 대법원의 견해를 명백히 하였다는 점에서 중요한 의의가 있다.

(判例研究 제19집 제 2 호, 서울지방변호사회, 2005, 229-249면 所載)

[後　　記]

필자는 이 사건이 대법원에 계류되어 있는 동안 이 사건을 검토한 적이 있었는데, 이 글은 2005년 11월 2일 아침 7시 30분에 개최된 서울지방변호사회 판례연구회에서 발표한 것을 수정·보완한 것이다. 판례연구에 수록될 당시 교정을 볼 기회가 주어지지 않았기 때문에, 이번에 본문 Ⅱ.2,3 부분 등을 상당 부분 고쳤다.

7. 倒産節次에서 擔保權者의 地位

I. 序　　論

담보는 채무자의 채무불이행이나 파산 위험으로부터 채권자를 보호하기 위한 것이다. 따라서 담보권과 도산법은 매우 밀접한 관계에 있고, 담보권의 규율은 도산법에서 하나의 핵심축을 형성하고 있다. 도산절차에서 담보권자는 가장 중요한 이해관계인으로서, 도산절차의 여러 진행단계에서 담보권자의 지위와 권한을 어떻게 정할 것인지는 중요한 문제로 등장한다.

담보권의 실체법상의 효력은 도산절차에서 관철되어야 하는가? 민사집행절차가 개별적 집행절차인 반면, 도산절차는 집단적이고 포괄적인 집행절차이다. 실체법상의 담보권은 민사집행절차에서는 개별적으로 실현되고, 도산절차에서는 집단적으로 실현된다. 도산절차에서 담보권의 우선변제적 효력을 존중하지 않는다면, 채무불이행이나 파산에 대비하여 우선변제적 효력을 확보하려는 담보제도의 근간이 무너질 수 있다. 그러나 도산절차에서는 담보목적물의 환가와 배당이 집단적으로 이루어지기 때문에, 민사집행절차와는 다른 절차적인 제한이 따른다. 또한 도산절차는 청산형과 회생형으로 구분할 수 있는데, 회생형 도산절차에서는 채무자의 회생이라는 목적에 따라 담보권자 등 이해관계인의 권리를 제한하고 있다. 그러므로 도산절차에서 담보권자의 지위를 정하는 것은 한편으로는 담보권의 우선변제적 효력을 관철하여야 한다는 요청과, 다른 한편으로는 집단적 집행절차인 도산절차의 특성에 따라 담보권의 효력을 제한하여야 한다는 요청을 조정하는 작업이다.

기존의 도산법제는 크게 파산법, 화의법, 회사정리법, 개인채무자회생법이라는 4개의 법률로 구성되어 있는데, 개별 법률마다 담보권을 다르게 취급하고 있다. 파산법과 화의법은 독일 등 대륙법계의 영향을 받은 데 반하여 회사정리법과 개인채무자회생법은 미국 연방 파산법의 영향을 받았다. 이와 같이 각각의 법률은 그 유래가 다르기 때문에, 그 기본구조와 용어에서도 차이가 발생한다.

도산실무에서 담보권을 둘러싼 분쟁이 많이 발생하고 있지만, 이에 관한 이론적인 연구가 활발한 것은 아니었다. 그러던 중 2005. 3. 2. 「채무자 회생 및 파산에 관한 법률」(이른바 통합도산법)이 국회에서 통과되어 3. 31. 공포되었으며, 2006. 4. 1.부터 시행되고 있다. 이 법률은 도산절차를 하나의 법률로 통합하였으나, 담보권에 관한 규정을 보면, 종래의 법률에 있던 내용을 그대로 따르되, 개정해야 한다고 지적된 몇 개의 조문을 개정하거나 삭제하였을 뿐이다.

파산절차와 개인회생절차에서는 담보권자에게 別除權을 인정하여 담보권자의 우선변제권을 보장하고 있고, 다만 개인회생절차에서 담보권의 실행을 일정기간 제한할 수 있는 규정을 두고 있다. 이에 반하여 회생절차에서는 담보권을 回生擔保權으로 규정하고, 그 실행을 중대하게 제한하고 있다. 이처럼 각각의 도산절차에 따라 담보권에 관련된 용어나 표현방식이 다를 뿐만 아니라 그 법적 지위가 확연하게 달라진다.

도산절차상 담보권 문제는 실체법과 절차법의 관계 등 여러 문제영역이 겹쳐 있다. 먼저 실체법상의 담보권자의 지위나 권리를 도산절차에서도 그대로 인정할 것인지, 아니면 도산절차에서 담보권자의 지위나 권리에 변경을 가할 것인지 문제된다. 또한 파산절차와 회생절차에 따라 담보권자의 지위를 구분할 것인지, 개별 담보권의 종류에 따라 담보권자의 지위가 어떻게 달라지는지, 일반 채권자나 주주와 비교하여 담보권자를 어떻게 취급할 것인지 문제된다.

이 글의 목적은 통합도산법에서 담보권을 어떻게 규율하고 있는지, 그것이 타당한지에 관하여 검토하는 것이다. 담보권은 도산절차의 신청부터 종결 후까지 계속 문제되고 관련 조문이 곳곳에 흩어져 있기 때문에, 도산절차에서 담보권자의 지위를 모두 설명하기는 쉽지 않다. 그리하여 담보권에 특유한 문제에 중점을 두고, 특히 각각의 도산절차에서 드러나는 차이점을 밝혀내는 데 중점을 둘 것이다. 파산절차가 원칙적인 도산절차이지만, 통합도산법에서 회생절차를 먼저 규정하고, 그 다음에 파산절차, 개인회생절차의 순으로 규정[1]하고 있기 때문에, 이 순서에 따라 살펴보고자 한다. 다만 이 글에서는 담보물권에 한정하여 다루기로 하고, 보증채무 등 인적 채무에 관해서는 별고로 미룬다.

Ⅱ. 回生節次

1. 概 說

회생절차에서는 종전 회사정리절차와 마찬가지로 담보권의 행사를 제한하는 규정을 두고 있고, 다만 정리담보권을 회생담보권으로 명칭을 바꾸는 등의 변경이 있을 뿐이다. 따라서 회생담보권에 관해서는 정리담보권의 경우와 동일하게 설명할 수 있다. 담보권자는 회생절차 밖에서 담보권을 실행하는 것이 금지되며, 권리를 행사하려면 일반 채권자와 마찬가지로 회생절차에 참가하여야 한다. 만일 담보권자의 개별적인 권리 행사를 인정한다면, 담보목적물로 제공된 생산시설을 사용할 수 없게 되어 채무자의 회생이 불가능해질 수 있기 때문이다.

1) 청산형 도산절차인 파산절차를 사이에 두고 회생형 도산절차인 회생절차와 개인회생절차가 양쪽에 있다. 이러한 입법체계의 문제점을 지적한 것으로는 金載亨, "倒産法 統合의 기본틀," 南孝淳·金載亨 편, 倒産法講義, 법문사, 2005, 10-11면.

2. 回生擔保權

(1) 의 의

회생절차에서 담보권은 원칙적으로 회생절차개시시점을 기준으로 그 전에 설정된 담보권과 그 후에 설정된 담보권으로 구분할 수 있다. 회생절차개시 후에 생긴 채권을 共益債權이라고 하는데, 이를 담보하기 위하여 담보권이 설정된 경우에는 일반적인 담보권에 관한 법리가 그대로 적용된다. 이에 관해서는 따로 설명할 필요가 없다. 이에 반하여 회생절차개시 전에 생긴 채권을 回生債權이라고 하고, 이를 담보하기 위하여 담보권이 설정된 경우를 回生擔保權이라고 하는데, 이에 관하여는 많은 규정이 있다. 따라서 회생절차에서 담보권자의 의미를 파악하기 위해서는 회생담보권에 관하여 먼저 살펴볼 필요가 있다.

회생담보권은 '회생채권이나 회생절차개시 전의 원인으로 생긴 채무자 외의 자에 대한 재산상의 청구권(이하 회생채권 등이라고 한다)으로서 회생절차개시 당시 채무자의 재산상에 존재하는 유치권·질권·저당권·양도담보권·가등기담보권·전세권 또는 우선특권에 의하여 담보된 범위의 것'을 말한다.[2] 회생채권은 원칙적으로 회생절차개시 전의 원인으로 생긴 채권이므로, 회생절차개시 후의 원인으로 생긴 채권은 회생담보권의 대상이 아니다. 또한 회생채권 등이 회생절차개시 당시 채무자의 재산 위에 존재하는 담보권에 의하여 담보되어야 하므로, 제 3 자의 재산에 담보권이 설정된 경우에는 회생담보권이 아니다.

(2) 回生擔保權의 種類

회생담보권에 관한 제141조 제 1 항은 담보권의 종류로 유치권, 질권, 저당권, 양도담보권, 가등기담보권, 전세권 또는 우선특권을 열거하

2) 채무자 회생 및 파산에 관한 법률 제141조 제 1 항. 이하 이 법률의 조항은 조항만으로 인용하되, 다만 혼동의 여지가 있는 경우에는 조문 앞에 통합도산법이라고 표시한다.

고 있다. 회생담보권의 종류는 이 규정에 명시된 담보권에 한정된 것은 아니다. 따라서 이 규정은 회생담보권의 종류를 폐쇄적으로 열거한 것이 아니고 개방적으로 회생담보권의 종류를 예시한 것에 불과하다.[3)]

(가) 留 置 權

도산절차에서 유치권은 담보권으로 취급된다. 일본 회사갱생법에서는 상법상의 유치권만을 담보권으로 취급하고 있으나,[4)] 우리나라 도산절차에서는 민법상의 유치권도 담보권으로 보고 있다.

유치권은 그 유치적 효력으로 말미암아 채무자의 회생, 재건이라는 목적을 달성하는 데 장애가 될 수도 있다. 가령 제조회사가 창고업자에게 중요한 생산부품을 보관시킨 경우 창고업자가 그 보관료채권에 기하여 생산부품에 대한 유치권을 행사하면 제조회사는 그 부품을 이용하여 생산을 할 수 없다. 그런데 민법 제327조는 "채무자는 상당한 담보를 제공하고 유치권의 소멸을 청구할 수 있다"고 규정하고 있다. 민법의 유치권에 관한 규정은 상사유치권에 적용되므로, 회생절차가 개시된 경우에는 관리인이 이 규정에 따라 유치권의 소멸을 청구할 수 있다고 보아야 한다.[5)]

(나) 質 權

질권은 동산질권과 권리질권을 포함한다. 우리나라에서 동산질권은 占有改定에 의한 질권설정을 금지하고 있기 때문에(민법 제332조), 많이 이용되지 않는다. 그러나 채권질 등 권리질권은 상당수 이용되고 있다.

---

3) 회사정리법 하에서도 이와 같이 운영되었다. 邊在承 · 李太燮 · 李光萬 · 李敏杰 · 金載亨, "서울民事地方法院의 會社整理事件 處理實務," 司法論集 제25집, 法院行政處, 1994, 305면; 禹成萬, "會社整理法上 擔保權者의 地位," 南孝淳·金載亨 편, 倒產法講義, 법문사, 2005, 534면 이하.

4) 일본 會社更生法 제 2 조 제10호. 일본의 회사갱생법은 2002년에 전면 개정되었고, 그 후 2003년과 2004년에도 다소 개정되었다.

5) 이와 달리 민법 제327조가 상사유치권에 적용되지 않는다는 것을 전제로 유치권소멸청구제도를 도입하는 것이 바람직하다는 견해가 있다. 林采洪 · 白昌勳 집필대표, 會社整理法(上), 제 2 판, 한국사법행정학회, 2002, 567면; 禹成萬(註 3), 533면.

담보물권은 일반적으로 등기 또는 인도라는 성립요건을 갖추어야 하는데, 지명채권에 대한 질권의 경우에는 확정일자 있는 통지, 승낙과 같은 제3자에 대한 대항요건도 갖추어야 한다(민법 제349조, 제450조). 이와 같이 담보권이 성립되었다고 하더라도 회생절차개시 당시 대항요건을 갖추지 못한 경우에는 담보권자가 관리인이나 다른 채권자 등 이해관계인에게 담보권을 주장할 수 없다.

한편 상행위로 인하여 생긴 채권을 담보하기 위한 질권, 즉 상사질권의 경우에는 流質契約을 금지한 민법 제339조가 적용되지 않는다(상법 제59조). 따라서 회생절차가 개시된 다음에는 회생절차개시의 효력으로 流質契約에 기한 실행이 금지되지만, 회생절차가 개시되기 전에는 流質契約에 의한 실행이 허용된다. 그러나 질권자의 실행행위는 중지명령(제44조) 또는 포괄적 금지명령(제45조)의 대상이 될 수 있다.

㈐ 抵 當 權

저당권은 가장 전형적인 담보권인데, 회생담보권에서 말하는 저당권에는 저당권이라는 명칭를 가진 모든 담보권이 포함된다. 즉, 근저당권뿐만 아니라, 협의의 공장저당권, 공장재단저당권, 광업재단저당권, 입목저당권, 자동차·항공기·건설기계·선박저당권 등 특별법에 기한 저당권도 포함된다.

㈑ 讓渡擔保權

우리나라에서는 부동산양도담보, 동산양도담보, 채권양도담보, 주식양도담보 등 다양한 형태의 양도담보가 이용되고 있다. 채무자의 재산에 양도담보가 설정되었으나, 채무자와 채권자 사이에 채권채무를 정산하지 않은 상태에서 회생절차가 개시된 경우에 양도담보권자의 지위가 문제된다.[6]

---

6) 한편 양도담보권자에 대하여 회생절차가 개시된 경우 양도담보설정자가 목적물을 환취할 수 있는지 문제된다. 회사정리법 제63조는 "정리절차의 개시 전에 회사에 재산을 양도한 자는 담보의 목적으로 한 것을 이유로 그 재산을 환취하지 못한다"라고 규정하고 있는데(파산법 제80조도 동일한 취지이다),

1998년 회사정리법 개정 전에는 회사정리법에 양도담보에 관하여 아무런 규정이 없었는데, 소유권 이전이라는 법형식을 중시하여 양도담보권자에게 목적물에 대한 還取權을 인정할 것인지, 아니면 채권담보라는 실질을 중시하여 整理擔保權者로 취급할 것인지 문제되었다. 대체로 채무자에 대하여 정리절차가 개시되면 양도담보권자는 환취권을 행사할 수 없고, 다만 정리담보권자에 준하여 법원에 권리를 신고하여야 하고 그 신고가 없으면 실권한다고 보았다.[7] 그 근거로 다른 담보권과의 공정·형평의 유지, 회사의 갱생도모 등을 들었는데, '準整理擔保權'이라는 용어를 사용하기도 하였다.[8] 실무에서도 채권양도담보나 동산양도담보를 정리담보권으로 취급하였고, 대법원도 이를 인정하였다. 즉, 大判 1990.2.13, 89다카10385(공 1990, 633)는 대출금채권을 담보하기 위하여 납품대금채권을 양도한 사안에서, 이를 채권양도담보로 보고 납품대금채권을 정리담보권으로 판단한 원심판결이 정당하다고 하였다. 또한 大判 1992.10.27, 91다42678(集 40-3, 민 100)은, 원심이 점유개정에 의하여 동산양도담보가 설정된 경우에 양도담보권자가 회사정리법 제123조 소정의 정리담보권자에 준하여 권리를 행사

학설에서는 이 규정의 의미를 양도담보설정자가 그 채무를 변제하지 않으면 목적물의 환취를 구할 수 없다는 것으로 해석하였고(郭潤直, 物權法, 제 7 판, 박영사, 2002, 416면 이하; 張庚鶴, 物權法, 법문사, 1985, 912면; 郭潤直 편, 民法注解(Ⅶ), 박영사, 1992, 463-465면(徐廷友 집필부분)), 입법론으로서 이를 폐지하여야 한다는 주장이 있었다(民法注解(Ⅶ), 463-465면). 통합도산법에서는 이러한 비판을 받아들여 회생절차와 파산절차에서 양도담보설정자의 환취금지에 관한 규정을 두고 있지 않다. 따라서 양도담보설정자는 그 피담보채무를 변제하고 환취권을 행사할 수 있다고 보아야 할 것이다.

7) 韓國産業銀行 調査部, 會社整理法解說, 1982, 301면 이하; 林采洪, 會社整理法槪說, 고시계, 1985, 336면; 林采洪, "變態擔保權者의 會社整理法上의 地位," 대한변호사협회지 제105호(1985.3), 19면 이하; 法院行政處, 會社整理實務, 裁判資料 제28집, 1985, 345면 이하; 民法注解(Ⅶ), 1992, 466면(徐廷友 집필부분); 邊在承 외 4인(註 3), 305면. 일본의 판례와 다수설도 마찬가지이다. 日最判 1966(昭和 41). 4. 28.(民集 20권 4호, 900면); 三ケ月章 외 5人, 條解 會社更生法(中), 弘文堂, 1999, 528면 이하.

8) 法院行政處, 會社整理實務(註 7), 344면 이하.

하여야 한다고 하였는데, 이를 정당하다고 하였다.[9)] 이 판결의 원심이 동산양도담보의 이론구성에 관하여 신탁적 양도설을 따르고 있는데도 회사정리절차에서는 정리담보권으로 취급하였다는 점을 주목할 필요가 있다. 이는 양도담보의 이론구성[10)]에 따라 도산절차에서 정리담보권으로 취급할 것인지 여부가 달라지는 것은 아니라는 점을 보여 준다. 다만 양도담보권을 신탁적 양도설에 따라 이론구성하면서 도산절차에서는 담보권으로 취급하는 방식이 타당한 것인지에 관해서는 논란이 있을 수 있다.

1998년 회사정리법 개정시 양도담보권이 정리담보권이라는 점을 명문화하였다.[11)] 그 후 大判 2003. 9. 5, 2002다40456(공 2003, 2015)은, 집합채권양도담보[12)]가 담보권에 속한다고 보고, 그 근거로 1998년

9) 다만 이 판결은 회사정리절차개시결정 이전에 양도담보 목적물인 물품에 대하여 처분금지 보전처분이 내려지지 아니한 이상 변제금지의 보전처분만으로는 양도담보권자의 담보권 실행을 저지하는 효과는 없다고 판단하였다.

10) 양도담보의 법적 성질에 관하여 신탁적 소유권이전설과 담보권설이 대립하고 있다. 담보물권설로는 郭潤直(註 6), 407면; 金曾漢·金學東, 物權法, 박영사, 1997, 598면 등이 있고, 신탁적 양도설로는 李英俊, 韓國民法論[物權編], 新訂 2 版, 박영사, 2004, 913면 이하; 梁彰洙, "民法典 施行 후 擔保法의 展開와 課題," 民法硏究 제 6 권, 박영사, 2001, 266면 이하가 있다. 판례의 태도는 부동산양도담보에 관해서는 명확하다고 할 수 없으나, 동산이나 주식의 양도담보에 관해서는 신탁적 양도설을 따르고 있다. 大判 1986. 8. 19, 86다카315(공 1986, 1218); 大判 1994. 8. 26, 93다44739(공 1994, 2514); 大判 1995. 7. 28, 93다61338(공 1995, 2958). 집합동산양도담보에 관해서도 마찬가지이다. 大判 2004. 10. 28, 2003다30463(공 2004, 1942).

11) 일본에서도 倒産法制의 개정작업을 진행하면서 그 개정검토사항의 하나로 譲渡擔保權을 更生擔保權으로 명확히 하는 방안을 제시되기도 하였다. 花村良一, "倒産法制の検討課題," ジュリスト No. 1131(1998. 4. 1), 104면. 그러나 2002년 개정된 일본 회사갱생법 제 2 조 제10호는 갱생담보권에 관한 규정을 두고 있는데, 종전과 마찬가지로 "특별한 선취특권, 질권, 저당권 및 상법의 규정에 의한 유치권에 한한다"고 규정하고 있다.

12) 이 사건에서 집합채권의 양도담보의 예약인지, 대물변제의 예약인지 문제되었는데, 대법원은 "채무를 담보하기 위하여 체결된 집합채권의 양도예약이 당연히 대물변제의 예약으로서의 성질을 갖는 것이라고 할 수는 없고, 당사자의 계약내용이 장차 선택권과 예약완결권의 행사로 채권양도의 효력이 발생하는 경우에 그 채권이 다른 채무의 변제를 위한 담보로 양도되는 것을 예정하고

개정된 회사정리법 제123조 제 1 항을 들고 있다. 독일에서 구 파산법 하에서 양도담보권자의 지위는 경제적인 관점에서 볼 때 소유권자보다는 질권자와 유사하다는 이유로 별제권자로 취급하였다. 1999년부터 시행되는 독일 도산법은 제51조 제 1 호에서 동산이나 권리에 대한 양도담보권을 가진 채권자도 별제권을 가진다는 규정을 명시하고 있다.[13)]

통합도산법은 양도담보권을 회생담보권으로 규정하였다. 따라서 양도담보권자는 다른 담보권자와 마찬가지로 회생절차에 참가하여야만 그 권리를 행사할 수 있다. 양도담보 목적물이 부동산이나 동산이든, 주식이나 채권이든 상관없이 양도담보권은 회생담보권으로 취급된다. 다만 이는 채무자와 채권자 사이에 채권·채무관계가 존재하는 경우에 한정되는 것이고, 만약 채무자가 채무를 변제하지 못하여 청산을 마친 때에는 양도담보권자가 소유자로서 환취권을 행사할 수 있게 될 것이다.[14)]

채권양도담보의 경우에는 담보의 목적인 채권이 금전채권인 때에는 회생절차개시 이후 변제기가 도래하더라도 양도담보권자는 그것을 추심하여 변제에 충당할 수 없고, 제 3 채무자로 하여금 변제액을 공탁하게 하고 그 공탁금상에 담보권이 존속한다. 그리고 담보의 목적이 비금전채권인 때에는 그 기일이 도래하면 담보권자는 인도를 청구할 수 있고, 그 목적물상에 담보권을 가진다.[15)]

있는지 또는 다른 채무의 변제에 갈음하여 양도되는 것을 예정하고 있는지에 따라 집합채권의 양도담보의 예약 또는 대물변제의 예약으로서의 성질을 가질 수 있고, 그 계약내용이 명백하지 아니한 경우에는 일반적인 채권양도에서와 마찬가지로 특별한 사정이 없는 한 채무변제를 위한 담보로 양도되는 것을 예정하고 있는 집합채권의 양도담보의 예약으로 추정함이 상당하다"고 판결하였다.

13) Bork, *Einführung in das neue Insolvenzrecht,* 4. Aufl., 2005, Rn. 240; Schmidt-Räntsch, *Insolvenzordnung mit Einführungsgesetz,* 1995, S. 225.

14) 禹成萬(註 3), 538면.

15) 禹成萬(註 3), 538면.

집합동산양도담보와 집합채권양도담보[16]도 양도담보의 일종으로 도산절차에서 담보권으로 취급된다. 집합동산이나 집합채권에 관한 양도담보약정을 체결한 후 담보제공자가 취득한 동산이나 채권에도 양도담보의 효력이 미친다. 그런데 회생절차나 파산절차가 개시된 후에 채무자가 취득하는 동산이나 채권에도 양도담보의 효력이 미치는지, 채권자 겸 양도담보권자가 관리인이나 파산관재인에게 양도담보의 효력을 주장할 수 있는지 문제된다. 미국에서는 담보권이 설정된 후 채무자가 나중에 취득한 재산, 즉 추후취득재산(after-acquired property)에 대하여 담보권을 설정할 수 있는데,[17] 미국 연방 파산법은 파산신청 전의 담보권이 파산신청 후에 파산재단이나 채무자가 취득한 재산에는 미치지 않는다고 규정하고 있다.[18] 따라서 채무자가 담보약정 후 나중에 취득하는 재산에도 담보의 효력이 미친다는 약정은 파산절차가 신청된 후에는 효력이 없다. 우리나라에서는 집합동산양도담보나 집합채권양도담보에 관하여 아무런 규정이 없기 때문에, 이 문제를 해석론으로 해결해야 한다. 그 근거에 관해서는 좀더 검토할 필요가 있겠지만, 이를 부정하여야 할 것으로 생각한다. 위와 같은 양도담보를 설정받는 사람도 도산절차가 개시된 이후에 취득하는 동산이나 채권에 담보권이 미칠 것으로 기대하지는 않을 것이고, 그와 같이 기대하였다고 하더라

16) 대법원 판결에서 예약형 집합채권의 양도담보가 문제되는 경우가 있는데, 이 경우에는 채권명세표에 기재되어 있던 채권 중 장래 증감변동하는 일체의 채권을 그 양도의 목적채권으로 정하는 것이므로 위 채권 중 모두 변제되어 소멸되는 채권도 있는 반면, 채무자가 추가로 채권명세표를 제출함에 따라 새로이 편입되는 채권도 있을 수 있어 그 예약 당시에 그 목적채권이 확정될 수 없고 채권자가 그 채권양도통지서를 발송하는 시점에 이르러서야 비로소 특정된다고 한다. 大判 2004. 2. 12, 2003다53497(공 2004, 448).

17) 미국 통일상법전(UCC) 제9-204조 (a)항. 이에 관해서는 金載亨, "動產擔保制度의 改善方案 — 登錄制度의 導入에 관한 試論 —," 民事法學 제30호 (2005. 12), 13면 참조.

18) 미국 연방파산법 제552조 (a)항. 이에 관해서는 우선 West Group ed., *Bankruptcy Code, Rules and Forms,* 1999, p. 241; Scarberry/Klee/Newton/Nickles, *Business Reorganization In Bankruptcy,* 1999, pp. 521-523 참조.

도 그러한 기대를 보호할 이익보다는 다른 채권자 등 이해관계인을 보호할 필요성이 훨씬 크다. 이와 달리 해석하면 도산절차에서 채무자 또는 파산자의 재산이 형해화되어 다른 채권자 등 이해관계인에게 지나치게 불리한 결과를 초래할 것이다.

한편 어음의 양도담보에 관해서는 판단하기 어려운 문제가 있다. 어음담보대출, 예컨대 대부를 받으면서 자기가 가지는 제3자 발행의 상업어음을 채권자에게 배서양도하는 경우가 있는데, 이를 어음의 양도담보라고 부른다. 이러한 경우에 도산절차에서 그 상업어음의 양수인인 채권자를 양도담보권자로 볼 것인지, 아니면 회생채권자로 보고, 그 어음상의 채무자인 제3자를 제250조 제2항 제1호의 "회생절차가 개시된 채무자와 함께 채무를 부담하는 자"로 볼 것인지 문제된다. 일본에서는 담보권으로 볼 것인지, 채권으로 볼 것인지에 관하여 견해가 대립되나, 다수설은 담보권으로 취급하고 있다.[19] 우리나라에서는 1998년 회사정리법 개정 전에는 整理債權說[20]과 整理擔保權說[21]이 대립하고 있었으나, 1998년 회사정리법 개정에서 양도담보권을 整理擔保權으로 명시한 이후에는 어음의 양도담보를 정리담보권으로 보는 견해가 많아졌다.[22] 서울高判 2001.1.31, 2000나39843은 어음의 양도담보권을 정리담보권으로 보아야 한다는 이유를 상세하게 밝히고 있다. 이것이 회사정리법의 기본원칙 중 하나인 채권자평등의 원칙에 부합할 뿐만 아니라 양도담보권을 정리담보권에 해당하는 담보권 중 하나로 명문으로 규정하면서 달리 그 범위를 제한하지 않고 있는 우리 법의 해석론상 타당하다고 한다. 통합도산법상 회생절차에서도 양도담보권을 회생담보권으로 규정하고 있기 때문에, 어음의 양도담보도 회생담

19) 三ヶ月章 외 5人(註 7), 530-534면.
20) 林采洪, 會社整理法概說(註 7), 336면; 邊在承 외 4인(註 3), 306면.
21) 韓國產業銀行 調査部(註 7), 305면; 法院行政處(註 7), 347면.
22) 서울지방법원, 會社整理實務, 개정판, 2002, 181면; 林治龍, "도산절차에 있어서 어음채권자의 지위," 司法論集 제32집, 2001, 401면.

보권으로 보아야 할 것이다.

(마) 假登記擔保權

가등기담보 등에 관한 법률(이하 가등기담보법이라 한다) 제17조 제3항은 "擔保假登記權利[23]는 會社整理法의 適用에 있어서는 이를 抵當權으로 본다"고 규정하고 있다. 이 규정을 근거로 회사정리절차에서 가등기담보권을 담보권으로 취급하고 있다.[24] 다만 가등기담보법은 "借用物의 返還에 관하여 借主가 借用物에 갈음하여 다른 財產權을 移轉할 것을 豫約함에 있어서 그 財產의 豫約 당시의 價額이 借用額 및 이에 붙인 利子의 合算額을 超過하는 경우"에 한하여 적용된다(가등기담보법 제1조). 소비대차 이외의 사유로 인한 채권에 대해서도 가등기담보법이 적용된다는 견해[25]도 있으나, 이는 가등기담보법의 문언이나 입법의도에 배치된다. 따라서 매매대금채권이나 공사대금채권을 담보하기 위하여 가등기담보를 설정한 경우[26]와 약정 당시의 목적물의 시가가 채권 원리

23) 이는 채권담보의 목적으로 경료된 가등기를 말한다. 가등기담보법 제2조 제3호.

24) 가등기담보의 법적 성질에 관하여는 논란이 있으나, 가등기담보법은 가등기담보권을 擔保物權으로 보아야 할 것이다(가등기담보법 12조, 13조, 17조 참조). 郭潤直(註 6), 387면; 金容漢, 物權法論, 再全訂版, 박영사, 1993, 647면; 金曾漢·金學東(註 10), 581면; 李銀榮, 物權法, 개정판, 박영사, 2000, 825면; 高昌鉉, "假登記擔保法의 特徵과 問題點," 司法行政 제310호(1986.10), 26면; 金時昇, "變則擔保와 登記," 裁判資料 제44집 登記에 관한 諸問題(下), 법원행정처, 1988, 316면; 金載亨, "眞正名義回復을 위한 所有權移轉登記請求의 許容範圍 — 假登記擔保設定 후의 제3취득자의 지위와 관련하여 —," 民法論 Ⅱ, 박영사, 2004, 112면. 이에 대하여 가등기담보는 소유권이전 예약형의 담보방법으로서 양도담보와 마찬가지로 신탁적 소유권이전으로 보아야 하고, 단지 그것이 정지조건의 성취 또는 예약완결권의 행사라고 하는 조건부로 행하여지는 것이 불과하다는 소수설이 있다. 李英俊(註 10), 914면 이하.

25) 郭潤直(註 6), 388면; 金相容, 不動產擔保法, 개정판, 법원사, 1996, 185면; 張庚鶴(註 6), 870면.

26) 大判 1990.1.23, 89다카21125(공 1990, 515); 大判 1991.9.24, 90다13765(공 1991, 2593); 大判 1992.4.10, 91다45356(공 1992, 1547); 大判 1992.10.27, 92다22879(공 1992, 3277); 大判 1995.4.21, 94다26080(공 1995, 1932); 大判 1996.11.29, 96다31895(공 1997, 165); 大判 2001.1.5, 2000다

금에 미달하는 경우[27]에는 가등기담보법이 적용되지 않는다. 그런데 이와 같은 경우에도 도산절차에서 가등기담보권을 담보권으로 취급할 수 있는지 논란이 있을 수 있었다.

그리하여 1998년 회사정리법 개정 당시 가등기담보권을 정리담보권으로 규정하였다. 통합도산법 제141조 제 1 항에서는 가등기담보권을 회생담보권으로 규정하였다.[28] 증감·변동하는 채권을 담보하는 근가등기담보권[29]도 일본의 경우와는 달리 경매절차에서 우선변제적 효력이 인정되고, 회생절차에서 담보권으로 취급하여야 할 것이다.

㈓ 傳 貫 權

민법 제303조 제 1 항에서 전세권자에게 우선변제권을 인정하고

47682(공 2001, 427); 大判 2001.3.23, 2000다29356·29363(공 2001, 948); 大判 2004.4.27, 2003다29968(공 2004, 883).

27) 大判 1990.1.23, 89다카21125·21132(공 1990, 515); 大判 1991.11.22, 91다30019(공 1992, 271); 大判 1993.10.26, 93다27611(공 1993, 3181).

28) 또한 통합도산법 부칙 제 5 조 제 1 항에 의하여 개정된 가등기담보법 제17조 제 3 항에서도 담보가등기권리는 "채무자 회생 및 파산에 관한 법률"의 적용에 있어서는 이를 저당권으로 본다고 규정하고 있다. 그런데 개정 전 가등기담보법 제17조 제 3 항은 회사정리법에만 적용되었지만, 개정 가등기담보법 제17조 제 3 항은 회생절차, 파산절차, 개인회생절차에 모두 적용될 수 있기 때문에, 개정 제17조 제 1 항("파산재단에 속하는 부동산에 설정한 담보가등기권리에 대하여는 채무자 회생 및 파산에 관한 법률 중 저당권에 관한 규정을 적용한다")과 제 2 항("채무자 회생 및 파산에 관한 법률 제414조는 파산재단에 속하지 아니하는 파산자의 부동산에 대하여 설정되어 있는 담보가등기권리자에 관하여 이를 준용한다")이 중첩적으로 적용되므로, 제17조 제 1 항과 제 2 항은 삭제되었어야 할 것이다. 또한 파산법상의 '破產者'라는 용어를 '파산선고를 받은 자'로 수정하였으나, 개정 가등기담보법 제17조 제 2 항에서는 '破產者'라는 용어를 그대로 두고 있다. 이는 도산관련법을 통합하면서 발생한 문제로 다시 개정하여 바로잡아야 할 것이다.

29) 大判 1993.4.13, 92다12070(공 1993, 1375)은 채권자와 채무자 또는 물상보증인이 가등기담보권설정계약을 체결하면서 가등기 이후에 발생될 채무도 가등기부동산의 피담보채무범위에 포함시키기로 한 약정은 가등기담보법 제 4 조 제 1 항 내지 제 3 항의 어느 규정에도 반하는 것이라고 볼 수 없고 가등기담보권의 존재가 가등기에 의하여 공시되므로 후순위권리자로 하여금 예측할 수 없는 위험에 빠지게 하는 것도 아니라고 한다. 金載亨, 根抵當權研究, 박영사, 2000, 195-200면 및 그곳에 인용된 문헌 참조.

있고,[30] 민법 제318조는 전세권자의 경매청구권을 인정하고 있다. 1962년 파산법, 화의법, 회사정리법을 제정할 당시부터 도산절차에서는 전세권을 담보권으로 취급하고 있다. 이는 전세권의 담보물권으로서의 특색이 도산절차에 반영된 것으로 볼 수도 있다. 그러나 민법에서 전세권의 법적 성질에 관하여 용익물권인지, 담보물권인지 논란이 있는데, 전세권은 본래 용익물권이지만 전세금의 확보를 위하여 우선변제권과 경매청구권을 부여한 것으로 보아야 할 것이다.[31] 1984년 민법 제303조 제 1 항을 개정하여 전세권자의 우선변제권을 명문화하기 전에도 도산절차에서는 전세권을 담보권으로 취급하였다. 이는 실체법상의 담보권과 도산절차상의 담보권이 반드시 일치하여야 하는 것은 아니라는 점을 보여 준다.

㈛ 優先特權

민법 기타의 법률에서 담보권으로 담보되는 채권이 아닌데도 다른 채권보다 우선하여 그 권리를 행사할 수 있는 경우가 있다. 법률에서 우선특권이라고 정한 것에는 상법상의 선박우선특권,[32] 해난구조자의 우선특권[33]이 있다. 그 밖에도 근로자의 임금채권 우선변제권,[34] 주택임차인의 보증금에 대한 우선변제권,[35] 상가임차인의 보증금에 대한 우선변제권,[36] 회사사용인의 우선변제권,[37] 신탁계약의 수익자의 우선변제권,[38] 국가·지방자치단체의 조세, 기타 공과금의 우선징수

30) 이는 1984년 민법 개정시 변경된 것이다.
31) 민법 개정 전후의 학설을 정리한 것으로는 우선 民法注解(Ⅵ), 1992, 170면 이하(朴炳大 집필부분). 大判 1989.9.26, 87다카2515(集 37-3, 민 90)는 "전세권과 같은, 용익물권과 담보물권적 성질을 겸비하고 있는 것은 사용가치와 교환가치의 우선적 파악을 목적으로 하고" 있다고 한다.
32) 상법 제861조 이하.
33) 상법 제858조.
34) 근로기준법 제37조.
35) 주택임대차보호법 제 3 조의 2 제 2 항, 제 3 조의 3 제 5 항, 제 8 조.
36) 상가건물임대차보호법 제14조.
37) 상법 제468조.
38) 신탁업법 제17조.

권,[39] 체납 우편요금 등의 우선징수권[40]을 강학상 우선특권이라고 한다.[41] 이러한 우선특권은 목적물에 대하여 점유 또는 등기를 하지 않더라도 채무자의 일반재산 또는 특정재산에 대하여 우선변제권을 갖는다.

회생절차에서 우선특권을 회생담보권으로 규정하고 있는데, 모든 우선특권이 이에 포함되는 것은 아니다. 특정 재산에 대하여 우선변제권이 있는 경우인지, 아니면 일반 재산에 대하여 우선변제권이 있는지 여부에 따라 구분하여야 할 것이다. 원래 담보권은 담보설정자의 특정 재산에 대하여 우선변제권이 있는 경우를 말한다. 회생담보권에 관한 규정에서 들고 있는 다른 담보권은 특정 재산에 대하여 우선변제권이 있는 경우에 관한 것이다. 위 규정에서 우선특권에 관해서는 아무런 제한이 없으나, 동일하게 해석하여야 할 것이다. 따라서 상법상 우선특권은 특정 재산에 대하여 우선변제권이 인정되는 경우로서 회생담보권에 포함된다. 그러나 채무자의 일반 재산에 대하여 우선변제권이 인정되는 경우에는 우선적 회생채권으로 보아야 할 것이다. 또한 회사정리법[42]과 통합도산법[43]은 조세채권 등의 우선변제권을 공익채권으로 규정하고 있는데, 이와 같이 세세한 규정이 있는 경우에는 특칙을 정한 것에 해당하기 때문에 그 규정에 따라야 한다.

(아) 所有權留保附 賣買

동산을 매매하면서 그 대금을 할부로 지급하기로 약정하고, 대금

39) 국세기본법 제35조 제 1 항; 지방세법 제31조.

40) 우편법 제24조 제 3 항.

41) 民法注解(Ⅶ), 476면 이하(徐廷友 집필부분); 金相容, 物權法, 全訂版, 법문사, 2000, 575면.

42) 회사정리법은 정리절차개시 당시 납부기한이 도래하지 아니한 조세, 근로자의 급료, 퇴직금 및 재해보상금, 근로자의 임치금과 신원보증금의 반환청구권은 共益債權이라고 정하고 있다(제208조 제 9 호 · 제10호 · 제11호).

43) 통합도산법은 회생절차개시 당시 아직 납부기한이 도래하지 아니한 조세, 채무자의 근로자의 임금 · 퇴직금 및 재해보상금, 회생절차개시전의 원인으로 생긴 채무자의 근로자의 임치금 및 신원보증금의 반환청구권을 공익채권으로 규정하고 있다(제179조 제 9 호 · 제10호 · 제11호).

을 완제할 때에 소유권이 매수인에게 이전하고 그 때까지는 매도인에게 소유권을 유보하는 특약을 하는 경우에 소유권유보부 매매라고 한다. 매도인이 목적물을 매수인에게 인도한 때에는 매도인의 채무는 없고 매수인의 대금지급채무만 남게 된다. 이러한 경우 소유권유보는 잔대금채권을 확보하기 위한 것이고 매도인이 유보한 소유권은 실질상 담보권의 성질을 갖는다.

소유권유보부 매매를 어떻게 취급하여야 할 것인지는 나라마다 다르다. 매도인이 유보된 소유권을 갖고 있고 매수인이 기대권을 갖는다고 구성하는 나라도 있고,[44] 소유권유보를 포괄적인 담보거래의 하나로 통합하여 규정하는 나라도 있으며,[45] 실체법과 도산법에서 다르게 취급하는 나라도 있다.[46] 우리나라에서는 소유권유보부 매매의 당사자

44) Gottwald/Adolphsen, "Die Rechtsstellung dinglich gesicherter Gläubiger in der Insolvenzordnung," *Kölner Schrift zur Insolvenzordnung,* 1997, Rn. 7ff.

45) 미국에서는 소비재의 매도인이나 소비재 구입대금을 대출한 채권자는 소비재에 대하여 구입대금의 지급을 담보하는 담보권을 취득한다. 이를 구입대금담보권(Purchase money security interest)이라고 하는데, 매도인이 소비재에 대하여 담보권을 가질 수도 있고, 소비재 구입대금을 대출해 준 금융기관이 담보권을 가질 수도 있다. 미국의 대부분의 주에서 받아들이고 있는 통일상법전(UCC) 제 9 장은 매도인이나 채권자가 이러한 구입대금 담보권에 관해서는 등록을 하지 않더라도 대항력을 자동적으로 취득할 수 있다고 규정하고 있다(제9-103조). 상세한 것은 White/Summers, *Uniform Commercial Code,* 5. ed., 2000, p. 760 참조. 1991년 설립된 유럽재건개발은행(European Bank for Reconstruction and Development)은 1994년 4월 모범담보거래법(Model Law on Secured Transactions)을 발표하였는데, 제9.1조에서 동산을 매도하면서 미지급 대금을 담보하기 위하여 소유권유보약정을 한 경우에 소유권은 매수인에게 이전되고, 매도인은 담보권을 취득하는 것으로 규정하고 있다. European Bank for Reconstruction and Development, *Model Law on Secured Transactions,* 1994, p. 20(http://www.ebrd.com/pubs/legal/5960.pdf에서 검색).

46) 유엔국제거래법위원회(UNCITRAL) 제 6 작업그룹은 담보거래에 관한 지침(legislative guide on secured transactions)을 만들기 위하여 준비하고 있는데, 이곳에서 나온 자료를 보면 소유권유보에 관한 규율방식이 매우 다양하다는 것을 알 수 있다. United Nations General Assembly, A/CN.9/WG.Ⅵ/WP.9/Add.1, paras. 35-45. 유엔국제거래법위원회 제 6 작업그룹은 소유권유보를 담보권으로 통합하여 규정하는 통일적 접근방법과 소유권유보에 관한 별도의 규정을 두는 비통일적 접근방법을 준비하고 있다. 또한 소유권유보에 관한

의 권리의무에 관하여 명문의 규정을 두고 있지 않다. 따라서 소유권유보부 매매에 관하여 명문의 규정을 두고 있는 나라들과는 달리 소유권유보부 매매의 법적 성질에 관해서는 다양한 해결방안이 고려될 수 있다. 판례는 매매대금의 완불을 정지조건으로 소유권이 매수인에게 이전되므로, 매도인은 대금이 완불될 때까지 유보된 목적물의 소유권을 주장할 수 있다고 한다.[47] 독일에서는 동산에 관한 소유권유보부 매매에 관하여 민법에 명문의 규정을 두고 있고(독일민법 제449조), 도산법에서 소유권을 유보한 매도인이 도산절차에서 환취권을 행사할 수 있다고 규정하고 있다(독일 도산법 제107조, 제103조).[48] 그러나 이것은 단순한 소유권유보(Einfache Eigentumsvorbehalt)에 적용되는 것이고, 연장된 소유권유보(Verlängerter Eigentumsvorbehalt)[49]나 확장된 소유권유보(Erweiterter Eigen-

별도의 규정을 둘 경우 매수인의 도산절차에서 매도인에게 담보권을 인정하는 방안과 소유권을 인정하는 방안을 검토하고 있다. A/CN.9/WG.Ⅵ/WP.24/Add.5, para. 134.

47) 동산의 매매계약을 체결하면서, 매도인이 대금을 모두 지급받기 전에 목적물을 매수인에게 인도하지만 대금이 모두 지급될 때까지는 목적물의 소유권은 매도인에게 유보되며 대금이 모두 지급된 때에 그 소유권이 매수인에게 이전된다는 내용의 이른바 소유권유보의 특약을 한 경우, 목적물의 소유권을 이전한다는 당사자 사이의 물권적 합의는 매매계약을 체결하고 목적물을 인도한 때 이미 성립하지만 대금이 모두 지급되는 것을 정지조건으로 하므로, 목적물이 매수인에게 인도되었다고 하더라도 특별한 사정이 없는 한 매도인은 대금이 모두 지급될 때까지 매수인뿐만 아니라 제 3 자에 대하여도 유보된 목적물의 소유권을 주장할 수 있다. 大判 1996. 6. 28, 96다14807(공 1996, 2358). 이와 같은 법리는 소유권유보의 특약을 한 매매계약이 매수인의 목적물 판매를 예정하고 있고, 그 매매계약에서 소유권유보의 특약을 제 3 자에 대하여 공시한 바 없고, 또한 그 매매계약이 종류물인 철강재를 목적물로 하고 있다 하더라도 다를 바 없다. 大判 1999. 9. 7, 99다30534(공 1999, 2088).

48) 독일의 도산법(Insolvenzordnung)은 제107조에서 소유권유보에 관한 명문의 규정을 두고 있는데, 매수인의 도산절차에서 도산관리인에게 이행여부에 대한 선택권이 있음을 전제로 규정하고 있다. 매도인이 모든 급부행위를 하였으나 급부효과가 아직 발생하지 않았고, 따라서 매도인의 소유권이전의무가 이행되지 않았다고 볼 수 있기 때문이다. Bork(註 13), Rn. 162.

49) 매매목적물을 가공하거나 전매한 경우에 새로운 물건이나 매매대금채권이 원래의 목적물을 대신하기로 약정한 소유권유보를 말한다.

tumsvorbehalt)[50]의 경우에는 매도인에게 별제권만을 인정하고 있다.[51]

우리나라에서는 매수인의 회사정리절차에서 매도인은 還取權을 행사할 수 있다는 견해도 있으나,[52] 다수설은 양도담보의 경우와 마찬가지로 매도인에게 환취권을 인정하지 않고 담보권자로 취급하고 있다.[53] 이에 따르면 소유권유보부 매매를 한 후 매수인에 대하여 회생절차가 개시된 경우에 매도인은 회생담보권자로서의 지위를 갖게 된다.

소유권유보를 규율하는 문제는 담보법에서 매우 중요한 문제로 되고 있다. 연장된 소유권유보나 확장된 소유권유보는 도산절차에서 담보권으로 취급하여야 한다는 점에 쉽게 합의할 수 있다. 그런데 단순한 소유권유보의 경우에는 물권법 이론체계와의 정합성 문제, 도산절차상의 효율성 문제 등 어려운 문제가 있다.

한편 권리의 이전에 등기나 등록이 필요한 물건에 관하여 소유권유보부 매매를 한 경우에는 매도인이 매수인에게 물건을 인도하더라도 채무를 모두 이행한 것이 아니고, 이러한 경우에는 소유권유보부 매매가 쌍방미이행 쌍무계약에 해당하여 관리인의 이행선택권의 대상이 될 수 있다고 한다.[54] 소유권유보부 매매가 쌍무계약에 해당함은 분명하다. 그런데 쌍무계약에서 미이행 여부를 판단하는 기준이 분명한 것은 아니다.[55] 매도인이 자신의 의무를 이행하지 않고 있으면, 미이행 쌍

---

50) 매도인의 매매대금채권 외의 다른 채권이 변제될 때까지 소유권이 유보되는 것을 말한다.

51) Bork(註 13), Rn. 238; Schmidt-Räntsch(註 13), S. 225; Gottwald/Adolphsen(註 44), 10ff.

52) 양형우, "所有權留保에 관한 법적 고찰," 比較私法 제 7 권 제 1 호, 2000, 239면.

53) 高元錫, "割賦契約에 있어서 買受人의 倒產과 賣渡人의 權利 — 소유권유보부매매의 경우를 중심으로 —," 리스와 信用去來에 관한 諸問題(下), 裁判資料 제64집, 법원행정처, 1994, 384면; 邊在承 외 4인(註 3), 306면; 禹成萬(註 3), 541면; 林采洪 · 白昌勳(註 5), 365면.

54) 高元錫(註 53), 379면.

55) 미이행 부분이 사소한 부분이라면 미이행 쌍무계약에 관한 규정이 적용될 수 없지만, 중요한 부분을 이행하지 않고 있다면 위 규정이 적용된다고 보아

무계약에 해당할 것이다. 여기에서 나아가 소유권유보부 매매에 관한 명문의 규정이 없는 상태에서 매도인이 소유권을 유보하고 있는 이상 소유권을 이전한 것은 아니라는 이유로 무조건 미이행 쌍무계약으로 볼 수 있을지는 의문이다.

(3) 채무자의 재산상에 존재하는 담보권

(가) 회생절차개시 당시 채무자의 재산 위에 담보권이 존재해야 한다. 회생담보권은 회생절차개시 당시를 기준으로 판단하므로, 회생절차개시 후에 담보권이 설정된 경우에는 회생담보권에 속하지 않는다. 회생절차개시 후 채무자가 담보권이 있는 재산을 양수한 경우에도 그 담보권자는 회생담보권자가 아니다. 한편 회생절차개시 당시 담보권이 존재하면 충분하고, 그 후에 목적물이 제 3 자에게 양도되거나 담보목적물이 멸실하거나 담보권을 포기한 경우라도 그 담보권자는 계속 회생담보권자로 취급된다.[56] 다만 담보목적물이 멸실되거나 담보권을 포기한 경우에는 담보부채권은 아니므로, 회생절차개시결정이 취소되거나 회생계획인가 전에 회생절차가 폐지되는 경우에는 무담보채권으로 존속한다.[57]

(나) 채무자의 재산상에 존재하는 담보권만이 회생담보권이다. 따라서 채무자의 이사나 주주의 개인재산에 담보권이 설정된 경우에는 회생담보권이 아니다. 회사정리절차에서 정리담보권에 관한 논의가 회생담보권에 그대로 적용되므로, 이에 관하여 살펴보고자 한다. 회사정리법 제123조 제 1 항은 "정리절차개시 당시 회사 재산상에 존재하는 유치권, 질권, 저당권, 양도담보권, 가등기담보권, 전세권 또는 우선특권으로 담보된 범위의 것"을 정리담보권으로 규정하고 있으므로, 제 3 자

야 한다. 이에 관해서는 부수적 채무를 불이행한 경우에는 손해배상책임은 발생하지만 해제 또는 해지는 허용되지 않는다는 법리(大判 1992.6.23, 92다7795(공 1992, 2256) 등)와 동일하게 해석할 수 있을 것이다.

56) 禹成萬(註 3), 532면.

57) 林采洪·白昌勳(註 5), 566면.

의 재산 위에 존재하는 담보권은 정리담보권에 속하지 않는다.[58]

이 논리가 어음사고신고담보금에서 어떻게 작동하는지 살펴보자. 어음발행인이 어음의 피사취 등을 이유로 지급은행에 사고신고와 함께 그 어음금의 지급정지를 의뢰하면서 사고신고담보금을 예탁한다. 사고신고담보금은 어음발행인인 회사가 출연한 재산이라고 하더라도 은행에 예탁된 이상 그 소유권은 은행에 이전되고, 회사는 어음교환소규약이나 사고신고담보금처리에 관한 약정에서 정한 조건이 성취된 때에 한하여 은행에 대하여 사고신고담보금 반환청구권을 가지는 데 불과하다. 따라서 사고신고담보금 자체를 위 회사의 재산이라고는 볼 수 없다. 그리하여 어음발행인인 회사가 지급은행에 사고신고담보금을 예탁한 후 위 회사에 대하여 회생절차가 개시된 경우에 어음소지인의 사고신고담보금에 대한 권리를 회생담보권이라고 볼 수 없게 된다.[59]

---

58) 또한 회사정리법 제241조 본문은 정리계획의 인가가 있는 때에는 계획의 규정 또는 같은 법의 규정에 의하여 인정된 권리를 제외하고 회사는 모든 정리채권과 정리담보권에 관하여 그 책임을 면한다고 규정하고 있고, 한편 제240조 제 2 항에서는 정리계획은 정리채권자 또는 정리담보권자가 회사의 보증인 기타 회사와 함께 채무를 부담하는 자에 대하여 가진 권리와 회사 이외의 자가 정리채권자 또는 정리담보권자를 위하여 제공한 담보에 영향을 미치지 아니한다고 규정하고 있다. 이는 정리계획에 따라 회사의 채무가 면책되거나 변경되더라도 보증인이나 물상보증인 등의 의무는 면책되거나 변경되지 아니한다는 취지를 규정한 것이다. 여기서 '회사 이외의 자가 정리채권자 또는 정리담보권자를 위하여 제공한 담보'라고 함은 정리채권자 등이 회사에 대한 채권을 피담보채권으로 하여 제 3 자의 재산상에 가지고 있는 담보물권을 말한다고 할 것인데, 제240조 제 2 항의 규정 취지에 비추어 보면 제241조의 규정에 따라 채권자의 권리가 실권된 경우에도 제240조 제 2 항의 규정이 마찬가지로 적용되어 실권된 채권의 권리자의 보증인이나 물상보증인에 대한 권리에는 영향을 미치지 않는 것으로 보아야 할 것이다. 大判 2001. 6. 12, 99다1949(공 2001, 1565); 大判 2001. 7. 13, 2001다9267(공 2001, 1854); 大判 2001. 7. 24, 2001다3122(공 2001, 1919).

59) 大判 1995. 1. 24, 94다40321(공 1995, 1132)은 "회사정리개시결정이 있었다고 하여 사고신고담보금 처리에 관한 약정이 무효로 되거나 조건부인 사고신고담보금 반환청구권이 조건 없이 정리회사인 위 회사에게 귀속되어 그 회사의 재산이 된다고는 볼 수 없을 뿐만 아니라, 약속어음소지인의 사고신고담보금에 대한 권리와 회사의 사고신고담보금 반환청구권과는 서로 양립되지 않는

다음으로 신탁계약에 관하여 살펴보자. 금융기관이 대출을 하고 담보권을 설정받으면서 채무자 소유의 부동산을 수탁자에게 신탁하고, 그 수익권을 채권자에게 부여하는 擔保信託이 이용된다. 이러한 방식은 특히 부동산 개발사업에서 부동산 소유자의 파산 등 도산위험에 대비하기 위하여 많이 이용되고 있다. 위탁자의 신탁에 의하여 신탁부동산의 소유권은 수탁자에게 귀속되므로, 위탁자의 채권자가 수탁자에 대하여 가지는 권리는 도산위험으로부터 단절될 수 있다. 大判 2001. 7.13, 2001다9267(공 2001, 1854)은 채권자가 위탁자에 대한 채권의 담보로 신탁부동산에 대한 수익권을 직접 취득한 사례에서, 채권자가 정리채권 신고기간 내에 신고를 하지 아니함으로써 정리계획에 변제의 대상으로 규정되지 않았다 하더라도, 수탁자에 대하여 가지는 신탁부동산에 관한 수익권에는 아무런 영향이 없다고 하였다. 그 논리는 다음과 같다. 신탁법상의 신탁은 위탁자가 특정의 재산권을 수탁자에게 이전하거나 기타의 처분을 하고 수탁자로 하여금 수익자의 이익을 위하여 또는 특정의 목적을 위하여 그 재산권을 관리·처분하게 하는 법률관계를 말한다. 신탁자가 어음거래약정상의 채무에 대한 담보를 위하여 자기 소유의 부동산에 대하여 수탁자와 담보신탁용 부동산관리·처분신탁계약을 체결하고 채권자에게 신탁원본 우선수익권을 부여하고서, 수탁자 앞으로 신탁을 원인으로 한 소유권이전등기를 경료하였다

관계에 있으므로, 약속어음소지인의 어음채권이 위 회사가 은행에 대하여 갖는 정지조건부 사고신고담보금 반환청구권에 의하여 담보될 수도 없는 것이므로, 사고신고담보금 처리에 관한 약정에 의하여 어음소지인이 지급은행에 대하여 취득하게 되는 권리가 회사정리법상의 정리담보권이라고 볼 수는 없다"고 판결하였다. 나아가 大判 2001.7.24, 2001다3122(공 2001, 1919)는 위 판결과 동일하게 판단하면서 "어음의 정당한 소지인은 정리절차에 의하지 아니하고 지급은행을 상대로 사고신고담보금의 지급청구권을 행사하여 그 채권의 만족을 얻을 수 있고, 이 경우 어음소지인은 위 규약 등이 정하는 바에 따라 어음발행인인 정리회사의 관리인을 상대로 어음금채권에 대한 정리채권확정의 소에서 승소판결을 받고 그 판결이 확정되면 지급은행에 사고신고담보금의 지급을 청구할 수 있다"고 하였다.

면, 위탁자의 신탁에 의하여 신탁부동산의 소유권은 수탁자에게 귀속된다. 그 후 신탁자에 대한 회사정리절차가 개시된 경우 채권자가 가지는 신탁부동산에 대한 수익권은 회사정리법 제240조 제 2 항에서 말하는 '정리회사 이외의 자가 정리채권자 또는 정리담보권자를 위하여 제공한 담보'에 해당하여 정리계획이 여기에 영향을 미칠 수 없다. 그러므로 채권자가 정리채권 신고기간 내에 신고를 하지 아니함으로써 정리계획에 변제의 대상으로 규정되지 않았다 하더라도, 이로써 실권되는 권리는 채권자가 신탁자에 대하여 가지는 정리채권 또는 정리담보권에 한하고, 수탁자에 대하여 가지는 신탁부동산에 관한 수익권에는 아무런 영향이 없다.

한편 大判 2002. 12. 26, 2002다49484(공 2003, 478)는 분양형 토지개발신탁의 경우에 수익자가 정리회사 이외의 자의 재산에 담보권을 갖고 있다는 점에서 정리담보권이 되지 않는다는 논리를 전개하고 있다.[60] 특히 담보신탁이 아니라 분양형 토지(개발)신탁의 경우에 신탁계약시에 위탁자인 정리 전 회사가 제 3 자를 수익자로 지정한 이상, 비록 그 제 3 자에 대한 채권담보의 목적으로 그렇게 지정하였다 할지라도 그 수익권은 신탁계약에 의하여 원시적으로 그 제 3 자에게 귀속한다 할 것이지, 위탁자인 정리 전 회사에게 귀속되어야 할 재산권을 그 제 3 자에게 담보 목적으로 이전하였다고 볼 수는 없다고 하였다. 大判 2003. 5. 30, 2003다18685(공 2003, 1452)는 담보신탁에 관한 것이다. 신탁자가 자기 소유의 부동산에 대하여 수탁자와 부동산관리신탁계약을 체결하고 수탁자 앞으로 신탁을 원인으로 한 소유권이전등기를

60) 이 판결은 신탁법상의 신탁을 함에 있어서는 그 위탁자가 당연히 수익권자가 되는 것이 아니고 위탁자와 전혀 별개의 존재인 수익자를 지정하여야만 하는 것이며, 위탁자가 자신을 수익자로 지정하는 경우에도 위탁자와 수익자의 지위는 전혀 별개의 것이라고 한다. 이 판결에 대한 재판연구관의 해설로는 李柱玄, "신탁법상의 신탁계약을 체결하면서 담보 목적으로 채권자를 수익권자로 지정한 경우 그 수익권이 정리계획에 의하여 소멸되는 정리담보권인지 여부," 대법원판례해설 제42호, 법원도서관, 2003, 584면 이하.

경료해 주어 대내외적으로 신탁부동산에 관한 소유권을 수탁자에게 완전히 이전하였다. 그 후 수탁자로 하여금 신탁부동산에 관하여 다시 신탁자의 채권자의 채권을 위하여 근저당권설정등기를 경료하도록 하였다. 이러한 경우 수탁자는 결국 신탁자를 위한 물상보증인과 같은 지위를 갖게 된다. 그 후 신탁자에 대한 회사정리절차가 개시된 경우에 채권자가 신탁부동산에 대하여 갖는 근저당권 등 담보권은 회사정리법 제240조 제 2 항에서 말하는 '정리회사 이외의 자가 정리채권자 또는 정리담보권자를 위하여 제공한 담보'에 해당한다고 하였다.[61)]

결국 채권담보를 위하여 신탁계약을 이용할 경우에 채무자에 대한 회생채권은 회생절차에 따라야 하지만, 담보권에 대한 도산절차상의 제약을 피해갈 수 있게 된다.

최근 금융실무에서 담보신탁, 나아가 신탁의 법리가 주목을 받고 있는 이유 중의 하나가 이 점에 있다. 장래에 담보신탁을 어느 정도로 허용할 것인지, 담보신탁에 관한 판례법리에 제한을 가할 것인지 여부도 주요한 관심사가 될 것이다.

(4) 회생절차개시 전의 원인으로 생긴 채권

회생담보권은 엄밀하게 말하면 담보권이 아니라 '담보권에 의하여 담보되는 채권'이라 할 수 있다.[62)] 즉, 담보권이 설정된 '회생채권이나 회생절차개시 전의 원인으로 생긴 채무자 외의 자에 대한 재산상의 청구권'을 말한다. 회생채권에 관해서는 제118조에서 4가지를 열거하고 있는데, 이에 한정되는 것은 아니다. 그리고 채무자에 대한 회생절차개시 전에 제 3 자의 채무를 담보하기 위하여 물적 담보를 제공한 경우, 즉 물상보증인의 경우에는 그 제 3 자에 대한 재산상 청구권이 피담보

61) 이 판결에 관한 재판연구관의 해설로는 金尙遵, "신탁자에 대한 회사정리절차가 개시된 경우 토지신탁회사가 신탁자를 위하여 기존에 제공한 물상담보의 효력," 대법원판례해설 제44호, 법원도서관, 2004, 552면 이하.

62) 회사정리법상 정리담보권도 마찬가지이다. 禹成萬(註 3), 531면.

채권이다.

이자 또는 채무불이행으로 인한 손해배상이나 위약금의 청구권에 관하여는 회생절차 개시결정 전날까지 생긴 것만이 회생담보권이 될 수 있다(제141조 제1항 단서). 따라서 채무자에 대한 회생절차개시 후의 이자 또는 불이행으로 인한 손해배상 및 위약금은 회생채권에는 해당하지만(제118조 제2호·제3호), 이에 대하여 담보권이 미칠지라도 이 부분에 관해서는 회생담보권이 아니다. 이는 정리담보권의 확정과 관련된 실무상의 어려움을 해소하기 위하여 입법적 해결이 필요하다는 주장[63]에 따라 1996년 회사정리법 개정 당시 도입되었고, 통합 도산법에서도 동일한 규정을 둔 것인데, 회생담보권의 범위를 지나치게 제약한 것으로 볼 여지가 있다.

회생담보권의 피담보채권은 회생절차개시 시점을 기준으로 판단하는데, 피담보채권이 회생절차개시 후의 원인에 기하여 생긴 경우에는 회사재산상에 존재하는 담보권으로 담보되어야 할 것이라도 회생담보권으로 되지 않는다.[64]

3. 회생절차에서 담보권자의 권한과 지위

회생절차는 크게 보면 회생절차신청, 보전처분, 회생절차개시결정, 회생계획의 인가 및 수행, 회생절차의 종결 또는 폐지의 순으로 진행된다. 회생절차에서 담보권자의 권한과 지위에 관하여 회생절차의 진행단계별로 살펴보고자 한다.

(1) 회생절차개시결정 전단계

(가) 보전처분

회생절차가 신청된 후 보전처분을 받은 경우에 채무자의 재산을 처분하는 것이 제한되지만, 이 보전처분은 채권자의 강제집행을 저지

63) 邊在承 외 4인(註 3), 328면.
64) 다만 이에 대한 예외로 회생절차 참가의 비용이 있다(第118조 제4호).

하는 효과는 없다.[65] 따라서 채무자가 소송이나 강제집행을 저지하고자 하는 경우에는 중지명령이나 포괄적 금지명령을 받아야 한다.

(나) 중지명령

회생절차개시의 신청이 있는 경우 법원은 필요하다고 인정하는 때에는 회생채권 또는 회생담보권에 기한 강제집행, 가압류, 가처분 또는 담보권실행을 위한 경매절차(이하 '회생채권 또는 회생담보권에 기한 강제집행 등'이라고 한다)의 중지를 명할 수 있다(제44조 제1항). 다만 강제집행, 가압류, 가처분 또는 경매절차에 관하여는 회생채권자 또는 회생담보권자에게 '부당한 손해를 끼칠 염려'가 없어야 한다(제44조 제1항 제2호). 나아가 채무자의 회생을 위하여 특히 필요하다고 인정하는 때에는 회생채권 또는 회생담보권에 기한 강제집행 등의 취소를 명할 수도 있다(제4항).[66] 중지명령의 요건에 관하여 단순히 '필요하다고 인정하는 때'라고만 규정되어 있는데, 이는 그 절차의 진행을 그대로 방치하면 회생절차개시결정까지 사이에 회사재산이 처분되거나 또는 채권자간의 형평을 해치는 결과가 되어 회생의 장해로 될 가능성이 높은 경우를 말한다. 따라서 회생절차신청을 기각할 것이 분명한 경우에는 중지명령신청을 받아들여서는 안 된다.

(다) 포괄적 금지명령

통합도산법에서는 포괄적 금지명령제도를 도입하였는데, 회생담보권에 기한 강제집행 등에 대해서도 포괄적 금지명령을 인정하고 있

65) 大判 1992.10.27, 91다42678(集 40-3, 민 100)은 회사정리법에 관한 것인데, 변제금지 보전처분과 특정된 물건과 권리에 관하여 처분금지 보전처분을 한 경우 처분금지 보전처분에서 제외되어 있는 물품에 대하여는 변제금지 보전처분만으로 양도담보권자의 담보권 실행을 저지하는 효과가 없다고 하였다.

66) 회사정리법(제37조 제1항·제4항)과 마찬가지이다. 회사정리실무에서 '필요하다고 인정하는 때'의 요건을 엄격히 해석하였다. 즉, 현재 가동되고 있는 공장 등 회사의 기본재산이나 회사의 자산에서 상당한 비중을 차지하는 부동산 등에 대한 강제집행, 체납처분의 경우에만 제한적으로 중지명령신청을 인용하고, 그 외에는 거의 받아들이지 않았다. 邊在承 외 4인(註 3), 265면. 그러나 실무에서 중지명령이 이용되는 경우도 있다.

다.[67] 회사정리법 하에서는 개별적인 법률행위에 대하여 중지명령을 하여야 하기 때문에, 다수의 재산이 산재한 경우에는 책임재산을 보전하는 데 불편이 따랐다. 이를 해결하는 방법으로 미국 연방 파산법상 자동적 중지제도를 도입할 것인지, 아니면 일본 민사재생법에서 채택된 포괄적 금지명령제도[68]를 도입할 것인지 논란이 있었는데,[69] 후자를 채택한 것이다. 통합도산법 하에서는 개별절차의 중지명령으로는 회생절차의 목적을 충분히 달성하지 못할 특별한 사정이 있는 경우에 법원이 하나의 결정으로 모든 회생채권자 등에 대하여 회생채무자의 재산에 대한 강제집행 등의 금지를 명할 수 있게 되었다. 제정이유를 보면, 채무자의 재산에 대한 강제집행 등을 신속히 금지함으로써 회생절차를 효율적으로 진행하고 채권자간의 형평성을 도모하는 데 기여할 것으로 기대된다고 설명하고 있다.[70]

67) 법원은 회생절차개시의 신청이 있는 경우 제44조 제1항의 규정에 의한 중지명령에 의하여는 회생절차의 목적을 충분히 달성하지 못할 우려가 있다고 인정할 만한 특별한 사정이 있는 때에는 이해관계인의 신청에 의하거나 직권으로 회생절차개시의 신청에 대한 결정이 있을 때까지 모든 회생채권자 및 회생담보권자에 대하여 회생채권 또는 회생담보권에 기한 강제집행 등의 금지를 명할 수 있다(제45조 제1항). 포괄적 금지명령이 있는 때에는 채무자의 재산에 대하여 이미 행하여진 회생담보권에 기한 강제집행 등은 중지된다(제3항). 법원은 포괄적 금지명령이 있는 경우 회생채권 또는 회생담보권에 기한 강제집행 등의 신청인인 회생채권자 또는 회생담보권자에게 부당한 손해를 끼칠 우려가 있다고 인정하는 때에는 그 회생채권자 또는 회생담보권자의 신청에 의하여 그 회생채권자 또는 회생담보권자에 대하여 결정으로 포괄적 금지명령의 적용을 배제할 수 있다. 이 경우 그 회생채권자 또는 회생담보권자는 채무자의 재산에 대하여 회생채권 또는 회생담보권에 기한 강제집행 등을 할 수 있으며, 포괄적 금지명령이 있기 전에 그 회생채권자 또는 회생담보권자가 행한 회생채권 또는 회생담보권에 기한 강제집행 등의 절차는 속행된다(제47조 제1항).

68) 일본은 그 후 회사갱생법과 파산법 개정시 포괄적 금지명령제도를 도입하였다. 그러나 우리 통합도산법에서는 회생절차와 개인회생절차에서만 포괄적 금지명령제도를 도입하였고, 파산절차에서는 이를 도입하지 않았다.

69) 이에 관하여는 金載亨, "統合 倒産法案의 主要爭點," 比較私法 제10권 제1호(2003. 3), 53-57면 참조.

70) 국회 법제사법위원장, 채무자 회생 및 파산에 관한 법률(대안), 2005. 2. 28, 6면(http://search.assembly.go.kr/bill/doc/171436_100.HWP).

한편 통합도산법은 지급결제제도 등에 대한 특칙을 신설하면서, 일정한 금융거래에 관한 기본적 사항을 정한 하나의 계약(기본계약)에 근거한 적격금융거래에 수반되는 담보의 제공, 처분, 충당에 대해서는 원칙적으로 중지명령이나 포괄적 금지명령의 대상이 되지 않는다고 하였다(제120조 제3항 제4호).

(2) 회생절차개시단계

(가) 강제집행 등의 중지

회생절차가 개시되면 채권자의 개별적인 권리행사가 금지되고, 채무자는 채무를 변제하지 못한다.[71] 회생절차에서는 담보권자에게 별제권이 인정되지 않는다. 이 점에서 별제권이 인정되는 파산절차와 결정적으로 다르다. 따라서 회생절차개시결정이 있는 때에는 회생채권 또는 회생담보권에 기한 강제집행 등의 행위를 할 수 없다(제58조 제1항 제2호). 채무자의 재산에 대하여 이미 행한 회생채권 또는 회생담보권에 기한 강제집행 등의 절차는 중지된다(제58조 제2항 제2호). 회생절차개시결정이 있은 후에는 추심명령을 받더라도 효력이 발생하지 않는다.[72]

(나) 회생절차참가

회생담보권자는 담보권을 실현하기 위하여 회생절차에 참가할 수

71) 제56조 제1항은 "회생절차개시결정이 있는 때에는 채무자의 업무의 수행과 재산의 관리 및 처분을 하는 권한은 관리인에게 전속한다"고 규정하고, 제64조 제1항은 "채무자가 회생절차개시 이후 채무자의 재산에 관하여 법률행위를 한 때에는 회생절차와의 관계에 있어서는 그 효력을 주장하지 못한다"고 규정하고 있다.

72) 大判 2004.4.23, 2003다6781(공 2004, 865)은 "주식의 약식질권자인 원고가 주식의 소각대금채권에 대하여 물상대위권을 행사하기 위하여는 민법 제342조, 제355조, 구 민사소송법(2002.1.26. 법률 제6626호로 전문 개정되기 전의 것) 제733조 제2항·제3항에 의하여 질권설정자가 지급받을 금전 기타 물건의 지급 또는 인도 전에 압류하여야 하나, 한편 회사정리법 제67조 제1항은 "정리절차개시의 결정이 있은 때에는 파산, 화의개시 또는 정리절차개시의 신청과 정리채권 또는 정리담보권에 의한 회사재산에 대한 강제집행, 가압류, 가처분, 담보권실행 등을 위한 경매를 할 수 없으며 파산절차 및 정리채권 또는 정리담보권에 의하여 회사재산에 대하여 이미 행한 강제집행, 가압류,

있다(제141조 제 3 항). 회생담보권은 피담보채권 중에서 담보목적물의 가액을 한도로 한다. 선순위의 담보권이 있으면, 담보목적물 가액에서 선순위로 담보된 가액을 공제한 나머지만이 회생담보권이 될 수 있다. 따라서 피담보채권의 채권액이 담보목적물의 가액을 초과할 때에는 그 초과분에 관해서는 회생채권자로서 회생절차에 참가할 수 있다(제141조 제 4 항).

(다) 회생담보권과 공익채권의 관계

공익채권은 회생절차에 의하지 아니하고 수시로 변제하고, 회생채권과 회생담보권에 우선하여 변제한다.[73] 회생담보권자는 회생절차에 따라서만 변제받을 수 있고, 공익채권보다 나중에 변제받는다. 그러나 이것은 공익채권자가 채무자의 일반재산으로부터 변제받을 경우에 적용되는 것이다. 회생담보권자는 담보목적물로부터는 우선변제를 받을 권리는 여전히 보유하고, 공익채권자에 우선한다. 가령 회생절차가 개시되기 전에 채무자의 부동산에 담보권이 설정되어 있었는데, 나중에 회생절차가 개시된 후에 위 부동산에 공익채권을 위한 담보권이 설정되었다고 하자. 이러한 경우에는 먼저 설정된 회생담보권이 나중에 설정된 공익채권을 위한 담보권에 우선한다. 회생담보권과 공익채권을 위한 담보권 사이에도 물권의 순위는 성립한 시간 순서대로 정한다는 원칙이 적용된다. 大判 1993. 4. 9, 92다56216(공 1993, 1368)은 회사정

가처분, 담보권실행 등을 위한 경매절차는 중지하고 화의절차는 그 효력을 잃는다"고 규정하고 있고, 이와 같이 회사정리법 제67조 제 1 항에서 개별집행절차개시를 금지하는 규정을 둔 목적의 하나는 정리채권과 정리담보권 모두가 회사정리절차에 따라야 한다는 회사정리절차의 기본구조를 뒷받침하려는 데 있으므로 회사정리절차개시결정이 있은 후에는 물상대위권의 행사를 위한 압류의 허용여부와는 별도로 추심명령은 그 효력을 발생할 수 없다"고 판결하였다. 그리고 "법원이 특정 정리채권(담보권)을 변제하지 아니하고서는 회사의 갱생에 현저한 지장을 초래할 우려가 있다고 인정하여 회사정리법 제112조의 2 제 2 항에 따라 정리절차에 의하지 아니한 변제를 허가하였다 하더라도, 그 효과는 회사정리법 제112조에서 정한 정리채권 소멸금지의 효력이 해제됨에 그칠 뿐이고, 허가받은 내용대로 변제가 이루어지지 아니한 경우에 정리절차와 무관하게 개별적인 권리행사에 나아갈 수 있는 것은 아니"라고 하였다.

73) 회사정리법 제209조 제 1 항 · 제 2 항; 통합도산법 제180조 제 1 항 · 제 2 항.

리법상의 정리담보권에 관한 사안에서 "회사정리절차에 있어서 공익채권은 정리채권과 정리담보권에 우선하여 변제한다는 규정(회사정리법 제209조 제 2 항)은 회사의 일반재산으로부터 변제를 받는 경우에 우선한다는 의미이지, 정리담보권이 설정된 특정재산의 경매매득금으로부터도 우선변제를 받는다는 의미는 아니며, 정리담보권이 설정된 재산 위에 공익담보권이 설정된 경우에는 정리담보권이 우선한다"고 판결하였다.

㈑ 근저당권의 피담보채권의 확정

채무자 또는 물상보증인에 대하여 회생절차가 개시된 경우 근저당권의 피담보채권이 확정되는지 문제된다.[74] 이에 관하여는 민법이나 회사정리법, 통합도산법에 아무런 규정이 없다. 당사자들이 회생절차개시를 근저당권의 피담보채권의 확정사유로 약정한 경우에는 그 약정에 따라 근저당권의 피담보채권이 확정된다. 그렇다면 이에 관한 아무런 약정이 없는 경우에는 어떠한가?

회사정리법 하에서 견해가 대립하였다. 확정설은 회사정리절차가 개시되면 근저당권의 피담보채권이 확정된다고 한다.[75] 이 견해는 정리절차개시를 기준으로 법률관계를 명확히 구분하고, 그 이전의 법률관계를 청산한다는 회사정리제도의 성격에서 이러한 결론을 도출한다. 이와 달리 불확정설은 정리절차가 개시되더라도 근저당권의 피담보채권이 확정되는 것은 아니고, 따라서 근저당권이 정리절차 개시 후에 발생하는 채권도 담보할 수 있다고 한다.[76] 회사정리는 회사의 존속을 전제로 하는 것으로 파산과는 성격이 다르고, 근저당권이 최고액의 범위 내에서 정리절차개시 후의 거래도 계속 담보하도록 하는 것이 회사

74) 이 문제는 회생담보권의 확정문제와는 다른 것이다.

75) 林采洪, 會社整理法概說(註 7), 335면; 蔡元植, "會社整理節次開始와 根抵當確定의 有無에 관한 考察," 司法行政 제298호(1985. 9), 88면 이하; 吳昌錫, "會社整理法上 整理擔保權者의 地位," 現代商法의 課題와 展望(梁承圭敎授華甲紀念), 삼지원, 1994, 195면 이하; 邊在承 외 4인(註 3), 307면, 349면.

76) 法院行政處(註 7), 338면; 韓國産業銀行 調査部(註 7), 295면, 449면; 民法注解(Ⅶ), 1992, 25면(朴海成 집필부분); 愼庸珞, "會社整理節次開始決定과

의 갱생에 유익하다고 한다.

필자는 회사정리절차개시가 근저당권의 피담보채권의 확정사유가 된다고 주장한 바 있다.[77] 大判 2001.6.1, 99다66649[78]는 "근저당권이 설정된 뒤 채무자 또는 근저당권설정자에 대하여 회사정리절차개시결정이 내려진 경우, 그 근저당권의 피담보채무는 회사정리절차개시결정시점을 기준으로 확정되는 것으로 보아야 하므로, 그 이후 근저당권자가 정리회사 또는 정리회사의 관리인에게 그 사업의 경영을 위하여 추가로 금원을 융통하여 줌으로써 별도의 채권을 취득하였다 하더라도, 그 채권이 위 근저당권에 의하여 담보될 여지는 없다"고 판단하였다. 이로써 회사정리절차에서 근저당권의 피담보채권의 확정문제에 관한 그 동안의 혼란은 정돈되었다고 볼 수 있다.[79]

통합도산법 하에서도 회생절차개시결정의 효력에 관한 관련 규정에 별다른 변화가 없기 때문에, 회사정리절차개시의 경우와 마찬가지로 회생절차의 개시로 근저당권의 피담보채권이 확정된다고 보아야 할 것이다. 회생절차에서는 회생절차개시의 시점을 기준으로 근저당권의 피담보채무의 범위를 확정시킴으로써 법률관계를 명확하게 할 필요가 있다. 이해관계인들도 자신의 법률관계를 명확하게 인식한 상태에서 정리절차개시에 대한 동의 여부를 결정할 수 있어야 한다. 불확정설에

根抵當權의 確定時期," 司法論集 제26집, 법원도서관, 1995, 120면 이하.

77) 상세한 것은 金載亨(註 29), 265-274면; 金載亨, "根抵當權의 被擔保債權에 관한 考察," 民法論 Ⅰ, 박영사, 2004, 272-276면.

78) 이 판결은 매우 중요한 판결인데도 판례공보에도 수록되지 않았다.

79) 2004년 국회에 제출된 민법개정안에는 파산선고와 회사정리절차개시를 근저당권의 원본의 확정사유로 정하고 있다. 통합도산법이 시행된 후에는 확정사유를 '회생절차개시, 파산선고, 개인회생절차개시'로 수정하여야 할 것이다. 다만 파산선고는 파산절차개시라고 용어를 바꾸는 것이 바람직하고, 위와 같이 세 절차를 나열하는 것보다는 도산절차개시라는 표현을 사용하는 것이 경제적이다. 이와 같이 세 절차를 나열하는 것은 이 경우에 한정되는 것이 아니다. 예컨대 민법의 시효중단사유로 파산절차참가가 규정되어 있는데, 회생절차참가와 개인회생절차참가도 시효중단사유에 포함시켜야 할 것이다. 이 경우에도 도산절차참가라는 용어를 사용할 수 있을 것이다. 金載亨(註 1), 24면 참조.

따른다면 관리인이 회생절차개시 후 사업경영에 필요한 자금을 얻는데 용이하다고 생각할 여지가 있다. 그러나 회생절차가 개시된 채무자가 다른 사람의 채무를 담보하기 위하여 자신의 부동산에 근저당권을 설정해 준 경우(물상보증인)에는 채무자의 재산만 감소될 뿐이다. 또한 채무자의 갱생에 필요한 자금을 조달한다는 명목으로 후순위담보권자의 지위를 불리하게 할 수는 없다. 그리고 불확정설에 따르면 회생담보권의 확정문제 등이 지나치게 복잡하게 된다. 이러한 문제는 확정설을 따를 때 간명하게 처리할 수 있고 이해관계인의 불만도 거의 없게 된다. 만일 회생절차개시 전에 설정된 근저당권을 이용하여 추가로 대출을 받고자 한다면, 無效登記의 流用을 인정하는 방식으로 해결해야 한다. 따라서 후순위담보권자 등 이해관계 있는 제 3 자가 있는 경우에는 그의 동의를 얻어야 한다.

피담보채권이 유동, 교체되는 것은 근저당권에 한정된 것은 아니다. 질권이나 양도담보, 가등기담보 등 대부분의 담보에서도 이용될 수 있다. 그리하여 根質이나 根假登記擔保와 같은 용어가 사용되기도 하고, 이를 포괄하여 根擔保라고 하기도 한다. 이러한 근담보의 경우에도 근저당권에 관한 위 논의가 적용될 수 있다. 따라서 근담보에 의하여 담보되는 원본 채권은 회생절차개시 전에 발생한 것에 한정된다고 보아야 할 것이다.

(3) 회생담보권의 확정단계 — 특히 담보가액의 산정 문제

회생담보권자가 회생절차개시 후에 회생담보권을 신고하여야 한다. 관리인은 회생담보권을 조사하고 확정하는 절차를 밟는다. 이에 불복하는 경우에 회생담보권확정소송을 제기한다. 이러한 절차는 회생채권의 확정과 동일하기 때문에, 여기에서 다루지는 않는다. 다만 회생담보권에 특유한 문제로 담보가액을 산정하는 문제가 있기 때문에, 이에 관해서만 간략하게 살펴본다.

관리인은 취임 후 지체없이 채무자에게 속하는 모든 재산의 회생절차개시 당시의 가액을 평가하여야 한다(제90조). 회사정리법 제177조와 달리 평가의 기준시점을 회생절차개시 당시로 명시하였는데, 이는 종래의 판례[80]를 수용한 것이다.[81] 회생절차의 경우에는 파산절차와는 달리 기업을 계속할 것을 전제로 한다. 따라서 채무자의 재산을 평가할 때 청산가치가 아니라 계속기업가치를 기준으로 담보물을 평가하여야 한다. 따라서 개개 재산의 처분가액을 기준으로 평가할 것이 아니고, 그 기업의 수익성을 토대로 계속기업가치를 평가해야 한다. 수익환원법에 의한 수익가치의 평가방식이 계속기업가치의 표준적인 평가방식이라고 할 수 있으나 재산의 종류와 특성에 따라 재조달원가에 의한 평가방식이나 비준가액에 의한 평가방식이라도 기업의 계속성을 감안한 객관적 가액을 표현할 수 있는 것이면 충분하다고 한다.[82] 종전의 실무를 보면, 토지, 건물 등 부동산의 경우에는 최근의 감정가와 공시지가 또는 과세시가표준액 중 보다 높은 가액으로 산출된 금액을, 선박, 자동차, 기계장치 등의 경우에는 취득가에서 소정의 감가상각을 한 금액을, 상장주식의 경우에는 개시결정 당시의 주가를, 비상장주식의 경우에는 액면가를 각 기준으로 평가한 경우가 있다.[83] 담보목적물의 평가를 통하여 그 회생담보권의 범위가 확정되면 그 후 담보목적물의 가액이 변화하더라도 이는 회생담보권의 범위에 영향을 미치지 않는다.

동일한 채권의 담보로서 수개의 물건에 담보권을 가지고 있는 선순위자가 있고 개개의 물건에 후순위 담보권을 가진 자들이 있는 경우, 예컨대 6억원의 채권을 담보하기 위하여 6억원짜리(甲), 3억원짜리(乙) 물건들에 대하여 선순위 담보권자 A가 있고 각 물건에 대하여

80) 大決 1991. 5. 28, 90마954(集 39-2, 민 302).
81) 개정 전의 日本 會社更生法 제124조의 2는 "갱생담보권에 관한 담보권의 목적의 가액은 회사의 사업이 계속하는 것으로 하여 평정한 更生手續開始 때의 價額으로 한다"고 규정하고 있다.
82) 大決 1991. 5. 28, 90마954(集 39-2, 민 302).
83) 邊在承 외 4인(註 3), 327면.

각 4억원의 채권을 가진 후순위 담보권자 B, C가 있는 경우 B, C는 과연 얼마나 회생담보권으로 인정받을 수 있는 것인지 문제된다. 그러한 경우 공동저당의 목적물에 대하여 동시배당이 행하여지는 경우의 민법 제368조 제1항을 유추하여 A는 (甲)물건에서 4억원, (乙)물건에서 2억원을 담보가치로 인정받는 것으로 보아 B는 2억원의 범위 내에서, C는 1억원의 범위 내에서 회생담보권을 인정받을 수 있다.[84)]

(4) 회생계획단계

(가) 기본원칙

회생계획에는 두 가지 원칙이 있다. 첫째, 公正·衡平의 原則이다. 즉, 회생계획에서는 권리의 순위를 고려하여 회생계획의 조건에 공정하고 형평에 맞는 차등을 두어야 한다. 이 때 권리의 순위는 ① 회생담보권, ② 일반의 우선권 있는 회생채권, ③ 그 밖의 회생채권, ④ 잔여재산의 분배에 관하여 우선적 내용이 있는 종류의 주주·지분권자의 권리. ⑤ 그 밖의 주주·지분권자의 권리이다(제217조). 또한 제243조 제1항 제2호는 회생계획인가의 요건으로 "회생계획이 공정하고 형평에 맞아야 하며 수행이 가능할 것"을 들고 있다. 둘째, 平等의 原則이다. 회생계획의 조건은 같은 성질의 권리를 가진 자 간에는 원칙적으로 평등하여야 한다(제218조). 따라서 회생계획에서 이해관계인의 권리변경시에 다른 성질의 권리자 사이에는 공정·형평한 차등을 두어야 하고, 같은 성질의 권리자들을 평등하게 취급하여야 한다.

회생계획에서 회생담보권자의 권리를 감면하면서 회생채권자나 주주의 권리를 감면하지 않거나 회생담보권보다 적게 감면하는 것은 부적법하다. 그러나 회생담보권자 등 이해관계인이 스스로 그 권리를 포기하는 것은 허용된다.[85)]

---

84) 林采洪·白昌勳(註 5), 458면; 邊在承 외 4인(註 3), 328면.

85) 林采洪·白昌勳 집필대표, 會社整理法(下), 제2판, 한국사법행정학회, 2002, 187, 195면.

(나) 絶對優先의 원칙과 相對優先의 원칙

회생절차에서 '공정·형평한 차등'이 무엇을 의미하는지는 매우 어려운 문제이다. 특히 우리 회생절차의 전신인 회사정리법은 일본의 개정 전의 회사갱생법을 몇몇 조항을 수정하여 사용한 것이고, 이는 美國의 聯邦破産法 제11장 절차(corporate reorganization)[86]를 모범으로 한 것이다. 미국의 판례는 공정·형평한 차등의 원칙과 관련하여 絶對優先의 원칙(absolute priority rule; APR)[87]을 발전시켰다. 절대우선의 원칙은 우선 순위가 다른 각 권리자가 있는 경우 우선 순위에 따라 그 선순위자가 완전하고도 충분한 보상을 얻도록 정리계획을 수립하여 권리를 부여하여야 한다는 것이다. 또한 각 권리자의 권리는 회사의 자산을 기준으로 정해지기 때문에 회사의 자산액으로 선순위자에게 완전한 보상을 할 수 없는 때에는 후순위자에게 권리를 부여할 수 없다고 한다. 이 원칙을 따르지 않아도 된다는 것을 相對優先說(또는 상대우선

86) 1978년 미국 연방파산법이 대폭 개정되었는데, 그 전에는 회사재건절차가 제10장에 있었다.

87) 이에 관한 결정적인 先例는 Northern Pacific Railway Co. v. Boyd, 228 U. S. 482(1913)인데, 이것은 주주에게 채권자보다 우선권을 주는 계획을 무효라고 하였다. 그러나 이러한 결론은 상대우선설을 따르더라도 마찬가지일 것이다. 그 후에 나온 판결들은 절대우선의 원칙을 명확하게 채택하였다. Case v. Los Angels Lumber Products Co., 308 U. S. 106(1939); Consolidated Rock Products Co. v. Du Bois, 312 U. S. 510(1941); Marine Harbor Properties, Inc. v. Manufacturer's Trust Co., 317 U. S. 78(1942). 이것은 1938년 연방파산법에서 계획인가의 요건으로 공정·형평의 원칙을 정하고 있는데, 판례가 이것을 절대우선의 원칙으로 파악한 것이다. 이러한 판결들은 미국 파산법에서 가장 많은 영향을 끼쳤다고 평가되고 있고, 법경제학자들의 주요한 분석대상이다. 그러나 1978년 연방파산법 개정에서는 부동의의 조가 있음에도 불구하고 계획을 인가할 경우(cram down)에 한하여 절대우선의 원칙을 정하고 있다(제1129조). 그러나 미국의 파산실무에서 절대우선의 원칙은 준수되지 않고 있다고 한다. 이에 관해서는 우선 Baird, *Elements of Bankruptcy,* 3rd ed., 2001, 62-78; Baird/Jackson, "Bargaining After the Fall and the Contours of the Absolute Priorty Rule," *U Chi L Rev,* Vol. 55, 1988 738; Bebchuk (金和鎭 譯), "會社整理와 持分의 分配: 提案," 國際去來法硏究 제 2 집(1993. 6), 283면 이하; 金載亨·柳根寬·徐正杰, 도산제도의 법경제학: 도산삼법 통합의 바람직한 방향, KOREI, 2003. 3, 38면 이하 참조.

의 원칙)이라고 하는데, 회사의 자산을 기준으로 선순위권리자가 완전하고 충분한 보상을 받지 못하더라도 공정·형평한 차등을 두고 후순위권리자에게 권리를 부여할 수 있고, 정리계획에서 채무자의 재산에 기해서만 권리를 부여하여야 할 필요가 없다고 한다.[88] 회사정리법 하에서 우리나라의 實務는 相對優先說에 유사하게 운영되고 있고, 그 중에서 화해적 성격을 중시하고 있다.[89]

우리나라에서 1998년 이후 절대우선의 원칙을 도입해야 한다는 주장이 있었다. 이 주장은 두 종류로 구분할 수 있는데, 하나는 일반적으로 정리계획인가 요건으로 절대우선의 원칙을 규정하자는 것이고,[90] 다른 하나는 부동의의 조가 있는 경우에 법원이 정리계획을 인가할 경우에 한하여 절대우선의 원칙을 채택하자는 것이다.[91] 그러나 이러한 주장은 거부되었고, 통합도산법에서도 절대우선의 원칙을 채택하고 있지 않다. 첫째, 제217조에서 회사정리법 제228조와 마찬가지로 '권리의 순위에 따라'라고 규정하지 않고 '권리의 순위를 고려하여'라고 규정하였으므로 권리의 순위를 엄밀하게 따르지 않더라도 부적법한 것은 아니라고 할 수 있다. 따라서 공정·형평의 관념은 상위의 권리자보다 하위의 권리자를 우선시켜서는 안 된다는 것을 정한 것임은 분명하나, 절대우선의 원칙을 채택하고 있다고 볼 수는 없다. 둘째, 제205조 제3항은 "회생절차개시 당시 주식회사인 채무자의 부채총액이 자산총액을 초과하는 때에는 회생계획에 발행주식의 2분의 1 이상을 소각하거

88) 日本에서는 APR이 절대우선설로 소개되었고, 이에 대응하는 개념으로 相對優先說이라는 용어를 사용하고 있다. 학설과 실무는 상대우선설을 따르고 있으나, 청산적 성격을 중시할 것인지, 아니면 화해적 성격을 중시할 것인지 여부 등과 관련하여 그 내용이 매우 다양하다. 三ケ月章 外 5人(註 7), 534면 이하; 田村諄之輔, "會社更生計劃における公正, 衡平と遂行可能についての一考察," 裁判と法(下), 766면 이하; 青山善充 "會社更生の性格と構造(四)," 法學協會雜誌 제86권 제4호, 460면 이하.

89) 林采洪·白昌勳(註 5), 185면; 邊在承 外 4인(註 3), 347면.

90) 미국 1938년 연방파산법의 입장이다.

91) 미국 1978년 연방파산법의 입장이다.

나 2주 이상을 1주로 병합하는 방법으로 자본을 감소할 것을 정하여야 한다"고 규정하고 있다.[92] 절대우선의 원칙에 따른다면, 회사가 채무초과상태에 있는 경우에는 주주가 잔여재산을 분배받을 여지가 없기 때문에 주식을 전부 무상으로 소각하여야 할 것이다. 그러나 위 규정은 채무초과의 경우에 최소한의 소각기준으로 2분의 1을 정한 것에 불과하기 때문에, 이것은 相對優先의 원칙을 전제로 한 것이라고 볼 수 있다. 셋째, 회생절차는 채무자의 사업의 유지·재건을 목적으로 하고 있고, 이해관계인들의 이해를 조정하는 것을 전제로 하고 있기 때문에, 권리자들 사이에 상호양보를 통하여 합리적인 차등을 두는 것으로 충분하다고 볼 수 있다.

그러나 회생절차가 상대우선의 원칙에 입각하고 있다고 하더라도 절대우선의 원칙에 따른 회생계획을 배제하고 있는 것은 아니다. 첫째, 절대우선의 원칙에 따라 정리계획을 작성하더라도 '권리의 순위를 고려하여' 공정·형평한 차등을 두어야 한다는 제217조 제1항의 文言에 배치된다고 볼 수는 없다. 오히려 절대우선의 원칙에 따라 회생담보권을 전부 변제하고, 정리채권을 일부 감면하면서 주식을 전부 소각하기로 하는 정리계획도 공정·형평한 차등을 둔 것에 해당한다고 볼 수 있다. 둘째, 제205조 제3항의 규정이 절대우선의 원칙에 따라 채무초과시에 발행주식을 전부소각하는 것을 배제하고 있는 것은 아니다. 왜냐하면 법규정에서 채무초과의 경우에 '주식 2분의 1 이상'을 소각하는 등으로 감소시켜야 한다고 정함으로써 주식전부를 소각하는 것도 허용하고 있기 때문이다. 따라서 상대우선의 원칙은 절대우선의 원칙에 대응하는 개념으로 사용된 것에 불과하고, 절대우선의 원칙을 배척하는 의미는 아니다.[93]

---

92) 이 규정은 1998년 회사정리법 개정 당시 신설된 제221조 제3항을 다소 수정한 것이다.

93) 金載亨, "會社整理計劃에서 經營責任에 기한 株式消却의 基準," 商事判例研究(Ⅴ), 2000, 287면 이하.

(다) 淸算價値 保障의 원칙

청산가치 보장의 원칙은 회생계획에서 채권자는 청산가치 이상의 몫을 받아야 한다는 것이다. 이에 따르면 담보권자는 담보가치에 해당하는 몫을 배당받게 된다. 한편 절대우선의 원칙을 따르는 경우에는 통상 청산가치가 보장된다. 그러나 절대우선의 원칙을 따르지 않을 경우에는 청산가치가 보장되지 않을 수 있다.

회사정리법에는 정리계획이 정리채권 등의 청산가치를 보장하여야 한다는 규정이 없다. 다만 회사정리절차개시신청 당시 청산가치가 계속기업가치보다 클 것이 명백한 경우에는 개시신청을 기각하도록 함으로써,[94] 계속기업가치가 청산가치보다 큰 경우에 한하여 회사정리절차를 이용하도록 하였고, 적어도 정리계획에서 채권자 등 이해관계인이 받는 총합이 회사의 청산가치보다는 많아야 한다는 것을 도출할 수 있다. 대법원은 회사정리법의 공정, 형평의 원칙과 관련하여 "정리담보권자가 회사정리절차에서 정리계획에 의하여 변제받을 금액은 최소한 정리회사가 회사정리절차를 거치지 아니하고 곧바로 청산되는 경우보다

94) 회사정리법(제38조 제 5 호)은 청산가치가 계속기업가치보다 클 것이 명백한 경우에는 개시신청을 기각하도록 하였으나, 통합도산법에서는 이를 삭제하고 대신 '그 밖에 회생절차에 의함이 채권자 일반의 이익에 적합하지 아니한 경우(제42조 제 3 호)'에 회생절차개시신청을 기각하도록 하였다. 따라서 회사정리절차개시신청 당시 청산가치가 계속기업가치보다 큰 경우에는 채권자 일반의 이익에 반하는 것으로 보아 회생절차개시신청을 기각하여야 한다. 이러한 경우에 회생절차를 개시하였다가 회생절차에서 회생계획의 인가요건으로 청산가치 보장의 원칙을 채택하고 있으므로, 회생계획을 인가하지 않는 것은 회생담보권자, 회생채권자 등 이해관계인에게 불합리한 결과를 초래한다. 회생계획을 인가할 당시 회생계획이 청산가치를 보장하지 못하는 경우에 정리절차를 폐지하여야 할 것인데, 이러한 경우에는 보전처분 또는 회생절차의 개시로 인하여 담보권의 실행이 연기되었기 때문에 그만큼 청산가치가 보장되지 못하는 결과가 될 수 있다. 물론 청산가치와 계속기업가치를 산정하기 곤란하여 어느 쪽이 큰지 알 수 없는 경우에는 회생절차를 개시할 수 있다. 그러나 청산가치가 계속기업가치보다 명백히 큰 데도 이를 심리하지 않는 것은 부당하다. 金載亨, "통합도산법의 과제와 전망 — 지정토론요지," 저스티스 통권 제85호(2005. 6), 68면.

많아야 한다는 주장은 독단적인 견해에 불과하여 채용할 수 없다"고 함으로써 청산가치보장 원칙을 부정하였다.95) 다수의 담보권자나 채권자가 청산가치에 미치지 못하는 내용의 정리계획에 동의하는 경우에 다른 채권자들이 피해를 입을 수 있다. 그리하여 통합도산법은 청산가치보장에 관한 규정을 신설하였다.96) 제243조 제1항 제4호는 회생계획인가의 요건으로 '회생계획에 의한 변제방법이 채무자의 사업을 청산할 때 각 채권자에게 변제하는 것보다 불리하지 아니하게 변제하는 내용일 것'을 명시하고, 다만 동의한 채권자의 경우에는 예외로 할 수 있다고 하였다. 제정이유를 보면, 소액채권자의 권익을 보호하고, 파산보다는 채권자에게 이익이 되도록 강제함으로써 도덕적 해이를 방지하는 데 기여할 것으로 기대된다고 한다.97)

회생계획에서 각각의 권리자에게 청산가치를 보장하는 것은 이론상 당연한 것이다. 왜냐하면 파산절차를 밟지 않고 회생절차를 밟는 이유는 채권자 등 이해관계인이 파산을 할 때 받는 것보다 더 많은 몫을 받을 수 있다는 데에서 찾아야 하기 때문이다. 담보권자의 입장에서는 회생계획에서 적어도 담보가치에 해당하는 몫을 변제받는 것이 보장되었다는 점에서 매우 유리한 규정이라고 할 수 있다. 종래 회사정리실무에서 담보권자의 권리를 감면하는 정리계획이 대부분이었고, 정리계획에 따른 변제가 청산가치에 미치지 못하는 경우가 많았다. 따라서 청산가치보장에 관한 규정은 회생실무에 중대한 영향을 미칠 것이다. 이러한 의미에서 통합도산법에서 가장 주목해야 할 규정 중의

95) 大決 2000. 1. 5, 99그35(공 2000, 539). 이 결정에 대한 비판으로는 吳守根, "淸算價値를 下廻하는 整理計劃案의 當否," 民事判例硏究(XXIII), 2001, 578면 이하.

96) 이 규정이 모범이 된 것은 연방파산법 제1129조 (a)(7)(A)(ii), (B)에서 규정하고 있는 채권자의 최대이익(best interests of creditors) 원칙이다. 독일 도산법(Insolvenzordnung) 제245조, 제251조도 일정한 채권자집단이 부당하게 도산계획에 반대하는 경우에 청산가치를 보장하고 도산계획을 인가할 수 있다고 하여 이 원칙을 수용하고 있다.

97) 채무자 회생 및 파산에 관한 법률(대안)(註 70), 6면.

하나라고 생각한다. 그러나 청산가치를 계산하는 것은 쉽지 않기 때문에, 이에 관하여 분쟁이 발생할 우려가 높다. 앞으로 개별 이해관계인에게 청산가치를 보장하는 회생계획인지 여부에 관하여 충실하게 심리하여야 할 것이다.

그런데 개별 채권자가 동의한 경우에는 예외를 인정한 것이 개별 채권자로 하여금 청산가치에 미치지 못하는 정리계획에 동의하도록 강요하는 근거가 될 수 있다. 법원은 개별 채권자의 동의가 진정한 것인지 판단하여야 하고, 가급적 동종의 권리자 사이에 평등원칙이 깨지지 않도록 하여야 할 것이다.

㈑ 청산을 내용으로 하는 회생계획안의 가결요건

第237조는 회생계획안의 가결요건을 회생채권자의 조, 회생담보권자의 조, 주주, 지분권자의 조로 구분하여 정하고 있다. 그 중 회생담보권자의 조의 가결요건이 가장 엄격하다.[98] 첫째, 회생계획안에 관하여는 의결권을 행사할 수 있는 회생담보권자의 의결권의 총액의 4분의 3 이상에 해당하는 의결권을 가진 자의 동의가 있어야 한다. 둘째, 청산, 영업양도, 물적 분할을 내용으로 하는 회생계획안(이하 청산계획안이라 한다)에 관하여는 의결권을 행사할 수 있는 회생담보권자의 의결권의 총액의 5분의 4 이상에 해당하는 의결권을 가진 자의 동의가 있어야 한다.

회사정리법에서는 청산계획안을 가결하기 위하여 담보권자 전원의 동의를 얻도록 하였으나, 통합도산법에서는 의결권 총액의 5분의 4 이상에 해당하는 의결권을 가진 자의 동의를 얻도록 그 요건을 완화하였다.[99] 이는 도산절차를 한참 진행하다가 회생이 불가능하다는 점이 판

98) 처음에는 전원일치를 요구하였으나, 법개정을 통하여 점차 그 요건이 완화되었다.

99) 이러한 경우에 대하여 일본 회사갱생법은 종전에는 청산계획안에 대해서는 갱생담보권자 전원의 동의가 필요한 것으로 규정하였으나, 2002년 개정 회사갱생법은 갱생회사의 사업의 전부 폐지를 내용으로 한 갱생계획안은 의결권을

명되어 청산을 할 수밖에 없는 상황에서 청산계획안을 가결시키기 위한 장치이다. 그러나 파산절차에서는 담보권자의 별제권을 제한하지 않는 데 반하여, 회생절차에서 청산계획안은 회생담보권자의 의결권의 5분의 4의 동의로 가결할 수 있도록 한 것은 균형이 맞지 않는다. 청산가치보장만으로 파산절차와의 균형문제가 해결되었다고 볼 수는 없다. 이는 도산절차 사이의 통합이 필요하다는 점을 보여 주는 한 예이다.[100)]

㈒ 회생계획에 따른 회생담보권의 변경

제251조 본문은 "회생계획인가의 결정이 있는 때에는 회생계획이나 이 법의 규정에 의하여 인정된 권리를 제외하고는 채무자는 모든 회생채권과 회생담보권에 관하여 그 책임을 면하며, 주주, 지분권자의 권리와 채무자의 재산상에 있던 모든 담보권은 소멸한다"고 규정하고 있다.[101)] 여기에서 회생계획에서 인정되지 않은 권리는 책임을 면한다고 한 것은 채무 자체는 존속하지만 회사에 대하여 이행을 강제할 수 없다는 의미로서 自然債務가 된다고 볼 수 있다.[102)] 그러나 회생계획에서 인정되지 않은 주주, 지분권자의 권리나 채무자의 재산에 관한 담보권은 책임만이 소멸하는 것이 아니라 그 권리 자체가 소멸한다. 또한 회생계획의 이행으로 관리인이나 채무자가 채무를 이행한 경우에 채권이 소멸한다. 회생담보권이나 회생채권을 출자로 전환하는 경우에도 채무이행으로 볼 수 있기 때문에, 회생담보권이나 회생채권이 소멸한다고 보아야 한다.[103)]

회생계획인가 후에 회생담보권을 계속 담보권으로 인정할 것인지

행사할 수 있는 갱생담보권자의 10분의 9에 해당하는 의결권을 가진 자의 동의가 필요한 것으로 수정하였다(제196조 제 5 항 제 2 호).

100) 金載亨(註 94), 67면.

101) 회사정리법 제241조에 동일한 취지의 규정이 있었다.

102) 大判 2001. 7. 24, 2001다3122(공 2001, 1919).

103) 大判 2003. 1. 10, 2002다12703 · 12710(공 2003, 612); 大判 2003. 8. 22, 2001다64073(공 2003, 1905).

여부는 회생계획에서 정할 수 있다. 회생계획에서 기존의 담보권이 담보권으로 존속한다고 정할 수 있는데, 이러한 조항을 담보권존속조항이라고 한다.[104] 이 경우에 기존의 채권이 아니라 권리변경 후의 채권을 피담보채권으로 한 담보권으로서만 존속하는 것으로 정해야 할 것이다. 그러나 회생계획에서 갱생에 필요한 경우에는 담보권을 소멸시키고 그 대신 담보권자에게 다른 담보를 제공하는 등으로 담보권자의 이익을 보호하는 조치를 강구할 필요가 있다.[105]

Ⅲ. 破産節次

1. 개　설

파산절차에서는 담보권자에게 別除權을 인정한다(제411조). 별제권이 인정된다는 것은 파산절차가 개시되더라도 담보권자는 파산절차에 참가하지 않고 파산절차 밖에서 담보권을 행사할 수 있다(제412조)는 의미이다.[106] 이 점이 회생절차와 결정적으로 다른 점이다.

통합도산법의 파산절차에 관한 대부분의 규정이 파산법을 그대로

---

104) 邊在承 외 4인(註 3), 348면.

105) 일본 회사갱생실무에서는 담보권의 일부만을 존속하는 것으로 정하는 갱생계획안이 많다. 여기에서 나아가 일본 회사갱생법은 갱생절차개시 당시 존재하는 담보권이 사업의 갱생에 필요한 경우에는 담보목적물의 가액에 상당한 금전을 법원에 납부하고 담보권의 소멸을 청구하는 담보권소멸청구제도를 채택하고 있다(제104조 이하).

106) 별제권이라는 명칭은 담보목적물 중 담보에 제공된 가치부분은 다른 채권으로부터의 추급을 배제하고 전속적으로 별제받을 수 있는 권리라는 뜻을 갖고 있다. 大判 1996.12.10, 96다19840(공 1997, 308)은, 파산재단에 속하는 재산상에 존재하는 유치권, 질권, 저당권 또는 전세권을 가진 자는 그 목적인 재산에 관하여 당연히 별제권을 가지고, 별제권은 파산절차에 의하지 아니하고 이를 행사할 수 있으며, 파산법 제201조 제 2 항은 별제권자가 별제권의 행사에 의하여 채권 전액을 변제받을 수 없는 경우에 파산절차에 참가하여 파산채

옮겨 왔는데,[107] 별제권에 관한 규정도 마찬가지이다.[108] 따라서 파산법의 별제권에 관한 설명이 통합도산법의 별제권에도 거의 그대로 적용된다. 한편 파산절차에서는 회생절차상의 회생담보권과 달리 양도담보권과 가등기담보권을 별제권이 인정되는 담보권으로 열거하고 있지 않지만, 아래에서 보듯이 이러한 담보권에도 별제권이 인정될 수 있다. 별제권이 회생절차에서의 회생담보권과 동일한 것은 아니지만, 유사한 점이 많기 때문에, 회생담보권에서 논의한 부분은 가급적 생략하기로 한다.

2. 別除權과 準別除權

(1) 별 제 권

(가) 의 의

제411조는 "파산재단에 속하는 재산상에 존재하는 유치권·질권·저당권 또는 전세권을 가진 자는 그 목적인 재산에 관하여 파산절차에서 별제권을 가진다"고 규정하고 있다. 별제권자는 파산채권자인 경우가 많지만, 항상 그러한 것은 아니다. 물상보증인에 대하여 파산선고가

권자로서 배당받기 위하여 채권신고를 하는 경우에 관한 규정이므로, 별제권도 파산채권과 같이 반드시 신고·조사절차를 거쳐 확정되어야만 행사할 수 있는 것은 아니라고 판결하였다.

107) 그 이유 중의 하나는 입법작업의 문제점에서 연유한다고 생각한다. 법무부에서 1999년 도산법 개혁을 위한 준비작업으로 국내 로펌과 미국 로펌에 공동으로 연구용역을 맡겼는데, 이 용역보고서(비공개자료로 되어 있음)에는 회사정리법과 화의법의 통합을 전제로 한 것이었다. 법무법인 세종, Orrick, Herrington & Sutcliffe LLP, 도산법 최종 권고안, 2000. 법무부의 입법작업은 이 용역보고서를 토대로 한 것이나, 파산법까지 통합하는 것으로 작업을 하였다. 그리하여 통합도산법 중 파산절차 부분은 충분한 준비 없이 파산법규정을 제3편 파산절차에 삽입하고 면책과 관련된 규정 등 약간의 규정을 수정하는 방식으로 작업이 진행되었다. 이에 관해서는 金載亨(註 1), 11면도 참조.

108) 다만 공유자의 별제권에 관한 규정은 종래의 비판을 수용하여 삭제되었고, 임차보증금의 우선변제권이 추가되었다.

있는 경우에 담보권자는 별제권을 갖지만, 파산채권자인 것은 아니다.[109] 따라서 이러한 담보권자는 별제권을 행사할 수 있으나, 파산절차에 참가할 수는 없다.

별제권은 파산재단에 속하는 재산 위에 존재하는 담보권에 인정되는데, 파산재단에는 두 종류가 있다. 첫째, 채무자가 파산선고 당시에 가진 모든 재산이다(제382조 제1항). 둘째, 채무자가 파산선고 전에 생긴 원인으로 장래에 행사할 청구권이다(제382조 제2항). 파산재단을 관리 및 처분하는 권한은 파산관재인에게 속한다(제384조). 따라서 파산관재인의 지위는 회생절차에서 관리인의 지위에 상응한다.[110] 그러나 파산관재인은 별제권이 미치는 파산재단에 대하여는 관리 및 처분권이 없으므로, 이 점에서는 회생절차상의 관리인보다 작은 권한을 갖는다.

파산채권의 기한이 도래하지 않은 경우에도 파산선고시에 변제기가 도래한 것으로 본다(제425조). 따라서 파산채권을 담보하는 담보권을 가진 자는 파선선고와 동시에 별제권을 행사할 수 있다.[111] 그리고 별제권자는 별제권의 행사에 의하여 변제를 받을 수 없는 채권액에 관해서는 파산채권자로서 그 권리를 행사할 수 있다. 다만, 별제권을 포기한 채권액에 관하여 파산채권자로서 그 권리를 행사하는 것에 영향을 미치지 아니한다(제413조).

파산절차에서 별제권이 인정되는 담보권은 회생절차상의 회생담보권과 유사하다. 그러나 별제권의 행사방법은 회생담보권의 경우와는 달리 별제권의 종류에 따라 천차만별이다.

---

109) 林俊浩, '파산절차상 담보권의 처리," 裁判資料 제83집 破産法의 諸問題(下), 법원도서관, 1999, 84면.

110) 일본에서는 파산법뿐만 아니라 회사갱생법에서도 관재인이라는 용어를 사용한다. 관리인과 관재인이라는 용어는 통일하는 것이 좋은데, 관리인이라는 용어가 낫다고 생각한다. 관재인이라는 용어는 재산을 관리한다는 의미이나, 파산업무도 관리하므로, 이를 포괄하여 관리인이라고 할 수 있다.

111) 전병서, 최신 파산법, 법문사, 2003, 222면; 林俊浩(註 109), 100면.

(나) 유 치 권

민법상의 유치권자와 상법상의 유치권자 모두 별제권자가 될 수 있다. 유치권자는 채권의 변제를 받기 위하여 유치물을 경매할 수 있고(제322조 제1항), 간이변제충당을 이용할 수도 있으며(제2항), 유치물의 과실을 수취하여 변제에 충당할 수도 있다(제323조). 그러나 매각대금으로부터 우선변제를 받을 권리는 없다.[112] 파산절차에서 별제권이 인정되더라도 이를 근거로 우선변제권이 발생한다고 볼 수는 없다.[113]

(다) 질 권

동산질권자는 민법 제322조, 제338조에 따라 목적물의 경매 또는 간이변제충당을 이용할 수 있다. 채권질권의 경우에는 질권자가 질권의 목적이 된 채권을 직접 청구할 수도 있고(민법 제353조), 민사집행법에 정한 집행방법에 의하여 질권을 실행할 수도 있다(민법 제354조).[114] 민법 제339조는 채무변제기 전의 계약으로 질권설정자가 질권자에게 변제에 갈음하여 질물의 소유권을 취득하게 하거나 법률에 정한 방법에 의하지 아니하고 질물을 처분할 것을 약정하지 못한다고 규정하고 있으므로 변제기 전의 流質契約은 허용되지 않는다. 그러나 질권설정자가 파

112) 大判 1996. 8. 23, 95다8713(集 44-2, 민 127)은, 민사소송법 개정 전의 판결인데 "민사소송법 제728조에 의하여 담보권의 실행을 위한 경매절차에 준용되는 같은 법 제608조 제 3 항은 경락인은 유치권자에게 그 유치권으로 담보하는 채권을 변제할 책임이 있다고 규정하고 있는바, 여기에서 '변제할 책임이 있다'는 의미는 부동산상의 부담을 승계한다는 취지로서 인적 채무까지 인수한다는 취지는 아니므로, 유치권자는 경락인에 대하여 그 피담보채권의 변제가 있을 때까지 유치목적물인 부동산의 인도를 거절할 수 있을 뿐이고 그 피담보채권의 변제를 청구할 수는 없다"고 판단하였다.

113) 林俊浩(註 109), 87면. 그러나 양형우, "파산절차상의 담보권," 民事法學 제29호(2005. 9), 130면은 채무자가 파산하여 유치권자가 별제권을 가지는 경우에는 우선변제권이 인정된다고 한다.

114) 그런데 질권설정자 또는 저당권설정자가 파산선고를 받은 후 담보목적물이 멸실, 훼손 또는 공용징수로 인하여 금전 기타 물건을 받게 된 경우, 파산재단에 속하게 되는 금전 기타 물건을 압류하지 않고 민법 제342조, 제370조의 물상대위권을 행사할 수 있는지에 관해서는 논란이 있다. 압류가 필요하다는 견해로는 林俊浩(註 109), 99면.

산선고를 받으면 변제기가 도래하기 때문에,[115] 파산관재인과 질권자의 약정으로 유질계약을 하는 것은 허용된다. 또한 저당권을 설정하면서 경매절차를 따르지 않고 저당권자가 부동산에 관한 소유권을 취득하기로 하거나 임의로 환가하기로 하는 약정을 하는 경우가 있다. 이를 流抵當의 약정이라고 하는데, 이를 금지하는 규정이 없으므로, 이러한 약정은 허용된다.[116] 이와 같이 유질계약이나 유저당계약이 허용되는 경우라고 하더라도 물건의 가액이 피담보채권액을 초과하는 경우에는 청산을 하여야 하고, 이에 관하여 제492조에 따라 법원의 허가나 감사위원회의 동의를 받아야 할 것이다.[117]

㈑ 저당권 및 전세권

저당권, 근저당권, 협의의 공장저당이나 공장재단저당도 별제권에 포함된다. 저당권자는 민사집행법에 따라 담보권실행 등을 위한 경매를 신청하여 그 매각대금에서 우선변제를 받을 수 있다. 전세권자도 마찬가지이다.

채무자 또는 물상보증인의 부동산에 근저당권이 설정된 경우에 파산선고로 인하여 근저당권의 피담보채권이 확정되는지 문제된다. 민법이나 통합도산법에 파산선고를 확정사유로 정하는 명문의 규정은 없으나, 근저당권의 피담보채권은 채무자에 대한 파산선고로 확정된다고 보아야 한다.[118] 채무자에 대하여 파산선고가 내려진 경우 채무자는 재산을 처분할 능력을 잃고, 피담보채무가 변제기에 도래한다. 채무불이행으로 경매개시결정이 내려진 경우에도 근저당권의 피담보채권이

115) 제425조는 기한부채권은 파산선고시에 변제기에 이른 것으로 본다고 규정한다.

116) 다만 저당권자에게 청산의무가 있다고 하는데, 그 이론구성에 관해서는 논란이 있다. 郭潤直(註 6), 346면; 金曾漢 · 金學東(註 10), 540면; 李英俊(註 10), 825면 이하.

117) 양형우(註 113), 128면.

118) 파산법하에서 파산선고를 근저당권의 피담보채권의 확정사유로 보았다. 民法注解(Ⅶ), 24-25면(朴海成 집필부분); 金載亨(註 29), 263-265면.

확정되는데, 파산절차는 파산선고를 받은 채무자의 총재산에 대한 일괄적 환가절차이기 때문에, 경매절차가 진행되는 경우와 동일하게 볼 수 있다. 그리고 파산선고를 받은 채무자가 파산선고 후 파산재단에 속하는 재산에 관하여 한 법률행위는 파산채권자에게 대항할 수 없고(제329조 제1항), 파산선고 후에 파산재단에 속하는 재산에 관하여 채무자의 법률행위에 의하지 아니하고 권리를 취득한 경우에도 그 취득은 파산채권자에 대항할 수 없다(제330조 제1항). 이 규정들에 비추어 보더라도 파산선고 후에는 근저당권자가 근저당권의 피담보채권이 될 수 있는 새로운 채권을 취득하더라도 이를 파산채권자에 대하여는 대항할 수 없기 때문에, 파산선고 후에는 피담보채권이 발생할 여지가 없다. 다만 채무자나 물상보증인의 파산에 의한 근저당권의 피담보채권의 확정은 근저당권자의 의사에 기한 것이 아니기 때문에 파산선고가 효력을 잃는 경우에도 확정의 효력은 소급하여 소멸한다고 보아야 한다.

(마) 가등기담보권

통합도산법 부칙에 의하여 개정된 가등기담보법은 “파산재단에 속하는 부동산에 설정한 담보가등기권리에 대하여는 채무자회생 및 파산에 관한 법률 중 저당권에 관한 규정을 적용한다”고 규정하고 있다(동법 제17조 제1항). 이 규정은 파산법의 폐지에 따라 조문을 정리한 것인데, 이 규정에서 ‘채무자회생 및 파산에 관한 법률 중 저당권에 관한 규정’이라는 문언은 회생절차상의 저당권을 가리킬 수도 있고, 파산절차상의 저당권을 가리킬 수도 있다. 따라서 파산절차상의 저당권에 관한 규정이라고 특정하든지, 아니면 파산절차에서 가등기담보에 관하여 명문의 규정을 두는 것이 좀더 명확한 입법방식이었을 것이다. 이 규정의 입법경위나 체계에 비추어 파산절차에서는 가등기담보권자도 저당권과 마찬가지로 별제권을 행사할 수 있다고 이해하여야 한다. 또한 개정 가등기담보법 제17조 제3항은 “담보가등기권리는 채무자회생 및 파산에 관한 법률의 적용에 있어서는 이를 저당권으로 본다”고 규정하고 있다. 이 규정에 의해서도 가등기담보권자는 회생절차에서는 회생담보권, 파산절차에서는 별제권을 행사할 수 있기 때문에, 가등기담보법 제17조 제 1 항은 불필요하다는 점은 위 Ⅱ. 2. (2) (마)에서 지적한 바와 같다.

그런데 위에서 본 바와 같이 가등기담보법의 적용범위가 한정되어 있기 때문에, 가등기담보법이 적용되지 않는 가등기담보권자가 파산절차에서 별제권을 행사할 수 있을지 논란이 있을 수 있다. 그러나 가등기담보권을 회생담보권으로 취급하고 있는 점을 고려하여 파산절차에서 가등기담보권에 대하여 별제권을 인정하여야 할 것이다. 따라서 가등기담보권자는 별제권자로서 가등기담보법에 따른 청산절차를 밟아야 한다.

(바) 양도담보권

파산절차에서 양도담보를 어떻게 취급할 것인지에 관해서는 아무런 규정이 없다. 파산법에는 양도담보에 관한 규정이 있었다. 즉 파산법 제80조는 "파산선고 전에 파산자에게 재산을 양도한 자는 담보의 목적으로 한 것을 이유로 그 재산을 환취할 수 없다"고 규정하고 있었다. 그러나 통합도산법상 파산절차에서는 이 규정을 포함하지 않고 있다.[119] 이 규정에 대한 종래의 비판을 수용한 것이다. 양도담보권자가 파산선고를 받은 경우에 양도담보설정자는 피담보채무를 변제하고 목적물을 환취할 수 있다고 보아야 하기 때문이다.

회생절차에서는 양도담보권자를 회생담보권자로 볼 것인지, 아니면 환취권을 인정할 것인지에 따라 이해관계가 크게 달라진다. 이와 달리 파산절차에서 양도담보에 관하여 별제권을 인정하든, 환취권을 인정하든, 목적물의 가액이 피담보채권액을 초과하는 경우에 청산을 하여야 하기 때문에, 이 점에서는 차이가 없다. 다만 별제권을 인정하는 경우에는 행사방법 등과 관련하여 여러 제한이 따른다.[120] 이는 회

119) 회생절차에서도 이와 같은 규정이 없다. 이에 관하여는 註 6 참조.
120) 아래 3. (2) 참조.

생절차에서 양도담보에 관하여 환취권을 인정하는 것과 회생담보권을 인정하는 것보다는 그 차이가 미미하다고 볼 수 있지만, 아무런 차이가 없는 것은 아니다.

그렇다면 파산절차에서 양도담보권자에게 별제권을 인정할 것인지, 환취권을 인정할 것인지 문제된다. 위에서 보았듯이 양도담보의 법적 성질에 관하여 신탁적 소유권이전설과 담보권설이 대립하고 있으나, 이러한 이론구성에 따라 도산절차에서 양도담보권에 관한 취급이 달라지는 것은 아니다. 판례는 동산양도담보에 관하여 신탁적 소유권이전설을 따르고 있는데도 회사정리절차에서 양도담보권자에게 환취권이 아니라, 정리담보권을 인정하였다.[121] 그 후 회사정리법의 개정을 통하여 이를 명시하였고(회사정리법 제123조), 통합도산법상 회생절차에서도 동일하게 규정하고 있다(제411조). 양도담보는 담보목적으로 소유권이전의 형식을 취하지만, 경제적인 면에서는 소유권보다는 질권이나 저당권에 더 가깝다. 집단적 집행절차인 도산절차에서는 개별적 집행절차인 강제집행절차와는 달리 양도담보의 법형식이 아니라 그 실질에 따라 담보권으로 취급하고 있다고 볼 수 있다. 도산절차에 관한 하나의 법률에서 양도담보를 통일적으로 담보권으로 취급하는 것이 바람직할 것이다. 즉, 회생절차에서 양도담보권을 회생담보권으로 다루고 있는 것과 동일한 취지에서, 파산절차에서는 양도담보권자에게 별제권을 인정하여야 할 것이다.[122] 이를 위하여 양도담보권을 회생담보권으로 정하고 있는 제141조의 규정과 함께, 저당권 등 담보권을 별제권으로 정하고 있는 제411조의 규정을 파산절차상 양도담보권에 유추적용하는 방법이 적절할 것으로 생각한다. 따라서 양도담보설정자에 대한 파산선고 당시 채무자의 재산 위에 양도담보권을 갖고 있는 자는 양도담보에 관한

121) 위 Ⅱ.2.(2)㈑ 참조.

122) 民法注解(Ⅶ), 464면(徐廷友 집필부분); 林俊浩(註 109), 89면; 양형우(註 113), 120면.

일반적인 실행방법에 따라 별제권을 행사한다. 다만 양도담보권자가 청산절차를 마친 경우에는 양도담보권자가 소유자로서 환취권을 행사할 수 있을 것이다.

(사) 所有權留保附 賣買

파산절차에서 소유권유보부 매매를 어떻게 취급할 것인지에 관해서는 회생절차에서와 동일한 문제가 있다. 이에 관한 논란이 있지만, 실무는 회생절차에서 매도인에게 회생담보권을 인정한 것과 마찬가지로, 매수인이 파산선고를 받은 경우에는 매도인에게 별제권을 인정하고 있다.[123] 한편 권리의 이전에 등기나 등록이 필요한 물건에 관하여 소유권유보부 매매를 한 경우에는 소유권유보부 매매가 쌍방미이행 쌍무계약에 해당하는지 문제된다. 이를 긍정하는 견해[124]는 매도인이 매수인에게 물건을 인도하더라도 채무를 모두 이행한 것이 아니기 때문에, 매수인의 파산관재인은 계약을 해제 또는 해지하거나 채무자의 채무를 이행하고 상대방의 채무이행을 청구할 수 있다(제335조)고 한다.

(아) 임차인의 우선변제권

별제권은 파산절차에 의하여 새로 창설된 권리가 아니라 기존 민사법상의 담보물권의 효력을 파산절차에 그대로 인정한 것에 불과하다. 따라서 실체법상 담보권에 우선하는 채권은 파산절차에서도 담보권보다 우선하여야 한다. 그리하여 파산법 하에서 주택임대차보호법에 따른 임차보증금의 우선변제권에 관하여 별제권을 인정하였다.[125]

통합도산법은 파산절차상 별제권에 관한 절에서 주택임차인과 상가임차인의 우선변제권에 관하여 규정하고 있다. 제415조 제1항은 "주택임대차보호법 제3조(대항력 등) 제1항의 규정에 의한 대항요건

123) 林俊浩(註 109), 89면. 또한 위 Ⅱ.2.(2)(아) 부분도 참조.

124) 전병서(註 111), 218면. 그러나 소유권유보부 매매의 경우에 미이행쌍무계약에 관한 규정이 일반적으로 적용된다는 견해가 있다. 양형우(註 113), 113면 이하.

125) 鄭畯永, "破産節次가 係屬中인 民事訴訟에 미치는 影響," 裁判資料 제83집 破産法의 諸問題(下), 법원도서관, 1999, 200면 이하.

을 갖추고 임대차계약증서상의 확정일자를 받은 임차인은 파산재단에 속하는 주택(대지를 포함한다)의 환가대금에서 후순위권리자 그 밖의 채권자보다 우선하여 보증금을 변제받을 권리가 있다"고 규정하고 있다. 또한 제 2 항은 "주택임대차보호법 제 8 조(보증금 중 일정액의 보호)의 규정에 의한 임차인은 같은 조 규정에 의한 보증금을 파산재단에 속하는 주택(대지를 포함한다)의 환가대금에서 다른 담보물권자보다 우선하여 변제받을 권리가 있다. 이 경우 임차인은 파산신청일까지 주택임대차보호법 제 3 조(대항력 등) 제 1 항의 규정에 의한 대항요건을 갖추어야 한다"고 규정하고 있다. 제415조 제 3 항은 위 두 규정을 "상가건물임대차보호법 제 3 조(대항력 등)의 규정에 의한 대항요건을 갖추고 임대차계약증서상의 확정일자를 받은 임차인과 같은 법 제14조(보증금 중 일정액의 보호)의 규정에 의한 임차인에 관하여 준용"하고 있다.

따라서 주택임대차보호법과 상가건물임대차보호법에 따른 우선변제권을 가진 임차인은 파산절차에서도 우선변제권을 갖게 된다. 그러나 주택이나 상가건물의 임차인이 우선변제권을 갖더라도 경매신청권은 없기 때문에, 경매절차에 참가하여 우선변제를 받을 수 있을 뿐이다. 파산절차에서 주택임차인 등의 우선변제권에게 별제권을 인정하였다고 하더라도 경매신청권이 발생하는 것은 아니다. 별제권은 파산절차 밖에서 권리를 행사할 수 있다는 점에 그치기 때문이다.

㈎ 우선특권 등

위 ㈍에서 본 바와 같이 임차보증금의 우선변제권을 별제권으로 규정한 반면 상법상의 우선특권에 관해서는 아무런 규정이 없다. 상법상의 선박우선특권 등은 특정재산에 대하여 우선특권을 갖는 경우이므로, 담보권에 관한 규정을 유추적용하여 별제권을 인정하여야 할 것이다.

한편 강제집행절차에서 담보물권에 우선하는 채권들이 있다. 가령 근로기준법에 의한 임금 등의 우선변제권(최종 3월분의 임금, 최종 3년간의 퇴직금, 재해보상금), 조세 등의 우선징수권 등이 그것이다. 파산절차에서는 국세징수법 또는 지방세법에 의하여 징수할 수 있는 청구권, 채무자의 근로자의 임금·퇴직금 및 재해보상금을 재단채권으로 규정하고 있다(제473조 제2호, 제10호). 재단채권은 파산절차에 의하지 아니하고 수시로 변제받고(제475조), 파산채권보다 먼저 변제받는다(제476조). 따라서 근로자의 임금채권 등은 재단채권으로 보아야 한다.

그런데 별제권의 행사로 경매절차가 진행되는 경우에 근로자의 최종 3개월분의 임금채권 등의 최우선변제권이 유지되는지 문제된다. 민사집행절차에서는 근로기준법에 따른 최종 3개월분의 임금 등의 우선변제권 등이 담보권보다 우선하는데, 파산절차가 개시되었다는 이유로 담보권이 위와 같은 채권에 우선하게 되는 것은 타당하지 않다. 따라서 별제권에 의하여 경매절차가 진행되는 경우에도 임금채권의 최우선변제권은 유지된다.[126] 파산절차에서 임차보증금의 우선변제권에 관하여 명문의 규정을 두었으므로, 이와 균형상 최종 3월분의 임금 등의 우선변제권 등에 관해서도 명문의 규정을 두어야 한다는 주장이 있을 수 있다. 그러나 임차인의 우선변제권은 임차목적물에 대해서 우선변제권을 갖는 경우이고, 최종 3개월분의 임금채권 등은 채무자의 총재산에 대하여 우선변제권을 갖는 경우이기 때문에 동일하게 볼 수 없다. 한편 임금채권보장법 제6조에서 체당금 규정을 두어 사업주가 도

126) 宣在星, "破産과 勞動關係," 裁判資料 제83집 破産法의 諸問題(下), 법원도서관, 1999, 509면; 李興在, "도산절차와 근로관계," 南孝淳·金載亨 편, 倒産法講義, 법문사, 2005, 201면 이하; 양형우(註 113), 139면. 大田高判 2000. 9. 6, 2000나1257은 근로기준법 제37조 제2항에 의하여 최우선변제권의 범위에 속하는 파산자 소속 근로자의 임금 및 퇴직금 채권은 별제권 행사에 따른 경매절차에서 저당권에 의하여 담보된 채권이나 조세채권보다 우선한다고 하였다. 조세채권자인 원고가 상고하였으나, 대법원은 심리불속행결정을 하였다. 이 판결에 관하여 상세한 것은 金泰鉉, "擔保權에 우선하는 債權의 破産宣告後 地位—最優先辨濟 賃金債權과 別除權의 관계를 中心으로," 裁判과 判例 제11집, 대구판례연구회, 2002, 434면 참조.

산한 경우에 노동부장관으로 하여금 근로자의 미지급임금을 대신 지급하도록 하고(제6조), 노동부장관이 위 임금 등(替當金)을 사업주를 대신하여 근로자에게 지급한 경우에는 미지급임금 등의 청구권을 대위행사할 수 있는데(제7조), 이러한 한도에서는 도산절차에서 임금 등의 최우선변제권을 유지하는 것을 재검토하여야 할 것이다.

한편 조세채권과 별제권의 우선관계는 국세징수법의 관련 규정에 따라 해결하여야 하고, 파산절차에서도 이러한 우선순위를 따라야 한다. 다만 이러한 채권은 재단채권에 해당하고, 따라서 파산관재인이 조세채권자 등 재단채권자들에게 배당하여야 한다. 파산법 하에서 대법원은 파산자 소유의 부동산에 대한 별제권(담보물권 등)의 실행으로 인하여 개시된 경매절차에서 과세관청이 한 교부청구는 그 별제권자가 파산으로 인하여 파산 전보다 더 유리하게 되는 이득을 얻는 것을 방지함과 아울러 적정한 배당재원의 확보라는 공익을 위하여 별제권보다 우선하는 채권 해당액을 공제하도록 하는 제한된 효력만이 인정된다고 할 것이므로 그 교부청구에 따른 배당금은 채권자인 과세관청에게 직접 교부할 것이 아니라 파산관재인이 파산법 소정의 절차에 따라 각 재단채권자에게 안분변제할 수 있도록 파산관재인에게 교부하여야 한다고 판결한 바 있다.[127] 통합도산법 하에서도 동일하게 취급하여야 할 것이다. 그런데 조세채권에 우선징수권을 부여하는 것도 합리적인 근거가 있는지, 조세채권의 우선징수권 규정을 계속 유지할 것인지에 관해서도 근본적인 재검토가 필요하다.

(2) 준별제권

파산재단에 속하지 않는 재산에 대한 담보권을 가지고 있는 경우에는 별제권이 인정되지 않는다. 그런데 파산재단에 속하지 아니하는 채무자의 재산상에 질권 또는 저당권을 가진 자는 그 권리행사에 의하

127) 大判 2003. 6. 24, 2002다70129(공 2003, 1582).

여 변제를 받을 수 없는 채권액에 한하여 파산채권자로서 그 권리를 행사할 수 있다(제414조). 이와 같이 파산재단에 속하지 아니하는 채무자의 재산, 즉 자유재산(압류금지재산 등)에 담보권을 가지고 있는 자를 준별제권자라고 한다. 이러한 준별제권자가 담보목적물에서 만족을 얻을 수 없는 부분에 관해서는 별제권자와 마찬가지로 파산채권자로서 권리를 행사할 수 있도록 한 것이다.

그런데 준별제권자에 관한 규정을 보면, 가등기담보권[128]이나 양도담보권뿐만 아니라 유치권, 전세권이 모두 빠져 있다. 채무자의 자유재산에 양도담보권 등을 가지고 있는 경우에도 동일하게 해석하여야 할 것이나, 담보권에 관하여 통일적으로 규정하여야 할 것이다.

3. 破産節次에서 別除權者의 地位와 權限

(1) 별제권 행사의 자유

별제권자는 파산절차에 의하지 아니하고 권리를 실행할 수 있다(제412조). 파산채권은 개별적 권리행사가 금지되나, 별제권은 그 예외를 형성한다. 담보권은 파산이라는 위험을 대비하기 위한 것이기 때문에, 그 효력이 파산절차에서도 관철되어야 한다는 사고를 토대로 한 것이다.

(2) 별제권 행사에 대한 제한

담보권자는 파산절차 밖에서 별제권을 자유롭게 행사할 수 있는 것이 원칙이지만, 파산관재인이나 법원이 별제권자의 권리행사에 관여할 수 있는 길이 있다.[129] 그런데 이러한 절차는 회생절차에 비하여

128) 가등기담보에 관해서는 가등기담보법 제17조 제 2 항이 적용된다.

129) 통합도산법은 파산법과 마찬가지로 별제권자의 신고의무(파산법 제201조 제 2 항; 통합도산법 제447조 제 2 항), 별제권의 목적물의 제시 요구(파산법 제185조; 통합도산법 제490조), 목적물의 임의매각, 별제권의 승인, 별제권의 목적의 환수에 대한 법원의 허가나 감사위원의 동의(파산법 제187조 제 1 호·제 7 호·제13호·제14호, 제188조; 통합도산법 제492조 제 1 호·제 7 호·제

간단하고 그 의미도 다르다. 가령 별제권자가 법원에 별제권을 신고하고 법원이 담보권이나 피담보채권 등에 관하여 조사를 하지만, 이를 통하여 담보권이나 채권이 확정되는 것은 아니다. 나중에 담보목적물이 환가절차에서 예상과 다른 가격으로 매각되면 별제권이나 파산채권의 범위가 달라진다.[130]

다만 파산관재인의 환가권은 중요한 의미가 있다. 즉, 파산관재인은 민사집행법에 의하여 별제권의 목적인 재산을 환가할 수 있다. 이 경우 별제권자는 이를 거절할 수 없다(제497조 제1항). 별제권자가 별제권을 행사하지 않은 경우에 파산절차의 수행에 지장을 가져올 수 있기 때문에, 이에 대비하여 파산관재인에게 환가권을 인정하여 파산재단의 신속한 환가와 파산절차의 신속한 진행을 도모하기 위한 것이다.[131] 따라서 별제권자가 경매를 신청한 때에는 파산관재인의 환가권은 인정되지 않으며, 잉여를 남길 가망이 없는 경우에는 별제권의 목적인 재산을 포기하고 파산재단으로부터 제외시킬 수 있다(제492조 제12호). 별제권자는 환가금으로부터 우선변제를 받게 되는데, 별제권자가 받을 금액이 아직 확정되지 않은 때에는 파산관재인은 대금을 따로 임치하여야 한다. 이 경우 별제권은 그 대금 위에 존재한다(제497조 제2항). 별제권자가 법률에 정한 방법에 의하지 아니하고 별제권의 목적을 처분하는 권리를 가지는 때에는 법원은 파산관재인의 신청에 의하여 별제권자가 그 처분을 하여야 하는 기간을 정한다(제498조 제1항). 별제권자가 위 기간 안에 처분을 하지 아니하는 때에는 위 규정에 의한 권리를 잃는다(제498조 제2항). 파산절차에서는 대량적인 자산의 처분이 필요한 경우에 담보권자가 개별적으로 별제권을 행사하여 적정한 가격에 경매를 하는 것이 어렵기 때문에,

13호・제14호), 목적물의 환가권(파산법 제193조; 통합도산법 제497조), 목적물의 처분기간의 지정(파산법 제194조; 통합도산법 제498조 제2항), 별제권자의 제외(파산법 제249조; 통합도산법 제525조)에 관한 규정을 두고 있다.

130) 파산법에서도 마찬가지이다. 林俊浩(註 109), 77면.

131) 林俊浩(註 109), 111면; 조재건, "和議法 및 破產法上의 別除權者의 地位," 南孝淳・金載亨 편, 倒產法講義, 법문사, 2005, 808면.

파산관재인이 담보목적물의 환가권을 이용하여 파산절차를 주도할 수도 있다.[132)]

결국 파산절차에서는 담보권자가 우월한 지위를 유지한다. 이것은 담보거래를 안정시키는 데 도움이 될 수 있다. 그러나 담보권에 관하여 회생절차와 파산절차에서 현격하게 다르게 취급할 정당한 이유가 있을까. 지급불능 또는 채무초과 상태에 직면한 채무자가 회생절차를 신청하느냐, 아니면 파산절차를 신청하느냐에 따라 처리결과를 완전히 달리할 수는 없다. 가령 개인채무자가 제 2 편의 회생절차를 신청하였다가 청산이 된 경우에 보전처분이나 포괄적 금지명령, 회생절차개시결정에 따라 강제집행이 허용되지 않는다. 파산을 신청한 경우에는 담보권자가 처음부터 별제권을 행사하여 만족을 얻는다. 이러한 경우에 두 절차 사이에 차이를 두어야 할 것인지는 매우 의문이다. 파산절차에서 별제권을 무차별적으로 아무런 제약 없이 인정하는 것은 배당률을 떨어뜨리는 결과를 초래할 수 있다. 적어도 담보권자에게 경제적 손실을 발생시키지 않는다면 파산절차에서 담보권자의 권한을 제한할 수 있어야 한다.

Ⅳ. 個人回生節次

1. 別除權의 인정

파산절차상의 별제권에 대한 규정들(제411조 내지 제415조)은 개인회생절차에 관하여 준용한다(제586조). 이에 관한 설명은 파산절차에서 설명한 내용이 거의 그대로 적용된다.

---

132) 파산절차에서 파산관재인이 입찰이나 경매를 통하여 담보목적물을 처분하는 경우가 많다. 林俊浩(註 109), 77면.

한편 제579조 제 1 호 가목은 개인채무자를 정의하면서, 담보권의 종류로 유치권, 질권, 저당권, 양도담보권, 가등기담보권, 전세권, 우선특권을 들고 있다. 이는 별제권에서 들고 있는 담보권의 종류보다 많은데, 위 Ⅲ. 2.에서 본 바와 같이 별제권이 인정되는 담보권의 범위를 넓게 해석할 수 있기 때문에, 실질적인 불일치는 없다고 볼 수 있다.

다만 주택임차인이나 상가임차인의 우선변제권이나 위 규정에서 명시되지 않은 담보권을 제579조 제 1 호 가목의 담보권에 포함시킬 수 있을지는 논란의 여지가 있다.[133] 가목은 '위 담보권으로 담보된 개인회생채권'이고, 나목은 '가목 외의 개인회생채권'이라고 정의하고 있으므로, 문언만을 보면, 가목의 담보권에는 위에 나열된 것만 해당하고, 또한 이것이 개인회생절차를 넓게 인정하려는 취지에 부합한다고 볼 여지도 있다. 그러나 도산절차에서 담보권의 범위를 통일적으로 해석하여야 하고, 문언대로 해석한다면 근저당권도 위 규정의 담보권에서 배제될 수 있기 때문에 부당하다. 따라서 위 규정에서 명시하지 않은 담보권이나 주택임차인 등의 우선변제권도 포함하여 해석하여야 할 것으로 생각된다.

2. 擔保權 實行의 中止 또는 禁止

개인회생절차에서는 파산절차와는 달리 담보권실행을 중지 또는 금지할 수 있다.

첫째, 법원은 개인회생절차개시의 신청이 있는 경우 필요하다고 인정하는 때에는 이해관계인의 신청에 의하거나 직권으로 개인회생절

133) 개인채무자회생법 제48조에서는 개인회생절차개시의 신청권자를 담보부채권과 무담보채권으로 구분하여 정하면서 세부적인 사항을 대법원 규칙에 위임을 하였고, 대법원 규칙 제13조는 담보부채권 중 우선특권에 우선변제권 있는 임대차보증금반환채권을 포함시켰다. 그러나 개인회생절차개시의 신청권자에 관한 규정인 통합도산법 제588조에는 위임 규정이 없다.

차의 개시신청에 대한 결정시까지 '채무자의 업무 및 재산에 대한 담보권의 설정 또는 담보권의 실행 등을 위한 경매'의 절차 또는 행위의 중지 또는 금지를 명할 수 있다(제593조 제1항 제3호). 개인회생절차개시의 신청이 기각되면 위 규정에 의하여 중지된 절차는 속행된다(제3항). 법원은 상당한 이유가 있는 때에는 이해관계인의 신청에 의하거나 직권으로 위 규정에 의한 중지 또는 금지명령을 취소하거나 변경할 수 있다. 이 경우 법원은 담보를 제공하게 할 수 있다(제4항).

둘째, 회생절차상의 포괄적 금지명령에 관한 규정(제45조 내지 제47조)은 개인회생절차에 관하여 준용한다.

셋째, 개인회생절차개시의 결정이 있는 때에는 변제계획의 인가결정일 또는 개인회생절차 폐지결정의 확정일 중 먼저 도래하는 날까지 개인회생재단에 속하는 재산에 대한 담보권의 설정 또는 담보권의 실행 등을 위한 경매는 중지 또는 금지된다(제600조 제2항). 법원은 상당한 이유가 있는 때에는 이해관계인의 신청에 의하거나 직권으로 위 규정에 의하여 중지된 절차 또는 처분의 속행 또는 취소를 명할 수 있다. 다만, 처분의 취소의 경우에는 담보를 제공하게 할 수 있다(제3항). 위 규정에 의하여 처분을 할 수 없거나 중지된 기간중에 시효는 진행하지 아니한다(제4항).

위와 같은 규정에 의하여 담보권 실행이 중지되거나 금지되는 한도에서는 담보권자는 별제권을 행사할 수 없다. 그러나 변제계획의 인가결정일 또는 개인회생절차 폐지결정의 확정일 중 먼저 도래하는 날까지 담보권의 실행이 중지되거나 금지된다. 또한 위와 같이 담보권의 실행을 중지하거나 금지하더라도 담보권 실행이 명백하고 위와 같은 중지나 금지가 개인회생절차의 목적을 실현하는 데 필요한 것이 아니라면 이를 취소함으로써 담보권의 실행을 불필요하게 막는 것을 지양해야 한다.

3. 別除權의 調査 및 確定

별제권도 조사 및 확정의 대상이 되는데,[134] 이에 관해서는 생략한다.

Ⅴ. 각각의 倒産節次에 따른 擔保權者의 地位에 관한 比較 및 評價

담보권자는 파산절차에서 별제권이 인정된다. 담보권자가 담보권의 실행을 게을리하지 않는 한 담보권을 실행하는 데 별다른 제약이 없다. 한편 회생절차에서는 담보권에 대하여 별제권이 인정되지 않는다. 그런데 도산절차에 따라 담보권자의 지위를 다르게 규율해야 하는지에 관하여는 근본적인 검토가 필요하다. 가령 개인채무자가 제 2 편의 회생절차를 신청한 경우에는 담보권은 회생담보권으로서 각종의 제약을 받는다. 이에 반하여 개인채무자가 제 4 편의 개인회생절차를 신청한 경우에는 담보권자가 개인회생절차에 의하지 아니하고 별제권을 행사할 수 있다. 개인회생절차에서는 담보권의 실행을 제한하는 조치가 있지만, 변제계획이 인가된 후에는 이를 막을 수 없다. 개인채무자가 제 2 편의 회생절차를 신청하느냐, 아니면 제 4 편의 개인회생절차를 신청하느냐에 따라 담보권자의 지위를 현격하게 다르게 취급하는 것은 형평상의 문제를 불러일으킬 것이다. 한편 개인채무자가 제 3 편의 파산절차와 면책절차를 신청한 경우에는 담보권자는 별제권을 행사할 수 있다. 개인채무자가 제 2 편의 회생절차, 제 3 편의 파산절차, 제 4 편의 개인회생절차를 신청하는 경우에 위와 같이 규율을 다르게 해야 할지는 의문이다.

134) 서울중앙지방법원, 개인채무자회생실무, 2004, 151면 이하.

[표] 각각의 도산절차에 따른 담보권자의 지위에 관한 비교

	회생절차	파산절차	개인회생절차	개선방안
담보권의 취급	회생담보권	별제권	별제권	
담보권의 종류	• 제141조: 유치권, 질권, 저당권, 양도담보권, 전세권, 우선특권 • 해석론: 소유권유보부매매 등 포함	• 제411조: 유치권, 질권, 저당권, 전세권 • 제415조: 임차인의 우선변제권 • 해석론: 가등기담보권, 양도담보권 등 포함	• 제586조에서 파산절차에 관한 제411조, 제415조의 규정 준용. • 그러나 제579조 제1호 가목은 담보권의 종류로 유치권, 질권, 저당권, 양도담보권, 가등기담보권, 전세권, 우선특권을 들고 있음.	통일적 규정 필요
중지명령 등	중지명령, 취소명령의 대상	×	중지명령, 취소명령의 대상	통일적 규정 필요
포괄적 금지명령	포괄적 금지명령의 대상	×	포괄적 금지명령의 대상	통일적 규정 필요
도산절차의 개시로 인한 효과	• 강제집행 등의 중지 • 근저당권의 피담보채권 확정	• 강제집행절차 등에 영향 없음 • 근저당권의 피담보채권 확정	• 강제집행 등의 중지(기한 제한 있음) • 근저당권의 피담보채권 확정	민법에 규정 필요(민법개정안에서 회사정리절차개시로 되어 있는 부분 자구 수정 필요)
도산절차 참가	회생절차참가 필요	별제권으로 변제받지 못한 부분에 한하여 파산절차참가	별제권으로 변제받지 못한 부분에 한하여 개인회생절차참가	
담보권의 만족	• 회생계획에 따른 만족 • 절대우선의 원칙 미채택 • 청산가치보장	• 별제권 행사로 인한 담보권 실현 • 절대우선의 원칙과 동일한 효과	• 별제권 행사로 인한 담보권 실현 • 절대우선의 원칙과 동일한 효과	

통합도산법상 도산절차에서 담보권의 종류를 열거하는 방식이 제각각이다. 제141조는 회생담보권자의 권리에 관하여 정하고 있는데, 양도담보권과 가등기담보권을 회생담보권에 포함시키고 있고, 제579조는 개인회생절차에서 양도담보권과 가등기담보권을 담보권에 포함시키고 있다. 그러나 공익채권에 관한 제180조 제7항과 파산절차상의 별제권에 관한 제411조와 파산재단에 관한 제477조에는 양도담보권과 가등기담보권이 빠져 있고, 준별제권에 관한 제414조에서는 전세권, 양도담보권과 가등기담보권이 빠져 있다. 하나의 법률에서 담보권을 동일하게 취급하여야 함에도 그 종류를 열거하는 방식이 달라지는 것은 바람직하지 않다.

또한 회생절차와 개인회생절차에서는 담보권 실행행위가 중지명령이나 포괄적 금지명령의 대상이 된다. 파산절차에서는 이에 관한 규정이 없으나,[135] 파산절차에서도 중지명령이나 포괄적 금지명령제도를 도입할 필요가 있다. 파산절차에서도 개별적인 집행절차 등을 중지시킨 다음 파산관재인이 일괄적으로 환가하는 것이 채권자와 채무자 모두에게 유리한 경우가 있기 때문이다.

도산절차가 개시된 경우에 각각의 도산절차에서 담보권에 관한 취급이 확연히 다르다. 회생절차에서는 회생담보권자로서 회생계획에서 정한 바에 따라 변제를 받는다. 채권자집회에서 회생계획의 가결요건으로 회생담보권자의 전원일치가 필요하지 않고, 절대우선의 원칙은 지켜지지 않는다. 그러나 파산절차와 개인회생절차에서는 별제권을 행사할 수 있기 때문에, 절대우선의 원칙을 따르고 있다고 볼 수 있다. 다만 개인회생절차에서는 중지명령 등으로 담보권의 실행이 일정기간 동안 미뤄지는 정도의 불이익이 따른다. 그러나 회생절차에서 청산가치보장원칙이 채택됨에 따라 적어도 담보권자와 관련해서는 실질적인

---

135) 일본의 개정 파산법은 중지명령(제24조)과 포괄적 금지명령제도(제25조 이하)를 도입하였다.

차이가 대폭 줄어들었다고 볼 수 있다. 여기에서 나아가 개별 도산절차에서 통일적으로 규정할 수 있는 조항은 가급적 통일적으로 규정함으로써 법률의 부피를 줄일 필요가 있다.

Ⅵ. 結　論

도산절차에서도 실체법에 따른 권리를 존중한다. 민사집행에서 담보권을 포함한 실체적 권리를 존중하는 것과 마찬가지로 도산절차에서도 실체적 권리를 존중하여야 한다. 다만 포괄적 · 집단적 집행이라는 점에서 실체적 권리의 실행에 제약이 따른다. 파산절차에서는 그러한 제약이 가장 약하고, 회생절차에서는 그러한 제약이 가장 강하다.

회생절차에서 담보권의 행사를 제약하는 이유는 단순히 기업을 유지 · 재건하는 데 유리하다는 점에 있는 것이 아니라, 청산시보다 기업 등 채무자의 영업을 존속시킬 때 채권자에게 보다 많은 몫을 가져다 줄 수 있다는 점에서 찾아야 한다. 기업회생이라는 이유로 시장에서 실패한 기업을 회생시키는 것은 시장경제의 원리에 반한다. 이것은 시장경제의 주체들 사이의 경쟁원리를 무너뜨릴 수 있다. 회생절차에서도 채권자의 의사와 이익을 최대한 존중하여야 한다.

파산절차에서는 계속기업가치가 청산가치보다 크더라도 담보권자들이 별제권을 행사하는 것을 막을 수 없다. 그러나 담보목적물을 분리하여 개별적으로 매각하는 것이 나은 경우도 있고, 채무자의 재산의 전부 또는 일부를 한꺼번에 매각하는 것이 나은 경우도 있다. 경우에 따라서는 채무자의 영업이나 기업을 일정 기간 유지할 필요도 있다. 파산관재인에게 담보목적물의 환가에 관해서도 더 많은 권한을 부여하여야 할 것이다. 다른 한편 파산절차에서 채권자가 배당을 받는 몫이 매우 낮다. 특히 우리나라에서는 조세채권이나 임금채권 등에 우선권이 인정되기 때문에, 담보권자나 채권자가 배당을 받을 수 있는 몫이 더욱 줄어든다. 담보채권자와 무담보채권자 사이의 불균형 문제가 회생절차와 비교하여 현저하게 커질 수 있다. 이러한 문제를 해결하기 위한 방안을 모색할 필요가 있다.

도산절차에서 실체법상의 권리에 관한 규율이 적정하고 가지런한지가 도산법제의 수준을 결정한다. 물론 실체법상의 권리를 모든 도산절차에서 동일하게 취급하여야 한다는 것은 아니다. 통합도산법에서 담보권에 관한 규율을 보면, 개별 도산절차들 사이에 균형이 잡혀 있지 않다. 세 절차를 비교·분석함으로써 이러한 문제를 쉽게 인식하고 개선방안을 찾을 수 있다. 한편 도산절차에서 담보권 문제는 도산절차를 정비하는 것만으로는 해결될 수 없다. 도산절차상 담보권의 효력은 민법 등 실체법에서 담보권을 어떻게 규율하고 있는지, 민사집행법에서 담보권 실행절차가 어떻게 되어 있는지와 밀접한 연관을 갖고 있기 때문이다. 특히 비전형담보의 경우에는 실체법과 도산절차에서 차이가 발생하고 있다. 회사정리 등 도산실무에서 가등기담보, 양도담보뿐만 아니라, 소유권유보부 매매를 담보권으로 처리하고 있는데, 이는 회사정리 등 도산법제가 미국법의 영향을 크게 받았다는 점에서 그 원인을 찾을 수도 있다. 비전형담보에 관하여 실체법적 이론구성과 도산절차상의 취급을 달리하는 것이 정당한 것인지, 이 문제에 관한 더 나은 해결방안이 무엇인지에 관해서도 장차 검토할 필요가 있다.

(民事判例硏究 제28집, 2006, 1098-1154면 所載)

8. 動産擔保制度의 改善方案

─ 登錄制度의 導入에 관한 試論 ─

Ⅰ. 序　　論

1997년 금융위기 이후 담보제도의 개선은 우리 민법학의 중요한 과제로 부상하였다. 1998년에 "資產流動化에 관한 法律"(이하 자산유동화법이라고 한다)이 제정되었고, 1999년부터 시작된 민법개정작업에서도 근저당권과 보증제도를 대폭 손질하기로 하였다. 금융제도가 원활하게 작동하지 못한 상태에서 담보제도의 문제점이 크게 부각되었다고 볼 수 있다.

담보는 그 목적물을 기준으로 부동산담보, 동산담보, 권리담보로 나누어 볼 수 있다. 우리나라에서는 전통적으로 부동산담보가 동산담보보다 훨씬 많이 이용되었다. 금융실무에서 담보목적물로 동산을 활용하지 않은 이유로 두 가지를 들 수 있다. 첫째, 동산은 부동산에 비하여 그 가액이 크지 않고, 시간의 경과와 함께 가치가 감소하는 경향이 있다. 그렇기 때문에 동산담보를 통하여 대규모의 자금을 조달하기 어렵고, 동산담보를 이용하는 사람은 담보설정 이후에 담보가치가 줄어드는 것을 감안하여야 한다. 이에 비하여 부동산은 대체로 가격이 비싸고 그 성질상 가치가 계속 유지될 뿐만 아니라 우리나라에서는 부동산값이 계속 상승했기 때문에 담보목적물로 선호되었다. 둘째, 부동산물권을 공시하는 등기제도는 담보를 설정하는 데 매우 효율적이다. 담보권자는 부동산을 점유하지 않고 담보가치를 파악할 수 있다. 따라서 부동산에 관하여 담보권자 명의로 등기를 함으로써 부동산의 사용가치와 교환가치를 분리하여 부동산의 가치를 최대한으로 이용하는 것이 가능하다. 이에 반하여 동산물권의 공시방법인 점유제도는 동산담보에 효율적이지 않다. 우리 민법은 동산 담보의 전형적 형태로 질권을 규정하고 있는데, 동산질권을 설정하려면 질권자에게 목적물을 인도하여야 하고(민법 제330조), 占有改定[1]에 의한 인도는 허용되지 않는다(제331조). 따라서 채무자가 점유·이용하여야 하는 물건이나, 수시로 판매해야 하는 상품에는 질권을 설정할 수 없다.[2]

동산양도담보에서는 점유개정에 의한 인도가 이용되기 때문에, 채무자가 담보목적물을 계속 이용할 수 있다는 장점이 있다. 이는 민법에서 위와 같이 非占有質을 부정하고 있는 것을 회피하기 위하여 발달된 것이다. 특히 증감·변동하는 다수의 동산을 한꺼번에 양도담보로 제공하는 경우가 있는데, 이를 집합물양도담보 또는 집합동산양도담보라고 한다. 동산양도담보, 특히 집합동산양도담보는 담보목적물의 확장이라는 시각에서 중요한 의미가 있다.[3]

대법원은 집합동산양도담보를 유효라고 보고, 그 이론구성에 관하

1) 민법 제189조는 점유개정에 관하여 "동산에 관한 물권을 양도하는 경우에 당사자의 계약으로 양도인이 그 동산의 점유를 계속하는 때에는 양수인이 인도받은 것으로 본다"고 규정하고 있다. 예컨대 A가 B에게 매각한 물건을 다시 B로부터 차용하는 경우에는 A가 B에게 물건을 현실적으로 인도할 필요가 없다. 양도인 A가 양도한 후에도 양수인 B의 직접점유자로서 목적물의 점유를 계속하려는 때에는, A와 B가 양수인이 간접점유를 취득하게 되는 법률관계를 합의하면 된다. 이 합의에 의하여 B는 물건을 인도받은 것이 된다.

2) 이에 대한 예외로 동산저당제도가 있다. 자동차, 항공기, 선박, 건설기계는 동산에 해당하지만, 이러한 물건을 공시하기 위하여 등록 또는 등기제도를 채택하고 있다. 이러한 동산을 담보로 제공하는 경우에는 질권이 아니라 저당권을 설정한다. 이에 관하여는 자동차저당법, 항공기저당법, 건설기계관리법과 상법(제871조 이하)에서 규정하고 있다.

3) 金載亨, "擔保法에서의 擔保目的物의 擴張問題 — 工場抵當과 集合物讓渡擔保를 중심으로," 民法論 I, 2004, 372면 이하(원래는 法曹 1998년 3월호에 발표한 것임).

여 集合物論을 채택하고 있다.[4] 즉, 일정한 점포 내의 상품과 같이 증감변동하는 상품 일체도 이른바 "집합물에 대한 양도담보권"으로서 그 목적물을 종류, 장소, 수량 지정 등의 방법에 의하여 특정할 수만 있다면 그 집합물 전체를 하나의 재산권으로 하는 담보의 설정이 가능하다고 한다.[5] 그런데 집합동산양도담보의 경우에 점유개정에 의한 인도가 이용되는데, 이러한 공시방법은 외부에서 알 수 없기 때문에, 공시방법으로 매우 불완전하다. 제 3 자로서는 집합동산 전체 또는 그 대부분이 양도담보로 제공된 사실을 모르고 점유개정의 방법으로 양도담보를 설정받아 이중양도담보의 문제가 발생하기도 하고,[6] 파산 등 도산절차에서 집합동산양도담보의 효력이 미치는 범위 등이 문제될 수 있다.

그리하여 동산담보제도를 개선하여야 한다는 주장이 나오고 있는데, 이러한 주장은 1997년 금융위기 이후에 더욱 뚜렷해졌다. 동산담

4) 大判 1988.10.25, 85누941(공 1988, 1484); 大判 1988.12.27, 87누1043(공 1989, 244); 大判 2003.3.14, 2002다72385(공 2003, 992) 등 다수. 집합물 개념을 인정하는 판례에 찬성하는 견해로는 金曾漢/金學東, 民法總則, 박영사, 제 9 판, 1995, 236면; 高翔龍, "流動集合動産의 讓渡擔保," 比較私法 제 3 권 제 1 호(1996.6), 13면; 李在洪, "集合動産의 讓渡擔保," 判例月報 제177호(1985.6), 34면; 金在協, "集合動産讓渡擔保," 司法硏究資料 제16집, 법원행정처, 1999, 84-85면; 李正九, "集合物에 대한 讓渡擔保," 法曹 제398호(1989.11), 85-86면; 李俊相, 金融判例硏究(1982-1991), 육법사, 1992, 468면이 있고, 이에 반대하는 견해로는 黃迪仁, 現代民法論 Ⅱ, 박영사, 전정판, 1987, 382면; 黃迪仁, "集合物擔保와 企業擔保," 民法·經濟法論集, 법원사, 1995, 327면; 梁彰洙, "內容이 變動하는 集合的 動產의 讓渡擔保와 그 產出物에 대한 效力," 저스티스 제30권 제 1 호(1997.3), 115면 이하; 韓國產業銀行 調査部 編, 特殊擔保制度, 1984, 228면 이하; 金載亨(註 3), 397면; 姜東郁, "集合的 動產의 擔保," 民事判例硏究(XXVI), 2004, 711면 이하가 있다.

5) 다만 大判 2004.11.12, 2004다22858(공 2004, 2029)은, 집합동산에 관하여 양도담보가 설정된 이후 양도담보설정자로부터 양도담보목적물을 취득한 제 3 취득자가 새로이 구입한 동종의 물건에는 위 양도담보의 효력이 미치지 않는다고 판단하였다.

6) 이와 같이 집합동산을 이중으로 양도담보로 제공하면 나중의 양도담보는 무효가 된다. 大判 1988.12.27, 87누1043(공 1989, 244); 大判 2000.6.23, 99다65066(공 2000, 1743); 大判 2004.6.25, 2004도1751(공 2004, 1283); 大判 2004.10.28, 2003다30463(공 2004, 1942); 大判 2004.12.24, 2004다45943(공 2005, 194); 大判 2005.2.18, 2004다37430(공 2005, 470).

보제도를 근본적으로 개혁함으로써, 특히 동산담보에 관한 새로운 공시방법을 도입함으로써, 동산을 이용하여 자금을 조달하는 길을 열어두어야 한다는 것이다.[7)]

미국 통일상법전(Uniform Commercial Code; UCC)[8)] 제 9 장에서는 담보거래(secured transaction)에 관한 포괄적인 규율을 하고, 등록제도(filing system)를 채택하고 있다. 이는 캐나다,[9)] 뉴질랜드, 동유럽국가의 담보거래법에 중대한 영향을 미쳤고, 독일,[10)] 일본[11)] 등 대륙법계 국가의 동산담보개혁논의나 유럽부흥개발은행(European Bank for Reconstruction and Development; EBRD)의 모범담보거래법(Model Law on Secured Transactions),[12)] 유엔국제거래법위원회(UNCITRAL)의 담보거

7) 金載亨(註 3), 96면; 南潤三, "우리나라 動產擔保制度의 改善方向(下)," 司法行政 제40권 제 3 호(1999. 3), 34면; 高烋碩, "美國 人的財產擔保權의 完成," 比較私法 제 7 권 제 1 호(2000. 6), 317면.

8) 통일 주법 위원 전국회의(National Conference of Commissioners on Uniform State Laws; NCCUSL)가 주법의 통일을 위하여 작성한 것으로, 초기에는 9개의 장으로 되어 있었으나 2개의 장이 추가되어 현재는 11개의 장으로 늘어났다. 이것은 의회가 제정한 것이 아니라 실무가와 학자들이 만든 것이어서 직접 법률로서의 효력을 갖는 것은 아니지만 1960년대 후반에는 다수의 주에서 개별적으로 통일상법전을 채택하였고, 현재는 모든 주에서 채택하였다. 다만 프랑스법계에 속하는 루이지애나 주에서는 일부만을 받아들였다. 이에 관하여는 우선 White/Summers, *Uniform Commercial Code,* 5. ed., 2000, pp. 1-7. 한편 UCC를 통일상법전으로 번역하는데, 이것은 계약의 성립 등 민법의 일반제도가 그 중심에 있기 때문에, 우리나라의 상법에 속하는 것은 아니다.

9) 캐나다의 각주는 인적 재산 담보법(the Personal Property Security Act)을 제정하여 미국 통일상법전 제 9 장의 담보제도를 수용하였는데, 캐나다의 퀘벡주는 다른 주와 달리 대륙법계인데도 미국 통일상법전 제 9 장의 담보제도를 수용하였다.

10) 梁彰洙, "獨逸의 動產擔保改革論議," 서울대 法學 제44권 제 2 호(2003. 6), 171면 이하.

11) 梁彰洙, "日本에서의 動產擔保制度 改革論議," 서울대 法學 제46권 제 3 호(2005. 9), 1면 이하.

12) 1991년 설립된 유럽재건개발은행은 동유럽국가에 담보거래법의 모델을 제시하기 위하여 1994년 4월 모범담보거래법을 발표하였다. European Bank for Reconstruction and Development, *Model Law on Secured Transactions,* 1994 (http://www.ebrd.com/pubs/legal/5960.pdf에서 검색); 박훤일, "商事債權에

래에 관한 입법지침작업[13]에서 많은 참고가 되고 있다. 우리나라에서도 위와 같은 미국의 담보제도와 여러 나라의 개혁논의를 면밀하게 검토할 필요가 있다. 그러나 이 제도를 도입하려고 하는 경우에 먼저 법체계상의 조화문제가 제기된다. 대륙법계에 속하는 우리 민법 하에서 미국에서 발달한 등록제도를 수용하는 것은 여러 가지 문제점을 발생시킬 수 있다. 그리하여 두 제도를 어떻게 조화시킬 수 있는지가 주요한 관건이다.

여기에서는 미국의 통일상법전상의 담보거래제도에 관하여 살펴보고 그 도입방안과 문제점에 관하여 검토하고자 한다.[14]

Ⅱ. 美國 統一商法典의 擔保去來制度

1. 일　　반

미국 통일상법전은 제 9 장(Article 9)에서 담보거래에 관하여 규정하고 있다. 통일상법전 제 9 장은 1940년대에 초안을 작성하기 시작하여 1962년에 완성되었고, 1972년과 1999년에 대폭 개정되었는데, 1999년 개정법은 2001년 7월 1일 또는 그 이후부터 거의 모든 주에서

대한 새로운 擔保手段의 모색 — 國際機構에서의 논의를 중심으로 —," 商事法研究 제21권 제 1 호(2002. 5), 145면 이하.

13) 유엔국제거래법위원회(UNCITRAL) 제 6 작업그룹(Working Group Ⅵ)의 담보권(Security Interests)에 관한 작업경과와 내용에 관하여는 http://www.uncitral.org/uncitral/en/commission/working_groups/6Security_Interests.html; Bazinas, "The UNCITRAL Draft Legislative Guide on Secured Transactions Ⅰ," 國際去來法研究 제12집, 2003, 139면 이하; Winship, "The UNCITRAL Draft Legislative Guide on Secured Transactions Ⅱ," 國際去來法研究 제12집, 2003, 153면 이하 참조.

14) 채권이나 유가증권 등에 관한 담보에도 적용되는 통일적인 담보제도를 도입할 것인지, 동산담보와 별도로 채권담보를 등록하는 제도를 마련할 것인지 여부는 여기에서 다루지 않는다.

시행되고 있다.[15] 여러 차례의 개정을 통하여 좀더 명확하게 되었으나, 예외조항이 늘어나 복잡하고 쉽게 이해하기 어렵게 되었다.[16] 우리나라에서도 이에 관하여 소개한 글들이 상당수 있으나,[17] 번역용어가 통일되어 있지 않고, 여전히 이해하기 어렵다. 그리하여 여기에서 1999년 개정법을 중심으로 간략하게 그 내용을 설명한 다음, 등록제도의 도입문제를 검토하고자 한다.

통일상법전 제정 이전에는 주법으로 담보제도를 규율하고 있었는데, 주마다 점유질(pledges), 동산저당(chattel mortgages), 조건부매매(conditional sales) 등 다양한 담보제도가 있었다. 판례법에 의하여 발전된 것도 있었고 법률에 의하여 규율된 것도 있었다. 그러나 통일상법전 제 9 장은 종래의 담보제도를 답습하지 않고, 새로운 통일적인 담보권 개념을 채택하였다. 통일상법전의 총괄보고자는 Karl Llewellyn

15) 통일상법전 제 9 장의 제정 및 개정 경위에 관하여는 Honnold/Harris/Mooney, Jr., *Security Interests in Personal Prorerty,* 3rd ed., 2001, pp. 4-7; 高烓碩, "美國 人的財産擔保權制度의 變遷," 比較私法 제 9 권 제 4 호(2002. 12), 127면 이하 참조.

16) 1999년 개정으로 "제○○조에 규정되지 않은 것을 제외하고는"이라는 표현을 많이 사용하고 있는데, 이는 조세법률가에게 친숙한 문구라고 한다. 1972년판의 불확실성을 해소한 대신, 조문이 길어지고 복잡해졌다. White/Summers(註 8), p. 710.

17) 法務部 편, 各國의 動産擔保制度, 法務資料 제228집, 1999, 168면 이하; 南潤三(註 7), 24면 이하; 南潤三, "담보제도의 개선: 동산담보제도의 도입 및 개선을 위한 비교법적 고찰," New Millennium 法—法環境의 變化와 그 對應策(제 2 회 한국법률가대회논문집)(2000. 11), 206면 이하; 高烓碩(註 7), 293면 이하; 高烓碩(註 15), 211면 이하; 高烓碩, "美國 人的 財産擔保權의 發生," 比較私法 제 6 권 제 2 호(1999. 12), 415면 이하; 高烓碩, "美國 人的財産擔保權의 實行," 民事法學 제18호(2000. 5), 501면 이하; 高烓碩, "美國 浮動擔保權," 民事法學 제21호(2002. 3), 509면 이하; 高烓碩, "美國 統一商法典 제 9 편 擔保權行爲法의 適用範圍," 企業法硏究 제12집(2003. 3), 403면 이하; 高烓碩, "美國 人的財産擔保權의 目的財産," 比較法學 제 3 집(2003. 3), 전주대학교 비교법학연구소, 105면 이하; 서경석, "미국 UCC Article 9상의 동산담보제도(1)-(5)," 경영법무 제78호(2000. 9), 54면 이하; 제79호(2000. 10), 50면 이하; 제80호(2000. 11), 40면 이하; 제81호(2000. 12), 44면 이하; 제82호(2001. 1), 43면 이하.

이고, 제 9 장의 보고자는 Allison Dunham과 Grant Gilmore였는데, 이 세 사람 모두 통일적인 담보제도를 채택하려고 하였다고 한다. 그리하여 통일상법전 중에서 제 9 장은 가장 혁신적인 내용을 담고 있다.[18]

통일상법전 제 9 장은 동산이나 채권에 관한 모든 약정담보권을 단일한 법체계로 규율하고 있다. 형식을 불문하고 모든 형태의 동산담보와 채권담보는 제 9 장의 규율대상이 된다.[19] 이를 표어적으로 "實質이 形式을 지배한다(substance governs form)"[20]고 표현한다.[21]

제 9 장의 적용범위는 원칙적으로 부동산 이외의 재산[22]에 적용되는데, 두 종류의 담보목적물로 구분할 수 있다. 첫째, 동산(goods)과 부동산정착물(fixtures)이다. 동산은 다시 재고,[23] 농산물,[24] 소비재(consumer goods),[25] 설비기구[26]의 4가지 범주로 구분된다.[27] 이 구분은 중요한 의미를 갖는데, 가령 담보약정에서 농산물에 대하여 담보를 설정하였을 경우에 재고에는 담보권이 미치지 않는다. 원유, 가스 또는 광물이 매장되어 있을 때에는 제 9 장이 적용되지 않지만, 이를 채굴한 후에는 제 9 장이 적용된다.[28] 목재에 관하여는 여러 차례 변경되었는데 양

18) 이와 달리 통일상법전의 다른 장은 종래의 판례를 정돈하고 이에 수정을 가하는 방식으로 마련되었다. White/Summers(註 8), p. 709-710.

19) 제9-109조 (a)항. 이하 통일상법전의 조문은 특별한 지시 없이 조문만을 기재한다.

20) White/Summers(註 8), p. 713.

21) 1962년 통일상법전에서는 제 9 장이 질권, 양도, 동산저당을 포함하는 계약에 의하여 설정된 담보권에 적용된다고 되어 있었으나, 1999년 개정 당시 이 규정을 아예 삭제하였다.

22) 인적 재산(personal property)이라는 용어가 사용되는데, 이는 부동산(real property)에 대응하는 것으로 동산, 채권, 유가증권 등을 포괄하는 개념이다.

23) 제9-102조 (a)항 (48)호.

24) 제9-102조 (a)항 (34)호.

25) 제9-102조 (a)항 (23)호.

26) 제9-102조 (a)항 (33)호.

27) 부동산에 대한 담보권을 설정하거나 양도하는 경우에는 제 9 장이 적용되지 않는다. 제9-109조 (d)항 (11)호.

28) 제9-102조 (a)항 (44)호.

도 또는 매매계약에 따라 벌채될 예정인 경우에는 제 9 장의 동산에 포함된다고 한다. 둘째, 채권 등 무형재산인데, 이것은 금전채권(accounts), 동산담보증권(chattel paper), 일반무형재산(general intangible), 예금채권(deposit accounts), 권원증권(document), 금전, 유가증권(instrument), 투자자산(investment property), 신용장 및 신용장에 대한 권리로 구분된다.

채무자가 채권자에게 자신의 동산 등을 담보로 제공하는 약정을 하면 담보권이 성립한다(attach). 1999년 개정 전에는 담보권을 설정하는 통상적인 요건이 ① 채무자가 담보 약정에 서명할 것, ② 채무자가 그 권리를 이전할 수 있는 재산을 소유할 것, ③ 채권자가 대출을 하는 것이었다. 그런데 개정 후에는 채무자의 서명이 없더라도 인증이 있으면 충분한 것으로 하는 등 요건을 다소 완화하였다.

채무자가 채무의 이행을 지체하면 채권자는 채무자를 상대로 담보권을 실행하여 만족을 얻을 수 있다. 그러나 제 3 자에게 우선권을 주장하기 위해서는 담보권의 대항력을 취득하여야 한다. 일반적으로 우선권은 대항력 취득의 시간 순으로 정해진다. 즉, "먼저 대항력을 취득한 담보권자는 나중에 대항력을 취득한 담보권자에 우선한다"고 한다. 담보권에 대항력을 취득하는 가장 전형적인 방법은 금융명세서(financing statement; 융자보고서라고 번역할 수도 있음)를 등록(filing)하는 것이지만, 점유(possession)나 지배(control)를 통하여 대항력을 취득하는 경우와 자동적으로 대항력을 취득하는 경우도 있다.

2. 擔保權의 成立과 對抗力의 取得

미국 통일상법전상의 담보거래에서는 담보권의 성립과 대항력 취득을 구분하고 있다. 담보권이 성립하면 담보권자가 채무자에 대하여 실행을 할 수 있는 상태가 된다. 대항력의 취득은 제 3 자와 우선권이 충돌하는 경우에만 문제된다. 이는 담보목적물이 동산인지 아니면 채

권인지 여부와는 상관없다.[29)]

(1) 담보권의 성립(attachment)

(가) 요 건

통일상법전 제9-203조는 담보권이 성립하기 위한 기본적인 요건에 관하여 다음과 같이 정하고 있다. ① 채권자가 對價(value)를 지급하고, ② 채무자가 담보물에 대하여 권리를 갖고 있어야 하며, ③ 담보약정이 있고, ④ 담보약정에 담보물을 표시하여야 하며, ⑤ 채무자가 담보약정에 서명하는 등 담보약정을 하였다는 인증(authenticate)이 있어야 한다.[30)] 위 요건 중 중요한 사항에 관하여 살펴보면, 다음과 같다.

일반적으로 채무자의 동산에 담보를 설정한다고 약정하면 담보권이 성립한다. 담보약정은 드물기는 하지만 구두로도 할 수 있다. 가령 전당포에서 보석을 전당잡는 경우를 들 수 있다. 이러한 경우에도 제9장의 담보약정으로 인정될 수 있다. 대부분은 서면으로 담보약정을 하게 되는데, '담보약정' 또는 '설정'이라는 용어를 사용하여야 하는 것은 아니다. 리스의 형식을 띤 경우에도 담보약정이 될 수 있다. 그리하여 어떠한 경우에 진정한 리스(true lease)[31)]에 해당하는지, 담보를 위한 리스[32)]에 해당하는지 구별하는 문제가 중요하다.[33)] 다만 금융명세서를 등록하였으나, 담보약정이 있다는 점을 보완할 수 있는 다른 서면이 없는 경우에 금융명세서만으로는 불충분하다고 한다.[34)]

29) 우리나라에서는 동산질권의 경우에는 인도가 성립요건이지만, 지명채권을 목적으로 하는 질권의 설정은 제3채무자에 대한 통지 또는 제3채무자의 승낙을 대항요건으로 정하고 있다(민법 제349조).

30) 제9-102조 (b)항 (3)호. 인증의 의미에 관하여는 제9-102조 (a)항 (7)호 (B) 참조.

31) 진정한 리스의 경우에는 리스물건에 대한 소유권이 리스업자에게 있고, 이 경우에는 통일상법전 제2A장이 적용된다.

32) 이 경우에는 통일상법전 제9장이 적용되는데, 리스이용자에게 리스물건에 관한 소유권이 이전되고, 리스업자는 리스물건에 대하여 담보권만을 가질 뿐이다.

33) 구별기준에 관하여는 우선 Honnold/Harris/Mooney, Jr.(註 15), p. 309.

34) White/Summers(註 8), p. 750 및 그곳에 인용된 판결들 참조.

담보권을 성립시키는 일반적인 방법은 채무자가 채권자에게 그 소유의 동산에 관하여 담보권을 설정한다고 기재하고 서명하는 것이다. 그러나 1999년 개정에서 "서명을 한 서면(signed writing)"이라는 표현[35) 대신 "인증을 한… 담보약정(an authenticated … security agreement)"이라는 표현을 사용하고 있다. 따라서 서명이 없더라도 담보약정을 하였다는 것을 표시하는 인증이 있으면 된다. 이 때 인증이라는 의미는 공증과 같은 엄격한 요건이 필요하다는 뜻이 아니다. 종래의 서명은 인증의 전형적인 형태이다. 나아가 기명을 하거나, 서명을 복사하는 것도 포함될 뿐만 아니라 이메일 등 전자적 기록을 허용한다는 점에서 중요한 의미가 있다. 플로피디스켓에 담보약정을 저장한 것도 인증에 포함되고, 비밀번호를 사용해야 하는 것도 아니다.[36)]

對價(value)에 관하여는 제1-201조 (44)항에 규정하고 있다. 채권자가 대출을 해 준 경우에 對價가 있음이 분명하다. 사전에 존재하는 채무도 나중의 담보권을 발생시킬 수 있는 대가가 되고, 약속이라는 형태의 約因(consideration)도 대가에 포함된다. 이 대가에 관한 사례는 거의 없다. 왜냐하면 실제로 대출을 하지 않았다면, 담보권과 관련된 분쟁이 발생할 여지가 없을 것이기 때문이다.

채무자가 담보물에 대한 권리를 갖고 있어야 한다는 규정의 의미에 관하여는 논란이 있다. 여러 판례에서는 이 규정을 인용하면서 채무자에게 담보물에 대한 권리가 없으면 담보권자에게 아무 것도 이전할 수 없고 따라서 담보권자는 아무 것도 취득할 수 없다고 한다.[37)] 이것은 누구도 자기가 갖고 있지 않은 것을 줄 수 없다(nemo dat quod non habet)는 원칙을 표현하고 있다는 것이다. 그러나 이러한 내용은 제2-403조나 다른 법률에서 도출되는 것이고, 제9-203조에서 도출되

35) 개정 전의 제9-203조.
36) White/Summers(註 8), pp. 753-754.
37) White/Summers(註 8), p. 756.

는 것은 아니다. 이 규정은 채무자가 어떤 것을 가지고 있을 때 그것을 양도할 수 있다는 자명한 이치를 표현한 것에 불과하다고 한다. 한편 제2-203조는 1999년에 개정되었는데, 담보물에 대한 권리라는 개념을 확대하여 담보권자에게 이전할 권한이 있는 경우를 포함시켰다. 채무자는 자기가 가지고 있는 권리보다 더 많은 권리를 이전할 권한이 있다는 것이다.[38] 예를 들면 채무자가 담보물에 관하여 채권자에게 담보를 설정하였으나 채권자(담보권자)가 대항력을 취득하지 못하고 있는 상태에서, 채무자가 위 담보물을 다른 담보권자에게 담보권을 설정하고 대항력을 갖추었다고 하자. 이러한 경우에 두 번째 담보권자가 먼저 대항력을 갖추었기 때문에 우선권을 갖는데, 채무자가 가지고 있던 것보다 더 많은 권리를 이전했다고 볼 수 있다.[39]

당사자들은 어떤 채권이라도 담보할 수 있다. 아직 존재하지 않지만 장래에 발생할 채권을 담보할 수 있다. 이와 같이 장래채권(future advances)을 담보할 수 있다[40]고 한 점에서 매우 중요한 의미를 갖는다. 한편 채무자는 장래 발생할 수 있는 모든 종류의 채무를 담보하기로 약정할 수 있는데, 이를 포괄조항(dragnet clause)이라고 한다. 이러한 조항도 유효하다.[41]

담보권이 설정된 후 채무자가 나중에 취득한 재산, 즉 追後取得財產(after-acquired property)에 대하여 담보권을 설정할 수 있는지 문제된다. 통일상법전 제정 전에는 이를 부정하는 몇몇 법들이 있었다. 나중에 취득한 재산으로 채무를 담보하려면, 채무자가 추가로 재산을 취득할 때마다 담보약정을 체결하여야 했다. 그러나 통일상법전 제9조의 제정자들은 담보약정에서 추후 취득한 담보물에 대해 담보권을 설

38) 제9-203조, Comment 6.

39) White/Summers(註 8), pp. 756-757.

40) 제9-204조 (c)항.

41) LoPucki/Warren, *Secured Credit: A Systems Approach,* 3rd ed., 2000, p. 188.

정하기로 하는 조항을 유효하다고 규정하였다.[42] 하나의 담보약정에서 현재 존재하는 물건과 장래에 취득할 물건을 담보목적물로 정할 수 있다.[43] 담보약정에 명시적인 추후취득재산조항이 포함되어 있지 않은 경우에도 묵시적으로도 위와 같은 약정이 있었다고 인정될 수도 있다. 담보약정이 불분명한 경우에는 제반사정을 고려하여 담보약정을 해석하여야 할 것이다. 예를 들면 재고품(inventory)은 수시로 변동하기 때문에, 당사자들이 장래에 취득하는 재산을 포함시키는 경우가 많을 것이다. 그러나 설비기구(equipment)는 빈번하게 변동하는 것이 아니기 때문에, 설비기구에 관한 담보약정을 하면서 추후취득재산을 포함하기로 하는 명시적인 조항이 없으면 담보목적물에 포함시키기 곤란할 것이다.[44] 담보약정에 있는 추후취득재산조항(after-acquired property clause)의 유효성을 인정한 위 규정이 통일상법전 제 9 장에서 가장 중요한 혁신 중의 하나라고 한다. 현재 재고를 담보로 대출을 받는 경우에 추후취득재산조항을 포함하고 있고, 이러한 형태의 대출이 이루어지지 않는다면 경제활동의 수준이 상당히 낮아질 것이기 때문이다.[45] 개별적인 구성요소는 계속적으로 변동하지만 하나의 담보권이 유지되기 때문에, 이러한 담보권을 浮動擔保(floating lien)라고 부르기도 한다.[46]

(나) 효　과

위 요건이 충족되면 채무자의 담보물에 대하여 담보권이 성립(attach)하고 집행할 수 있는 상태가 된다. 담보권이 성립하면 일반적으로

42) 제9-204조 (a)항. 다만 소비재의 경우에는 담보설정 후 10일 내에 취득한 것에 한정되고, 상사불법행위채권(commercial tort claim)에는 위 규정이 적용되지 않는다(제9-204조 (b)항).

43) 제9-204조, Comment 5.

44) Stoumbos v. Kilimnik, 988 F.2d 949(9th Cir. 1993)는 재고품과 설비기구에 대하여 담보약정을 한 사안에서 위와 같이 판결하였다. LoPucki/Warren(註 41), p. 185.

45) LoPucki/Warren(註 41), pp. 594-595.

46) LoPucki/Warren(註 41), pp. 186, 656-658.

두 가지 효과가 나온다. 첫째, 채무자가 채무를 이행하지 않으면 담보채권자는 채무자의 담보물반환청구권을 상실하게 하거나 채권의 만족을 위하여 담보물을 환가할 수 있다. 둘째, 담보채권자는 제 3 자에 대하여 집행할 수 있다. 이것은 제 3 자로부터 담보물을 취득하거나 제 3 자를 배제하고 담보물을 취득할 수 있다는 의미이다. 이것에는 중요한 예외가 있는데, 제 3 자는 일반적으로 대항력을 갖추지 못한 담보권에 대항할 수 있다.[47]

한편 담보권의 효력이 미치는 목적물의 범위는 당사자의 담보약정에 따라 정해진다. 그런데 통일상법전에서 정하고 있는 수익(proceeds)[48] 등 가치 추급적 개념들(value-tracing concepts)[49]에 관하여 주목할 필요가 있다. 수익은 담보목적물의 매도, 교환, 추심 기타 처분 등을 통하여 취득하는 모든 것을 말한다.[50] 채무자가 목적물을 매도하면 그 대가가 수익에 해당한다. 그 대가가 금전채권이든, 약속어음이든 현금이든 그 형태가 무엇이든지 상관없다. 채무자가 담보목적물을 제 3 자에게 판매하고 그 대금에 관하여 담보를 설정받은 경우에 그러한 담보도 수익에 포함된다. 또한 담보물의 사용대가로 받은 임대료도 수익에 포함된다.[51] 그 대가의 주요부분이 목적물에서 나온 것이 아니라 채무자가 기여한 것이라고 하더라도 담보권자는 그 판매대금이나 임대수익에 대하여 권리를 행사할 수 있다. 이 때 수익의 가치는 목적물의 가

47) White/Summers(註 8), p. 748.

48) proceeds를 賣却代金 또는 代價라고 번역하기도 하나, 금전에 한정되는 것이 아니기 때문에 적절한 것은 아니다. 이러한 경우를 포괄하기 위하여 代償, 代償物이나 代位物이라고 번역할 수도 있겠으나, 여기에서는 단어의 본래 의미대로 수익이라고 번역한다.

49) 수익 이외의 가치추급적 개념으로 산물(products), 果實(offspring) 등을 들 수 있는데, 담보물의 산물(products)은 담보물이 생산한 것을 말한다. 가령 양모는 양의 산물이고, 우유는 소의 산물이다.

50) 제9-315조 (a)항.

51) 제9-102조 (a)항 (64)호 (C)목은 '담보물에서 나온 권리'가 수익에 포함된다고 규정하고 있다.

치를 초과할 수 있다.[52] 수익의 수익(proceeds of proceeds)도 수익이다.[53] 예를 들면 장난감가게의 재고품을 담보로 제공한 경우에 장난감을 판매하고 받은 수표는 수익이다. 여기에서 나아가 그 수표를 은행에 맡기고 이를 추심하여 현금을 받은 경우에 그 현금이 재고품의 수익이 된다. 만일 위 현금을 더 많은 장난감을 사기 위하여 사용한다면 그 새로운 장난감이 이제 종전의 장난감의 수익이 될 것이다. 한편 추후취득재산조항이 있는 경우에 장난감가게의 새로운 장난감은 추후취득재산에 속할 것이다. 이러한 경우에는 수익의 개념과 추후취득재산은 중복되지만, 양자는 개념적으로 구분된다. 담보약정에 수익을 언급하고 있지 않더라도 담보권의 효력이 당연히 수익에 미친다. 그러나 추후취득재산에 관해서는 담보약정에 규정이 있어야만 담보권의 효력이 그러한 재산에도 미친다.[54] 수익에 대하여 담보권이 미치는 한계로서 중요한 것은 수익이 동일성이 있는 채로 남아 있어야 한다는 점이다. 담보권자는 수익이 담보목적물의 매매 기타 처분으로부터 직접 나온 것이라는 점을 입증하여야 한다.[55]

담보약정에서 수익을 담보목적물에 포함하고 있는 경우에는 수익의 개념과 추후취득재산조항은 중첩될 수 있으나, 파산절차에서 양자를 구분하는 것은 매우 중요한 의미를 갖는다. 미국 연방 파산법은 파산신청 전의 담보권이 파산신청 후에 파산재단이나 채무자가 취득한 재산에는 미치지 않는다고 규정하고 있다.[56] 추후취득재산조항은 파산절차가 신청된 후에는 효력이 없다. 그러나 파산절차에서도 담보권자

52) LoPucki/Warren(註 41), pp. 194.
53) 제9-315조 (a)항.
54) LoPucki/Warren(註 41), pp. 195.
55) LoPucki/Warren(註 41), pp. 200-205.
56) 미국 연방파산법 제552조 (a)항. 이 규정은 약정담보권에만 적용되는데, 담보목적물이 동산인지 부동산인지 여부는 상관없다. West Group ed., *Bankruptcy Code, Rules and Forms,* 1999, p. 241; Scarberry/Klee/Newton/Nickles, *Business Reorganization In Bankruptcy,* 1999, pp. 521-523.

는 수익 등에 대해서도 담보권을 행사할 수 있다.[57)]

(2) 대항력의 취득(perfection[58)])

담보채권자가 파산관재인을 포함한 제3자로부터 최대한 보호를 받으려면 대항력을 갖추어야 한다. 채무자의 파산시에 담보채권자가 대항력을 취득하지 못한 상태였다면, 그러한 채권자는 무담보채권자로 취급된다. 그러나 대항력을 취득하더라도 모든 제3자에게 우선하는 것은 아니다.

대항력을 취득한 담보권자들 사이에서는 대항력을 취득한 날을 기준으로 우선순위가 정해진다. 대체로 먼저 대항력을 취득한 채권자는 나중에 대항력을 취득한 담보권자에 대해서 우선권을 가진다. 통일상법전 제9-308조에서 제9-316조까지 담보권의 대항력 취득에 관하여 정하고 있는데, 대항력을 취득하는 방식에는 네 가지가 있다.

(가) 등록(filing)

금융명세서를 등록하는 것은 제9장에 따라 담보권의 대항력을 취득하는 가장 일반적인 방법이다. 이것은 제9장에서 가장 획기적인 것인데, 1999년에 다시 대폭 개정되었다.

금융명세서에는 채권자가 채무자의 재산에 대하여 담보권을 주장할 수도 있다는 것이 표시되어 있고, 담보목적물이나 담보채권액 등에 관한 세세한 내용은 기재되어 있지 않다.[59)] 열람자는 금융명세서를 통하여 추가적인 정보를 어디에서 구할 수 있는지를 알 수 있을 뿐이다.

제9-310조 (a)항은 등록을 표준적인 것으로 하고 있고, 수익(proceeds)인 경우를 제외하고는 대부분의 금전채권(예금채권은 이에 포함되

57) 미국 연방파산법 제552조 (b)항은 파산절차에서 담보권의 효력이 미치는 가치추급개념을 수익, 산물, 果實, 임대료, 이윤에 한정하고 있다.

58) 이를 완성 또는 완성화라고 번역할 수도 있으나, 이로써 제3자에 대하여 대항할 수 있는지 여부가 결정되기 때문에, 대항력의 취득이라고 번역한다. 다만 이것이 우리나라에서 말하는 대항력과 완전히 동일한 의미는 아니다.

59) 그리하여 금융명세서를 '제9장의 비키니'라고 표현하기도 한다.

지 않는다)과 무형재산에 대해 대항력을 취득하는 방법은 등록 이외에는 없다. 유체동산, 동산담보증권(chattel paper), 투자자산에 대해서는 등록에 의하여 대항력을 취득할 수 있지만 유일한 방법은 아니다. 또한 유가증권의 경우에도 등록을 통하여 대항력을 취득할 수 있다. 반면에 등록은 화폐나 예금채권, 신용장의 권리들에 대해서는 그것들이 수익이 아닌 이상 대항력 취득 수단이 아니다. 유체동산에서도 권원증명서(certificate of title)가 있는 경우에는 등록으로 대항력을 취득할 수 없다. 연방법에 의해 등록을 해야 하는 경우에도 통일상법전에 따른 등록으로는 충분하지 않다.

등록을 하려면 먼저 금융명세서를 작성하여야 한다. 일반적으로 금융명세서에는 채무자의 성명, 담보권자 또는 그 대리인의 성명, 담보물의 표시가 포함되어야 한다.[60] 나아가 원유나 가스, 목재 혹은 부동산의 정착물(fixture), 그리고 정착물이 될 유체동산을 등록하는 경우에는 추가적으로 이러한 종류의 담보물을 포함하고 있다는 점, 담보물과 관련된 부동산의 현황 등에 관해서도 기재하여야 한다.[61] 제9-516조 (b)는 등록 담당 공무원이 등록신청을 거부할 수 있는 사유를 정하고 있다. 금융명세서를 등록하려면 (1) 채권자, 채무자의 성명, (2) 담보물의 설명, (3) 채권자, 채무자의 우편주소, (4) 채무자가 개인인지 단체인지 여부의 설명, (5) 채무자가 단체인 경우에는 그 조직의 형태, 법원의 관할, 사업자등록번호(identification number)의 기재가 필요하고, (6) 채무자의 성(姓)을 확인할 수 있어야 하고, (7) 금융명세서가 관청에 하자 없이 도달하여야 하며, 수수료를 납부하고, 부동산과 관련된 담보물에 대해서는 제9-502조 (b)항에 따라 부동산에 관하여 설명하여야 한다.[62]

60) 제9-512조.
61) 제9-512조 (b)항.
62) 제9-520조 (a)항은 등록신청이 요건을 충족하지 못하는 경우에 이를 거부하도록 정하고 있다.

등록에 관해서는 주법에서 규율하고 있고 원칙적으로 등록사무소도 주법에 정해져 있다.[63] 금융명세서는 대부분 5년이 지나면 실효되지만, 이에는 예외가 있다.[64] 또한 금융명세서가 실효되기 전에 계속명세서(continuation statement)를 등록함으로써 5년간 기간을 연장할 수 있다.[65]

(나) 점 유

점유는 전통적인 대항력 취득방법인데, 우리나라의 동산질권에서 인도를 요건으로 하고 있는 것과 마찬가지이다. 점유로 대항력을 취득하는 것은 특정 종류의 재산에 대하여 허용된다. 동산, 유가증권, 화폐 또는 동산담보증권(tangible chattel paper)의 경우에 점유가 대항력 취득 요건이다.[66]

질권을 설정하기 위해서는 채권자의 점유가 제 3 자에게 공시되어야 하므로 그 담보물은 유체물이어야 한다. 따라서 금전채권이나 무체재산의 경우에는 점유로서 대항력을 취득할 수 없다. 그러나 점유로서 대항력을 취득할 수 있는지 여부가 불분명한 경우가 많다. 그런데 채권자의 대항력을 위해서 점유를 포기할 만큼 여유 있는 채무자는 드물다. 또한 채무자가 사용하지 않는 물건의 경우에만 채권자가 점유를 이전받아 대항력을 취득할 수 있다. 따라서 점유는 등록에 비해서 공시방법으로서의 역할이 미미하고, 질권은 현대 거래에서 점차 이용되지 않아 그 중요성도 감소되었다.

채권자가 제 3 자에게 점유하게 할 수 있다.[67] 그러나 채무자가 담보권자의 대리인으로서 점유를 할 수는 없다. 제 3 자가 채무자와 담보권자 양자를 대리하는 경우도 있을 수 있다. 제 3 자가 동산을 점유하

63) 제9-501조 (a)항.
64) 제9-515조 (a), (b), (f)항.
65) 제9-515조 (e)항.
66) 제9-313조.
67) 이러한 경우에 대리법이 적용된다. 제9-313조, Comment 3.

고 있는 경우에 제 3 자가 채무자와 깊은 연관이 있거나 채무자가 지배권을 갖는 경우에는 채무자가 실제 점유를 하고 있는 것으로 판단될 수도 있다. 이러한 경우에 제 3 자가 동산을 점유하더라도 담보권자는 대항력을 취득하지 못한다.

㈐ 지 배

대항력 취득사유로서 지배라는 개념은 1994년에 통일상법전 제 8 장을 개정할 당시 투자자산에 대한 담보권에서 인정되었다. 그 후 1999년 제 9 장을 개정하면서 투자자산 이외의 재산에 대한 담보권에도 대항력 취득사유로 지배라는 개념을 채택하였다.

제9-314조 (a)는 "투자자산, 예금채권, 신용장의 권리, 또는 전자권리문서에 대한 담보권은 제9-104조, 제9-105조, 제9-106조, 제9-107조에 의해 담보물에 대한 지배를 할 수 있을 때 대항력을 취득한다"고 규정한다.[68] 예금채권과 신용장을 담보로 한 경우에는 이들에 대한 지배권을 획득하여야만 대항력이 발생한다. 주식, 사채 등 투자자산과 전자권리문서에 대해서는 다른 방법으로 대항력을 취득할 수 있는 예외가 있기는 하지만, 원칙적으로 지배할 수 있으면 대항력이 발생한다. 예금채권 등 무형재산에 대해서는 지배가 동산의 점유에 상응하는 역할을 수행한다고 볼 수 있다.

예금채권에 대하여 지배권을 갖는 경우는 다음과 같다. 첫째, 담보권자가 그 예금이 입금되어 있는 은행인 경우, 둘째, 채무자, 담보권자와 은행이 채무자의 동의 없이도 담보권자의 지시에 의해 예금채권을 처분할 수 있다고 합의하여 공증한 경우, 셋째, 담보권자가 예금채권에 대해 은행의 고객이 된 경우이다.[69] 담보권자가 공동예금주로 되는 경우에도 지배권을 갖는다고 볼 수 있다.[70]

68) 제9-314조 (b), (c)항에서 대항력 취득시기와 존속에 관하여 규정한다.
69) 제9-104조 (a)항.
70) 제9-104조 (a) 항 (3)호, Comment 3.

주식, 사채 등 유가증권의 경우에는 그 발행여부 등을 기준으로 소지 또는 등록에 의하여 지배권을 취득할 수 있다.[71]

㈑ 자동적인 대항력 취득

담보권의 성립시에 담보권자의 아무런 추가적인 행위 없이도 자동적으로 대항력을 취득하는 경우가 있다. 제9-309조는 대항력을 자동적으로 취득하는 담보권에 관하여 상세하게 규정하고 있다. 가장 일반적인 경우는 소비재에 대한 구입대금 담보권(purchase money security interests)이다. 통일상법전의 위 규정은 종전의 조건부 매매(conditional sale)에 관한 관행을 따른 것이다. 통일상법전 제정 전에도 소비재의 매도인과 소비재의 구입대금을 대출해 주는 사람에게 등록 없이도 대항력을 인정하고 있었기 때문이다. 소비재의 구입대금에 대한 담보권의 경우에는 자동으로 대항력이 발생하기 때문에, 등록으로 인한 거래비용이 감소하는 효과가 있다. 이것을 허용하더라도 소비재 구입대금 담보권자 이외의 다른 채권자들에게는 불이익이 적다. 이들은 소비재 구입대금 담보권자가 대항력을 자동적으로 취득한다는 것을 알고 있기 때문이다. 나아가 대부분의 소비재는 비용이 얼마 들지 않고 가치가 빨리 감소되기 때문에, 구입대금 대주를 제외한 채권자들은 대출을 할 때 그러한 소비재에는 거의 의존하지 않는다. 어음매매 등 일정한 무형재산 매매의 경우에도 대항력을 자동으로 취득할 수 있다.[72]

3. 擔保債權者의 優先權 — 그 內容과 限界

⑴ 담보채권자의 우선권

대항력이 없지만 담보가 있는 채권자는 담보가 없는 채권자들보다 우선한다. 담보약정을 체결하면 채권자는 담보권을 갖게 되고, 대항력

71) 제8-106조.
72) 제9-109조.

을 취득하지 못하더라도 무담보채권자에 우선한다는 것이다. 그러나 대항력을 갖추지 못한 담보채권자는 우선특권 있는 채권자(lien creditor)에 대항할 수 없다. 만일 담보권자가 대항력을 갖추었으면 우선특권 있는 채권자보다 우선한다.[73]

(2) 담보채권자들의 충돌에 관한 기본원칙

제9-322조 (a)항은 담보권자들 사이의 우선권을 규정하고 있다. ① 서로 충돌하는 담보권 및 농업담보권의 우열은 등록 또는 대항력의 취득시기의 선후에 따른다. ② 대항력 있는 담보권이나 농업담보권은 대항력 없는 담보권이나 농업담보권에 우선한다. 이 규정은 동일한 담보물에 대하여 두 담보권자가 있는 경우에 먼저 등록을 하거나 대항력을 취득한 사람이 우선권을 갖는다("the first to file or perfect has priority")는 원칙을 정한 것이다.[74] 담보권자가 등록을 하거나 대항력을 취득하든지 둘 중의 하나만을 갖추면 우선권을 가질 수 있다. 예컨대 A의 동산에 대하여 B은행이 12월 1일 금융명세서를 등록하였으나 A와 담보약정을 체결하지는 않았다. C은행이 12월 5일 위 동산에 대하여 금융명세서를 등록하고 A와 사이에 담보약정을 체결하고 대출을 하였다. 12월 10일 B은행이 A와 담보계약을 체결하고 대출을 하였다. 이러한 경우에 B은행이 12월 1일 등록을 하였으므로, C은행에 대하여 우선권을 갖는다.[75] 우선권을 정하는 것은 담보권자의 인식과는 아무런 관계가 없다. 먼저 등록을 하거나 대항력을 취득한 사람이 채무자가 다른 채권자에게 우선권을 부여하려고 의도하고 있다는 것을 안 경우에도 우선권을 갖는다. 1순위 담보권자가 후순위라고 생각했더라도 이는 담보권의 순위에 영향이 없다.[76]

73) 제9-317조.
74) 이를 "First in Time, First in Right"라고 표현한다. White/Summers(註 8), p. 842.
75) LoPucki/Warren(註 41), p. 589.
76) White/Summers(註 8), p. 843.

위에서 본 바와 같이 추후취득재산조항은 유효하다. 하나의 담보약정에서 현재 존재하는 물건과 장래에 취득할 물건을 담보목적물로 정하고, 등록도 하나의 서면으로 할 수 있다. 이 때 언제 대항력을 취득하는지 문제된다. 나중에 취득한 담보물에 대한 우선순위는 담보물을 실제로 취득한 때를 기준으로 하는 것이 아니라, 등록을 한 때를 기준으로 정한다.[77] 또한 담보채권자가 등록 후에 채권을 대출하는 경우에 이러한 장래채권에 대한 담보권의 우선권은 등록을 기준으로 정하는 것이 원칙이다.[78]

그러나 등록이나 대항력 취득의 순서에 따라 우선권을 정하는 원칙에는 중요한 예외가 있다. 위에서 본 구입대금담보권의 경우에는 채무자가 담보물인 매매목적물을 인도받은 후 20일 이내에 구입대금채권자가 담보권을 등록하면 그 담보권은 기존에 이미 발생한 담보권보다 우선한다.[79]

⑶ 담보목적물의 매수인

채무자가 동산 등을 담보로 제공한 후에 목적물을 매도할 수 있는지 문제된다. 담보약정은 매수인에 대해서도 효력을 갖는다.[80] 매매에도 불구하고 담보권은 담보물에 존속한다.[81] 그러나 많은 예외가 있다.

첫째, 담보권자가 담보권의 부담 없이 처분할 권한을 부여한 경우에는 담보권은 담보목적물에 존속하지 않는다.[82] 처분권한의 수여가 명시적일 필요는 없고, 묵시적으로 수여될 수도 있다.[83]

둘째, 통일상법전은 "통상의 영업과정(the ordinary course of busi-

77) 제9-204조, Comment 5; White/Summers(註 8), p. 844.
78) LoPucki/Warren(註 41), p. 592.
79) 제9-103조. 상세한 것은 LoPucki/Warren(註 41), pp. 592-602 참조.
80) 제9-201조.
81) 제9-315조(a)항.
82) 제9-315조 (a)항 (1)호.
83) LoPucki/Warren(註 41), p. 676.

ness)에 따라" 담보물을 취득한 자를 보호하고 있다.[84] 통상의 영업과정에서 매수하였는지 여부가 중요한데, 이것은 그러한 종류의 물품을 판매하는 영업에 종사하고 있는 사람으로부터 매수한다는 것을 의미한다.[85] 따라서 매수인이 아니라, '매도인'의 통상적인 영업과정에서 판매된 것이어야 한다. 매수인이 단지 담보권의 존재를 안 경우에도 통상의 영업과정에서 매수한 사람은 보호받는다.[86] 그러나 매수인이 위 매매가 제 3 자의 담보권을 침해한다는 것까지 안 경우에는 통상의 영업과정에서의 매수인이 아니다.[87] 또한 도산에 직면한 채무자가 담보목적물을 제 3 자에게 대량으로 처분하는 경우에는 제 3 자가 담보권의 부담 없이 목적물을 취득할 수 없다.

셋째, 소비자와 소비자의 매매[88]에 대해서도 예외가 인정된다. 소비자가 담보에 제공된 동산을 사용하다가 다른 소비자에게 판매하는 경우에는 매수인이 담보권의 부담 없이 동산을 취득한다.

4. 結 語

미국 통일상법전상의 담보제도와 우리 나라의 담보제도 사이에는 본질적인 차이가 있다.

첫째, 우리 민법에서는 물권법에서 동산질권과 권리질권을 규정하고 있다. 판례는 동산이나 채권에 양도담보를 설정하는 것을 인정하고 있고, 소유권유보부 매매가 담보로서의 역할을 수행하고 있다. 미국 통일상법전 제 9 장은 동산담보뿐만 아니라 채권이나 유가증권 등의 담보에 적용되는 통일적인 담보제도라고 할 수 있다.

84) 제9-320조 (a)항.
85) 제1-201조 (9)항.
86) 제9-320조 (a)항.
87) 제1-201조 (9)항.
88) 일요일에 자신의 집 앞에서 중고품을 판매하는 이른바 "garage sale"이 이에 해당한다.

둘째, 우리나라에서 동산양도담보의 이론구성을 둘러싸고 신탁적 양도설과 담보물권설이 대립하고 있고,[89] 그 이론구성에 따라 실제 결론이 달라진다. 미국에서도 종전에는 권원(title) 이론과 담보권(lien) 이론이 대립하고 있었으나, 통일상법전에서는 단일한 담보권에 관하여 규정하고 그 성립, 내용 및 효력에 관하여 상세하게 정하고 있기 때문에, 이론적인 논란은 의미가 없다.

셋째, 우리 민법에서 동산담보를 설정하려면, 동산물권변동에 관한 인도주의가 적용된다. 동산질권의 경우에는 인도를 하여야 하고(제330조), 동산양도담보의 경우에는 占有改定에 의한 인도가 이용된다. 이러한 동산담보에서 인도는 동산담보의 성립요건이다. 채권을 질권의 목적으로 하는 경우에 채권증서가 있는 때에는 그 증서를 질권자에게 교부하여야 질권 설정의 효력이 발생한다(제350조). 그런데 지명채권에 대한 질권에서는 제 3 채무자에 대한 통지 또는 제 3 채무자의 승낙이 대항요건이다(제349조). 이는 채권양도담보의 경우에도 마찬가지이다. 그러나 미국에서는 담보약정으로 담보권이 성립하고, 점유나 등록 등은 제 3 자에 대한 대항력 취득사유이다.

넷째, 우리나라에서 동산담보의 목적물이 명확하게 특정되어야 한다. 집합동산양도담보에서도 담보목적물의 특정은 중요한 문제이다. 판례의 태도는 목적 동산의 종류와 수량의 범위 또는 그 소재장소의 특정이 필요하다고 한다. 증감, 변동하는 유동집합물에 대한 양도담보도 허용된다.[90] 미국에서도 목적물의 범주에 의한 특정을 인정하고 있다.

89) 대법원은 동산양도담보의 경우에 동산의 소유권이 신탁적으로 이전된다는 신탁적 양도설을 채택한다. 따라서 채권자와 채무자 사이의 대내적 관계에서 채무자가 소유권을 보유하나 대외적인 관계에서는 동산의 소유권이 채권자에게 양도된다는 것이다. 大判 1986. 8. 19, 86다카315(공 1986, 1218); 大判 1994. 8. 26, 93다44739(공 1994, 2514). 집합동산양도담보에 대해서도 마찬가지이다. 大判 2004. 10. 28, 2003다30463(공 2004, 1942).

90) 大判 1988. 12. 27, 87누1043(공 1989, 244); 大判 1990. 12. 26, 88다카20224(공 1991, 601). 이 판결들은 大判 1988. 10. 25, 85누941(공 1988, 1484)과는 표현상 차이는 있으나, 실제 결론에서는 큰 차이가 없다.

영업재산에 대하여 담보약정을 하면서 추후취득재산조항이 있는 경우에 나중에 취득한 재산도 담보목적물이 된다.

다섯째, 우리 민법에서는 동산담보의 공시방법은 점유이고 동산양도담보에서는 점유개정을 이용한다. 미국에서는 동산담보에서 등록이라는 새로운 공시방법을 채택하고 있다.

여섯째, 담보제공자가 담보로 제공된 물건을 제 3 자에게 처분한 경우에 제 3 자는 민법 제249조의 선의취득의 요건을 취득한 경우에 한하여 동산의 소유권을 취득한다. 그러나 미국에서는 통상적인 영업과정에서 동산을 매수한 사람을 보호함으로써, 제 3 자가 담보목적물을 적법하게 취득할 가능성이 훨씬 높다.

일곱째, 우리 민법에서는 담보목적물이 멸실, 훼손 또는 공용징수로 인하여 담보제공자가 받을 금전 기타 물건에 대하여 물상대위를 인정하고 있으므로(제342조, 제370조), 목적물 양도의 경우에는 물상대위가 인정되지 않는다. 그러나 미국에서는 수익이라는 개념을 채택하여 담보권이 미치는 범위를 넓게 인정하고 있다.

Ⅲ. 動産擔保登錄制度의 導入方案과 考慮事項

미국 통일상법전상의 담보거래는 동산담보뿐만 아니라 채권이나 유가증권 등의 담보에도 미친다. 이러한 제도를 포괄적으로 수용할 것인지 여부는 추가적인 면밀한 검토가 필요하다. 담보목적물이 동산인 경우와 채권 또는 유가증권인 경우에는 그 공시방법에서 많은 차이가 있기 때문이다.[91] 여기에서는 동산담보에 한정하여 통일상법전의 등록

91) 동산담보등록제도를 도입할 경우 채권담보제도의 개선도 고려하여야 할 것이다. 채권담보가 차지하는 비중이 계속 높아질 수밖에 없는데, 동산담보등록제도를 마련하면서 여기에 채권담보를 포함시킬 것인지 여부를 결정하여야 한다. 만일 채권담보제도를 별개의 제도로 존치하고 이를 개선한다면 두 제도가

제도를 수용할 수 있는지, 이를 수용한다면 어떠한 문제가 발생할 것인지에 관하여 검토해 보고자 한다. 동산담보에 한정하더라도 등록제도를 채택하면 우리 민법상의 담보법체계와 충돌하는 문제가 발생할 수 있다. 그리하여 검토해야 할 사항이 많다.[92)]

1. 動產擔保權의 統一的 構成 문제

동산담보등록제도가 동산물권변동에 관하여 인도를 요구하는 민법체계와 합치될 수 있는가? 이와 관련하여 동산담보등록제도를 도입할 경우 현행 동산담보제도를 그대로 존속시킬 것인지 문제된다. 특히 동산양도담보나 소유권유보부 매매가 존속하고 있는 상태에서 동산담보등록제도를 도입하는 것이기 때문에, 두 제도의 관계를 어떻게 정립할 것인지가 중요한 문제이다. 미국과 같이 하나의 통일적인 담보제도를 도입하기 위하여 현행 동산담보제도, 특히 양도담보제도를 폐지하거나 억제하여야 한다는 주장이 있을 수 있다.[93)] 이와 같이 하나의 통일적인 담보제도로 통일하려는 것은 많은 혼란과 비용을 초래할 것이다. 이와 달리 현행 동산담보제도를 존속시키면서 동산담보등록제도를 도입한다면, 하나의 동산이 점유개정에 의한 양도담보의 목적물이면서 등록에 의한 담보의 목적물이 될 수 있다.[94)] 이러한 경우에 우선권은

서로 조화를 이룰 수 있도록 하여야 할 것이다.

92) 이하는 金載亨, "동산담보의 새로운 전개 — 집합동산양도담보와 그 개선방향을 중심으로 —," BFL 제 5 호(2004. 5), 서울대 금융법센터, 48-49면을 수정 · 보완한 것이다.

93) 이에 관한 독일에서의 논의에 관하여는 梁彰洙(註 10), 171면 이하.

94) 자산유동화법에서 민법상의 공시방법 이외에 금융감독위원회 등록이라는 별도의 공시방법을 인정하였기 때문에, 하나의 물건에 관하여 두 개의 공시가 병존할 수 있다. 이로 인하여 이중양도로 인한 폐해가 발생할 수도 있다. 예컨대 저당권이나 질권에 의하여 담보된 채권을 유동화전문회사에 양도하고 이를 자산유동화법에 따른 등록을 하였는데도, 다시 이 채권을 제 3 자에게 이중으로 양도할 수 있기 때문이다. 이러한 폐해를 막기 위하여 자산유동화를 이용할 수 있는 자산보유자를 엄격하게 한정하였다. 이에 관하여는 金載亨, "「資產

물권법의 일반원칙에 따라 성립의 시간순으로 정해질 것이다.

2. 動產擔保登錄制度의 채택

(1) 필 요 성

동산담보를 설정하기 위한 공시수단인 점유는 매우 불완전하다. 질권의 경우에는 점유개정에 의한 인도가 허용되지 않기 때문에, 채무자가 계속 사용하여야 하는 동산에 대해서는 질권을 설정할 수 없다. 판례에 의하여 발달된 동산양도담보의 경우에는 점유개정에 의한 공시수단을 채택하고 있으나, 외부의 제 3 자로서는 양도담보가 설정되었는지 알 수 없다. 또한 파산절차나 회생절차에서 동산담보나 채권담보의 경우에 공시가 불완전하기 때문에, 더욱 심각한 문제를 낳을 수 있다. 채무자가 부도 위험이 있다는 것을 알고 친인척 등 가까운 제 3 자에게 포괄적으로 담보권을 설정해 두면 파산절차 등에서 일반채권자가 채무자의 재산에 관하여 권리를 행사할 수 없는 사태가 발생한다. 부도 직전에 점유개정약정서를 소급하여 작성함으로써 허위의 양도담보를 만들 수도 있다. 동산양도담보에서 공시수단으로서 점유개정의 불완전성을 극복하기 위하여 명인방법에 의한 공시를 대항요건으로 삼아야 한다는 견해도 있으나,[95] 이는 민법 체계와 맞지 않는다. 우리 민법은 동산물권변동에서 인도를 성립요건으로 보고 있기 때문이다. 또한 명인방법이 공시방법으로 실효성이 있을지도 의문이다.

동산담보등록[96]제도는 점유라는 공시수단의 대안으로서 실질적으

流動化에 관한 法律」의 現況과 問題點," 民法論 Ⅰ, 2004, 448면 이하(원래는 民事判例硏究(XXⅢ), 2001에 발표된 것임).

95) 金在協(註 4), 178면.

96) 등록이라는 용어를 사용할 것인지, 등기라는 용어를 사용할 것인지 문제된다. 부동산등기와 구별하기 위하여 등록이라는 용어를 사용하였다. 부동산등기와는 목적물이 다를 뿐만 아니라 등재하는 내용이나 방식이 다르기 때문이다. 그러나 이는 용어선택의 문제이다. 부동산등기와 마찬가지로 공시수단이라는

로 공시의 효과가 있다는 점에서 장점이 있다. 또한 채무자가 점유개정을 이용한 양도담보를 악용하는 사례를 상당수 막을 수도 있다. 이러한 점에서 동산담보에 관한 공시방법으로 등록제도를 채택할 필요가 있다.

미국의 경우에는 동산과 채권 등에 관한 통일적인 등록제도를 두고 있다. 채권의 경우에는 좀더 검토할 필요가 있기 때문에, 동산에 관해서만 등록제도를 도입하더라도 충분하다. 또한 자동차 등의 경우에는 자동차등록부 등 별도의 공시방법이 있기 때문에, 이러한 경우까지 확장할 필요는 없다.

(2) 등록방법

그렇다면 동산담보를 공시할 경우에 어떠한 방식으로 공시할 것인지 문제된다. 부동산등기에서는 등기신청인이 제출한 신청서와 서류를 토대로 등기공무원이 등기부에 권리관계 등을 기재함으로써 등기를 한다. 동산담보의 경우에도 동산담보등기신청을 받아 관공서에서 담보권 등을 기재함으로써 등기를 하는 방안을 생각할 수 있다. 이와 같이 할 경우 권리관계를 명확히 할 수 있다는 장점이 있다. 그러나 동산은 그 형태와 품질이 동일하지 않을 뿐만 아니라, 목적물 자체가 증감·변동하는 경우도 있다. 그리하여 부동산등기와 같이 공시하는 것은 거의 불가능하다. 또한 동산담보를 등기하는 방법은 비용이 많이 들기 때문에, 신용거래를 위축시킬 가능성도 있다.

이와 달리 미국에서는 채무자와 채권자를 기재하고 담보약정을 기재한 서면을 제출하면 충분하도록 하고 있다. 이 방식은 등록하는 것이 간편하여 시간과 비용이 적게 든다. 권리관계를 공시하는 정도는 우리나라의 부동산등기만큼 명확하지는 않다. 그러나 상당한 정도의 실질적인 공시효과가 있다. 이러한 등록신청서를 정형화하여 디지털화

점을 강조하기 위하여 등기라는 용어를 사용할 수도 있을 것이다.

한 다음, 채무자별로 모아두거나 채무자를 쉽게 검색할 수 있도록 인덱스를 만들어두면 매우 신빙성 있는 공시효과를 가져올 수 있다.

이와 관련하여 자산유동화의 경우에 이용되는 등록제도를 살펴볼 필요가 있다. 자산유동화법은 자산유동화계획에 따른 유동화자산[97]의 양도·신탁 또는 반환이나 유동화자산에 대한 질권 또는 저당권의 설정이 있은 때에는 지체 없이 그 사실을 금융감독위원회에 登錄하여야 한다(제 6 조 제 1 항). 자산보유자 또는 유동화전문회사 등이 그 등록을 하여야 하는데, 누가 등록을 하여야 할지에 관하여 자산양도 등의 형태와 과정에 따라 상세하게 정하고 있다(제 6 조 제 1 항 제 1·2 호).[98] 유동화자산의 양도·신탁 또는 반환이나 유동화자산에 대한 질권 또는 저당권의 설정에 관한 사항의 등록을 하고자 하는 경우에는 등록신청서와 유동화자산의 양도 등에 관한 계약서를 금융감독위원회에 제출하여야 한다(2000년 1월 21일 개정 자산유동화법 제 6 조 제 2 항). 법률에 등록신청서에 기재할 사항이 상세하게 규정되어 있고, 유동화자산의 명세를 전자기록 기타 이에 준하는 방법으로 작성하여 제출하도록 하였다(제 6 조 제 3 항). 그리고 유동화전문회사등은 유동화자산의 양도 등에 관한 계약서, 등기필증, 등록증 기타 증빙서류를 대통령령이 정하는 바에 따라 보관·관리하여야 하며, 금융감독위원회 또는 당해 유동화증권에 투자한 자로부터 열람의 요구가 있는 경우에는 이에 응하여야 한다(제 6 조 제 4 항).[99]

97) 유동화자산을 제 3 자가 점유하고 있는 경우 그 제 3 자에 대한 반환청구권을 포함한다.

98) 住宅抵當債權流動化會社法 제 5 조는 주택저당채권의 양도 등의 등록에 관하여 규정하고 있다.

99) 저당권 양도의 효력은 민법 제186조에 따라 저당권이전의 부기등기를 하여야 발생하고, 질권 양도의 효력은 민법 제188조 이하에 따라 인도를 하여야 발생한다. 그러나 자산유동화법에서는 금융감독위원회에 자산양도등록을 함으로써 질권 또는 저당권을 취득하도록 하였다. 자산유동화계획에 따라 양도 또는 신탁한 채권이 質權 또는 抵當權에 의하여 담보된 채권인 경우 유동화전문회사등은 제 6 조 제 1 항의 규정에 의한 등록이 있은 때에 그 질권 또는 저당권을 취득한다(제 8 조 제 1 항). 住宅抵當債權流動化會社法 제 7 조도 마찬가지

동산담보등록제도를 채택할 경우에 공시업무, 즉 등록업무를 담당할 기관이 문제된다. 이러한 공시업무는 등기소에서 관장하도록 하는 것이 바람직할 것으로 생각된다.[100] 그런데 부동산등기의 경우에는 등기공무원이 등기신청서와 이에 첨부된 서류를 확인하여 부동산별로 편철된 등기부에 기재를 하나, 동산담보의 경우에는 채무자 별로 동산담보등록신청서를 편철해 두면 될 것이다(人的 編成主義의 채택). 이와 같이 할 경우에 담보목적물이 명확하게 공시되기는 어렵기 때문에, 제 3 자는 부동산등기와 같이 담보에 관한 확실한 정보를 얻을 수는 없다. 그러나 제 3 자는 채무자의 동산에 대하여 담보권이 설정되어 있다는 점을 알 수 있기 때문에, 점유개정의 방법을 채택하는 것보다는 우월하다. 나아가 제 3 자는 담보권을 가진 채권자의 이름과 주소를 알 수 있으므로 채권자에게 확인함으로써 담보권의 내용을 구체적으로 파악할 기회를 갖게 된다. 따라서 이중담보로 인한 폐해를 상당 부분 막을 수 있다.

동산담보등록을 할 경우에 실질적인 공시효과가 있도록 하여야 할 뿐만 아니라, 비용이 저렴하여야 할 것이다. 공시효과를 높이기 위하여 상세한 내역을 등록하도록 한다면 많은 시간과 비용이 소요될 것이다. 그리하여 동산담보등록에 인터넷을 이용하는 것이 필요할 것이다.[101] 인터넷에 의한 등록제도를 구축하는 과정에서 부동산전산화의 경험이나 자산유동화거래에서의 등록제도가 참고가 될 것이다. 다만 이것이 등록을 한 사람의 거래내역을 공개한다는 점에서 어떠한 방식으로 보

이다. 다만 유동화전문회사가 유동화자산인 저당권부 채권을 제 3 자에게 양도하는 경우에는 민법 제187조에 따라 유동화전문회사로 저당권이전의 부기등기를 한 후 다시 제 3 자 앞으로 부기등기를 하여야 한다. 그런데 유동화전문회사가 저당권부채권을 다시 다른 유동화전문회사에 양도하는 경우에는 제 6 조 제 1 항에 의한 자산양도등록을 하면 될 것이다.

100) 다만 동산담보의 등록방법과 내용을 전산화할 경우에 통일적인 기관에서 관장할 수도 있을 것이다.

101) 郭仁熙, 高烪碩, "動産擔保權의 登錄閱覽," 比較私法 제11권 제 4 호(상)(2004. 12), 207면 이하 참조.

안을 유지할 것인지도 중요한 문제이다.

3. 이용범위

모든 동산거래에 등록제를 도입하는 것은 필요하지도 않고 지나치게 불필요한 비용이 소요될 것이다. 따라서 동산물권의 설정이나 이전에 관하여 인도를 필요로 한다는 원칙은 그대로 유지되어야 한다. 여기에서 나아가 점유개정에 의한 동산양도담보를 유지한 상태에서 동산담보에 관하여 등록제도를 도입하는 경우에 위에서 본 바와 같은 문제가 발생할 수 있다. 이를 막기 위하여 동산담보등록제도를 법인에 한정하는 방법, 또는 등록에 의한 담보거래를 대량거래에 한정하는 방법을 생각할 수 있다. 그러나 동산담보등록제도를 지나치게 한정적으로 규정한다면, 재화분배의 왜곡을 초래할 것이다. 자산유동화법은 그 법률에 따라 질권 등을 이전할 수 있는 자산보유자의 범위를 한정적으로 규정하고 있는데, 이는 이 제도를 이용할 수 있는 사람에게 특혜를 주는 결과가 된다.[102] 그리하여 동산담보등록제도를 도입하는 마당에는 그 이용자의 범위를 한정하지 않거나 그것이 곤란하다면 가급적 포괄적으로 규정하여야 한다.

4. 動產擔保의 成立要件으로서의 登錄

동산담보에 관한 공시방법으로 등록제도를 도입할 경우에 등록을 대항요건으로 할 것인지 문제된다. 미국에서는 담보약정을 하면 담보권이 성립한다고 보고, 동산담보의 등록을 대항력을 취득하기 위한 요건으로 본다. 우리나라에서도 동산담보의 경우에는 부동산등기와는 달리 규율할 수 있다고 생각할 여지가 있다. 즉, 동산담보약정이 있는데

102) 金載亨(註 94), 420면.

도 등록이 행해지지 않은 경우에 담보권으로서의 효력은 갖도록 하고, 제 3 자에 대해서만 대항력이 없다고 하는 것이 바람직하다는 것이다. 그러나 동산담보를 물권의 일종으로 규율하고 있고, 동산담보의 설정과 이전에서 인도를 성립요건으로 정하고 있다. 체계상의 혼란을 피하기 위하여 동산담보등록제도를 도입할 경우에 등록을 성립요건으로 정해야 할 것이다.

5. 動產擔保의 順位

동산담보의 순위는 등록의 순서에 따라 정해야 할 것이다. 이와 같이 동산담보권의 순위를 정할 수 있게 되면, 채무자 입장에서도 담보물을 현재보다 효율적으로 이용할 수 있게 된다. 질권이 설정된 동산을 제 3 자에게 동산담보로 제공하고 등록하는 경우에 그러한 동산담보는 허용되지 않을 것이다. 채무자가 점유하지 않고 있기 때문이다. 이러한 동산담보도 유효라면 후순위가 될 것이다.

6. 個別財產의 處分과 善意取得 문제

동산담보에 관한 등록을 한 물건에 관하여 제 3 자가 선의취득을 할 수 있는지 문제된다. 선의취득에는 선의, 무과실이 필요하다. 등록제도는 선의취득을 취득자의 선의, 무과실에 영향을 미치기 때문에, 선의취득이 인정되지 않을 수 있다. 이는 동산거래의 안전에 방해가 된다. 이러한 문제를 감소시키기 위하여 대규모 기업거래에만 동산담보등록제도를 인정하는 방안이 고려될 수 있으나, 이는 바람직하지 않다.

미국에서는 매도인이 통상의 거래과정(the ordinary course of business)에 따라 동산을 매도한 경우에 그 매수인을 보호하고 있다. 이러한 규정이 없는 우리나라에서도 양도담보설정계약의 해석을 통하여 유사한 결론을 도출할 여지가 있다. 가령 집합동산에 관한 양도담보설정계약에서 양도담보권자가 양도담보설정자에게 개별 동산을 매도하고 이를 보충할 권한을 부여하였다고 볼 수 있다. 따라서 집합동산에 관한 양도담보 설정 후에도 양도담보설정자가 개별 동산을 제3자에게 매도하는 것은 허용된다고 보아야 한다. 이러한 경우에 개별 동산에 대한 처분권한이 통상 양도담보설정자에게 유보되어 있다고 이론구성할 수 있고, 따라서 선의취득의 성립여부를 검토할 필요가 없이 제3자가 개별 동산에 관한 소유권을 취득할 수 있다고 보아야 할 것이다. 그러나 양도담보설정계약에서 명시적으로 담보설정자에게 동산을 처분할 권한을 배제한 경우에는 위와 같은 논리가 적용되지 않는다. 이러한 경우에는 동산의 선의취득만이 문제된다. 그리하여 등록제도를 채택할 경우에 통상적인 영업과정에서 담보물을 취득한 매수인을 보호하는 규정을 둘 것인지 검토할 필요가 있다.

Ⅳ. 맺 음 말

금융거래에서 동산담보의 개혁에 관한 요청을 계속 미룰 수는 없다. 이에 부응하는 방법으로 동산담보등록제도에 관하여 검토하였다. 다만 이 글은 동산담보등록제도의 도입과 관련된 여러 문제를 논의하기 위한 試論에 불과하다. 동산담보등록제도는 동산담보의 공시방법을 변경하는 것이지만, 이는 동산담보제도의 근본적인 개혁을 초래할 수 있다. 또한 이 제도는 민법뿐만 아니라 상법이나 파산법 등 도산법제에 중대한 영향을 미칠 것이다. 그만큼 어려운 문제가 많다. 1990년대 후반 이후 우리나라에서 행해지고 있는 美國法의 繼受[103] 라는 현상에

103) 1997년 금융위기는 우리 법제도에 중대한 영향을 미치고 있다. 특히 미국에서 발달한 법제도를 도입하는 경우가 현격하게 증가하였다. 초기에는 국제통

직면하여, 일방적 계수에 머무르지 않고 창조적인 법발전을 일구어 내기 위해서는 좀더 포괄적인 비교법적 연구와 함께 철저한 이론적 검토 작업이 필요하다.

(民事法學 제30호(2005. 12), 3-37면 所載)

화기금(IMF) 등의 국제기구를 통하여 강요된 측면도 있지만, 이보다는 자발적으로 경제선진국의 법제도를 수용한다는 측면이 강하다. 이는 특정 분야에 한정된 것은 아니지만, 금융거래와 관련하여 그 현상이 뚜렷하다. 미국법의 영향을 받아 제정된 법률로는 자산유동화법(1998), 개인채무자회생법(2004), 채무자 회생 및 파산에 관한 법률(2005) 등을 들 수 있다. 이 법률들은 현실적 필요라는 명분에 밀려 충분한 이론적 검토 없이 도입되었음에도 불구하고 이미 중요한 법제도로 자리잡고 있다. 앞으로도 여러 법제도가 수용될 것으로 전망된다. 우리는 이러한 현상을 美國法의 繼受로 파악할 수 있을 것이다(金載亨(註 94), 408면). 일제시대의 법계수가 강제적·전면적 계수였던 것과 비교해 본다면, 현재 이루어지고 있는 미국법의 계수는 자발적·부분적·점진적 계수라는 성격을 갖고 있다. 또한 우리나라의 기본적인 법체계가 대륙법계를 따르고 있는 상태에서 미국법에 특유한 법제도를 수용하는 것은 대륙법과 영미법의 충돌이라는 어려운 문제를 야기할 것이다.

9. UNCITRAL의 「擔保去來에 관한 立法指針 草案」 논의*

Ⅰ. 序　論

최근 금융거래가 활발해지고 다양한 형태의 금융거래가 발달하면서 담보제도의 개혁이 중요한 논제로 등장하고 있다. 그 근저에는 현행 담보제도로는 현대적인 금융거래를 뒷받침할 수 없다는 위기의식이 작용하고 있다.

우리 민법은 전형적인 담보물권으로 유치권, 질권, 저당권에 관한 규정을 두고 있다. 그러나 금융실무에서 비전형담보인 가등기담보와 양도담보가 발전하였고, 점차 다수의 동산이나 다수의 채권을 일괄적으로 담보로 제공하는 경우가 증가하고 있다. 최근 집합동산 양도담보나 집합채권 양도담보에 관한 대법원 판결[1)]이 늘고 있는 것은 이러한 현상이 반영된 것이다. 여기에서 나아가 동산이나 채권담보제도를 근본적으로 개혁하자는 주장이 제기되고 있다.[2)] 미국 통일상법전(Uni-

---

* 이 글은 2006년 5월 27일 한국비교사법학회 학술대회에서 발표한 것을 수정·보완한 것으로, 특히 그 후에 나온 문서를 참고하여 보완하였다.

1) 최근에 나온 집합동산 양도담보에 관한 대법원 판결로는 大判 2004. 6. 25, 2004도1751(공 2004, 1283); 大判 2004. 10. 28, 2003다30463(공 2004, 1942); 大判 2004. 12. 24, 2004다45943(공 2005, 194); 大判 2005. 2. 18, 2004다37430(공 2005, 470) 등이 있고, 집합채권 양도담보에 관한 판결로는 大判 2002. 7. 9, 2001다46761(공 2002, 1910); 大判 2003. 9. 5, 2002다40456(공 2003, 2015); 大判 2004. 2. 12, 2003다53497(공 2004, 448)이 있다.

2) 高㷡碩, "美國 人的財産擔保權의 完成," 比較私法 제 7 권 제 1 호(2000. 6),

form Commercial Code; UCC)[3] 제 9 장의 담보거래 등 선진제국에서 오래전부터 동산담보나 채권담보에 관한 획기적인 입법을 하였고, 국제기구에서도 동산담보와 채권담보를 포함한 담보제도를 개선하기 위한 방안을 마련하고 있다.[4] 우리나라에서도 미국, 일본, 독일의 담보제도 개혁에 관한 입법이나 논의를 소개하는 글이 꾸준히 나오고 있다.[5]

317면; 金載亨, "動產擔保制度의 改善方案 — 登錄制度의 導入에 관한 試論 —," 民事法學 제30호(2005. 12), 25면 이하; 金載亨, "擔保法에서의 擔保目的物의 擴張問題 — 工場抵當과 集合物讓渡擔保를 중심으로," 民法論 Ⅰ, 2004, 372면 이하(원래는 法曹 1998년 3월호에 발표한 것임); 南潤三, "우리나라 動產擔保制度의 改善方向(下)," 司法行政 제40권 제 3 호(1999. 3), 34면.

3) 통일 주법 위원 전국회의(National Conference of Commissioners on Uniform State Laws; NCCUSL)가 주법의 통일을 위하여 작성한 것으로, 거의 대부분의 주들이 채택하였다(이에 관하여는 우선 White/Summers, *Uniform Commercial Code,* 5. ed., 2000, pp. 1-7). 특히 제 9 장에서는 담보거래(secured transaction)에 관하여 포괄적으로 규율하고, 등록제도(filing system)를 채택하고 있는데, 이는 캐나다, 뉴질랜드, 동유럽국가의 담보거래법에 중대한 영향을 미쳤고, 독일, 일본 등 대륙법계 국가의 동산담보개혁논의나 유럽재건개발은행(European Bank for Reconstruction and Development; EBRD)의 모범담보거래법(Model Law on Secured Transactions), 유엔국제거래법위원회(UNCITRAL)의 담보거래에 관한 입법지침 준비작업에서 많은 참고가 되고 있다. 本書 267면 註 8 참조.

4) 1991년 설립된 유럽재건개발은행은 동유럽국가에 담보거래법의 모델을 제시하기 위하여 1994년 4월 모범담보거래법을 발표하였는데, 이것은 동유럽과 중앙아시아의 입법에 중대한 영향을 끼쳤다. European Bank for Reconstruction and Development, *Model Law on Secured Transactions,* 1994; 박휘일, "商事債權에 대한 새로운 擔保手段의 모색 — 國際機構에서의 논의를 중심으로 —," 商事法研究 제21권 제 1 호(2002), 145면 이하.

5) 위 註 2에 든 문헌 이외에도 高焌碩, "美國 人的 財產擔保權의 發生," 比較私法 제 6 권 제 2 호(1999. 12), 415면 이하; 高焌碩, "美國 人的財產擔保權의 實行," 民事法學 제18호(2000. 5), 501면 이하; 高焌碩, "美國 浮動擔保權," 民事法學 제21호(2002. 3), 509면 이하; 高焌碩, "美國 統一商法典 제 9 편 擔保權行爲法의 適用範圍," 企業法研究 제12집(2003. 3), 403면 이하; 高焌碩, "美國 人的財產擔保權의 目的財產," 比較法學 제 3 집(2003. 3), 전주대학교 비교법학연구소, 105면 이하; 김인유, "집합동산양도의 새로운 공시제도 도입에 관한 연구 — 일본의 동산양도 등기제도를 중심으로 —," 民事法學 제31호(2006. 3), 359면 이하; 南潤三, "담보제도의 개선: 동산담보제도의 도입 및 개선을 위한 비교법적 고찰," New Millennium 法 — 法環境의 變化와 그 對應策(제 2 회 한국법률가대회논문집)(2000. 11), 206면 이하; 法務部 편, 各國

유엔국제거래법위원회(UNCITRAL; United Nations Commission on International Trade Law)[6]는 1966년 유엔총회에 의하여 설립되었는데, 1960년대 후반부터 擔保去來法을 의제로 삼았고, 1970년대 후반부터는 국제적으로 담보법을 통일하기 위하여 노력을 기울이기 시작하였으나, 별다른 성과가 없었다. 위원회는 1980년 제13차 회기에 담보법을 국제적으로 통일하기가 어렵다고 판단하고 담보법에 관한 논의를 중단하였다. 담보법의 대상이 다양하고 법체계 사이에 차이가 많을 뿐만 아니라, 도산법 등 다른 법영역과 사이에 통일과 조화가 요구되기 때문이었다.[7]

그로부터 10년 후 위원회는 이 주제에 다시 관심을 갖게 되었다. 위원회는 1993년 "국제거래에서 채권양도에 관한 유엔협약(UN Convention on the Assignment of Receivables in International Trade)"에 관한 작업을 시작하였고, 유엔총회는 2001년 12월 12일 위원회가 마련한 협약을 채택하였다.[8] 이 협약은 국제 채권의 양도와 '국내' 채권의 국제적인 양도뿐만 아니라(제1조 제1항 (a)호), 담보를 위한 양도에도 적용된다(제2조 (a)호).

의 動產擔保制度, 法務資料 제228집, 1999; 서경석, "미국 UCC Article 9상의 동산담보제도(1)-(5)," 경영법무 제78호(2000. 9), 54면 이하; 제79호(2000. 10), 50면 이하; 제80호(2000. 11), 40면 이하; 제81호(2000. 12), 44면 이하; 제82호(2001. 1), 43면 이하; 梁彰洙, "獨逸의 動產擔保改革論議," 서울대 法學 제44권 제2호(2003. 6), 1면 이하; 梁彰洙, "日本의 動產擔保改革論議," 서울대 法學 제46권 제3호(2005. 9), 1면 이하; 윤부찬, "동산양도등록제도의 도입필요성," 比較私法 제12권 제3호(2005. 9), 427면 이하.

6) 유엔국제거래법위원회는 국제거래법 분야에서 유엔의 핵심적인 법적 기구로서, 1966년 유엔총회에 의해 설립된 이래 40년 동안 국제거래에 관한 법규정을 현대화하고 조화시키려고 노력하고 있다. 위원회는 총회에서 선출된 60개 회원국으로 구성되어 있는데, 세계의 다양한 지역, 경제체제와 법제도를 대표할 수 있도록 구성되어 있고, 우리나라는 옵저버로 참여하다가 현재는 회원국으로서 참여하고 있다. 위원회는 국제거래에 관한 협약이나 모델법을 만들기도 하고 입법지침이나 권고안을 마련하기도 한다.

7) A/CN.9/186, paras. 26-28; A/CN.9/475, para. 5.

8) 이에 관한 포괄적인 설명으로는 법무부, 국제채권양도협약연구, 2002(석광현 집필).

따라서 우리 민법의 채권양도에 관한 규정과는 적용범위가 다르지만, 우리나라에서도 이를 수용할 것인지, 이를 수용한다면 어떠한 방식으로 국내법으로 수용할 것인지에 관하여 검토하여야 할 것이다.[9)]

한편 위원회는 유형자산과 무형자산에 적용되는 담보거래법이 필요하다고 보고, 이에 따라 담보거래를 현대화하기 위하여 담보거래에 관한 입법지침을 작성하기 시작하였다.[10)] 즉, 위원회는 2000년 제33차 회기에서 담보법에 관한 정책이 나라마다 다르기 때문에, 담보법에 관하여 유연한 접근방법이 타당하고, 협약 형식의 모델법보다는 유연한 입법지침을 정하는 것이 바람직하다고 하였다.[11)] 위원회는 2001년에 개최된 제34차 회기에서 사무국의 담보권에 관한 보고서[12)]를 심사하고 작업그룹을 구성하였는데,[13)] 제 6 작업그룹(Working Group Ⅵ)[14)]이 위원회의 결정에 따라 담보거래에 관한 입법지침 초안(Draft Legislative Guide on Secured Transactions)을 마련하고 있다.[15)]

---

9) 金載亨, "유엔債權讓渡協約의 國內法的 受容問題," 國際去來法硏究 제15집 제 1 호, 2006, 67면 이하.

10) Kieninger, "Introduction: security rights in movable property within the common market and the approach of the study," Kieninger ed., *Security Rights in Movable Property in European Private Law,* 2004, p. 25.

11) A/CN.9/475, para. 64; A/CN.9/WG.VI/WP.22, para. 1.

12) A/CN.9/496.

13) A/56/17, para. 346.

14) 위원회에는 6개의 작업그룹(Working Group; 실무그룹이라고 번역하기도 한다)이 있는데, 이는 위원회가 마련하고 있는 주제들에 대하여 실질적인 준비작업을 수행하기 위한 것이다. 모든 작업그룹은 위원회의 모든 회원국으로 구성되어 있다. 제 1 작업그룹은 조달(Procurement), 제 2 작업그룹은 국제중재와 조정(International arbitration and conciliation), 제 3 작업그룹은 운송법(Transport law), 제 4 작업그룹은 전자거래(Electronic commerce), 제 5 작업그룹은 도산법(Insolvency law), 제 6 작업그룹은 담보권(Security interests)을 맡고 있다.

15) 우리나라에서는 담보권이라는 용어를 사용하고 있으나, 위원회에서는 담보권(Security interests) 또는 담보거래법(Secured Transactions)이라는 용어를 사용하고 있다. 그리고 담보거래법에서 적용되는 범위는 동산, 채권 등 인적재산(personal property)의 담보에 한정되고, 부동산담보는 제외된다.

제 6 작업그룹은 제 1 차 회의를 2002년 5월 20일부터 24일까지 미국 뉴욕에서 개최한 이래 매년 2회 뉴욕과 오스트리아 빈에서 번갈아가며 회의를 개최하고 있다. 제10차 회의는 2006년 5월 뉴욕에서 개최되었고,[16] 제11차 회의는 2006년 12월 빈에서, 제12차 회의는 2007년 2월 뉴욕에서 개최되었다.[17] 또한 2002년 12월과 2004년 3월 두 차례에 걸쳐 도산법에 관한 입법지침(UNCITRAL Legislative Guide on Insolvency Law)[18]을 준비하고 있었던 제 5 작업그룹과 공동으로 회의를 개최하였는데, 담보거래법과 도산법을 조화시키는 것이 중요한 문제라고 보았기 때문이다.[19] 유엔국제거래법위원회는 2006년 6월 7일부터 7월 7일까지 뉴욕에서 개최된 제39차 회기에서 제 6 작업그룹이 마련한 지침 초안 중에서 담보거래법의 주요목표 등 중요한 부분을 승인하였는데, 나머지 부분은 2007년에 개최될 제40차 회기에서 채택될 것으로 전망된다.[20]

이 지침 초안[21]은 아직 완성된 것도 아니고, 현재 계속 작업을 진

16) 그 회의에 제출된 보고서는 유엔문서로 발간되고, 유엔국제거래법위원회의 홈페이지(http://www.uncitral.org/uncitral/en/commission/working_groups/6Security_Interests.html)에서 검색할 수 있다. 이에 관한 간략한 소개는 Rocks/Sawyer, Survey of International Commercial Law Developments During 2002, *BUS. LAW* Vol. 58, 1661-62(2003); Rocks/Sawyer, Survey of International Commercial Law Developments During 2003, *BUS. LAW* Vol. 59, 1666-67(2004); Rocks/Sawyer, Survey of International Commercial Law Developments During 2004, *BUS. LAW*, Vol. 60, 1750(2005) 참조.

17) A/CN.9/WG.VI/WP.28-Annotated provisional agenda; A/CN.9/WG.VI/WP.30—Annotated provisional agenda. 제11차 회의와 제12차 회의는 이 원고를 완성한 이후 개최되었기 때문에, 그 내용을 이 글에서 반영하지 못하였다.

18) 이 지침은 유엔국제거래법위원회에서 2004년 6월 25일 채택되었다. 이에 관해서는 http://www. uncitral.org/uncitral/en/uncitral_texts/insolvency/2004Guide.html.

19) A/CN.9/598/Add.2, para. 4. 담보거래에 관한 입법지침에서는 도산법에 관한 입법지침에 있는 권고를 따르되, 부가적인 권고를 추가하는 방안을 고려하고 있다.

20) A/61/17, paras. 13-86.

21) 이하에서 지침 초안을 편의상 지침이라고 표기하고 있으나, 이는 확정된 것

행하고 있는 중이지만, 비교법적 연구[22]를 토대로 담보거래법의 주요 주제[23]에 관하여 포괄적으로 다루고 있기 때문에, 그 동향을 주목할 필요가 있다. 이 지침을 완성하는 과정에서 그 내용이 수정되거나 추가될 수 있으나, 기본적인 골격이나 내용은 그대로 유지될 것으로 예상되므로 현재의 논의를 소개하는 것도 의미가 적지는 않을 것이다.

이 글은 이 지침 초안을 개괄적으로 소개함으로써 우리나라 담보법의 개혁논의에 대비하기 위한 것이다. 여기에서는 지침의 모든 내용을 다루지는 않고, 지침의 주요 특징을 보여 주는 주요목적, 담보거래법에 대한 일반적인 접근방법, 담보권의 성립, 담보권의 제 3 자에 대한 효력, 등록제도 등에 관하여 살펴보고, 우리나라의 담보법과 간략하게 비교하고 우리나라의 담보법 개혁에 어떠한 시사를 줄 수 있을지 검토해 보고자 한다.

을 가리키는 것이 아니라 논의가 진행중인 지침 초안을 가리킨다.

22) 이 지침은 국제거래법위원회와 다른 조직들의 작업을 기초로 하고 있는데, 이러한 선행 작업에는 유엔채권양도협약, 도산법에 관한 국제거래법위원회 입법지침, 2001년 11월에 승인된 이동장비에 관한 국제적 권익에 관한 협약, 1994년에 완성된 담보거래에 관한 유럽부흥개발은행의 모델법, 1997년에 완성된 현대 담보거래법에 관한 유럽부흥개발은행 일반원칙, 아시아 개발은행이 2000년에 작성한 아시아 담보거래법 개혁에 관한 연구, 2002년에 작성된 담보거래에 관한 미주기구 모델법, 1997년에 작성된 OHADA Uniform Act Organizing Securities 등이 있다. A/CN.9/WG.VI/WP.22/ Add.1, para. 20.

23) 이 지침은 담보거래법의 범위, 중요목적, 담보권에 대한 일반적인 접근, 성립, 공시와 우선권, 집행, 도산, 국제사법과 경과규정에 관하여 다루고 있다. 이 지침은 용어의 정의에 관한 규정을 두고 있는데, 이는 특정 법제도에서 사용하는 용어와 동일하더라도 다른 의미를 가질 수 있다. A/CN.9/WG.VI/WP. 29, para. 1.

Ⅱ. 主要 目的과 基本的 接近方法

1. 主要 目的

기업이든 소매상이든 모든 사업체는 운영, 성장 그리고 시장에서 성공적인 경쟁을 위해 운용자본이 필요하다. 擔保信用(secured credit)은 기업이 운용자본을 조달하는 가장 효과적인 수단 중의 하나이다. 기업의 자산을 담보로 제공하고 신용을 얻고 있는 경우에 기업이 채무를 이행하지 못하면 채권자가 담보로 제공된 자산에 대하여 집행할 수 있다. 따라서 채무불이행 위험이 감소되고, 기업은 더 많은 신용을 낮은 비용으로 이용할 수 있다. 그러므로 효율적인 담보거래법이나 도산법이 없는 나라에서는 신용거래와 관련된 법적 위험이 높기 때문에, 신용 비용이 증가한다.24)

효율적인 담보거래법의 이점은 두 가지 측면으로 구분해 볼 수 있다. 하나는 대출기관 등이 쉽게 신용을 제공할 수 있고, 중소기업 등의 발전과 성장을 촉진하며, 거래가 증가함으로써 경제적인 이윤이 증가한다. 다른 하나는 상품과 재화의 비용을 낮추고 낮은 비용의 소비자 신용을 보다 쉽게 이용하도록 함으로써 소비자에게도 이익이 된다. 이 지침을 채택할 경우에 비용이 들 수 있으나, 이 지침을 채택함으로써 발생하는 장단기적 편익은 이와 같은 비용을 훨씬 능가할 것이라고 한다.25) 또한 담보거래법이 제대로 작동하려면, 효율적이고 효과적인 사법제도, 집행 절차 및 도산법이 갖추어져 있어야 하기 때문에,26) 이 지침에서는 집행이나 도산에 관해서도 규정을 두고 있다.

24) A/CN.9/WG.VI/WP.22/Add.1, paras. 4-7.
25) A/CN.9/WG.VI/WP.22/Add.1, para. 3.
26) A/CN.9/WG.VI/WP.22/Add.1, para. 2.

이 지침은 낮은 비용으로 담보신용을 쉽게 이용할 수 있도록 담보거래법을 개정 또는 제정하려는 국가들을 돕기 위한 것이다. 기존에 담보거래법이 있었으나 이를 현대 금융거래에 맞게 개정하려는 국가뿐만 아니라, 아직 효율적이고 효과적인 담보거래법이 없는 국가들 모두 이 지침을 유용하게 이용할 수 있도록 하고자 한다.[27] 이 지침은 효과적이고 효율적인 담보거래제도의 목적을 다음과 같이 일목요연하게 제시하고 있다.[28]

⑴ 담보신용의 촉진

담보거래제도의 가장 기본적인 목적은 저비용의 신용 증가를 촉진하는 것이다. 담보가 있으면 담보가 없는 경우보다 채무불이행 위험이 감소되기 때문에, 신용거래를 위한 비용이 낮아진다.[29]

⑵ 신용거래에서 최대한의 자산 가치 활용

담보거래법이 성공적인 법제도로서 정착하려면 많은 기업들이 광범위한 신용거래에서 신용을 얻는 데 자산의 모든 가치를 이용하도록 하는 것이 필요하다. 이를 위하여 (i) 광범위한 자산(현재 및 장래의 자산을 포함한다)이 담보자산으로 이용될 수 있도록 하고, (ii) 광범위한 채권(장래 및 조건부 채권을 포함한다)이 담보권에 의해 담보될 수 있도록 하며, (iii) 그 제도의 이익을 누리는 범위를 채무자, 채권자, 신용거래에 광범위하게 확장하여야 한다.[30]

⑶ 간편하고 효율적인 방법에 의한 담보권 취득

효율적인 방법으로 담보권을 취득할 수 있다면 신용비용은 감소될 것이다. 지침은 담보권취득절차를 합리화하고, 거래비용을 줄이기 위한

27) A/CN.9/WG.VI/WP.22/Add.1, para. 1.

28) A/CN.9/WG.VI/WP.22/Add.1, paras. 37-47. 이 부분은 2006년에 나온 문서에서도 유사하다. A/CN.9/WG.VI/WP.27/Add.1, paras. 40-51.

29) A/CN.9/WG.VI/WP.22/Add.1, para. 38.

30) A/CN.9/WG.VI/WP.22/Add.1, para. 39.

방법을 다음과 같이 제시한다. 첫째, 불필요한 절차를 제거한다. 둘째, 여러 종류의 담보자산에 대하여 여러 가지 담보방법을 제시하기보다 담보권을 설정하는 단일한 방법을 마련한다. 당사자들이 나중에 서면을 작성하거나 다른 행위를 하지 않고도 장래의 자산에 대하여 담보권을 설정할 수 있고 장래의 채무를 담보하기 위해서도 담보권을 설정할 수 있어야 한다.[31)]

(4) 當事者自治(party autonomy)의 인정

효과적인 담보거래제도는 폭넓은 신용거래에 적용되고, 새로운 형태의 신용거래를 촉진하여야 한다. 따라서 당사자들이 자신들의 특정한 필요에 따라 신용거래를 할 수 있도록 강행규정(mandatory rule)을 최소한도로 정할 필요가 있다. 또한 담보거래제도가 소비자 등을 보호하는 법률을 무력하게 하지는 않는다.[32)]

(5) 다양한 채권자들에 대한 동등한 취급을 규정

모든 잠재적 채권자들 사이의 건전한 경쟁은 신용비용을 감소시키는 데 효과적인 방법이기 때문에, 담보거래제도가 내국인 채권자와 외국인 채권자뿐만 아니라 은행 및 기타 금융기관을 포함하는 다양한 채권자들에게 동등하게 적용되어야 한다.[33)]

(6) 非占有擔保權(non-possessory security rights)의 유효화

담보권을 설정함으로써 채무자 또는 기타 담보설정자(grantor)가 영업활동을 계속하기 어렵거나 불가능해서는 안 되기 때문에, 법제도는 광범위한 자산에 대하여 담보권의 존재를 공시하는 절차를 두고, 이를 이용한 비점유담보권을 규정하여야 한다.[34)]

31) A/CN.9/WG.VI/WP.22/Add.1, para. 40.
32) A/CN.9/WG.VI/WP.22/Add.1, para. 41.
33) A/CN.9/WG.VI/WP.22/Add.1, para. 42.
34) A/CN.9/WG.VI/WP.22/Add.1, para. 43.

(7) 예측가능성과 투명성을 제고함으로써 모든 당사자들에게 책임 있는 행동을 하도록 장려

당사자들이 담보거래와 관련된 법적 문제를 예측할 수 있어야 한다. 당사자들의 권리가 명확하고 투명하지 않다면, 법적 불확실성으로 말미암아 손실이 발생할 것이다.[35)]

(8) 명확하고 예측가능한 우선권규칙(priority rules)의 확립

채권자가 담보권을 설정받을 당시 채권자가 피담보재산에 대하여 자신의 권리가 다른 채권자들(도산관리인을 포함한다)보다 우선권이 있다는 사실을 확인할 수 없다면 담보권은 채권자에게 가치가 적거나 무가치한 것이 될 것이다. 그러므로 담보권을 등록하는 제도를 확립하고, 채권자들이 거래의 착수시에 믿을 만하고 비용이 적게 드는 방식으로 자신들의 담보권에 대한 우선권을 확정할 수 있도록 명확하게 규정을 하여야 한다.[36)]

(9) 예측가능하고 효율적인 방법으로 채권자의 권리실행을 촉진

채권자가 예측가능하고 효과적인 방법으로 담보권을 실행할 수 없다면 담보권은 채권자에게 가치가 적거나 무가치하게 될 것이다. 그러므로 채권자들이 담보권을 실행할 수 있는 절차를 마련해야 한다. 이러한 절차에 대하여 사법적 또는 공적 통제나 감독이 행해진다. 담보거래법과 도산법은 밀접한 관련이 있는데, 특히 도산절차에서도 담보권의 효력과 우선권을 존중하여야 한다.[37)]

(10) 이해당사자의 이익들 간의 균형

담보거래는 채무자 기타 담보설정자, 담보채권자와 우선채권자, 무담보채권자와 같은 경합채권자, 매수인 기타 양수인 및 국가의 이해관

35) A/CN.9/WG.VI/WP.22/Add.1, para. 44.
36) A/CN.9/WG.VI/WP.22/Add.1, para. 45.
37) A/CN.9/WG.VI/WP.22/Add.1, para. 46.

계에 영향을 미치기 때문에, 그들의 적법한 이해관계를 고려하고 위에 언급된 모든 목적을 균형 있게 달성할 수 있도록 하는 규정을 두어야 한다.[38)]

⑾ **國際私法 規定(conflict-of-laws rules)을 포함한 담보거래법의 조화**

지침에는 국제사법 규정을 두고 있는데, 이는 담보거래법들 사이의 조화를 위한 것이다. 그 결과 국제무역금융뿐만 아니라, 국가들 사이의 상품과 서비스의 이동이 촉진될 것이다.[39)]

2. 擔保去來法에 관한 基本的 接近方法

⑴ 담보거래법에 관한 각국의 다양한 접근방법

최근 여러 국제기구에서 담보거래법에 관한 새로운 규정을 마련하고 있고, 개별 국가에서도 담보거래에 관한 법제를 개혁하고 있다. 위원회는 이를 몇 가지 유형별로 정리하는 보고서를 작성하였는데,[40)] 여기에서는 개별 국가의 개혁내용에 관하여 살펴보고자 한다.

㈎ 담보권의 통일적 개념을 정하는 포괄적인 체제

㈀ 미 국

통일적이고 일반적인 담보권의 첫 번째 모델은 미국 통일상법전 제 9 장이다.[41)] 미국 통일상법전 제 9 장은 대륙법계에 속하는 루이지애나주를 포함한 미국의 모든 주에서 채택되었다. 통일상법전 제 9 장은 1999년에 전면적으로 개정되었는데, 특히 그 적용 영역을 확장하고,

38) A/CN.9/WG.VI/WP.22/Add.1, para. 47.

39) A/CN.9/WG.VI/WP.22/Add.1, para. 48.

40) 2000년에 나온 A/CN.9/475에 국제기구와 개별국가의 동향에 관하여 상세하게 소개되어 있고, 그 후 위 문서를 보충하는 의미에서 국제기구의 최근 동향을 소개하는 문서들이 나오고 있다. A/CN.9/565; A/CN.9/584; A/CN.9/598/Add.2 참조.

41) 이에 관해서는 위 註 3, 5 참조.

주 내에서 등록제도를 현대화하며, 담보제공자가 미국 내에 있지 않은 상황에 대해서 아주 세밀하게 규율하였다.

(ㄴ) **캐나다 등**

캐나다에서도 미국 통일상법전 제 9 장을 본받은 인적 재산 담보법(Personal Property Security Act)이 제정되었다. 1976년 온타리오법에서 최초로 인적 재산 담보법을 도입한 이래 모든 보통법 지역에서 위와 같은 법률을 제정하였다. 이러한 법률에서는 인적 재산(유형동산 및 채권 등의 권리가 포함된다)에 관한 모든 비점유담보권의 등록을 규정하고 있다. 1992년에는 대륙법 지역인 퀘벡주가 새로운 민법전을 채택하여 1994년에 발효되었는데, 인적 재산 담보에 관한 새로운 제도를 규정하였다. 이 제도는 대륙법 개념에 기초하고 있으면서도 미국 통일상법전 제 9 장과 기능상 유사하며, 미국 통일상법전 제 9 장에서 '담보권'으로 불리는 모든 담보방법에 대하여 통일적인 등록요건을 정하고 있다. 또한 뉴질랜드는 1999년 동산담보권에 관한 포괄적인 법률을 제정하였고, 유럽에서는 노르웨이(1980년)와 루마니아(1999년)가 미국 통일상법전 제 9 장과 같이 광범위한 자산과 담보권을 포함하면서 대부분의 비점유담보권 등록을 규정하는 포괄적인 법률을 제정하였다.[42)]

(나) **점유담보와 비점유담보를 별도로 규율하는 법률**

(ㄱ) **네덜란드 민법 등**

새로운 민법전이나 포괄적인 물권법을 제정한 많은 나라들에서는 전통적인 점유질과 새로운 형태의 비점유질이라는 두 가지 종류의 담보제도를 두고 있다. 그루지야(1997년), 네덜란드(1992년, 3편), 퀘벡(1992년), 러시아 연방(1994년), 헝가리(1959년, 1996년에 251조에서 269조까지 개정됨)의 민법전, 에스토니아의 1993년 물권법과 우크라이나의 1992년 담보법에서 이러한 접근방법을 따랐다.[43)]

---

42) A/CN.9/475, para. 25.

43) A/CN.9/475, para. 26.

(ㄴ) 중 국

중국의 담보법(1995년)은 질권에 관한 규정을 두고 있으나, 채권질, 채권양도 또는 소유권유보에 대해 다루고 있지 않고 있으며, 1999년의 계약법(제79조 내지 제83조)에서 채권양도를 규율하고 있다. 1995년 담보법에서 담보물의 주요 항목에 대해서는 반드시 등기를 하여야 하지만, 기타 항목들에 대해서는 임의적으로 등기를 할 수 있도록 하였다.[44)]

(ㄷ) 베 트 남

1999년 11월 베트남 정부는 담보거래에 관한 법령(decree)을 채택하였는데, 이는 1994년 채택한 민법전의 담보거래에 관한 규정을 보완한 것이다. 질권이나 저당권은 현재나 미래의 채무이행을 담보하기 위하여 계약 당시 소유하였거나 혹은 담보계약의 체결 후 취득한 재산에 설정할 수 있다. 법령은 비점유질이나 저당까지 허용하고 있으나, 그러한 담보는 베트남의 관할 등록 기관에 통지등록을 한 후에야 후순위 담보채권자를 포함한 제 3 자에게 대항할 수 있다. 나아가, 법령은 자력구제(즉, 법원에 의하지 아니한 집행)를 포함한 담보거래의 강제집행을 규율하고 있다. 베트남 정부는 2000년 말까지 담보거래의 등록에 관한 법령을 채택하겠다고 발표하였는데, 전산화된 통지등록제도를 도입하기 위한 것이다.[45)]

(다) 주요한 비점유담보권만을 규율하는 법률

비점유담보권을 규율하는 법령들을 제정한 나라들이 있는데, 이러한 나라들에서는 금융리스나 소유권유보(retention of title)에 관해서는 규정하지 않았다. 한편 등록을 요하지 않는 양도담보와 등록을 요하는 새로운 형태의 비점유담보권이 공존하고 있는 나라들이 있다. 그 이론적인 구성으로는 두 가지 방식이 이용되는데, 하나는 질권 개념에 기초한 것이고, 다른 하나는 담보채권자에게 담보물의 소유권을 완전히

44) A/CN.9/475, para. 27.
45) A/CN.9/475, para. 28.

양도하는 이른바 담보적 소유권(혹은 신탁적 양도) 개념에 기초한 것이다.[46]

㈀ **질권적 접근방법**

질권적 접근방법은 널리 이용되어 왔는데, 특히 불가리아(1996년), 칠레(1982년), 라트비아(1998년), 리투아니아(1997년)와 폴란드(1996년)에서 제정된 비점유담보에 관한 새로운 법들에서 나타난다. 이들 대부분의 나라들에서는 채권자 권리의 등록을 규정하고 있다. 반면 칠레 법에서는 제 3 자에 대하여 질권의 효력이 발생하려면 공보에 담보계약 초본을 공시하여야 한다.[47]

㈁ **소유권의 신탁적 양도**

담보물의 소유권을 채권자에게 신탁적으로 양도하는 방법은 브라질(1965년), 인도네시아(1999년)와 몬테네그로(1996년)에서 제정된 특별법들에서 사용되고 있다. 대체로 담보물의 소유권이 채권자에게 신탁적으로 양도되는데, 채권자의 지위는 질권적인 접근방법에서 담보채권자의 지위와 유사하다. 특히 채무자가 채무를 이행하지 않은 경우 수탁자는 단순히 담보물의 완전한 소유권을 차지하는 것이 허용되지 않고, 비점유질의 집행과 유사한 절차를 따라야 한다.[48]

㈑ **보다 포괄적인 담보방법, 특히 기업저당에 관한 법률**

담보권에 관한 새로운 입법의 주요 특징은 변동하는 내용물을 가진 집단, 특히 채무자의 재고에 관하여 담보권을 설정할 수 있도록 한 것이다. 이러한 목적은 담보권의 특정성 원칙을 완화하거나 기업에 대한 담보설정을 인정함으로써 달성될 수 있다. 스웨덴과 핀란드(1984년), 에스토니아(1996년)는 영국의 浮動擔保(floating charge)와 마찬가지로 실질적으로 기업의 모든 동산을 목적물로 포함하는 기업저당에

46) A/CN.9/475, para. 29.
47) A/CN.9/475, para. 30.
48) A/CN.9/475, para. 32.

관한 특별법을 제정하였다.[49)]

(마) 구입대금 담보제도에 관한 법

매도인이 물품을 판매하면서 그 대금을 지급받기 전까지 물품에 대한 소유권을 유보하는 것을 소유권유보부 매매라고 한다. 이와 달리 채무자가 물품을 구매하고 그 물품을 대출금에 대한 담보로 약정하는 방식으로 대출을 할 수도 있는데, 이것은 소유권유보부 매매와 경제적인 면에서는 거의 차이가 없다. 그러나 대부분의 법체계들은 이 두 가지 모델을 달리 취급해 왔다. 매수인에게 매매대금을 빌려 준 매도인은 전통적으로 특별한 보호를 누린다. 대부분의 민법전에서 매도인은 소유권유보의 권리에 따라 보호받거나 매매대금에 관한 채권에 대하여 우선권을 갖는다. 20세기의 민법들은 종종 매매대금이 변제되기 전까지는 양도된 물건의 소유권을 매도인에게 유보하는 것을 허용한다(예컨대 독일, 페루(1984년), 포르투갈(1967년), 퀘벡(1992년), 러시아 연방(1996년), 중국 계약법(1999년)). 반면 파라과이는 상인들에게 비점유등록담보권에 관한 합의에 따라 매매대금을 담보할 수 있도록 하고 있다(1985년 민법전). 만약 매도된 물건이 등록되어야 하는 것이면, 소유권유보도 등록되어야 하거나 그러한 소유권유보 조항이 특별한 방식을 갖추어야 한다. 대부분의 유럽국가에서 매수인이 매매대금을 변제하지 않아 매매계약을 위반할 경우 매도인은 소유자로서 양도된 물건의 반환을 청구할 수 있는 권리를 갖는다. 매수인이 파산한 경우에는 매도인이 환취권을 갖는다. 몇몇 국가에서는 양수인이 파산한 경우 이러한 권리에 명시적으로 효력을 부여하거나 이러한 권리의 행사를 규율하였다(예컨대 프랑스(1985년), 벨기에(1999년)). 미국 등 통일적인 담보권을 도입한 나라에서는 대금을 지급받지 못한 매도인이 매매목적물의 소유권을 유보하기로 약정한 경우에 소유권유보약정이 목적물에 대한 통일적인 담보권에 항상 우선하는 것은 아니고, 소유권유보약정의 효력이

49) A/CN.9/475, para. 33.

제한된다. 그러나 모든 나라에서 구입대금을 담보하는 담보권이 구입대금 아닌 채권보다 우월한 지위를 갖는 것은 아니다.[50)]

(바) 채권양도에 관한 법제도

몇몇 유럽국가에서는 채권양도에 관한 법률을 개정하거나 새로운 법률을 제정함으로써, 채권양도에 대한 규정들이 기업금융의 현대적인 요청에 부합하도록 하였다. 특히 채권양도의 제 3 자에 대한 효력요건으로 채무자에 대한 통지를 요구하던 것을 폐지(벨기에 1998년)하는 등 채권양도의 요건을 완화하였다.[51)]

(2) 擔保去來法에 관한 基本的인 接近方法과 기타 一般 規定

이 지침에 포함된 권고사항은 담보목적으로 이용되는 모든 형태의 동산에 대한 권리에 대하여 통합적이고 일관된 방식으로 담보거래법이 적용되는 것을 목표로 하고 있다.[52)]

(가) 통합적 · 기능적 접근방법

법은 유무형의 동산에 대한 담보권에 관하여 통합적으로 규율하여야 한다. 법은 담보 기능을 수행하는 모든 수단을 담보거래로 취급하여야 한다. 담보목적의 소유권 이전이나 채권양도, 소유권유보, 금융리스와 할부구매 계약을 포함한다. 다만 취득금융제도나 소유권유보부 매매 등에 관해서는 비통일적 접근방법이 고려되고 있다.[53)]

소유권유보부 매매, 구입대금 담보권, 금융리스는 중소기업에서 유용한 금융조달수단으로 기능하는데, 모두 동산을 취득하기 위한 금융수단이기 때문에, 취득담보권(acquisition security right)이라고 한다. 이러한 담보제도를 통일적으로 규율할 것인지, 담보권으로 규정하지는 않고 그 내용만을 담보권과 유사하게 규율할 것인지 논란이 되었다.

50) A/CN.9/475, paras. 34-35.

51) A/CN.9/475, para. 36.

52) 이 부분은 논의의 진행과정에서 다소 변동이 있다. A/CN.9/WG.VI/WP.21, p. 4와 A/CN.9/WG.VI/WP.29, paras. 8-11을 비교.

53) A/CN.9/WG.VI/WP.29, para. 8.

소유권유보부 매매, 구입대금 담보, 금융리스에서 금융제공자의 권리를 '담보권(security rights)'의 정의에 포함하고, 이러한 권리에 대하여 담보권에 관한 법률을 직접 적용함으로써 담보권으로 취급하는 것을 통일적 접근방법(unitary approach)이라고 한다. 이는 담보기능을 수행하는 모든 수단을 담보권의 단일 개념에 포함시키는 방식이다. 그와 달리 그러한 권리들(또는 그들 중 일부)을 '담보권'에서 배제하고, 담보권과 유사한 방식으로 규율하는 방식을 비통일적 접근방법(non-unitary approach)이라고 한다. 이는 소유권유보 기타 유사한 담보를 별도로 규정하면서 최대한 담보거래법과 동일하게 규율하는 방식이다. 소유권유보 등은 도산절차와 집행절차에서 문제되는데, 개별 국가가 통일적 접근방법 또는 비통일적 접근방법을 채택할 수 있는지는 아직 확정이 되지 않았다.[54]

(나) 당사자 자치

담보채권자, 담보설정자, 채무자는 약정으로 당사자의 권리의무에 관한 규정과 다르게 정할 수 있음을 규정해야 한다. 그러한 약정은 합의의 당사자가 아닌 제 3 자의 권리의무에 영향을 미치지 않는다.[55]

(다) 전자적 의사표시

의사표시나 계약을 서면으로 하거나 서명을 해야 하는 경우에 전자적 의사표시로 대신할 수 있다.[56] 초기에는 전자적 의사표시에 관한 규정이 없었으나, 최근에 이에 관한 규정이 들어갔다.

Ⅲ. 適用範圍

담보거래법의 적용범위에 관한 규정은 법을 적용받는 당사자, 담

54) A/CN.9/WG.VI/WP.21/Add.4; A/CN.9/WG.VI/WP.29, paras. 172, 192.
55) A/CN.9/WG.VI/WP.29, para. 9.
56) A/CN.9/WG.VI/WP.29, paras. 10-11.

보권, 피담보채권과 자산을 명확하게 하기 위한 것이다.

1. 擔保權의 種類

이 지침에서 규율하는 담보권[57]은 원칙적으로 부동산을 제외한 인적 재산(personal property)[58]에 대한 약정담보권(consensual security rights)이다.[59] 인적 재산에는 동산과 채권 등의 권리가 포함되고, 약정담보권은 계약으로 설정한 담보권을 말한다. 하나의 자산이 약정담보권과 비약정담보권(non-consensual security rights)[60]의 대상이 되고, 두 담보권 사이에 상대적인 우선권을 정해야 하는 경우가 있다. 이러한 경우에 한하여 지침은 비약정담보권에 관해서 다루고 있다.[61] 또한 이 지침은 점유담보권과 비점유담보권을 모두 다루고 있고, 담보목적으로 채권을 양도하는 경우에 적용될 뿐만 아니라, 담보목적이 아닌 단순한 채권양도에도 원칙적으로 적용된다.[62]

한편 소유권유보, 양도담보, 금융리스를 담보권으로 취급할 것인지 문제된다. 이들은 통상의 담보권과는 다르지만 신용을 담보하려는 목적으로 이용된다. 소유권유보부 매매는 물건을 외상으로 판매한 매도인이 그 대금을 모두 수령할 때까지 그 대금의 지급을 담보하기 위하여 소유권을 유보하는 것이다. 양도담보는 담보목적으로 소유권을 이

57) '담보권(Security right)'은 하나 내지 그 이상의 채무의 변제 기타 이행을 담보하는, 유·무형 동산과 정착물에 대한 약정재산권을 말한다. 당사자들이 담보권이라고 표시하였는지는 상관없다. A/CN.9/WG.VI/WP.29, para. 3(a).

58) 이를 유·무형 동산("tangible or intangible movable property")이라고 한다.

59) Bazinas, "The UNCITRAL Draft Legislative Guide on Secured Transactions Ⅰ," 國際去來法硏究 제12집, 2003, p. 141.

60) 법률에서 규정된 法定擔保權(statutory lien)이나 사법절차에서 발생하는 司法擔保權(judicial lien)이 이에 해당한다. 미국에서는 우리나라와 달리 판결에 기하여 담보권이 성립하는 것을 인정하고 있다. Honnold/Harris/Mooney, Jr., *Security Interests in Personal Property,* 3rd ed., 2001, pp. 15-17.

61) A/CN.9/WG.VI/WP.22/Add.1, para. 9.

62) A/CN.9/WG.VI/WP.21, p. 3; A/CN.9/WG.VI/WP.29, paras. 2-3.

전하는 방법으로, 매수인이 신용을 얻기 위하여 담보권을 제공하는 대신 채권자에게 완전한 소유권을 이전한다. 담보 목적으로 동산을 양도하는 경우를 동산양도담보라고 부르고, 채권을 양도하는 경우를 채권양도담보라고 부른다. 금융리스도 담보 목적으로 이용되고 있다. 이와 같이 소유권유보부 매매, 양도담보, 금융리스는 경제적으로 담보권과 동일한 기능을 수행하는데, 이 지침에서는 이들을 담보권으로 규율하거나, 아니면 담보권과 유사하게 규율하려고 한다.[63)]

지침은 '취득담보권(acquisition security right)'이라는 용어를 사용하고 있는데, 이는 자산의 구매대금 중에서 미지급 부분을 지급하는 채무 또는 담보제공자에게 그 자산을 획득할 수 있게 한 다른 채무를 담보하는 자산에 대한 담보권을 의미하는 것으로, 소유권유보부 매매, 금융리스 등이 포함된다.[64)] 이는 미국의 구매대금담보권과 유사하나 이보다 넓은 개념이라고 할 수 있다.

2. 담보물의 종류

이 지침에서 규율하려는 담보물은 매우 포괄적이다. 원칙적으로 모든 종류의 자산에 대하여 담보권을 설정할 수 있도록 하고자 한다.

담보목적물은 유·무형의 동산(tangible or intangible movable property)이라고 규정하고 있는데,[65)] 이 용어는 동산과 채권 등을 포함하는 의미로 사용되고 있다. 유형동산(tangible property)에는 재고품, 설비, 부착물, 유가증권 등이 포함되고,[66)] 무형동산(intangible property)에는

63) A/CN.9/WG.VI/WP.29, para. 3(b). 통일적 접근방법과 비통일적 접근방법에 관해서는 위 Ⅱ. 2. (2)(다) 참조.

64) A/CN.9/WG.VI/WP.22/Add.1, paras. 16; A/CN.9/WG.VI/WP.27/Add.1, p. 8; A/CN.9/WG.VI/WP.29, para. 3(b).

65) A/CN.9/WG.VI/WP.29, para. 3(h).

66) 그러나 비행기, 철도, 선박 등에는 적용되지 않는다. A/CN.9/WG.VI/WP.29, para. 4.

채권(receivable)[67]과 비금전채무의 이행에 관한 권리가 포함된다.[68] 예외규정이 없는 한 현존하는 자산뿐만 아니라 장래의 자산을 포함한 모든 형태의 자산이 담보권의 대상이 될 수 있다.[69] 담보약정 당시 존재하지 않는 자산이나, 처분권이 없는 자산에 대해서도 담보권을 설정할 수 있다.[70] 담보계약 체결 이후에 취득하는 자산에 대해서도 당사자들이 추가적인 서류를 작성하는 등의 행위를 하지 않고 담보권을 설정할 수 있어야 한다. 이 접근방법은 장래의 채권에 대하여 부가적 조치 없이 담보권을 설정할 수 있도록 규정한 유엔채권양도협약과 일치한다. 또한 이미 몇몇 법제도에서는 기업저당이나 유동담보제도가 있는데, 이와 같이 하나의 담보약정으로 기업에 현존하는 자산과 장래의 자산을 한꺼번에 담보로 제공할 수 있는 담보권을 허용할 것이 권고된다.[71]

그러나 부동산, 증권(securities), 임금 등에 대하여는 이 지침이 적용되지 않는다.[72] 부동산은 정착물을 제외하고는 특별한 권원등록제도가 적용되기 때문에, 이 지침에서 제외하였다. 임금에 대한 담보권은 허용되지 않는데, 이것은 개인과 가정생활을 보호하는 정책에서 나온 것이다. 그 밖에 정책적 목표를 달성하기 위하여 담보물에서 배제하기 위해서는 법률에 명확한 규정을 두어야 하는데, 이러한 경우 그와 같이 배제함으로써 달성하려는 이익과 낮은 비용으로 신용을 쉽게 이용할 수 있도록 하는 이익을 서로 비교형량하여야 한다.[73]

선박, 비행기와 같은 자산에 대해서는 그 전부 또는 일부를 특

67) 채권이라는 이 용어는 작업과정에서 수정되었는데, 최근의 정의에 의하면 금전채권의 지급에 관한 권리, 약정에 의한 비금전채무의 지급에 관한 권리를 포함한다. A/CN.9/WG.VI/WP.29, para. 3(p).
68) A/CN.9/WG.VI/WP.29, para. 3(h), (i), (o).
69) A/CN.9/WG.VI/WP.22/Add.1, para. 9.
70) A/CN.9/WG.VI/WP.21, para. 13.
71) A/CN.9/WG.VI/WP.22/Add.1, para. 15.
72) A/CN.9/WG.VI/WP.21, p. 3; A/CN.9/WG.VI/WP.29, paras. 5-7.
73) A/CN.9/WG.VI/WP.22/Add.1, paras. 10-11.

별법에서 규정하고 있다. 이에 관해서도 이 지침이 적용될 수 있지만, 특별법과 담보거래법 사이에 모순이 있는 경우에는 특별법이 우선적으로 적용된다. 지적재산권에 관해서는 이 지침에 포함시킬 것인지 여부에 관하여 논란이 되었다.[74] 위원회는 담보거래에서 지적재산권의 중요성을 인정하고 지침에 지적재산권에 관해서도 규율하기로 하였다.[75]

3. 被擔保債權의 範圍

담보권은 넓은 범위의 채무, 즉 금전채무와 비금전채무를 모두 담보할 수 있어야 한다.[76] 담보권은 장래의 채권, 조건부 채권, 변동하는 채권을 포함하여 모든 종류의 채권을 담보할 수 있다고 명시하여야 한다.[77] 피담보채권을 일정한 종류로 제한하면, 채무의 종류에 따라 다른 담보제도가 존재하게 될 것이다. 이는 법의 확실성과 투명성의 견지에서 바람직하지 않을 것이다. 그리하여 피담보채권의 범위에 관하여 아무런 제한을 하지 않고 있다.[78]

채무자는 개인일 수도 있고, 회사일 수도 있다. 따라서 자연인과 법인, 기업이나 소비자 모두 포함된다. 또한 담보채권자는 개인이거나 소비자이거나 채권자 단체일 수 있다.[79] 따라서 이 지침은 소비자거래에도 적용될 수 있으나, 소비자보호법을 폐지하거나 영향을 미칠 것을

74) A/CN.9/WG.VI/WP.22/Add.1, paras. 12-14.

75) 위원회는 지적재산권의 담보에 관한 지침을 작성하는 과정에서 세계지적재산권기구(WIPO)와 협력을 하고 있고, 담보거래법과 지적재산권의 전문가들이 공동회의를 개최하기도 하였다. A/CN.9/WG.VI/WP.27/Add.1, p. 13; A/CN.9/598/Add.2, paras. 39-42.

76) A/CN.9/WG.VI/WP.22/Add.1, para. 16; A/CN.9/WG.VI/WP.29, p. 13.

77) A/CN.9/WG.Ⅵ/WP.21, para. 13.

78) Bazinas(註 59), p. 142.

79) Bazinas(註 59), p. 142.

의도하고 있지는 않으므로 담보거래에 소비자보호에 관한 법률이 적용될 수 있다.[80]

Ⅳ. 擔保權의 成立

1. 擔保權의 成立과 優先權의 구별

담보권의 성립과 우선권을 구분할 것인지, 담보권의 성립을 위하여 담보약정 이외에 별도의 요건을 부가할 것인지 문제된다. 입법례를 보면 대부분의 대륙법계 국가에서는 담보권의 성립을 위하여 담보약정 이외에 인도, 통지, 등록과 같은 부가적인 요건을 요구하고 있다.[81] 이들 국가에서 물권이 모든 사람에 대하여 배타적 효력이 있다는 점은 본질적인 요소에 해당한다. 담보권이 성립되었을 때 모든 사람에게 효력이 발생하고, 거기에는 우선권의 문제가 발생하지 않는다. 이와 달리 미국 통일상법전 제 9 장의 담보거래법에서는 담보권의 성립과 우선권을 구분하는 방식을 채택하고 있고, 캐나다와 뉴질랜드도 이 방식을 채택하고 있다.

이 지침은 담보권의 성립과 우선권을 구별하는 접근방법을 채택한다. 담보권의 성립은 담보약정 당사자인 담보채권자와 채무자 사이의 문제이고, 우선권은 제 3 자에 대한 문제이다.[82] 따라서 담보권의 성립

80) A/CN.9/WG.VI/WP.21, p. 3; A/CN.9/WG.VI/WP.22/Add.1, para. 18.

81) 가령 우리 민법 제188조.

82) 담보채권자들과 우선특권자들 사이에 우선권이 충돌하는 경우가 있다. 먼저 피고용인의 임금채권이나 국가의 조세채권은 1순위 담보채권자보다 우선권을 갖는 나라들이 있다. 임금채권이나 조세채권에 우선특권을 부여하는 것이 단점이 많은지 장점이 많은지 비교형량하여야 한다. 그러한 특권을 제한하고 그 이전에 등록된 담보권에는 영향을 미치지 않는다고 정하고 있는 나라도 있고, 이러한 우선특권을 부여하되, 그 우선권은 등록순서에 의하도록 정하는 나라도 있다. 국내 입법자들이 이러한 우선특권을 부여할 것인지 결정할 수 있으

에는 담보약정만으로 충분하고, 추가적인 요건이 필요하지 않다.[83] 그 이유에 관하여 다음과 같이 설명한다.

우선권의 개념은 자산가치를 완전하게 이용하는 데 중요하다. 담보권 설정 당시에 대세적인 효력이 있는 담보권이 성립된다면, 담보채권자는 모든 사람에 대하여 우선권을 가질 것이다. 이러한 경우에 채무자는 다른 사람으로부터 신용을 얻기 위하여 담보를 목적으로 동일한 자산을 사용하는 것이 곤란해질 것이다. 여기에는 우선권 개념은 없다. 그 결과 채무자가 자산의 가치에 대하여 갖는 경제적 이익이 감소한다. 우선권이라는 개념을 정립함으로써, 채무자는 동일한 자산에 순위를 정하여 많은 채권자에게 담보로 제공할 수 있다. 이러한 방식으로 채무자는 서로 다른 채권자로부터 신용을 얻기 위하여 자산의 완전한 가치를 사용하는 것이 가능하게 된다.[84]

그러나 담보권의 성립과 우선권을 구분해야만 자산의 완전한 가치를 이용할 수 있다는 설명이 타당한 것은 아니다. 대륙법계에서도 담보권의 순위를 정할 수 있기 때문이다. 우리나라에서 현재는 동산이나 채권에 대한 담보권을 설정할 때 우선순위를 정하지 못하지만, 동산담보나 채권담보에 관하여 등록제도를 도입한다면 순위를 정할 수 있을 것이다.

2. 擔保約定

담보약정이 있으면 담보권이 성립한다는 명문 규정을 두어야 한

나, 이것이 투명하고 제한적으로 정해져 있어야 한다. 담보채권자와 파산관재인 사이의 충돌도 중요한 문제이다. 담보권의 효력이나 우선권은 도산법에 의하여 변경되어서는 안 된다는 것이 원칙이다. 다만 사해행위에 대하여 부인권을 행사하는 경우 등 일정한 예외가 있다. 원칙적으로 담보권의 경제적 가치는 도산절차에서도 유지되어야 한다. Bazinas(註 59), p. 151.

83) A/CN.9/WG.VI/WP.29, paras. 33-34.

84) Bazinas(註 59), p. 147.

다. 이는 우리나라에서 동산에 관한 담보약정만으로는 담보권이 성립하지 않고 점유의 이전이 있어야 질권이나 양도담보가 성립한다고 하는 것과 다르다. 따라서 담보약정은 채권자와 채무자 또는 제 3 자 사이에 담보를 성립시키는 약정이다. 이러한 담보약정이 있으면 채권자는 담보권이라는 물권을 취득한다.

담보약정에는 당사자의 특정, 피담보채무의 기재, 담보자산의 기재, 담보제공자의 서명, 약정일자의 표시가 필요하다.[85] 지침에서는 서면의 담보약정이 필요하다고 하는데,[86] 전자 통신의 방법으로 서면요건을 충족할 수 있다.[87] 담보약정에는 당사자, 즉 담보설정자와 담보권자를 특정하고 담보재산과 피담보채권을 합리적으로 기재하여야 한다.[88]

점유담보권에서는 담보약정과 점유의 이전이 있어야 하는데, 담보채권자 또는 담보채권자를 위하여 자산을 보유하는 제 3 자에게 담보목적물에 대한 점유를 이전해야 한다고 규정해야 한다. 여기에서 제 3 자라 함은 담보설정자나 담보설정자의 대리인 또는 피용자 이외의 자를 의미한다.[89] 그러나 비점유담보권은 담보약정만으로 성립한다.

원칙적으로 모든 종류의 동산에 담보를 설정할 수 있다. 여기에는 두 가지 예외가 있다. 첫째, 주식 등 증권에 대해서는 다르게 취급하여야 한다.[90] 둘째, 선박, 항공기에 관해서는 별도의 등록제도가 있기 때문에, 이 지침에 포함시키지 않고 있다.

장래의 채권도 채권 발생시 특정될 수 있다면 양도인과 양수인 사

85) A/CN.9/WG.VI/WP.2/Add.4, paras. 35-36.

86) 그러나 논의과정에서 담보약정의 방식을 제한할 필요가 없다는 견해도 있었다고 한다. Bazinas(註 59), p. 135.

87) 전자거래에 관한 UNCITRAL 모델법 제 6 조. A/CN.9/WG.Ⅵ/WP.21, para. 12.

88) A/CN.9/WG.VI/WP.2/Add.4, para. 56.

89) A/CN.9/WG.Ⅵ/WP.21, paras. 8-9.

90) 이에 관해서는 사법통일을 위한 국제협회(UNIDROIT)가 초안을 준비하고 있다.

이에서 양도할 수 있고, 채무자에 대하여 효력이 있다.[91] 채권양도를 금지하는 조항이 있더라도 채권양도로서의 효력이 있다. 채권양도금지의 약정을 위반한 경우 양도인에게 일정한 책임을 부과하는 규정이 있는 때에도 상대방은 양도인의 약정 위반만을 이유로 양도된 채권을 발생시키는 계약이나, 양도계약 자체를 취소할 수 없다. 상대방이 그러한 약정을 알고 있었다는 이유만으로 책임을 지지 않는다.[92]

채권양도의 경우에 채권의 지급을 담보하거나 보증하는 인적 또는 물적 권리는 새로운 이전 행위가 없어도 양수인에게 이전된다. 이는 부수적 담보권이 피담보채권에 자동적으로 수반된다는 원칙을 반영한 것이다. 그러나 개별 국가의 법률에서 담보권에 관한 새로운 이전행위가 있어야만 담보권이 이전된다고 정하고 있다면, 양도인은 담보권이나 그 수익을 양수인에게 이전할 의무를 진다.[93]

몇몇 국가에서 기업저당 또는 부동담보에 관하여 규율하고 있다. 채무자의 모든 자산에 대하여 담보권을 설정할 수 있는지 여부는 중요한 문제이다. 왜냐하면 채권자의 담보권의 효력이 모든 유형의 자산에 미치면, 채권이 좀 더 확고하게 담보되므로, 저렴한 비용으로 더 많은 신용을 제공할 수 있기 때문이다. 그러나 기업저당이나 부동담보에는 문제점도 있다. 이러한 담보권을 통하여 한 사람의 담보채권자가 채무자의 모든 자산을 독점할 수 있고, 특히 도산의 경우에 무담보채권자는 전혀 보호받지 못할 수 있다. 지침에서는 담보제공자의 모든 자산에 대하여 담보권을 설정할 수 있도록 하고 있다.[94] 한편 도산의 경우에 채무자의 자산 중 일부분이 무담보채권자의 만족을 위하여 제공되어야 할 것인지 논란이 되고 있으나,[95] 지침은 이러한 방법을 권고하

91) UN 채권양도협약 제8조; A/CN.9/WG.Ⅵ/WP.21, para. 14.
92) A/CN.9/WG.Ⅵ/WP.21, para. 15.
93) A/CN.9/WG.Ⅵ/WP.21, para. 16.
94) A/CN.9/WG.VI/WP.29, para. 17.
95) 영국과 스웨덴에 유동담보제도가 있는데, 최근 이와 유사한 규정을 두고 있다고 한다. Bazinas(註 59), p. 146.

지 않기로 하였다.[96)]

담보자산에 대한 담보권은 법률에서 규정한 바에 따라 수익(proceeds)[97)]에도 미친다. 그러나 담보약정에서 이와 달리 정할 수 있다.[98)] 수익에는 법정과실과 천연과실도 포함된다. 또한 부동산 부착물[99)]이나 동일성을 상실하지 않은 동산 부착물에 대하여 담보권을 설정하거나 계속 유지할 수 있다고 규정해야 한다.[100)] 그러나 동일성이 상실될 정도로 다른 동산과 물질적으로 혼합된 동산에 대하여는 담보권을 설정할 수 없다고 규정하여야 한다.

만일 담보자산이 다른 산물(products)이나 혼합물(masses of goods)의 일부가 된다면, 담보권은 그 산물이나 혼합물에 미친다. 이러한 경우 담보권이 미치는 범위에 관하여 논란이 있다.[101)]

당사자들 사이에 다른 약정이 없는 한 담보 약정이 체결되거나 담보목적물이 담보채권자에게 인도된 때 당사자 사이에서 담보권의 효력이 발생한다고 규정해야 한다.[102)] 장래의 재산에 대한 담보권은 담보설정자가 이러한 재산에 대한 권리를 취득한 때 성립한다. 또한 담보

96) A/CN.9/WG.VI/WP.29, para. 17.

97) 담보자산과 관련하여 수령한 것이면 무엇이든지 수익에 포함된다. 예를 들면 담보자산에 관한 처분대금, 추심대금, 이용료, 보험금, 손해배상금 등을 들 수 있다. A/CN.9/WG.VI/WP.29, para. 3(jj). proceeds를 대금이라고 번역하기도 하는데, 정확한 것은 아니다. 대상 또는 대위물이라고 번역할 수도 있으나, 우리 민법에서는 담보목적물이 멸실, 훼손된 경우에만 물상대위를 인정하고, 처분이나 임대의 경우에는 물상대위를 인정하지 않고 있기 때문에 혼동의 우려가 있다. 여기에서는 proceeds라는 용어에 충실하게 수익이라는 번역어를 사용한다.

98) A/CN.9/WG.Ⅵ/WP.21, para. 29.

99) 초기에는 "fixtures"라는 용어를 사용하였으나, 최근에는 "attachments"라는 용어를 사용한다. A/CN.9/WG.VI/WP.29, para. 3 (l), (m).

100) A/CN.9/WG.Ⅵ/WP.21, para. 31.

101) A/CN.9/WG.Ⅵ/WP.21, para. 32. 비례로 인정할 것인지, 아니면 담보자산이 물질적으로 다른 동산과 혼합된 시점의 담보자산의 가치까지 인정할 것인지 문제된다.

102) A/CN.9/WG.Ⅵ/WP.21, para. 33.

설정자가 담보로 제공된 재산을 취득하지 못하더라도 이를 처분할 권리를 취득하는 경우에도 담보권이 성립할 수 있다.[103]

3. 被擔保債務

통상 담보권은 피담보채무에 부종한다. 이는 담보권의 효력과 내용이 피담보채무의 효력과 내용에 따라 결정된다는 것을 의미한다. 특히 담보권의 내용은 피담보채권을 한도로 한다. 그러나 당사자가 합의한 경우 감축될 수 있다. 그런데 현대 금융실무에서 담보권이 피담보채권과 어느 정도 독립적일 것을 요구하기 때문에 부종성 원칙에 대한 제한이 필요할 수 있다. 그러나 부종성 원칙은 여전히 담보 신용법의 주요 원칙 중의 하나이다.[104]

피담보채무는 통상 금전채무이다. 그러나 동산의 인도 등 비금전채무의 이행을 담보할 필요성도 있다. 따라서 비금전채무라고 하더라도 집행시에 금전채무로 전환될 수 있는 경우에는 피담보채무가 될 수 있다.[105] 담보권이 성립하기 이전 또는 그와 동시에 발생한 채무를 담보하는 것은 아무런 문제가 없다. 여기에서 나아가 장래의 채무, 즉 담보권의 성립 후에 발생하는 채무를 담보할 필요성이 높아지고 있다. 많은 나라에서 장래의 채무에 대한 담보를 인정하고 있다. 그런데 이것이 담보권의 부종성 원칙과 합치되는지 문제된다. 담보권의 성립과 피담보채권의 발생 사이에 시차가 발생하기 때문이다.[106] 해제조건부 채무는 현재의 채무로서 별다른 문제가 없다. 그러나 정지조건부 채무는 원칙적으로 장래의 채무와 같이 취급된다.[107]

103) A/CN.9/WG.Ⅵ/WP.21, para. 34.
104) A/CN.9/WG.VI/WP.2/Add.4, para. 4.
105) A/CN.9/WG.VI/WP.2/Add.4, para. 8.
106) A/CN.9/WG.VI/WP.2/Add.4, para. 8.
107) A/CN.9/WG.VI/WP.2/Add.4, paras. 10-12.

어떤 나라에서는 피담보채무를 기재하거나 최고액을 설정하도록 하고 있다. 이는 채무자를 보호하기 위한 것이라고 한다. 그러나 이와 같이 제한함으로써 신용을 제공받을 수 있는 가능성을 제한하거나 신용비용을 증가시키는 결과를 초래할 수 있다. 그리하여 현대의 법제도에서는 특별한 기재를 요구하지 않고, '총액' 조항을 두지도 않거나, 혹은 적어도 피담보채무에 대한 최고 한도를 정하지 않고 있다.

담보채권자는 자신이 가지고 있는 채권보다 더 많이 청구할 수는 없고, 채무가 완전히 담보되는 경우에는 채무자에게 더 유리한 신용조건이 제공될 수 있다.[108] 피담보채무의 액수가 증감하는 경우에도 담보권을 설정할 수 있다.[109] 피담보채무를 특정하여 기재하는 것이 항상 요구되는 것은 아니다. 그러나 담보약정에 따라 피담보채무 및 그 액수에 관하여 확정해야 할 때는 언제나(예를 들어 담보채권자에 의한 실행시 혹은 채무자의 다른 채권자에 의한 강제집행시) 확정되어 있거나 확정될 수 있어야 한다.[110]

4. 擔保資産

담보목적물을 제한할 수 있다. 특히 임금은 담보목적물로 제공할 수 없다. 그러나 특별한 공공정책상의 이유가 없는 한 모든 유형의 재산에 대하여 담보권을 설정할 수 있어야 한다. 채무자가 담보채권자에 대하여 별도의 금전채권을 갖고 있는 경우에 이와 같은 금전채권도 담보로 제공될 수 있다.[111]

장래의 재산이 담보로 제공될 수 있는지는 매우 중요한 문제이다. 장래의 재산은 추후에 취득하는 재산을 포함하는 의미로 사용된다. 담

108) A/CN.9/WG.VI/WP.2/Add.4, paras. 13.
109) A/CN.9/WG.VI/WP.2/Add.4, paras. 14.
110) A/CN.9/WG.VI/WP.2/Add.4, paras. 16.
111) A/CN.9/WG.VI/WP.2/Add.4, paras. 17-18.

보약정 당시에 이미 존재하지만, 채무자가 소유하고 있지 않거나 처분할 수 없는 재산이 포함되고, 담보약정 당시에는 아직 존재하지 않는 재산도 포함된다. 두 가지 입법례가 있다. 첫째, 장래 재산에 대한 담보약정을 부정하는 입법례가 있다. 물권법의 특정성 원칙에 배치된다는 것이다. 또한 장래 재산에 대한 처분을 광범위하게 허용하면, 채무자가 추가적인 담보신용을 얻기 어렵고 채무자의 재산에 과도하게 부담이 될 수 있다. 또한 채무자의 무담보채권자가 채권의 만족을 얻을 가능성이 현저히 줄어든다.[112] 둘째, 당사자들 사이에 담보제공자의 장래 재산에 관하여 담보약정을 하는 것을 허용하는 나라가 있다.[113] 이 경우 채무자가 그 재산의 소유자가 되거나 기타 처분권을 취득한 경우에 한하여 효력이 발생한다.[114] 이와 같은 담보목적물에는 재고자산, 원재료 등 동산이나 계속적 계약관계에서 나오는 채권이 속한다. 장래의 재산에 대하여 하나의 담보약정을 하면 충분하다. 그렇지 않으면 담보제공자가 재산을 취득할 때마다 담보약정을 새롭게 하여야 하고, 거래비용이 증가될 것이다. 한편 담보가치가 피담보채무액을 현저히 초과하는 경우에 과잉담보의 문제가 발생한다. 담보권의 부종성의 원칙에 따라 담보채권자는 담보목적물에서 피담보채권, 이자, 비용, 손해배상액만을 변제받을 수 있다. 동일 재산에 대하여 순위가 다른 복수의 채권자에게 담보를 설정할 수 있는 경우에는 문제가 줄어든다. 그렇지 못한 경우에는 피담보채무의 최고액을 두거나, 담보를 피담보채권액과 일치하도록 감소시키는 방법이 있다.[115]

몇몇 나라에서 인정하고 있는 기업저당의 유형은 두 가지로 구분

112) A/CN.9/WG.VI/WP.2/Add.4, paras. 19-23.

113) 우리나라의 집합동산양도담보 또는 집합채권양도담보가 이에 해당한다. 여기에서 나아가 담보목적물을 현재 및 장래의 모든 재산이라고 기재해도 된다고 하는 나라도 있다. A/CN.9/WG.VI/WP.2/Add.4, para. 24.

114) 유엔채권양도협약은 이러한 접근방법을 채택하고 있다(제 8 조 제 2 항 및 제 2 조 a항 참조).

115) A/CN.9/WG.VI/WP.2/Add.4, para. 26.

해 볼 수 있다. 첫째, 소규모 기업저당은 상호, 고객 또는 지적재산권과 같은 무형 재산에 한정된다. 둘째, 대규모 기업저당을 채택한 나라들이 있다. 대규모 기업저당은 채무자의 모든 재산에 대해 담보가 설정될 수 있는 제도와 유사하다. 대규모 기업저당의 경우에 담보목적물은 원칙적으로 기업의 모든 유무형의 동산이다. 부동산은 제외되는데, 이에 관해서는 별도의 법률에 의하여 규율된다.[116)]

지침에서는 원칙적으로 장래의 재산에 관한 담보약정을 허용하되, 일정한 제한 규정이나 보완규정을 두는 방안을 고려하였다.[117)] 담보목적물을 어느 정도 특정하여야 하는지 문제되는데, 가령 "채무자의 점포 A에 보관되어 있는 모든 재산"이라고 표시하는 것으로 충분하다. 지침은 채권양도에 관하여 개별적인 규정을 두고 있는데, 유엔채권양도협약과 유사하다. 가령 채권양도의 경우에는 양도금지특약이 있더라도 양도인과 양수인 사이에서 효력이 있다고 규정한다.[118)]

담보목적물의 처분대가나 과실에 대해서도 담보권의 효력이 미치는지 문제된다. 이에 관해서는 세 가지 입법례가 있다. 첫째, 담보목적물을 처분하거나 임대하는 경우에 채무자는 그 대가로 현금 기타 재산을 취득한다. 이를 담보의 '수익'이라고 한다. 채무자는 담보목적물의 대가로 받은 것을 다시 매도 또는 임대하여 수익을 얻을 수 있는데, 이러한 수익을 '수익의 수익'이라고 한다. 이러한 수익에 대하여 담보권의 효력이 미친다고 하는 입법례가 있다. 둘째, 채무자의 거래행위가 없는데도 담보목적물에서 나오는 수익, 즉 과실에 담보권이 미친다고 하는 입법례가 있다. 이러한 과실은 통상 법정과실과 천연과실로 구분하는데, 예컨대 이자, 배당금, 보험금, 가축의 새끼, 곡식의 열매 등이 포함된다. 셋째, 채무자가 담보목적물을 처분함으로써 받은 대가로서의

116) A/CN.9/WG.VI/WP.2/Add.4, paras. 27-29.
117) A/CN.9/WG.VI/WP.2/Add.4, paras. 17-23.
118) A/CN.9/WG.VI/WP.29, paras. 22-24.

수익과 채무자의 거래행위 없이 담보목적물에서 나오는 과실을 구별하지 않는 입법례가 있다.[119] 지침은 특별한 약정이 없는 한 담보자산에 대한 담보권은 그 수익에 미치고, 천연과실이나 법정과실도 수익에 포함된다고 하고 있다.[120]

Ⅴ. 擔保權의 제 3 자에 대한 效力

1. 意 義

지침은 담보권의 성립과 제 3 자에 대한 효력(제 3 자효)을 구분하고 있다. 담보권의 제 3 자에 대한 효력에 관한 규정은 등록 또는 인도 등 공시방법을 통하여 예측가능하고 공정하며 효과적인 우선순위 결정의 기초를 세우기 위한 것이다. 담보권이 제 3 자에 대하여 효력이 발생하려면, 등록 또는 점유이전이 필요하다고 한다. 다만 실무적 문제에 대응하는 견지에서 등록 또는 점유 이전에 대한 적절한 예외와 대안을 정하고 있다.[121]

2. 擔保權의 제 3 자에 대한 效力을 取得하기 위한 方法

담보권이 제 3 자에 대하여 효력을 취득하도록 담보권을 공시하는 방법에는 다양한 방법이 있다. 점유담보권에서는 점유가 공시방법이고, 증권이나 예금 등 무형자산에서는 지배(control)가 공시방법이 된다. 또한 선박, 항공기, 지적재산권과 같은 유형의 권리에 대해서는 별도의

119) A/CN.9/WG.VI/WP.2/Add.4, paras. 30-34.
120) 상세한 것은 A/CN.9/WG.VI/WP.29, para. 18-20.
121) A/CN.9/WG.VI/WP.24/Add.3; A/CN.9/WG.VI/WP.29, p. 27.

등기 또는 등록제도가 있다. 지침은 등록제도를 채택하여 원칙적으로 등록의 방법으로 공시를 하도록 하고, 예외적으로 점유 등 다른 공시 방법을 이용하도록 하고 있다.

(1) 원칙 — 일반적 방법

원칙적으로 담보권에 관한 통지가 일반 담보권 등록부(registry)에 등록된 경우 담보권이 제 3 자에 대한 효력이 생긴다고 규정해야 한다.[122)]

담보약정을 체결하기 전에 담보권을 등록할 수도 있고, 담보설정자가 자산을 취득하거나 자산이 발생하기 전에 담보권을 등록할 수도 있다. 이는 사전등록(advance registration)을 허용한 것으로 볼 수 있다. 이 경우 제 3 자에 대한 효력 발생시점이 등록 시점인지 아니면 실제 성립 시점인지 문제된다. 담보권이 성립하여야만 제 3 자에 대한 효력을 취득할 수 있다고 본다면, 성립의 요건을 충족시키기 이전에 등록된 담보권과 나중에 성립하여 제 3 자에 대한 효력을 취득한 담보권 사이에 우선권 문제가 발생한다. 일찍 등록하는 것을 촉진하고자 한다면 등록 당시 성립 요건을 갖추지 못하였을지라도 먼저 등록한 담보권에 우선권이 있다고 보아야 한다. 이러한 방법은 나중에 담보권을 취득하는 사람에게 불리한 것은 아닌데, 그가 등록을 조사하여 담보권의 등록 내용을 찾음으로써 권리를 보호할 수 있기 때문이다.[123)]

(2) 예외 — 특별한 방법

법은 일정한 종류의 재산에 대하여 등록 이외의 방법으로도 제 3 자에 대한 효력을 갖게 된다고 규정해야 한다.[124)] 유형자산의 경우에 점유가 담보설정자에 의해 담보채권자에게 이전된 경우에 담보권이 제 3 자에 대하여 효력을 갖는다. 지침 작성 초기에는 점유이전이 등록

122) A/CN.9/WG.VI/WP.29, para. 33.
123) A/CN.9/WG.VI/WP.24/Add.3, para. 35.
124) A/CN.9/WG.VI/WP.29, para. 35.

과 함께 원칙적인 방법으로 규정되어 있었으나, 최근에는 예외적인 방법으로 규정되어 있다. 점유의 이전이 의제적이거나 상징적으로 이루어져서는 안 되고 현실적으로 이루어져야 한다. 제 3 자가 볼 때 담보설정자가 유형자산을 현실적으로 점유하지 않고 있다고 볼 수 있어야만 한다. 제 3 자에 의한 점유는 제 3 자가 담보설정자의 대리인이나 사용자가 아니며 담보채권자를 위하여 점유하는 경우라야 한다.[125] 그러나 가액이 낮은 소비재에 대한 비취득담보권(non-acquisition security right)의 경우에는 담보권 설정시에 제 3 자에 대하여 효력을 갖는다.[126]

자동차나 항공기에 대해서는 등록제도가 있는데, 이와 같이 특별한 등록방법이나 권원증서제도가 있는 경우에는 그러한 등록이 있어야 한다. 은행 계좌의 경우에는 지배나 등록이 필요하고, 수익의 경우에는 원담보물에 대하여 제 3 자에 대한 효력을 취득하는 것으로 충분하다. 소비재에 대한 취득담보권에 관해서는 별도의 규정을 두고 있는 등[127] 다양한 종류의 담보자산에 대하여 제 3 자에 대한 효력을 취득하는 여러 가지 방법을 인정하고 있다.[128]

(3) 채권 등 권리의 제 3 자에 대한 효력

채권양도의 경우에 양수인은 일반 담보권 등록부에 등록함으로써

125) A/CN.9/WG.VI/WP.24/Add.3, para. 38.

126) A/CN.9/WG.VI/WP.29, para. 41.

127) A/CN.9/WG.VI/WP.24/Add.3, para. 35 bis. 지침은 소유권유보 등을 포괄하여 취득담보권이라는 용어를 사용하는데, 이러한 취득담보권은 계약에 의하여 성립한다. 그러나 취득담보권이 제 3 자에 대하여 효력을 가지려면 원칙적으로 담보권을 등록하여야 한다. 만일 담보권자가 실제로 물건을 인도받자마자 등록을 한다면[20일 내지 30일과 같이 단기간으로 정한다] 담보권은 담보권의 성립시와 등록시 사이에 권리가 발생한 제 3 자에 대해서도 효력이 있다. 그러나 담보권자가 그러한 기간이 경과한 다음에 등록을 한다면 취득 담보권은 등록된 때로부터 제 3 자에 대하여 효력이 있다. A/CN.9/WG.VI/WP.21/Add.4, paras. 126-127.

128) A/CN.9/WG.VI/WP.24/Add.3, paras. 36-54.

제 3 자에 대한 효력이 있다.[129] 리스, 위탁매매 등에 대해서도 등록을 요건으로 할 수 있다.[130]

Ⅵ. 登錄制度

1. 意 義

지침은 담보권의 등록제도에 관하여 상세하게 규정하고 있다. 등록은 담보권이 제 3 자에 대하여 효력을 갖는 방법이다. 따라서 등록은 담보목적물에 관한 우선권을 정하는 기초가 되고, 또한 제 3 자에게는 담보자산에 관한 정보를 제공하는 기능을 갖는다.[131]

담보권에 관한 등록제도를 도입할 경우에 통지등록("notice filing") 방식을 채택할 것인지, 아니면 서류등록("document filing") 방식을 채택할 것인지 문제된다. 통지등록은 특정한 담보거래에 관하여 제한된 정보를 등록하는 것이다. 서류등록은 담보거래의 내용을 등록하는 것인데, 예컨대 잉글랜드의 회사에 관한 법률에서는 담보권을 성립시키고 그 권리의 존재에 대한 결정적인 증거를 제공하는 서류를 등록하도록 하고 있다. 서류등록제도의 문제점은 일정한 시간과 비용이 든다는 점이다. 또한 서류등록제도는 피담보채무가 계속적으로 변동하는 거래를 공시하는 데 부적절하다.[132]

지침은 서류등록이 아닌 통지등록의 방식을 채택하고 있는데, 이는 미국의 통지등록제도[133]와 유사하다. 이러한 등록제도는 등록 및

129) A/CN.9/WG.VI/WP.24/Add.3, para. 37.

130) A/CN.9/WG.VI/WP.24/Add.3, para. 37 bis.

131) A/CN.9/WG.VI/WP.29, para. 41.

132) Bazinas(註 59), p. 148. 이하에서 등록은 통지등록을 가리키는 것으로 사용한다.

133) 미국 통일상법전 제 9 장에서는 filing이라는 용어를 사용하고, 지침에서는

검색절차가 단순하고, 시간과 비용면에서 효율적이며, 사용자에게 편리하고 공적으로 접근가능성이 있어야 한다.[134)]

2. 登錄의 內容

등록의 내용에는 (a) 담보설정자와 담보채권자의 이름(또는 기타 신빙성 있는 식별기호)과 주소, (b) 통지에 포함된 동산의 표시, (c) 등록의 존속기간, [(d) 담보권 실행의 최고한도액(국가가 이러한 정보가 후순위 대출을 촉진하는 데 도움이 된다고 정한 경우)][135)] 만을 포함하고 있으면 충분하다. 이러한 내용을 등록함으로써 등록은 유효하게 된다.[136)]

3. 登錄의 方法

지침에서는 신속하게 등록을 하고 등록부의 정확성을 보장하며 일반인이 쉽게 검색할 수 있도록 구체적인 방안을 제시하고 있다. 주요한 사항은 다음과 같다. 일반 공중은 등록부를 쉽게 열람할 수 있어야 한다. 담보설정자의 이름이나 기타 신빙성 있는 식별기준에 따라 색인을 만들어 검색할 수 있어야 한다. 또한 등록 및 검색 비용을 낮게 책정하고, 다양한 방식으로 등록부에 접근하는 것이 가능해야 한다. 등록의 실질적 내용에 관하여 조사하지 않고 쉽게 등록을 할 수 있어야 하고, 컴퓨터를 이용하여 등록하고 인터넷을 이용하여 검색할 수 있어야 한다. 등록부의 멸실이나 손해에 대한 책임 분배 규정이 있어야 한다.

---

registry, registration이라는 용어를 사용하고 있는데, 중요한 점에서는 차이가 없다.

134) 이에 관한 최근의 상세한 내용에 관하여는 A/CN.9/WG.VI/WP.29, paras. 59-71 참조.

135) 원문에서 꺽쇠([ ]) 표시는 논의과정에서 나중에 수정될 수 있는 부분을 표시하기 위하여 사용되고 있다.

136) A/CN.9/WG.VI/WP.24/Add.3, paras. 48-49.

이용자가 직접 등록을 하고 조사할 수 있도록 하고 있기 때문에, 부정확하거나 불완전한 등록이나 조사 결과와 관련된 등록사무소의 책임은 시스템 오작동에 제한된다.[137]

4. 擔保資産의 表示

담보자산이 담보설정자의 현존 자산과 추후취득재산 전부인 경우에는 담보자산을 '모든 동산' 또는 유사한 말로 표시하여도 법적으로 충분하다.[138] 법은 담보권의 설정 이전 또는 그 이후에 등록할 수 있다는 점을 인정해야 한다. 이는 사전등록을 허용해야 한다는 것이다.[139]

5. 登錄의 存續期間과 更新

법은 등록의 존속기간과 갱신에 관하여 규정해야 한다. 등록의 존속기간을 명시하거나 등록 당시 등록자가 존속기간을 선택할 수 있도록 하는 방법이 있다. 그리고 만기 전에 등록자가 등록기간을 갱신할 권리에 대하여 규정해야 한다.[140]

6. 登錄의 效力發生時點

등록이 실제로 되었을 때 효력이 발생한다고 규정해야 한다. 등록사무소에 등록을 신청하는 경우 접수 시점과 사무소 직원의 입력시점 사이에 시차가 발생한다. 이 경우 등록의 효력발생시기가 문제된다. 접

137) A/CN.9/WG.VI/WP.24/Add.3, para. 48.
138) A/CN.9/WG.VI/WP.24/Add.3, para. 53.
139) A/CN.9/WG.VI/WP.24/Add.3, para. 54.
140) A/CN.9/WG.VI/WP.24/Add.3, para. 56.

수시에 등록의 효력이 발생한다고 보면, 등록기록을 조사하더라도 법적으로 유효한 모든 등록에 관하여 알 수 없다. 따라서 제 3 자를 보호하기 위하여, 등록이 실제로 이루어져서 제 3 자가 조사를 할 수 있는 시점부터 등록이 되었다고 보아야 한다. 이러한 방식을 채택하면 담보채권자가 위험을 부담하게 된다. 그러나 담보채권자는 제 3 자보다 자기 이익을 보호하기 쉬운 위치에 있다. 한편 등록자가 전자적인 시스템에 직접 정보를 기입하여 등록을 하는 경우에는 이러한 문제가 현저히 줄어든다.[141)]

7. 登錄의 抹消

등록의 말소에 관한 규정이 있어야 한다. 당사자 사이에 담보약정이 체결되지 않았거나, 담보권이 피담보채무 전부의 변제나 이행으로 소멸한 경우, (a) 담보채권자는 [...]일 이내에 등록을 말소해야 하고, (b) 담보설정자는 약식절차(summary procedure)로 등록의 말소를 강제할 수 있으며, (c) 담보설정자와 담보채권자는 등록의 말소에 관하여 합의할 수 있다고 규정해야 한다.[142)] 말소등록 이후 등록을 삭제하여야 하지만, 필요한 경우 정보를 검색할 수 있도록 등록내용을 보관해야 한다고 규정해야 한다.[143)]

8. 登錄의 修正

등록은 언제든지 수정될 수 있다고 규정해야 한다. 수정은 정보가 등록소 기록에 입력되어 공시된 때부터만 효력이 있다. 수정은 (i) 담

141) A/CN.9/WG.VI/WP.24/Add.3, para. 56 bis.
142) A/CN.9/WG.VI/WP.24/Add.3, para. 57.
143) A/CN.9/WG.VI/WP.24/Add.3, para. 57 bis.

보자산 항목의 추가나 삭제, (ii) 담보설정자의 이름의 추가나 삭제, (iii) 담보설정자나 담보채권자 이름의 변경 기록, (iv) 담보권의 양도 공시, (v) 후순위 약정 공시 등 다양한 변경내용을 포함할 수 있다.[144)]

Ⅶ. 結論 — 比較와 示唆

유엔국제거래법위원회의 입법지침 초안은 담보거래에 관한 포괄적인 입법지침이라고 할 수 있다. 이 지침은 새로운 용어를 사용하면서 그 용어에 관한 정의 규정을 두고 있는 등 미국법과는 다르다. 그러나 지침의 기본적인 틀이나 내용은 미국 통일상법전 제 9 장의 담보거래법과 매우 유사하다. 이는 미국의 담보거래법이 직·간접적으로 지침의 작성에 막대한 영향을 미치고 있다고 볼 수 있다. 위원회나 작업그룹의 회의에서 독일 등 대륙법계의 주장이 받아들여지지 않는 경우가 빈번하다. 그리하여 지침의 내용은 대륙법계에 속하는 우리 담보법과는 상당한 차이가 있다. 필자는 동산담보를 중심으로 우리 민법과 미국의 담보거래법에 관하여 간략하게 비교하는 글을 발표한 바 있는데,[145)] 이는 이 지침 초안에 대해서도 거의 유사하게 적용될 수 있다.

첫째, 우리나라에서는 민법 물권편에서 동산질권과 권리질권을 규정하고 있고, 판례에서 동산이나 채권에 대한 양도담보를 인정하고 있으며, 소유권유보부 매매가 담보로서의 역할을 수행하고 있다. 이에 반하여 이 지침은 동산담보뿐만 아니라 채권이나 유가증권 등의 담보에도 포괄적으로 적용되는 포괄적인 담보제도를 채택하고 있다. 둘째, 우리나라에서 동산양도담보의 이론구성을 둘러싸고 신탁적 양도설과 담보물권설이 대립하고 있으나, 이 지침에서는 담보기능을 수행하는 양

144) A/CN.9/WG.VI/WP.24/Add.3, para. 57 ter.
145) 金載亨, "動産擔保制度의 改善方案"(註 2), 23면 이하.

도담보 등을 담보권으로 구성하고 있다. 셋째, 우리 민법에서 동산질권의 경우에는 인도를 성립요건으로 규정하고 있고, 지명채권에 대한 질권에서는 제 3 채무자에 대한 통지 또는 제 3 채무자의 승낙이 대항요건이다. 그러나 이 지침에서는 담보약정으로 담보권이 성립하고, 점유나 등록 등이 제 3 자에 대한 대항력 취득사유이다. 넷째, 우리 민법에서는 동산담보의 공시방법은 점유이고 동산양도담보에서는 점유개정을 이용한다. 그러나 이 지침에서는 담보거래에서 등록이라는 새로운 공시방법을 채택하고 있다. 다섯째, 우리 민법에서 담보제공자가 담보로 제공된 물건을 제 3 자에게 처분한 경우에 제 3 자는 민법 제249조의 선의취득의 요건을 취득한 경우에 한하여 동산의 소유권을 취득한다. 그러나 이 지침에서는 통상적인 영업과정에서 동산을 매수한 사람을 보호하는 방법을 채택할 것을 고려하고 있다. 여섯째, 우리나라에서는 담보목적물이 멸실, 훼손 또는 공용징수로 인하여 담보제공자가 받을 금전 기타 물건에 대하여 물상대위를 인정하고 있는데(민법 제342조, 제370조), 목적물양도의 경우에는 물상대위가 인정되지 않는다. 그러나 이 지침에서는 수익이라는 개념을 채택하여 목적물의 처분이나 임대 등으로 인한 수익에 대해서도 담보권의 효력이 미친다고 하고 있다. 일곱째, 우리 민법에서는 소유권유보부 매매 또는 금융리스가 당사자의 약정으로 인정되고 있다. 그러나 이 지침에서는 소유권유보부 매매나 금융리스를 미국의 구입대금담보권과 유사하게 취득담보권의 일종으로 구성하고 있다. 개별국가는 소유권유보부매매 등에 관하여 별도의 규정을 둘 수 있으나, 이 경우에도 담보권과 유사하게 규율하여야 한다.

우리나라도 이 지침을 작성하는 작업에 회원국으로 참여하고 있기 때문에, 이 지침이 완성되면 그 수용여부에 관하여 결정하여야 한다. 그리하여 이 지침에서 논의되고 있는 사항이 우리 법제도에서도 수용할 수 있는 것인지에 관하여 검토할 필요가 있다. 우리 민법의 기본태도와 현저하게 달라 수용할 수 없는 부분도 있으나, 동산 및 채권담보의 공시방법으로 등록제도를 도입한 점과 소유권유보부 매매 등 비점유담보제도를 합리적으로 규율하기 위한 노력은 우리에게도 시사하는 바가 많다.

필자는 동산담보에 관한 공시를 위하여 등기 또는 등록[146] 제도를 채택하여야 한다고 주장한 바 있다.[147] 채권을 담보로 제공하는 경우에도 동산담보의 경우와 마찬가지로 등록제도를 채택하여야 할 것이다. 채권양도의 통지는 실질적인 공시기능을 발휘하지 못할 뿐만 아니라, 채권을 대량으로 양도하는 경우에는 시간과 비용이 많이 들기 때문이다. 이 지침에서 채택하고 있는 등록제도는 우리나라에서 동산이나 채권에 관한 등록제도를 고안하는 데 도움이 될 것이다. 다만 동산과 채권 등 제반 권리를 담보목적물로 하는 경우에 대하여 포괄적으로 등기 또는 등록제도를 채택할 것인지, 아니면 동산담보등록제도와 채권양도등록제도를 구별하여 단계적으로 도입할 것인지 검토할 필요가 있다. 이 지침에서는 미국법과 마찬가지로 동산과 채권을 엄밀하게 구별하지 않고, 다양한 자산을 손쉽게 담보로 제공하는 방법에 관하여 포괄적으로 규정하고 있다. 이는 우리 민법이 동산과 채권을 엄밀하게 구분하는 태도와 배치되기 때문에, 우리 민법전에 수용하는 것은 쉽지 않을 것이다. 그럼에도 불구하고 이 지침을 통하여 동산이나 채권뿐만 아니라 지적재산권 등 다양한 자산을 간편하고 효율적으로 담보로 제공할 수 있는 제도를 마련하여야 한다는 점을 인식할 수 있다. 또한

146) 登記라는 용어를 사용할 것인지, 아니면 登錄이라는 용어를 사용할 것인지 문제된다. 등기나 등록은 당사자가 이를 관장하는 사무소에 신청을 하여 記錄한다는 의미로서, 記錄에서 記 또는 錄을 따서 만든 용어이다. 동산이나 채권에 관한 등록은 부동산등기와는 달리 당사자가 신청한 내용을 등기소에서 편철하여 보관하는 방식으로 이루어질 것이고, 자동차 등 일정한 동산에 관해서는 부동산과 달리 등록이라는 용어를 사용하고 있으므로, 등록이라는 용어를 사용하는 것이 나을 것으로 생각되나, 등기라는 용어를 채택하더라도 큰 문제는 없다.

147) 동산담보등록제도에 관해서는 金載亨, "動產擔保制度의 改善方案"(註 2), 25면 이하.

담보목적물이나 피담보채무에 대하여 제한을 하는 것은 담보채권자뿐만 아니라 채무자 입장에서도 도움이 되지 않는다는 사고는 우리 담보법을 다시 한 번 생각할 기회를 제공한다.

(比較私法 제13권 제 4 호(2006. 12), 41-82면 所載)

10. 유엔債權讓渡協約의 國內法的 受容問題

Ⅰ. 序　論

현대사회에서 채권양도를 허용하는 것은 보편적인 현상이다. 그러나 어느 정도 범위에서 채권양도를 허용할 것인지, 어떠한 방식으로 채권양도를 하도록 할 것인지, 제3자에 대한 효력의 발생요건을 어떻게 정할 것인지, 채권양도의 공시방법으로 등기 또는 등록제도를 채택할 것인지는 나라마다 상이하다.

우리 민법은 원칙적으로 채권의 양도성을 인정하고(제449조), 지명채권양도의 대항요건으로 채무자에 대한 통지 또는 채무자의 승낙에 관하여 규정하고 있다(제450조). 지시채권의 양도(제508조 이하)와 무기명채권의 양도(제523조 이하)에 관해서는 별도로 규정하고 있다. 한편 1997년 금융위기 이후 채권 등 자산을 유동화하기 위한 법률이 제정되었다. "자산유동화에 관한 법률"(1998년, 이하 자산유동화법이라고 한다), 주택저당채권유동화회사법(1999년), 한국주택금융공사법(2004년)이 그것이다. 이 법률들에서 상정하고 있는 유동화방식은 채권 등 자산을 특수목적기구(SPC)에 양도한 다음, 특수목적기구에서 증권을 발행하는 것인데, 채권양도를 원활하게 하기 위한 특별규정을 두고 있다. 채권양도를 이용한 債權流動化가 요청되는데도 채권양도에 관한 민법 규정이 충분하게 발달되어 있지 못하였기 때문에, 민법의 채권양도 규정에 대한 특례를 인정한 것이다.

유엔국제거래법위원회[1]는 1992년부터 채권양도에 관한 협약을 작성하는 작업을 시작하였다. 나라마다 채권양도에 관한 법이 다양하고, 채권양도에 관한 포괄적인 규정이 없기 때문에, 채권을 기초로 한 담보거래에 장애가 발생하고 있는데, 이러한 장애를 제거하기 위하여 채권양도에 관한 통일법을 마련해야 한다는 것이다.[2] 위원회는 1995년부터 2001년까지 6년간 국제거래에서 채권양도에 관한 공통적인 규범을 마련하는 작업을 수행하여 "국제거래에서 채권양도에 관한 유엔협약(United Nations Convention on the Assignment of Receivables in International Trade)"(이하 '협약'이라고 한다)을 작성하였고, 2001년 12월 12일 유엔 총회에서 이를 채택하였다.[3]

우리나라가 협약에 가입할 것인지, 가입을 한다면 어떠한 사전조치를 취해야 할 것인지 문제된다. 협약을 채택하는 것이 유리한 것인지, 협약의 내용이 우리 민법의 채권양도 규정과 합치될 수 있는지 여부에 관하여 검토하여야 한다. 우리나라에서도 협약의 내용이 소개되어 있고,[4] 이번 심포지움에서도 협약의 내용에 관하여 다른 발표자들

1) UNCITRAL(United Nations Commission on International Trade Law). 이에 관하여는 本書, 299면 註 6 참조.

2) Assignment of claims: note by the Secretariat, *Yearbook of the United Nations Commission on International Trade Law,* Vol. 24, 1993, U.N. Doc. A/CN.9/378/Add.3, paras. 6-11; Bazinas, "An International Legal Regime for Receivables Financing: UNCITRAL's Contribution," *Duke J. Comp. & Int'l L.,* Vol. 8, 1998, pp. 318-319.

3) Resolution adopted by the General Assembly, Fifty-sixth session, U.N. doc. A/RES/56/81 (2002년 1월 31일). 이 협약과 해설(아래 註 6)은 UNCITRAL 홈페이지에서 검색할 수 있다(http://www.uncitral.org/pdf/english/texts/payments/receivables/ctc-assignment-convention-e.pdf).

4) 초안에 관한 논의를 소개한 것으로는 李盛圭, "國際債權讓渡에 관한 UNCITRAL會議," 法曹 제46권 제1호(1997. 1), 240면 이하; 李溶植, "UN 金融債權讓渡協約案의 法的考察," 通商法律 제29호(1999. 10), 49면 이하; 李溶植, "UN 金融債權讓渡協約案의 최근 논의동향," 國際去來法硏究 제9집(2000), 1면 이하; 박훤일, "채권양도에 의한 금융의 법적 고찰," 國際法務硏

이 주제를 나누어 상세하게 발표하기로 예정되어 있다.[5] 이러한 발표에 이어 이 글은 채권양도에 관한 협약과 우리 민법의 규정을 비교하면서 협약을 국내법으로 수용할 것인지에 관하여 검토해 보고자 한다. 이를 통하여 협약에 가입할 경우에 어떠한 문제점이 발생하는지 확인할 수 있을 것이다. 나아가 이는 협약에 가입하는 것이 바람직한 것인지, 언제 가입할 것인지를 판단하는 데 도움이 될 수 있을 것이다.

Ⅱ. 協約의 構成과 適用範圍

협약은 國際去來에서 채권양도에 관한 포괄적인 규정을 두고 있는데, 前文, 본문(제47조), 부속서(제10조)로 구성되어 있고, 본문은 제 1 장 적용범위, 제 2 장 총칙, 제 3 장 양도의 효력, 제 4 장 권리, 의무와 항변, 제 5 장 저촉법 규정, 제 6 장 최종규정으로 되어 있다. 협약에는 실체법적 규정 이외에도 국제사법 규정 등이 있지만, 조문의 수와 내용면에서 우리 민법의 채권양도 규정에 비하여 매우 상세하고 포괄적이다.

협약의 주요목적은 국제적인 채권양도에서 준거법의 내용과 선택에 관한 불확실성을 제거하고 자본과 신용을 좀더 유리한 조건으로 조달하는 것을 촉진하기 위한 것이다.[6] 협약은 우리 민법의 채권양도에

究 제 3 호(1999), 경희대학교 국제법무대학원, 45면 이하 등이 있다. 협약이 채택된 후에 협약에 관하여 포괄적으로 소개하고 것으로는 법무부, 국제채권양도협약연구, 2002(石光現 집필)가 있는데, 협약에 관한 설명은 사무국이 작성한 세 개의 보고서(U.N. Doc. A/CN.9/489; A/CN.9/489/Add.1; A/56/17)를 기초로 한 것으로(同書, 2면), 책 말미에 협약의 원문과 번역문이 수록되어 있다. 또한 石光現, "UNCITRAL의 國際債權讓渡協約," 通商法律 제45호(2002. 6), 126면 이하; 김용호, "한국법적 관점에서 본 국제채권양도협약," 國際去來法硏究 제12집(2003), 119면 이하도 참조.

5) 유엔채권양도협약 개관(이용식), 채권양도협약의 적용범위(Bazinas), 국제적 채권양도의 준거법(석광현), 채권등록제도와 국내입법(박휘일).

6) Explanatory note by the United Nations Convention on the Assignment of Receivables in International Trade (2004), U.N. doc. A/CN.9/557(이하

관한 규정과는 그 적용범위가 다르다. 협약의 적용범위가 국제적 채권의 양도(assignments of international receivables)와 채권의 국제적 양도(international assignments of receivables)에 한정되기 때문에,[7] 국내 채권을 국내에서 양도하는 것에는 원칙적으로 협약이 적용되지 않는다.[8] 또한 협약은 계약상의 금전채권의 양도만을 규율대상으로 삼고 있으나,[9] 우리 민법의 채권양도 규정은 금전채권 이외의 채권의 양도에도 적용된다.

협약은 국제거래에서 금전채권의 양도에 관하여 규율하는 것인데다가 그 적용범위도 한정되어 있음에 반하여, 우리 민법의 규정은 채권양도에 일반적으로 적용되므로, 협약에 가입하는 것은 정책적인 판단에 따르면 충분하다고 생각할 수 있다. 그러나 우리나라가 협약을 채택한다면, 협약의 내용과 우리 민법의 규정이 충돌하는 경우가 발생할 수 있고, 채권양도에 관한 법적 규율이 국내거래인지, 아니면 국제거래인지에 따라 달라지는 法分裂 현상이 나타나게 될 것이다. 따라서 협약과 우리 민법의 관련 규정을 비교·검토하고 협약의 채택여부나 협약과 민법의 조화 문제를 검토할 필요가 있다.

이 문서번호로 인용한다), para. 2.

7) 협약 제 3 조.

8) U.N. doc. A/CN.9/557, paras. 14-15; Bazinas, "Multi-Jurisdictional Receivables Financing: UNCITRAL's Impact on Securitization and Cross-Border Perfection," *Duke J. Comp. & Int'l L.*, Vol. 12, 2002, pp. 367-370.

9) 이 협약에서 채권양도는 양도인이 양수인에게 양도인이 채무자로부터 금액을 지급받을 수 있는 계약상의 채권의 전부 또는 일부 또는 그에 대한 불가분의 이익을 합의에 의하여 이전하는 것을 의미한다. 협약 제 2 조 (a)항. 한편 협약은 담보목적으로 채권을 양도한 것인지, 단순히 채권을 양도하는 것인지 여부를 불문하고 포괄적으로 적용된다. 협약 제 2 조 (a)항; A/CN.9/557, para. 7.

Ⅲ. 將來債權의 讓渡

1. 協 約

협약은 장래채권의 양도나 채권을 일괄적으로 양도하는 것을 허용하고 있다. 협약 제 8 조 제 1 항은 將來債權(future receivables)을 양도대상이라고 표시하고, 채권자와 채무자 사이의 原契約(original contract)[10] 체결시에 양도대상인 채권으로 특정될 수 있으면 채권양도는 효력이 있다고 규정하고 있다. 다수의 장래채권을 양도할 경우에도 개별채권의 양도를 위하여 새로운 이전행위를 할 필요가 없다(협약 제8조 제2항). 장래채권에는 조건부채권과 순수하게 가정적인 채권(purely hypothetical receivables)을 포함한다. 채무자를 특정하지 않고 일정한 사업에서 발생하는 채권을 양도하는 것도 가능하다.[11] 이와 같이 채권양도를 넓게 인정한 이유는 채권을 이용한 금융을 촉진하기 위한 것이다. 양도인이 더 많은 신용을 제공할 수 있고, 채무자도 더욱 유리하게 신용을 제공받을 수 있으며, 결국 국제거래에서 모든 당사자에게 이익이 된다고 한다.[12]

2. 韓 國 法

우리나라에서 기한부채권이나 조건부채권을 양도할 수 있음은 물론이다.[13] 이것은 아직 변제기가 도래하지 않거나 조건이 성취되지 않

10) 이는 양도된 채권을 발생시키는 계약을 의미한다. A/CN.9/557, para. 8.

11) U.N. doc. A/CN.9/557, para. 26; 법무부(註 4), 7면, 77면.

12) Bazinas(註 8), p. 372.

13) 또한 채권액이 정확하게 확인되지 않은 경우에도 채권을 양도할 수 있다. 예컨대 건축도급계약을 체결하였으나 수급인이 건물을 완공하지 않은 경우에도

았지만, 채권이 이미 존재하고 있는 경우에 해당한다. 따라서 기한부채권이나 조건부채권을 장래의 채권에 속한다고 볼 수 없다.[14)]

대법원 판결에 의하면 장래채권의 양도가 유효하기 위해서는 채권의 특정가능성과 발생가능성이 있어야 한다고 한다. 장래의 채권은 양도 당시 기본적 채권관계가 어느 정도 확정되어 있어 그 권리의 특정이 가능하고 가까운 장래에 발생할 것임이 상당 정도 기대되는 경우에는 이를 양도할 수 있다는 것이다.[15)] 그러나 판례의 위 기준에 따르면 장래채권을 양도할 수 있는 범위가 지나치게 제한될 우려가 있고, 장래채권의 양도에 관한 거래계의 수요를 충족시킬 수 없다.

법률행위가 성립하려면 원칙적으로 그 목적 또는 내용이 특정되거나 특정될 수 있어야 한다.[16)] 채권양도도 이와 다르게 볼 이유는 없다. 채권양도도 법률행위에 의한 채권의 이전이므로, 양도목적물인 채권이 특정되어 있거나 특정될 수 있는 경우에 이를 양도할 수 있다고 보아야 할 것이다. 채권이 가까운 장래에 발생할 것임이 상당 정도 기대된다는 기준은 장래채권 양도의 유효성을 판단하는 기준으로는 지나치게 모호하다. 채권이 장래에 실제로 발생할 것인지, 그로 인한 위험은 어떻게 부담할 것인지 여부는 거래당사자에게 맡겨 두더라도 충분

공사대금채권을 양도할 수 있고, 매매대금에 관하여 동시이행항변권을 행사할 수 있는 경우에도 매도인은 매매대금채권을 양도할 수 있다.

14) 이와 달리 협약에서는 조건부채권을 장래의 채권이라고 보고 있으나, 이러한 채권을 양도할 수 있다는 결론은 동일하다.

15) 大判 1991.6.25, 88다카6358(공 1991, 1993); 大判 1996.7.30, 95다7932(공 1996, 2621); 大判 1997.7.25, 95다21624(공 1997, 2653). 장래채권 양도의 요건으로 특정가능성과 발생가능성을 요구하는 판례는 원래 일본의 판례에 의하여 영향을 받은 것이다. 그러나 日最判 1999(平成 11).1.29(民集 53-1, 151)는 장래 발생할 채권을 목적으로 하는 채권양도계약의 체결시에 목적채권의 발생가능성이 적더라도 위 계약의 효력이 부정되지는 않는다고 하고, 의사가 1982년 12월부터 1991년 2월까지의 사회보험진료보수지불기금으로부터 받을 채권을 양도하는 것은 유효하다고 하였다.

16) 상세한 것은 金載亨, "法律行爲 內容의 確定과 그 基準," 民法論 Ⅰ, 박영사, 2004, 1면 이하 참조.

할 것이다. 따라서 장래채권의 경우에 한도액과 발생시기를 정하여 이를 특정할 수 있으면 채권양도를 유효라고 보아야 할 것이다. 이 때 장래채권을 양도하면서 특정하는 방식으로는 예컨대 '채권자가 일정한 채무자에 대하여 3년 동안 취득할 매출채권 중 일정한 금액'이라고 표시하면 충분할 것이다. 다만 장래채권을 양도하는 경우에 그 대항요건을 갖추는 것이 어려운 문제이다. 이것은 결국 입법을 통하여 대량의 장래채권 양도를 공시하는 방안을 마련함으로써 해결해야 할 문제이나, 채권양도의 대항요건을 갖추는 것이 어렵다고 하여 채권양도의 효력을 부정해서는 안 된다.[17)]

3. 協約의 受容問題

장래채권의 양도에서 발생가능성 요건은 이론적으로나 실제적으로나 타당성이 없다. 이 요건은 법률에 규정되어 있는 것이 아니고, 판례에 의하여 형성된 것이다. 따라서 판례의 변경을 통하여 이 요건이 해소되는 것이 바람직할 수도 있다. 그러나 현재의 판례가 장래채권의 양도에 부담으로 작용하고 있기 때문에, 민법을 개정하여 장래채권의 양도를 허용하는 것도 한 방법이다. 규정방식은 두 가지를 생각할 수 있는데, 하나는 '장래의 채권도 양도할 수 있다'는 원칙적인 규정을 두는 방법이고, 다른 하나는 '장래의 채권도 특정하거나 특정할 수 있는 한 양도할 수 있다'고 규정하는 방법이다. 발생가능성을 요구하지 않는다는 표현을 추가할 필요는 없을 것이다. 한편 장래채권의 양도에 관한 규정을 자산유동화법에만 두는 것은 바람직하지 않다. 장래채권을

17) 장래채권양도를 넓게 인정해야 한다는 견해로는 김용호, "資産流動化 實務上의 몇 가지 問題," 南孝淳·金載亨 編, 金融去來法講義 Ⅱ, 법문사, 2001, 381면; 金載亨, "「資産流動化에 관한 法律」의 現況과 問題點," 民法論 Ⅰ, 박영사, 2004, 417-8면; 金載亨, "根抵當權附債權의 流動化에 관한 法的 問題," 民法論 Ⅰ, 박영사, 2004, 472-3면; 梁彰洙, "將來債權의 讓渡," 民法研究 제7권, 박영사, 2003, 264면.

양도하는 것은 자산유동화거래에만 한정된 문제가 아니고 일반 채권거래에서 실현되어야 하는 문제이기 때문이다. 협약에서 장래채권의 양도를 유효로 하고 있는 것은 우리나라에서 장래채권의 양도를 인정하고 있는 것보다 전향적인 것으로, 우리 민법에서 장래채권의 양도를 넓게 인정하는 데 긍정적인 영향을 미칠 수 있다.

Ⅳ. 債權讓渡制限約定의 效力

1. 協 約

채권자와 채무자가 채권을 양도하지 않기로 하는 약정을 하는 경우가 있다. 이러한 약정은 채무자를 보호하는 것이지만, 채권자에게 채권을 이용하여 금융을 얻는 것을 막고 금융비용을 증가시킨다. 협약은 채권의 양도성을 제고하기 위하여 채권양도제한약정의 효력을 제한하되, 이 약정을 위반한 양도인의 책임을 인정함으로써, 채권자의 이익과 채무자의 이익을 조정하고 있다.[18)]

협약 제 9 조는 물품공급계약 등 일정한 계약에서 발생하는 채권의 경우에 채권양도제한약정이 있더라도 채권양도는 유효하다고 정하고 있다.[19)] 양수인이 양도제한약정을 알고 있더라도 마찬가지이다(협약 제 9 조 제 2 항). 양수인은 양도의 대상인 채권에 대하여 양도제한약정이 있는지 여부를 조사할 필요가 없다. 이와 같이 채권의 자유로운 처분을 가능하게 함

18) Bazinas(註 2), p. 330.

19) 물품의 공급 또는 리스, 용역(금융서비스 제외), 건설 또는 부동산의 매매 또는 리스를 위한 원계약으로부터 발생하는 채권 등과 같은 거래로부터 발생하는 채권에만 적용된다. 따라서 그 밖의 거래의 경우에는 채권양도제한약정이 있는 경우에 양수인은 보호를 받지 못할 수 있다(협약 제 9 조 제 3 항). 또한 각국은 정부기관 기타 공공기관에 대한 채권의 경우 선언에 의하여 제 9 조의 적용을 배제할 수 있다(협약 제40조).

으로써 去來費用을 낮추는 결과가 된다.[20] 그러나 법률의 규정에 의한 양도금지는 허용된다(협약 제8조 제3항). 한편 협약은 양도인이 양도제한약정을 위반함으로써 채무자에게 부담하는 책임에는 영향을 미치지 않으므로(협약 제9조 제1항), 양도인은 채무자에게 이러한 약정 위반으로 인한 손해배상책임을 질 수 있다.

2. 韓國法

민법 제449조 제 1 항은 "채권은 양도할 수 있다. 그러나 채권의 성질이 양도를 허용하지 아니하는 때에는 그러하지 아니하다"라고 규정하고, 제 2 항은 "채권은 당사자가 반대의 의사를 표시한 경우에는 양도하지 못한다. 그러나 그 의사표시로써 선의의 제 3 자에게 대항하지 못한다"고 규정하고 있다. 이 규정에 따르면 의사표시로 채권양도를 금지할 수 있고, 양수인이 이를 알았다면 채무자는 채권양도금지약정으로 대항할 수 있다.

양수인에게 채권양도금지특약을 알지 못한 데 過失, 특히 重過失이 있는 경우에는 견해가 대립하고 있다.[21] 大判 1996.6.28, 96다18281(集 44-1, 민 665)은 "민법 제449조 제 2 항이 채권양도 금지의 특약은 선의의 제 3 자에게 대항할 수 없다고만 규정하고 있어서 그 문언상 제 3 자의 과실의 유무를 문제삼고 있지는 아니하지만, 제 3 자의

---

20) 법무부(註 4), 86면.

21) 이에 관하여 제 3 자가 선의이기만 하면 충분하고 과실 유무는 문제되지 않는다는 견해(李銀榮, 債權總論, 개정판, 박영사, 1999, 615면), 선의이고 과실도 없어야 한다는 견해(郭潤直, 債權總論, 제 6 판, 박영사, 2003, 213면; 金容漢, 債權法總論, 박영사, 1983, 438면), 중과실이 없으면 충분하다는 견해(金大貞, 債權總論, 피데스, 2006, 867면; 金相容, 債權總論, 개정판증보, 법문사, 2003, 393면; 金亨培, 債權總論, 제 2 판, 박영사, 1998, 577면; 朴孝寬, "債權讓渡禁止 特約과 善意의 讓受人," 判例研究 제 8 집(1998.1), 251면; 徐敏, "讓渡禁止特約 있는 債權의 讓渡에 대한 事後承諾의 效力," 民事判例研究(XXIII), 2001, 312면)가 있다.

중대한 과실은 악의와 같이 취급되어야 할 것이므로 양도금지특약의 존재를 알지 못하고 채권을 양수한 경우에 있어서 그 알지 못함에 중대한 과실이 있는 때에는 악의의 양수인과 같이 양도에 의한 그 채권을 취득할 수 없다"고 판결하였다.[22] 여기서 말하는 중과실이란 통상인에게 요구되는 정도의 상당한 주의를 하지 않더라도 약간의 주의만 기울이면 손쉽게 그 특약의 존재를 알 수 있는데도 그러한 주의를 하지 아니하여 특약의 존재를 알지 못한 것을 말하며, 제 3 자의 악의 내지 중과실은 채권양도금지의 특약으로 양수인에게 대항하려는 자가 이를 주장 · 입증하여야 한다.[23] 그렇지만 구체적인 사건에서 제 3 자의 중과실을 인정한 사례를 찾기 힘들다.[24] 이와 관련하여 大判 2000. 4. 25, 99다67482(공 2000, 1271)를 살펴볼 필요가 있다. 원심은 양수인 등의 악의나 중과실을 추단하는 근거의 하나로 채권양도금지특약이 기재된 이 사건 임대차계약서의 존재를 들고 있다. 그러나 대법원은 그러한 특약이 기재된 임대차계약서의 존재로써 곧바로 그들의 악의나 중과실을 추단할 수 없다고 하였다.[25]

22) 同旨: 大判 1999. 2. 12, 98다49937(공 1999, 534); 大判 1999. 12. 28, 99다8834(공 2000, 362); 大判 2000. 4. 25, 99다67482(공 2000, 1271).

23) 大判 1999. 12. 28, 99다8834(공 2000, 362); 大判 2003. 1. 24, 2000다5336·5343(공 2003, 677).

24) 다만 大判 2000. 4. 7, 99다52817(법률신문 제2885호, 9면)은 채권양도에서 양수인의 악의 또는 중과실을 인정하였다고 볼 수 있다. 이 판결에 관한 평석으로는 徐敏(註 21), 310면 이하.

25) 그 이유는 다음과 같다. 일반적으로 지명채권의 양도거래에서 양도 대상인 지명채권의 행사 등에 그 채권증서(계약서 등)의 소지 · 제시가 필수적인 것은 아닌 만큼 양도 · 양수 당사자 간에 그 채권증서를 주고받지 않는 경우도 적지 아니한 실정이다(특히 양수인이 채권양도 거래의 경험이 없는 개인이라면 더욱 그렇다). 또한 채권증서를 주고받더라도 양수인이 그 채권증서의 내용에 대한 검토를 아예 하지 않거나 혹은 통상의 주된 관심사인 채권금액, 채권의 행사시기 등에만 치중한 채 전반적 · 세부적 검토를 소홀히 하는 경우가 있을 수 있다. 그 밖에 전체 계약조항의 수, 양도금지특약조항의 위치나 형상 등에 따라서는 채권증서의 내용을 일일이 그리고 꼼꼼하게 검토하지 않은 채 간단히 훑어보는 정도만으로는 손쉽게 그 특약의 존재를 알 수 없는 경우도 있을 수 있다. 양도금지특약이 기재된 채권증서가 양도인으로부터 양수인에게 수수

한편 채권양도금지특약이 있더라도 채무자가 채권양도를 승낙한 경우에는 채권양도의 효력이 발생한다. 대법원은 채권양도 후에 승낙한 사례에서 "악의 또는 중과실로 채권양수를 받은 후 채무자가 그 양도에 대하여 승낙을 한 때에는 채무자의 사후승낙에 의하여 무효인 채권양도행위가 추인되어 유효하게 되며, 이 경우 다른 약정이 없는 한 소급효가 인정되지 않고 양도의 효과는 승낙시부터 발생한다"고 판결하였다.[26]

채권자가 채권양도금지약정을 위반하여 채권을 양도한 경우에 채권자는 채무자에 대하여 채무불이행책임을 진다.[27] 이에 관해서는 채권양도에 관한 규정에서 정하고 있는 것이 아니라, 일반적인 채무불이행책임에 관한 규정인 민법 제390조가 적용된다.

3. 協約의 受容問題

채권자와 채무자가 채권양도금지약정을 하는 것은 계약자유의 원칙상 허용된다. 협약은 채권양도제한약정에 반하여 채권을 양도한 경우에 양수인이 이러한 약정을 알고 있었는지 여부와는 상관없이 채권을 취득한다고 한 점에서 우리 민법과 다르다.

그렇다면 우리 민법을 개정하여 협약의 채권양도제한약정에 관한 규정과 동일하게 규정하는 것이 바람직한가? 일반적인 채권양도에서 양도금지약정을 인정하고, 선의의 제 3 자에게는 대항할 수 없다는 규

되어 양수인이 그 특약의 존재를 알 수 있는 상태에 있었고 그 특약도 쉽게 눈에 띄는 곳에 알아보기 좋은 형태로 기재되어 있어 간단한 검토만으로 쉽게 그 존재와 내용을 알아차릴 수 있었다는 등의 특별한 사정이 인정된다면 모르되, 그렇지 아니하는 한 양도금지특약이 기재된 채권증서의 존재만으로 곧바로 그 특약의 존재에 관한 양수인의 악의나 중과실을 추단할 수는 없다. 이 사건에서 양수인 등이 위 임대차계약서를 수수하였다는 등 위와 같은 특별한 사정을 인정할 만한 뚜렷한 자료가 나타나 있지 않다고 하였다.

26) 大判 2000. 4. 7, 99다52817(법률신문 제2885호, 9면).

27) 民法注解(X), 1995, 567면(李尙勳 집필부분).

정방식이 크게 문제되지는 않는다. 제3자가 채권양도금지약정을 알고 있는 경우에는 보호할 필요는 없기 때문이다. 그러나 다수의 채권을 일괄적으로 양도하는 경우에는 채권양도금지약정이 채권의 양도성을 제약하는 요인으로 작용할 수 있고, 채권양수인이 양도금지약정을 조사하는 것은 거래비용을 증가시킬 것이다.[28] 특히 우리 판례는 제3자가 채권양도금지약정을 알지 못한 데 중대한 과실이 있는 경우에도 이를 알고 있는 것과 같이 취급하고 있는데, 이는 자유로운 채권양도를 방해할 수 있다. 재화의 유통은 예외적인 사유가 없는 한 넓게 인정하는 것이 바람직하다. 채권도 재산권의 일종으로서 원칙적으로 자유롭게 양도할 수 있어야 한다. 따라서 채권양도금지약정도 그 존재가 명백한 경우에 한하여 인정하는 것이 당사자의 의사에 합치된다고 볼 수 있다. 또한 민법 규정에서 채권양도금지약정은 선의의 제3자에게 대항할 수 없다고 규정하고 있다. 그런데도 법규정의 문언과 달리 제3자가 양도금지 특약의 존재를 알지 못한 데 중대한 과실이 있는 경우에 악의의 양수인과 같이 채권을 취득할 수 없다고 해석하는 것이 타당한지는 의문이다. 민법을 개정하여 채권양도금지약정을 무조건 무효라고 정하는 것은 계약자유의 원칙에 반한다. 그러나 협약에서 채권양도금지약정의 효력을 엄격하게 제한한 것은 우리 민법의 채권양도금지약정의 효력에 관하여 재고할 기회를 제공한다.

28) 김용호(註 4), 124면은 협약과 같이 채권양도의 자유가 보장된다면 자산유동화거래 및 채권담보부대출 거래의 활성화에 기여할 것이라고 한다.

Ⅴ. 擔保權의 移轉

1. 協　約

채권을 양도하는 경우에 그 담보권도 이전하는지 문제되는데, 협약은 수반성의 원칙을 따르고 있다. 협약 제10조 제 1 항은 "양도된 채권의 지급을 담보하는 인적 또는 물적 권리는 새로운 이전행위 없이 양수인에게 이전된다. 그러한 권리를 규율하는 법에 따라 그러한 권리가 새로운 이전행위에 의해서만 이전될 수 있는 경우에는 양도인은 그러한 권리와 모든 수익(proceeds)[29] 을 양수인에게 이전하여야 한다"고 규정하고 있다. 또한 제 2 항은 담보권의 양도를 제한하는 합의를 하였더라도 제 1 항에 따라 담보권이 이전된다고 규정하고, 제 3 항은 그러한 합의를 위반한 것에 대한 의무와 책임을 정하고 있으며, 제 4 항은 이 규정이 적용되는 채권양도를 한정하고 있는데, 이는 채권양도제한약정과 동일한 방식으로 규정한 것이다.

2. 韓 國 法

담보법에서 수반성의 원칙이 인정된다. 피담보채권이 이전되면 담보권도 이전된다는 것이다. 그러나 담보권의 수반성은 피담보채권의 처분이 있으면 언제나 담보권도 함께 처분된다는 것을 의미하는 것이 아니다. 채권담보라고 하는 담보권 제도의 존재 목적에 비추어 볼 때 특별한 사정이 없는 한 피담보채권의 처분에는 담보권의 처분도 당연히 포함된다고 보는 것이 합리적이라는 것이다. 그러므로 피담보채권의 처분이 있는데도, 담보권의 처분이 따르지 않는 특별한 사정이 있

29) 이 용어의 번역에 관하여는 本書 322면 註 97 참조.

는 경우에는 채권양수인은 담보권이 없는 무담보의 채권을 양수한 것이고, 채권의 처분에 따르지 않은 담보권은 소멸한다.[30)]

민법 제361조는 "저당권은 그 담보한 채권과 분리하여 타인에게 양도하거나 다른 채권의 담보로 하지 못한다"고 규정하고 있다. 따라서 피담보채권과 분리하여 저당권만 처분하는 것은 허용되지 않는다. 우리나라에서 가장 많이 이용되는 담보권은 근저당권인데, 근저당권부채권의 양도에 관해서는 저당권부채권과는 중요한 차이점이 있다. 근저당권이 담보하는 채권이 확정되기 전에 이미 발생한 채권이 제 3 자에게 양도되거나 대위변제된 경우에 근저당권은 이전되지 않는다.[31)] 대법원[32)]은 "근저당 거래관계가 계속중인 경우, 즉 근저당권의 피담보채권이 확정되기 전에 그 채권의 일부를 양도하거나 대위변제한 경우 근저당권이 양수인이나 대위변제자에게 이전할 여지가 없다"고 한다. 등기실무에서도 근저당권의 피담보채권이 확정되기 전에 그 피담보채권이 양도 또는 대위변제된 경우에는 이를 원인으로 하여 근저당권이전등기를 신청할 수는 없다고 한다.[33)] 근저당권은 근저당거래가 종료될 때까지 그 사이에 발생하는 모든 채권을 최고액의 범위 내에서 담보하는 것이다. 특히 우리 민법 제357조 제 1 항 제 2 문에 의하면 근저당권에서 "그 確定될 때까지의 債務의 消滅 또는 移轉은 抵當權에 影響을 미치지 않는다"고 한다. 확정 전의 채권양도가 이 규정의 '移轉'에 포함된다는 것은 명확하다. 따라서 근저당권의 피담보채권이 확정

30) 大判 1997. 11. 25, 97다29790(공 1998, 3); 大判 1999. 2. 5, 97다33997(공 1999, 436); 大判 2004. 4. 28, 2003다61542(공 2004, 898).

31) 郭潤直, 物權法, 제 7 판, 박영사, 2002, 370면; 金相容, 物權法, 전정판, 법문사, 1999, 756면; 張庚鶴, 物權法, 법문사, 1985, 848면. 반대견해로는 金錫宇, "根抵當權의 處分에 관한 小考," 現代民法學의 諸問題(晴軒金曾漢博士華甲紀念), 박영사, 1981, 407면; 李英俊, 韓國民法論[物權編], 신정 2 판, 박영사, 2004, 880면; 民法注解(VII), 1992, 29면(朴海成 집필부분).

32) 大判 1996. 6. 14, 95다53812(공 1996, 2165).

33) 1997. 9. 9. 제정된 대법원 등기예규 제880호(근저당권에 관한 등기사무처리지침).

되기 전에 채권이 양도 또는 이전되더라도 근저당권에는 아무런 영향이 없다고 보아야 한다.[34)]

한편 근저당권이 담보하는 채권이 확정된 후에는 근저당권부채권을 양도할 수 있다. 이 경우에는 근저당권이전등기를 하여야 할 뿐만 아니라, 채권양도에 관한 규정이 적용되므로 채무자 기타 제 3 자에 대항하려면 양도인이 채무자에게 통지하거나 또는 채무자가 승낙하여야 한다.[35)]

3. 協約의 受容問題

우리 민법에서 채권이 양도되더라도 이를 담보하는 권리가 자동적으로 이전되는 것은 아니다. 다만 채권의 처분과 함께 담보권도 처분하였다고 보는 것이 당사자들의 통상적인 의사라고 보아야 한다. 당사자들이 채권을 양도하면서 담보권을 이전하지 않기로 명시적으로 약정하였다면 이에 따라야 한다. 이와 달리 협약에서는 채권양도와 함께 원칙적으로 담보권이 이전된다고 하였다. 우리 민법과 협약은 담보권 이전에 관해서 상당한 차이가 있음을 알 수 있다. 우리 민법은 채권과 물권을 엄밀하게 분리하고 있고, 채권의 이전과 물권의 이전을 개별적으로 규정하고 있다. 담보부채권의 양도에 관해서는 채권양도에 관한 규정과 담보물권의 이전에 관한 규정이 적용된다. 현행민법 하에서 채권의 이전시에 담보물권의 이전이 자동적으로 이전된다고 볼 수는 없

34) 金載亨, 根抵當權硏究, 박영사, 2000, 233면.

35) 근저당권부 채권을 양도하는 경우에 언제 효력을 발생하는지 문제된다. 왜냐하면 물권인 근저당권은 민법 제186조에 따라 등기시에 그 효력이 발생하는데 반하여, 채권양도의 효력은 계약체결시에 발생하고 채무자에 대한 통지 또는 채무자의 승낙시에 대항력이 발생하기 때문이다. 이에 관하여는 大判 2005. 6. 10, 2002다15412·15429(공 2005, 1130); 金載亨, "根抵當權의 讓渡에 관한 法律關係," 判例硏究 제19집(2), 서울지방변호사회, 2005, 229면 이하(本書, 174면 이하).

다. 따라서 담보권이전에 관한 협약의 내용을 수용하려면 민법의 개정이 필요할 것이다.

한편 증감·변동하는 채권을 담보하는 근저당권 등 근담보의 경우에는 채권이 이전되더라도 원칙적으로 담보권이 이전되지 않는다. 협약은 이러한 문제에 관해서는 세밀하게 규정하지 않고 있다. 이에 관하여 개별 국가의 법에 맡겨두고 있다고 볼 여지도 있으나, 명확한 것은 아니다. 따라서 협약을 채택할 경우에 채권양도의 경우에 근저당권이 이전되는지 여부에 관하여 혼란이 발생할 수 있다.

Ⅵ. 債權讓渡의 通知

1. 協 約

양도인과 양수인은 특별한 약정이 없는 한 채무자에게 양도통지와 지급지시(payment instruction)를 할 수 있다(협약 제13조 제1항 본문). 양도인이 채권양도를 한 후에 통지를 하지 않은 경우나 양도인이 도산한 경우를 대비하여 양수인에게도 양도통지와 지급지시를 할 수 있는 권한을 부여한 것이다. 통지 후에는 양수인만이 지급지시를 할 수 있다(협약 제13조). 그러나 채권양도의 통지가 채권양도의 유효요건은 아니다(협약 제14조 제1항). 채무자가 양수인으로부터 양도통지를 수령한 경우 채무자는 양수인에게 채권양도가 행해졌다는 점에 대한 적절한 증거를 제공하도록 요청할 권리가 있다(협약 제17조 제7항).

양도통지 또는 지급지시는 통지 후에 발생하는 채권에 관계된 것일 수 있다(협약 제16조 제2항). 또한 채권양도가 순차로 이루어진 경우에 후속양도(subsequent assignment)의 통지는 그 이전의 모든 양도의 통지가 된다(협약 제16조 제3항). 후속양도의 통지는 직전의 양도만이 아니라 그 이전의 모

든 양도에 대한 통지가 되며, 선행양도를 특정할 필요도 없다.[36)]

채무자는 양도통지를 받을 때까지 原契約에 따라 지급함으로써 면책될 수 있다(협약 제17조 제1항). 채무자는 양도통지를 받은 다음에는 양수인에게 지급하거나 또는 양도통지 또는 그 후에 채무자가 수령한 서면에서 양수인에 의하여 달리 지시된 경우 그러한 지급지시에 따라 지급함으로써 면책된다(협약 제17조 제2항). 나아가 협약은 채권양도통지가 2개 이상 있는 경우 등에 관하여 자세한 규정을 하고 있다(협약 제17조 제3 내지 8항). 가령 하나의 채권양도에 대하여 양도인이 2개 이상의 통지를 한 경우에 채무자는 최초로 수령한 통지에 따라 지급하면 면책된다(제17조 제4항). 협약 제17조에서 채무자가 채무를 변제하여 면책받을 수 있는 기준을 채권양도의 통지 또는 지급지시로 정하고 있다. 이와 달리 채무자와 채권양도를 알았을 때를 기준으로 한다면 채무자의 면책에 관한 법적 안정성이 손상될 것이라고 한다. 왜냐하면 채무자의 인식과 같은 주관적인 사정을 입증하는 것이 곤란하기 때문이다.[37)]

채권의 양수인이 여러 사람인 경우에 그들 사이의 우선권 문제, 양도인의 다른 채권자나 도산관리인과의 관계 등이 문제된다.[38)] 협약은 단일한 우선권 규칙을 정하지 않고 있다. 부속서에서 개별 국가가

---

36) 법무부(註 4), 15면.

37) U.N. doc. A/CN.9/557, para. 38; 법무부(註 4), 14면.

38) 협약 제5조 (m)항은 경합하는 권리주장자라 함은 동일한 양도인으로부터 동일한 채권을 양도받은 다른 양수인, 양도인의 채권자, 또는 도산관리인이라고 규정하고 있다. 우리 나라에서 파산관재인 또는 관리인을 제3자로 보아야 할 것인지 논란이 있고, 大判 2003. 6. 24, 2002다48214(공 2003, 1581)는 "파산자가 상대방과 통정한 허위의 의사표시를 통하여 가장채권을 보유하고 있다가 파산이 선고된 경우 그 가장채권도 일단 파산재단에 속하게 되고, 파산선고에 따라 파산자와는 독립한 지위에서 파산채권자 전체의 공동의 이익을 위하여 직무를 행하게 된 파산관재인은 그 허위표시에 따라 외형상 형성된 법률관계를 토대로 실질적으로 새로운 법률상 이해관계를 가지게 된 민법 제108조 제2항의 제3자에 해당한다"고 판결하였다. 협약은 채권양도에서 양도인이 파산한 경우에 양도인의 도산관리인이 제3자에 속한다고 규정한 것이라고 볼 수 있다.

네 가지 우선권 규칙 중에서 하나를 선택하도록 하였다. 등록(registration)에 근거한 우선권 규칙, 양도계약의 시기에 근거한 우선권 규칙, 양도통지의 시기에 근거한 우선권 규칙, 양도계약의 시기와 양도통지의 시기를 결합한 우선권 규칙이 그것이다. 협약은 부속서에서 채권에 대한 담보권의 통지등록(registration of notice)[39] 제도에 관한 규정을 두고 있는데(부속서 제 3 내지 5 조), 이것은 채권양도를 이용한 담보권에 관한 모든 사항을 등록하지 않고 간략하게 채권담보 목적으로 채권양도를 하였다는 사실을 등록하는 것이다. 유엔국제거래법위원회는 회원국들이 이러한 등록제도를 채택할 것을 기대하고 있다.[40]

2. 韓 國 法

민법 제450조는 채권양도의 대항요건에 관하여 규정하고 있다. 채권양도를 채무자와 제 3 자에게 대항하려면 채무자의 관여, 즉 채권양도의 통지 또는 승낙이 필요하다. 채무자에 대한 대항요건은 채권양도의 통지 또는 승낙이고(제450조 제 1 항), 제 3 자에 대한 대항요건은 확정일자 있는 통지 또는 승낙이다(제450조 제 2 항). 따라서 채권양도를 제 3 자에게 대항하려면 항상 그 채권양도를 채무자에게도 대항할 수 있어야 한다. 채권양도를 제 3 자와 채무자에 대항할 수 있는 때에는 양수인만이 채무자에 대하여 채권을 행사할 수 있고, 또한 채무자는 양수인에게 채무를 변제해야만 면책된다. 제450조 제 1 항은 제 2 항과 마찬가지로 강행규정이라는 견해가 있으나,[41] 채무자에 대한 대항요건은 채무자의 이

39) 이것은 채권양도에 관한 모든 서류를 등록하는 것이 아니라, 채권양도에 관한 간략한 사항을 등록하는 방법이다.

40) 이에 관해서는 Markell/Broude, "The Priority Provisions of the UNCITRAL Convention on the Assignment of Receivables in International Trade," *Int. Insolv. Rev.*, Vol. 11, 2002, p. 132.

41) 이에 관해서는 梁彰洙, "指名債權의 讓渡와 對抗要件," 民法硏究 제 1 권, 박영사, 1991, 379면.

익을 보호하기 위한 것이기 때문에, 임의규정에 해당한다고 볼 수 있다.[42]

민법은 채권을 양도하는 경우 讓渡人만이 채무자에게 통지하거나 채무자의 승낙을 받아야 채무자에게 대항할 수 있다고 규정하고 있다(제450조 제 1 항). 물론 양도인이 채권을 양도하고 양수인에게 채권양도통지에 관한 대리권을 수여할 수도 있다.[43] 채권양도의 통지권자에서 양수인을 배제한 것은 채무자를 보호하기 위한 것이다. 채무자는 양수인이 채권을 양도받았는지 알 수 없기 때문에, 양수인으로부터 채권양도통지를 받더라도 양수인이 실제로 채권을 양도받지 않았다면 이중으로 채무를 변제할 위험에 빠질 수 있다. 채무자가 이중지급위험을 면하려면 양도인인 채권자에게 그 사실을 확인한 후에 지급할 수밖에 없는데, 이것은 불합리하다는 것이다. 한편 자산유동화법 제 7 조는 자산유동화를 촉진하기 위하여 채권양도의 대항요건에 관한 특례를 규정하였는데, 讓渡人뿐만 아니라 讓受人도 채권양도 등을 통지할 수 있다고 하였다.[44]

채권양도의 대항요건을 갖추기 위하여 채권을 양도하기 전에 미리 하는 事前의 通知 또는 承諾[45]이 허용되는지 문제된다. 사전의 통지는 양도시기를 확정할 수 없으므로 통지로서의 효력이 없다는 견해[46]도

42) 郭潤直(註 21), 215면. 大判 1987. 3. 24, 86다카908(공 1987, 713)은 채권양도의 통지를 받거나 그 승낙을 할 이익을 미리 포기하여 그 통지나 승낙 없이 그 채권양도를 채무자에게 대항할 수 있게 하는 특약을 한 경우에는 그 양도통지나 승낙이 없더라도 이를 채무자에게 대항할 수 있다고 하였는데, 이는 민법 제450조 제 1 항이 임의규정이라는 것을 전제로 한 것으로 볼 수 있다.

43) 大判 1994. 12. 27, 94다19242(공 1995, 123)는 채권양수인이 양도인의 使者 또는 대리인으로 통지할 수 있다고 한다.

44) 자산유동화법 제 7 조에서 채권양도의 통지권자로 양수인을 추가한 것에 반대하는 견해로는 李美賢, "資產流動化에 관한 法律," 人權과 正義, 1999년 7월호, 133면.

45) 채권양도의 사전 통지 또는 승낙은 다수의 채권을 한꺼번에 양도하는 경우에 효용을 발휘할 수 있다.

46) 郭潤直(註 21), 216면.

있으나, 사전 통지 후에 그에 상응하는 양도가 실제로 이루어지면 그 때부터는 효력이 생긴다는 견해가 다수설이다.[47)] 사전 승낙에 관하여는 양도할 채권이나 양수인이 특정되어 있는 경우에는 유효이나, 양수인이 특정되지 않은 경우에 관하여는 견해가 대립한다.[48)]

대법원은 사전 통지에 관하여 부정적인 견해를 밝힌 바 있다. 즉 채권양도의 통지는 양도인이 채무자에 대하여 당해 채권을 양수인에게 양도하였다는 사실을 통지하는 이른바 관념의 통지로서, 채권양도가 있기 전에 미리 하는 사전 통지는 채무자로 하여금 양도의 시기를 확정할 수 없는 불안한 상태에 있게 하는 결과가 되어 원칙적으로 허용될 수 없다고 하였다.[49)] 사전 통지에 관하여 부정설을 채택한 근거로 채권양도가 있기 전에 미리 하는 사전 통지는 채무자로 하여금 양도의 시기를 확정할 수 없는 불안한 상태에 있게 하는 결과가 된다는 점을 들고 있다. 이 사건에서 문제된 채권양도통지와 관련하여 "설령 각서에 피고가 승낙하면 임차보증금반환채권을 피고보조참가인에게 양도하겠다는 뜻이 담겨 있다고 하더라도 이는 채권양도의 사전 통지에 불과하여 양도통지로서의 효력도 없다"고 판결하였는데, 채권자가 채무자에게 통지할 당시 채권양도의 시기가 확정되어 있지 않았기 때문에, 판결의 결론을 수긍할 수 있다.

그러나 여러 채권을 한꺼번에 양도하는 경우, 특히 유동화를 위하여 대량의 근저당권부채권을 양도하는 경우에 채권양도의 통지를 사전에 할 필요성이 있다. 그리하여 필자는 채권양도의 사전 통지시에 채권양도의 시기를 확정할 수 있는 경우에는 예외적으로 사전 통지를 허용해야 한다고 주장하였다.[50)] 이것을 허용한다면 근저당권의 피담보채

47) 金曾漢·金學東, 債權總論, 박영사, 1998, 302면; 金亨培(註 21), 1998, 585면; 李銀榮(註 21), 620면; 民法注解(Ⅹ), 579면.

48) 이에 관하여는 民法注解(Ⅹ), 582면 참조.

49) 大判 2000.4.11, 2000다2627(공 2000, 1181).

50) 金載亨, "2000년도 民法判例의 動向," 民法論 Ⅱ, 박영사, 2004, 481면; 金載亨, "根抵當權附債權의 流動化에 관한 法的 問題"(註 17), 488면.

권을 확정하기 위한 통지가 있는 경우 채권양도의 통지가 있는 것으로 볼 수 있게 된다. 이와 반대로 사전의 채권양도통지에도 불구하고 채권양도 후에 다시 채권양도의 사실을 통지하여야 한다면 자산유동화거래에 중대한 장애요소가 될 것이다.[51] 2004년에 제정된 한국주택금융공사법 제26조 제 3 항은 주택저당채권의 양도에 대한 통지는 양도 전에도 양도의 일자를 명시하여 이를 할 수 있고, 주택저당채권이 실제로 양도된 일자가 통지한 일자와 다른 일자에 이루어진 때에는 양도가 이루어진 일자를 명시하여 다시 통지하여야 한다고 규정하고 있다. 이와 같은 사전 통지제도는 다른 경우에도 명문으로 인정할 필요가 있다.

3. 協約의 受容問題

우리나라에서 민법을 개정하여 양도통지인을 양도인에 한정하지 않고 양수인으로 확대하여야 한다는 주장이 있다. 채권의 양도인은 일반적으로 채권양도통지를 할 이익이 크지 않기 때문에, 입법론으로는 양도인 이외에 讓受人에게도 채권양도의 통지를 하도록 하는 것이 바람직하다.[52] 프랑스민법(제1690조 제 1 항), 스위스채무법(제167조), 그리스민법(제460조) 등 외국의 여러 민법에서도 양도인뿐만 아니라 양수인에게도 통지권을 부여하고 있다. 우리 민법에서 채권양도의 통지권자를 양도인으로 한정하면서, 자산유동화법 등 특별법에서 채권양도의 통지권자에 양수인을 포함한 것은 혼란을 초래할 우려가 있다. 그리하여 채권양도 통지에 관한 민법규정을 개정하여 양수인도 채권양도통지를 할 수 있도록 개정하는 것이 바람직하다. 협약에서 양수인도 채권양도를 통지할 수 있다고 정하고 있는 것은 우리나라에도 좋은 참고가 될 수 있다. 특히

51) 김용호(註 17), 367면.

52) 徐敏, 債權讓渡에 관한 硏究, 경문사, 1985, 118면 이하; 民法注解(Ⅹ), 581면.

채무자가 양수인으로부터 통지받는 경우에 채권양도에 관한 증거를 요청할 권리를 부여하고 있는 점은 채무자, 채권자, 양수인 등 이해관계인의 이익을 적절하게 조정한 것이라고 볼 수 있다.

협약에서 양도통지 또는 지급지시는 통지 후에 발생하는 채권에 관계된 것일 수 있다고 규정하고, 채권을 전전 양도한 경우에 나중에 이루어진 채권양도의 통지를 하면 그 전의 모든 양도에 대한 통지를 한 것으로 보고 있다. 우리나라에서도 이와 같이 채권양도의 통지를 쉽게 하는 방안을 강구하여야 할 것이다.

한편 협약에서 채권양도의 통지와 지급지시를 구분하고 있으나, 우리 민법에서는 지급지시에 관한 규정이 없고, 따라서 채권양도의 통지와 지급지시를 구분하지 않고 있다. 그러므로 우리 민법에서 채권양도의 통지에는 지급지시를 포함한 것으로 볼 수 있다. 또한 채권양도의 대항요건과 구별되는 채무자의 면책에 관한 규정이 없다. 지급지시의 개념이나 채무자의 면책에 관한 규정은 우리 민법의 태도와 많이 다르지만, 그 장·단점을 비교하여 그 수용여부를 검토할 필요가 있다.

Ⅶ. 債務者의 抗辯 및 相計權

1. 協　約

채권이 양도되더라도 채무자는 채권양도가 행해지지 않은 경우와 동일하게 양수인에게 원계약 등에서 발생하는 항변과 상계권을 주장할 수 있다. 즉, 채무자는 양도인에게 주장할 수 있는 항변이나 상계권을 양수인에 대해서도 주장할 수 있다. 협약 제18조 제 1 항은 양수인이 채무자에게 양도받은 채권을 청구하는 경우에, 채무자는 양수인에 대하여 원계약 또는 동일한 거래의 일부였던 그 밖의 계약으로부터 발생하는 항변과 상계권을 주장할 수 있다고 규정한다. 제18조 제 2 항은 채무자가 양도통지를 받은 시점에 행사할 수 있었던 것이라면, 채무자는 양수인에 대하여 그 밖의 모든 상계권을 주장할 수 있다고 규정한다. 제18조 제 1 항에서 정하고 있는 상계를 거래상의 상계(transaction set-off)라고 하고, 제18조 제 2 항에서 규정한 상계를 거래와 무관한 상계, 즉 독립적인 상계(independent set-off)라고 한다. 제 1 항에 따른 항변이나 상계는 아무런 제한이 없으므로, 채무자가 양도통지를 받은 후에 비로소 행사할 수 있더라도 주장할 수 있으나, 제 2 항에 따른 항변이나 상계는 양도통지를 받았을 때 행사할 수 있었어야 한다.[53)]

2. 韓國法

민법 제451조 제 1 항 본문은 채무자가 이의를 보류하지 아니하고 채권양도에 대한 승낙을 한 때에는 양도인에게 대항할 수 있는 사유로써 양수인에게 대항하지 못한다. 그러나 대법원은 "채권양도에 있어서 채무자가 양도인에게 이의를 보류하지 아니하고 승낙을 하였다는 사정이 없거나 또는 이의를 보류하지 아니하고 승낙을 하였더라도 양수인이 악의 또는 중과실의 경우에 해당하는 한, 채무자의 승낙 당시까지 양도인에 대하여 생긴 사유로써 양수인에게 대항할 수 있다"고 하였다.[54)] 양수인에게 악의 또는 중과실이 있으면 대항할 수 있다는 것이다.

민법 제451조 제 2 항은 양도인이 양도통지만을 한 때에는 채무자는 그 통지를 받은 때까지 양도인에 대하여 생긴 사유로써 양수인에게 대항할 수 있다고 규정하고 있다. 양수인이 이의를 보류하고 승낙한 경우에도 마찬가지이다. 위 대법원 판결은 승낙 당시 이미 상계를 할

53) 법무부(註 4), 125면; Bazinas(註 8), pp. 379-380.

54) 大判 1999. 8. 20, 99다18039(공 1999, 1878). 이 판결에 관한 평석으로는 洪晙豪, "指名債權讓渡에 대한 異議保留 없는 承諾의 效果와 相計抗辯의 斷切與否," 民事判例硏究(XXIII), 2001, 268면 이하.

수 있는 원인이 있었던 경우에는 아직 상계적상에 있지 아니하였다 하더라도 그 후에 상계적상이 생기면 채무자는 양수인에 대하여 상계로 대항할 수 있다고 하였다. 현재 국회에 계류중인 민법개정안(제451조 제3항)에서는 이러한 판례를 수용하여 "채무자는 양도통지를 받은 때에 양도인에 대한 채권이 아직 이행기에 이르지 아니하였어도 그 이행기가 양도된 채권의 이행기 이전에 도래한 경우에는 상계로써 양수인에게 대항할 수 있다"고 정하고 있다.[55)]

3. 協約의 受容問題

우리 민법에서는 채권양도에서 상계에 관한 규정을 두고 있지 않으나, 판례에서 상계권을 인정하고 있고, 민법개정안에서도 이를 반영하고 있다. 채권양도에서 상계에 관한 규정을 두는 것이 바람직할 것이다. 한편 협약은 우리 민법과는 달리 거래상의 상계와 독립적인 상계를 구분하고 있는데, 우리나라에서도 이러한 협약의 규정을 도입할 것인지 문제될 수 있다. 이와 같이 양수인이 채무자에게 양도받은 채권을 청구하는 경우에, 채무자는 양수인에 대하여 계약에서 발생한 항변이나 상계권은 양도통지 이후에 행사할 수 있는 것이라고 하더라도 이를 주장할 수 있다는 방안을 도입하는 문제에 관해서는 신중하게 검토할 필요가 있다.

---

55) 개정안 작성과정에서의 논의에 관하여는 法務部, 民法(財産編) 改正 資料集(法務資料 第260輯), 2004, 721면 이하.

Ⅷ. 수익(proceeds)의 개념

1. 協　約

협약은 미국법에 특유한 개념인 수익(proceeds)에 관한 규정을 두고 있다.[56] 채권양도에서 수익은 채권의 전부 또는 일부를 추심한 금액 등 채권자가 채권과 관련하여 수령한 모든 것을 말한다(협약 제5조 (j)항). 여기에는 수익의 수익(proceeds of proceeds)을 포함한다.[57]

협약은 수익에 관하여 포괄적으로 규정하지는 않고 있다.[58] 수익에 대한 권리의 본질과 취급이 법체계마다 다르기 때문이다. 그러나 수익에 관한 몇몇 규정을 두고 있다. 협약 제14조는 양도인과 양수인 사이에서 양도된 채권에 관한 지급이 이루어진 경우에 양수인에게 그 금원을 보유할 권리가 있다고 규정하고 있다. 그러나 양수인의 권리에 우선하는 제 3 자에게 채권에 관한 지급이 행해진 경우에는 그러하지 아니하다. 또한 협약 제24조 제 1 항은 양수인이 수익을 수령한 경우, 양도된 채권에 대한 양수인의 권리는 양도된 채권에 대한 양수인의 권리가 양도된 채권에 대한 경합하는 권리주장자의 권리에 대해 우선권을 가지는 범위 내에서는 양수인은 그러한 수익을 보유할 권리를 가진다고 규정하고 있다. 따라서 채권양도에서 양수인이 채무자로부터 채권의 지급을 받거나 그 수익을 받을 권리가 있다고 볼 수 있다. 이 점에서는 우리 민법에서도 동일한 결과를 인정할 수 있다. 그런데 협약

56) 미국 등 몇몇 국가에서는 수익의 개념을 사용하고 있으나, 프랑스 등 대륙법계 국가에서는 이 개념을 사용하고 있지 않다. Bazinas(註 2), p. 335. 미국의 담보거래법에서 수익의 개념에 관하여는 金載亨, "動産擔保制度의 改善方案—登錄制度의 導入에 관한 試論—," 民事法學 제30호(2005. 12), 15면.

57) U.N. doc. A/CN.9/557, para. 34.

58) U.N. doc. A/CN.9/557, para. 51. 초안 작성과정에서 논란에 관하여는 Bazinas(註 2), p. 335 참조.

제24조 제 2 항에서 양도인이 양수인의 위임 등에 따라 수익을 수령한 경우 양도인이 양수인을 위하여 수익을 별도로 보관하고, 수익이 양도인의 자산으로부터 합리적으로 특정될 수 있는 때에는 양수인에게 경합하는 권리주장자의 권리에 대하여 우선권이 인정된다고 규정하고 있다. 이에 따르면 양도인의 채권자는 수익에 대하여 강제집행을 할 수 없고, 양도인의 파산시에도 수익은 파산재단을 구성하지 않는다.[59] 다만 양수인은 수익에 대하여 물권을 갖는 것이 아니라, 우선권[60]만을 가질 뿐이다. 이는 미국법에서 수익에 대한 권리를 물권으로 규정한 것과는 다른 것이다.[61]

2. 韓 國 法

우리 민법에는 수익의 개념을 채택하고 있지 않다. 민법 제342조는 물상대위에 관하여 규정하고 있는데, 질물의 멸실, 훼손 또는 공용징수로 인하여 질권설정자가 받을 금전 기타 물건에 대하여도 질권을 행사할 수 있다고 규정하고 있다. 이 규정은 권리질권이나 저당권에 준용되고 있으나(제355조, 제370조), 목적물의 멸실, 훼손 또는 공용징수의 경우에 물상대위가 인정될 뿐이다.[62] 이와 달리 미국법에서 수익은 처분대가나 임대수익 등도 포함하는 것으로 매우 포괄적인 개념이다.

민법에서 채권양도 후에 양도인이 채무자로부터 채권을 추심하는 경우를 예정하고 있는 규정이 없다. 다만 양도인이 양수인을 대리하여

59) 김용호(註 4), 131면.

60) 협약 제 5 조 (g)항.

61) Markell, "UNCITRAL's Receivables Convention: The First Step, But Not The Last — A Comment On Bazinas," *Duke J. of Comp. & Int'l L.*, Vol. 12, 2002, p. 405.

62) 한편 판례는 일정한 경우에 대상청구권을 인정하고 있는데(大判 1992. 5. 12, 92다4581 · 4598(공 1992, 1849) 등), 그 인정여부 및 범위에 관하여 논란이 있다.

채권의 지급을 받은 경우에 양도인의 재산이 되고 양수인은 양도인에게 별도의 지급청구권을 가질 뿐이다.[63)]

3. 協約의 受容問題

협약에서는 양도인이 양수인을 대리하여 채권의 수익을 받은 경우에 일정한 요건하에서 양수인이 그 수익에 대하여 우선권을 갖는다는 점에서 우리 민법과는 차이가 있다. 수익의 개념을 도입하는 것에 대하여는 부정적인 견해가 있다.[64)] 수익의 개념을 도입하면 양수인이 양수채권의 가치변형물에 우선적 권리를 행사할 수 있기 때문에, 양수인이 매우 유리한 지위에 있게 된다. 채권양도가 담보목적으로 이루어지는 경우에는 담보채권자의 이익에 도움이 될 것이다. 그러나 이로 인한 거래의 안전이 문제될 수도 있다. 수익의 개념을 도입하는 문제는 채권양도에 한정된 것이 아니고 담보물권법 등 여러 분야에서 공통적으로 해결해야 할 문제이다. 우리 민법에서 수익의 개념을 도입하지 않고 있는 상태에서 채권양도에 한정하여 이 개념을 도입하는 것은 체계를 파괴하는 혼란을 초래할 것이다.

Ⅸ. 結　　論

UN채권양도협약은 합리적인 부분도 많고 협약의 작성에 많은 나라가 참여하였으므로, 채권양도에 관한 각국의 법제도에 상당한 영향

63) 자산유동화법 제10조 이하에서 유동화자산을 자산관리위탁계약에 따라 구분관리하는 경우에 관하여 규정하고 있는데, 이러한 규정에 따라 양도인이 유동화자산인 채권을 추심하는 경우에 양도인의 채권자가 이를 강제집행할 수 없고, 양도인의 파산시에 파산재단을 구성하지 않는다. 김용호(註 4), 131면 이하.

64) 법무부(註 4), 219면.

을 미칠 것이다. 그러나 협약의 실제 작성과정에서 미국 등 선진국이 주도적인 역할을 수행하였고, 개발도상국의 참여가 적극적으로 이루어졌다고 볼 수는 없다.[65] 또한 협약은 채권양도에 관하여 매우 복잡하고 세밀하게 규율하고 있는데, 이러한 규율방식에 익숙하지 않은 나라에서는 국내법으로 수용하기 어려울 것이다.[66]

우리나라에서 채권양도에 관한 입법적 개선을 논의할 때 협약은 중요한 자료가 될 것임은 분명하다. 그러나 협약에는 영미법에 특유한 개념이나 규정이 포함되어 있고, 우리 민법과 다른 점이 많기 때문에, 이러한 부분은 우리 국내법으로 수용하기가 쉽지 않다. 또한 현상황에서 협약에 가입한다면 국내의 채권양도와 국제적 채권양도 사이에 법분열 현상이 발생할 것이다. 현재에도 국제거래에 관한 개별 계약에서 미국 뉴욕주법이나 영국법 등 외국법을 준거법으로 약정하는 경우가 상당수 있기 때문에, 이미 법분열 현상이 발생하고 있다고 볼 수도 있다. 그러나 이것은 개별적으로 당사자들의 의사에 기하여 발생하는 것에 불과하다. 만일 협약에 가입한다면 당사자들의 약정과는 무관하게 법분열 현상이 전면적으로 발생하게 된다. 따라서 이로 인한 혼란을 막을 수 있을 때 협약에 가입하자는 주장이 설득력을 얻을 수 있을 것이다.

우리나라가 협약에 가입함으로써 얻는 이익과 손실을 면밀하게 검토하는 것도 중요하지만, 협약 중에서 합리적이라고 판단되는 부분은 국내법으로 적극적으로 수용하는 방안을 모색할 필요가 있고, 그렇지 않은 부분에 대하여는 협약에 가입함으로써 발생하는 문제점을 줄이기 위한 방안을 아울러 모색해야 할 것이다. 나아가 다양한 국제협약을 준비하는 단계에서부터 우리의 법률가와 법학자가 협약의 제정과정에

65) 상세한 것은 Trager, "Towards a Predictable Law on International Receivables Financing: the UNCITRAL Convention," *NYUJ INT'L L. & POL.*, Vol. 31, 1999, pp. 622-643.

66) Markell(註 61), p. 401.

적극적으로 참여하여 좀더 합리적이고 우리 법에 친화적인 협약을 만들 수 있도록 노력하여야 할 것이다.

(國際去來法硏究 제15집 제 1 호(2006. 6), 67-90면 所載)

[後 記]

이 글은 2005년 10월 27일 유엔국제거래법위원회(UNCITRAL)와 우리나라 국제거래법학회가 공동으로 주최한 유엔국제거래법위원회 국제심포지움 "유엔채권양도협약 가입과 국내입법(UN Receivables Convention — Accession thereto and National Legislation —)"에서 발표한 것을 수정·보완한 것이다.

11. 프로스포츠 選手契約의 不履行으로 인한 損害賠償責任

研究對象判決: 대법원 2004. 6. 24. 선고 2002다6951 · 6968 판결(공 2004, 1201)

우리나라에서 1980년대 이후 프로스포츠가 발달하기 시작하여 현재는 거대한 사업영역이 되었다. 이에 따라 법적 분쟁도 빈발하고 있으나, 그 분쟁양상에 대한 분석이 제대로 이루어지지 않고 있다. 2004년 프로축구선수의 입단계약 및 이적과 관련된 중요한 판결이 선고된 바 있다. 이 사건을 중심으로 스포츠선수계약과 그 불이행과 관련된 손해배상책임에 관하여 검토해 보고자 한다.

[事實關係와 判決]

1. 사실관계

(1) 피고(서정원)는 축구선수이고, 원고(주식회사 엘지스포츠)는 프로축구단인 '안양 LG치타스'(이하 '원고 축구단'이라 한다)를 운영하고 있다. 원고 축구단은 1991년 국내프로축구리그에서 최하위의 성적을 기록하여 1992년 드래프트(한국프로축구연맹이 정한 국내프로축구 신인선수 선발제도)에서 1순위의 지명권을 갖게 되었고, 이에 따라 피고를 지명할 계획을 갖고 있었다. 그런데 피고는 독일 프로축구리그에서 활동

을 하고 싶다는 이유로 1991년 국내프로축구 드래프트 신청 마감일인 1991. 11. 15.까지 한국프로축구연맹에 드래프트 신청서를 제출하지 않았다.

(2) 원고 축구단은 피고에게 신인선수로서는 최고 대우인 계약금과 연봉을 지급하고 향후 피고가 독일 프로축구리그에 진출하는 것을 보장하기로 하고, 원고 축구단과 피고는 1991. 11. 18. 다음과 같은 내용의 입단계약을 체결하였다.

① 피고는 1992. 1. 1.부터 원고 축구단에 입단하며, 원고 축구단은 3년 후에는 피고의 해외 이적에 동의하기로 한다. 독일 프로축구단으로의 이적은 원고 축구단과 피고가 공동으로 추진하되 입단 조건이 보다 좋은 팀으로 이적하기로 한다. 이적료는 원고 축구단과 피고가 5:5로 배분하며, 피고는 귀국시에 원고 축구단으로 조건 없이 복귀한다. 피고가 군에 입대할 경우에는 2년(프로축구대회 2 시즌) 후 독일 진출을 추진한다.

② 원고 축구단은 피고에게 전속계약금으로 1억 2,903만원(세금 포함), 연봉으로 3,000만원을 지급한다.

(3) 피고는 1992. 1. 1. 원고 축구단에 입단하여 활동하였다. 그러던 중인 1998. 1. 7. 원고 축구단은 프랑스 프로축구단인 스트라스부르그 구단과의 사이에 이적료를 100만달러로 정하여 피고에 대한 이적계약을 체결하였다. 피고도 스트라스부르그 구단과 사이에 연봉 50만달러, 계약기간 3년 6월로 한 입단계약을 체결하였다. 원고 축구단은 1998. 1. 24.부터 8. 18.까지 사이에 피고에게 스트라스부르그 구단으로부터 받은 이적료 중 499,990달러(이하 '이 사건 금원'이라고 한다)를 지급하였다.

(4) 피고는 1998. 1. 22.부터 스트라스부르그 구단 소속으로 프랑스 프로축구리그에서 활동하였으나, 구단 신임 단장과의 불화 등으로 출전기회를 거의 부여받지 못하자 다시 국내복귀를 추진하였다. 이에 원

고 축구단은 피고를 다시 영입하기 위하여 1998.12.경부터 1999.2.5.까지 몇 차례 피고의 형인 소외 A를 만나 협상을 벌였는데, 원고 축구단과 A는 일단 원고 축구단이 제의한 금액에 더하여 정착비용 1억원을 이자 없이 대출하는 조건에 입단하기로 잠정합의를 하였다. 그러나 피고는 대리인 B를 통하여 1999.2.16. 수원 삼성블루윙스 구단과 입단계약을 체결하였고,[1] 위 구단은 스트라스부르그 구단과 피고에 대한 이적계약을 체결한 후 이적료 50만 달러를 지급하였으며, 피고는 현재 수원 삼성블루윙스 구단에서 활동하고 있다.

2. 원고의 주장

(1) 원고가 피고에게 지급한 이 사건 금원은 피고가 해외에서 복귀할 때 원고 축구단으로 복귀하는 데 대한 사전지급금이므로 피고가 원고 축구단으로 복귀하지 않은 이상 위 금원을 반환하여야 한다.

(2) 피고와의 1991년 입단계약 중 이 사건 금원의 지급약정은 피고가 원고 축구단으로 복귀하지 않는 것을 해제조건으로 하는 약정이므로 피고의 미복귀로 인하여 위 약정은 해제되었다. 그렇지 않다 하더라도 피고가 원고 축구단으로 복귀하기로 한 약정을 위반함에 따라 원고가 그 대가관계에 있는 금원지급약정을 해제하였다. 그러므로 피고는 계약 해제에 따른 원상회복으로서 원고로부터 지급받은 위 금원을 반환하여야 한다.

(3) 피고의 계약 위반으로 인하여 원고가 적어도 이 사건 금원 상

1) 원고가 1999.2.경 피고에게 제의한 입단조건은 당시 국내 프로축구에서는 가장 좋은 조건이었다. 그런데 피고의 대리인 B가 1999.2. 하순경 원고 축구단 부단장 C에게 전화하여 수원 구단이 연봉과 출전수당을 합하여 5억 원 정도의 입단조건을 제시하고 있다고 말하면서 빠른 시일 내에 원고의 의사를 밝혀 달라고 말하였다. 그러나 피고는 그에 앞선 1999.2.16.에 이미 수원 구단과 연봉, 계약금 합계 3억 원, 출전수당 200만 원의 조건으로 입단계약을 체결하였다.

당의 손해를 입었으므로 이를 배상할 의무가 있다.

3. 원심판결[2)]

(1) 원·피고 사이의 입단계약에서 피고가 해외로 진출하였다가 국내로 복귀할 때는 원고 운영 축구단으로 복귀하기로 약정하였다. 이는 피고가 국내로 복귀할 때 원고와 외국구단 사이의 이적료 협상의 결과와 상관없이, 원고가 제시하는 입단조건을 무조건 받아들여 원고 운영 축구단으로 복귀하여야 한다는 것으로 해석할 수는 없다. 그렇다고 하더라도 위의 약정의 내용과 입단계약의 체결 경위 등을 참작하면 피고는 이적료 협상과 별개로 원고와의 입단 협상에 성실하게 응하여 합의에 이를 수 있도록 노력하여야 할 의무를 부담한다.

(2) 원고가 1999년 입단 교섭 당시 피고에게 처음 제시한 입단조건이 당시 상황에서는 피고의 성실한 입단 협상을 기대할 수 없을 정도로 무성의한 수준의 것이라고 볼 수 없다. 이에 반하여, 피고는 원고 축구단으로의 복귀를 위한 협의를 성실하게 할 의사가 없이 수원 구단과 입단계약을 이미 체결한 후 이 사실을 숨긴 채 원고에게 일방적으로 조건을 제시함으로써 마치 협상을 할 의사가 있는 것처럼 보이려 하였을 뿐이다. 따라서 피고는 원고와의 협상에 성실하게 응하지 않은 채 일방적으로 수원 구단에 입단함으로써 해외에서의 복귀시 원고 축구단으로 복귀하기로 한 위 약정을 위반하였다고 할 것이므로, 그로 인하여 원고가 입은 손해를 배상할 책임이 있다.

(3) 1991년 입단계약에서 원고 축구단이 이적료의 절반을 피고에게 지급하기로 약정하였는데, 그 지급 금원은 피고가 국내로 복귀할 때 원고 운영 축구단으로 복귀하게 하는 데 대한 사실상 대가로서의 의미를 가질 뿐만 아니라, 원고가 당시 피고를 입단시키기 위한 대가

---

2) 서울高判 2001. 12. 6, 2001나25803 · 25810.

로서의 의미도 함께 가지고 있었다. 그 금원이 피고가 향후 해외에서 국내로 복귀할 때 원고 운영 축구단으로 복귀하는 데 대한 사실상 대가로서의 의미를 가지고 있었던 이상 피고가 그 약정에 위반하여 원고 운영 축구단에 복귀하지 않았다면 원고는 피고에게 지급하였던 금원 중 해당 금액에 상당하는 손해를 입게 되었고, 그 외에도 피고를 영입하지 못함으로써 원고 운영 축구단이 필요로 하는 팀의 구성과 운영에서 지장을 받았을 것임을 추단하기 어렵지 않으며, 또 원고 운영 축구단의 홍보와 광고 등에서도 부정적 영향을 받는 손해를 입었다. 그와 같은 원고의 손해의 성질상 그 손해액에 대한 입증은 대단히 곤란하여 이를 확정하기는 사실상 불가능하므로 위자료의 보완적 기능을 빌어 피고에 대하여 위자료의 지급으로서 원고의 손해를 전보하게 함이 상당하다. 피고의 1991년 입단 경위, 피고에게 지급된 해외이적료의 금액, 피고가 원고 운영 축구단에서 활동한 기간과 스트라스부르그 구단에서 활동한 기간, 피고가 국내로 복귀할 당시 원고와의 협상 경위, 기타 변론에 나타난 모든 사정을 고려하면 피고가 원고에게 지급할 손해배상액은 3억 원으로 정함이 적절하다.

4. 상고이유

피고는 다음과 같은 이유로 상고하였다.

(1) 입단계약에서 피고가 귀국하면 원고 축구단에 복귀한다고 약정한 것은 그 경위 등에 비추어 보면 법률상의 의무를 부담하는 내용의 약정이 아니다. 피고는 한국프로축구의 선수선발제도(이른바 드래프트 시스템)가 직업선택의 자유(팀 선택의 자유)를 제한하고 계약금과 연봉이 적다는 이유로 드래프트 시스템에 의한 선수선발을 거부하다가 입단계약을 체결하였다. 귀국시 조건 없는 복귀 약정은 드래프트 시스템보다 훨씬 더 팀 선택의 자유를 제약하는 노예계약이다. 따라서 이 약

정의 의미는 단순히 원고 축구단의 피고에 대한 희망사항 또는 막연한 기대를 서면화한 것에 불과하다. 만일 이 약정이 일정한 법률상의 의무를 부담하는 내용의 약정이라면 선량한 풍속 기타 사회질서에 반하는 계약으로 무효이다.

(2) 피고가 원고 축구단과의 협상에 성실하게 응하지 아니한 채 일방적으로 삼성 블루윙스 구단에 입단함으로써 복귀 약정에 위반한 것은 채증법칙을 위배하여 사실을 오인한 위법이 있다.

(3) 원고가 피고에게 지급한 이적료의 절반이 복귀에 대한 사전지급금이라거나 위 금원의 지급약정이 복귀하지 아니할 것을 해제조건으로 한 것이 아니라고 하면서도, 위 이적료가 복귀에 대한 사실상 대가로서의 의미를 갖는다고 한 것은 모순된다.

(4) 채무불이행으로 인한 손해배상에서 이행이익과 신뢰이익의 배상에 관한 법리를 오해한 위법이 있다. 피고를 영입하지 못하여 원고 축구단이 팀 구성과 운영에 지장을 받았다는 것은 원고가 얻을 수 있었던 이익을 얻지 못한 소극적 손해에 대한 배상으로서 이행이익의 배상을 인정한 것이다. 그런데 입단계약이 체결되지 않았기 때문에 이행이익의 배상문제는 발생할 수 없다.

(5) 원고가 재산상 손해를 입었다고 하더라도 위자료의 보완적 기능의 성격을 넘어 재산상의 손해에 대한 대체적 기능까지 확장하여 위자료의 명목으로 손해배상을 명할 수는 없다. 또한 원고는 재산상 손해의 배상만을 청구하고 있는데도 원심이 정신적 손해의 배상으로 위자료의 배상을 인정한 것은 변론주의에 어긋난다.

5. 대법원 판결요지

대법원은 원심의 사실관계에 관한 판단이 정당하다고 한 다음, 손해배상책임의 발생과 그 범위를 나누어 판단하고 있다.

(1) 손해배상책임의 발생

원심이 “피고가 원고와의 구단복귀 약정을 위반함으로써 그 위반으로 원고가 입은 상당인과관계 있는 손해를 배상할 의무를 진다”고 판단하였는데, 대법원은 이를 옳다고 하였다. “나아가 위 원·피고 사이의 약정이 헌법상 직업선택의 자유를 침해한다거나 공서양속에 반하는 반사회질서의 법률행위라고 볼 수도 없다”고 판결하였다.

(2) 손해배상의 범위

원심이 “원고가 피고에게 입단계약시 위의 약정에 따라 지급한 금원, 즉 이적료의 절반에 해당하는 금원이 입단대가이었기도 하지만 후에 피고가 원고 운영 축구단에 복귀하는 대가로서의 성격이었다”라고 판단하였는데, 대법원은 이를 지지하며 다음과 같이 손해액을 정하였다.

“채무불이행으로 인한 손해배상청구소송에 있어, 재산적 손해의 발생사실이 인정되고 그의 최대한도인 수액은 드러났으나 거기에는 당해 채무불이행으로 인한 손해액 아닌 부분이 구분되지 않은 채 포함되었음이 밝혀지는 등으로 구체적인 손해의 액수를 입증하는 것이 사안의 성질상 곤란한 경우, 법원은 증거조사의 결과와 변론의 전취지에 의하여 밝혀진 당사자들 사이의 관계, 채무불이행과 그로 인한 재산적 손해가 발생하게 된 경위, 손해의 성격, 손해가 발생한 이후의 제반 정황 등의 관련된 모든 간접사실들을 종합하여 상당인과관계 있는 손해의 범위인 수액을 판단할 수 있다고 하겠다.

이 사건의 경우 원고는 그의 청구원인으로서 원고가 위의 이적료로서 받은 돈 중 피고에게 지급한 돈을 재산적 손해로서 구하고 있음이 명백하고, 원심은 이 사건 금원 중 피고의 원고 운영 축구단으로의 복귀 대가에 해당하는 부분을 손해로 보고 있음이 분명한바, 이 경우 그 구체적 손해액의 입증이 지극히 곤란하다고 본 원심의 판단은 정당하고, 이러한 경우 위와 같은 법리에 따라 사실심 법원은 그 구체적 손해의 액수를 판정할 수 있으니, 원심은 그 구체적 손해액을 그 판시와 같은 제반 경위를 참작하여 3억 원으로 인정한 것으로 보인다.

원심이 그의 판시에서 비록 위자료 내지 위자료의 보완적 기능이라는 표현을 사용하였고 인신사고로 인한 손해배상청구가 아닌 이 사건에서 그러한 판시는 적절한 것이 못됨은 피고가 지적한 바와 같다고 할 것이지만, 이는 원고가 구하지 않은 정신적 손해 혹은 기타 무형적 손해를 인정한다는 취지의 판시가 아니고, 그의 전후 판시에 비추어 볼 때, 구체적으로 그 손해액의 입증이 곤란한 경우의 재산적 손해액 인정을 위한 법리의 판시로 볼 것이므로, 그를 들어 원심의 그 판시가 판결 결과에 영향을 준 변론주의 위반 판단으로 볼 것은 아니다."

[研　究]

I. 序　論

운동선수는 프로스포츠의 주체이다. 그러나 운동선수 개인의 기량이 뛰어나더라도 축구 등 단체경기에서는 이를 조직하는 선수단이 없이는 프로스포츠가 성립할 수 없다. 개인경기에서도 운동선수가 선수단에 속하는 경우가 많다. 프로스포츠 선수단의 형태가 다양하기는 하지만, 운동선수와 프로스포츠 선수단 사이의 選手契約[3)]을 둘러싸고 많은 분쟁이 발생하고 있다.

연구대상판결(이하 대상판결이라고 한다)은 프로축구선수의 移籍과 관련된 판결이다. 대상판결에서 스포츠선수계약의 불이행과 관련된 손해배상책임이 문제되고 있으나, 그 이면에 드래프트제와 입단계약과

3) 선수계약에 관하여는 羅炳辰, "스포츠계약에 관한 고찰," 법학논총 제 5 집(1999. 6), 조선대학교 법학연구소, 211면 이하와 정미화, "스포츠계약과 그 통제," 외법논집 제 7 집(1999. 12), 한국외국어대학교 법학연구소, 20면 이하가 있는데, 거의 동일한 내용이다.

관련된 문제점들이 내재되어 있다. 대상판결은 원·피고 사이의 약정이 헌법상 직업선택의 자유를 침해한다거나 공서양속에 반하는 반사회질서의 법률행위라고 볼 수도 없다고 하였다. 그리하여 드래프트제의 효력이나 입단계약의 의미에 관하여 검토할 필요가 있다. 그리고 대상판결은 피고가 복귀에 관한 약정을 이행하지 않았다는 이유로 손해배상책임을 인정하였다. 원심판결은 위자료의 보완적 기능을 빌어 손해액을 정하였으나, 대법원은 재산적 손해로 보면서 이를 산정할 수 없는 경우에 제반사정을 고려하여 손해액을 정할 수 있다고 하였다.

여기에서는 입단계약상의 이적료 약정과 복귀 약정에 관하여 살펴보고, 채무불이행책임으로 인한 손해배상책임 문제에 관하여 검토해 보고자 한다.

Ⅱ. 入團契約상의 移籍料 約定과 復歸 約定

1. 드래프트제와 入團契約

운동선수와 선수단 사이에 체결하는 계약을 선수계약이라고 한다.[4] 선수단과 입단계약을 체결한 운동선수는 선수단의 지휘 · 감독하에 운동기량을 제공하고 보수를 받는다. 따라서 선수계약은 雇傭契約의 성질을 갖는다. 운동선수는 선수단의 지휘 · 감독을 받는 관계에 있기 때문에, 선수계약은 근로계약에 속한다는 것이 일반적이다. 그러나 운동선수가 주도적인 위치에 있는 경우에는 선수계약이 근로계약에 속하지 않게 될 수도 있다.

4) 운동선수가 선수단에 전속하고 다른 선수단과는 계약을 체결해서는 안 된다는 내용이 포함되어 있는 계약을 전속계약이라고 한다. 전속계약은 그 형태가 다양하기 때문에, 그 계약이 어떠한 전형계약에 속하는지 일률적으로 말할 수는 없다.

선수계약도 계약의 일종이기 때문에, 私的 自治의 原則, 특히 契約自由의 原則이 적용된다. 그러나 신인선수의 선발에서는 드래프트제라는 신인선수 선발제도로 말미암아 선수들이나 선수단이 자유롭게 계약을 체결할 수 없었다. 드래프트제는 프로스포츠의 종목에 따라 다양한 모습을 띠고 있었는데,[5] 프로축구에서도 2001년까지는 한국프로축구연맹이 정한 드래프트제를 시행하였다.[6] 이것은 프로축구구단들을 균형 있게 발전시키기 위하여 국내프로축구리그에서 성적이 최하위인 구단이 신인선수선발에서 1순위로 지명권을 행사하도록 한 것이다. 그 다음으로 성적이 나쁜 팀이 그 다음 지명권을 행사할 수 있다. 1991년에 최하위팀인 원고 선수단이 1순위의 지명권을 갖고, 이에 따라 1992. 2. 대학교 졸업예정인 피고를 지명할 계획을 가지고 있었다. 이에 따라 피고가 원고 선수단과 입단계약을 체결하게 되었다. 따라서 드래프트제가 적법한 것인지 살펴볼 필요가 있다.

서울남부지판 1995. 12. 28, 95카합4466(下集 1995-2, 4)은, 한국야구위원회규약의 지명권제도를 무효라고 결정하였다. 즉, 한국야구위원회규약의 지명권제도는 사업자에 해당하는 프로야구구단들이 서로 합의하여 신인선수의 공급시장이라는 일정한 거래분야에서 선수 선발경쟁을 실질적으로 제한하는 행위, 즉 독점규제 및 공정거래에 관한 법률 제19조 제 1 항 제 4 호 소정의 거래 상대방을 제한하는 부당한 공동행위를 하는 것에 해당하고, 한편 그 야구규약에 대하여는 같은 법 제19조 제 1 항 단서 소정의 공정거래위원회의 인가를 받은 바 없으므로, 결국 지명권제도에 관한 야구규약은 같은 법 제19조 제 2 항에 위반하여 무효이다. 지명 구단의 1차 지명권 행사에 의하여 신인선수가 직접 그 지명 구단과 선수계약을 체결할 의무는 없다 하더라도, 지명 구단과의 선수계약 체결을 거부할 경우 영구히 국내는 물론 일본에서조차

5) 김용섭, "드래프트의 법적 문제," 스포츠와 법 제 3 권(2002), 47면 이하.
6) 2001년 이후에는 프로축구에서 신인선수 드래프트제도가 폐지되었다.

도 지명 구단 이외의 다른 구단에서는 선수계약 체결을 위한 교섭에 응해 주지 않게 됨으로써 사실상 그 신인선수는 자기의 의사에 반하여 영구히 프로야구선수로서 활동을 하지 못하게 된다. 국내에서 독점적으로 프로야구단 흥행사업을 영위하는 지위에 있는 구단들이 공동으로 그들의 일방적 의사만에 의하여 그와 같은 지명권제도를 합의한 한국야구위원회규약은 신인선수의 헌법상 보장된 직업선택의 자유를 지나치게 제한하는 것으로서 이는 선량한 풍속 기타 사회질서에 위반한 사항을 내용으로 하는 법률행위가 되어 무효라고 하였다.

드래프트제는 원래 선수단의 유지, 균형 있는 프로스포츠의 발전 등을 위하여 고안되었다. 그러나 드래프트제는 선수들이 특정한 선수단과 입단계약을 체결하는 것을 강제하기 때문에 선수 개인의 자유를 침해할 수 있다. 드래프트에서 지명된 선수들이 지명권을 행사한 선수단과 무조건 계약을 체결해야 한다면 이는 헌법에 보장된 직업선택의 자유의 본질적 내용을 침해하는 것으로서 민법 제103조의 선량한 풍속 기타 사회질서에 반하는 계약에 해당하여 무효라고 보아야 할 것이다. 다만 드래프트제를 실시하더라도 선수의 선택권을 보장하는 방안이 마련되어 있는 경우에는 유효할 수도 있다.

이 사건에서 피고가 처음에는 지명권제도를 거부하는 의사를 밝히고, 1991년 국내프로축구 드래프트 신청 마감일인 1991. 11. 15.까지 한국프로축구연맹에 드래프트 신청서를 제출하지 않았다. 그러나 원고 축구단의 지명권 행사를 받아들이고 교섭 결과 피고가 1991년부터 원고 축구단에 입단하기로 계약을 체결하였다. 따라서 대상판결에서 지명권제도 자체의 효력이 문제되지는 않았다. 드래프트제가 무효라면 이것이 입단계약의 효력에 영향을 미칠 수도 있을 것이다. 드래프트제로 인하여 피고는 다른 구단을 선택할 수 없었고, 원고와의 입단계약에서 불리한 상황에 있었다고 볼 수 있기 때문이다.

2. 入團契約상의 移籍料 約定과 復歸 約定

일반적으로 입단계약에는 운동선수의 계약금, 연봉 등 입단조건에 관한 내용이 포함된다. 그런데 이 사건 입단계약에는 피고의 해외 진출에 따른 약정이 포함되어 있다. 즉, 원고 축구단은 3년 후에는 피고의 해외 이적에 동의하기로 하고, 이적료는 원고 축구단과 피고가 5:5로 배분하며, 피고는 귀국시에 원고 축구단으로 조건 없이 복귀한다고 약정하였다. 그러나 피고가 귀국하면서 원고 축구단으로 복귀하지 않았다.

(1) 復歸 約定의 의미

입단계약에서 피고가 해외로 진출하였다가 국내로 복귀할 때는 원고 축구단으로 복귀하기로 약정하였다. 드래프트제가 없었더라면 피고가 위와 같은 복귀 약정을 하지 않았을 가능성이 높았을 것이다. 그런데 이 약정의 문언에 따르면 피고가 해외에 진출하였다가 국내에 복귀할 때 원고 축구단에 복귀하여야 할 의무를 부담한다고 볼 수 있다. 이와 같은 약정이 직업선택의 자유를 침해하는 것인지, 선량한 풍속 기타 사회질서에 반하는 약정으로서 민법 제103조에 반하는 것인지 문제된다. 이 복귀 약정의 의미가 피고가 국내에 복귀할 경우에 무조건 원고 축구단에 복귀하여야 한다는 것이라면, 이는 직업선택의 자유를 침해한 것으로 민법 제103조의 선량한 풍속 기타 사회질서에 반한다.

그러나 대상판결은 복귀 약정의 의미를 원고 축구단에 복귀하기 위하여 성실하게 교섭할 의무를 약정한 것이라고 해석하고 있다. 이러한 해석은 처분문서에 속하는 계약서의 문언과는 다르게 해석한 것으로 볼 수 있기 때문에, 법률행위의 해석에 관하여 검토할 필요가 있다.

처분문서는 그 성립의 진정함이 인정되는 이상 법원은 그 기재 내용을 부인할 만한 분명하고도 수긍할 수 있는 반증이 없는 한 그 처분문서에 기재되어 있는 문언대로의 의사표시의 존재 및 내용을 인정하여야 한다. 당사자 사이에 계약의 해석을 둘러싸고 이견이 있어 처분문서에 나타난 당사자의 의사해석이 문제되는 경우에는 문언의 내용, 그와 같은 약정이 이루어진 동기와 경위, 약정에 의하여 달성하려는 목적, 당사자의 진정한 의사 등을 종합적으로 고찰하여 논리와 경험칙에 따라 합리적으로 해석하여야 한다. 의사표시 해석에서 당사자의 진정한 의사를 알 수 없다면, 의사표시의 요소가 되는 것은 표시행위로부터 추단되는 효과의사 즉, 표시상의 효과의사이고 표의자가 가지고 있던 내심적 효과의사가 아니므로, 당사자의 내심의 의사보다는 외부로 표시된 행위에 의하여 추단된 의사를 가지고 해석한다.[7] 이러한 법리는 계약 내용의 해석에 그대로 적용된다.[8]

대법원 판결의 문언을 보면 계약서의 문언을 중시하는 듯한 판결도 있고, 당사자의 진정한 의사를 중시하는 듯한 판결도 있다. 계약의 해석에서 계약서의 문언이 가장 중요한 위치를 가질 것이지만, 그것이 불완전하거나 당사자의 의사를 제대로 반영하지 못하는 경우가 있다. 계약을 체결하는 당사자들이 인식의 한계로 인하여 계약서의 내용을

7) 大判 1993. 5. 27, 93다4908 · 4915 · 4922(공 1993, 1877); 大判 1993. 8. 24, 92다47236(공 1993, 2585); 大判 1994. 10. 11, 93다55456(공 1994, 2954); 大判 1995. 2. 10, 94다16601(공 1995, 1290); 大判 1996. 4. 9, 96다1320(集 44-1, 민 313); 大判 2002. 2. 26, 2000다48265(공 2002, 785); 大判 2002. 6. 28, 2002다23482(공 2002, 1816) 등 다수.

8) 일반적으로 계약내용의 해석은 당사자가 그 표시행위에 부여한 객관적 의미를 명백하게 확정하는 것이므로 먼저 그 서면의 기재 내용에 의하여 당사자가 그 표시행위에 부여한 객관적 의미를 합리적으로 해석하여야 할 것이고, 당사자가 표시한 문언에 의하여 그 객관적인 의미가 명확하게 드러나지 않는 경우에는 그 문언의 내용과 그 계약이 이루어지게 된 동기 및 경위, 당사자가 계약에 의하여 달성하려고 하는 목적과 진정한 의사, 거래의 관행 등을 종합적으로 고려하여 사회정의와 형평의 이념에 맞도록 논리와 경험의 법칙, 그리고 사회일반의 상식과 거래의 통념에 따라 합리적으로 해석하여야 한다. 大判 1994. 3. 25, 93다32668(공 1994, 1320); 大判 1995. 5. 23, 95다6465(공 1995, 2239); 大判 1996. 10. 25, 96다16049(공 1996, 3422); 大判 1998. 3. 13, 97다45259(공 1998, 1023); 大判 2000. 11. 10, 98다31493(공 2001, 1).

정확하게 파악할 수 없고, 특히 장래의 전망에 관해서 매우 불확실한 상태에서 계약을 체결하는 경우가 많다. 따라서 두 당사자의 진정한 의사를 탐구하여 계약 내용을 합리적으로 해석하는 것이 필요하다. 이 경우에 당사자의 의사는 상대방의 관점에서 인식할 수 있는 것이어야 한다. 대법원 판결들이 서로 모순되는 것처럼 보이지만, 이는 구체적인 사례에서 사안의 특성을 고려하여 강조점을 달리한 것이라고 이해할 수 있을 것이다.

이 사건에서 피고가 위 복귀 약정에 따라 원고 축구단으로 복귀할 수 있으려면 원고 축구단과 피고 사이에 계약금, 연봉 등 입단조건에 관하여 합의가 이루어짐과 함께 원고 축구단과 스트라스부르그 구단 사이에서 이적료 등 이적조건에 관하여 합의하여야 한다. 입단 협상이나 이적료 협상 중 어느 하나라도 합의가 이루어지지 못하면 피고가 원고 축구단으로 복귀하는 것이 성사될 수 없다. 그러므로 위 약정의 의미를 피고가 외국에서의 활동을 마치고 국내로 복귀할 때 원고 축구단과 외국 구단 사이의 이적료 협상의 결과와 상관없이 그리고 원고 축구단이 제시하는 입단조건을 무조건 받아들여 원고 축구단으로 복귀하여야 한다고 해석할 수 없다고 한다. 이와 같이 해석한 배경에는 드래프트제가 없었더라면 피고가 위와 같은 복귀 약정을 하지 않았을 것이라는 인식이 깔려 있었던 것으로 생각된다. 그러나 피고의 위 복귀 약정이 피고에게 아무런 법률적 의무를 부담시키지 않는 선언적인 내용을 정한 것이라고 볼 수는 없다. 그리하여 대상판결은 위 복귀 약정에 따른 의무를 법적 의무로 보되, 그 의미를 완화하였다. 즉, 피고가 원고 축구단과의 입단 협상에 성실하게 응하여 합의에 이를 수 있도록 노력하여야 할 의무를 부담한다는 것이다. 이는 위 약정의 문언과 함께 위 입단계약의 체결경위 등을 고려하여 판단한 것이다.

(2) 移籍料 約定

피고가 위와 같은 복귀 약정을 한 대가로 이적료를 반분하기로 하였다고 볼 수 있는지 여부가 문제되고 있다. 프로축구단이 소속 선수를 다른 구단에 이적시키는 경우 선수를 양수하는 구단이 선수를 양도하는 구단에게 지급하는 이적료는 양도 구단에게 귀속하고 그 이적료에 대하여 선수는 아무런 권리도 행사할 수 없다.[9] 대상판결에서 입단계약에서 이적료에 관하여 아무런 약정을 하지 않았다면 프랑스 스트라스부르그 축구단에서 제공하는 이적료는 원고 축구단에 귀속하게 될 것이다. 그러나 피고가 해외로 이적하는 경우 이적료를 5:5로 배분하기로 약정하였다.

원심판결은 전반부에서는 원고가 피고에게 지급한 금원이 피고가 원고 축구단으로 복귀하는 데 대한 사전지급금이라고 볼 근거도 없고, 위 금원의 지급 약정이 피고가 원고 축구단으로 복귀하지 않는 것을 해제조건으로 하는 것이라고 볼 수도 없다고 한다. 따라서 피고가 원고 축구단으로 복귀하지 않음으로써 그에 관한 약정을 위반하였다고 하더라도 이를 이유로 원고가 이 사건 금원의 지급약정을 해제할 수는 없다고 한다. 이것은 위 금원과 복귀 약정이 대가관계에 있다는 것을 부정한 것이다. 그런데 대상판결은 후반부의 손해배상에 관한 판단부분에서는 위 금원지급약정을 복귀 대가라는 의미와 입단조건이라는 의미를 겸유하고 있다고 보았다. 그리하여 원심판결의 전반부와 후반부가 어떠한 관계에 있는지 문제된다.

위 금원 지급약정은 입단계약의 일부를 구성한다. 위 금원 지급약정은 피고를 대우하기 위한 입단조건이라는 성격과 복귀 약정을 담보한다는 성격을 동시에 갖고 있다. 따라서 피고가 원고 축구단에 복귀

9) 유럽 축구에서 이적료에 관하여 상세하게 다룬 글로는 이철우, "유럽 축구의 법적 구조—선수이적과 외국선수 규제를 중심으로—," 성균관법학 제14권 제2호, 2002, 45면 이하.

하지 않았다고 하여 곧바로 위 금원의 반환을 청구할 수는 없다. 이것은 법원이 합리적인 타협방안을 찾은 것으로 볼 수 있다.

(3) 이적료 약정의 해제여부

피고가 복귀 약정을 위반하였다는 이유로 피고가 이적료의 절반을 지급하기로 한 약정을 해제하고 금원의 원상회복을 청구할 수 있는지 문제된다. 이러한 복귀 약정이 위 (1)항에서 본 바와 같이 문자 그대로 피고가 원고 축구단에 복귀하여야 한다는 것은 아니고 복귀협상을 성실하게 하여야 할 의무를 부담한다는 의미로 해석할 수 있다. 이러한 약정도 입단계약의 한 내용이다. 피고가 이를 이행하지 않은 것은 민법 제390조의 채무불이행에 해당하므로 채무불이행으로 인한 손해배상책임이 발생할 수 있다. 그러나 이러한 의무는 부수적 의무에 속한다고 볼 수 있는데, 부수적 채무를 불이행한 경우에는 손해배상책임이 발생하지만, 계약해제권은 발생하지 않는다.[10] 대상판결은 계약의 해제를 인정하지 않을 뿐 그 이유를 명시하고 있지는 않지만, 복귀 약정의 해제로 인한 원상회복의무가 발생하지 않는다는 결론은 정당하다.

Ⅲ. 債務不履行으로 인한 損害賠償責任

민법 제393조 본문은 "債務者가 債務의 內容에 좇은 履行을 하지 아니한 때에는 債權者는 損害賠償을 請求할 수 있다"고 규정하고 있

10) 대법원은 채무가 매매계약의 목적을 달성하는 데 필요불가결하고, 이를 이행하지 아니하면 매매계약의 목적이 달성되지 아니하여 매도인이 매매계약을 체결하지 아니할 것이라고 여겨질 정도의 주된 채무라고 보기 어려운 경우에는 매매계약의 부수적 채무에 불과하여 그 불이행을 이유로 계약을 해제할 수 없다고 판결하였다. 大判 1992. 6. 23, 92다7795(공 1992, 2256); 大判 1994. 12. 22, 93다2766(공 1995, 611); 大判 1996. 7. 9, 96다14364(공 1996, 2453); 大決 1997. 4. 7, 97마575(공 1997, 1525). 계약의 해지에 관해서도 마찬가지이다. 大判 2001. 11. 13, 2001다20400(공 2002, 37).

다. 피고는 원고 축구단과의 협상에 성실하게 응하지 않은 채 일방적으로 수원 삼성블루윙스구단에 입단함으로써 해외에서의 복귀시 원고 축구단으로 복귀하기로 한 위 약정을 위반하였다고 할 것이므로, 그로 인하여 원고가 입은 손해를 배상할 책임이 있다. 그런데 손해배상의 범위를 어떻게 정할 것인지 문제된다. 원심판결은 위자료의 보완적 기능을 들어 3억원의 위자료를 인정한 데 반하여, 대법원은 3억원의 손해배상을 인정한 결론은 유지하였으나, 재산적 손해로 이를 인정하고 있다.

따라서 채무불이행에서 손해배상의 범위를 정하는 문제를 살펴본 다음, 채무불이행으로 인한 정신적 손해 배상문제와 재산적 손해액을 산정할 수 없을 때 법원이 자유재량으로 손해배상을 인정할 수 있는지 여부에 관하여 검토하고자 한다.

1. 損害賠償의 範圍

채무불이행책임에서 손해배상의 목적은 채무가 제대로 이행되었더라면 채권자가 있었을 상태를 회복시키는 것이다.[11] 계약을 위반한 채무자는 "계약이 완전히 이행된 것과 동일한 경제적 이익"[12]을 배상하여야 한다.

그러나 채무불이행으로 인한 모든 손해를 배상하여야 하는 것은 아니다. 민법은 제393조에서 손해배상의 범위에 관하여 구체적으로 정

11) 이에 관하여는 金載亨, "契約의 解除와 損害賠償의 範圍 — 履行利益과 信賴利益을 중심으로 —," 民法論 Ⅱ, 박영사, 2004, 74면도 이하 참조.

12) 大判(全) 1967. 5. 18, 66다2618(集 15-2, 민 11)은, 매매의 목적이 된 권리가 타인에게 속한 경우에 매도인이 그 권리를 취득하여 매수인에게 이전할 수 없을 때에는 매매의 목적이 된 권리가 매도인에게 속하지 아니함을 알지 못한 매수인이 매도인에게 대하여 손해배상을 청구함에는 매도인은 "계약이 완전히 이행된 것과 동일한 경제적 이익"을 배상함이 상당할 것이므로 그 손해는 매수인이 입은 손해뿐만 아니라 얻을 수 있었던 이익의 상실도 포함된다고 판결하였다. 동지: 大判 1973. 3. 13, 72다2207(集 21-1 민, 135).

하고 있다. 제 1 항은 "債務不履行으로 인한 損害賠償은 通常의 損害를 그 한도로 한다"고 규정하고 있고, 제 2 항은 "特別한 事情으로 인한 損害는 채무자가 이를 알았거나 알 수 있었을 때에 한하여 賠償의 責任이 있다"고 규정하고 있다. 제 1 항의 통상손해는 특별한 사정이 없는 한 그 종류의 채무불이행이 있으면 사회일반의 거래관념 또는 사회일반의 경험칙에 비추어 통상 발생하는 것으로 생각되는 범위의 손해를 말한다. 제 2 항의 특별한 사정으로 인한 손해는 당사자들의 개별적·구체적 사정에 따른 손해를 말하고, 이에 대하여는 채무자가 알았거나 알 수 있었을 경우에 한하여 배상책임을 진다.[13] 따라서 우리 민법에서 손해배상의 범위를 정할 때 채무자의 豫見可能性이 핵심적인 준거틀로 작용하고 있다. 특별사정으로 인한 손해배상에서 채무자가 그 사정을 알았거나 알 수 있었는지의 여부를 가리는 시기는 계약체결 당시가 아니라 채무의 이행기까지를 기준으로 판단하여야 한다.[14]

한편 선수계약을 위반한 경우에 손해배상액을 예정하고 있는 경우가 많다. 이러한 경우에는 민법 제398조 제 2 항에 따라 감액할 수 있다.[15]

---

13) 大判 1994. 11. 11, 94다22446(공 1994, 2361).

14) 大判 1985. 9. 10, 84다카1532(공 1985, 1324).

15) 大判 1990. 11. 9, 90다카7262(集 38-3 민, 46)는 배구선수가 전속계약을 위반한 사안에 관한 것이다. 배구단 운영회사인 원고는 배구선수인 피고 A 사이에 다음과 같이 전속계약을 체결하였다. 피고 A가 재학중인 대학교를 졸업하거나 위 대학교 배구단을 이탈한 경우에는 곧 원고 운영의 배구단에 입단하며, 다른 배구단에 이중으로 선수등록을 하지 않는다. 원고는 피고 A에게 전속금을 지급하는 외에 매월 또는 정기적으로 격려금을 지급한다. 만약 피고 A가 전속계약에 따른 의무를 이행하지 아니할 경우에는 피고 A는 원고로부터 수령한 위 전속금과 격려금 및 이에 대한 각 수령일로부터 연 2할 5푼의 비율에 의한 금원과 그 이외에 피고 A의 계약불이행으로 인하여 원고가 입은 일체의 손해를 배상한다. 피고 B는 피고 A의 아버지로서 위 전속계약상의 채무를 연대보증하였다. 원고는 위 전속계약에 따라 피고 A에게 전속금으로 금 6천만원을 지급한 외에 매월 격려금을 지급하였다. 그러나 피고 A는 위 전속계약에 위배하여 1987. 11. 3. 위 전속계약을 파기하고 소외 고려증권주식회사가 운영하는 배구단에 입단하였다. 원심은 피고들이 연대하여 원고에게 손해를

2. 財産的 損害와 非財産的 損害

손해를 재산적 손해와 비재산적 손해로 구분할 수 있다. 재산적 손해는 재산에 관하여 생긴 손해이고, 비재산적 손해는 생명, 신체, 자유, 명예 등의 비재산적 법익에 관하여 생긴 손해라고 한다. 비재산적 손해는 정신적 타격, 고통, 슬픔을 평가한 것이기 때문에, 정신적 손해라고도 하고, 그 배상금을 慰藉料라고 한다.[16)]

그런데 법인의 경우에는 정신적 손해를 상정할 수 없다. 법인 자체는 정신적 고통을 느낄 수 없기 때문이다. 그리하여 無形損害[17)]라는 표현을 사용하기도 한다. 대법원은 분유회사가 경쟁회사에 대한 비방광고로 인하여 경쟁회사에 인격, 명예, 신용 등이 훼손됨으로써 그 사회적 평가가 낮아진 경우에 무형의 손해에 대한 배상책임을 인정하였다.[18)] 이러한 무형의 손해가 정신적 손해에 해당하지 않는다는 점은 분

배상할 의무가 있다고 하고, 원고와 피고들 사이에 체결된 손해배상액의 예정 가운데 피고 A가 수령한 금원에 대하여 연 2할 5푼의 비율에 의한 금원을 가산하여 배상하기로 한 부분은 그 손해배상액의 예정비율에 있어서 너무 과다하여 부당하므로 그 비율을 연 6푼 정도로 감액함이 상당하다고 판단하였다. 대법원은 원심이 당초 약정된 손해배상액의 예정비율을 감액 인정한 것 자체는 수긍할 수 있으나, 그 감액의 정도가 너무 지나쳐서 합리성을 인정하기 어렵다고 판단하였다. 왜냐하면 이 사건은 원고와 피고 A 사이의 전속계약이 해제됨에 따른 법률관계의 간명한 청산을 위하여 손해보상액을 예정한 것인데 당초부터 위와 같은 손해배상액의 예정에 관한 약정이 없었다 하더라도 계약해제의 일반적 효과로서 피고 A는 원고에 대하여 원상회복의무를 지게 되고, 그 의무의 내용으로서 민법 제548조 제 2 항에 따라 피고 A는 원고로부터 이미 지급받은 금액 및 그에 대한 법정이자(이 사건의 경우 원고가 상인이므로 상사법정이자)를 붙여 반환하여야 하는 것인바, 원심이 감액 인정한 연 6푼의 비율은 피고 A에게 당연히 지급의무를 부담하는 상사법정이율에 불과하여 이는 결과적으로 손해배상액 예정에 관한 약정 자체를 전면 부인하는 것과 같은 결과로 되기 때문이다.

16) 郭潤直, 債權總論, 제 6 판, 박영사, 2003, 107면.

17) 이에 관하여는 張在玉, "慰藉料에 관한 몇 가지 考察," 韓國民法理論의 發展(李英俊博士華甲紀念), 박영사, 1999, 601면; 徐光民, "慰藉料에 관한 몇 가지 問題點," 서강법학연구 제 2 권(2000. 3), 114면 이하.

18) 大判 1996. 4. 12, 93다40614 · 40621(集 44-1, 민 323). 원심은 이 사건 광

명하지만, 이것이 재산적 손해에 해당하는지, 아니면 비재산적 손해에 해당하는지는 불분명하다. 법인의 무형손해를 비재산적 손해로 볼 수도 있지만,[19] 재산적 손해 중에도 무형손해가 있을 수 있다. 재산적 손해와 비재산적 손해를 구분하는 것이 곤란한 경우가 있는데도 재산적 손해와 비재산적 손해를 엄밀하게 구분하는 것이 타당한지 의문이다.[20] 재산적 손해와 비재산적 손해를 구분하는 것은 손해배상의 범위를 정하고, 그 배상액을 편리하게 산정하기 위한 것이다. 그러나 손해의 분류가 곤란하다는 이유로 손해배상을 부정한다면, 이는 본말이 전도된 것이다. 따라서 재산적 손해와 비재산적 손해로 구분하기 곤란한 경우에는 양자를 합하여 손해액을 산정하는 것이 허용된다고 보아야 할 것이다.

정신적 손해에 대한 배상은 불법행위책임에서 주로 문제되나,[21] 채무불이행으로 인한 손해에도 재산적 손해뿐만 아니라, 비재산적 손해 또는 정신적 손해가 포함될 수 있다.[22] 채무불이행으로 인한 정신

고들로 인하여 원고의 인격과 명예, 신용 등이 훼손됨으로써 분유제조업체인 원고의 사회적 평가가 낮아지고 그 사업수행에 커다란 악영향이 미쳤으리라는 점은 경험칙에 비추어 쉽게 인정할 수 있으므로, 피고는 위 사회적 평가의 침해에 따라 원고가 입은 무형의 손해를 배상할 의무가 있다고 판단하였다. 대법원은 피고에게 원고가 입은 무형의 손해를 배상할 책임이 있다는 원심의 판단은 옳다(민법 제764조 참조)고 한다.

19) 日最判 1964(昭和 39). 1. 28(民集 18권 1호 136면)은 법인의 무형손해에 대한 배상을 인정하고 있다. 즉, 일본 민법 제710조(우리 민법 제751조에 해당함)의 재산 이외의 손해는 위자료의 지급에 의하여 만족이 되는 정신상의 고통만을 의미하는 것이 아니라 무형손해를 의미하는 것이라고 한다. 그리하여 무형의 손해라고 하더라도 금전으로 평가하여 손해배상을 하여야 한다고 한다. 이 판결에 대한 평석은 植林弘, "民法第710條は法人の名譽權侵害による無形の損害に適用があるか," 民商法雜誌 제51권 제 5 호(1965. 2), 74면; 森泉章, "法人の名譽權侵害と慰謝料," ジュリスト 別册 제31호(1971. 2): マスコミ判例百選: 重要判例の集大成, 158면 참조.

20) 또한 아래 3.(1) 참조.

21) 민법 제751조, 제752조는 재산 이외의 손해도 손해배상의 범위에 속한다는 점을 명시하고 있다.

22) 郭潤直(註 16), 107면; 徐光民(註 17), 126면 이하; 李在睦, "債務不履行에 있어서 慰藉料 賠償의 許容範圍와 基準," 人權과 正義 제318호(2003. 2), 136면 이하; 張在玉(註 17), 616면; 洪天龍, "債務不履行으로 인한 精神的 損害

적 손해의 배상문제에 관한 판례[23]의 태도를 정리하면 다음과 같다. ① 채무불이행으로 손해가 발생한 경우 채권자가 받은 정신적인 고통은 그 재산적 손해에 대한 배상이 이루어짐으로써 회복된다고 한다. 이에 따르면 채무불이행의 경우 재산적 손해의 배상 이외에 위자료를 인정하기 어려울 것이다. ② 채권자가 재산적 손해에 대한 배상만으로는 회복될 수 없는 정신적 고통을 입었다는 특별한 사정이 있고, 채무자가 그와 같은 사정을 알았거나 알 수 있었을 경우에 한하여 정신적 고통에 대한 위자료를 인정할 수 있다. 그런데 대법원 판결에서 채무불이행으로 인한 손해배상에서 정신적 고통에 대한 예견가능성을 인정한 예를 찾을 수 없다. 다만 하급심판결 중에는 채무불이행의 경우에 예외적으로 정신적 손해의 배상을 인정한 예들도 있다.[24]

이러한 판례법리는 채무불이행에서 정신적 고통에 대한 배상을 제한하기 위한 이론으로 작용하고 있다. 그러나 이것이 논리적으로 타당한지는 의문이다. 재산적 손해에 대한 배상이 이루어지는 것과 정신적

의 賠償," 民事裁判의 諸問題(上)(李時潤博士華甲紀念), 박영사, 1995, 281면.

23) 大判 1996.12.10, 96다36289(공 1997, 319)는 "일반적으로 위임계약에 있어서 수임인의 채무불이행으로 인하여 위임의 목적을 달성할 수 없게 되어 손해가 발생한 경우, 그로 인하여 위임인이 받은 정신적인 고통은 그 재산적 손해에 대한 배상이 이루어짐으로써 회복된다고 보아야 하고, 위임인이 재산적 손해에 대한 배상만으로는 회복될 수 없는 정신적 고통을 입었다는 특별한 사정이 있고, 수임인이 그와 같은 사정을 알았거나 알 수 있었을 경우에 한하여 정신적 고통에 대한 위자료를 인정할 수 있다"고 한다. 大判 1996.6.11, 95다12798(공 1996, 2106)은 "일반적으로 건물신축 도급계약에 있어서 수급인이 신축한 건물에 하자가 있는 경우에, 이로 인하여 도급인이 받은 정신적 고통은 하자가 보수되거나 하자보수에 갈음한 손해배상이 이루어짐으로써 회복된다고 봄이 상당하고, 도급인이 하자의 보수나 손해배상만으로는 회복될 수 없는 정신적 고통을 입었다면 이는 특별한 사정으로 인한 손해로서 수급인이 이와 같은 사정을 알았거나 알 수 있었을 경우에 한하여 정신적 고통에 대한 위자료를 인정할 수 있다고 한다. 大判 1980.10.14, 80다1449(공 1980, 13321); 大判 1993.11.9, 93다19115; 大判 1997.2.25, 96다45436(공 1997, 881)도 동일한 취지이다.

24) 서울民地判 1990.2.7, 89가합54840(下集 1990-1, 28); 서울地法 東部支判 1994.9.29, 94가합8455(下集 1994-2, 60).

고통이 회복되는 것은 별개의 문제이다. 재산적 손해를 배상받더라도 정신적 고통이 회복되지 않는 경우가 많다. 재산적 손해를 배상받음으로써 정신적 고통으로 인한 피해가 회복된다면(위 ①의 논리), 정신적 고통에 대한 예견가능성(위 ②의 논리)은 문제조차 되지 않을 것이다. 재산적 손해의 배상으로 충분하지 않은 경우에는 정신적 고통에 대한 손해배상을 인정하여야 한다. 또한 채무자는 채무불이행으로 말미암아 채권자가 정신적 고통을 입을 것이라는 것을 알거나 알 수 있는 경우가 많다. 위와 같은 판례법리로 손해배상의 범위를 한정한 실제 이유는 정신적 고통에 대하여 손해배상을 인정할 경우에 손해배상의 범위가 지나치게 확대될 뿐만 아니라 그 기준도 모호해진다는 점에서 찾을 수 있다. 그러나 채무불이행의 경우에도 실질적인 피해회복을 위하여 정신적 고통에 대한 손해배상을 좀더 넓게 인정하여야 할 것이다. 특히 채무자가 고의로 채무를 이행하지 않음으로써 채권자에게 정신적 고통을 입힌 경우에는 정신적 손해에 대한 배상을 인정해야 할 것이다. 이러한 경우에 채무자가 배상해야 할 손해액이 커진다고 하더라도 채무자를 보호할 필요성이 없는 대신 채권자의 피해회복을 보장할 필요성이 크기 때문이다.

大判 1984. 11. 13, 84다카722(공 1985, 23)는 사망사고에 관한 사건에서 慰藉料의 補完的 機能에 관하여 다음과 같이 판결하였다.

> "법원은 위자료액을 산정함에 있어서 피해자측과 가해자측의 제반사정을 참작하여 그 금액을 정하여야 하므로 피해자가 가해자로부터 당해 사고로 입은 재산상 손해에 대하여 배상을 받을 수 있는지의 여부 및 그 배상액의 다과 등과 같은 사유도 위자료액 산정의 참작사유가 되는 것은 물론이며, 특히 재산상 손해의 발생이 인정되는 데도 입증곤란 등의 이유로 그 손해액의 확정이 불가능하여 그 배상을 받을 수 없는 경우에 이러한 사정을 위자료의 증액사유로 참작할 수 있다고 할 것이다.
>
> 그런데 이러한 위자료의 보완적 기능은 재산상 손해의 발생이 인정되는데도 손해액의 확정이 불가능하여 그 손해전보를 받을 수 없게 됨

으로써 피해회복이 충분히 이루어지지 않는 경우에 이를 참작하여 위자료액을 증액함으로써 손해전보의 불균형을 어느 정도 보완하고자 하는 것이므로, 함부로 그 보완적 기능을 확장하여 그 재산상 손해액의 확정이 가능함에도 불구하고 편의한 방법으로 위자료의 명목 아래 사실상 재산상 손해의 전보를 꾀하는 것과 같은 일은 허용되어서는 안 될 것이다."

이 판결은 사망사고에서 위자료의 보완적 기능을 인정한 것이지만, 매우 예외적으로 이를 인정하여야 한다는 점을 강조하고 있다. 즉, 재산적 손해가 발생하였는데도 손해액의 확정이 불가능한 경우에 한하여 위자료의 보완적 기능에 따라 위자료를 증액할 수 있다는 것이다. 만일 법원이 손해액의 확정이 단순히 곤란하다는 이유로 위자료로 해결하려고 한다면 손해액 산정의 예측가능성이 현저하게 떨어질 것이다.

그렇다면 손해액의 산정이 곤란한 경우에 어떻게 손해액을 산정할 것인지가 중요한 문제가 된다. 이것이 대상판결의 주요 쟁점이다.

3. 對象判決의 검토

(1) 대상판결에서 피고의 채무불이행으로 인한 손해배상의 범위를 정하는 것은 쉽지 않다. 먼저 원고가 피고에게 지급한 이적료의 절반이 배상해야 할 손해에 해당하는지 검토해 볼 필요가 있다. 원고의 주장대로 이 사건 금원의 지급약정은 피고가 향후 해외로 진출하였다가 국내로 복귀할 때 원고 축구단으로 복귀한다는 점에 대한 사실상 대가였다고 가정해 보자. 이러한 경우에 피고가 원고 축구단에 복귀하지 않았기 때문에, 위 금원은 통상손해에 해당한다. 이와 달리 위 금원 지급약정은 원고 축구단이 당시 피고를 입단시키기 위한 입단조건이었다고 한다면, 위 금원은 손해배상의 범위에 속하지 않을 것이다. 원심판결은 위 금원지급약정을 복귀 대가라는 의미와 입단조건이라는 의미를 겸유하고 있다고 보았다. 따라서 피고의 복귀의무 위반으로 인하여 원

고가 위 금원 전부에 해당하는 손해를 입었다고 할 수는 없다. 다만 위 금원이 복귀 대가로서의 의미도 일부 가지고 있었으므로, 피고가 그 약정에 위반하여 원고 축구단에 복귀하지 않았다면 원고는 피고에게 지급하였던 이 사건 금원 중 일부 금액에 상당하는 손해를 입었다고 볼 수 있다고 한다. 그러나 위 금원 중 얼마가 복귀 대가이고 얼마가 입단조건인지 정하기는 매우 곤란하다.

원고 축구단은 피고를 영입하지 못함으로써 원고 축구단이 필요로 하는 팀의 구성과 운영에서 지장을 받았을 것이고, 또한 원고 축구단의 홍보와 광고 등에서도 부정적 영향을 받았을 것이다. 이로 인한 원고 축구단의 손해도 손해배상의 범위에 속한다. 이러한 손해는 이행이익에 속한다. 피고는 피고의 복귀약정에 따른 입단계약이 체결되지 않았으므로, 이행이익의 배상은 인정될 여지가 없다고 주장한다. 계약이 체결되지 않은 경우에 신뢰이익의 배상을 인정할 뿐이고 이행이익의 배상을 인정하지 않는 것이 판례이다.[25] 그러나 이 사건에서는 1991년에 체결한 입단계약에 따른 복귀 약정 위반이 문제되고 있으므로, 이행이익의 배상을 인정하는 데 별다른 문제가 없다. 피고가 원고 축구단과 복귀하기 위하여 성실하게 교섭할 의무를 이행하지 않은 것은 계약체결상의 과실로 보아야 한다는 견해도 있을 수 있다. 그러나 이

25) 大判 1971. 6. 22, 71다792(集 19-2, 민 140). 원고는 피고 A로부터 임야 위에 있는 입목을 매수하였으나, 피고 A와 피고 B간의 확정판결에 의하여 그 입목매매가 당초부터 이행이 불가능한 목적물에 대한 것으로 무효였다. 이로 인하여 원고가 그 매수입목의 소유권을 취득하지 못하게 되었다. 대법원은 원고로서는 피고 A에 대하여 그 입목매매계약의 체결에 있어서의 과실을 이유로 손해의 배상을 청구할 수 있을지언정 그 계약이 유효하게 성립되었던 것임을 전제로 하여 그 계약의 이행불능을 이유로 하는 손해의 배상을 구할 수는 없다고 하고, 원심판결이 원고의 이행이익에 관한 본건 손해배상청구를 배척하였음은 정당하다고 판결하였다. 다만 이 판결의 사안은 타인의 권리매매에 해당하고, 따라서 이행이익의 배상을 인정할 여지가 있다. 또한 大判 2003. 4. 11, 2001다53059(공 2003, 1151)는 계약의 교섭단계에서 일방이 교섭을 부당하게 파기한 경우에 불법행위가 성립할 수 있다고 보고, 이 경우에 손해는 신뢰이익에 한정된다고 한다.

러한 의무도 부수적 의무에 속하는 것으로 이를 이행하지 않은 것은 채무불이행에 속한다고 보아야 한다.

(2) 그런데 원고의 위와 같은 손해는 그 성질상 손해액에 대한 입증이 대단히 곤란하므로 이를 확정하기는 사실상 불가능하다. 원심판결은 손해액을 산정할 수 없다는 이유로 원고가 그 손해를 전보받지 못한다면 심히 공평의 원칙에 반하는 결과가 되므로 위자료의 보완적 기능을 빌어 위자료를 지급해야 한다고 하고, 위자료를 3억원으로 정하였다. 그러나 이 사건에서 원고는 정신적 손해 혹은 기타 무형적 손해의 배상을 청구한 것이 아니고 재산적 손해의 배상을 청구하고 있다. 대법원은 원심판결이 위자료 내지 위자료의 보완적 기능이라는 표현을 사용한 것은 부적절하지만, 이를 "구체적으로 그 손해액의 입증이 곤란한 경우의 재산적 손해액 인정을 위한 법리"를 판시한 것으로 보았다. 즉, 채무불이행으로 인한 손해배상청구소송에서 재산적 손해의 발생사실이 인정되고 그의 최대한도인 수액은 드러났으나 거기에는 당해 채무불이행으로 인한 손해액 아닌 부분이 구분되지 않은 채 포함되었음이 밝혀지는 등으로 구체적인 손해의 액수를 입증하는 것이 사안의 성질상 곤란한 경우, 법원은 증거조사의 결과와 변론의 전취지에 의하여 밝혀진 당사자들 사이의 관계, 채무불이행과 그로 인한 재산적 손해가 발생하게 된 경위, 손해의 성격, 손해가 발생한 이후의 제반 정황 등의 관련된 모든 간접사실들[26]을 종합하여 상당인과관계 있는 손해의 범위인 수액을 판단할 수 있다고 하였다. 이 사건 금원 중 피고의 원고 운영 축구단으로의 복귀 대가에 해당하는 부분이 손해에 해당하지만, 그 구체적 손해액의 입증이 지극히 곤란하다고 보아 이를 3억

26) 원심판결이 이 사건에서 위자료 산정의 자료로 "피고의 1991년 입단 경위, 피고에게 지급된 해외이적료의 금액, 피고가 원고 축구단에서 활동한 기간과 스트라스부르그 구단에서 활동한 기간, 피고가 국내로 복귀할 당시 원고 축구단과의 협상 경위, 기타 변론에 나타난 모든 사정"을 들고 있다. 대법원 판결이 들고 있는 사정보다 구체적인 사정이라고 볼 수 있다.

원으로 인정하고 있다. 결국 대법원은 피고의 채무불이행으로 인한 손해배상액을 3억원으로 정한 원심판결을 지지하고 있으나, 그 논리는 위자료 또는 위자료의 보완적 기능에서 찾은 것이 아니라 재산적 손해액을 입증할 수 없는 경우에 관련된 모든 간접사실을 고려하여 손해액을 정할 수 있다는 논리를 전개하고 있다.[27)]

(3) 人身事故로 인한 불법행위에서 손해를 적극적 손해, 소극적 손해, 정신적 손해로 3분하여 각각의 손해마다 소송물이 달라진다는 것이 판례이다.[28)] 따라서 재산적 손해로 인한 배상청구와 정신적 손해로

---

27) 이 사건과 관련하여 비교법실무연구회에서 발표한 두 논문의 결론도 이와 같다. 鄭泰倫, "이른바 慰藉料의 補完的 機能과 관련하여 살펴본 프랑스에서의 慰藉料制度," 判例實務硏究(Ⅶ), 2004, 245면 이하; 諸哲雄, "債務不履行으로 인한 損害賠償에 있어서 慰藉料의 補完的 機能," 判例實務硏究(Ⅶ), 2004, 261면 이하.

28) 大判 1976.10.12, 76다1313(集 24-3, 민 116)은 불법행위로 인한 신체 상해에 관한 사건에서 손해 3분설을 선언하였다. 즉, '불법행위로 말미암아 신체의 상해를 입었기 때문에 가해자에게 손해배상을 청구할 경우에 그 소송물인 손해는 통상의 치료비 따위와 같은 적극적 재산상 손해와 일실수익상실에 따르는 소극적 재산상 손해 및 정신적 고통에 따르는 정신상 손해(위자료)의 3가지로 나누어진다고 볼 수 있다. 일실수익 상실로 인한 소극적 재산상 손해로는 예를 들면 일실노임, 일실상여금 또는 후급적 노임의 성질을 띤 일실퇴직금 따위가 모두 여기에 포함된다. 이 사건에서 원고는 피고를 상대로 하여 이 사건 갱내사고로 다친 손해 중 전소에서 이미 소극적 재산상 손해로서 일실노임과 일실상여금을 청구하고 있는 사실이 분명하므로 이것과는 별도로 이 사건 소송에서 소극적 재산상 손해의 한 가닥인 일실퇴직금을 청구하지는 못한다 할 것이다. 왜냐하면 위의 전소와 이 사건 소송의 청구는 소극적 재산상 손해라는 동일소송물이기 때문이다'. 그 후에도 대법원은 여러 차례 "생명 또는 신체에 대한 불법행위로 인하여 입게 된 적극적 손해와 소극적 손해 및 정신적 손해는 서로 소송물을 달리하므로 그 손해배상의무의 존부나 범위에 관하여 항쟁함이 상당한지의 여부는 각 손해마다 따로 판단하여야 한다"고 하였다. 大判 1995.2.17, 94다56234(공 1995, 1420); 大判 1996.8.23, 94다20730(공 1996, 2795); 大判 1997.1.24, 96다39080(공 1997, 636); 大判 2001.2.23, 2000다63752(공 2001, 752); 大判 2002.9.10, 2002다34581(공 2002, 2432).

이러한 손해 3분설에 대하여는 유력한 批判이 있다. 물건손해의 경우에는 피침해객체마다 소송물이 세분되지만, 생명·신체의 경우에는 생명이나 신체의 침해 자체를 1개의 비재산적 손해로 보아 1개의 소송물로 파악할 것이며,

인한 배상청구는 각각 소송물을 달리하는 별개의 청구이므로 소송당사자로서는 그 금액을 각각 특정하여 청구하여야 할 것이고, 법원으로서도 그 내역을 밝혀 각 청구의 당부에 관하여 판단하여야 한다.[29)][30)] 이러한 판례 아래에서 원고가 재산적 손해의 배상만을 청구하였다면 정신적 손해에 대한 위자료를 인정한 원심판결은 더욱 유지되기 어려울 것이다. 이러한 점에서도 대법원이 위자료 내지 위자료의 보완적 기능이 아니라 손해액을 산정하기 힘든 재산적 손해 문제로 해결한 것은 정당하다고 볼 수 있다.

그런데 이 사건 변론과정을 알 수는 없지만, 원고가 청구원인에서 피고의 미복귀로 인하여 팀 구성에 곤란을 겪었다는 손해의 배상을 주장하였다면 이를 비재산적 손해의 배상을 주장한 것으로 볼 수도 있을 것이다. 그리고 재산적 손해와 비재산적 손해(또는 정신적 손해)를 엄밀하게 구분하여 그 주장여부를 판단하여야 하는지는 의문이다. 위에서

치료비, 일실이익, 위자료 등은 死傷이라는 비재산적 손해를 금전적으로 평가하기 위한 자료에 지나지 않는다는 것이다. 朴禹東, “生命·身體의 侵害로 인한 損害賠償額의 算定(續),” 司法論集 제5집, 1974, 181면; 李時潤, “損害賠償請求訴訟의 訴訟物,” 판례월보 제101호(1979.2), 114면 이하; 李時潤, 新民事訴訟法, 박영사, 2002, 270면; 郭潤直 편, 民法注解(Ⅸ), 1995, 481면(池元林 집필부분). 일본의 판례(日最判 1973(昭和 48).4.8)는 동일 사고에 의한 동일 신체침해를 이유로 한 재산상의 손해와 정신상의 손해는 원인사실 및 피침해이익을 공통으로 하기 때문에 손해배상청구권은 1개이고 또 소송물도 1개라고 하여 손해 1개설을 따르고 있다.

29) 大判 1989.10.24, 88다카29269(集 37-3 민, 225); 大判 1980.7.8, 80다1192(集 28-2, 민 166).

30) 大判 2000.2.11, 99다49644(공 2000, 671)는 채무불이행으로 인한 손해배상 예정액의 청구와 채무불이행으로 인한 손해배상액의 청구는 그 청구원인을 달리 하는 별개의 청구이므로 손해배상 예정액의 청구 가운데 채무불이행으로 인한 손해배상액의 청구가 포함되어 있다고 볼 수 없고, 채무불이행으로 인한 손해배상액의 청구에서 손해의 발생 사실과 그 손해를 금전적으로 평가한 배상액에 관하여는 손해배상을 구하는 채권자가 주장·입증하여야 하는 것이므로, 채권자가 손해배상책임의 발생 원인 사실에 관하여는 주장·입증을 하였더라도 손해의 발생 사실에 관한 주장·입증을 하지 아니하였다면 변론주의의 원칙상 법원은 당사자가 주장하지 아니한 손해의 발생 사실을 기초로 하여 손해액을 산정할 수는 없다고 한다.

본 바와 같이 재산적 손해와 비재산적 손해를 구분하기 어려운 경우가 있다. 실제 사건에서 재산적 손해와 비재산적 손해가 혼재된 경우가 많다. 재산적 손해에 해당하더라도 이를 산정하기 곤란한 경우에는 이것이 재산적 손해에 해당하는지, 아니면 비재산적 손해에 해당하는지 판단하는 것이 더욱 어렵다. 이른바 무형손해라고 하는 것은 재산적 손해에 해당할 수도 있고 비재산적 손해에 해당할 수 있다. 그리하여 통상적인 재산적 손해의 경우에는 수식으로 손해액을 산정하는 것이 가능하겠지만, 그렇지 않은 경우에는 재산적 손해에 해당하는지, 비재산적 손해에 해당하는지 구별할 필요 없이 변론 전체의 취지나 증거조사를 토대로 손해액을 산정할 수 있다고 보아야 한다.[31)]

한편 재산적 손해와 비재산적 손해는 근본적으로 다르다는 견해가 있을 수 있다.[32)] 독일민법에서는 재산적 손해와 비재산적 손해를 엄밀하게 구분하고, 비재산적 손해는 매우 예외적인 경우에 한하여 손해배상책임을 인정하고 있다.[33)] 그러나 우리 민법에서는 독일민법과는 달

31) 이 판결 이후에도 재산적 손해액의 주장·입증 및 분류·확정이 가능한 계약상 채무불이행으로 인한 손해를 심리·확정하는 경우까지 위자료의 보완적 기능을 확장할 수 없다는 대법원 판결이 나왔다. 즉, 大判 2004.11.12, 2002다53865(공 2005, 1)는, "재산적 손해의 발생이 인정되는데도 입증곤란 등의 이유로 그 손해액의 확정이 불가능하여 그 배상을 받을 수 없는 경우에 이러한 사정을 위자료의 증액사유로 참작할 수는 있다고 할 것이나, 이러한 위자료의 보완적 기능은 재산적 손해의 발생이 인정되는데도 손해액의 확정이 불가능하여 그 손해 전보를 받을 수 없게 됨으로써 피해회복이 충분히 이루어지지 않는 경우에 이를 참작하여 위자료액을 증액함으로써 손해 전보의 불균형을 어느 정도 보완하고자 하는 것이므로, 그 재산적 손해액의 주장·입증 및 분류·확정이 가능한 계약상 채무불이행으로 인한 손해를 심리·확정함에 있어서까지 함부로 그 보완적 기능을 확장하여 편의한 방법으로 위자료의 명목 아래 다수의 계약 당사자들에 대하여 획일적으로 일정 금액의 지급을 명함으로써 사실상 재산적 손해의 전보를 꾀하는 것과 같은 일은 허용될 수 없다"고 하였다.

32) 호문혁, 민사소송법, 제 4 판, 법문사, 2005, 298면은 소송법에 관한 것이지만 손해를 재산적 손해와 비재산적 손해로 나누어 소송물을 정해야 한다는 손해이분설을 주장한다.

33) 독일민법에서는 재산적 손해와 비재산적 손해를 엄밀하게 구분하고 있다. 재

리 양자를 엄밀하게 구분하고 있지 않고,[34] 비재산적 손해 또는 정신적 손해의 배상을 쉽게 인정하고 있다.

대상판결의 사안은 재산적 손해와 비재산적 손해를 구분하는 것이 매우 곤란한 경우에 관한 것이다. 현대생활에서 재산적 손해와 비재산적 손해의 구별이 곤란한 경우가 더욱 증대해 가고 있다. 이러한 점에서도 손해 3분설을 유지하는 것은 재고하여야 할 것으로 생각한다.

(4) 운동선수가 선수계약을 이행하지 않았다고 하여 단체인 선수단에 정신적 손해가 발생하였다고 볼 수 없다. 개인이 아닌 단체의 경우에는 정신적 고통을 상정할 수 없기 때문이다. 그렇다고 하더라도 법인 등 단체가 재산적 손해만을 청구할 수 있는 것은 아니다. 따라서 법인의 경우에는 비재산적 손해라는 표현을 사용하여 재산적 손해로 파악할 수 없는 손해도 손해의 범주에 포섭하는 것이 필요하다.

정신적 손해에 대해서는 법관이 자유재량에 따라 위자료를 정할 수 있다. 이와 달리 재산적 손해는 객관적인 자료를 토대로 계산할 수 있는 것이 통상이다. 그러나 재산적 손해도 그 금액을 산정하기 어려운 경우가 있다. 이러한 경우에는 정신적 손해의 경우만큼 자유재량이 허용되지는 않겠지만, 제반사정을 토대로 손해액을 정할 수 있다고 보아야 한다. 판례는 채무불이행으로 인한 손해배상책임이 인정된다면 손해액에 관한 입증이 불충분하다 하더라도 법원은 그 이유만으로 손해배상청구를 배척할 것이 아니라 그 손해액에 관하여 적극적으로 석명권을 행사하고 입증을 촉구하여 이를 밝혀야 한다고 하였다.[35] 여기

산 손해가 아닌 손해는 법률로 정한 경우에만 금전에 의한 배상을 청구할 수 있다고 규정하고 있다(제253조).

34) 채무불이행으로 인한 손해배상(민법 제390조, 제393조 등)에서 말하는 손해에는 재산적 손해와 비재산적 손해가 모두 포함된다. 불법행위에 관한 민법 제751조와 제752조에서 비재산적 손해 또는 정신적 손해에 대해서도 배상책임이 있다고 규정하고 있으나, 제750조의 손해에는 비재산적 손해 또는 정신적 손해가 포함된다는 것을 주의적으로 규정한 것이다. 郭潤直, 債權各論, 제6판, 박영사, 2003, 408면.

35) 大判 1961.12.7, 4293민상853(集 9, 102); 大判 1967.9.26, 67다1024(集

에서 나아가 저작권법 등에는 손해가 발생한 사실은 인정되나 손해액을 산정하기 어려운 때에 변론의 취지와 증거조사의 결과를 참작하여 상당한 손해액을 인정할 수 있다는 규정을 두고 있다.[36] 채무불이행이나 불법행위의 경우에도 동일한 결과를 인정할 수 있다. 즉, 손해의 발생이 인정되나 그 손해액을 확정할 수 없는 경우에 변론의 취지와 증거조사의 결과를 참작하여 손해액을 산정할 수 있다고 보아야 한다. 이 점에서 대상판결은 손해배상에 관한 법리를 한 단계 발전시킨 것으로 평가할 수 있다. 입법론으로서는 저작권법 제94조 등의 규정은 민법이나 민사소송법에 규정함으로써 일반적인 손해배상산정의 지침으로 승격시킬 필요가 있다고 생각한다.

Ⅳ. 結 論

1. 대상판결은 채무불이행의 경우에 손해배상액을 산정하기 곤란한 경우에 변론 전체의 취지나 증거조사의 결과를 토대로 손해액을 정할 수 있다고 한 것은 선례로서 중요한 의미가 있다. 그렇다고 대상판결이 법관에게 손해를 주먹구구식으로 인정하여도 좋다는 권한을 부여한 것은 아니다. 손해액을 산정하는 기초가 되는 사실을 좀더 엄밀하게 밝히고 손해액의 산정에 고려하는 요소를 제시하는 것이 필요할 것이다. 그런데 대상판결의 사안은 재산적 손해와 비재산적 손해 또는 정신적 손해를 구분하는 것은 매우 곤란한 경우에 관한 것이다. 손해액 산정의 기초로 주장된 사실이 재산적 손해에 관한 것도 있고, 비재

15-3, 민 135); 大判 1982. 4. 13, 81다1045(공 1982, 501); 大判 1983. 7. 26, 83다카716(공 1983, 1332); 大判 1992. 4. 28, 91다29972(공 1992, 1698); 大判 1997. 12. 26, 97다42892 · 42908(공 1998, 505).

36) 저작권법 제126조, 특허법 제128조 제5항과 컴퓨터프로그램보호법 제32조 제5항은 이러한 규정을 두고 있다.

산적 손해에 관한 것도 있다. 이와 같이 현대생활에서 발생하는 분쟁에서는 재산적 손해와 비재산적 손해를 분간하기 어려운 경우가 더욱 증가할 것이다. 따라서 판례가 따르고 있는 손해 3분설에 대하여 근본적인 검토가 필요하다.

2. 프로스포츠 운동선수계약은 고용계약이나 근로계약의 일종이다. 따라서 계약법의 일반법리가 그대로 적용된다. 그런데 운동선수가 교섭력이 약하기 때문에 사실상 손해를 입을 수 있다. 이러한 경우에 계약의 해석이나 내용통제를 통하여 운동선수를 보호할 필요가 있다. 약관에 의하여 선수계약이 체결된 경우에는 "약관의 규제에 관한 법률"이 적용된다. 그러나 이러한 방법은 항상 한계가 있을 수밖에 없다. 대상판결에서 운동선수가 입단계약을 체결할 때 드래프트제로 인하여 사실상 복귀 약정 등 불리한 약정을 체결하였다고 볼 수 있다. 이러한 복귀 약정 자체를 무조건 무효라고 할 수는 없다. 대상판결에서 복귀 약정을 복귀를 위한 교섭의무를 발생시키는 것으로 보았으나, 운동선수가 이 의무를 제대로 이행하지 않아 손해배상을 하게 되었다. 이러한 문제를 막기 위해서는 스포츠 선수계약에 관한 개별적인 사례를 종합하여 스포츠 선수계약의 실태를 분석하고, 선수단과 운동선수들이 공평한 계약을 체결할 수 있는 실질적인 지침을 제시함으로써 불의의 피해를 입지 않도록 하여야 할 것이다. 나아가 스포츠 에이전트제도가 제대로 정착되어 운동선수들을 실질적으로 보호하도록 하는 것이 필요하다.

(人權과 正義 제345호(2005. 5), 85-101면 所載)

12. 제 3 자에 의한 債權侵害

─ 판례의 전개를 중심으로 ─

I. 序　　論

우리 민법은 물권과 채권을 엄밀하게 준별하고 있다. 물권은 모든 사람에 대하여 주장할 수 있는 절대권이고, 채권은 채무자에 대해서만 청구할 수 있는 상대권이다. 따라서 채무자가 아닌 제 3 자가 채권을 침해하더라도 채권자는 원칙적으로 제 3 자에 대하여 직접 그 침해의 배제를 청구할 수 없고 채무자를 통해서만 그 권리를 실현할 수 있다.

그러나 제 3 자가 채권의 실현을 방해하거나 채권을 침해하는 경우에 채권자가 채무자를 통해서 권리를 구제받는 데는 한계가 있다. 예를 들면 영화배우가 영화제작회사와 출연계약을 체결하였는데, 제 3 자가 영화배우로 하여금 위 계약을 파기하고 자신이 제작하는 영화에 출연하게 하는 새로운 계약을 체결하였다고 하자. 원래의 영화제작회사는 영화배우가 계약을 파기했다는 이유로 영화배우를 상대로 채무불이행에 기한 손해배상을 청구할 수 있다(민법 제390조). 그런데 여기에서 나아가 제 3 자가 영화배우로 하여금 계약을 파기하도록 하였다는 이유로 영화제작회사가 제 3 자에 대하여 책임을 추궁할 수 있는지 문제된다. 계약규범은 계약당사자 사이의 관계만을 규율하기 때문에, 계약 자체에서 계약당사자가 아닌 제 3 자에게 어떤 청구를 할 권리가 나오지는 않는다. 그리하여 제 3 자의 행위가 불법행위를 성립시키는지, 그 구제수단으로 손해배상 이외에 방해배제청구권이 인정될 수 있는지 논의되어

왔다. 이것이 제 3 자에 의한 채권침해 문제이다.[1]

이 글에서는 제 3 자에 의한 채권침해의 경우에 불법행위책임이 발생하는지 여부에 관하여 살펴보고, 그 방해배제를 청구할 수 있는지 여부에 관하여 검토해 보고자 한다. 최근에 이 분야에 관한 판례가 많이 나오고 있으므로, 판례의 전개과정에 주목하여 이를 유형별로 구분하여 분석할 것이다.

Ⅱ. 제 3 자에 의한 債權侵害로 인한 不法行爲責任의 성립여부

1. 일 반 론

전통적인 불법행위법에서는 소유권 등 절대권이 침해된 경우에 불법행위가 성립한다는 점에서 출발하였다. 이는 우리 민법이 모델로 삼았던 독일민법이나 일본민법에서 '權利侵害'를 불법행위의 성립요건으로 규정한 것에서 연유한다. 즉, 독일민법은 불법행위의 원칙적인 유형으로 '권리침해'를 규정하고 있는데(제823조 제 1 항),[2] 이 규정에서 말하는 권리가 소유권 등 절대권을 의미하는 것으로 보았다. 일본민법 제709조도 독일민법 제823조 제 1 항과 같은 규정을 두고 있다.[3]

1) 계약에서 발생하는 채권이 대부분이지만, 불법행위에서 발생하는 채권이 침해되는 경우도 있을 것이다. 한편 제 3 자에 의한 계약침해 또는 제 3 자에 의한 계약방해라는 용어를 사용하기도 하는데, 계약에서 발생한 채권뿐만 아니라 장래의 계약관계도 포함될 수 있다.

2) 독일민법은 불법행위의 유형으로 권리침해와 함께 보호법규 위반(제823조 제 2 항)과 고의적인 양속위반(제826조)을 규정하고 있다.

3) 일본의 초기 판례는 일본민법 제709조에서 말하는 權利의 의미를 좁게 파악하였으나, 大審院 1925(大正 14). 11. 28(民集 4권 670면) 이래 권리의 개념을 확대하였고, 불법행위의 중점이 점차 권리침해에서 위법성으로 전환되었다. 이에 관한 논란에 관해서는 우선 平井宜雄, 債權各論 Ⅱ 不法行爲, 弘文堂,

그러나 우리 민법 제750조는 "고의 또는 과실로 인한 위법행위로 타인에게 손해를 가한 자는 그 손해를 배상할 책임이 있다"고 규정하고 있다. 현행민법 제정 당시 구민법, 즉 의용민법(일본민법 제709조를 가리킴)의 '권리침해'를 '위법행위'라는 용어로 수정한 것이다. 그 이유로 "「권리침해」뿐만 아니라 「위법행위」에 의하여 이익을 침해한 경우 전반을 포함시키는 것이 현시의 학설이므로 이에 따라 초안이 규정한 것은 타당하다"고 설명하고 있다.[4] 이에 대하여 당시의 학계에서도 찬성하였다.[5]

우리 민법에서 권리침해가 아니라 위법성을 불법행위 성립의 판단기준으로 내세운 것은 중요한 의미가 있다. 절대권이 아니더라도 불법행위법에 의하여 보호받을 수 있기 때문에, 상대권에 속하는 채권도 불법행위법의 보호범위에 포함될 수 있다. 그리하여 민법 제750조의 규정은 제 3 자가 타인의 계약관계를 위법하게 침해하는 경우를 불법행위로 포섭하는 법적 근거로 기능하고 있다.

채권침해의 경우에 불법행위가 성립한다는 결론에는 이견이 없으나, 그 근거에 관하여 논란이 있다.[6] 먼저 채권을 포함한 모든 권리는 불가침의 권리이기 때문에, 제 3 자에 의한 채권침해가 불법행위가 된

1992, 20면 이하 및 그곳에 있는 문헌 참조.

4) 民議院 法制司法委員會 民法案審議小委員會, 民法案審議錄, 上卷, 1957, 440-441면.

5) 民事法研究會 편, 民法案意見書, 일조각, 1957, 199면(金基善 집필부분)은 종전에도 권리침해를 위법행위로 해석하여 왔다고 한 다음, 흥미롭게도 "권리침해를 이와 같이 협소하게 해석하지 않고 광의로 해석하는 것은 종전의 個人主義·自由主義의 弊端을 除去하기 위한 방책으로서이다. 요컨대 권리침해를 위법행위로 표현한 것은 世界法律思潮에 순응한 것에 불과한 것이다"라고 하였다.

6) 郭潤直, 債權總論, 제 6 판, 박영사, 2003, 64면; 權五乘, 民法特講, 홍문사, 1994, 259-260면, 269-271면; 金相容, 債權總論, 개정판 증보, 법문사, 2003, 92-94면; 金容漢, 債權法總論, 박영사, 1983, 110-112면; 金亨培, 債權總論, 제 2 판, 박영사, 1998, 321면; 郭潤直 편, 民法注解(IX), 박영사, 1995, 51-56면(宋德洙 집필부분); 尹眞秀, "第三者의 債權侵害와 不動産의 二重讓渡," 司法論集 제16집, 1985, 107-108면.

다는 견해[7)]가 있다. 그러나 채권이 상대권이라는 점은 부정할 수 없다. 채권이 상대권이라는 점과 채권침해의 경우에 불법행위가 성립할 수 있다는 점이 모순되는 것은 아니다. 물권·채권 준별론은 여전히 우리 민법의 기본태도이다. 다만 물권과 채권을 준별하는 사고가 완화되었다고 볼 수 있다. 현행민법하에서는 불법행위의 성립요건을 포괄적으로 규정하고 있기 때문에, 채권침해를 불법행위로 포섭하는 데 큰 어려움이 없다고 볼 수 있다.[8)]

그렇다면 어떠한 경우에 제 3 자에 의한 채권침해를 이유로 불법행위가 성립하는지 문제된다. 채권은 물권과는 달리 공시방법이 없는 것이 보통이므로, 제 3 자가 채권의 존재를 알지 못하는 경우에는 과실이 있다고 할 수 없다. 제 3 자가 채권의 존재를 알고 이를 침해한 경우에 불법행위가 성립할 수 있다. 따라서 채권침해에 의한 불법행위는 고의에 의한 채권침해에 한정된다. 그리고 불법행위의 위법성에 관하여 견해의 차이가 다소 있지만, 대체로 법규를 위반한 경우, 선량한 풍속 기타 사회질서를 위반한 경우, 사기나 강박 등 부정한 수단을 사용한 경우에 위법성을 인정하고 있다.[9)]

2. 比較法的 考察

우리나라에서 제 3 자에 의한 채권침해 법리는 일본과 독일의 민법학의 영향을 받아 전개되었고, 최근에는 영국과 미국에서 발달한 제 3

7) 玄勝鍾, 債權總論, 일신사, 1979, 97면.

8) 金曾漢·金學東, 債權總論, 제 6 판, 박영사, 1998, 68면; 徐光民 "제 3 자에 의한 債權侵害," 現代民法의 課題와 展望(南松 韓琫熙敎授華甲紀念), 1994, 1013면; 李銀榮, 債權總論, 개정판, 박영사, 1999, 63면.

9) 郭潤直(註 6), 67면; 權五乘(註 6), 263면; 金東勳, "제 3 자의 契約侵害와 不法行爲의 成否," 情報와 法 硏究 제 4 호, 2002, 132면; 金相容(註 6), 97면; 金容漢(註 6), 113면; 金曾漢·金學東(註 8), 69면; 金亨培(註 6), 332면; 徐光民(註 8), 1018면; 李銀榮(註 8), 68면; 玄勝鍾(註 7), 99면.

자의 계약방해에 관한 법리가 소개되고 있다. 이에 관하여 간략하게 살펴보고자 한다.

(1) 독일의 제 3 자에 의한 채권침해 법리

독일민법은 불법행위 성립의 유형으로 권리침해(제823조 제 1 항) 이외에, 타인의 보호를 목적으로 하는 법률에 위반한 경우(제823조 제 2 항), 선량한 풍속에 위반하여 타인에게 고의로 손해를 입힌 경우(제826조)를 들고 있다. 제823조 제 1 항의 권리는 소유권 등 절대권을 뜻하는 것으로서 상대권인 채권은 이 규정의 보호대상이 아니다. 따라서 제 3 자에 의한 채권침해가 고의에 의한 양속위반(제826조)에 해당하는 경우에 한하여 불법행위가 성립할 수 있다.[10)]

그러나 제 3 자가 계약상의 청구권을 침해하더라도 원칙적으로 독일민법 제826조의 양속위반은 아니고, 단순한 계약파기 이외에 계약파기를 유도하는 등 특별한 사정이 부가되어야 한다. 이는 자유경쟁을 보장하기 위하여 채권은 제823조에 의하여 보호되는 권리가 아니라는 기본입장과 맥락을 같이하는 것이다.

한편 채권의 귀속 자체를 침해하는 경우, 예를 들면 권한이 없는 사람이 채권을 추심하거나 또는 기타의 방법으로 채권을 처분하였는데 그것이 채권자에게 효력이 있는 경우(제407조, 제408조, 제2367조)에는 제823조 제 1 항이 적용되어야 한다는 견해가 유력하게 제기되고 있다.[11)] 이 견해도 채권의 귀속이 침해되는 경우에 한하여 제823조 제 1 항이 적용될 수 있다고 보고, 그 밖의 일반적인 채권침해에 대해서는 제826조를 적용해야 한다고 한다.

제826조의 가장 중요한 유형은 제 3 자가 타인의 계약파기에 관여

10) 이것이 통설과 판례이다. MünchKomm/Wagner(4. Aufl., 2004), § 823 Rn. 154; Staudinger/Oechsler(2003), § 826 Rn. 224ff.

11) Larenz/Canaris, *Lehrbuch des Schuldrechts, Bd. 2. Besonderer Teil, 2. Halbband*, 13. Aufl., 1994, S. 397. 金亨培, "제 3 자에 의한 債權侵害," 民法學研究, 박영사, 1986, 363면 이하도 참조.

하는 것이다. 그 전형적인 예가 물건의 이중매매(Doppelverkauf)이다. 매도인이 제 1 매매계약을 위반하여 제 2 매수인에게 물건을 양도한 경우에, 제 2 매수인이 제 1 매매계약을 알았다면 제826조, 제249조 제 1 문에 따라 그 물건의 양도와 반환을 청구할 수 있는지 문제된다. 제826조에 의한 불법행위가 성립하려면 양속위반이 있어야 하는데, 제 2 매수인이 제 1 매매계약을 알고 있다는 이유만으로 제826조의 불법행위가 성립하는 것은 아니고, 특별한 요건이 있어야 한다고 한다. 제 2 매수인이 제 1 매수인보다 더 많은 대금을 지급하겠다는 것만으로도 부족하다.[12) 여기에서 나아가 제 2 매수인이 매도인에게 계약을 파기함으로써 생기는 불이익, 가령 위약금을 인수하겠다고 하면서 계약파기를 유도한 경우 또는 계약파기자와 공모한 경우에 양속위반으로 인한 불법행위가 성립한다.[13)]

그 밖에 제 3 자가 근로계약 등을 파기하도록 유인하는 경우 등 제 3 자에 의한 채권침해가 문제되는 경우가 많다.[14)]

(2) 미국법상 제 3 자의 계약방해 법리

미국에서 계약관계에 대한 방해(interference with contractual relations)는 불법행위를 구성한다.[15)] 이 법리는 19세기에 영국의 판례에서 발전하기 시작하였고, 20세기에 들어와 미국에서도 채택되었다. 피고가

---

12) Staudinger/Oechsler, § 826 Rn. 226.

13) Larenz/Canaris(註 11), S. 456. 우리 문헌으로는 金東勳(註 9), 123면 이하; 尹眞洙, "不動産의 二重讓渡에 관한 硏究," 서울대 법학박사학위논문, 1993, 152면 이하.

14) 다른 기업에 있는 근로자를 스카우트하는 경우에도 제 3 자에 의한 채권침해로서 제826조에 의한 불법행위가 성립할 수 있다. 이에 관하여는 Staudinger/Oechsler, § 826 Rn. 234.

15) 이에 관하여 상세히 소개한 것으로는 金東勳(註 9), 126면 이하; 朴興大, "제 3 자의 계약침해와 불법행위," 判例硏究 제15집, 부산판례연구회, 2003, 461면 이하; 嚴東燮, "영미법상 제 3 자의 계약침해," 民事法學 제27호(2005. 3), 177면 이하; 李銀榮, "제 3 자의 債權侵害와 競爭秩序," 債權法에 있어서 自由와 責任(金亨培敎授華甲紀念), 1994, 348면 이하 참조.

고의적이고 부적절하게 타인과의 계약에 기한 원고의 권리를 방해한 경우에 그 방해가 원고로 하여금 계약상의 권리를 상실하게 하거나 계약상의 권리에 대하여 더 많은 비용을 지출하거나 가치를 떨어뜨렸으면 불법행위책임이 발생한다.[16] 나아가 장래에 발생할 경제적 이익에 대한 기대(prospects of economic gain)를 방해하는 행위도 불법행위가 될 수 있다.[17]

이에 관한 유명한 선례는 1853년 영국의 Lumley v. Gye[18] 이다. Johanna Wagner는 유명한 오페라 가수였는데, 일정한 기간 동안 런던에 있는 원고의 극장(Queen's Theatre)에서만 노래하기로 원고와 계약을 체결하였다. 오페라 시즌이 시작되기 전에 피고는 그 계약을 알면서도 원고에게 피해를 줄 의도로 그녀를 설득하여 계약을 파기하고 자신을 위하여 노래하도록 하였다. 그녀가 노동자법(Staute of Labourers)의 피용자 개념에 속하지 않는데도, 법원은 이를 확대적용하여 계약관계를 악의적으로 방해한 것은 불법행위라고 판결하였다. 이 법리는 계속 발전하여 모든 유형의 고의적인 계약방해에 대하여 인정되었고, 심지어 계약을 체결하지 않았지만 장래에 경제적인 이익이 예상되는 경우에도 불법행위책임이 생긴다고 보았다.[19]

제 3 자에게 고의(intent)가 있는 경우에 한하여 불법행위가 성립하고 과실(negligence)에 의한 방해만으로는 불법행위가 성립하지 않는다는 것이 원칙이다. 도급인이 수급인을 제대로 감독하지 않아 하수급인에게 그 이행을 위하여 더 많은 비용이 들게 했더라도 도급인이 하수급인에게 불법행위책임을 지지 않는다.[20] 원고의 계약 또는 이익에 대

16) *Prosser & Keeton on Torts*, 5th ed., 1984, p. 987.

17) *Second Restatement of Torts*, § 766.

18) 2 El. & Bl. 216; 118 Eng.Rep. 749. Fleming, *The Law of Torts*, 8th ed., 1992, p. 689도 참조.

19) Prosser/Keeton(註 16), p. 987.

20) 다만 피해자에게 순수한 경제적 손실이 아니라 신체적인 손해가 발생한 경우에는 과실에 의한 불법행위가 성립할 수도 있다고 한다. Prosser/Keeton(註

한 인식이 있거나, 적어도 보통의 합리적인 사람이라면 그러한 이익이 존재한다고 믿을 만한 사실을 인식하고 있는 경우에 고의가 인정된다. 그러나 제 3 자에게 나쁜 의도라는 의미에서 악의(malice; 害意)가 있을 것까지는 필요하지 않다.[21)]

한편 피고에게 정당한 목적이 있는 경우에는 불법행위가 성립하지 않을 수도 있다. 불법행위법에 관한 리스테이트먼트[22)]는 피고의 행위가 수단이나 목적과 관련하여 부당한 경우에만 피고가 알면서 또는 의도적으로 계약을 침해한 행위에 대하여 책임을 진다고 한다. 어떠한 경우에 이 요건을 충족시키는지 판단하는 것은 매우 어렵다. 개별적인 경우에 불법행위를 인정함으로써 얻는 이익과 손실을 비교형량하는 것이 중요하다. 예를 들면 피고에게 악의적인 동기가 있는 경우에는 계약방해에 대한 책임이 성립한다. 이와 달리 피고가 공공적 또는 중립적 동기를 가지고 있는 경우에는 방해행위에 대한 책임이 생기지 않을 수 있다. 피고가 현재 존재하는 경제적 이익을 보호하기 위하여 다른 사람의 계약관계를 방해할 수도 있다. 그러나 단순히 고객을 얻거나 다른 장래의 이익을 위하여 계약의 파기를 유도하는 것이 허용되는 것은 아니다.[23)] 이러한 판단에는 이익형량이라는 요소가 작용하고 있다고 볼 수 있다.

제 3 자가 계약을 파기하도록 유인하는 경우, 제 3 자가 채무자의 이행을 방해하기 위하여 계약목적물을 절취하거나 채무자를 구금·폭행함으로써 채권자로 하여금 손해를 입게 하는 경우, 제 3 자가 채무자로 하여금 이행을 못하게 함으로써 그 이행에 더 많은 비용을 들게 하거나 부담을 증가시키는 경우에 불법행위책임이 발생한다. 가령 피용자를 유인하여 고용계약을 파기하도록 하는 경우에 불법행위가 성립할

16), p. 982.

21) Prosser/Keeton(註 16), p. 982; Fleming(註 18), p. 694.

22) Second Restatement of Torts, §§ 766, 767.

23) Prosser/Keeton(註 16), pp. 984-986.

수 있다.[24)]

제 3 자에 의한 계약방해의 경우에 손해배상이 인정되는데, 손해액을 산정하기 어려운 경우가 있다. 손해가 발생한 사실이 인정되지만 손해의 크기가 의심스러운 경우에는 명목적 손해배상이 인정될 수도 있고, 경우에 따라서는 징벌적 손해배상이 인정되는 경우도 있다. 그리고 장래에 계약을 방해할 위험이 있는 경우에는 이를 막기 위하여 금지명령이 인정될 수도 있다.

한편 제 3 자에 의한 계약침해를 넓게 인정하는 것은 자유경쟁의 원리에 배치된다는 시각에서 비판이 제기되고 있다. 이는 특히 법경제학에서 계약을 파기하는 것이 효율적인 경우에는 이를 인정하여야 한다는 것이다.[25)]

(3) 결　　어

독일과 미국에서도 우리나라와 마찬가지로 제 3 자에 의한 계약침해의 경우에 과실에 의한 불법행위는 성립하지 않고, 고의에 의한 불법행위만이 성립하는 것이 원칙이다. 그런데 독일에서는 고의에 의한 양속위반의 경우에만 제 3 자에 의한 채권침해가 불법행위를 구성함에 반하여, 미국에서는 제 3 자의 계약방해가 부당한 경우에는 불법행위가 성립한다. 따라서 제 3 자의 채권침해에서는 미국이 독일보다 넓게 불법행위를 인정하고 있다고 볼 수 있다.

우리 판례는 아래 3.항에서 보듯이 제 3 자에 의한 채권침해가 불법행위가 되기 위해서는 선량한 풍속 또는 사회질서에 위반하는 등 위법성이 있어야 한다고 한다. 이것은 독일민법의 영향을 받은 것이다. 독일에서는 제 3 자에 의한 채권침해를 불법행위로 규율하기 위해서는 법규정의 제약 때문에 고의적인 양속위반으로 포섭할 필요가 있다. 그러나 우리 민법에서는 불법행위의 성립요건으로서 위법행위가 있는 것

24) 嚴東燮(註 15), 196면 이하.
25) Prosser/Keeton(註 16), p. 1004. 또한 嚴東燮(註 15), 207면도 참조.

으로 충분하기 때문에, 독일민법의 경우와 동일하게 해석할 필요가 없다. 더군다나 우리 민법에서는 "선량한 풍속 기타 사회질서"(제103조)를 매우 좁게 해석하여 강행법규가 포함되지 않는다고 한다. 그러나 불법행위의 성립요건으로서 위법행위를 이와 같이 좁게 해석할 이유가 없다. 위법행위라는 개념은 매우 탄력적인 것이기 때문에, 제 3 자에 의한 채권침해와 관련하여 미국의 경우와 마찬가지로 '부당한 방해'와 사실상 동일하게 해석할 여지도 있다. 그렇다고 미국의 '부당한 방해'라는 판단기준을 그대로 채택할 필요가 있다는 것은 아니다.

결국 우리 민법 제750조는 불법행위의 성립요건으로 '위법행위'라는 개념을 사용하고 있으므로, 이 개념을 해석하는 방식으로 해결하여야 한다. 여기에는 법률에 위반한 경우뿐만 아니라 사회관념상 위법하다고 판단되는 경우도 포함된다. 그런데 위법행위라는 개념이 매우 모호하기 때문에, 구체적으로 제 3 자에 의한 채권침해 또는 계약침해에서 위법성을 판단하는 기준을 정하는 것이 중요하다.

3. 제 3 자에 의한 債權侵害의 類型別 檢討

제 3 자에 의한 채권침해에 관하여 종래 채권의 귀속 자체를 침해한 경우와 채권의 목적인 급부를 침해한 경우로 구분하고 있으나,[26] 여기에서는 판례에 나타난 사안을 중심으로 유형을 구분하여 검토해 보고자 한다.

(1) 채권의 실현 방해

(가) 제 3 자가 채무자의 책임재산을 감소시키는 경우

大判 1975. 5. 13, 73다1244(集 23-2, 민 21)는 제 3 자에 의한 채권침해에 대하여 명시적으로 판단하고 있다. 사안은 다음과 같다. 피고들

26) 郭潤直(註 6), 65면; 民法注解(IX), 56면; 徐光民(註 8), 1015면 이하.

과 A는 B에게서 소를 판 돈을 편취하기로 공모하고, B가 원고에게서 위탁받은 소 8마리를 판 돈 110만원이 든 가방을 들고 기차를 타려던 순간에 돈가방을 피고들이 받아 가지고 도피해서 이를 분배 착복하였다. 원심은 원고가 피고들의 불법행위로 인하여 위 금액의 손해를 입은 것이라고 하여 피고들에게 그 배상책임을 인정하였다. 그러나 대법원은 다음과 같은 이유로 피고들의 상고를 받아들여 원심판결을 파기환송하였다.

> "제 3 자에 의한 채권침해가 불법행위를 구성할 수 있다 함은 시인되지만 제 3 자의 채권침해가 반드시 언제나 불법행위가 되는 것은 아니고 채권침해의 태양에 따라 그 성립여부를 구체적으로 검토하여 정하여야 할 문제이다. 이 사건에서 피고들이 B의 돈을 가로챈 사실행위로는 채권자인 원고의 B에 대한 채권이 소멸된 것이 아니고 B의 책임재산이 감소되었을 뿐으로서 원고는 간접적 손해를 본 데 불과하므로 불법행위가 성립된다고 하기 어렵다."

이 판결은 제 3 자에 의한 채권침해가 불법행위가 성립할 수 있다는 점을 밝히고 있고, "채권침해의 태양에 따라 그 성립여부를 구체적으로 검토하여 정하여야 할 문제"라고 한 점에서 의미가 있다. 한편 피고들의 사실행위로 채무자인 B의 일반재산이 감소되었다면 채권자인 원고는 채권자대위권에 의하여 채무자인 B를 대위하여 피고들에게 손해배상을 청구할 수 있다고 한다.[27] 원고가 여전히 B에 대하여 채권을 갖고 있기 때문에, 이 점에서는 손해가 발생하지 않고 있다. 그러나 채권의 실현이 방해되고 있는 것을 손해라고 본다면, 이를 알고 악의적으로 방해하는 경우에는 제 3 자에 의한 채권침해를 이유로 불법행위가 성립할 수도 있을 것이다.

한편 大邱高判 2003. 12. 3, 2003나3998(각공 2004, 270)은 제 3 자

27) 대법원은 이 사건에서 원고가 채권자대위권을 행사한 것으로 볼 수 있으므로, 원심이 정면으로 불법행위를 인정한 판단은 결과적으로 정당하다고 하였다.

의 채권침해에 의한 불법행위책임을 인정하였다. 즉, 피고는 A에 대하여 아무런 채권이 없는 상태에서 채무초과 상태에 빠진 A와 공모하여 이 사건 아파트에 관하여 피고 명의로 소유권이전등기를 마쳤다가 다시 위 아파트를 B에게 처분하고 그 명의로 소유권이전등기를 마쳐 주었다. 이로써 원고의 책임재산 확보를 방해하였고, 그로 인하여 원고의 이 사건 대출금채권 실행이 곤란하게 되었다. 이러한 경우에 제 3 자인 피고는 원고의 이 사건 대출금채권을 침해한 것으로 원고에 대하여 불법행위를 구성한다는 것이다.[28] 이러한 사안에서 원고는 채권자대위권이나 채권자취소권을 행사할 수도 있다. 그런데도 법원이 제 3 자에 의한 채권침해를 인정하고 있다는 점을 주목할 필요가 있다. 제 3 자가 채무자와 공모하여 채권자의 책임재산을 빼돌렸다는 점에서 위 대법원 1975. 5. 13. 판결과 다른 결론에 이른 것으로 볼 수 있다.

(나) 제 3 자가 채무자의 채무이행을 방해하는 경우

현행민법 시행 전에 大判 1953. 2. 21, 4285민상129(集 1-6, 민 1)에서는 피고 대한민국 재무부장관이 미 제 5 공군당국과 공생건설주식회사 대표자에게 손해배상 채무이행에 관한 지불보류통지를 하였는데, 이것이 채무이행을 방해하는 것인지 문제되었다. 대법원은 다음과 같은 이유로 이를 부정하고 있다.

> "채무자의 채무이행을 방해하는 행위는 불법히 이행목적물의 억류 또는 채무자의 자유구속 등 유형무형을 불문할 것이나 단순히 제 3 자가 채무자에 대하여 지불의 일시보류를 요청함과 같은 행위는 채무자가 당해 제 3 자의 요청을 거절할 수 없는 지위에 있거나 또 이를 거절하기 심히 곤란한 특별한 사정이 없는 한 채무자의 제 3 자에 대한 응낙여부는 전혀 그 임의에 속한 바이며 만일 채무자가 이를 구실로 채권자에 대한 채무의 이행을 거절한다면 채무불이행의 책임을 면치 못할 것이다."

28) 이 판결은 손해액의 범위를 '원고가 이 사건 아파트에 대한 강제집행을 실시하였더라면 회수할 수 있었던 채권액 상당'이라고 판단하였다.

이 사건에서 피고가 채무의 이행을 보류하라고 통지한 것은 제 3 자에 의한 채권침해에 속하지 않는다고 보았다. 다만 제 3 자에 채무자에게 채무이행을 보류할 것을 요청한 경우에도 채무자가 제 3 자의 요청을 거절할 수 없는 지위에 있거나 또 이를 거절하기 심히 곤란한 특별한 사정이 있으면 제 3 자에 의한 불법행위가 성립할 수 있다고 한다.

서울地判 2003. 6. 20, 2001가합79377(하집 2003-1, 251)에서는 母會社인 피고가 子會社 A에게 인출금지를 지시한 것이 자회사의 채권자인 원고에 대한 불법행위를 성립시키는지 문제되었다. 법원은 이를 부정하였는데, 피고가 고의적으로 원고의 A에 대한 계약상의 채권을 해할 의도로 그와 같이 지시한 것이 아니며, 피고의 체이스론 인출금지 지시행위가 법규에 위반하거나 선량한 풍속 또는 사회질서에 위반하는 것으로 볼 수도 없어 그 위법성을 인정할 수 없다고 하였다.[29]

위 두 판결에서 위법성을 부정하고 있는데, 제 3 자가 채무자에게

29) 피고의 자회사 A는 원고로부터 신용대출을 받기로 약정하고, A가 원고로부터 받은 대출금 상당을 C로부터 분할 상환받기로 약정하였다. 한편 A는 1996. 7. 24. 피고의 지급보증하에 B은행(체이스맨하탄은행)과의 사이에서 4천만 달러를 한도로 하는 여신거래약정을 체결한 후, 위 여신거래약정에 따른 체이스론을 인출하여 위 신용대출계약에 따른 대출원금 및 그 이자를 지급하여 왔다. 그런데 1997년 불어닥친 동남아시아 경제위기(소위 IMF사태)에 따른 여파로 C가 1998. 6. 30.경 지불유예선언을 하자, 피고가 A에 대하여 위 체이스론 인출을 금지하였다. A가 그 무렵부터 원고에 대한 이 사건 신용대출계약상의 대출원리금의 지급을 중단하였다.

법원은 다음과 같은 이유로 피고의 불법행위책임을 부정하였다. A가 위 체이스론을 인출하여 원고에 대하여 위 신용대출계약상의 대출원리금을 변제하는 경우, 사후적으로 C로부터 그 대출원리금 상당을 상환받아 위 체이스론을 상환하여야 한다. 그러나 C의 지불유예선언으로 그 상환이 사실상 어렵게 되었다. 결국 위 체이스론의 지급보증인인 피고가 그 책임을 부담할 수밖에 없는 상황으로 귀결되기 때문에, 피고의 입장으로서는 구상권자로서의 이익을 보호하기 위하여 부득이하게 A에 대하여 체이스론 인출금지를 지시한 것이다. 피고가 고의적으로 원고의 A에 대한 위 신용대출계약상의 대출원리금채권을 해할 의도로 그와 같이 지시한 것이 아니며, 피고의 위 체이스론 인출금지 지시행위가 법규에 위반하거나 선량한 풍속 또는 사회질서에 위반하는 것으로 볼 수도 없어 그 위법성을 인정할 수 없다.

지급하지 말라고 요청하거나 그와 같은 지시를 하였다고 하여 위법한 것은 아니라는 의미이다. 만일 제 3 자가 채무자의 채무이행을 강압적으로 방해하였다면 위법성이 인정될 수 있을 것이다.

(2) 경쟁적 계약관계에서 이중계약

이중계약은 자유경쟁에서 생겨난 것으로 원칙적으로 위법성이 없다. 그러나 제 3 자의 채권취득행위가 형식적으로는 정당한 행위이더라도 부정한 경업을 할 목적으로 행하여지거나, 사기 또는 강박과 같은 부정수단을 사용하여 이행하도록 한 경우에는 위법하게 된다.[30] 1990년대에 경쟁적 계약관계에서 이중계약을 체결한 경우에 제 3 자에 의한 채권침해가 문제된 하급심판결이 많이 나왔다.

大判 2001. 5. 8, 99다38699(集 49-1, 민 319)는 이 문제에 관한 대법원의 태도를 밝히고 있다. 사안은 다음과 같다. 한국도로공사(이하 '도로공사'라고 한다)는 유료도로에 따른 휴게소와 주유소의 설치 및 관리 등의 업무를 맡고 있는데, 1995. 9. 19. 원고(에쓰대시오일 주식회사)와 사이에 석유제품공급에 관한 협약(이하 '이 사건 공급협약'이라고 한다)을 체결하였다. 그 내용은 도로공사가 원고에게 기흥주유소를 포함한 고속도로상의 11개 주유소에 대한 석유제품공급권을 부여하되, 원고는 그가 생산하는 석유제품을 그 주유소들에 공급하며 계약기간은 각 주유소별 운영계약 기간까지로 하였다. 그 후 도로공사는 피고(주식회사 우림석유)와 기흥주유소의 운영권에 관하여 운영계약을 체결하였는데, 피고가 기흥주유소에 원고의 상표를 표시하고 원고의 제품 외에 다른 제품을 공급받지 않기로 약정하였다. 그러나 피고가 기흥주유소에 현대정유의 상호와 상표를 표시하고 그 석유제품을 공급받았는데, 이것이 원고의 도로공사에 대한 기흥주유소 석유제품공급권을 사실상 침해하여 불법행위가 되는지 문제되었다. 원심은 다음과 같은 이유로

30) 郭潤直(註 6), 67면.

이를 부정하였고, 대법원도 이 부분에 관하여 원심판결을 지지하였다.

> "독립한 경제주체간의 경쟁적 계약관계에 있어서는 단순히 제 3 자가 채무자와 채권자간의 계약내용을 알면서 채무자와 채권자간에 체결된 계약에 위반되는 내용의 계약을 체결한 것만으로는 제 3 자의 고의·과실 및 위법성을 인정하기에 부족하고, 제 3 자가 채무자와 적극 공모하였다거나 또는 제 3 자가 기망·협박 등 사회상규에 반하는 수단을 사용하거나 채권자를 해할 의사로 채무자와 계약을 체결하였다는 등의 특별한 사정이 있는 경우에 한하여 제 3 자의 고의·과실 및 위법성을 인정하여야 할 것"이다.
>
> "따라서 피고의 제 2 차·제 3 차 운영계약체결행위 및 그에 따른 주유소운영행위가 원고의 기흥주유소에 대한 석유제품공급권을 침해하기 위한 도로공사와의 적극적인 공모에 의해 이루어진 것이라거나 그 수단이나 목적이 사회상규에 반하는 것으로서 위법하다고 할 수 없다."[31)]

이 판결의 사안은 "독립한 경제주체간의 경쟁적 계약관계"에서 제 3 자에 의한 계약침해가 문제되고 있다. 이 판결의 원심은 "단순히 제 3 자가 채무자와 채권자간의 계약내용을 알면서 채무자와 채권자간에 체결된 계약에 위반되는 내용의 계약을 체결한 것만으로는 제 3 자의 고의·과실 및 위법성을 인정하기에 부족"하다고 한다. 채권자와 채무자가 독점적인 공급계약을 체결하고 있는 경우에 제 3 자가 위와 같은 계약을 알고서 위 계약에 위반되는 계약을 체결하는 것이 허용될 수 있다는 것이다. 이러한 경우에 위법성을 쉽게 인정한다면, 후발주자가

31) 피고는 1993년부터 원고와의 관계가 악화되기 시작하여 1995. 9. 27. 원고와의 대리점계약을 종료한 상태에서 자신의 활로를 모색하기 위하여 현대정유와 새로 대리점계약을 체결하고 기흥주유소에 대한 종래의 운영권을 계속 유지하기 위하여 다양한 방책을 강구하였다. 그러던 중 마침 공정거래위원회에서 도로공사가 고속도로 주유소에 대한 운영계약을 체결함에 있어 석유제품 공급업체를 지정하는 것이 불공정거래행위라고 하여 시정권고를 하였다. 피고는 위 시정권고가 피고의 경영방침에 부합하는 것이어서 도로공사에게 주유소 운영계약상의 석유제품 공급업체 지정권 관련조항의 부당성을 주장하였다. 도로공사도 공정거래위원회의 시정권고를 수락하고 자신의 판단하에 피고와 제 2 차 운영계약 및 제 3 차 운영계약을 체결하였다.

경쟁에 뛰어드는 것이 매우 어려워질 것이다. 그러나 "제 3 자가 채무자와 적극 공모하였다거나 또는 제 3 자가 기망 · 협박 등 사회상규에 반하는 수단을 사용하거나 채권자를 해할 의사로 채무자와 계약을 체결하였다는 등의 특별한 사정이 있는 경우에 한하여 제 3 자의 고의·과실 및 위법성을 인정"하여야 한다고 하였다. 제 3 자에 의한 채권침해의 위법성을 판단할 때 제 3 자에게 고의가 있는지 여부와 수단과 목적이 사회상규에 반하는 것인지 여부가 중요한 고려요소이다.

한편 專屬契約에서 이중계약이 문제되는 경우가 많다. 예를 들면 어떤 배우가 A회사와 전속계약을 체결하였는데, 그 후 B회사와 전속계약이나 방송출연계약을 체결한 경우에 A회사가 위 배우와 B회사를 상대로 손해배상이나 출연금지가처분 등을 제기한다.[32] 전속계약에도 위 大判 2001. 5. 8, 99다38699의 논리가 그대로 적용될 수 있다. 그런데 전속계약의 내용이 선량한 풍속 기타 사회질서에 위반하거나 불공정한 법률행위에 해당하여 무효인 경우(민법 제103조, 제104조) 또는 계약기간이 종료되기 전에 계약을 적법하게 해지 또는 해제할 수 있는 경우가 있다. 이러한 사유가 있으면 B회사의 행위가 제 3 자에 의한 채권침해에 해당하지 않는다.

(3) 특약점계약상의 독점적 판매권의 침해

A회사가 B회사와의 특약점계약을 통하여 물품의 독점적 판매권을 취득하였는데, B회사에 위 물품을 납품하기로 한 C회사가 위 물품을 시중에 유출한 경우에 A회사는 C회사를 상대로 불법행위책임을 추궁할 수 있다는 대법원 판결이 있다. 이것은 위 (1) 유형과 (2) 유형이 혼합되어 있는 형태로 볼 수 있다.

大判 2003. 3. 14, 2000다32437(공 2003, 965)을 보자. 피고 회사들은 기아측(기아자동차서비스 주식회사)의 주문에 따라 기아측의 상표가

32) 위에서 본 Lumley v. Gye(註 18)도 피고가 원고와 오페라 가수 사이의 전속계약을 침해한 사안에서 불법행위책임을 인정하였다.

부착된 보수용 유리를 제작하고 이를 기아측에게만 공급하며 제 3 자에게는 일체 유출하지 않기로 약정하고서도 계속하여 이를 타에 유출함으로써 기아측과의 계약을 위반하였다. 그러던 중 원고 회사(기아에이에스안전유리 주식회사)가 기아측과 사이에 독점판매계약을 체결하고 독점판매를 위한 판매망을 구축하는 등 영업을 위한 제반 준비를 갖추고서 기아측과 함께 여러 차례에 걸쳐 유출행위를 중단하여 줄 것을 요구하였으나 다른 이유를 들며 계속하여 그 요청을 거절하여 오다가, 원고 회사가 피고 회사들을 상표법위반 혐의로 고발하자 비로소 유출행위를 중단하였다. 원심은 피고 회사들이 원고 회사에게 독점적 판매권이 부여된 때부터 위 불법시중유출로 인하여 원고 회사에 생긴 손해를 배상하여야 한다고 하였다. 대법원은 불법행위가 성립한다는 점에 관해서는 원심판결을 지지하였다.

> "일반적으로 채권에 대하여는 배타적 효력이 부인되고 채권자 상호간 및 채권자와 제 3 자 사이에 자유경쟁이 허용되는 것이어서 제 3 자에 의하여 채권이 침해되었다는 사실만으로 바로 불법행위로 되지는 않는 것이지만, 거래에 있어서의 <u>자유경쟁의 원칙은 법질서가 허용하는 범위 내에서의 공정하고 건전한 경쟁을 전제로 하는 것</u>이므로, 제 3 자가 채권자를 해한다는 사정을 알면서도 법규에 위반하거나 선량한 풍속 또는 사회질서에 위반하는 등 위법한 행위를 함으로써 채권자의 이익을 침해하였다면 이로써 불법행위가 성립한다고 하지 않을 수 없고, 여기에서 <u>채권침해의 위법성은 침해되는 채권의 내용, 침해행위의 태양, 침해자의 고의 내지 해의의 유무 등을 참작하여 구체적, 개별적으로 판단하되, 거래자유 보장의 필요성, 경제·사회정책적 요인을 포함한 공공의 이익, 당사자 사이의 이익균형 등을 종합적으로 고려하여야</u> 할 것이다.
>
> 이렇게 볼 때 특정기업으로부터 특정물품의 제작을 주문받아 그 특정물품을 그 특정기업에게만 공급하기로 약정한 자가 그 특정기업이 공급받은 물품에 대하여 제 3 자에게 독점판매권을 부여함으로써 제 3 자가 그 물품에 대한 독점판매자의 지위에 있음을 알면서도 위 약정에 위반하여 그 물품을 다른 곳에 유출하여 제 3 자의 독점판매권을 침해하였다

면, 이러한 행위는 특정기업에 대한 계약상의 의무를 위반하는 것임과 동시에 제 3 자가 특정기업으로부터 부여받은 독점판매인으로서의 지위 내지 이익을 직접 침해하는 결과가 되어, 그 행위가 위법한 것으로 인정되는 한, 그 행위는 위 특정기업에 대하여 채무불이행 또는 불법행위로 됨과는 별도로 그 제 3 자에 대한 관계에서 불법행위로 된다고 할 것이다."

"피고 회사들의 이러한 유출행위는 적어도 피고 회사들이 원고 회사의 독점판매권 취득을 알게 된 시점[33]부터는 자신들의 행위로 인하여 원고 회사가 적법하게 취득한 위 독점판매권자로서의 지위 내지 이익을 침해하게 됨을 알면서도 자신들의 이익을 유지하기 위하여 상표법에 위반하면서까지 불법유출을 계속한 것으로서, 앞서 본 판단 기준에 비추어 볼 때 상업거래의 공정성과 건전성을 해하고 사회통념상 요구되는 경제적 질서에 반하는 위법한 행위로 평가된다(밑줄은 강조를 위하여 필자가 그은 것임)."

이 판결은 제 3 자에 의한 채권침해가 자유경쟁의 한계를 형성한다는 점에서 출발하고 있다. 자유경쟁의 원칙은 법질서가 허용하는 범위에서 인정되는 것이므로 이를 벗어난 경우에는 불법행위가 성립할 수 있다는 것이다. 이 판결은 채권침해의 위법성을 판단하는 요소를 나열하고 있는데, 당사자 사이의 이익균형뿐만 아니라 거래자유를 보장할 필요성과 경제·사회정책적 요인 등 공공의 이익도 고려하여야 한다고 하였다.

(4) 제 3 자에 의한 계약파기의 유인

(가) 大判 2001. 7. 13, 98다51091(공 2001, 1835)은 시민단체 대표들이 마이클 잭슨의 공연을 보이코트하기 위하여 입장권판매대행계약을 파기하도록 한 것이 제 3 자에 의한 채권침해에 해당하는지 문제되었다. 원고는 1996년 10월 마이클 잭슨 내한공연을 개최한 공연기획사로

33) 원심은, 피고 회사들의 유출행위는 원고 회사에게 독점적 판매권이 부여된 때부터 불법행위로 된다고 하였으나, 대법원은 피고 회사들이 원고 회사의 독점적 판매권 취득을 안 때부터 불법행위로 된다고 하였다.

서, 위 공연의 입장권을 판매하기 위하여 1996. 8. 21.경 A, B은행과 입장권판매대행계약을 체결하였다. 피고들은 위 공연반대 공동대책위원회의 공동대표와 간사들인데, 위 은행들에 대하여 위 공연의 폐해와 이에 대한 반대운동의 취지 및 반대운동의 호응도 등에 대한 설명과 함께, "입장권 판매를 즉각 취하"할 것을 요청하고, 그럼에도 불구하고 입장권을 계속 예매할 경우에는 "전 국민적 차원에서 은행의 전 상품 불매운동에 들어갈 예정"임을 밝히는 한편, "이에 대한 은행들의 공식입장을 8월 27일까지 연락해 주기 바라고 연락이 없을 경우 계속진행으로 알고 즉각 불매운동을 전개하겠다"는 서한을 위 공동대책위원회의 명의로 보냈다. 그 후 위 은행들은 원고에게 위 입장권판매대행계약을 취소한다는 통지서를 보냈다. 이에 따라 원고는 부득이 임시 직원을 고용하여 직접 입장권을 판매하는 등 다른 방법으로 입장권을 판매하여 예정대로 1996년 10월 11일과 13일 위 공연을 개최하였다. 원고는 피고들이 위 은행들로 하여금 위 입장권판매대행계약을 이행하지 못하게 함으로써, 원고에게 입장권 판매를 위하여 추가로 비용을 지출케 하는 재산적 손해 및 이에 따른 정신적 고통을 입게 하는 불법행위를 하였으므로 위 손해를 배상할 책임이 있다고 주장하였다. 원심판결은 원고의 청구를 배척하였으나, 대법원은 원심판결을 파기환송하였다.

> "시민단체 등의 공익목적수행을 위한 정당한 활동은 바람직하고 장려되어야 할 것이나 그러한 목적수행을 위한 활동이라 하더라도 법령에 의한 제한이나 그러한 활동의 자유에 내재하는 제한을 벗어나서는 안 될 것이고, 그러한 활동의 자유의 한계는 그들이 반대의 대상으로 삼은 공연 등의 내용 및 성격과 반대활동의 방법 및 정도 사이의 상관관계에서 결정되어야 할 것이다.
>
> 이 사건에서 원고가 기획한 공연에 피고들의 주장과 같은 부정적인 요소가 없는 것은 아니나 그렇다고 하여 그것이 법에 저촉된다거나 반사회적인 것이라고 할 수는 없고, 오히려 관계당국인 문화체육부가 공연윤리위원회의 심의를 거쳐 일부 부정적 요소를 제거하기 위한 조건을

붙여 합법적으로 허가해 준 것이다. 그리고 원고가 위 각 은행과 체결한 입장권판매대행계약 또한 적법한 것으로서 그 계약에 기한 원고의 권리도 보호받아야 하는 것이다.

이러한 점들에 비추어 볼 때 피고들이 그들의 공익목적을 관철하기 위하여 일반시민들을 상대로 공연관람을 하지 말도록 하거나 위 각 은행 등 공연협력업체에게 공연협력을 하지 말도록 하기 위하여 그들의 주장을 홍보하고 각종 방법에 의한 호소로 설득활동을 벌이는 것은 관람이나 협력여부의 결정을 상대방의 자유로운 판단에 맡기는 한 허용된다고 할 것이고, 그로 인하여 원고의 일반적 영업권 등에 대한 제한을 가져온다고 하더라도 이는 시민단체 등의 정당한 목적수행을 위한 활동으로부터 불가피하게 발생하는 현상으로서 그 자체에 내재하는 위험이라 할 것이므로 피고들의 그와 같은 활동이 위법하다고 할 수는 없을 것이다.

그러나 여기서 더 나아가 피고들이 위 각 은행에게 공연협력의 즉각 중지, 즉 원고와 이미 체결한 입장권판매대행계약의 즉각적인 불이행을 요구하고 이에 응하지 아니할 경우에는 위 각 은행의 전 상품에 대한 불매운동을 벌이겠다는 경제적 압박수단을 고지하여 이로 말미암아 위 각 은행으로 하여금 불매운동으로 인한 경제적 손실을 우려하여 부득이 본의 아니게 원고와 체결한 입장권판매대행계약을 파기케 하는 결과를 가져왔다면 이는 원고가 위 각 은행과 체결한 입장권판매대행계약에 기한 원고의 채권 등을 침해하는 것으로서 위법하다고 하여야 할 것이고, 그 목적에 공익성이 있다 하여 이러한 행위까지 정당화될 수는 없는 것이다."

이 판결은 제 3 자에 의한 채권침해의 위법성을 인정한 최초의 대법원 판결이라는 점에서 중요한 의미를 갖는다. 시민단체의 대표들인 피고들이 마이클 잭슨의 공연에 반대하는 것은 얼마든지 가능하다. 그러나 피고들은 입장권판매대행계약을 체결하고 있는 은행들에 위 계약의 즉각적인 불이행을 요구하고 이에 응하지 아니할 경우에는 위 은행들의 전 상품에 대한 불매운동을 벌이겠다는 경제적 압박수단을 고지하였다. 이와 같이 피고들이 은행들에 과도한 압박을 하여 위 계약을

포기하도록 하였다면, 위법성이 인정된다는 것이다.[34)]

(나) 大判 2001. 10. 12, 2000다53342(공 2001, 2456)도 제 3 자에 의한 채권침해의 위법성을 인정하였다.

> 피고들(피고 A는 피고 B회사의 대표이사)은 원고의 이 사건 자동여과기가 피고 A의 특허권을 침해한다고 주장하면서 원고를 특허법위반죄로 고소하였다(①부분). 그러나 자신의 손해를 예방하기 위한 방법으로 원고에 대하여 그 침해물의 제조나 판매를 금지시키는 가처분신청 등 법적 구제절차는 취하지 아니한 채, 사회단체와 언론을 이용하여 불이익을 줄 수도 있음을 암시하였다. 나아가 그 구매자인 소외 C회사에 대하여도 법률적인 책임을 묻겠다는 취지의 경고와 함께 역시 사회단체와 언론을 통한 불이익을 암시하며, 형사고소에 대한 합의조건으로 원고와의 계약을 해제하고 자신과 다시 계약을 체결할 것을 지속적으로 강요하여 마침내 이에 견디다 못한 C회사로 하여금 원고와의 기존계약을 해제하고, 이미 설치되어 있던 원고의 자동여과기까지 철거되도록 하였다(②부분).
>
> 원심은 피고들이 원고를 고소한 행위(위 ①부분)까지는 자신의 권리행사로서 허용될 수 있는 행위라고 볼 수도 있으나, 사회단체와 언론을 이용하여 불이익을 줄 수도 있음을 암시하고, C회사로 하여금 원고와의 기존계약을 해제하도록 한 행위들(②부분)은 정당한 권리행사의 범위를 벗어난 행위로서 위법행위에 속한다고 하였다.[35)] 피고들은 연대하여 원고에게 위 불법행위로 인하여 원고가 입은 손해를 배상할 책임이 있다고 판단하였다. 대법원도 원심판결을 지지하였다.

이 사건은 제 3 자가 계약당사자에게 계약을 파기하도록 강요한 것

---

34) 이에 관한 비교법적 검토에 관하여는 權大祐, "獨逸法上 보이콧에 기한 損害賠償請求權," 判例實務硏究(Ⅴ), 2001, 327면 이하; 李圭鎬, "美國에 있어서 소비자보이콧(Consumer Boycott)에 관한 判例·學說 — 그 法的 許容限界의 問題를 중심으로 —," 判例實務硏究(Ⅴ), 2001, 352면 이하.

35) 또한 원고의 자동여과기의 구성이 피고 A의 특허발명과 어느 정도 차이가 있어 특허권침해 여부가 불명확한 점을 고려하여 본다면 피고 A가 대한변리사회의 감정 결과만을 신뢰하여 특허권침해 여부에 대하여 보다 더 주의 깊은 조사를 하지 않은 채 원고의 이 사건 자동여과기가 피고 A의 특허권을 침해하는 것이라고 믿은 점에 과실도 있다고 하였다.

인데, 제 3 자에 의한 채권침해의 위법성을 인정하고 있다. 위 (가) 판결에서는 시민단체가 그들이 주장하는 공익적 목적을 달성하기 위하여 계약을 파기하도록 하였으나, 이 판결에서는 이와 달리 자신의 사적인 이익을 위하여 계약을 파기하도록 강요한 것에 대하여 불법행위책임을 인정한 것이다. 계약을 파기하도록 압력을 행사하기 위하여 보이코트를 하는 경우에 정당한 이유가 없다면 불법행위가 성립할 것이다. 또한 경제적으로 영향력을 가진 집단이 집단적으로 거래를 거절함으로써 계약을 파기하도록 하는 경우에도 불법행위책임이 성립할 수 있다.

(5) 제 3 자가 인터넷서비스이용계약을 방해함으로써 채무자에게 손해를 발생시키는 경우

최근 인터넷서비스이용계약에서 제 3 자가 사업자의 서비스제공을 방해함으로써 사업자에게 손해를 입히는 경우가 있다. 이러한 경우에 사업자는 이행에 많은 비용이 들 수도 있고, 수익이 감소할 수도 있는데, 이러한 손해를 간접적 손해라고 할 수 있다. 이러한 경우에도 제 3 자의 방해가 위법행위로 평가될 수 있으면 불법행위가 성립하고, 위와 같은 손해도 불법행위로 인한 손해에 해당할 여지가 있다.[36]

(6) 결 어

판례는 제 3 자에 의한 채권침해의 경우에 불법행위가 성립할 수 있으나, 다만 그 위법성을 엄격한 요건 하에서 인정하고 있다. 초기에는 제 3 자에 의한 채권침해의 위법성을 인정한 사례가 드물었으나,

---

36) 서울中央地判 2005. 10. 19, 2005가합515 · 36514는 한글인터넷주소창을 둘러싼 분쟁에서 경쟁사업자를 배제하고 자신의 서비스를 이용하게 할 목적으로 경쟁업체의 인터넷서비스의 작동을 방해한 경우에 불법행위가 성립한다고 보았다. 이 판결은 제 3 자에 의한 채권침해라는 표현을 사용하고 있지는 않지만, 경쟁업체인 제 3 자가 인터넷사업체와 이용자의 인터넷서비스이용계약을 방해한 것으로 볼 수 있다. 한편 이 판결에서 불법행위로 인한 손해배상책임이 성립하나, 그 손해액에 관한 주장 · 입증이 없다는 이유로 당사자들의 청구를 기각하였는데, 이 점은 아래 Ⅲ. 1.에서 보는 바와 같이 검토를 요한다.

2000년대에 들어와 위법성을 긍정한 사례가 증가하고 있다.

물권 등 절대권은 그 침해의 경우에 원칙적으로 위법성이 인정된다고 볼 수 있으나, 채권침해의 경우에는 제 3 자가 채권자를 해한다는 사정을 알면서도 법규에 위반하거나 선량한 풍속 또는 사회질서에 위반하는 등 위법한 행위가 있어야만 불법행위가 성립한다. 여기에서 채권침해의 위법성은 침해되는 채권의 내용, 침해행위의 태양, 침해자의 고의 내지 해의의 유무 등을 참작하여 구체적·개별적으로 판단하되, 거래자유 보장의 필요성, 경제·사회정책적 요인을 포함한 공공의 이익, 당사자 사이의 이익균형 등을 종합적으로 고려하여 판단하고 있다.[37]

제 3 자가 채무자의 채무 이행을 방해하는 경우, 제 3 자가 채무자와 공모하여 무자력에 빠뜨리는 경우, 제 3 자가 계약의 파기를 유도하는 경우, 제 3 자가 채무자로 하여금 계약을 파기하도록 압박하는 경우에 위법성이 인정될 수 있다. 그러나 제 3 자가 계약을 체결하지 못하도록 하거나 계약을 갱신하는 것을 방해하더라도 불법행위가 성립하지 않는 것이 원칙이다. 다만 제 3 자가 불법적인 수단을 사용한 경우에는 불법행위가 성립할 수 있을 것이다.

Ⅲ. 제 3 자에 의한 債權侵害에 대한 救濟手段

1. 損害賠償

(1) 제 3 자에 의한 채권침해에 대하여 불법행위가 성립하는 경우에 손해배상책임이 인정된다. 불법행위에 기한 손해배상의 목적은 불법행위가 없었더라면 피해자가 있었을 상태를 회복시키는 것이다. 그런데

37) 朴興大(註 15), 485면.

제 3 자에 의한 채권침해에서 불법행위가 인정되는 경우에 어떻게 손해배상액을 산정할지 문제된다.

위 Ⅱ. 3. (3)에서 본 大判 2003. 3. 14, 2000다32437에서는 피고 회사들이 보수용유리를 불법으로 시중에 유출함으로써 B회사의 원고 회사에 대한 독점적 판매계약을 침해한 것이 문제되었는데, 원심과 대법원이 손해배상액을 다르게 산정하고 있다. 원심은 원고 회사의 손해액을 "피고 회사들에 의한 불법시중유출이 없는 상황에서의 순이익 또는 순손실과 불법시중유출이 있는 상황에서의 순이익 또는 순손실과의 차액"이라고 파악하였다. 그러나 대법원은 원심판결에 손해배상액의 산정에 위법이 있다고 하였다.

> "이 사건 불법행위로 인한 손해액을 산정함에 있어서는 피고 회사들의 각 불법유출 행위로 인하여 원고 회사가 입은 손해를 구체적으로 산정함이 원칙이고, 가령 그 점을 명확하게 주장·입증하는 것이 쉽지 아니하다는 점을 감안하여, 원고 회사가 입은 손해를 직접 입증하는 것이 아니라 원심이 채용한 방법과 같이 불법행위가 행해진 기간과 행해지지 않은 기간의 원고 회사의 이익액을 비교하는 방법에 의하여 손해액을 산출한다고 하더라도, 이렇게 산정된 이익액의 차액을 그대로 손해액으로 인정하려면 피고들의 유출행위가 중단된 이후의 이익의 증가는 오로지 그 중단에 기인한 것이라는 점 등의 제반 사정이 밝혀져야 할 것이고, 또 기업의 이익에는 매출액의 대소 외에도 여러 가지의 수입요소와 지출요소가 종합적으로 반영되는 것이므로 원고 회사의 이익 중 위 물품의 판매와 관련이 없는 부분이 없는지를 살펴보아 그런 부분이 있다면 전체 이익에서 이를 공제한 나머지 금액을 비교하는 방법으로 이루어져야 할 것이다(피고들의 유출행위가 중단된 이후의 원고 회사의 매출액의 증가가 오로지 그 중단에 기인한 것이라는 점이 입증되는 경우라도, 손해액의 산정은 원고 회사의 손익계산서에 나타난 당기순이익 또는 순손실의 비교에 의하기보다는 증거에 의하여 매출액의 증가분을 인정 내지 추인하고 이에 대하여 적정범위 내에서의 평균순수익률을 적용하여 산출하는 방식이 보다 합리적일 것으로 보인다)."

(2) 제 3 자에 의한 채권침해에서 불법행위가 인정되나 손해배상액을 산정하기 곤란하다고 하여 원고의 청구를 기각할 수 있는지 문제된다. 대법원은 이를 부정한다. 손해가 발생하였고 가해자에게 손해배상책임이 있다는 것이 분명한데도 손해액에 관한 입증이 미흡하다는 이유로 입증책임의 형식논리에 구애되어 피해자의 배상청구를 배척해 버리는 것은 아무래도 공평과 정의의 관념에 어긋나는 처사라고 한다. 따라서 대법원은 일찍부터 손해원인이 인정되는 이상 손해액에 관한 당사자의 주장과 입증이 미흡하더라도 법원은 적극적으로 석명권을 행사하고 입증을 촉구하여야 하며 경우에 따라서는 직권으로 손해액을 심리판단할 필요가 있음을 천명해 왔다.[38] 나아가 大判 1984. 11. 13, 84다카722(공 1985, 23)는 사망사고에 관한 사건에서 慰藉料의 補完的機能에 관하여 "재산상 손해의 발생이 인정되는데도 입증곤란 등의 이유로 그 손해액의 확정이 불가능하여 그 배상을 받을 수 없는 경우에 이러한 사정을 위자료의 증액사유로 참작할 수 있다"고 판결하였다.

또한 대법원은 "채무불이행으로 인한 손해배상청구소송에 있어, 재산적 손해의 발생사실이 인정되고 그의 최대한도인 수액은 드러났으나 거기에는 당해 채무불이행으로 인한 손해액 아닌 부분이 구분되지 않은 채 포함되었음이 밝혀지는 등으로 구체적인 손해의 액수를 입증하는 것이 사안의 성질상 곤란한 경우, 법원은 증거조사의 결과와 변론의 전취지에 의하여 밝혀진 당사자들 사이의 관계, 채무불이행과 그로 인한 재산적 손해가 발생하게 된 경위, 손해의 성격, 손해가 발생한 이후의 제반 정황 등의 관련된 모든 간접사실들을 종합하여 상당인과

38) 채무불이행이든 불법행위든 마찬가지이다. 大判 1987. 3. 10, 86다카331(공 1987, 626); 大判 1962. 3. 22, 4294민상1259; 大判 1965. 9. 28, 65다1577·1578; 大判 1967. 9. 5, 67다1295; 大判 1971. 12. 28, 71다2151; 大判 1961. 12. 7, 4293민상853(集 9, 102); 大判 1967. 9. 26, 67다1024(集 15-3, 민 135); 大判 1982. 4. 13, 81다1045(공 1982, 501); 大判 1983. 7. 26, 83다카716(공 1983, 1332); 大判 1992. 4. 28, 91다29972(공 1992, 1698); 大判 1997. 12. 26, 97다42892 · 42908(공 1998, 505).

관계 있는 손해의 범위인 수액을 판단할 수 있다"고 하였다.[39)]

저작권법, 특허법, 부정경쟁방지 및 영업비밀보호에 관한 법률(이하 부정경쟁방지법이라고 한다), 컴퓨터프로그램보호법 등에는 손해배상에 관한 특칙을 두고 있는데,[40)] "손해가 발생한 사실은 인정되나 손해액을 산정하기 어려운 때에 변론의 취지와 증거조사의 결과를 참작하여 상당한 손해액을 인정할 수 있다"는 명문의 규정을 두고 있다.[41)] 민법에는 위와 같은 규정이 없으나, 민법상의 채무불이행이나 불법행위에서도 동일한 결과를 인정할 수 있다. 즉, 손해의 발생이 인정되나 그 손해액을 확정할 수 없는 경우에 변론의 취지와 증거조사의 결과를 참작하여 손해액을 산정할 수 있다고 보아야 한다.[42)]

제 3 자에 의한 채권침해의 경우에 손해가 발생하였다는 사실을 인정할 수 있으나, 그 손해액을 산정하기 어려운 경우가 많다. 이러한 경우에 법원은 적극적으로 석명권을 행사하고 입증을 촉구하여야 하며 경우에 따라서는 직권으로 손해액을 심리판단하거나 변론의 취지와 증거조사의 결과를 참작하여 손해액을 산정하여야 한다.

2. 妨害排除請求

제 3 자에 의한 채권침해에 대하여 방해배제청구를 할 수 있는지 문제된다. 우리 민법에서 계약당사자들 사이에서는 계약관계에 기하여

---

39) 大判 2004. 6. 24, 2002다6951 · 6968(공 2004, 1201).

40) 저작재산권 등을 침해하는 경우에 손해액을 추정하는 상세한 규정을 두고 있다. 저작권법 제125조, 특허법 제128조 제 1-4 항, 컴퓨터프로그램보호법 제32조 제 3 · 4 항, 부정경쟁방지 및 영업비밀보호에 관한 법률 제14조의 2 제 1-4 항.

41) 저작권법 제126조, 특허법 제128조 제 5 항, 컴퓨터프로그램보호법 제32조, 부정경쟁방지 및 영업비밀보호에 관한 법률 제14조의 2 제 5 항은 이러한 내용을 정한 규정을 두고 있다.

42) 상세한 것은 金載亨, "프로스포츠 選手契約의 不履行으로 인한 損害賠償責任," 人權과 正義 제345호(2005. 5), 97면 이하.

현실적인 이행을 강제하는 방법으로 부작위 등의 금지청구를 할 수 있다. 독점판매계약, 음반제작계약 등 계약에 기한 의무를 위반하는 경우에 계약상의 권리를 보전하기 위하여 가처분을 이용하는 사례들이 그것이다.[43] 그런데 이는 계약당사자들 사이에 인정된 것이고,[44] 계약당사자가 아닌 제 3 자에 대한 금지청구는 물권 등 실체법상 금지청구권이 있는 경우에 한하여 인정되고 있다. 따라서 이러한 결정례들을 근거로 피보전권리가 없는 경우에도 가처분 등 보전처분이 인정된다고 볼 수는 없다.[45] 채권자는 채무자를 상대로 그 계약의 이행을 청구하

43) 서울地決 1995. 1. 18, 94카합9052(下集 1995-1, 345). 이 사건에서 신청인은「칵테일 사랑」,「이젠 너를」,「길을 묻는 연인들」이라는 노래의 가수로서, 피신청인이 신청인에게 위 세 곡의 가수가 신청인이라고 표시하여 주기로 약정하였고, 가령 신청인과 피신청인 사이에 신청인이 위 세 곡의 가수라는 사실을 표시하기로 하는 명시적인 약정이 없었다고 하더라도 가수는 음악저작물을 음성으로 표현하여 일반대중에게 전달하는 사람으로서, 실제로 노래를 부른 가수의 이름을 표시하는 것이 음반업계의 관행이라고 할 것이고, 특히 대중가요에 있어서는 일반대중이 어떤 노래를 그 가수의 이름과 함께 기억하는 것이 현실이라고 할 것이므로, 피신청인이 위 세 곡이 수록된 음반을 출반할 경우에는 다른 약정이 없는 한 가수인 신청인의 성명을 표시하여야 할 것이다. 따라서 피신청인은 음반에 신청인이 "칵테일 사랑" 등의 가수라고 표시하지 아니하고는 위 음반을 제작·복제·판매하여서는 아니 된다고 결정하였다. 필자는 당시 재판부의 일원으로서 이 결정에 관여하였다.

44) 다만 계약에 기한 채무라고 하더라도 채무의 성질상 그 이행을 청구할 수 없는 경우에는 채권자가 채무자를 상대로 금지청구권을 행사할 수 없다. 가령 서울地決 2001. 10. 29, 2001카합1947은 배우가 일방적으로 전속계약을 파기한 경우에도 그 배우가 임의로 제 3 자와 방송출연계약 등을 체결하는 것을 금지할 수 없다고 한다. 동지: 서울中央地決 2005. 10. 24, 2005카합3264.

45) 불공정 경쟁행위를 막기 위하여 불법행위에 대한 소송상의 구제수단으로 금지청구권을 인정하여야 한다고 주장하면서, 피보전권리가 없더라도 가처분 등 보전처분을 할 수 있고, 그 예로 계약당사자들 사이에서 물권적인 청구권이 없는데도 계약상의 지위 자체를 보전하기 위하여 일정한 행위를 금지하는 가처분결정을 들기도 한다(정상조, "革新과 競爭: 技術과 市場의 변화에 대한 법적 대응," 인터넷과 법률 Ⅱ, 2005, 29면). 그러나 가처분 등 보전처분에서 피보전권리는 물권적 청구권에 한정되는 것이 아니고, 계약상의 권리도 포함될 수 있으며, 이들은 모두 실체법상의 권리에 속한다. 불공정 경쟁행위를 막기 위한 방법으로 금지청구권을 현재보다 넓게 인정할 필요성이 있지만, 이 경우에도 입법이나 해석을 통하여 실체법상의 근거를 마련하는 작업이 중요한 일이다.

는 방법을 통하여 간접적으로 제 3 자의 방해를 배제하는 효과를 거둘 수 있다. 그런데 채권자는 여기에서 나아가 제 3 자를 상대로 직접 그 방해의 배제를 청구하는 경우가 증가하고 있다.

(1) 판례의 변화

(가) 현행민법이 시행되기 전에 대법원은 채권에 기한 방해배제가 허용된다고 판단하였다.[46)]

> "채권은 특정인에 대하여 특정행위를 청구하는 권리이므로 채권자는 채무자에 대하여서만 권리의 목적인 행위를 청구할 수 있고 제 3 자에 대하여 이를 청구하지 못할 것은 물론 제 3 자도 이에 응할 의무 없는 것이다. 그리고 채권은 소위 상대권으로 동일 채무자에 대하여 동일 행위를 목적하는 수개의 채권이 동시에 성립할 수 있고 또 양자는 채권 평등원칙에 따라 각별히 그 권리를 행사할 수 있는 것이나, 채권도 법률이 보호하는 권리인 이상 일반인은 이를 존중하여야 하며 정당한 이유 없이는 이를 침해치 못할 법률상 의무가 있다 할 것이며 만일 정당한 이유 없이 이를 침해한 때에는 채권자에 대한 불법행위가 성립되어 채권자는 그 제 3 자에 대하여 이로 인한 손해의 배상을 청구할 수 있고 또 정당한 이유 없는 제 3 자의 행위로 인하여 채무의 이행이 방해될 우려가 있을 때에는 그 제 3 자에 대하여 방해행위의 배제를 청구할 수 있을 것이다."

(나) 그러나 현행민법 시행 이후 법원의 실무는 제 3 자에 의한 채권침해에 대하여 방해배제청구권을 부정하고 있다.[47)] 가처분 등 보전처분을 신청하려면 피보전권리가 있어야 하는데, 계약상의 채권에 기하여 제 3 자에 대한 금지청구권이 없다는 것이다.[48)] 위에서 본 大判

46) 大判 1953. 2. 21, 4285민상129(集 1-6, 민 1).
47) 權誠 외 5인, 假處分의 硏究, 박영사, 1994, 52면.
48) 서울高決 1995. 1. 12, 94라186에서 제 3 자에 의한 채권침해를 이유로 금지청구를 할 수 있는지 문제되었다. 신청인 유공은 피신청인 현대정유를 상대로 신청인 유공과 피신청인 미릉상사 사이의 석유류제품의 독점판매대리점계약을 침해하였다는 이유로 피신청인 미릉상사와 그 자회사인 수인가스에 피신청인 현대정유를 표시하는 상표 등을 사용하지 말라는 가처분을 신청하였다. 그러

2001. 5. 8, 99다38699(集 49-1, 민 319)는 "원고가 도로공사에 대하여 기흥주유소에 원고의 상표를 표시하고 원고의 석유제품을 공급할 권리가 있다 하더라도 이는 채권적 권리에 불과하여 대세적인 효력이 없으므로 피고가 기흥주유소에 현대정유의 상호와 상표를 표시하고 그 석유제품을 공급받음으로써 원고의 위 권리가 사실상 침해되었다는 사정만으로 곧 제 3 자인 피고에게 현대정유와 관련된 시설의 철거나 상호·상표 등의 말소 및 판매금지 등을 구할 수는 없다"고 판단하였다.

최근 온라인서비스에 관련된 분쟁이 많이 발생하고 있는데, 서울地決 2002. 10. 15, 2002카합2377은 제 3 자가 온라인서비스이용계약을 침해하더라도 금지청구의 대상이 되지 않는다고 하였다. 신청인(주식회사 웹젠)은 '뮤(MU)'라는 명칭의 인터넷 온라인 머그게임(MUG; Multi User Game)에 관한 서비스를 제공하고 있는데, 게임서비스 이용계약에서 아이템 등의 현금거래행위를 금지하였다. 그런데 피신청인(인포코주식회사)이 이 사건 게임서비스의 이용자들 사이의 아이템 등에 대한 거래행위를 중개하였다. 신청인이 거래중개행위의 금지를 구하는 가처분을 신청하였으나, 법원은 "신청인이 이 사건 게임서비스의 이용자에 대하여 위와 같은 권리[아이템 등의 현금거래행위의 금지를 구할 권리]를 갖는다고 하더라도 이는 채권적 권리에 불과하여 대세적인 효력이 없으므로 이 사건 게임서비스 이용계약에 있어 제 3 자에 불과한 피신청인이 위 이용약관의 규정에 반하여 이 사건 게임서비스의 이용자들 간의 아이템 등에 대한 거래행위를 중개함으로써 신청인의 권리를

나 법원은 다음과 같은 이유로 신청인의 신청을 기각하였다. 피신청인 현대정유의 행위가 불공정거래행위로서 신청인에 대하여 제 3 자에 의한 채권침해 또는 불법행위가 성립된다 하더라도 신청인이 단순한 채권에 불과한 피신청인 미릉상사 및 신청외 수인가스와 사이의 위 독점판매대리점계약상의 권리에 기하여 그 계약상의 채무자가 아닌 제 3 자인 피신청인 현대정유에 대하여 어떠한 금지청구권을 가지게 된다고 할 수는 없다. 가령 신청인이 피신청인 현대정유에 대하여 위 불법행위 등으로 인한 손해배상청구권을 가진다고 하여도 이를 이 사건 가처분의 피보전권리로 삼을 수 없다.

사실상 침해하였다는 사정만으로는 신청인이 직접 피신청인에 대하여 위와 같은 중개행위의 금지를 구할 수 없다"고 하였다. "피신청인이 신청인의 공정한 게임운영업무를 방해하였다고 보아 그 침해되는 권리를 영업권으로 구성한다고 하더라도 이 또한 채권적 권리에 불과하므로 위와 같은 결론에는 아무런 영향을 미치지 않는다"고 한다.

채권에는 물권과는 달리 배타적 효력이 없기 때문에, 채권의 효력으로서 방해배제를 청구할 수 없다는 것이 우리나라의 확고한 실무라고 할 수 있다.

(다) 한편 법률에 근거규정이 있으면 금지청구권도 인정될 수 있다. 허위, 과장 광고에 대하여 금지청구권을 인정하는 사례들이 있는데, 법률의 규정에서 그 근거를 찾고 있다. 즉, 표시광고의 공정화에 관한 법률 제 3 조 제 1 항은 "사업자 등은 소비자를 속이거나 소비자로 하여금 잘못 알게 할 우려가 있는 표시·광고행위로서 공정한 거래질서를 저해할 우려가 있는 다음 각호의 행위를 하거나 다른 사업자 등으로 하여금 이를 행하게 하여서는 아니 된다"고 규정하고 제 1 호에 허위·과장의 표시·광고를, 제 3 호에 부당하게 비교하는 표시·광고를 규정하고 있다. 하급심판결에서는 위와 같은 허위·과장광고로 피해를 입는 사업자가 그 위반자에 대하여 위 법률에 기하여 위 광고의 금지를 직접 청구할 수 있고, 위 광고가 객관적 사실에 부합하지 않는다면 이로써 채권자의 명예나 신용을 침해한다고 하였다.[49] 또한 부정경쟁방지법 제 4 조 제 1 항은 "부정경쟁행위로 인하여 자신의 영업상의 이익이 침해되거나 침해될 우려가 있는 자는 부정경쟁행위를 하거나 하고자 하는 자에 대하여 법원에 그 행위의 금지 또는 예방을 청구할 수 있다"고 규정하고 있다.[50] 따라서 제 3 자에 의한 채권침해가 이러한 법

49) 大邱高決 2003. 8. 8, 2003라13. 이 결정은 大決 2003. 3. 31, 2002마4109에서 확정되었는데, 대법원은 신청인에게 금지청구권이 있는지 여부에 대해서는 아무런 판단을 하지 않았다.

50) 大邱高決 2002. 10. 15, 2002라35는 부정경쟁방지법 제 2 조 제 1 호 바목의

률에 의하여 포섭될 수 있는 경우에는 금지청구가 가능하다.[51)]

(2) 비교법적 고찰

독일에서는 채무불이행이나 불법행위에서 손해배상은 원상회복이 원칙이다(제249조 제 1 항). 또한 불법행위의 경우에 부작위청구권이 인정된다. 제 3 자에 의한 채권침해에서도 원상회복이나 부작위청구권이 인정될 수 있다. 물론 제 3 자가 계약파기에 관여하였다고 하여 독일민법 제 826조의 양속위반으로 인한 불법행위책임이 발생하지는 않는다. 가령 어떤 사람으로 하여금 종전 직장을 그만두도록 하고 자기 회사에 근무

부정경쟁행위에 해당하는 경우에는 법 제 4 조 제 1 항에 따라 그 금지 및 예방을 청구할 수도 있다.

51) 가령 임직원이 퇴직 후에도 회사의 영업비밀을 공개하지 않기로 약정하였는데, 경쟁회사가 영업비밀을 갖고 있는 임직원을 스카우트하는 경우에 전직금지 등을 청구하는 사례가 많다. 경쟁회사의 행위는 제 3 자에 의한 채권침해에 해당할 수 있는데, 영업비밀의 공개에 대하여 금지청구권을 행사할 수 있는지 문제된다. 서울地決 1995. 3. 27, 94카합12987(下集 1995-1, 295)은 우리나라에서 최초로 전직금지 및 영업비밀 침해금지 가처분을 일부 인용하였는데, 임직원에 대해서는 위 영업비밀유지약정과 부정경쟁방지법을 근거로 들었으나, 경쟁회사에 대한 금지청구는 부정경쟁방지법만을 근거로 들고 있다. 즉 부정경쟁방지법 제10조 제 1 항 · 제 2 항에 기하여 침해행위의 금지 또는 예방 및 이를 위하여 필요한 조치로서, 피신청인 A에 대하여는 피신청인 B회사의 A.N. 모노머 제조 · 판매 및 그 보조업무에 종사하는 것을 금지하며, 피신청인 B회사에 대하여는 피신청인 A로 하여금 A.N. 모노머 제조 · 판매 및 그 보조업무에 종사하게 하는 것을 금지하는 청구를 할 수 있다고 결정하였다. 다만 피신청인 A로 하여금 피신청인 B회사로 전직하는 것 자체를 금지시키는 것은 신청인의 영업비밀 침해행위에 대한 금지 또는 예방청구권의 범위를 넘는 것으로서 신청인의 위 영업비밀을 보호하기 위한 적절한 조치라고 볼 수 없을 뿐만 아니라 피신청인 A의 인격을 과도하게 침해하는 결과로 되어 헌법상의 직업선택의 자유에 대한 본질적인 침해가 될 것이다. 그러나 부정경쟁방지법상의 영업비밀에 관한 규정의 취지 및 내용, 현재 신청인의 영업비밀을 보호할 필요성이 있는 상태에 있고 신청인이 영업비밀을 보호하기 위하여 많은 노력을 기울인 점, 피신청인 A로 하여금 피신청인 B회사의 A.N. 모노머 제조·판매 및 그 보조업무에 종사하는 것을 금지시키지 않고서는 신청인의 위 영업비밀을 보호할 수 없는 점 등에 비추어, 신청인의 위 영업비밀을 보호하기 위하여 피신청인 A를 피신청인 B회사의 A.N. 모노머 제조 · 판매 및 그 보조업무에 종사하지 못하게 하는 것이 헌법상의 직업선택의 자유를 본질적으로 침해하는 것이라고 볼 수 없다고 한다.

하도록 하였다고 하더라도 부정경쟁방지법에 위반하는 경우가 아닌 한 양속위반은 아니라고 한다. 그러나 제 3 자에 의한 채권침해가 불법행위로 인정되는 경우에는 금전배상뿐만 아니라 원상회복이나 부작위청구도 허용될 수 있다.[52] 또한 미국에서는 제 3 자가 장래 계약을 방해하는 것을 막기 위하여 형평법상의 임시적인 금지명령을 이용할 수 있는데, 반복적으로 손해가 발생할 우려가 있는 등 일정한 요건을 갖추어야 한다.[53]

(3) 검 토

우리 민법에서는 불법행위에 대한 구제수단으로 원상회복이나 금지청구를 허용하지 않고 있다. 다만 인격권의 경우에는 법률에 근거규정이 없는데도 금지청구권을 인정하고 있다. 명예나 신용 등 인격권은 그 성질상 일단 침해된 후의 구제수단(금전배상이나 명예회복 처분 등)만으로는 그 피해의 완전한 회복이 어렵고 손해전보의 실효성을 기대하기 어려우므로, 인격권 침해에 대하여는 사전(예방적) 구제수단으로 침해행위 정지·방지 등의 금지청구권을 인정한다.[54]

인격권을 인정하는 근거에 관해서는 논란이 있다. 인격권과 물권은 사람과 물건의 관계만큼이나 그 성질이 다르다. 그러나 인격권은 물권과 마찬가지로 절대권의 일종으로 그 침해를 배제할 수 있는 배타적 권리이다. 물건에 대한 권리를 배타적인 권리로 보호하는 만큼 사람 자신에 관한 권리도 보호하여야 한다. 결국 소유권에 대하여 방해배제청구권이 인정되는 것과 마찬가지로 인격권에 대해서도 금지청구권을 인정하여야 할 것이다.[55] 그런데 채권은 물권이나 인격권과는 달

---

52) MünchKomm/Wagner, §826 Rn. 36, 50f.; Staudinger/Oechsler, §826 Rn. 122ff.

53) Prosser/Keeton(註 16), p. 1002.

54) 大判 1996. 4. 12, 93다40614(공 1996, 1486); 大判 1997. 10. 24, 96다17851(공 1997, 3574).

55) 상세한 것은 金載亨, "人格權 一般," 民事判例硏究(XXI), 1999, 637면 이하;

리 배타적 효력이 없는 것이기 때문에, 인격권에 관한 논의를 제 3 자에 의한 채권침해에 관한 논의에 그대로 끌어들일 수 없다.

그렇다면 제 3 자가 채권을 침해할 우려가 있는 경우에 금지청구권을 부정하여야 하는가? 제 3 자에 의한 채권침해가 임박한 경우에 그 금지청구를 허용하는 것이 손해배상이라는 사후적인 구제수단보다 효율적이라고 할 수 있다. 따라서 제 3 자가 채권을 침해하려고 하고 있고, 이를 방치한다면 회복할 수 없는 손해를 입을 우려가 있는 경우에는 금지청구를 허용해야 하지 않을까.

이 문제를 해결하기 위하여 민법 제404조의 채권자대위권을 이용하는 방법이 있으나, 이에는 한계가 있다. 채권자대위권은 특정채권을 보전하기 위해서도 이용될 수 있으나,[56] 제 3 자의 채권침해의 경우에 채권자대위권의 요건을 충족시키는지 여부가 불분명한 경우가 있고, 제404조와 제405조의 규정에 따른 절차적 제한이 있을 뿐만 아니라, 경쟁관계에서 발생하는 채권침해의 경우에 채무자가 다수의 불특정인이 될 수 있기 때문에, 채무자를 특정하기 곤란한 경우가 있다. 또한 채무자가 자신의 권리를 포기할 수도 있기 때문에, 이러한 점에서도 채권에 기하여 제 3 자에게 직접 금지청구권을 행사할 필요성이 있다.

입법론으로 불법행위의 구제수단으로 방해예방 또는 금지청구권을

金載亨, "言論에 의한 人格權 侵害에 대한 救濟手段," 人權과 正義 제339호(2004. 11), 83면 이하.

56) 부동산을 순차 매도한 사례에서 소유권이전등기청구권을 대위행사하는 경우, 임대차에서 임차인이 임대인의 제 3 자에 대한 명도청구권을 대위행사하는 경우 등을 들 수 있다. 그 중 임대차의 경우에는 제 3 자에 의한 채권침해와 밀접한 관련이 있다. 즉, 제 3 자가 임차목적물을 무단으로 점유하는 경우에는 제 3 자가 임차인의 채권을 침해하고 있다고 볼 수 있다. 이러한 경우에 임차인은 임대인에 대한 목적물인도청구권을 보전하기 위하여 민법 제404조에 따라 제 3 자에 대한 방해배제청구권을 행사할 수 있다(大判 1957. 1. 24, 4289민상351). 위와 같은 경우에 임차인이 점유하고 있었던 경우에는 점유권에 기하여 방해배제를 청구할 수도 있을 것이다. 또한 위 大判 2001. 5. 8, 99다38699(註 31)는 석유제품공급권 등을 보전하기 위하여 채권자대위권을 행사할 수 있다고 하였다.

도입하여야 한다는 견해[57]에 찬성한다.[58] 그런데 민법을 개정하지 않은 상태에서 제 3 자에 의한 채권을 방해하는 행위에 대하여 금지청구권을 행사할 수 있는지 문제된다.[59] 결론적으로 제 3 자에 의한 채권침해의 우려가 급박한 경우에는 예외적으로 방해예방 또는 금지청구를 인정하여야 한다고 생각한다. 손해가 발생할 가능성이 명백한데도 손해발생을 억제하기 위한 아무런 조치를 취하지 못하고 나중에 손해의 발생을 기다렸다가 그 배상만을 청구할 수 있도록 하는 것은 받아들이기 힘든 결론이다. 제 3 자에 의한 채권침해의 경우에 방해예방 또는 금지청구권을 인정한다면 물권과 채권을 준별하는 태도에 배치된다는 비판이 있을 수 있다. 그러나 물권에 기한 방해예방청구권도 물권의 절대성이나 배타성에서 선험적으로 도출된 것이라기보다는 물권에 대한 불법적인 방해를 사전적으로 예방하는 것이 합리적이라는 점에서 그 실질적인 이유를 찾을 수 있다. 이를 설명하는 것이 물권의 배제권능이라는 매개개념이다. 채권의 경우에는 일반적으로 배제 권능을 인정할 수는 없다고 하더라도 채권에 대한 방해가 임박한 것이 명백한 경우에는 그 방해를 예방할 필요가 있다. 따라서 제 3 자가 계약의 실현을 방해하거나 계약 자체를 파기하도록 유도함으로써 회복할 수 없는 손해를 입힐 우려가 있는 경우에는 그 방해예방 또는 금지청구를 할 수 있다고 보아야 한다. 또한 부정경쟁이나 부당한 광고 등이 문제되는 경우에는 부정경쟁방지법 제 4 조나 표시광고의 공정화에 관한 법률 제 3 조의 규정을 적용 또는 유추적용하여 금지청구권을 도출할 수

57) 梁彰洙, "損害賠償의 範圍와 方法," 民法散考, 1998, 256면.

58)「민법개정(총칙편)」좌담회, 人權과 正義 제319호(2003. 3), 28면(金載亨 발언부분).

59) 채권침해의 경우 방해배제청구권의 인정여부에 관하여 견해가 대립하고 있다. 이를 인정하는 견해는 다시 물권과 유사하게 방해배제청구권을 넓게 인정하여야 할 것인지, 아니면 부동산임차권 등에 한정하여 이를 인정할 것인지 여부를 둘러싸고 견해가 대립하고 있다. 이에 관해서는 金容漢(註 6), 117-118면; 金曾漢·金學東(註 8), 72면; 金亨培(註 6), 334-340면; 玄勝鍾(註 7), 104면; 民法注解(Ⅸ), 61-63면 참조.

있다.

그렇다면 어떠한 요건하에서 금지청구권을 인정할 것인지가 중요한 문제이다. 제 3 자에 의한 채권침해가 불법행위가 되려면 고의가 있어야 하나, 고의 등 귀책사유는 금지청구권의 요건이 아니다. 금지청구권을 행사하는 단계에서 상대방이 제 3 자의 채권의 존재와 손해발생의 위험을 알 수 있고, 상대방이 이를 무시하고 방해행위를 한다면 고의가 있다고 보아야 할 것이기 때문이다.[60] 그런데 경쟁관계에서 계약을 방해하는 행위에 대하여 금지청구권을 인정하는 것은 계약자유의 원칙을 침해하거나 자유경쟁의 이념에 배치될 수 있다. 그리하여 독점 배급업자와 먼저 계약을 체결한 사람이 나중에 이중으로 계약을 체결하는 사람을 상대로 금지청구를 하는 경우에 자유경쟁을 보장하여야 한다는 측면과 기존의 계약을 보호하여야 한다는 측면을 고려하여 금지청구의 허용여부를 결정하여야 할 것이다. 한편 전속계약의 경우에는 인신구속적인 측면이 있고, 직업선택의 자유 등을 침해할 우려가 있기 때문에, 제 3 자에 대한 방해금지청구는 특별한 예외적인 사정이 없는 한 허용되지 않을 것이다.

Ⅳ. 結　　論

우리 경제질서는 자유경쟁을 보장하고 있고, 계약자유의 원칙은 계약법의 기본원칙이다. 이것은 채권법에서 하나의 급부에 관하여 복수의 채권이 성립할 수 있다는 것으로 나타난다. 그러나 경쟁에서 지켜야 할 규칙이 있다. 이를 벗어나는 경우에는 이를 규제하게 된다. 이 규제에는 공법상의 규제방법도 있고, 사법상의 규제방법도 있다. 제 3 자에 의한 채권침해 법리는 사법상의 구제수단인 방해배제청구권과 손

60) MünchKomm/Wagner, § 823 Rn. 37.

해배상청구권으로 자유경쟁을 보장하는 한계를 정하는 것이다. 제 3 자에 의한 채권침해를 쉽게 인정하면 자유경쟁의 원리가 침해될 수 있다. 그렇지 않고 제 3 자에 의한 채권침해를 지나치게 좁게 인정하면 공정한 경쟁원리의 토대가 무너질 수도 있다. 그리하여 그 기준을 정하는 것은 자유롭고 공정한 경쟁의 틀을 마련하는 작업이다. 장차 자유경쟁의 원리와 그 한계에 관한 깊은 이해를 토대로 이에 관한 연구가 필요하다.

(民法學의 現代的 樣相(羅岩徐敏教授停年紀念論文集),
법문사, 2006, 171-197면 所載)

[後 記]

이 글을 발표한 이후에 나온 대법원 판결들을 소개하고자 한다. 첫째, 大判 2006. 6. 15, 2006다13117(공 2006, 1324)은 위 Ⅱ. 3. (1)에서 본 사례들과 유사하다. 피고의 피용자들이 이 사건 물품대금채무자로 하여금 원고에게 지급하여야 할 물품대금을 원고에게 지급하지 말고 위 채무자의 다른 채권자들로서 자금사정이 어려운 군소협력업체들에게 우선 결제하도록 지시하고 위 채무자가 이에 따라 이 사건 물품대금을 원고가 아닌 위 군소협력업체들에게 지급함으로써 결과적으로 위 채무자가 원고에게 이 사건 물품대금을 지급하지 못하게 되었다. 원고는, 이와 같이 피고의 피용자들이 고의로 원고의 이 사건 물품대금의 추심을 방해한 행위는 제 3 자의 채권침해에 의한 불법행위에 해당한다고 할 것이므로 그 사용자인 피고는 위와 같은 불법행위로 인하여 원고가 입은 손해를 배상할 의무가 있다고 주장하였다. 원심은 위 채무자가 채권자인 군소협력업체들에게 채무를 변제한 행위가 정당한 법률행위인 이상 이를 요청한 피고의 피용자들의 행위 또한 위법성이 없어서 제 3 자의 채권침해에 의한 불법행위가 될 수 없다고 판단하였고,

대법원도 이를 지지하였다.

둘째, 大判 2006.9.8, 2004다55230(공 2006, 1652)은, 위 Ⅱ.3.(3)과 Ⅲ.1.(1)에서 본 大判 2003.3.14, 2000다32437과 거의 동일한 취지로 판결하였다.

셋째, 大判 2007.5.11, 2004다11162는 제 3 자가 장래의 계약관계를 방해한 사례에 관한 것인데, 위 大判 2003.3.14, 2000다32437을 인용한 다음, "이러한 법리는 제 3 자가 위법한 행위를 함으로써 다른 사람 사이의 계약체결을 방해하거나 유효하게 존속하던 계약의 갱신을 하지 못하게 하여 그 다른 사람의 정당한 법률상 이익이 침해되기에 이른 경우에도 적용된다"고 판결하였다. 이 사건에서 원고는 창원시 지역에서 중계유선방송사업 허가를 받은 유일한 사업자로서 허가받은 방송구역 내의 아파트 입주자대표회의와 중계유선방송공급재계약 협상 중에 있었는데, 피고가 그 아파트 입주자들에게 자신이 적법하게 방송사업을 하는 것처럼 가장하여 원고보다 유리한 조건으로 아파트 입주자와 위성방송공청시설계약을 체결함으로써 원고의 재계약 체결이 무산되었다. 그 후 피고의 행위가 방송법에 위반되는 것으로 드러나자 다시 원고가 위 아파트 입주자대표회의와 중계유선방송공급계약을 체결하였다. 원심은 위와 같이 원고와 위 아파트 입주자대표회의 사이의 중계유선방송공급 재계약 무산과 피고의 개입과정을 인정한 다음, 피고의 무허가 중계유선방송사업행위 및 그에 따르는 재계약 방해행위와 원고의 수신료 수입상실로 인한 손해의 발생 사이에는 상당인과관계가 있다고 판단하였는데, 대법원은 이를 지지하였다. 필자는 "제 3 자가 계약을 체결하지 못하도록 하거나 계약을 갱신하는 것을 방해하더라도 불법행위가 성립하지 않는 것이 원칙이다. 다만 제 3 자가 불법적인 수단을 사용한 경우에는 불법행위가 성립할 수 있을 것이다"라고 주장하였다(本書, 420면). 또한 이 사건이 대법원에 계류되어 있을 당시인 2007년 4월 3일 대법원 비교법실무연구회에서 "제 3 자에 의한 契約妨

害에 관한 비교법적 고찰—현재 또는 장래의 계약관계를 방해하는 경우를 포함하여—"라는 글을 발표한 바 있다. 이 판결은 필자의 견해와 동일한 것이다.

13. 2004년 物權法 判例의 動向

최근에 나온 물권법에 관한 판례를 살펴보면, 주로 담보법 분야에서 의미 있는 판결이 나오고 있음을 알 수 있다. 그 이유는 두 측면에서 찾을 수 있을 것이다. 하나는 금융거래가 발달함에 따라 다양한 담보거래가 이루어지고 있고, 담보거래와 관련된 세부적인 사항에서 새로운 문제가 제기되고 있다는 점이다. 다른 하나는 담보법의 중요성에 비하여 이 분야에 관한 연구나 판례가 상대적으로 덜 축적되어 있다는 점이다. 장차 이 분야에 관한 연구가 활발하게 이루어짐으로써 담보거래가 더욱 다양하고 활기찬 모습을 띨 것으로 기대된다. 2004년 물권법에 관한 주요 판결들[1]을 살펴보자.

1. 專有部分의 競賣와 垈地權의 移轉: 大判 2004. 7. 8, 2002다40210(공 2004, 1303)

(1) 사실관계와 쟁점

피고는 1992. 12. 22. A에게 아파트 101호를 그 대지(이하 위 아파트의 전유부분을 '전유부분'으로, 대지의 공유지분을 '대지지분'이라 한다)와 함께 분양하고, 전유부분에 대하여는 1993. 4. 30. 자신의 명의로 소유권보존등기를 경료한 다음 1993. 6. 26. A에게 소유권이전등기를 경료해 주었다. 그러나 당시 대지지분에 대하여는 대지의 지번과 대지권의

1) 다만 2003년 말에 선고되었으나, 2004년 판례공보에 수록된 판결도 포함시켰다.

비율 등이 확정되지 않은 관계로 등기를 이전해 주지 못하였다. 그 후 전유부분에 대하여 1996.11.22. B 명의로 매매를 원인으로 하는 소유권이전등기 및 1999.10.23. 원고 명의로 1999.9.14. 낙찰을 원인으로 하는 소유권이전등기가 각 경료되었다. 한편 위 아파트의 대지는 1996.9.경 지번이 확정되고, 1996.11.4. 피고 명의의 소유권이전등기가 경료되었다. 그러나 이 사건 대지지분에 대하여는 아직까지 집합건물등기부상 대지권 표시등기나 토지등기부상 대지권인 취지의 등기가 경료되지 않았다.

원고는 분양자인 피고를 상대로 대지권의 표시를 변경하여 달라는 대지권변경등기절차의 이행을 구하는 소를 제기하였다. 원심은 이 사건 소가 소의 이익이 없다는 이유로 부적법 각하하였다. 그러나 대법원은 원심판결을 파기환송하였다.

(2) 대법원 판결요지

분양자가 지적정리 등의 지연으로 대지권에 대한 지분이전등기는 지적정리 후 해 주기로 하는 약정하에 우선 전유부분만에 관하여 소유권보존등기를 한 후 수분양자에게 소유권이전등기를 경료하였는데, 그 후 대지에 대한 소유권이전등기가 되지 아니한 상태에서 전유부분에 관한 경매절차가 진행되어 제 3 자가 전유부분을 경락받은 경우, 그 경락인은 본권으로서 집합건물의 소유 및 관리에 관한 법률(이하 '집합건물법'이라 한다) 제 2 조 제 6 호 소정의 대지사용권을 취득한다.

따라서 경락 후 경매법원의 등기촉탁 이전에 대지지분에 대하여 전유부분의 소유자 명의로 소유권이전등기가 경료되었다면 전유부분과 아울러 대지지분에 대하여도 경매법원의 등기촉탁에 의하여 경락인 앞으로 소유권이전등기가 경료된다 할 것이나, 만일 등기촉탁시까지 대지지분에 대한 소유권이전등기가 경료되어 있지 아니한 경우에는 경락인으로서는 전유부분에 대하여서만 등기촉탁의 방법으로 소유권이전등기를 경료할 수 있고, 그 대지권에 대하여는 분양자가 경락인을 위하여 부동산등기법 시행규칙 제60조의 2에 의한 대지권변경등기를 하거나 경락인이 분양자로부터 수분양자를 거쳐 순차로 대지의 지분소유권 이전등기를 경료한 후 전유부분의 대지권변경등기를 하는 방법에 의하여야 한다.

그리고 분양자가 전유부분의 소유자인 경락인을 위하여 하는 부동산등기법 시행규칙 제60조의 2에 의한 대지권변경등기는 그 형식은 건물의 표시변경등기이나 실질은 당해 전유부분의 최종 소유자가 그 등기에 의하여 분양자로부터 바로 대지권을 취득하게 되는 것이어서 분양자로부터 전유부분의 현재의 최종 소유명의인에게 하는 토지에 관한 공유지분이전등기에 해당되고, 그 의사표시의 진술만 있으면 분양자와 중간소유자의 적극적인 협력이나 계속적인 행위가 없더라도 그 목적을 달성할 수 있으므로, 전유부분의 소유권자는 분양자로부터 직접 대지권을 이전받기 위하여 분양자를 상대로 대지권변경등기절차의 이행을 소구할 수 있다.

(3) 평 석

집합건물법에서 전유부분과 대지권은 일체로서 이전될 것을 예정하고 있다. 그러나 집합건물을 분양할 당시 분양자가 대지권을 확보하지 못한 채 수분양자에게 전유부분만을 먼저 이전하는 경우가 있다. 그 후 분양자가 대지사용권을 취득하였다면, 분양자는 대지권에 관한 등기를 함으로써 수분양자 등 현재의 전유부분 소유자가 대지권을 취득할 수 있도록 하여야 할 것이다. 이러한 경우에 적용되는 것이 부동산등기법 시행규칙 제60조의 2이다. 따라서 분양자는 이 규정에 따라 대지사용권의 등기와 대지권변경등기를 하여야 할 의무가 있다고 볼 수 있다. 이 판결은 이러한 상황에서 분양자가 대지권변경등기를 신청하지 않고 있다면, 구분건물의 현소유자가 분양자를 상대로 대지권변경등기를 직접 청구할 이익이 있다고 한 것이다. 대지권변경등기는 그 형식은 건물의 표시변경등기이나 실질은 당해 전유부분의 최종 소유자가 그 등기에 의하여 분양자로부터 바로 대지권을 취득하게 되는 것이다.[2] 따라서 그 변경등기절차의 이행을 청구하는 소를 제기할 이익이 있다고 보아야 할 것이다.

그런데 대지권변경등기를 청구할 실체법상의 권리가 있는 것인지, 그 근거가 무엇인지는 명확하지 않다.[3] 대지권에 대한 지분이전등기를 해 주기로 하는 약정하에 수분양자에게 전유부분에 대한 소유권이전등기를 경료하였으나, 대지에 대한 소유권이전등기가 되지 않은 상태에서 제 3 자가 수분양자로부터 전유부분을 매수한 경우에 제 3 자는 대지사용권을 취득한다는 것이 판례이다.[4] 전유부분의 분양자에게는 대지권에 대한 지분을 전유부분의 수분양자나 그로부터 이를 매수한 전득자에게 이전하겠다는 의사가 있었고, 그 대가를 모두 지급받았다. 그런데 이를 이전하는 방법으로 구분소유건물을 공시하고 있는 등기부에 대지권등기와 그 표시를 변경하는 것으로 충분하다. 따라서 전유부분이 매매 등의 법률행위에 의하여 이전되는 경우에는 대지권에 관한 지분도 이전하고, 그 방법으로 분양자가 현재의 전유부분 소유자에게 대지권표시등기를 하기로 약정하였다고 볼 수 있다.

이 판결은 여기에서 나아가 제 3 자가 경매절차에서 경락을 받은 경우에도 대지사용권을 취득한다고 하였다. 이는 집합건물의 경매에서 대지권과 관련된 복잡한 문제를 간명하게 해결하기 위한 것으로 보인

2) 大判 1995. 6. 16, 94누11019(공 1995, 2637).

3) 이 판결에 대한 평석인 朴淳成, "垈地使用權의 事後取得과 垈地權變更登記," 民事裁判의 諸問題 제13권, 2004, 306면 이하는 계약인수를 그 근거로 제시하고 있으나, 경매절차에서 전유부분을 경락받았다고 하여 계약을 인수하였다고 볼 수 있는지는 의문이다.

4) 大判(全) 2000. 11. 16, 98다45652 · 45669(공 2001, 39). 이 판결에 관하여는 金載亨, "2000년도 民法判例의 動向," 民法論 Ⅱ, 박영사, 2004, 469면 이하(원래 人權과 正義 2001년 5월호 발표).

다. 그러나 경매절차로 전유부분이 이전되는 경우에는 장래 취득할 대지권도 이전된다는 결론은 현실적 필요성에 비추어 수긍할 수 있으나, 어떻게 이론구성할 것인지는 어려운 문제이다. 경매단계에서 분양자가 대지권에 관한 권리를 취득하지 못하였다가 나중에 대지권에 관한 권리를 취득한 경우에 특히 그러하다. 결국 전유부분에 관한 경매에서 장래에 성립할 대지권에 관한 권리도 경매목적물에 포함된 것으로 볼 수밖에 없을 것으로 생각된다. 따라서 대지권에 관하여 등기가 되어 있지 않더라도 특별한 예외적인 사정이 없는 한 미등기 대지권으로서 경매목적물에 포함시켜 경락대금을 산정하여야 할 것이다.

이 판결은 아파트 등 집합건물의 등기문제가 여전히 정비되지 않은 부분이라는 것을 보여 준다.

2. 根抵當權設定契約과 被擔保債權의 關係: 大判 2004. 5. 28, 2003다70041(공 2004, 1069)

(1) 사실관계와 쟁점

원고가 A와 통모하여 허위의 의사로 채권최고액 1억 원의 근저당권설정계약을 체결하고 이에 따른 근저당권을 경료하였다. A가 피고에게 위 근저당권설정계약서를 제시하면서 금원을 빌려 줄 것을 요청하여, 피고가 A에게 3,200만 원을 대여해 준 다음, 근저당권설정등기의 피담보채권 중 3,200만 원 부분에 대하여 근저당권부채권 가압류결정을 받아 그 기입등기가 경료되었다.

원심은, 피고가 통정허위표시인 근저당권설정계약이 유효하다고 믿고 그 피담보채권에 대하여 가압류결정을 받은 선의의 제3자에 해당하는 한 원고가 피고에 대하여 근저당권설정계약의 무효를 주장하거나, 피담보채권이 부존재한다거나 무효라고 볼 수도 없으므로 피고는 근저당권의 말소에 대한 승낙의 의사표시를 할 의무가 없다고 판단하였다.

(2) 대법원 판결요지

대법원은 "통정한 허위표시에 의하여 외형상 형성된 법률관계로 생긴 채권을 가압류한 경우, 그 가압류권자는 허위표시에 기초하여 새로운 법률상 이해관계를 가지게 되므로 민법 제108조 제 2 항의 제 3 자에 해당한다고 봄이 상당하고, 또한 민법 제108조 제 2 항의 제 3 자는 선의이면 족하고 무과실은 요건이 아니다"라고 하여 이 부분에 관한 원심의 판단을 지지하고 있다.

그러나 "근저당권은 그 담보할 채무의 최고액만을 정하고, 채무의 확정을 장래에 보류하여 설정하는 저당권으로서(민법 제357조 제 1 항), 계속적인 거래관계로부터 발생하는 다수의 불특정채권을 장래의 결산기에서 일정한 한도까지 담보하기 위한 목적으로 설정되는 담보권이므로, 근저당권설정행위와는 별도로 근저당권의 피담보채권을 성립시키는 법률행위가 있어야 한다. 한편, 근저당권이 있는 채권이 가압류되는 경우, 근저당권설정등기에 부기등기의 방법으로 그 피담보채권의 가압류사실을 기입등기하는 목적은 근저당권의 피담보채권이 가압류되면 담보물권의 수반성에 의하여 종된 권리인 근저당권에도 가압류의 효력이 미치게 되어 피담보채권의 가압류를 공시하기 위한 것이므로, 만일 근저당권의 피담보채권이 존재하지 않는다면 그 가압류명령은 무효라고 할 것이고, 근저당권을 말소하는 경우에 가압류권자는 등기상 이해관계 있는 제 3 자로서 근저당권의 말소에 대한 승낙의 의사표시를 하여야 할 의무가 있다"고 전제한 다음, 이 사건에서 "원고와 A는 근저당권설정계약만 체결하였을 뿐, 피담보채권을 성립시키는 의사표시가 있었다고 볼 만한 자료가 없으므로 위 근저당권은 피담보채권이 존재하지 아니하여 무효라고 볼 여지가 있다"는 이유로 원심판결을 파기환송하였다.

(3) 평 석

대법원은 “근저당권설정행위와는 별도로 근저당권의 피담보채권을 성립시키는 법률행위가 있어야 한다”고 한다. 그러나 근저당권은 근저당권설정계약을 체결하고 근저당권설정등기를 하면 성립한다. 이와 별도로 피담보채권을 성립시키는 법률행위가 있어야 하는 것은 아니다. 근저당권이 채권을 담보하는 것이기는 하지만, 채권을 담보한다는 의사로 근저당권설정계약을 체결하고 그 등기를 하면 근저당권은 적법하게 성립한다. 예를 들어 어떤 채권을 담보하기 위하여 근저당권설정계약을 체결하고 근저당권설정등기를 한 다음, 나중에 피담보채권을 발생시키는 법률행위를 하였다고 하자. 근저당권의 피담보채권을 성립시키는 법률행위를 하여야 한다는 대법원 판결의 논리에 따른다면, 위 근저당권설정등기는 무효일 것이다. 그 후 피담보채권을 성립시키는 법률행위를 하였을 때 근저당권이 유효로 된다고 보거나, 무효인 근저당권설정등기를 유용하기로 하는 합의가 있다고 보는 것은 거래관행에도 맞지 않다.

근저당권설정계약과 함께 피담보채권을 발생시키는 법률행위가 필요하다는 이론의 유래를 살펴볼 필요가 있다. 이것은 일본에서 1971년 민법 개정을 통하여 근저당권에 관한 규정을 도입하기 전에 근저당권에 관한 규정이 없는 상태에서 저당권의 부종성과 관련하여 주장되었던 학설들[5] 중에서 법률적 객관설에 가깝다. 그러나 근저당권에 관한 명문의 규정이 있는 우리 민법에서 이러한 견해는 타당하지 않다. 종래의 판결들이나 거래관행과도 합치될 수 없다. 근저당권에서 부종성이라는 것은 어떤 채권을 담보한다는 점, 근저당권 실행시에 채권이 존재하여야 한다는 것으로 이해해야 하고, 근저당권설정시에 기본계약

5) 당시 근저당권에서 피담보채권의 발생가능성 문제에 관하여 법률적 객관설, 사실적 객관설, 주관설이 주장되었다. 상세한 것은 金載亨, 根抵當權硏究, 박영사, 2000, 41면 참조.

이 존재하여야 할 필요는 없다.[6] 따라서 근저당권에서 실행에 관한 부종성은 필요하지만, 발생·존속·소멸에 관한 부종성은 요구되지 않는다. 이러한 점에서 이 판결은 결론을 도출하는 논리구성에서 근저당권의 성립에 관한 오류를 안고 있다.

이 사건에서 근저당권설정등기가 유효하게 성립한 것으로 믿은 피고는 선의의 제 3 자로서 근저당권을 취득하였다고 볼 수 있다. 그러나 근저당권을 취득하였다고 하더라도 제 3 자로서는 그 피담보채권이 실제로 존속하는지는 알 수 없다. 근저당권의 피담보채권은 증감변동하는 것이기 때문이다. 그리하여 근저당권의 실행단계에서 피담보채권이 존속하지 않기 때문에, 근저당권은 말소되어야 한다는 것으로 볼 수도 있을 것이다.

3. 토지와 그 지상 건물에 共同抵當權 설정 후 건물의 再築事案에서 法定地上權이 성립하는지 여부: 大判(全) 2003. 12. 18, 98다43601(공 2004, 134)

(1) 사실관계

피고 A는 1989. 2. 11. 이 사건 대지와 그 지상 단층주택을 공동담보로 제공하여 B 협동조합 앞으로 근저당권설정등기를 마쳐 주었다. 그 후 1991. 12. 5. 위 근저당권의 실행에 의하여 위 대지 및 단층주택에 관한 임의경매절차가 개시되었다. 그런데 피고 A는 그 전인 1991. 9. 30.경 피고 C에게 위 단층주택의 철거와 이 사건 3층 주택의 신축공사에 관하여 도급을 주었다. 피고 C는 1991. 10.경 위 단층주택을 철거하고 이 사건 3층 주택(이하 '이 사건 신축건물'이라 한다)의 신축공사를 시행하여 1992. 3.경 완공하였으나, 준공검사를 받지는 못하였고, 이 사건 신축건물은 피고들이 일부씩 나누어 점유하고 있다. 한편, 위 임의

6) 金載亨(註 5), 116면.

경매절차에서는 위 단층주택이 이미 철거되었다는 이유로 위 단층주택에 대한 경매절차가 취소되고, 이 사건 대지에 대한 경매절차만이 속행되어 1992. 4. 23. D가 이 사건 대지를 경락받았다. 그 후 이 사건 대지의 소유권은 D로부터 E를 거쳐 1994. 10. 11. 원고에게로 순차 이전되었다.

원심은 피고 B가 이 사건 신축건물을 원시취득하였다가 피고 A에게 소유권을 이전하였다고 보고, 이 사건 신축건물에 관하여 피고들이 법정지상권을 취득하였다고 판단하였다. 저당물의 경매로 인하여 저당권설정 당시 동일인의 소유에 속하던 토지와 그 지상 건물이 각각 다른 사람의 소유에 속하게 된 경우에는 그 지상 건물 소유자는 민법 제366조에 따라 법정지상권을 취득하고 이는 저당권설정 당시 존재하던 건물이 철거되고 새로운 건물이 신축된 경우에도 마찬가지라는 것이다. 그러나 대법원은 원고의 상고를 받아들여 원심판결을 파기환송하였다.

(2) 대법원 판결요지

[다수의견] 동일인의 소유에 속하는 토지 및 그 지상 건물에 관하여 공동저당권이 설정된 후 그 지상 건물이 철거되고 새로 건물이 신축된 경우에는, 그 신축건물의 소유자가 토지의 소유자와 동일하고, 토지의 저당권자에게 신축건물에 관하여 토지의 저당권과 동일한 순위의 공동저당권을 설정해 주는 등 특별한 사정이 없는 한, 저당물의 경매로 인하여 토지와 그 신축건물이 다른 소유자에 속하게 되더라도 그 신축건물을 위한 법정지상권은 성립하지 않는다고 해석함이 상당하다. 왜냐하면 동일인의 소유에 속하는 토지 및 그 지상건물에 관하여 공동저당권이 설정된 경우에는 건물이 철거된 후 신축된 건물에 토지와 동순위의 공동저당권이 설정되지 아니 하였는데도 그 신축건물을 위한 법정지상권이 성립한다고 해석하게 되면, 공동저당권자가 법정지상권

이 성립하는 신축건물의 교환가치를 취득할 수 없게 되는 결과 법정지상권의 가액상당가치를 되찾을 길이 막혀 위와 같이 당초 나대지로서의 토지의 교환가치 전체를 기대하여 담보를 취득한 공동저당권자에게 불측의 손해를 입게 하기 때문이다.

[반대의견] 법정지상권은 저당권설정 당사자의 의사와 관계없이 객관적 요건만으로써 그 성립이 인정되는 법정물권이다. 다수의견은 유독 저당권자가 그 설정 당시 가졌던 '기대'가 어떤 것이었느냐에 의하여 법정지상권의 성립여부를 달리 판단하고 있어 법정지상권 성립요건의 객관성 및 강제성과 조화되기 어렵다. 토지와 건물 양자에 대하여 공동으로 저당권이 설정된 경우, 원칙적으로 그 공동저당권자가 토지에 관하여 파악하는 담보가치는 법정지상권의 가치가 제외된 토지의 가치일 뿐이고, 건물에 관하여 파악하는 담보가치는 건물 자체의 가치 외에 건물의 존속에 필요한 법정지상권의 가치가 포함된다. 법정지상권은 그 성질상 건물에 부수하는 권리에 불과하다. 따라서 구건물이 멸실되거나 철거됨으로써 건물저당권 자체가 소멸하면, 공동저당권자는 건물 자체의 담보가치는 물론 건물저당권을 통하여 파악하였던 법정지상권의 담보가치도 잃게 되고, 이에 따라 토지소유자는 건물저당권의 영향에서 벗어나게 된다고 보는 것이 논리적으로 합당하다.

[다수의견쪽 보충의견] 단독저당, 공동저당 어느 경우나 원칙적으로 저당권설정 당시 존재하던 건물이 헐린 후 再築된 신건물에 대하여는 물권법정주의의 원칙상 법정지상권이 성립될 수 없지만 예외적으로 그 성립을 인정하여도 저당권자의 의사 내지 기대에 반하지 아니하는 경우(단독저당이 여기에 해당한다)에 국한하여 건물보호를 위하여 법정지상권의 성립범위를 확장해석하는 것은 법정지상권의 성립요건의 객관성이나 강제성과는 관련이 없다.

(3) 평 석

토지와 그 지상 건물을 소유하고 있는 사람이 토지와 건물에 관하여 공동저당권을 설정하는 경우는 적지 않다. 그 후 위 건물을 철거하고 새로 건물을 신축하였는데, 저당권의 실행으로 토지가 경락됨으로써 대지와 건물의 소유자가 달라졌다. 이러한 경우에 토지에 관하여 신축건물을 위한 법정지상권이 성립하는지 여부가 이 판결의 쟁점이다. 종래의 판례는 일관되게 이를 긍정하였다.[7] 그러나 이 판결의 다수의견은 종래의 판례를 폐기하고 법정지상권의 성립을 부정한다.[8] 이 판결은 토지와 건물에 공동저당이 설정된 경우에 한하여 법정지상권을 부정한 것이기 때문에, 토지나 건물 어느 한쪽에만 저당권이 설정된 경우에는 종전과 마찬가지로 법정지상권이 인정된다. 또한 신축건물의 소유자가 토지의 소유자와 동일하고, 토지의 저당권자에게 신축건물에 관하여 토지의 저당권과 동일한 순위의 공동저당권을 설정해 주는 등 특별한 사정이 있는 경우에는 법정지상권이 성립할 수 있다.

대법원은 이 문제를 이익형량을 통하여 해결하고 있다. 토지에 대하여만 저당권을 설정한 경우에는 저당권자가 지상 건물로 인하여 토지의 이용이 제한받는 것을 용인하고 법정지상권의 가치만큼 감소된 토지의 교환가치를 담보로 취득한 것이다. 그러나 동일인의 소유에 속하는 토지 및 그 지상 건물에 관하여 공동저당권이 설정된 경우에는 공동저당권자가 토지 및 건물 각각의 교환가치 전부를 담보로 취득한 것이다. 건물이 철거된 후 건물을 신축한 경우에 건물에는 저당권의 효력이 미치지 않는다. 이러한 상태에서 신축건물에 관하여 법정지상권이 성립한다고 보면, 법정지상권의 가액에 해당하는 가치를 되찾을

7) 大判 1990. 7. 10, 90다카6399(集 38-2, 민 167) 등 다수.

8) 이 판결은 日最判 1997(平成 9). 2. 14(民集 51-2, 375)의 영향을 받은 것으로 보인다. 이에 관하여는 우선 孫台浩, "일괄경매와 법정지상권," 民事裁判의 諸問題 제10권, 2000, 112면 이하; 李均龍, "共同抵當權의 目的인 建物을 再建築한 경우에 法定地上權의 成否와 一括競賣의 可否," 法曹 제533호(2001. 2), 81면 이하 참조.

수 없게 된다. 이는 공동저당권자에게 불측의 손해를 입게 한다는 것이다. 이에 대하여 반대의견은 법정지상권제도의 근본적 취지가 저당물의 경매로 인하여 토지와 그 지상 건물이 다른 사람의 소유에 속하게 된 경우에 건물이 철거됨으로써 생길 수 있는 사회경제적 손실을 방지하려는 공익상 이유에 있는 것이지 당사자 어느 한편의 이익을 보호하려는 데 있는 것이 아니고, 법정지상권은 저당권설정 당사자의 의사와 관계없이 객관적 요건만으로써 그 성립이 인정되는 법정물권이라고 한다.

토지와 그 지상 건물에 관하여 공동저당권을 설정한 후 위 건물을 헐고 새 건물을 신축한 경우에 법정지상권이 성립하는지 여부에 관하여 민법 제366조의 규정만으로는 명확한 해결의 지침을 얻을 수 없다. 법정지상권의 성립을 인정하여 건물철거를 막는다는 것도 중요하지만, 그로 인하여 담보권자의 기대이익을 침해한다면 담보권이 형해화될 수 있다. 이 판결은 법정지상권의 성립여부는 담보권자의 이익과 건물소유자의 이익을 형량하여 판단하여야 하고, 담보권자의 합리적인 기대이익을 해쳐서는 안 된다는 것을 보여 준 의미 있는 판결이라고 할 수 있다.

4. 動産의 二重譲渡擔保에서 後順位 譲渡擔保約定者의 지위: 大判 2004. 10. 28, 2003다30463(공 2004, 1942)

(1) 사실관계와 쟁점

원고는 1997. 4. 2. 양돈업을 하는 A회사와 사이에 대여금 10억 원에 대한 채권담보를 위하여 A회사의 농장에서 사육중인 돼지 10,000마리를 점유개정의 방법으로 양도받고, 이에 부가하여 A회사가 위 금전채무를 이행하지 않을 경우에는 '즉시 강제집행을 하여도 이의가 없음'을 인낙하는 양도담보부 금전소비대차계약을 체결하고 이에 관한 공정증서를 작성하였다. 피고는 1997. 11. 6. A회사에 대한 투자금 5억 원의 반환채권을 담보하기 위하여, A회사 소유의 전체 돼지 약 8,000 내지 9,000마리 중 구체적으로 특정하지 아니한 5,000마리를 매수한다는 내용의 매매계약을 체결하였고, 같은 달 16. 피고에게 담보로 제공한 돼지 5,000마리를 포함하여 위 농장에 있는 돼지 전부를 피고에게 인도하였다. 원고가 1997. 11. 26. 집행력 있는 위 공정증서 정본에 기하여 위 농장에서 당시 사육되고 있던 돼지들 중 2,721마리(모돈 847마리와 생후 110 내지 145일된 육성돈 1,874마리)를 압류하였다.

한편 원고가 위 양도담보를 취득하기 이전인 1996. 7. 25. B회사는 A회사로부터 B회사의 A회사에 대한 사료대금채권의 담보를 위하여 위 농장에 있는 돼지들 중 모돈 1,000마리를 포함하여 3,087마리를 4억 원에 매수하였다. C회사는 A회사와 사이에 1996. 7. 27. 사료대금 5천만 원의 채권담보를 위하여 위 농장에 있는 돼지들 중 모돈 800마리에 관하여 목적물이 증감·변경되어도 동종의 목적물이 당연히 담보목적물이 되는 것으로 약정하여 이를 점유개정의 방법으로 양도받았다. 위 농장에서 사육되는 모돈은 1,800마리를 넘지 않는다.[9)]

이 사건에서 원고가 위 모돈 847마리에 대한 양도담보권자인지 여부가 문제되었다. 원심은 이를 긍정하였으나, 대법원은 피고의 상고를 받아들여 원심판결을 파기하였다.

(2) 대법원 판결요지

대법원은 "금전채무를 담보하기 위하여 채무자가 그 소유의 동산을 채권자에게 양도하되 점유개정에 의하여 채무자가 이를 계속 점유하기로 한 경우 특별한 사정이 없는 한 동산의 소유권은 신탁적으로 이전됨에 불과하여 채권자와 채무자 사이의 대내적 관계에서 채무자는

---

9) 이 부분은 대법원에서 인정한 사실이다.

의연히 소유권을 보유하나 대외적인 관계에 있어서 채무자는 동산의 소유권을 이미 채권자에게 양도한 무권리자가 되는 것이어서 다시 다른 채권자와의 사이에 양도담보 설정계약을 체결하고 점유개정의 방법으로 인도를 하더라도 선의취득이 인정되지 않는 한 나중에 설정계약을 체결한 채권자는 양도담보권을 취득할 수 없는데, 현실의 인도가 아닌 점유개정으로는 선의취득이 인정되지 아니하므로, 결국 뒤의 채권자는 양도담보권을 취득할 수 없다 할 것이다(대법원 2004. 6. 25. 선고 2004도1751 판결 참조)"라고 판결한다. 이 사건에서 원고가 양도담보를 취득한 것은 1997년인데, 그 전인 1996년에 이미 위 돼지에 대하여 다른 회사인 B회사 또는 C회사가 양도담보를 취득하였다. 따라서 B회사 또는 C회사가 적어도 이 사건 돼지들 중 모든 847마리 전부 또는 각 일부씩에 관한 양도담보권을 취득하였을 개연성이 충분한 반면, 원고가 위 모든 847마리에 관한 양도담보권을 선의취득하였음을 인정할 아무런 자료도 없으므로, 원고가 이 사건 공정증서 작성 당시에 위 모든 847마리에 관한 양도담보권을 취득하였다고 보기 어렵고, 나아가 그 후 B회사 또는 C회사의 위 모든 847마리에 관한 양도담보권이 소멸하였다고 하여 그로써 양도담보권을 취득하지 못하였던 원고가 위 모든 847마리에 관한 양도담보권을 당연히 새로 취득한다고 볼 수도 없다.

(3) 평 석

필자는 동산의 이중양도담보를 무효로 보아야 한다고 한 바 있다.[10] 大判 1988. 12. 27, 87누1043(공 1989, 244)은 법인세 등 부과처분의 취소를 구하는 사건에 관한 것인데, 이중양도담보를 무효라고 하였다. 즉, 원고은행과 A회사 사이에 맺어진 양도담보계약의 목적물이 원자재 등의 집합물이고 그것이 이미 소외 B은행과 A회사 사이에 맺어진 양도담보의 목적이 되어 있었다. 이와 같이 같은 집합물에 대하

10) 金載亨, "擔保法에서 擔保目的物의 擴張問題," 民法論 Ⅰ, 박영사, 2004, 403면(원래는 法曹 1998년 3월호에 발표).

여 B은행보다 후에 원고은행이 B회사와의 사이에 이중으로 이 사건 양도담보계약을 체결한 바에야 특별한 사정이 없는 한 원고은행으로서는 그 담보권을 적법히 취득할 수 없다고 하였다. 따라서 원고은행이 A회사에 대한 양도담보권자임을 전제로 한 피고의 이 사건 과세처분이 위법하다고 판단하였다. 그 후 大判 2000.6.23, 99다65066(공 2000, 1743)도 "동산에 대하여 점유개정의 방법으로 이중양도담보를 설정한 경우 원래의 양도담보권자는 뒤의 양도담보권자에 대하여 배타적으로 자기의 담보권을 주장할 수 있"다고 한 바 있다.[11)]

이 판결은 종래의 판례와 마찬가지로, 점유개정의 방법으로 동산에 대한 이중의 양도담보 설정계약이 체결된 경우, 뒤에 양도담보 설정계약을 체결한 후순위 채권자가 양도담보권을 취득할 수 없다는 점을 확인하고, 그 이론적 구성을 분명히 한 점에서 의미가 있다. 이 판결의 이론구성을 분석해 보면 다음과 같다. 대법원은 동산양도담보의 경우에 동산의 소유권이 신탁적으로 이전된다는 신탁적 양도설을 채택한다.[12)] 따라서 채권자와 채무자 사이의 대내적 관계에서 채무자가 소유권을 보유하나 대외적인 관계에서는 동산의 소유권이 채권자에게 양도된다는 것이다. 채무자는 대외적인 관계에서 무권리자이기 때문에, 다시 다른 채권자와의 사이에 양도담보 설정계약을 체결하고 점유개정의 방법으로 인도를 하더라도 나중에 설정계약을 체결한 채권자(후순위 양도담보약정자)는 양도담보권을 취득할 수 없다. 후순위 양도담보약정자가 동산양도담보권을 선의취득할 수 있는지 문제되나, 현실의 인도가 아닌 점유개정으로는 선의취득(민법 제250조)이 인정되지 않는다.[13)] 그러므로 후순위 양도담보약정자는 양도담보권을 취득할 수 없다. 특정

11) 이 판결에 관하여는 金載亨(註 4), 474면.

12) 大判 1986.8.19, 86다카315(공 1986, 1218); 大判 1994.8.26, 93다44739(공 1994, 2514).

13) 大判 1964.5.5, 63다775(集 12-1 민 61); 大判 1978.1.17, 77다1872(공 1978, 10607).

동산에 대한 양도담보든지, 집합물에 대한 양도담보든지 구분 없이 이러한 논리가 적용된다.

동산양도담보의 성립요건을 동산양도담보약정이라는 채권계약과 점유개정이라는 공시방법으로 나누어 볼 수 있다. 따라서 나중에 체결된 동산양도담보약정자가 먼저 성립한 동산양도담보를 알지 못한 경우라면 위 약정 자체는 채권계약으로서 유효하다고 볼 수 있다. 그러나 위 약정에 따라 양도담보권이라는 물권을 취득할 수는 없다. 이와 같이 보는 것이 하나의 물건에는 하나의 물권만이 성립할 수 있다는 일물일권주의에도 합치한다.

이 사건에서 농장에 있는 돼지들에 관하여 여러 차례 양도담보가 설정되었으나, 후순위 양도담보약정자는 양도담보권을 취득할 수 없다. 이는 담보목적물을 효율적으로 활용하지 못하는 결과를 초래한다. 그리하여 동산양도담보권을 공시하는 등기 또는 등록제도를 마련할 필요가 있다.

5. 集合動產讓渡擔保와 제 3 취득자의 관계: 大判 2004. 11. 12, 2004다22858(공 2004, 2029)

(1) 사실관계와 쟁점

원고측의 파산자인 철원축산업협동조합(이하 '원고 조합'이라 한다)은 1997. 12. 10. A에 대한 3억원의 사료대금채권을 담보하기 위하여 A의 농장에 있는 돼지 3,000두의 소유권을 매매대금 3억 원으로 정하여 원고 조합에 양도하되 점유개정의 방법으로 인도하고 A가 돼지를 계속 점유·관리하기로 하는 내용의 양도담보계약을 체결하였다. 그 후 A는 자금사정이 악화되자 2000. 12. 1. C에게 위 농장에서 사육하고 있던 돼지 전체인 3,000두를 대금 3억 원에 매도하였다. C는 위 농장의 돈사를 임차하여 여전히 같은 장소에서 돼지를 사육하다가 일부를 처분하고 남아 있던 돼지 770두를 2000. 12. 27. 피고에게 대금 9,150

만 원에 매도하였다. 피고는 위 농장의 돈사를 임차하여 매수한 돼지를 사육하기 시작하였는데, 2001. 1. 8. D로부터 동인이 E에게 위탁하여 위 농장에서 사육하고 있던 돼지 840두를 1억 1,500만 원에 매수하여 위 770두와 함께 사육하였다. 그 후 피고는 위 돼지들의 자돈을 키우고 일부를 처분하기도 하고 새로운 돼지를 구입하기도 하는 일을 반복하여 현재 위 농장에는 3,000두 이상의 돼지가 사육되고 있다.

원고는 피고를 상대로 위 농장 내에서 피고가 사육하고 있는 돼지들 중 당초의 양도담보계약에서 정한 수량에 해당하는 돼지 3,000두의 인도를 구하였다. 원심은 원고의 이 사건 청구를 모두 인용하였다. 그러나 대법원은 피고의 상고를 받아들여 원심판결을 파기환송하였다.

(2) 대법원 판결요지

원심이 원고 조합과 A가 체결한 이 사건 양도담보계약이 '유동집합물에 대한 양도담보계약'에 해당하는 것으로 보고, 돈사에서 대량으로 사육하는 돼지를 집합물에 대한 양도담보의 목적물로 삼은 경우에 그 돼지는 번식, 사망, 판매, 구입 등의 요인에 의하여 증감·변동하게 마련인데, 원고 조합이 그 때마다 별도의 양도담보권설정계약을 맺거나 점유개정의 표시를 하지 아니하였더라도 하나의 집합물로서 동일성을 잃지 아니한 채 양도담보권의 효력은 항상 현재의 집합물 위에 미치게 되며, 피고가 선의취득의 요건을 갖추지 못한 채 이러한 양도담보의 목적물인 돼지를 양수한 이상 그 양도담보권의 부담을 그대로 인수하는 것이라고 판단한 부분은 정당하다.

그러나 이 사건 양도담보권의 효력은 피고가 애초에 양수한 기원 농장 내에 있던 돼지들 및 통상적인 양돈방식에 따라 그 돼지들을 사육·관리하면서 돼지를 출하하여 얻은 수익으로 새로 구입하거나 그 돼지와 교환한 돼지 또는 그 돼지로부터 출산시켜 얻은 새끼돼지에 한하여 미치는 것이지 피고가 별도의 자금을 투입하여 반입한 돼지가 있다면 그 돼지에는 미치지 않는다고 보아야 한다.

다만, 유동집합물에 대한 양도담보계약의 목적물을 피고가 선의취득하지 못한 상태에서 그 양도담보의 효력이 미치는 목적물에다 자기 소유인 동종의 물건을 섞어 관리함으로써 당초의 양도담보의 효력이 미치는 목적물의 범위를 불명확하게 한 경우에는 피고로 하여금 그 양도담보의 효력이 미치지 아니하는 물건의 존재와 범위를 입증하도록 하는 것이 공평의 원칙에 부합할 것이다.

(3) 평 석

증감·변동하는 동산에 관하여 양도담보계약을 체결하였는데, 그 후 위 동산에 다른 사람의 동산이 섞인 사례에 관한 것이다. 판례와 다수설은 집합물론을 채택하고 있다. 즉, 집합물에 대하여 양도담보권 설정계약이 이루어진 이상 그 집합물을 구성하는 개개의 물건이 변동되고, 양도담보권자가 그 때마다 양도담보권설정자와 별도의 양도담보권설정계약을 맺거나 점유개정의 표시를 하지 아니하였더라도, 집합물은 한 개의 물건으로서의 동일성을 잃지 아니하여 양도담보권의 효력은 항상 현재의 집합물에 미친다고 한다.[14] 이와 같은 양도담보계약은 유효하지만, 집합물이라는 개념을 끌어들여 설명하는 것에는 반대한다. 우리 민법은 집합물이라는 개념을 인정하지 않고 있고, 집합물론에 따른다면 개별 동산마다 하나의 소유권이 성립하는데도 양도담보권에서는 여러 동산을 집합적인 하나의 물건으로 다루는 모순이 발생한다. 따라서 장래에 취득하는 동산에 대해서 점유개정에 의한 양도담보약정을 하였으면, 양도담보설정자가 나중에 취득한 동산에도 위 약정의 효력이 미친다고 해석하는 것으로 충분하다.[15]

14) 大判 1988. 12. 27, 87누1043(공 1989, 244); 大判 1990. 12. 26, 88다카20224(공 1991, 601); 大判 1999. 9. 7, 98다47283(공 1999, 2069).

15) 梁彰洙, "內容이 變動하는 集合的 動產의 讓渡擔保와 그 產出物에 대한 效力," 저스티스 제30권 제 1 호, 115면 이하; 金載亨, "동산양도담보의 새로운 전개," BFL 제 5 호(2004. 5), 서울대 법학연구소 금융법센터, 44면.

집합동산에 관하여 양도담보가 설정된 이후 양도담보목적물이 제3자에게 인도된 경우에도 양도담보의 효력이 미친다. 담보물권의 추급력이 양도담보에도 적용된다고 볼 수 있다.[16] 다만 동산의 경우에는 선의취득이 인정되기 때문에, 제3취득자가 양도담보목적물을 선의취득한 경우에는 양도담보권의 효력이 미치지 못하게 된다.

그렇다면 집합동산에 관하여 양도담보가 설정된 이후 양도담보설정자로부터 양도담보목적물을 취득한 제3취득자가 새로이 구입한 동종의 물건에도 위 양도담보의 효력이 미치는지 문제된다. 원심은 "유동집합물에 대한 양도담보의 목적인 집합물이 양도담보설정자로부터 제3자에게 양도된 경우에 양수인은 그 양도담보권의 부담을 인수한 채로 집합물을 양수한 것이 되어 양수인에게도 유동집합물에 대한 양도담보의 법리가 그대로 적용되므로 양수인이 양수할 당시에 존재하던 집합물 내의 개별 동산뿐만 아니라 그 후 양수 당시의 동산으로부터 산출되거나 양수인이 새로 구입하여 반입한 동산에도 양도담보권의 효력이 미치게 된다"고 하였다. 이는 집합물이라는 개념에 충실한 것으로 볼 수도 있다.

그러나 대법원은 이 점에 관한 원심판결을 파기하였다. 집합물 양도담보에서 목적물이 변동하는데도 그 전체에 대하여 양도담보의 효력이 미치는 이유는 계약당사자들의 의사에 근거를 두고 있다. 양도담보설정계약 당시 양도담보권자가 나중에 취득하는 물건에 대해서도 양도담보의 효력이 미치는 것으로 합의하였을 뿐이다. 따라서 양도담보설정자로부터 양도담보목적물을 취득한 제3자가 신규로 구입한 물건에 관하여는 양도담보를 설정하려는 의사의 합치는 있을 수 없다. 이러한 의사의 합치가 있다고 하더라도 이것이 제3취득자를 구속하지는 못한

16) 공장저당법 제9조는 공장저당권의 추급력에 관하여 명문의 규정을 두고 있다. 질권, 저당권에 관하여는 그 추급력에 관한 규정이 없으나 해석상 인정된다. 郭潤直 편, 民法注解(Ⅶ), 1992, 110면(南孝淳 집필부분).

다. 제 3 자가 양도담보목적물을 인도받았다고 하더라도 선의취득이 성립하지 않는 한 무권리자일 뿐이고, 양도담보설정계약에서 양도담보설정자의 지위를 인수한 것은 아니다. 양도담보권자는 양도담보설정자가 취득하는 물건에 대해서만 양도담보권을 취득하기로 하였다. 그런데 제 3 취득자 자신의 물건에 대해서도 양도담보권의 효력이 미친다면 양도담보권자는 망외의 이득을 얻게 된다. 제 3 취득자가 양도담보에 제공된 물건을 인도받았다고 하여 제 3 취득자 자신의 물건도 양도담보에 제공되었다고 보는 것은 지나친 제재가 될 것이다.

그런데 제 3 취득자가 양도담보설정자로부터 인도받은 물건과 자신의 동종의 물건을 섞어 관리하는 경우에 양도담보권의 효력이 미치는 범위를 정하려면 양자를 구분하여야 할 것이다. 양도담보권자로서는 이를 구분하기가 거의 불가능할 것이다. 그리하여 이를 관리하고 있는 제 3 취득자에게 이러한 구분에 관한 입증책임이 있다고 하였다. 제 3 취득자가 타인에게 양도담보로 제공된 동산을 선의·무과실로 취득하였다면 민법 제249조에 따라 선의취득이 성립하여 양도담보권자는 제 3 취득자에게 아무런 권리를 주장할 수 없다. 이 사건에서는 제 3 취득자에게 과실이 있어 선의취득이 성립하지 않는다고 보았다. 따라서 과실이 있는 제 3 취득자에게 위와 같은 입증책임을 부과하는 것이 공평의 관념에 부합할 것이다.

만일 제 3 취득자가 양도담보설정자로부터 인도받은 물권을 처분한 경우에는 양도담보권자에게 불법행위 또는 부당이득에 기한 책임을 질 것이다.

(司法行政 제46권 제 3 호(2005. 3), 9-20면 所載)

[後　　記]

이 글을 요약한 내용이 법률신문 제3345호(2005.3.24), 8-9면에 "2004년 분야별 중요판례분석 ② 민사 물권편"이라는 제목으로 수록되어 있다.

14. 2005년 民法總則·物權法 判例動向

2005년에는 새로운 분쟁유형에 관한 대법원 판결이 많이 나왔다. 무엇보다도 여성이 종중의 구성원이 된다는 판결은 남녀평등의 구현에 더 이상의 성역은 존재하지 않는다는 점을 확인시켜 주었다. 인격권 분야에서도 주목할 만한 판결들이 나왔다. 언론에 의한 명예훼손과 관련해서 인격권에 기한 금지청구권의 요건을 명확히 밝혔고, 위 종중 판결의 별개의견 등도 인격권에 관하여 언급하고 있다. 改名許可 신청 사건에서는 이름을 바꿀 권리를 넓게 인정하면서 인격권을 끌어들이고 있다.[1) 이러한 판결들은 현대사회에서 개인의 가치를 발견하려는 노력의 산물이라고 볼 수 있다. 인격적 이익이라는 표현 대신 인격권이라는 용어를 사용하고 있다는 점은 인격권을 법적으로 보호할 이익에서 한 단계 더 나아가 하나의 권리로 정착하고 있음을 보여 준다. 또한 저당권에 기한 방해배제청구권에 관한 판결 등 개별 분야에서 중요한 판결들이 많이 나왔다.

1. 成年 女性의 宗員으로서의 지위: 大判(全) 2005. 7. 21, 2002다1178(공 2005, 1326)

(1) 대법원은 성년여성도 종중의 구성원이 될 수 있다고 판단하였다. 다만 성년 여자후손을 일률적으로 종원으로 보아야 하는지, 아니면 종중에 가입하기를 희망하는 성년 여자후손만을 종원으로 보아야 하는

1) 大決 2005. 11. 16, 2005스26(공 2006, 35).

지를 둘러싸고 다수의견과 별개의견이 팽팽하게 대립하였다. 다수의견은 "종중 구성원의 자격을 성년 남자로 제한하는 종래 관습법의 효력"을 부정한 다음, "공동선조와 성과 본을 같이하는 후손은 성별의 구별 없이 성년이 되면 당연히 그 구성원이 된다고 보는 것이 조리에 합당하다"고 한다. "종중 구성원의 자격을 성년 남자만으로 제한하는 종래의 관습법은 이제 더 이상 법적 효력을 가질 수 없게 되었다"고 선언하고, "이 판결 선고 이후의 종중 구성원의 자격과 이와 관련하여 새로이 성립되는 법률관계"에서 성년 여자를 종원으로 취급해야 한다고 한다.

이에 대하여 별개의견은 성년 여자 중에서 종원이 될 의사를 표명한 사람만이 종원이 된다고 한다. 성년 여자인 원고들이 피고 종회에 가입할 의사를 표명하였으면, 원고들이 공동선조의 후손이 아니라는 등 그 가입을 거부할 정당하고 합리적인 이유가 없는 이상 종원 자격을 갖는다는 것이다.

이 판결은 종중 분야에서 男女平等의 실현에 기여하였다는 평가를 받고 있지만, 여러 각도에서 多義的으로 읽을 수 있다는 점에서도 매우 흥미롭다. 종종의 단체로서의 성격, 종중에서 남녀평등의 실현 문제, 기본권의 대사인적 효력, 종중재산의 분배문제, 판결의 소급효 등 여러 문제에 대하여 다양한 시각에서 접근할 수 있다.[2)]

(2) 여자후손도 종원이 될 수 있다는 점에는 찬성한다. 그러나 종중가입을 원하지 않는 성년 여자도 종원으로 취급하여야 할 것인지는 의문이다. 이는 남자의 경우에도 마찬가지이다. 헌법은 인간으로서의 존엄과 가치를 보장하고 있고, 양심의 자유와 결사의 자유를 보장하고 있다. 자녀에게 무조건 아버지의 성(姓)만을 쓰도록 강제하는 것은 인간으로서의 존엄과 가치 등을 침해할 수 있는데,[3)] 이와 동일한 논리로

2) 金載亨, "團體로서의 宗中," 民事裁判의 諸問題 제14권, 2005, 340면 이하 참조.

3) 헌재 2005. 12. 22, 2003헌가5등(헌집 17-2, 544).

모든 사람이 의지와는 상관없이 단체의 구성원이 된다는 것은 위와 같은 헌법규정에 배치될 수 있다.

다수의견은 종중이 自然發生的 團體라는 견해에 입각하고 있다. 이러한 자연발생적 단체설은 일제시대의 관습조사를 통하여 확립되었고, 해방 이후 대법원도 이를 따르고 있다. 그 결과 종중은 공동선조의 사망과 함께 곧바로 성립하고, 그 후손 중 성년남자는 당연히 종원이 된다는 논리로 이어졌다. 다수의견은 여기에서 나아가 종중이 자연발생적 단체이기 때문에, 그 구성원도 후손들로 자동적으로 정해져야 하고, 성년여자도 당연히 종원이 된다는 것이 조리에 합당하다고 본 것이다. 결국 자연발생적 단체설과 남녀평등의 원칙은 다수의견을 뒷받침하는 두 축으로 작용하고 있다.

종중이 자연발생적인 단체라는 것은 혈연관계에 있는 후손들이 공동선조에 대한 제사를 지내면서 자연스럽게 종중이라는 단체를 형성하였다는 의미이다. 그러나 종중에 인위적인 측면이 있다는 점을 부정할 수는 없다. 후손들이 모여 제사를 지내는 것 자체가 인위적인 행위이고, 종중규약, 즉 종약을 작성하는 것 역시 조직체로서의 인위적인 활동이다. 종중은 자연발생적 요소와 인위적 요소를 모두 갖추고 있는데, 다른 단체에 비하여 월등하게 자연발생적 요소가 강한 단체일 뿐이다. 따라서 자연발생적 단체설에 토대를 두고 있는 대법원 판결은 전면적으로 재검토할 필요가 있다.

공동선조의 사망과 동시에 종중이 성립하고, 그 후손이 자동적으로 구성원이 된다는 판례는 개인으로 하여금 너무 많은 단체 소속원으로 만들어 버린다는 문제점이 있다. 私法상의 단체인 종중에 대하여 사적 자치의 원칙이 적용된다. 공동선조의 후손이라는 이유로 그 의지와는 상관없이 일률적으로 종중에 소속하게 하는 것은 개인의 자율성이나 자기결정권을 침해한다. 또한 개인의 의사와 관계없이 종중이라는 단체에 가입을 강제하는 것은 결사의 자유를 보장한 헌법취지에 반할 수 있다.

(3) 종중 사건에서 종중재산의 분배는 실질적으로 가장 중요한 문제이다. 판례는 종중재산을 총유로 파악하고 있다. 종원들이 종중총회에서 종중재산을 분배하는 결정을 할 수 있고, 종중재산을 분배받을 수 있는 사람은 원칙적으로 종원에 한정된다. 미성년자는 종원이 아니므로, 종중재산의 분배에서 배제되거나 불리한 취급을 받을 것이다. 그런데 별개의견은 종원 자격과 종중재산의 분배 문제를 분리함으로써, 종중재산분배에 관하여 새로운 해결방안을 제시하고 있다. 즉, 종중재산을 분배할 때 신탁의 법리를 유추하여 후손 전원에게 합리적으로 분배하여야 한다고 하였다. 여기에서 종중재산 분배의 실마리를 찾을 수 있으리라 생각한다.

2. 人格權에 기한 禁止請求權: 大決 2005.1.17, 2003마1477(공 2005, 391)

인격권을 침해할 우려가 있는 경우에 금지청구권이 인정된다.[4] 이때 어떠한 요건 하에서 금지청구권을 인정할 수 있을 것인지에 관해서는 명확한 기준이 없었다. 하급심판결 중에는 명예훼손에 기한 금지청구에 관하여 손해배상의 경우와 유사한 방식으로 판단하는 경우도 있고, 사전금지는 손해배상의 경우보다 엄격한 요건 하에서 허용된다는 경우도 있었다.[5]

대법원 2005.1.17. 결정은 "표현행위에 대한 사전억제는 표현의 자유를 보장하고 검열을 금지하는 헌법 제21조 제2항의 취지에 비추어 엄격하고 명확한 요건을 갖춘 경우에만 허용된다"고 한 다음, "출

---

4) 大判 1996.4.12, 93다40614(공 1996, 1486).

5) 이에 관해서는 金載亨, "言論에 의한 人格權 侵害에 대한 救濟手段," 人權과 正義 제339호(2004.11), 83면 이하.

판물에 대한 발행 · 판매 등의 금지는 위와 같은 표현행위에 대한 사전억제에 해당”하고, “그 표현행위에 대한 사전금지는 원칙적으로 허용되어서는 안 될 것”이라고 한다. 다만 “그 표현내용이 진실이 아니거나, 그것이 공공의 이해에 관한 사항으로서 그 목적이 오로지 공공의 이익을 위한 것이 아니며, 또한 피해자에게 중대하고 현저하게 회복하기 어려운 손해를 입힐 우려가 있는 경우에는 그와 같은 표현행위는 그 가치가 피해자의 명예에 우월하지 아니하는 것이 명백하고, 또 그에 대한 유효적절한 구제수단으로서 금지의 필요성도 인정되므로 이러한 실체적인 요건을 갖춘 때에 한하여 예외적으로 사전금지가 허용된다”고 하였다.

명예훼손에 대한 금지청구권의 인정여부는 손해배상청구의 경우와 마찬가지로 표현행위의 가치와 명예의 보호 사이의 이익형량에 의하여 판단하여야 한다. 그러나 금지청구의 경우에는 “피해자에게 중대하고 현저하게 회복하기 어려운 손해를 입힐 우려가 있어야 한다”는 요건을 추가함으로써, 손해배상의 경우보다 엄격한 요건을 요구하고 있다. 이와 같이 표현행위에 의한 명예훼손에 대하여 금지청구의 요건을 엄격하게 한정한 것은 표현의 자유를 보장하기 위한 것으로 정당한 것이라고 볼 수 있다.

한편 대법원은 명예와 프라이버시를 포괄하는 인격권에 기한 금지청구권의 요건을 일반적으로 서술하고 있다. 그러나 이 사건은 명예훼손에 관한 것이기 때문에, 이 결정의 내용이 프라이버시 침해에 대해서 그대로 적용되지는 않는다. 명예훼손 경우와 프라이버시 침해의 경우에 그 금지청구의 요건을 개별적으로 검토할 필요가 있다. 프라이버시의 경우에는 보도사실이 진실이라고 하더라도 금지청구의 대상이 될 수 있으나, 그 침해가 중대한 경우에 한하여 금지청구를 허용해야 한다.

또한 사전금지를 명하는 가처분은 임시의 지위를 정하는 가처분에 해당하므로 그 심리절차에서 원칙적으로 변론기일 또는 심문기일을 열어 피신청인에게 주장·입증할 기회를 주어야 한다.[6] 그러나 사전금지 가처분 사건에서 인격권을 침해하는 보도 또는 공표 자체를 막기 위하여 변론기일이나 심문기일을 열지 않고 신속하게 가처분 결정을 내려야 하는 경우가 있다. 예컨대 일정한 사항을 보도한 것에 대하여 이를 금지하거나 손해배상을 인정하는 법원의 판결이나 결정이 나온 다음에, 이와 동일한 내용을 보도하거나 공표하는 경우에도 변론기일이나 심문기일을 열지 않고 가처분 결정을 할 수 있다고 보아야 한다.

3. 總有物의 保存行爲: 大判(全) 2005.9.15, 2004다44971(공 2005, 1597)

이 사건에서 종중의 구성원이 총유물의 보존행위에 기하여 원인무효의 소유권이전등기에 대한 말소청구를 할 수 있는지 문제되었다. 대법원은 "총유재산에 관한 소송은 법인 아닌 사단이 그 명의로 사원총회의 결의를 거쳐 하거나 또는 그 구성원 전원이 당사자가 되어 필수적 공동소송의 형태로 할 수 있을 뿐 그 사단의 구성원은 설령 그가 사단의 대표자라거나 사원총회의 결의를 거쳤다 하더라도 그 소송의 당사자가 될 수 없고, 이러한 법리는 총유재산의 보존행위로서 소를 제기하는 경우에도 마찬가지라 할 것"이라고 하면서 이에 배치되는 종전의 대법원 판결들을 변경하였다.

총유물의 보존행위를 인정할 것인지 논란이 제기되었고, 판례도 혼란스러운 모습을 띠었다. 법인 아닌 사단의 대표자 또는 구성원 일부가 합유물의 경우와 마찬가지로 총유재산의 보존을 위한 소를 제기

6) 이에 관해서는 이균용, "헌법의 입장에서 본 명예의 침해에 의한 출판물의 출판 등 금지가처분에 관한 실무상의 문제," 저스티스 제89호(2006.2), 212면 이하.

할 수 있다는 대법원 판결도 있었고,[7] 총유재산에 관한 소송은 권리능력 없는 사단 명의로 하거나 또는 그 구성원 전원이 당사자가 되어 할 수 있을 뿐이고 후자의 경우에는 필요적 공동소송이라는 판결도 있었다.[8]

민법 제276조 제 1 항은 "총유물의 관리 및 처분은 사원총회의 결의에 의한다"고 규정하고, 제 2 항은 "각 사원은 정관 기타의 규약에 좇아 총유물을 사용·수익할 수 있다"라고 규정하고 있을 뿐이고, 총유의 경우에는 공유(민법 제265조 단서)나 합유(민법 제272조 단서)의 경우처럼 그 구성원 각자가 보존행위를 할 수 있다는 규정이 없다. 따라서 총유물의 보존에 관하여는 공유물의 보존에 관한 규정이 적용될 수 없고, 특별한 사정이 없는 한 민법 제276조 제 1 항 소정의 사원총회의 결의를 거쳐야 한다.

그런데 총유물의 보존에 관하여 공동소유의 다른 형태인 공유나 합유에 관한 규정을 유추적용할 수 있는지 문제되나, 대법원은 이를 부정하고 있다고 볼 수 있다. 총유의 경우에 보존행위에 관한 규정이 없다고 하여 당연히 공유나 합유의 경우와 다르게 보아야 하는 것은 아니다. 그리하여 대법원은 총유가 공유나 합유에 비하여 단체성이 강하고 구성원 개인들의 총유재산에 대한 지분권이 인정되지 않는다는 점을 부가하고 있다.

대법원은 공유자 1인이 무단점유자에 대하여 명도청구를 하거나 원인 무효의 등기에 대한 말소등기절차의 이행을 구하는 것이 보존행위에 속한다고 보았으나,[9] 필자는 공유자의 말소등기청구나 명도청구를 공유물의 보존행위로 볼 수 없고, 공유자의 지분권에 기한 청구로

7) 大判 1960.5.5, 4292민상191(集 8, 민 53).

8) 大判 1994.5.24, 92다50232(集 42-2, 민 35); 大判 1995.9.5, 95다21303(공 1995, 3356). 필요적 공동소송은 2002년 민사소송법 개정으로 필수적 공동소송으로 그 명칭이 바뀌었다.

9) 大判(全) 1994.3.22, 93다9392·9408(集 42-1, 민 208); 大判 1988.2.23, 87다카961(공 1988, 580).

보아야 한다는 견해에 찬성하였다.[10] 총유의 경우에는 구성원이 총유재산에 대한 지분권이 없으므로, 지분권에 기한 명도청구나 말소등기청구도 할 수 없다.

법인 아닌 사단이나 재단은 대표자 또는 관리인이 있는 경우에는 그 사단이나 재단의 이름으로 당사자가 될 수 있다(민사소송법 제52조). 법인 아닌 사단에서 사단 명의의 소송과 구성원 전원에 의한 필수적 공동소송이 인정되는 상태에서 대표자나 그 구성원이 개별적으로 소를 제기할 수 있도록 한다면, 매우 혼란스러운 상황이 발생할 것이다. 이 사건에서 종중의 대표자가 소를 제기하였는데, 이러한 경우에는 종중 이름으로 소를 제기하는 것이 어려운 일이 아니다. 그러한 의미에서 대법원 판결의 결론에 수긍할 수 있다.

한편 조합에 관한 소송에서는 법인 아닌 사단에 관한 소송과는 다른 방식으로 해결하고 있다. 대법원은 조합에 관한 소송은 원칙적으로 필수적 공동소송이지만, 업무집행조합원 이름으로 소송을 할 수 있다고 하였다. 합유물의 보존행위에 속하지 않는 경우에도 업무집행조합원에 의한 소송을 허용하고 있다. 초기에는 임의적 소송신탁으로 이론 구성하였으나,[11] 최근에는 조합해산시의 잔여재산분배청구에 관한 사건에서도 조합원 개인이 소를 제기할 수 있는 범위를 넓히고 있다.[12] 대법원 판결은 조합의 소송과 법인 아닌 사단의 소송을 엄밀하게 분리하였다고 볼 수 있다. 그러나 조합에 관한 소송과 법인 아닌 사단에 관한 소송을 엄밀하게 구분하여 접근하는 것이 타당한지 여부에 관해서는 검토할 필요가 있다.

---

10) 金載亨, "公有物에 대한 保存行爲의 範圍," 民法論 Ⅰ, 박영사, 2004, 227면 이하.

11) 大判 1984. 2. 14, 83다카1815(공 1984, 508).

12) 大判 2000. 4. 21, 99다35713(공 2000, 1233). 이 판결에 관해서는 金載亨, "2000년도 民法判例의 動向," 民法論 Ⅱ, 박영사, 2004, 492면 이하.

4. 抵當權에 기한 妨害排除請求權: 大判 2005. 4. 29, 2005다3243(공 2005, 837)

(1) 민법 제370조에서 소유물방해배제청구권에 관한 제214조의 규정을 저당권에 준용하고 있다. 이 규정은 민법 제정 당시 신설된 조문이다. 우리 민법에서 저당권에 기한 방해배제청구권에 관한 문제의 해결은 위 법률 규정의 해석에서 출발하여야 한다. 그런데 저당권에 기한 방해배제청구권 문제는 가치권으로서의 저당권이 소유자의 이용권능을 어느 정도로 제약할 수 있는지라는 근본적인 문제와 관련되어 있다.

저당권을 가치권으로 파악하는 것은 독일에서 유래된 것이고, 독일의 토지채무는 가장 발달된 형태의 가치권이라고 한다. 그러나 독일에서는 저당권이나 토지채무에 기하여 침해행위의 배제나 금지를 청구할 수 있다. 가치권 개념을 발전시킨 콜러(Kohler)도 저당권에 기한 방해배제청구권을 인정하였다.[13] 저당권의 본질이 가치권이라는 명제와 저당권에 기한 방해배제청구권을 인정하는 것은 모순되는 것이 아니다.

채무자가 피담보채무를 변제하지 않은 경우에 저당권자는 경매절차를 통하여 경매목적물을 환가하고 위 환가대금에서 저당권의 피담보채무를 우선 변제받을 권리가 있다. 경매절차가 개시된 경우에도 소유자는 여전히 저당목적물을 관리, 이용할 수 있지만(민사집행법 제83조 제2항), 이러한 권능은 환가권을 침해해서는 안 된다는 제약을 받는다(민사집행법 제83조 제3항). 경매절차가 진행되는 도중에 저당목적물을 훼손하는 경우에는 저당권자가 경매법원에 민사집행법에 따른 조치를 청구할 수 있을 뿐만 아니라, 민법 제370조에 따라 침해행위의 제거 또는 중지를 청구할 수 있다.[14]

---

13) Kohler, *Lehrbuch des Bürgerlichen Rechts,* 1919, S. 370.

14) 金載亨, "抵當權에 기한 妨害排除請求權의 認定範圍," 저스티스 제85호 (2005. 6), 101면 이하.

(2) 大判 1996.3.22, 95다55184(공 1996, 1353)는 저당권에 기한 방해배제청구권에 관한 중요한 판결인데, 공장저당권의 목적 동산이 저당권자의 동의를 얻지 아니하고 설치된 공장으로부터 반출된 경우에 저당권자는 원래의 설치 장소에 원상회복할 것을 청구할 수 있다고 하였다. 大判 2005.4.29. 판결은 저당권 침해의 요건을 밝히고 있다는 점에서 매우 의미 있는 판결이다. "저당권자는 원칙적으로, 저당부동산의 소유자가 행하는 저당부동산의 사용 또는 수익에 관하여 간섭할 수 없다"고 한 다음, "저당부동산에 대한 점유가 저당부동산의 본래의 용법에 따른 사용·수익의 범위를 초과하여 그 교환가치를 감소시키거나, 점유자에게 저당권의 실현을 방해하기 위하여 점유를 개시하였다는 점이 인정되는 등, 그 점유로 인하여 정상적인 점유가 있는 경우의 경락가격과 비교하여 그 가격이 하락하거나 경매절차가 진행되지 않는 등 저당권의 실현이 곤란하게 될 사정이 있는 경우"에 저당권의 침해를 인정할 수 있다고 하였다. 따라서 저당권 침해를 주장하는 자로서는 상대방이 저당부동산의 본래 용법에 따른 사용·수익의 범위를 초과하여 교환가치를 감소시켰다는 점 등을 주장·입증하고, 법원도 이 점을 심리하여야 할 것이다.

5. 集合動産 讓渡擔保設定契約의 效力: 大判 2005.2.18, 2004다37430(공 2005, 470)

(1) 양돈업자 A가 원고 또는 피고로부터 양돈 사료를 공급받던 중 그 사료대금채무를 담보하기 위하여 점유개정의 방법으로 농장에서 당시까지 사육하고 있거나 장래에 사육하게 될 모든 돼지(이하 '이 사건 돼지'라 한다)를 목적물로 하여 다음과 같이 순차로 유동 집합물 양도담보계약을 체결하고, 채무불이행시 이 사건 돼지에 대한 강제집행이 개시되더라도 이의가 없음을 인낙하는 취지의 공정증서도 함께 작성하

였다. 먼저

① 2000. 12. 21. 피고와 사이에 피담보채권액을 1억 원으로 정한 양도담보계약을, 그 후 ② 2002. 1. 28. 원고와 사이에 피담보채권액을 2억 원으로 정한 양도담보계약을, 다시 ③ 2002. 10. 25. 피고와 사이에 피담보채권액을 2억 원으로 정한 양도담보계약을 체결한 것이다. 그 후 유체동산 경매절차에서 이 사건 돼지가 소외 B에게 1억 3,160만 원에 일괄 매각되자 집행법원은 그 매각대금에서 집행비용을 뺀 나머지 131,451,600원을 피고에게 모두 배당하기로 하는 내용의 배당표를 작성하였다. 이 사건에서 피고가 1억 원만을 배당받고 그 나머지는 원고가 배당받아야 하는지, 아니면 피고가 모두 배당받아야 하는지 문제되었다.

대법원은 동산의 이중양도담보의 경우에 나중에 설정계약을 체결한 채권자로서는 양도담보권을 취득할 수 없다고 한다. 판례에 의하면, 채무자가 담보목적으로 그 소유의 동산을 채권자에게 양도하되 점유개정의 방법으로 인도한 경우 그 동산의 소유권은 신탁적으로 이전되고, 제 3 자가 채무자로부터 양도담보를 설정받더라도 양도담보권을 취득할 수 없다. 이 사건에서 점유개정의 방법으로 나중에 A와 사이에 이 사건 돼지에 관하여 이중양도담보계약을 체결하였을 뿐인 원고는 이 사건 돼지에 대하여 적법하게 양도담보권을 취득한 것이 아니라 A의 일반 채권자에 불과하다고 한다. 이 점은 종래의 판례[15)]를 따른 것이다.

여기에서 피고와 A 사이의 2002. 10. 25. 양도담보계약(위 ③부분)의 효력이 문제되었다. 대법원은 이를 그들 사이의 최초의 양도담보계약(위 ①부분)에서 약정하였던 피담보채권액을 증액한 것이라고 보았다. 이와 같이 동산양도담보에서 피담보채무액을 증액할 수 있다고 한 것은 매우 중요한 의미가 있다.

(2) 양도담보에서 유동 · 교체하는 채무를 담보할 수 있는데, 이는

---

15) 大判 2004. 10. 28, 2003다30463(공 2004, 1942); 大判 2004. 12. 24, 2004다45943(공 2005, 194).

근담보의 일종인 근양도담보에 속한다. 이 사건에서도 양돈업자가 사료를 계속 공급받고 그 대금채무를 담보하기로 하였으므로, 특정되지 않은 채무를 담보하고 있다고 볼 수 있다. 담보는 특정채무를 담보할 수도 있고, 불특정채무를 담보할 수도 있다. 저당권은 특정채무를 담보하고, 근저당권은 불특정채무를 담보한다고 하지만, 실질적으로 이 경계는 명확하지 않다. 질권, 양도담보, 가등기담보에서 특정채무와 불특정채무를 모두 담보하고 있다. 담보의 기능을 수행하는 소유권유보부 매매, 금융리스에서도 마찬가지이다. 일본의 근저당권을 제외하고는 많은 국가에서 법률로 담보권의 피담보채무의 범위를 한정하지 않고 있다.

한편 이 사건에서 양도담보설정계약에서 피담보채무로 정한 금액은 최고액으로서의 의미를 갖는다. 동산양도담보는 점유개정의 방법으로 이루어지기 때문에, 피담보채권이나 그 최고액은 계약에 정해져 있을 뿐이고 대외적으로 공시되지 않는다. 양도담보설정계약의 당사자들은 피담보채무의 범위나 그 최고한도액을 변경할 수 있다. 이러한 경우에 이 사건에서와 같이 나중에 동산양도를 설정받은 사람은 양도담보권을 취득하지 못한 일반채권자에 불과하기 때문에, 그의 이익은 고려되지 않는다. 다만 피담보채무가 확정된 경우라든지, 파산 등 도산절차가 개시된 경우에는 피담보채무의 범위 등을 변경하는 것이 제한될 것이다.

판례에 따르면 처음에 동산양도담보를 설정받은 사람은 절대적으로 유리하지만, 나중에 담보설정계약을 체결한 사람은 아무런 보호를 받을 수 없다. 동산의 경우에는 우선순위를 정하여 담보로 제공하지 못한다는 점에서 부동산저당에 비하여 동산담보는 매우 비효율적이다. 동산담보의 경우에도 등기 또는 등록제도를 도입하여 순위를 정하여 담보로 제공하는 방안이 마련되어야 한다.

(法律新聞 제3441호(2006. 3. 9), 10-11면 所載)

[後　　記]

이 글은 법률신문 제3441호에 “2005년 분야별 중요판례분석 ③ 민법총칙 · 물권법”이라는 제목으로 실려 있다. 이 글은 지난 해에 나온 중요판례를 간략하게 살펴보기 위한 것으로 지면의 제약으로 원고를 축약하였고 신문 독자들이 쉽게 읽을 수 있도록 각주가 없었으나, 이번에 최소한의 각주를 보충하였다.

15. 2006년 民法總則·物權法 判例動向

법원이 바뀌고 있다. 구술주의와 공판중심주의라는 개혁과제에 한정된 것은 아니다. 2006년에도 성전환자의 호적정정을 인정한 대법원 결정[1])을 비롯하여 사법관계에 중대한 영향을 미치는 판결들이 나왔다. 그 방향이 옳은 것인지 여부를 떠나 대법원 구성의 변화가 판결에 일정한 영향을 미치고 있는 것은 아닌지, 대법원이 의식하고 있는지 여부와 상관없이 사법적극주의로 가고 있는 것은 아닌지 생각해 본다. 이번에도 지난 1년 동안 나온 대법원 판결 중에서 몇 개를 선정하여 그 의미에 관하여 생각해 보고자 한다. 대법원이 전원합의체로 선고하는 극소수의 판결만이 아니라 소부에서 나오는 중요한 판결들에 대해서도 공개변론을 하고자 한다면, 아래에 소개한 판결들 모두 공개변론을 해도 좋았을 것이라고 생각한다. 재판에서 균형추를 잡아주는 장치는 많을수록 좋기 때문이다.

1. 教會의 分裂과 教會財産의 歸屬: 大判(全) 2006. 4. 20, 2004다37775(공 2006, 851)

(1) 이 판결은 교회의 분열에 관한 종래의 판례를 변경한 것이다. 종래의 대법원 판결[2])은 교회의 분열을 인정하고 하나의 교회가 2개의 교회로 분열된 경우 종전 교회의 재산은 분열 당시 교인들의 총유에

1) 大決 2006. 6. 22, 2004스42(공 2006, 1341).
2) 大判(全) 1993. 1. 19, 91다1226(集 41-1, 민 17).

속한다고 보았다. 교인들은 각 교회활동의 목적범위 내에서 총유권의 대상인 교회재산을 사용·수익할 수 있으므로 어느 한쪽이 상대방에 대하여 교회 건물의 명도를 청구할 수 없다고 하였다. 그러나 2006년에 나온 위 전원합의체 판결은 종래의 대법원 판결을 변경하여 교회의 분열을 부정하고, 소속 교단에서 탈퇴하거나 소속 교단을 변경하려면 의결권을 가진 교인 2/3 이상의 찬성이 필요하다고 판결하였다. 이에 관하여는 별개의견과 반대의견이 있다.[3)]

(2) 다수의견의 논리는 다음과 같이 요약할 수 있다. 즉, 우리 민법은 '사단법인의 구성원들이 2개의 법인으로 나뉘어 각각 독립한 법인으로 존속하면서 종전 사단법인에게 귀속되었던 재산을 소유하는 방식'으로 사단법인이 분열하는 것을 인정하지 않는다. 이 법리는 법인 아닌 사단에 대하여도 동일하게 적용된다. 교회는 법인 아닌 사단에 속하므로, 법인 아닌 사단에 관한 민법의 일반 이론에 따라 해결하여야 한다는 것이다.

이에 반하여 별개의견은 우리 민법이 사단법인의 분열을 특별히 금지하지 않고 있고 이를 금지하여야 할 특별한 이유도 없다고 한다. 사단법인이 사실상 분열된 상태가 초래되어 하나의 사단으로 회복될 가능성이 없어진 경우, 그 상태를 그대로 기정사실로 인정하여 사단법인이 분열된 것으로 보아 법률관계를 정리하는 것을 허용할 수 있고, 종전 교회에 속한 권리의무는 분열된 각 교회에 공유적 형태로 분리하여 포괄승계된다고 한다.

---

3) 이 판결 이전에 교회의 분열을 부정하는 견해로는 卞東杰, "敎會의 分裂과 敎會財産의 歸屬," 法과 正義(李會昌華甲紀念), 박영사, 1995, 482면 이하 등이 있었다. 이 판결이 선고된 이후에는 이 판결의 다수의견에 찬성하는 견해가 많다. 閔裕淑, "교인들이 집단적으로 교회를 탈퇴한 경우 법률관계," 대법원판례해설 제60호(2006년 상반기), 2006, 31면 이하; 洪起台, "敎人들의 脫退에 따른 敎會財産의 歸屬關係," 民事判例硏究(XXIX), 2007, 613면 이하; 尹眞洙, "2006년도 주요 民法 관련 판례 회고," 서울대학교 法學 제48권 제1호(2007. 3), 372면 참조.

사단법인의 조직과 해체에도 사적 자치의 원칙이 적용된다. 따라서 사단법인의 분열에 관한 의사의 합치가 있다면 이에 따라야 한다. 사단법인의 구성원 전원이 사단법인을 두 개 또는 그 이상으로 분열시키고 각각의 사단법인에 재산을 귀속시키기로 한 경우가 이에 해당한다. 또한 정관에서 사단법인의 분열에 관하여 규정하고 이에 관한 결의방법이나 절차를 정하였다면 이에 따라 사단법인을 분열할 수 있다. 그러나 사단법인의 분열에 관하여 구성원의 의사합치를 인정할 수 없는 경우에는 원칙적으로 법률의 근거규정이 있어야만 사단법인의 분열이 인정된다. 법률에 근거가 없는데도 법인 등 단체가 사실상 분열되었다는 상태를 그대로 인정하여 법률관계로 승인하는 것은 신중을 기하여야 한다. 사실에서 곧바로 규범을 도출할 수는 없기 때문이다. 교회에 헌금을 내거나 출연을 하였다고 해서 교회재산에 대한 권리가 인정되는 것도 아니다. 오히려 교회의 분열을 법적으로 인정할 경우에 불필요한 분쟁이 양산될 수도 있다. 따라서 교회의 분열이라는 사실상태를 법적 규범으로 승인할 필요성도 크다고 볼 수 없다. 결론적으로 교회의 분열에 따른 법률관계를 인정하지 않은 다수의견에 찬성한다.

(3) 교인들의 총의에 따른 교단의 탈퇴나 변경을 부정할 수 없는 이상, 그 의결정족수는 다수결의 원리가 적용된다. 그러나 그 의결정족수에 관해서는 아무런 규정이 없기 때문에, 사단법인에 관한 규정을 유추적용하여야 할 것이다. 이 판결의 다수의견은 지교회가 소속 교단에서 탈퇴하거나 소속 교단을 변경하기 위해서는 의결권을 가진 교인 2/3 이상의 찬성에 의한 결의를 필요로 한다고 판결하였다. 이는 교단변경을 사단법인 정관변경(민법 제42조 제1항)과 같이 본 것이다. 이와 달리 별개의견은 사단법인의 해산결의에 관한 민법 제78조를 유추적용하여 의결권을 가진 교인 3/4 이상의 동의를 얻은 경우에 한하여 소속 교단을 탈퇴하거나 변경할 수 있다고 하였다. 교단 탈퇴나 교단 변경을 어느 정도로 중요한 것이라고 판단하여야 할 것인지에 따라 결론이 달라질

것이지만, 정관 변경과 유사한 정도로 본 다수의견을 수긍할 수 있을 것이다.

(4) 종전의 판례는 법원이 교회의 분열에 관하여 실질적인 분쟁해결기능을 포기하였다는 비판을 받았다. 법원이 종교단체의 분쟁에 개입하지 않으려는 태도가 투영된 것으로 볼 수 있다. 그러나 교회의 분열로 인한 재산귀속 문제는 교회 내부에서 해결될 수 있는 것이 아니라는 것이 드러났다. 이에 따라 이 판결은 종래의 판례를 변경함으로써 교회의 분열에 관하여 법원의 분쟁해결기능을 복원한 것으로 볼 수 있다. 이 판결은 교회의 분열이라는 사회현상을 단순히 법적으로 승인하는 방식으로 해결한 것이 아니라, 민법의 일반법리를 적용함으로써 그 해결책을 제시하고 있다는 점에서 의미 있는 판결이다.

2. 虛僞表示의 제 3 자와 破産管財人: 大判 2006. 11. 10, 2004다10299(공 2006, 2066)

(1) 파산관재인이 민법 제108조 제 2 항에서 말하는 제 3 자에 해당하는가? 大判 2003. 6. 24, 2002다48214(공 2003, 1581)는 이를 긍정하였고, 위 대법원 판결도 이를 재확인하고 있다. 그 이유로 "파산관재인은 파산채권자 전체의 공동의 이익을 위하여 선량한 관리자의 주의로써 그 직무를 행하여야 하는 지위에 있다"는 점을 든다. 나아가 그 선의·악의도 파산관재인 개인의 선의·악의를 기준으로 할 수는 없고, 총파산채권자를 기준으로 하여 파산채권자 모두가 악의로 되지 않는 한 파산관재인은 선의의 제 3 자라고 할 수밖에 없다고 한다. 파산관재인의 선의에 관한 판단 부분은 선례로서의 가치가 있는데, 파산관재인을 허위표시의 제 3 자로 본 이상 파산관재인의 선의·악의를 총파산채권자를 기준으로 판단할 수밖에 없었을 것이다.

(2) 그렇다면 파산관재인은 제 3 자인가? 이 부분에 대하여는 논란

이 많지만,[4] 파산관재인은 당사자가 아니기 때문에 제 3 자에 해당한다고 볼 수 있다. 이것이 제 3 자라는 문구에 맞는 해석일 것이다. 그러나 민법 제108조 제 2 항에서 규정하는 '선의의 제 3 자'에 관해서는 종래 복잡한 법리가 전개되어 왔다. 대법원[5]은 표현의 차이는 있지만, 민법 제108조 제 2 항의 제 3 자에 관한 판단기준으로 "당사자 및 그 포괄승계인 이외의 자로서 그 허위표시에 따라 외형상 형성된 법률관계를 토대로 실질적으로 새로운 법률상 이해관계를 맺었는지 여부"를 제시하고 있다. 파산관재인을 제 3 자로 보는 것이 이 기준에 맞는 것인지 논란이 있고, 그 당부를 판단하기 쉽지 않다.

먼저 파산관재인이 파산자의 포괄승계인인지 문제된다. 우리나라에서는 파산관재인을 파산자의 포괄승계인으로 보려는 경향이 있다. 그 이유 중의 하나는 도산실무에서 채무자가 회생이나 파산신청을 하는 경우가 많고, 관리인이나 파산관재인이 채무자나 파산자를 대표 또는 대리하는 것처럼 행동하는 경우가 많다는 점에서 찾을 수 있다. 그러나 파산관재인을 파산자의 포괄승계인으로 볼 수는 없다. 파산선고로 파산관재인이 선임되더라도 파산자의 재산은 파산재단에 속하는 것이고, 파산관재인에게 이전되는 것은 아니다. 파산관재인이 파산자의 재산에 관한 관리처분권이 있지만, 이는 파산자의 이익을 위한 것이 아니라 파산채권자 전체의 공동의 이익을 위한 것이다. 나아가 파산관재인은 파산자나 채권자로부터 독립하여 이해관계를 조정하고 파산절

4) 파산관재인을 제 3 자로 보는 견해로는 梁彰洙, "2003년 民事判例 管見," 民法硏究 제 8 권, 박영사, 2005, 369면; 尹南根, "파산관재인 및 화의관재인의 권한과 지위," 南孝淳 · 金載亨 편, 倒產法講義, 법문사, 2005, 704면 이하; 전병서, 도산법, 법문사, 2006, 91면 등이 있고, 이에 반대하는 견해로는 權英俊, "通情虛僞表示로 인한 法律關係에 있어서 破產管財人의 第 3 者性," 法曹 제608호(2007. 5), 65면 이하; 尹眞洙, "借名貸出을 둘러싼 法律問題," 民事裁判의 諸問題 제15권, 2006, 162면; 尹眞洙(註 3), 388면; 李東炯, "通情虛僞表示를 한 자의 破產管財人이 民法 제108조 제 2 항의 第三者인지 여부," 法曹 제573호(2004. 6), 139면 등이 있다.

5) 大判 2000. 7. 6, 99다51258(공 2000, 1861) 등.

차상의 권한을 행사한다. 이 판결에서는 파산관재인이 제 3 자라고 판단하면서 "파산관재인은 선임되어 파산의 종결에 이르기까지 다양하게 설명되는 법적 지위에서 여러 가지 직무권한을 행사"한다고 하였다. 파산관재인이 파산자의 포괄승계인이기 때문에, 무조건 제 3 자로 볼 수 없다는 논리는 타당하지 않다.

다음으로 허위표시의 제 3 자가 되려면 허위표시에 따라 외형상 형성된 법률관계를 토대로 실질적으로 법률상 이해관계를 가져야 하는지 문제된다. 허위표시의 외관을 갖고 있는 사람과 매매 등 법률행위를 한 사람만을 제 3 자로 볼 근거는 없다. 민법 제108조 제 2 항에서 단순히 '제 3 자'라고 표현하고 있기 때문에, 제 3 자를 허위표시의 외관을 갖고 있는 사람과 법률행위를 한 사람으로 한정할 이유가 없다. 이러한 의미에서 압류채권자를 허위표시의 제 3 자로 본 판결[6)]을 이해할 수 있다.

한편 파산관재인이 제 3 자인지 여부와 관련하여 파산관재인을 압류채권자와 유사하게 보아야 하는지 논란이 되고 있다. 파산채권자는 파산절차에 의하지 아니하고는 파산채권을 행사할 수 없고, 파산관재인을 통하여 그 권한을 행사하여야 한다. 민사집행절차가 개별적인 집행절차라고 한다면 파산 등 도산절차는 포괄적이고 집단적인 집행절차라고 할 수 있다. 파산선고를 통하여 파산자의 재산이 집단적으로 압류되었다고 볼 수도 있다. 따라서 압류채권자와 마찬가지로 파산관재인도 허위표시의 제 3 자로 보는 것이 형평에 부합할 것이다.

(3) 대법원은 허위표시의 제 3 자를 문언과는 달리 좁게 개념 정의하였으나, 구체적인 사례를 통하여 허위표시의 제 3 자에 속하는 범위가 확대되어 왔다. 대법원은 "파산관재인은 파산선고에 따라 파산자와 독립하여 그 재산에 관하여 이해관계를 가지게 된 제 3 자로서의 지위

6) 大判 2004.5.28, 2003다70041(공 2004, 1069). 이 판결에 관해서는 本書, 440면.

도 갖는다"고 판단하고 있다. 이러한 판단에 찬성한다. 다만 이것이 허위표시의 제 3 자에 관한 종래의 판단기준에 부합하는지는 의문이다. 이 단계에서 대법원이 허위표시의 제 3 자에 관한 판단기준으로 제시했던 법리가 적절한지 재검토할 필요가 있다.[7)]

3. 集合建物의 新築과 所有權 歸屬時期: 大判 2006. 11. 9, 2004다67691(공 2006, 2055)

(1) 이 사건에서 건축주가 여러 층으로 된 건물에 관한 건축공사를 진행하다가 일부 층의 기둥과 지붕 그리고 둘레 벽을 완성한 상태에서 공사를 중단하였다. 제 3 자가 위와 같은 상태의 건물을 위 건축주로부터 양수하여 나머지 공사를 완성하였다. 종전 건축주가 공사를 중단하고 제 3 자에게 양도할 당시에 이미 구분소유권의 객체가 될 정도로 공사가 진행되어 있었다. 이러한 경우에 공사를 마친 부분은 토지의 부합물로 볼 수 없고 독립된 소유권의 객체가 되었다고 볼 수 있다. 이 사건에서 제 3 자가 위 건물 전체를 원시취득한 것인지, 아니면 종전 건축주가 완성한 부분과 제 3 자가 완성한 부분을 구분하여 위 건물의

7) 허위표시에서 제 3 자의 보호 문제에 관한 입법례는 매우 다양하다. 보통법 국가에는 허위표시에 관한 일반이론이 없고 금반언 등에 의하여 다루어진다. 독일에서는 제 3 자 보호 규정이 없으나, 오스트리아나 그리스에서는 선의의 제 3 자를 보호하고 있다. 한편 프랑스나 이탈리아 등에서는 제 3 자에게 선택권을 부여하여 제 3 자가 외견상 행위가 유효라고 주장할 수 있다. Lando/Beale(ed.), *Principles of European Contract Law, Part I and II,* 2000, 307. 우리나라에서 파산관재인이 허위표시의 제 3 자에 해당하는지에 관한 문제를 논의하면서 일본, 독일, 오스트리아, 미국의 입법례나 판례를 소개하면서 논의를 전개하는 경우가 많다. 그런데 허위표시에 관한 것은 아니지만, 미국 통일상법전의 담보거래법이나 채권양도에 관한 유엔협약에서는 파산관재인 또는 도산관리인을 제 3 자로 보고 있다는 점도 참고할 필요가 있을 것이다. 이에 관하여는 金載亨, "動産擔保制度의 改善方案," 民事法學 제30호(2005. 12), 16면; 金載亨, "유엔債權讓渡協約의 國內法的 受容問題," 국제거래법연구 제15집 제 1 호(2006. 6), 79면.

원시취득을 결정하여야 하는지 문제되었다. 대법원은 건물 전체를 하나의 소유권의 객체로 보아 그 제3자가 그 건물 전체의 소유권을 원시취득한다고 보았다.

(2) 종전 건축주가 공사를 한 부분이 구분소유권의 객체가 될 수 없는 경우에는 나중에 공사를 완공한 사람이 건물 전체를 원시취득하였다고 볼 수 있다.[8] 그러나 종전 건축주가 공사를 한 부분이 구분소유권의 객체가 될 정도로 공사를 하였다면, 이 당시에 종전 건축주가 위 건물을 원시취득하였다고 보아야 한다. 그렇지 않으면 소유권의 객체가 존재하고, 그 귀속주체가 있는데도 소유권자가 없는 상태가 발생하기 때문이다. 이와 같이 보는 것이 종래의 판례에도 합치된다. 즉, 판례는 건축주의 사정으로 건축공사가 중단되었던 미완성의 건물을 인도받아 나머지 공사를 마치고 완공한 경우, 그 건물이 공사가 중단된 시점에서 이미 사회통념상 독립한 건물이라고 볼 수 있는 형태와 구조를 갖추고 있었다면 원래의 건축주가 그 건물의 소유권을 원시취득한다고 보았다.[9] 또한 최소한의 기둥과 지붕 그리고 주벽이 이루어지면 독립한 부동산으로서의 건물이라고 볼 수 있다고 한다.[10]

---

8) 大判 1985.5.28, 84다카2234(集 33-2, 민 93)는 "도급은 당사자 일방이 어느 일을 완성할 것을 약정하고 상대방이 그 일의 결과에 대하여 보수를 지급할 것을 약정함으로써 그 효력이 발생하는 것이므로 건물건축도급계약에 있어서 준공된 건물을 도급인에게 인도하기까지에는 그 건물은 수급인의 소유라고 함이 일반이라고 할 것이나 사법자치의 원칙에 따라 어떠한 경우에나 그 건물의 소유권을 수급인이 원시취득하는 것이라고는 할 수 없고 당사자 간의 약정에 의하여 그 소유권의 귀속도 달라질 것이므로 그 소유권의 귀속을 가릴려면 도급인과 수급인의 약정내용을 살펴보아야 하고 도급계약이라는 사실만으로 그 소유권이 수급인에게 귀속한다고는 할 수 없다"고 한다. 그리고 大判 2002.4.26, 2000다16350(공 2002, 1234)은 "자기의 비용과 노력으로 건물을 신축한 자는 그 건축허가가 타인의 명의로 된 여부에 관계없이 그 소유권을 원시취득하게 된다"고 한다.

9) 大判 2002.4.26, 2000다16350(공 2002, 1234); 大判 2006.5.12, 2005다68783(공 2006, 1035).

10) 大判 1986.11.11, 86누173(공 1987, 35); 大判 2001.1.16, 2000다51872(공 2001, 449).

그런데 종전 건축주가 완성한 부분과 제3자가 완성한 부분을 구분하여 위 두 사람이 건물을 나누어 원시취득하였다고 본다면 소유권보존등기를 어떻게 할 것인지 복잡한 문제가 발생한다. 이와 달리 종전 건축주가 제3자가 완공한 부분까지 포함하여 건물 전체를 원시취득하였다고 한다면 형평에 부합하지 않는다. 그리하여 대법원은 건물 전체를 하나의 소유권의 객체로 보아 그 제3자가 그 건물 전체의 소유권을 원시취득하였다고 보았을 것으로 추측된다. 대법원은 여러 사람이 신축한 건물의 소유관계를 간명하게 처리하기 위하여 새로운 법리를 전개한 것이라고 볼 수 있다. 그렇지만 제3자가 종전 건축주가 완공하여 소유권을 취득했다고 볼 수 있는 부분까지 원시취득하였다고 보는 것은 논리적으로 타당하지 않다. 이에 관한 이론적인 논의나 입법적 대응이 요구된다.

4. 도롱뇽 사건 — 環境影響評價와 所有權에 기한 工事禁止請求權: 大決 2006.6.2, 2004마1148·1149(공 2006, 1240)

(1) 천성산에 있는 사찰들, 도롱뇽과, 천성산의 자연보전을 위하여 설립된 단체인 도롱뇽의 친구들이 천성산을 관통하는 터널의 공사금지가처분을 신청하였다. 그 유명한 도롱뇽 사건이다. 원심은 위 사찰들의 공사중지청구 부분을 기각하였다.[11] 대법원도 원심의 결정을 지지하였는데, 환경영향평가제도와 소유권에 기한 공사금지청구에 관하여 흥미있는 판단을 하고 있다.

대법원은 한국철도시설공단이 고속철도사업을 시행할 때 "환경·교통·재해 등에 관한 영향평가법"에 따른 환경영향평가절차를 충실히

11) 원심결정인 釜山高決 2004.11.29, 2004라41·42에 관해서는 本書, 138면 참조.

이행하여야 하고, 환경영향평가절차를 이행한 후 환경영향평가시에 고려되지 아니하였던 새로운 사정이 발견되어 그 사업으로 인하여 사업시행구간 관련 토지소유자들의 환경이익을 침해할 수 있다는 개연성이 나타나고 종전의 환경영향평가만으로는 그와 같은 개연성에 관한 우려를 해소하기에 충분하지 못한 경우에는 새로이 환경영향평가를 실시하거나 그 환경이익의 침해를 예방할 수 있는 적절한 조처를 먼저 행한 후 사업을 시행하도록 함이 상당하다고 판단하였다. 나아가 대법원은 "위 토지소유자들은 이를 사법상의 권리로 청구할 수 있을 것"이라고 한다. 환경영향평가제도는 공법적인 제도이므로, 여기에서 곧바로 사법상의 청구권을 도출할 수는 없다. 그러나 환경영향평가제도는 대형사업이 환경 등에 미치는 영향을 평가함으로써 인근 토지소유자로 하여금 쾌적하고 안전한 생활을 도모하려는 목적을 갖고 있기 때문에, 이는 토지소유자의 사법상의 청구권에 영향을 미칠 수 있다.[12] 대법원 결정은 환경영향평가에 관한 공법 규정이 사법상의 청구권에 영향을 미칠 수 있다고 판단하였는데, 이 점은 매우 의미 있는 판단이다.

그런데 결정문의 문언대로 토지소유자가 환경영향평가를 실시하거나, 환경이익의 침해를 예방할 수 있는 적절한 조처를 먼저 행한 후 사업을 시행하라고 청구할 수 있는지는 의문이다. 이 사건에서는 공사의 중지만을 청구하고 있을 뿐이기 때문에, 이에 관한 판단이 선례가 될 수 없다. 나아가 대법원은 환경영향평가와 관련된 판단의 결론부분에서 "비록 위와 같이 다시 환경영향평가를 함이 상당한 새로운 사정들이 발생되었다고 하더라도, … 소유자들의 환경이익이 침해될 수 있다는 개연성이 부정될 만한 사정이 소명되는 경우에는 더 이상 사업시행의 중지를 구할 수는 없다"고 하였다. 따라서 결정문의 내용이 명확하지 않지만, 결정문의 전체적인 취지를 보면 대형사업을 하면서 환경

12) 이에 관하여는 金載亨, "所有權과 環境保護," 民法論 Ⅰ, 박영사, 2004, 153면 이하.

영향평가를 게을리한 경우에 토지소유자는 사법상의 권리로서 사업시행의 중지를 청구할 수 있다는 것으로 보아야 할 것이다.

(2) 민법 제214조는 소유권에 기한 방해배제 및 예방청구권에 관하여 규정하고 있고, 민법 제217조 제1항은 토지소유자가 매연 등으로 "이웃 토지의 사용을 방해하거나 이웃거주자의 생활에 고통을 주지 아니하도록 적당한 조처를 취할 의무"가 있다고 규정하고 있다. 소유자의 환경이익을 침해하는 경우에 소유자는 민법 제214조와 제217조 제1항에 기하여 환경이익의 침해를 예방할 수 있는 적절한 조치를 취할 것을 청구하거나 환경을 침해하는 공사의 중지 등을 청구할 수 있다. 그런데 환경영향평가를 하는 것이 제214조의 소유물에 대한 방해를 예방하기 위한 조치 또는 제217조 제1항의 '적당한 조처'에 해당한다고 볼 수 있는지, 따라서 소유자가 사법상의 권리로서 환경영향평가를 실시하라고 청구할 수 있는지는 의문이다. 토지소유자가 환경영향평가를 청구할 사법상 권원이 있다고 볼 수는 없고, 환경영향평가를 하여야 하는데도 이를 이행하지 않았다면, 이를 소유자의 공사금지청구권을 판단하는 하나의 요소로 보는 것으로 충분할 것이다.

5. 抵當權에 기한 妨害排除請求權: 大判 2006.1.27, 2003다58454(공 2006, 316)

(1) 이 판결의 사안은 다음과 같다. 대지의 소유자가 은행으로부터 금전을 차용하면서 대지에 관하여 근저당권설정등기를 마치고 그 대지 위에 20층 규모의 오피스텔을 신축하기 시작하였으나, 지하층의 공사를 한 상태에서 부도를 내자, 피고가 위 대지소유자로부터 건축사업시행권을 양수하여 공사를 속행하였다. 그 후 원고가 위 은행으로부터 근저당권부 채권을 양수한 다음 담보권 실행을 위한 경매를 신청하여 경매절차가 개시되었으나, 피고가 공사를 강행하였다. 피고가 위와 같

이 공사를 속행하는 것이 저당권을 침해하는 행위인지 문제되었다. 대법원은 저당권에 기한 방해배제청구권에 관한 일반론으로 "소유자 또는 제 3 자가 저당부동산을 점유하고 통상의 용법에 따라 사용·수익하는 한 저당권을 침해한다고 할 수 없"으나, "저당목적물의 소유자 또는 제 3 자가 저당목적물을 물리적으로 멸실·훼손하는 경우는 물론 그 밖의 행위로 저당부동산의 교환가치가 하락할 우려가 있는 등 저당권자의 우선변제청구권의 행사가 방해되는 결과가 발생한다면 저당권자는 저당권에 기한 방해배제청구권을 행사하여 방해행위의 제거를 청구할 수 있다"고 판결하였다.

이는 大判 2005. 4. 29, 2005다3243(공 2005, 837)[13]의 연장선상에서 나온 것이기 때문에, 두 판결을 비교해 볼 필요가 있다. 2005년 판결은 "저당부동산에 대한 점유가 저당부동산의 본래의 용법에 따른 사용·수익의 범위를 초과하여 그 교환가치를 감소시키거나, 점유자에게 저당권의 실현을 방해하기 위하여 점유를 개시하였다는 점이 인정되는 등, 그 점유로 인하여 정상적인 점유가 있는 경우의 경락가격과 비교하여 그 가격이 하락하거나 경매절차가 진행되지 않는 등 저당권의 실현이 곤란하게 될 사정이 있는 경우"에는 저당권의 침해를 인정할 수 있다고 판단하였다. 따라서 2006년 판결이 2005년 판결보다 저당권 침해의 인정범위를 좀더 넓게 인정한 것으로 볼 수 있고, 2005년 판결에는 불명확한 점이 있기 때문에 2006년 판결에서 대법원이 좀더 명확한 입장을 표명한 것이라고 볼 수 있다.

대법원은 이 사건에 대한 구체적인 판단에서 "대지의 소유자가 나대지 상태에서 저당권을 설정한 다음 대지상에 건물을 신축하기 시작하였으나 피담보채무를 변제하지 못함으로써 저당권이 실행에 이르렀거나 실행이 예상되는 상황인데도 소유자 또는 제 3 자가 신축공사를 계속한다면 신축건물을 위한 법정지상권이 성립하지 않는다고 할지라

13) 이 판결에 관해서는 本書, 465면 참조.

도 경매절차에 의한 매수인으로서는 신축건물의 소유자로 하여금 이를 철거하게 하고 대지를 인도받기까지 별도의 비용과 시간을 들여야 하므로, 저당목적 대지상에 건물신축공사가 진행되고 있다면 이는 경매절차에서 매수희망자를 감소시키거나 매각가격을 저감시켜 결국 저당권자가 지배하는 교환가치의 실현을 방해하거나 방해할 염려가 있는 사정에 해당한다"고 판결하였다.

(2) 이 판결은 저당권에 기한 방해배제청구권의 인정기준을 제시하고 있을 뿐만 아니라, 대법원 판결로는 처음으로 저당권자가 저당목적물의 소유자를 상대로 제기한 공사중지청구를 받아들인 것이다. 이 판결에 관해서는 이미 많은 논란이 제기되고 있는데,[14] 그만큼 중요한 의미가 있는 판결이라고 볼 수 있다. 필자는 저당권에 기한 방해배제청구권에 관하여 견해를 밝힌 바 있고,[15] 이는 위 두 판결에 상당 부분 수용되어 있다.

저당권은 재화의 가치를 사용가치와 교환가치로 구분하여 그 교환가치만을 파악한 것이다. 따라서 저당권을 설정한 이후에도 저당권설정자는 목적물을 자유롭게 사용·수익할 수 있는 것이 원칙이다. 그러나 저당권설정자는 저당권자가 파악하고 있는 담보가치를 침해해서는 안 될 것이다. 이것이 저당권설정자와 저당권자의 의사에 합치된다. 저당권자는 담보가치가 유지될 것이라는 기대를 갖고 채무자에게 자금을 융통하고 저당권을 설정받는다고 보아야 할 것이고, 이러한 저당권자의 기대를 해쳐서는 안 될 것이다.

물론 저당권에 기하여 저당권설정자나 제 3 자에 대하여 무조건 공사금지청구를 할 수는 없다. 가령 저당권자가 저당권설정자에게 건물

14) 이 판결에 관한 논란에 관해서는 오현규, "抵當權에 기한 妨害排除請求權과 建物新築行爲의 中止請求," 民事判例硏究(XXIX), 2007, 531면 이하; 尹眞洙(註 3), 411면 이하 및 각 그곳에 인용된 문헌 참조.

15) 金載亨, "抵當權에 기한 妨害排除請求權의 認定範圍," 저스티스 제85호 (2005.6), 101면 이하.

신축을 허용하였다고 볼 수 있는 경우에는 공사금지청구를 할 수 없다. 또한 담보가치가 훼손될 우려가 있는 경우에 한하여 공사금지청구를 허용하여야 할 것이므로, 담보가치의 훼손에 영향을 미치지 않는 사소한 공사에 대해서는 공사금지청구를 할 수 없을 것이다. 한편 어떠한 경우에 저당권에 기한 공사금지청구를 할 수 있는지, 공사금지청구의 인정범위가 어떻게 되는지에 관하여 논란이 발생할 것이기 때문에, 금융실무에서 저당토지 위에 신축공사를 허용할 것인지 여부나 그 규모에 관해서도 저당권설정계약에 반영하는 것이 바람직하다.

(法律新聞 제3539호(2007. 3. 22), 10-11면 所載)

[後　　記]

이 글은 법률신문 제3539호에 "2006년 분야별 중요판례분석 ③ 민법총칙·물권법"이라는 제목으로 실려 있다. 이 글은 本書, 469면의 後記에서 본 바와 마찬가지로 지난 해에 나온 중요판례를 간략하게 살펴보기 위한 것으로, 이번에 최소한의 각주를 보충하였다.

判例索引

[大 法 院]

[憲法裁判所]

[下 級 審]

事項索引

著者略歷

서울대학교 법과대학 졸업
법학박사(서울대학교)
서울지방법원 판사 등 역임
독일 뮌헨대학교와 미국 콜럼비아 로스쿨에서 법학연구
서울대학교 법과대학 교수

主要著書

根抵當權研究(2000)
民法論(Ⅰ), (Ⅱ)(2004)
民法注解(XVI)(1997)(共著)
기업회생을 위한 제도개선방향(2001)
金融去來法講義 Ⅱ(2001)(共編)
倒産法講義(2005)(共編)
統合倒産法(2006)(共編)
한국법과 세계화(2006)(共編)

民 法 論 Ⅲ

2007年 8月 7日 初版印刷
2007年 8月 16日 初版發行

著 者 金 載 亨
發行人 安 鍾 萬
發行處 博 英 社

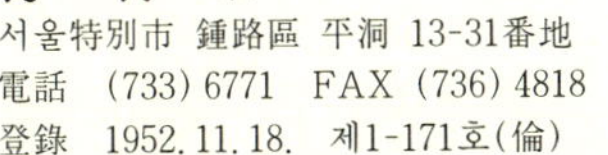
서울特別市 鍾路區 平洞 13-31番地
電話 (733) 6771 FAX (736) 4818
登錄 1952. 11. 18. 제1-171호(倫)

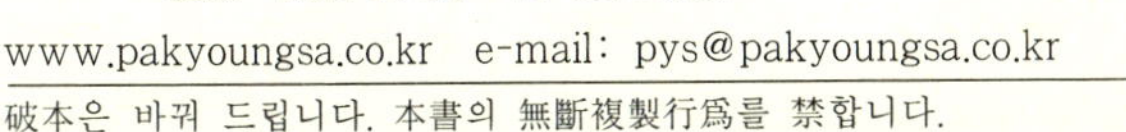
www.pakyoungsa.co.kr e-mail: pys@pakyoungsa.co.kr

定 價 30,000원 ISBN 978-89-10-51274-5
978-89-10-51271-4(세트)